普通高等教育案例版系列教材

供临床、预防、基础、口腔、麻醉、影像、药学、检验、护理等专业使用

法 医 学
案例版

主　　编　李连宏
副 主 编　官大威　贠克明
编　　委　（按姓氏笔画排序）
　　　　　马春玲　（河北医科大学）
　　　　　刘岩峰　（北华大学）
　　　　　贠克明　（山西医科大学）
　　　　　苏丽娟　（内蒙古医科大学）
　　　　　李连宏　（大连医科大学）
　　　　　张　俊　（大连医科大学）
　　　　　陈　鹤　（哈尔滨医科大学）
　　　　　罗海玻　（四川大学）
　　　　　郑传斐　（中国医科大学）
　　　　　官大威　（中国医科大学）
　　　　　饶渝兰　（复旦大学）
　　　　　郭相杰　（山西医科大学）
　　　　　陶　春　（内蒙古民族大学）
　　　　　冀　强　（南京医科大学）
秘　　书　张　俊（兼）

科学出版社
北　京

郑 重 声 明

为顺应教学改革潮流和改进现有的教学模式，适应目前高等医学院校的教育现状，提高医学教育质量，培养具有创新精神和创新能力的医学人才，科学出版社在充分调研的基础上，首创案例与教学内容相结合的编写形式，组织编写了案例版系列教材。案例教学在医学教育中，是培养高素质、创新型和实用型医学人才的有效途径。

案例版教材版权所有，其内容和引用案例的编写模式受法律保护，一切抄袭、模仿和盗版等侵权行为及不正当竞争行为，将被追究法律责任。

图书在版编目（CIP）数据

法医学 / 李连宏主编．—北京：科学出版社，2019.8

ISBN 978-7-03-059615-4

Ⅰ. ①法… Ⅱ. ①李… Ⅲ. ①法医学-高等学校-教材 Ⅳ. ① D919

中国版本图书馆 CIP 数据核字（2018）第 271388 号

责任编辑：王 颖 / 责任校对：郭瑞芝
责任印制：徐晓晨 / 封面设计：范 唯

科学出版社 出版
北京东黄城根北街 16 号
邮政编码：100717
http://www.sciencep.com

北京盛通商印快线网络科技有限公司 印刷
科学出版社发行 各地新华书店经销

*

2019 年 8 月第 一 版　开本：850×1168 大 16
2022 年 7 月第 三 次印刷　印张：16 1/2
字数：546 000

定价：59.80 元

（如有印装质量问题，我社负责调换）

前　言

随着社会的文明进步与发展、法律的不断完善和实施，特别是在我国坚持法治国家、法治政府、法治社会的一体化建设，坚持依法治国和以德治国相结合，提高全民族法治素养和道德素质的形势下，广大国民的法律意识不断提高。伴随医疗卫生健康事业改革的不断深化，法律在建设与实施中所涉及的医学有关问题已成为法律问题中的热点和焦点，医疗纠纷也已成为医疗和管理中的一大难题。因此，作为医学生，在新形势、新情况下，既要在未来具有严格依法执业的能力，又要能面对甚至能应用医学的理论和技术解决涉及法律的医学问题，可见，学习法医学尤为重要。

本教材章节开篇首先明确提出学习目标要求并以案例为导入、以问题为中心，介绍有关内容，体现了国际化教育理念，遵循了法医学教与学的学科特点，符合了教育教学规律，是本教材最大的特点之一。此外，还具有以下特点：

一是力争新颖性，本教材在编写内容上努力将最新的专业和法律理论知识及技能适当地表达，体现于前沿；并首次在第十二章儿童伤害中介绍了具有国际性问题的拐卖和弃婴。

二是强化实用性，在内容上强调科学性、先进性、思想性，强化法医学基础部分，如法医病理和有关医学的法律法规等；强化基本概念、基本理论和基本知识；强化医疗护理和医院管理中的法律事件；淡化专业性较强的法医学技术和法医学鉴定，而强调法律和专业的程序及作为医学生学习和工作的指南性；并整合了有关内容。所以，针对性和实用性更强。

三是强化结合性，加强了医学与法学的结合，理论与实践的结合，学习与执业的结合。

四是注重启发性，本教材中除有案例及问题外，还有复习与思考题，便于启发学生在学习特别是在自学中对问题的思考，以增强其自学能力、分析问题和解决问题的能力。

五是注重逻辑性，整体构架上力图使章节的题目和内容之间保持内在的规律性和逻辑性，体现了共性和特性之间的关系，使其体例和内涵更加科学合理。

因此，本教材更适合非法医学专业的医学类专业（包括临床、预防、基础、口腔、麻醉、影像、药学、检验、护理等专业）的学生学习使用。

本教材在组织编写和出版过程中，得到了科学出版社及各参编高校领导和专家的大力支持和帮助，在此一并表示衷心的感谢。由于能力和知识水平有限，不当之处在所难免，敬请有关专家、同仁和广大师生在学习使用中能够反馈意见，不吝赐教，以便及时更正，使之日臻完善。

李连宏

2018年春于大连

目　　录

绪论 ……………………………………………………………………………………………… 1
第一章　法医学与医学 ………………………………………………………………………… 6
　　第一节　法医学与医学的关系 …………………………………………………………… 6
　　第二节　法医学与医生 …………………………………………………………………… 10
　　第三节　司法鉴定文书与医生 …………………………………………………………… 13
第二章　法医学与法学 ………………………………………………………………………… 15
　　第一节　法学概述 ………………………………………………………………………… 15
　　第二节　法医学与法学 …………………………………………………………………… 15
　　第三节　法医学分支学科与法律 ………………………………………………………… 16
第三章　生物性检材 …………………………………………………………………………… 31
　　第一节　概述 ……………………………………………………………………………… 31
　　第二节　血痕检验 ………………………………………………………………………… 35
　　第三节　精液斑检验 ……………………………………………………………………… 41
　　第四节　毛发检验 ………………………………………………………………………… 45
　　第五节　骨骼和牙齿检验 ………………………………………………………………… 47
　　第六节　个人识别结果评估 ……………………………………………………………… 49
第四章　亲子鉴定 ……………………………………………………………………………… 51
　　第一节　亲子鉴定的概述 ………………………………………………………………… 51
　　第二节　亲子鉴定的原理和遗传标记 …………………………………………………… 51
　　第三节　亲子鉴定的结果判定 …………………………………………………………… 56
　　第四节　亲子鉴定的程序 ………………………………………………………………… 61
　　第五节　亲子鉴定标准及司法鉴定意见书 ……………………………………………… 62
第五章　死亡 …………………………………………………………………………………… 65
　　第一节　概述 ……………………………………………………………………………… 65
　　第二节　死后变化 ………………………………………………………………………… 72
第六章　机械性损伤 …………………………………………………………………………… 83
　　第一节　概述 ……………………………………………………………………………… 83
　　第二节　机械性损伤的基本类型 ………………………………………………………… 84
　　第三节　机械性损伤的类型 ……………………………………………………………… 88
　　第四节　颅脑损伤 ………………………………………………………………………… 96
　　第五节　损伤的检验及法医学鉴定 ……………………………………………………… 104
第七章　物理因素损伤 ………………………………………………………………………… 109
　　第一节　烧伤与烧死 ……………………………………………………………………… 109
　　第二节　中暑死亡 ………………………………………………………………………… 112
　　第三节　冻死 ……………………………………………………………………………… 113
　　第四节　电流损伤与电击死 ……………………………………………………………… 114
　　第五节　雷击死 …………………………………………………………………………… 117
　　第六节　其他物理性损伤 ………………………………………………………………… 117
第八章　交通事故损伤 ………………………………………………………………………… 121
　　第一节　道路交通事故损伤概述 ………………………………………………………… 121
　　第二节　机动车交通事故损伤 …………………………………………………………… 122
　　第三节　铁路交通事故损伤 ……………………………………………………………… 127
　　第四节　航空事故损伤 …………………………………………………………………… 128

第五节　船舶事故损伤······129

第九章　机械性窒息······131
第一节　概述······131
第二节　压迫颈部所致窒息性死亡······135
第三节　堵塞呼吸道所致窒息性死亡······144
第四节　性窒息······148
第五节　体位性窒息······149

第十章　猝死······151
第一节　猝死的概念······151
第二节　猝死的原因及诱因······151
第三节　引起猝死的常见疾病······152
第四节　猝死的法医学鉴定······159

第十一章　性侵犯与性心理······160
第一节　性侵犯······160
第二节　性侵犯的法医学鉴定······164
第三节　性心理······168

第十二章　儿童伤害······175
第一节　概述······175
第二节　拐卖······175
第三节　虐待······178
第四节　弃婴······183
第五节　杀婴······185

第十三章　中毒······190
第一节　概述······190
第二节　常见毒物中毒······194
第三节　常见毒物的分析······201
第四节　中毒的法医学鉴定······208

第十四章　法医临床······213
第一节　概述······213
第二节　损伤程度······216
第三节　劳动能力与伤残程度······218
第四节　诈病与造作伤······221
第五节　人身损害其他相关问题······224

第十五章　精神障碍······230
第一节　概述······230
第二节　精神分裂症······234
第三节　偏执性精神障碍······236
第四节　心境障碍······237
第五节　癫痫性精神障碍······239

第十六章　医疗纠纷······242
第一节　概述······242
第二节　医疗损害的类型和发生原因······244
第三节　医疗纠纷的处理······247
第四节　医疗纠纷的法医学鉴定······249
第五节　医疗纠纷的预防······250

参考文献······252
中英文名词对照······254

绪 论

一、法医学的概念、形成和发展

（一）法医学的概念

法医学（forensic medicine）是主要应用医学及其相关自然科学的理论和技术，研究并解决法律及法律在实施过程中所涉及的有关医学问题的一门医学科学。随着医学和社会的进步与发展，法制的不断完善，法医学已形成了具有独立完整的理论知识体系、独特的技术手段和逻辑思维，以及各层次专业人才培养的教育体系的特殊的医学学科。

（二）法医学的形成和发展

法医学属于医学学科门类，其主要内涵包括两方面，一是医学在实践中涉及的法律问题；二是法律在实施过程中遇到的医学问题。所以，法医学的形成和发展与医学的形成和发展及社会的法治文明和进步密不可分。

纵观人类历史，追踪溯源，可以说，医学的产生与发展是伴随着人类的存在和进化、社会生产力水平不断提高及科学和技术的进展而发展的。

在我国，公元前6000年左右，我国进入新石器时代；公元前5000年至公元前3000年，即仰韶文化，反映了母系氏族社会，以彩陶为文化特征，已有原始文字，"伏羲氏"和"神农氏"传说可为这一时期的史实；公元前2800年至公元前1800年的龙山文化，反映了当时已进入父系氏族社会，并以黑陶为文化特征，黄帝、尧、舜、禹的传说反映了这一时期的史实；公元前21世纪，我国原始社会逐渐崩溃，出现了有阶级的奴隶制社会，并经历了夏、商、周三代。

我国医药学起源于原始社会（甚至更早期），至今已有几千年的发展历史，从《帝王世纪》中记载的伏羲氏和《史记·补三皇本纪》中记载的神农氏的传说即可得到答案"始尝百草，始有医药"，伏羲是牧畜的发明者，神农氏是农业的发明者，这些说明医药的起源是和人类的生产活动紧密相连的，医学知识起源于生产实践。医学的发展，伴随着社会生产的发展，由经验到科学，随着科学技术的进步，由低级向高级逐渐发展。

随着医学的发展、社会文明进步和法律的形成与健全，法医学得以问世。

在我国，早就有法医检验，可追溯到包括战国时代（公元前475年至公元前221年）在内的先秦时期。《礼记·月令》记有瞻伤、视折、审断等，可谓法医学萌芽。之后各朝代均有涉及医学问题的法律和法医学著作。

唐宋时期是我国法医学的形成时期，法医学有较大发展。我国最早的法医著作可以说是南北朝徐之才的《明冤实录》。影响最大的是南宋的宋慈（字惠父，福建建阳人，1186—1249）所著的《洗冤集录》（1247年），苏联学者称其为"世界最古老的法医学著作"。宋慈作过四任高级提刑官，他根据历代法医知识和当时执法经验积累著成此书。该书记有人体解剖、尸体检查、现场检查、某些机械性损伤死因鉴定，尸体腐败征象、影响条件和发展过程及缢死、勒死、溺死的特征等，并列举了许多自杀或谋杀的毒物及有关急救或解毒方法等。该书是影响我国法医学发展的依据和指导。之后的元、明、清代对尸检的程序和有关规定等进一步完善和发展，出版的许多法医学著作大多是以《洗冤集录》为蓝本，如元朝的《无冤录》、明末的《洗冤汇编》等。所以，宋慈是我国法医学之父，也是西方公认的法医鉴定学鼻祖。

1912年中华民国政府颁布的《刑事诉讼律》第一百二十条规定："遇有横死人或疑为横死之尸体应速行检验"，第一百二十一条规定："检验得发掘坟墓，解剖尸体，并实验其余必要处分"，这是我国法律首次规定准许解剖尸体。它冲破了封建法典的长期束缚，为法医解剖奠定了法律基础，也为中国的解剖学发展创造了条件。同时并提出："解剖究属非常处分，非遇不得已情形，不宜草率从事也。"

1913年颁布的《解剖规则》中规定了"警官及检察官对于变死体非解剖不能确知其致命之由者，指派医士执行解剖"。法律允许尸体解剖是我国古代法医学与现代法医学的分水岭，也成为现代法医学发展的重要基础，从此，法医学进入现代法医学发展的正常轨道。

1915年，北京医学专门学校开设了法医学课程，当时称裁判医学。

1930年，林几教授（福建人，1897—1951，德国医学博士学位)在北平大学医学院首创法医学科，并正式受理各地法院的法医学案件，同时培养一些法医学人才，1934年创办了我国第一部法医学杂志《法医月刊》。

我国卫生部1979年9月10日全新颁发了《解剖尸体规则》，规范了法医和病理尸体解剖的目的、对象、程序和原则等。

2002年2月20日，国务院通过了《医疗事故处理条例》并已实施。自2005年10月1日，我国实施了《全国人民代表大会常务委员会关于司法鉴定管理问题的决定》，规定了法医学鉴定的范畴。2014年4月22日，国家出台了《关于依法惩处涉医违法犯罪维护正常医疗秩序的意见》，2018年7月31日，国务院公布了《医疗纠纷预防和处理条例》，相关的法律法规不断健全完善，为依法治国提供了法律制度保障。

随着法医学科的不断发展，法医学教育也应运而生。20世纪50年代初，南京大学医学院和中国医科大学先后开办了法医学师资进修班，为各高等医学院校开设法医学必修课培养了师资人才。1979年，我国部分医学院校招收法医学本科学生。1985年，国家决定在医学院校增设法医学必修课。

同时，在20世纪50年代初卫生部成立了医学教材编审委员会并陆续出版和使用我国自编的《法医学》教材。1983年，在山西太原召开的"晋祠会议"上进一步规范了法医学专业设置、教材和人才培养模式等，成立了全国法医学专业教育指导委员会。1985年10月中国法医学会成立，1986年创刊了《中国法医学杂志》。目前，我国高等医学院校已形成了培养法医学本科生、硕士生和博士生及法医学专业技术人员继续教育的多层次教育体系。

在世界法医学史上，古代法医学的形成，源于中国，盛行于中、朝、日等亚洲各国；而随着科学技术的发展所形成的现代法医学，源于欧洲，普及于世界。

在国外，法医学的形成和发展仍然伴随着医学和社会的进步而发展。

在医学领域中，众所周知的希波克拉底（Hippocrates，公元前460年—前377年，希腊人）是"西方医学之父""医界泰斗"，他在法医学领域中，研究创伤的致命性、精神性疾病等；他对有关医学伦理学的贡献至今在法医界仍是最大的。

14世纪始，德国就制定了与医学鉴定有关的法律，1507年德国的班尔克（市）就公布了《刑事法典》，其中规定，法官在处理损伤、杀婴等一些刑事案件和医疗案件时应请医生参加。在此法基础上，德国（1532年）又颁发了《加洛林纳刑法典》（Constitutio Criminalis Carolina），该法典涉及很多法医鉴定内容，如自杀、杀人、杀婴、隐瞒和伪装妊娠、缢死、溺死、中毒、创伤程度、精神异常、诈病和医疗事故等；法典允许医生进行尸体解剖和参与鉴定。有学者认为，《加洛林纳刑法典》是欧洲早期法医学发展的法律基础和法医学成为独立学科的标志。

安勃罗斯·巴雷（Ambroise Pare，1510—1590，法国人）是一名外科医生，由于他对外科的贡献，使得法国的外科学在之后的几个世纪里领先于全世界。他也是近代法医学先驱，他对枪伤、中毒和尸体解剖等做了大量研究，出版了欧洲第一部法医学著作《报告的编写及尸体防腐法》（1575年）。内容包括编写检验报告的重要性，各种损伤、窒息的生前与死后的论证，异常死亡、婴儿窒息死亡、处女的鉴别等，书中首次描述了枪弹伤，最早认识木炭气或煤气中毒，另外在对机械性损伤的认识、生前伤和死后伤的鉴别、如何判断中毒事件、婴儿急死的鉴别等方面也有独到的见解。

公认的欧洲第一部系统而全面的《法医学》著作是意大利Palermo大学教授、内科医生蒂纳特·菲德里（Fortunato Fedele，1550—1630）编著的《论医生的报告》（1598年），全书内容分4卷，卷1：公共食品，空气之增进健康、瘟疫；卷2：创伤、诈病、刑讯、肌肉损伤和医疗过误；卷3：处女、阳萎、遗传病、妊娠、水疱、胎儿生活能力、分娩和怪胎；卷4：生与死、创伤的致命性、窒息、雷击死和中毒。

意大利医学家保罗·查克其亚（Paulus Zacchias，1584—1659）编著的《法医学问题》（*Questiones Medicolegales*）（1621年），在法医学发展史上，第一个为这一新兴的学科定名为法医学（medico-legales），是第一个英文法医学术语"legal medicine"的由来。该书主要涉及的问题有年龄、妊娠、分娩中死亡原因、流产、子女双亲的相似性、精神损害、毒物与中毒、性功能、生育能力、诈病、传染病、创伤、致残、医疗过误等。在内容范围与学术水平上都大大超过了他的先行者。初版《法医学问题》1621—1635年有7卷，到1666年又增加2卷，共9卷，其权威性一直影响到19世纪，可谓是划时代的法医学巨著，所以Zacchias被称为"欧洲法医学之父"。

随着法医学的发展，法医学教育不断兴起，德国莱比锡大学病理学与治疗学教授J.Michaelis（1607—1667）自1650年起，首开法医学讲座。1785年，布拉格大学医学系首设法医学教授职位，这是对该学科予以承认的标志。1795年，巴黎卫生学校设立了法医学专业，制订了教学计划，有了法医学教科书，从此，法医学在大学教育中有了自己的学科和专业。

随着国内外法医学的发展、科学技术的进步、法律的不断健全,现代法医学已形成了法医病理学、法医毒理学、法医物证学、法医伦理学、法医遗传学、法医临床医学、法医精神病学、法医牙科学和法医人类学等多个分支学科。

二、法医学的任务

法医学主要具有以下任务:

1. 为法律提供医学理论与实践依据,依法治国,使法律不断健全

随着我国法律的不断完善,涉及医学问题的事件逐渐受到政府和社会的关注和重视,因此,涉及医学的有关法律法规近年来陆续出台,如《中华人民共和国执业医师法》《中华人民共和国药品管理法》《医疗事故处理条例》《医疗事故技术鉴定暂行办法》《涉及人的生物医学研究伦理审查办法》《医院投诉管理办法(试行)》《关于依法惩处涉医违法犯罪维护正常医疗秩序的意见》及《全国人民代表大会常务委员会关于司法鉴定管理问题的决定》等;有关医药卫生事业的立法,为规范医疗工作管理和医护人员行为、提高医疗服务水平提供了法律保障,为营造良好的就医环境、改善医患关系、构建和谐社会起到了应有的作用。法医工作者在依法实践的同时,要为建立和完善有关法律法规提供依据。

2. 为案件提供线索,为审判提供证据,使司法工作更加科学公正

法医学的基本工作是按照法律程序对伤者个体或群体及非正常死亡者进行解剖等司法鉴定,所得出的结果可为刑事等案件提供进一步的侦查线索和审判科学依据;在有的民事案件中,也需要法医学鉴定,如损伤与疾病的因果关系,伤者的残疾程度和劳动能力丧失程度等,可为民事案件的伤害理赔提供证据。可见,法医的任务是艰巨的,甚至是危险的,也是光荣的。

3. 为临床医学解惑,实践加研究,促进医学的科学发展

法医学是一门实践性很强的医学学科,必须不断实践,进行深入科学研究。临床上常因死者死因不明而产生医疗纠纷,法医通过尸体解剖不仅能解决死亡原因等一系列法律实施过程中所涉及的临床医学有关问题,而且能为临床诊治疾病提供经验和依据,甚至发现新的疾病或问题,为促进医学科学发展起到独特的作用。

三、法医学的研究方法

(一)现场勘查

现场是指犯罪分子作案、事故发生或遗留与犯罪有关的痕迹、物品的地点。现场不仅指犯罪分子实施犯罪或案件发生的地点,还指犯罪分子准备作案的场所、作案后隐藏作案工具或处理其他罪证的场所,或肢解尸体或掩埋尸体的场所等。因此,根据现场形成的先后顺序可分为第一或第二、第三现场等。

现场勘查是指侦查员、法医等有关工作人员对案发现场所实施的一系列侦查行为。

勘查现场时,最好保持现场犯罪分子作案时的原貌,这样更能真实、客观地反映犯罪分子实施犯罪的动机、目的、作案的方法、手段和作案的过程等。通过现场勘查能够初步判断案件的性质,查明犯罪分子的活动情况,收集用于证明案件真实情况的痕迹、物品等,为确定侦查的方向和缩小侦查范围提供重要依据。由于自然或人为的因素,使现场的原始状态部分或全部改变和破坏,会给侦查工作造成困难,甚至可能造成严重的损失或误导。因此,勘查现场必须及时、全面、细致、客观。现场勘查对于法医学鉴定具有十分重要的意义。

(二)物证检验

物证是指对案件的真实情况有证明作用的物品和痕迹,如凶器、生物性检材、文件及指纹、掌纹、足迹、笔迹等。法医物证主要为生物性检材,包括人体组织器官或其分泌物和排泄物,如血液、精液、阴道液、唾液等体液和分泌液及其斑痕,尿、粪等排泄物及皮肤、毛发、骨骼、指甲、脏器等组织器官。

物证检验是指应用理化、分子生物学、免疫学和血清学等方法对物证进行检查,确定其性质、种属和个人识别等。

多数法医物证检材是在现场勘查时发现,也可在搜查犯罪嫌疑人时发现。物证是重要的客观依据,物证检验的结果在案件侦破、审理、推断和定罪,以及排除嫌疑人过程中意义重大。生物性检材易受各种理化因素和微生物影响,因此根据不同物证要用不同的方法正确收集、妥善包装、及时送检,以保证物证检验顺利进行、鉴定结论正确。法医物证检验的主要任务是个人识别、亲子鉴定、死因的调查和死亡时间的推断等。

(三)书证检验

书证检验是指通过对文字资料内容进行分析研究、论证,为法律提供证据。

书证是指对案件的真实情况有证明作用的文字资料。这些文字资料不仅指机关、团体、企事业单位或个人为处理事务而形成的书面材料,也指一切以文字、符号、图形方式记录和提供信息的载体,包括文件、印刷文件和音像资料。书证检验结果可以确定文字资料与案件事实、与当事人或犯罪嫌疑人的关系等，应用于刑事案件、民事案件、治安案件及其他违法、违章案件，从而为侦查提供线索、为起诉和审判提供证据。

法医学鉴定涉及的书证主要有调查询问笔录、现场勘查笔录、病历记录、诊断证明等，是事件发生经过、受伤或患病情况及诊治经过的客观记录。依据这些文字资料进行法医学鉴定的结果取决于书证中的信息量及原始书证的完整性、真实性和科学性。所以，作为医护人员及时、客观、科学、规范地书写病历是非常有必要的。

（四）活体检查

活体检查是指主要应用临床医学的理论知识和技术对被检者的生理和病理状态、各器官和系统的功能状态及损伤情况等进行检验。活体检查涉及处理刑事或民事案件、解决医疗纠纷和保险赔偿等多个方面，其中绝大多数案件是关于损伤的鉴定。通过活体检查，根据损伤的部位、形态特征等，推断损伤的类型、致伤物和致伤方式等，为侦查部门提供破案的线索；根据损伤形成的部位、性质、有无并发症和后遗症，以及对人体生命健康的危害等鉴定损伤的程度，为审判机关提供定罪和量刑的科学证据；对受伤者临床治疗终结后遗留的伤残进行等级鉴定，为民事赔偿和保险理赔提供科学的依据。

（五）尸体剖检

尸体剖检是指对涉及刑事案件，必须经过尸体解剖才能判明死因的尸体；需要查明死因及性质的无名尸体；猝死或突然死亡，有他杀或自杀嫌疑者的尸体；因工农业中毒或烈性传染病涉及法律问题的尸体，必须进行解剖检验，以查明死亡原因和性质，为法律提供依据。对于临床患者死亡，发生医疗纠纷者，也应进行尸体剖检，以查明死因和发病及死亡机制，为判定是否为医疗事故提供依据，并为医学的发展做出应有的贡献。法医学尸体剖检是法医病理学研究和鉴定过程中极为重要的一环。法医学尸体剖检与病理学剖检的方法基本相同，包括尸表检查、尸体解剖、器官和组织学检查，必要时还要提取检材做毒物分析、微生物学检查及组织化学检查等。但两者解剖的方式、方法和目的有所差别，病理学剖检侧重于病变、疾病和死因；而法医学尸体剖检更侧重于通过尸体剖检判明死亡的原因和推断死亡时间，确定是暴力死或非暴力死，生前伤还是死后伤，自杀还是他杀，如系无名尸体或碎尸，必须推断尸体的年龄、性别、职业、民族及其他个人特征等。

（六）其他

随着科学技术的发展和应用，许多技术和方法均已应用在法医司法鉴定工作中，如聚合酶链式反应（polymerase chain reaction，PCR）技术、激光扫描共聚焦显微技术、生物芯片技术、生物信息学技术、流式细胞术等。随着网络时代的到来，图像数字化和数字存储传输技术等的应用将进一步提升法医司法鉴定的水平。

四、法医学鉴定的基本原则

司法鉴定是指在诉讼活动中，鉴定人运用科学技术或专门知识对诉讼涉及的专门性问题进行鉴别和判断并提供鉴定意见的活动。

法医学鉴定是指通过现场勘查、物证检验、书证检验、活体检查和尸体剖检等方法，进行有关医学专门问题的鉴定。

在我国，从事法医类司法鉴定工作的鉴定人资格要通过有关部门组织的培训和考试方能获得，有关鉴定机构实行登记管理制度。医师作为鉴定人是法医学鉴定活动的主体。法律赋予鉴定人应有的权利和义务，在法医学鉴定过程中必须遵循以下原则：

（一）依法鉴定，符合程序

法医学鉴定必须依据法律规定，按照法律程序进行。属于刑事案件的，根据诉讼进程，分别由案件的受理机关（公安部门、检察院、法院）决定委托；属于民事和行政诉讼案件的，由法院决定委托；医疗纠纷案件的尸体解剖，由卫生行政管理部门决定委托；医疗事故的鉴定可由有关医学会或法院委托。鉴定程序中实施的步骤、方法和时间要求等必须符合相关法律、法规，鉴定书形式和内容应符合证据要求。

（二）客观鉴定，科学公正

法医学鉴定不要受到权力、案情和人情等主、客观因素影响，作为鉴定人，首先要充分调查研究，认真学习有关材料，甚至重新研究物证、书证等，应用专业知识和理论，认识和掌握客观事物的本质属性，尊重科学，按照科学规律，客观、公正、实事求是。鉴定的手段和方法也必须科学规范、符合标准，达到科学和专业及法律的要求。鉴定结论要有充分的科学依据。

（三）独立鉴定，个人负责

法医学鉴定的鉴定执行权属于鉴定机构，并由鉴定人独立行使。鉴定结论的得出，应不受任何部门、团体及上级领导的影响。所做出的鉴定结论由鉴定人个人承担法律责任。

(四) 认真鉴定，遵守时限

在司法诉讼过程中，有关法律规定了诉讼时限，要求鉴定人必须在规定的时间内完成鉴定工作，鉴定人要认真履行法律职责，努力工作，按照所规定的时限，及时完成法医学鉴定任务。如有特殊情况，不能按规定时限完成，应提前向委托部门提出合理理由和延长鉴定时间的申请报告。

(五) 敬畏职责，讲究道德

鉴定人要时刻牢记法律所赋予的神圣职责，爱岗敬业，严格遵守职业道德，不能泄露受理的鉴定案件所涉及的案情和有关人员的个人隐私，且无权将鉴定结论告诉委托机关以外的任何部门和个人。

五、法医学在医学和司法工作中的作用

法医学在医学和司法工作中起着重要的作用。

(一) 法医学在医学形成与发展中的作用

随着科学技术的不断进展，法医学不断完善、充实和发展。例如，法医学应用人类学和解剖学的知识和技术鉴别个体的种族、性别、年龄和身高等；应用生物化学、分子生物学和免疫学等检验技术检查人体有关成分，判定其所属个体；应用病理学理论和技术检查尸体、查出死因等。可见，法医学在应用医学有关学科的理论和技术的同时，其研究的内容也将填补和推进医学有关学科的理论和技术的发展。

(二) 法医学在认识疾病发生发展规律中的作用

医学是认识、保持和增强人体健康，预防和治疗疾病，促进机体康复的科学知识体系和实践活动。医学的主要任务之一就是要分清各种疾病发生发展的规律。法医学作为一门独立的医学学科，有其独特的研究对象、研究方法和目的，如研究尸体，就要具体分析其死亡原因、死亡时间、死亡性质、死亡原因与疾病的关系、疾病与各种原因的关系等；

研究人体损伤，就要分析损伤原因、性质、损伤的形态和程度及其预后等，所以，可以为临床诊断和治疗疾病提供经验和有关理论依据。可见，法医学在临床医学中尤其在认识疾病病因、机制和发生发展规律中有着独特的作用。

(三) 法医学在提高医疗水平和避免医疗纠纷中的作用

法医学研究和解决的主要问题还包括猝死、医疗纠纷和医疗事故，这些问题也是医疗机构管理中的难题。法医学通过研究和查明猝死的原因和发生机制，有利于解决由于患者猝死、家属不理解所引发的医疗纠纷，也有利于临床预防猝死的发生；通过对血栓栓塞、分娩中产妇和胎儿死亡及外伤致死等造成的各种医疗纠纷的法医鉴定，阐明死亡原因和发生机制，有助于提高临床医疗质量和避免医疗纠纷的发生。

复习与思考题

1. 法医学主要解决什么问题？它的主要任务是什么？

2. 什么是现场勘查和现场？现场勘查要注意哪些问题？

3. 何为物证？法医物证检验的主要任务是什么？

4. 什么是书证检验？法医学鉴定涉及的书证主要包括哪些内容？

5. 活体检查主要涉及哪些工作？通过活体检查可以解决什么问题？

6. 哪些情况死亡的尸体可以进行尸体剖检？法医学尸体剖检有何特点？

7. 在法医学鉴定过程中，鉴定人必须遵守哪些原则？

8. 法医学具有怎样的学科和发展特点？在我国法医学发展史上，哪位学者在世界上影响最大？为什么？

9. 古代法医学和现代法医学各有何特点？两者在中国法医学发展史上不同的标志是什么？

10. "我国法医学之父"和"欧洲法医学之父"各指谁？他们在法医学发展史上有何贡献？

(李连宏　官大威)

第一章 法医学与医学

【目标要求】

掌握：法医学与基础医学的关系；法医学与临床医学的关系；司法鉴定人与医生的关系；证据证人与医生的关系。

熟悉：当事人与医生的关系；司法鉴定人的权利和义务。

了解：医疗保险与医生的关系。

案例 1-1

李某，男，32岁，在驾驶电动自行车时与骑摩托车的张某（男，42岁）发生碰撞而受伤，被紧急送往医院。医生检查发现李某腹部稍膨隆，腹式呼吸减弱，未见肠型蠕动波，全腹压痛及反跳痛阳性，未触及包块，叩诊呈浊音，移动性浊音阳性，肠鸣音弱，行诊断性腹部穿刺和腹部B超检查，诊断：①失血性休克；②腹部闭合伤；③肝挫裂伤；④回肠系膜破裂；⑤乙状结肠系膜破裂，急诊行部分肠管切除和损伤修补术。患者痊愈出院后，到当地法院起诉张某要求民事赔偿。法院受理此案后，委托某司法鉴定中心进行伤残等级鉴定。鉴定人依据《法医临床检验规范》（SF/Z JD0103003-2011）对李某的损伤进行法医学评定。

李某称自己的阑尾连同盲肠均被切除，但在其提供的病历中并未记载肠管切除的准确部位和长度，而这正是确定伤残等级的关键，故鉴定人要求委托机关补充材料。李某找到诊疗医生，要求其修改补充病历，但遭到医生拒绝。医生认为即使未写明准确部位和长度，对于诊断和治疗也无影响，且修改病历问题更严重。李某将医生也告到法庭，法院依照相关规定，要求手术医生作为损伤的直接证人，出具一份证明，以详细说明肠管切除的部位和长度情况。最终鉴定人依据医生出具的补充证明和手术记录，对李某交通肇事后的伤残等级做出了鉴定。

问题：

1. 本案的当事人是谁？
2. 本案中的医生诊疗过程是否有失误？为何成为被告？
3. 本案中的手术记录对于患者有何帮助？

第一节 法医学与医学的关系

医学是研究人类生命过程及同疾病做斗争的一门科学，属于自然科学范畴，是通过科学或技术的手段处理人体的各种疾病或病变的学科。医学已存在数千年，在它的漫长发展过程中，大致经历原始医学、古代经验医学、近代实验医学和现代医学的过程。随着社会的发展和科技的不断进步，医学由原来的朴素的甚至唯心的医药知识，逐渐上升为医学理论，并逐渐分出许多分支学科，包括基础医学、临床医学、检验医学、预防医学、保健医学、康复医学等学科。基础医学又分为解剖学、生理学、病理学、药理学、遗传学、病理生理学、免疫学、组织学与胚胎学等学科。临床医学又可分为内科学、外科学、妇科学、儿科学、口腔医学、影像学等学科。

法医学（forensic medicine）是主要应用医学及其相关自然科学的理论和技术，研究并解决法律及法律在实施过程中所涉及的有关医学问题的一门医学科学。法医学属于实践性的应用医学，它的发展与完善需将基础医学知识与临床医学的实践技术相结合，并借鉴其他自然学科的最新成果。医学的发展促进了法医学的进步，同时法医学在实践中的经验和成果也丰富了医学和自然科学的内容。在法医学的发展过程中，逐渐建立了法医病理学、法医物证学、法医临床学、法医毒理学、法医毒物分析、法医精神病学、法医人类学和刑事科学技术等分支学科。

一、法医学与基础医学

基础医学（basic medicine）是研究人体的正常生理功能、正常活动规律、正常形态结构、疾病状态下的大体和组织形态结构变化、生理功能变化规律和机制、药物的作用规律和机制的科学。基础医学包括生理学、病理学、解剖学、组织学与胚胎学、生物化学、药理学、免疫学、病理生理学、微生物学、遗传学等学科。法医学的发展离不开基础医学，这些分支学科也随着法医学的发展而发展。基础医学各学科的研究内容可以概括为以下四个方面：

1. 研究人体正常形态结构 基础医学中的人体解剖学、组织胚胎学是研究人体正常形态和结构的科学。人体解剖学从宏观研究人体的结构，而组织胚胎学则从组织细胞水平研究人体的结构和功能。人体形态学理论为法医病理学研究奠定了理论基础和检测手段。法医人类学则利用解剖学的知识进行与骨骼相关的个体识别，如进行骨骼的种属鉴定、一人骨或多人骨的鉴别、性别鉴定、年龄和身高推断等。

法医人类学经常遇到的案例如白骨化的尸体或碎尸案（无头尸），需依靠骨骼特征进行辨别。一个经典的案例：2010年，某县的郊外水库边发现大量尸块，无包装袋。清点后共计30块，未发现头颅和双足。将尸块按照人体解剖顺序拼接后，发现是1个人的身体结构。尸块中发现女性生殖器官和乳腺，初步确定为女性。因头部和双足缺如，无法直接量取身高，遂根据完整桡骨的长度，按照回归公式初步测出身高为160cm，据皮下脂肪厚度推算体态较胖，根据耻骨联合形态及联合面特征和牙齿磨损程度，推断为成年女性，年龄在20岁左右。据手部的皮肤和指甲状态，推断为非体力劳动者。根据以上信息联系失踪人员线索，迅速确定死者身份。其生前为小学教师，19岁，身高158cm，体态偏胖，其男友有重大作案嫌疑。2天后抓到犯罪嫌疑人，经嫌疑人指认，在1km外的山坡找到死者的头颅，经过DNA鉴定，确系该死者的头颅，案件遂告破。此无头碎尸案的迅速侦破，即依靠解剖学和法医人类学的知识，迅速推断死者身份，为进一步侦破案件提供重要线索。

2. 研究人体的功能活动及其机制 生理学是研究人体各个组成部分所表现的各种生命现象或生理作用的发生机制、条件，以及机体内外环境中各种变化对这些功能影响的一门科学。只有了解和掌握人体正常状态下的活动规律，才有可能发现和鉴别病理状态下人体的各种改变，并依此对疾病的有无、疾病的程度等做出科学的法医学鉴定。

生物化学是运用化学的原理和方法，研究生物体的化学组成、结构及生命过程中各种化学变化等生命现象的一门学科。生物化学的新技术的开发，特别是琼脂糖凝胶电泳、聚丙烯酰胺凝胶电泳技术的问世，发现了人类的血清型和红细胞酶型，为法医学鉴定提供了更多的遗传标记。荧光分光光度计、显微分光光度计、显微荧光光度计、高压液相色谱及图像分析等仪器的使用，使炎症介质或酶的定性、定量检测成为可能，有助于法医学鉴别生前伤与死后伤和推测损伤时间、死亡时间。

分子生物学是从分子水平研究生命现象和物质基础的科学，分子生物学技术的应用及应用这些技术取得的理论成就，为法医学检验技术的进步奠定了良好的基础。利用分子生物学的DNA测序技术，检测寄生在尸体上的昆虫和微生物种类，用于法医病理学上推断死亡时间。对基因的检测，有利于法医人类学研究物种和人类的起源。毛细管电泳技术是继气相色谱和液相色谱之后的又一种新型毒品检测技术，它可以高效、快速、微量又经济地定性、定量检测毒品，为打击毒品犯罪提供一种有效工具。

遗传学是研究基因的结构功能及其变异，传递和表达遗传规律的科学。应用遗传学对各类遗传标记检测结果进行分析，从而判断被检者之间的亲缘关系，是法医物证检验的一项重要内容。随着科技的发展，遗传学的理论和实践方法不断更新和改进，使法医学的鉴定水平获得提高。

一个比较经典的案例是甘肃省白银市的连环杀人案，这起连环杀人案的作案时间为1988—2002年，持续了14年，这期间白银市的11名女性惨遭杀害，部分女性遭到性侵犯，在当地造成了巨大的社会恐慌。尽管公安机关全力侦查，但案件始终没有实质性的进展。直到2016年，公安部重新对命案积案进行攻坚，利用原有生物检材，进行染色体Y-STR检验，发现甘肃省某村某家族有作案嫌疑，于是对该家族所有男性的指纹和DNA进行比对，最终锁定了犯罪嫌疑人并将其抓捕。这起案件即典型的利用传统的DNA技术及新一代Y-STR基因检测技术，最终锁定犯罪嫌疑人，使这起沉积多年的连环杀人案得以告破。Y-STR基因检测技术是法医学上针对Y染色体的一种DNA检测手段，Y-STR基因座是位于男性Y染色体上的人类多态性STR（短串联重复序列）位点，Y-STR即可作为性别鉴定的依据，同时在法医学精斑及混合斑检验中发挥重要作用。自1984年英国生物学家Alec Jeffreys第一次建立DNA指纹技术，并首次将其应用到有关移民案的法医学鉴定后，这项技术得到不断发展，结合同时期Kary B.Mullis发明的聚合酶链式反应技术，以及后续的基因测序技术，为法医物证学的发展奠定了基础，为破获疑难悬案提供了技术支持。

医学免疫学是研究人体免疫现象原理和应用的一门科学。其中凝集反应、沉淀反应、中和作用及补体结合反应等血清学技术，即使是在分子生物学技术已经广泛用于法医物证学领域的今天，仍在解决生物学检材的种类判定、种属鉴别和血型鉴定等方面发挥着重要的作用。免疫组织化学技术的应用也为法医病理学的深入研究提供了新的技术手段。

3. 研究人体的病理变化及其机制 病理学是研究疾病发生、发展过程中机体形态、代谢和功能变化的一门科学，为法医病理学确定死亡原因、死亡机制、死亡与损伤和疾病的关系及损伤时间的推断提供科学依据。对病理学发展起着重要作用的组织化学、细胞化学和免疫组织化学技术的建立，极大地促进了法医病理学的发展。

临床病理学是基础医学与临床医学的桥梁学科，其主要研究方法是活体检查，即通过局部切除、钳取、穿刺针吸及搔刮、摘除等手术方法，从患者机体采集病变组织进行病理检查，以明确诊断的方法，又称活体组织检查，简称活检（biopsy）。对临床工作而言，这种检查方法有助于及时准确地对疾病做出诊断和进行疗效判断，特别是对于诸如性质不明的肿瘤等疾病准确而及时的诊断、治疗和预后都具有十分重要的意义。临床病理诊断的最终目的是对疾病早期诊断、早期治疗，减轻患者痛苦，治愈患者疾病，延长患者生命。法医病理学与临床病理学有关联，但又有其独特性。法医病理学是研究与法律有关的伤、残、病、死的变化及发展规律，为暴力性案件的侦查或审判提供医学证据，并运用相关的医学专业知识解决有关死亡原因、死亡方式的一门科学。其主要研究对象是尸体，通过尸体的剖验，逆向研究死者的死亡原因、死亡方式、死亡时间、死亡地点、个体识别及致伤物推断等。法医病理学通过组织病理学的检查可以确定如心肌炎、心肌梗死、肺炎、脑膜炎、肺栓塞、胰腺炎等疾病，并能够辨别组织损伤的生活反应、推断死亡时间、确定非自然死亡的证据，如发现溺亡者肺部的硅藻，确认被电击死者身上的电流斑等。

当患者因病因不明而死于医院或有医疗纠纷发生时，临床病理学也可以通过尸体解剖进行诊断和鉴定，但临床病理学更侧重于对疾病的诊断和鉴别，而法医病理则更侧重于死亡原因的分析及医务人员是否存在违反医疗诊治常规或医疗差错，为有关部门正确协调处理或审理医疗事故损害赔偿案件提供证据。在做医疗纠纷有关的尸体解剖时，要求送检的尸体或标本尽量新鲜，通常死亡时间不得超过48h，具备冷冻条件的，尸体解剖应在1周内进行。除此之外的法医病理学的尸体检验则没有明确时间限制，完全取决于尸体发现的时间。法医要克服一切困难，尽量为诉讼提供证据。当尸体发生高度腐败或自溶时，组织学诊断较为困难，对于无经验的临床病理医生或基层缺乏组织病理诊断经验的法医而言，较难给出准确诊断，而对于高年资经验丰富的法医病理学专家而言，是能够查到病变，甚至给出死亡原因的。

临床病理学新技术的发展也为法医病理学鉴定提供了帮助，如扫描电镜的应用，可以观察物体的表面变化，目前已在检案中用来观察衣着、皮肤、毛发、指甲缝隙、损伤的表面及其附着的超微颗粒，并可用附设的X线能谱仪分析其元素成分，观察分析体表或体内火器伤的碎片和残留物、枪创口或射手的手及衣着上的火药颗粒等。

还应注意的问题是在个体死亡案件中，并不是所有的死亡都具有形态学改变，特别是猝死的案例，病程短暂，多数形态学改变用目前的一些技术方法还不能证明，因此，常常观察不到形态学变化。一些功能性疾病，如抑制死、青壮年猝死综合征、重度心律失常等，常找不到形态学变化的依据，诊断则需要结合患者生前病史或生前的表现。如果这些条件都不具备，在这种情况下，一般只能用排除法，排除对暴力致死的怀疑。可见，当机体形态结构发生病变时，常能导致功能发生变化；但功能发生变化时，不一定有形态学改变。因此，应将结构和功能合理结合，得出合理的法医病理学鉴定意见。

4. 研究药物的作用及其机制　药理学是研究药物和机体相互作用及其规律的一门科学，药理学为指导临床合理用药提供了理论基础。而研究药物在治疗疾病过程中对机体可能造成的损害，以及药物损害后的发展与转归，药物的中毒机制及其危险因素的科学是药物毒理学。毒理学（toxicology）是研究外源化学物对生物体损伤作用的规律及其机制的一门综合性科学。外源化学物泛指自然界存在的或人工合成的各种化学物质，对人体来说，这些化学物是从外界环境中摄入，而非机体内源产生。

法医毒理学（forensic toxicology）是一门主要应用毒理学及有关学科的理论和技术，研究与法律有关的自杀、他杀、意外或灾害事故引起中毒的学科。法医毒理学的研究主要包括法医常见毒物的性状、中毒原因、毒理作用、中毒量和致死量、中毒血浓度和致死血浓度、中毒性病理变化，毒物检材的采集、保存、送检，中毒死亡方式等，在此基础上分析中毒症状及病理变化、确定提取合适检材的部位和时间，结合毒物分析的检验结果，判断是否中毒、何种毒物中毒、毒物的量是否足以致死、毒物进入人体的时间等问题。法医毒理学着重揭露以毒物作为暴力手段对人体造成的危害，为侦破和审理中毒案件提供线索和证据，也给临床医学实践提供诊断和治疗的依据。

可见，基础医学的理论和技术的发展，促进了法医学实践的飞速发展，为法医鉴定提供了技术和理论支持。

二、法医学与临床医学

临床医学是研究疾病病因、发病机制、发病过程、诊断、治疗和预后，提高临床治疗水平，促进人体健康的科学。它是直接面对疾病和患者，对患者直接实施治疗的实践科学。根据诊断治疗目的和方法的不同，临床医学又分为内科学、外科学、妇产科学、儿科学、口腔医学、影像学、麻醉学、检验学等学科。法医学的所有分支学科几乎都离不开临床医学的理论和技术。

（一）法医学鉴定与临床诊疗知识

法医临床学在进行人身损伤程度鉴定、损伤与疾病关系评定、道路交通事故受伤人员伤残程度评定、劳动能力评定等方面的鉴定，离不开临床各个学科的知识，是一门囊括了整个临床医学所有分支学科的全科医学。但法医临床学的鉴定与临床医学又有较大的区别。首先，法医临床学与临床医学的服务对象不同，法医临床学服务的对象是被鉴定人，而临床医学服务的对象是患者；其次，法医临床学的目的是为法律提供医学证据，而临床医学的目的是预防、诊断和治疗疾病；法医临床学与临床医学的思维方式不同，法医临床学鉴定人要对被鉴定人的主诉持怀疑态度，以排除诈病、诈伤与造作病、造作伤，从而确定损伤的情况。而医生对于患者的主诉是完全信赖的，医患双方的目的一致，即修复损伤并治愈疾病，使患者恢复健康。再次，法医临床学和临床医学的研究内容与重点也不尽相同，法医临床学研究的重点是个人特征、损伤情况（成伤方式、损伤机制、损伤程度、损伤时间等）与生理、病理状态等，主要侧重于新鲜与陈旧损伤的鉴别、损伤与疾病的判断及损伤机制和致伤物推断等，而临床医学的重点是诊断和治疗疾病。

法医精神病学是利用临床医学的精神病学，研究与法律相关的精神疾病和精神卫生问题。法医精神病学跨越了法学和医学两个领域，并与心理学和临床医学有密切联系。从事法医精神病学工作，不仅应有临床精神病学的坚实基础，还要有其他相关学科的基本知识。法医精神病学与临床精神病学也有许多重要的区别，首先，两者的任务和工作性质迥然不同。临床精神科医师的基本任务是诊断和治疗患者，恢复患者的健康服务，其服务对象是精神疾病患者。法医精神病学鉴定人的基本任务是判断被鉴定人的精神状态及其行为能力，为司法机构提供法医学证据或咨询意见，其服务对象是委托方。其次，认识和思考问题方法不一样，临床精神科医师是从医学观点去理解精神障碍，临床诊断主要依据医学标准和临床经验，针对存在的病因或症状，给予积极的治疗和干预，使患者恢复健康。而法医精神病学鉴定人，必须从法学和医学两方面去理解精神障碍，要求判断其危害行为在多大程度上受自由意志或精神病理所支配，其鉴定意见主要根据提供和收集的证据对医学事实加以认定，其重点不在于改变被鉴定人当前的病理状态，而在于对其过去的违法行为是否具有承担法律责任的能力或患病期间应维护的权益加以认定。可见，法医临床学和法医精神病学的鉴定是以临床医学知识为基础，在法律法规的框架内做出的。

（二）法医学鉴定与临床辅助诊断技术

现代临床医学诊断技术为法医学的发展提供了先进的技术和仪器设备，对探究病因、确定病变部位和判断机体功能状态发挥了重大作用，为法医学鉴定提供了先进可靠的检查手段。

1. 影像学检查 随着放射影像学诊断技术的发展和成熟，X线检查、计算机断层扫描（CT）、磁共振成像（MRI）等临床诊断技术也被应用在法医鉴定中，可为科学、准确的鉴定提供精确可靠的检查。影像学不仅用于法医临床学的鉴定，也为法医病理学鉴定提供帮助。通过对骨骼的扫描，死者骨骼的特殊特征可用于个体识别，如对已发生腐败的尸体或被严重烧毁难以辨别身份的尸体的扫描，有先天畸形（如先天性的马蹄内翻足）、发育异常（如脊柱侧突、脊柱裂、鸡胸等）、截肢等特征的尸体通过与生前影像资料进行对比进行身份的识别。

近年来法医学利用CT、MRI、微观放射线扫描等技术与3D技术相结合，形成对人体损伤进行分析的虚拟解剖技术。利用虚拟解剖不仅可以对损伤进行分析，还可以对枪弹伤、高坠伤、交通伤、高低温损伤、机械性窒息和溺死等过程进行模拟，重建案发现场，为进一步分析致伤原因提供帮助。

2. 电生理技术 在法医临床的鉴定中发挥重要作用，周围神经损伤后，通过电生理检测手段，对其损伤程度及再生情况做出评价。通过肌电图、体感诱发电位、神经传导速度等方法对肢体神经组织的损伤情况和恢复情况做出鉴定。通过视觉电生理技术，对视觉的损伤和恢复进行鉴定，采用的方法包括视网膜电流图、视觉诱发电位等。听觉诱发电位，也称为脑干诱发电位，可以判定听觉通路上任何部位的损伤，记录到听觉障碍的部位，也可以鉴别伪盲、测定客观听力。电生理技术作为一种客观的诊断方法，可为法医临床鉴定和识别诈伤提供客观依据。

3. 实验诊断学检查 血液、体液、排泄物、分泌物的检测，临床生化检查等技术为法医病理学进行疾病的诊断、判定疾病的严重程度、死亡的分析等提供辅助诊断依据，也为法医物证学、法医毒理学提供诊断依据。

4. 毒物分析 在毒物分析方面,早已从传统的毒物分析化学检验进入现代仪器分析时代。色谱、光谱和质谱分析已广泛应用,甚至还开展色-质谱联用、傅里叶变换红外光谱、磁共振、免疫分析等新技术。现代测试仪器配有功能齐全的计算机数据处理系统,使毒物的检测更精确、更微量。

饮酒驾驶的检测仪器是呼气式便携型酒精检测仪,它是一种新出现的检验仪器,主要由酒精气体传感器(相当于随酒精气体浓度变化的变阻器)与一个定值电阻及一个电压表或电流表组成。酒精气体传感器的电阻值随酒精气体浓度的增大而减小,因此,驾驶员呼出的酒精气体浓度越大,那么测试仪的电压表示数越大,由此可测出呼出气体中的酒精浓度。自20世纪50年代发明呼气式酒精检测仪以来,作为一种无创伤的测试方法,它已成为测试酒驾的主要工具。

(三)法医学鉴定与医学检验

医学检验(medical laboratory science,MLS)是对取自人体的材料进行微生物学、免疫学、生物化学、遗传学、血液学、生物物理学、细胞学等方面的检验,从而为预防、诊断、治疗人体疾病和评估人体健康提供信息的一门科学。它是利用各种光电仪器及化学试剂完成实验分析,得出检验数据,从而为疾病的诊断、评估、治疗及追踪提供依据。医学检验所涵盖的范围广泛,如血液检查、血清学检查、各种体液的检查、生化检查、免疫学检查、病原微生物的检查(含致病性的病毒、衣原体、立克次体、细菌、寄生虫等)、细胞学检查、各种组织及器官的病理学检查,甚至在有些国家和地区还包括各种生理功能的检查(如脑波检查、各种神经功能检查、肌电图、心电图、听力检查)等。

法医病理学在死亡原因分析和鉴定过程中也要进行各种实验室检查,如血液检查、血清学检查、各种体液的检查、病原微生物的检查、细胞学检查、各种组织及器官的病理学检查,以明确死亡原因和死亡过程。医学检验与法医病理学的区别是检验的对象以活体为主,取材来自健康或患病的个体。而法医病理学则以尸体为主,取材多来自死亡的个体。法医临床学在鉴定过程中也要进行各种实验室检查,以明确患者的损伤程度、恢复程度、是否有诈伤、诈病等。法医物证学鉴定中的血型分析、DNA分析等方法均是与医学检验相关的手段。

总之,法医学利用检验医学的方法和检验结果,作为司法鉴定的客观参考依据,检验医学技术的发展也使法医学的鉴定水平得到发展。

(四)法医学研究成果与临床医学发展

医学的不断发展,使法医学的理论得到充实和发展,同时,法医学的发展也丰富临床医学知识,促进临床病理学的发展。一方面,组织病理技术的进步增加了法医病理学的研究手段;另一方面,各国的法医学家通过系统的尸体解剖详细观察各种损伤的病变特征,积累大量资料,包括颅脑损伤、胸腹腔内脏损伤、四肢骨及大血管损伤、各种窒息死的体内改变、各种毒物引起的不同内脏的改变、高温引起的热作用呼吸道综合征、冻死者胃黏膜的改变,以及各种猝死的内脏改变等,极大地丰富了组织病理学的知识。

第二节 法医学与医生

法医学是解决与法律相关的医学问题,通过司法鉴定人对案件进行鉴定,其鉴定意见是法庭审案判决的重要依据。而医生在诊疗过程中难免会涉及医疗纠纷,需要通过司法鉴定来解决纠纷。司法鉴定人在鉴定过程中也会遇到医疗问题,需要向专科医生咨询。医生可能作为证人、司法鉴定人员甚至当事人出庭作证。因此,法医学与医生有着密切关系。

一、司法鉴定人与医生

司法鉴定人(judicial authenticator)是运用科学技术或者专门知识对司法涉及的专门性问题进行鉴别和判断,并提出鉴定意见的人员。司法鉴定人所从事的鉴定活动是为诉讼过程中涉及的与法律相关的专门性问题进行鉴别和判断。司法鉴定人可以分为广义和狭义两种,广义是指从事所有和法律相关问题的鉴定活动的人,而狭义是指从事某一专业的特殊的鉴定活动的人。我们这里所说的司法鉴定人员是指狭义的司法鉴定人。

司法鉴定人和医生无论是掌握的专业知识内容,还是工作的内容和服务对象,都有着很大差别。司法鉴定人员掌握的内容除必要的临床医学知识外,还要掌握法律和法医学专业知识。工作的主要内容是从事司法鉴定,服务对象是侦查机关、审判机关、检察机关等。鉴定人除对侦查机关、审判机关和检察机关委托的案件进行鉴定外,依据《中华人民共和国刑事诉讼法》的要求,司法鉴定人在必要时要出庭作证,接受公诉人、当事人和辩护人的质询。

(一)司法鉴定人的权利

司法鉴定人享有下列权利:

1. 了解、查阅与鉴定事项有关的情况和资料，询问与鉴定事项有关的当事人、证人等。

2. 要求鉴定委托人无偿提供鉴定所需要的鉴定材料、样本。

3. 进行鉴定所必需的检验、检查和模拟实验。

4. 拒绝接受不合法、不具备鉴定条件或超出登记的职业类别的鉴定委托。

5. 拒绝解决、回答与鉴定无关的问题。

6. 鉴定意见不一致时，保留不同意见。

7. 接受岗前培训和继续教育。

8. 获得合法报酬。

9. 法律、法规规定的其他权利。

（二）司法鉴定人的义务

司法鉴定人应履行下列义务：

1. 受所在司法鉴定机构指派，按照规定时限独立完成鉴定工作，并出具鉴定意见。

2. 对鉴定意见负责。

3. 依法回避。

4. 妥善保管送检的检材、样本和资料。

5. 保守在执业活动中知悉的国家秘密、商业秘密和个人隐私。

6. 依法出庭作证，回答与鉴定有关的询问。

7. 自觉接受司法行政机关的管理、监督和检查。

8. 参加司法鉴定培训和继续教育。

9. 法律、法规规定的其他义务。

医生是指掌握专业医学知识，从事疾病治疗和预防工作的具有医师执业资格的人员。医生掌握的主要是临床医学知识和药物学知识，工作的内容主要是治病救人，服务的对象主要是患者。

在涉及医疗纠纷或医疗损害的司法鉴定中，律师无法通过自身的专业知识对鉴定意见书进行有效的质询，法官对律师提出的质询也无法判断其有效性，在这种情况下，需要咨询有专业知识的医生的意见。依据《中华人民共和国刑事诉讼法》第一百九十二条第二款，《中华人民共和国民事诉讼法》第七十九条规定，当事人可以根据需要聘请专家辅助人对司法鉴定人进行质询。而医生作为医学专业人员可以作为专家辅助人，针对鉴定人的鉴定意见对鉴定人进行质询。司法鉴定人应当事人的申请，必须出庭接受质证和专家辅助人的质询。专家辅助人的意见不是法定证据，仅仅对某一专业问题进行解释或说明，但意见有可能被采纳而影响审判结果。

虽然司法鉴定人与医生明显不同，但在某些特殊鉴定中，拥有鉴定资质的医生也可以成为司法鉴定人。例如，解决医疗纠纷时，拥有鉴定资质的病理科医生可以通过尸体解剖鉴定死亡原因而成为鉴定人，具有鉴定资质的精神科医生可以通过司法精神病鉴定成为鉴定人。

（三）鉴定人出庭作证

依据司法部第132号令，新修订通过的《司法鉴定程序通则》第五章第四十三条：经人民法院依法通知，司法鉴定人应当出庭作证，回答与鉴定事项有关的问题。第四十四条：司法鉴定机构接到出庭通知后，应当及时与人民法院确认司法鉴定人出庭的时间、地点、人数、费用、要求等。第四十五条：司法鉴定机构应当支持司法鉴定人出庭作证，为司法鉴定人依法出庭提供必要条件。

公安部制定的《刑事技术鉴定规则》第四章第十五条规定：接到人民法院的出庭通知后，鉴定人应出庭作证。对案件当事人、辩护人依照法律程序提出的与案件有关的法医鉴定问题，鉴定人应予解答。与鉴定无关的问题，鉴定人有权拒绝回答。

据以上各条所述，鉴定人出庭作证是法律程序所规定，也是审判工作的需要，为更好地加强庭审，发挥控辩双方的作用，鉴定人要阐明鉴定的科学依据，回答当事人、辩护人提出的问题，答复审判人员的询问，做到举证在法庭，查明事实在法庭，保证办案质量的提高，对正确的定罪量刑发挥重要作用。

出庭时的注意事项：鉴定人应该提前到庭报到、就位，不得迟到早退。出庭时，态度要庄重，举止要大方。鉴定人经庭长指名发言，即宣读鉴定结论，并说明鉴定结论的科学依据，必要时出示照片、模型、标本、示意图，并加以解释。发言时，要言简意赅，要有理论依据。用词要明确、严谨、公认、规范化。对于学术争论中的问题，尚未被科学界确认的，不能作为依据，可不予答复。

二、证据、证人与医生

证据（evidence）是指与案件事实相关的，能够证明所主张事实真实存在的客观材料。《中华人民共和国民事诉讼法》第六十三条规定的民事证据有：①当事人的陈述；②书证；③物证；④视听资料；⑤电子数据；⑥证人证言；⑦鉴定意见；⑧勘验笔录等。在医疗损害案件中，能够证明案件事实和程度的资料称为医学证据。根据《中华人民共和国侵权责任法》的规定，医学证据主要有住院志、医嘱单、检验报告、手术及麻醉记录、病理资料、护理记录、医疗费用等医学资料。

依据《中华人民共和国刑事诉讼法》第六十

条规定：凡是知道案件情况的人，都有作证的义务。生理上、精神上有缺陷或者年幼，不能辨别是非、不能正确表达的人，不能作为证人（witness）。由此可知，任何公民，不管其家庭出身、社会地位、男女性别、健康状况，只要了解案件事实情况，能够辨别是非，可以正确表达、提供案情证言，受到公安、司法机关通知到案作证的人，都可充当证人。第五十九条：证人证言必须在法庭经过公诉人、被害人和被告人、辩护人双方质证并且查实以后，才能作为定案的根据。法庭查明证人有意作伪证或者隐匿罪证的时候，应当依法处理。第一百八十八条：经人民法院通知，证人没有正当理由不出庭作证的，人民法院可以强制其到庭，但是被告人的配偶、父母、子女除外。证人没有正当理由拒绝出庭或者出庭后拒绝作证的，予以训诫，情节严重的，经院长批准，处以10日以下的拘留。被处罚人对拘留决定不服的，可以向上一级人民法院申请复议，复议期间不停止执行。第一百八十九条：证人作证，审判人员应当告知他要如实地提供证言和有意作伪证或者隐匿罪证要负的法律责任。公诉人、当事人和辩护人、诉讼代理人经审判长许可，可以对证人、鉴定人发问。审判长认为发问的内容与案件无关的时候，应当制止。审判人员可以询问证人、鉴定人。

当人体受到损害时，第一时间要去医院接受救治，医生在接诊与治疗过程中形成的接诊记录、手术记录或病历将成为未来当事人损害赔偿的原始书证。这些书证能够证明当事人的损伤程度、损伤性质，并能够推定致伤物。例如，颌面部损伤，因损伤的形态、部位、伤口长度的不同，根据《人体损伤程度鉴定标准》定为轻伤一级或轻伤二级，甚至重伤。如果当事人死亡，原始书证将能作为鉴定死因的原始资料。在人民法院开庭审理前，当事人有权申请将这些医学资料作为证据加以保全，防止证据灭失或毁坏。

诊治医生可能作为证人被传唤，出庭作证以证明伤情。医生不仅要严格履行医生的职责，按职业要求规范行医，还应加强法律意识，在临床工作中及时、全面、科学地记录病历和病程资料，以免因证据丢失或不全而影响案件的审理和审判。

证人和鉴定人同样是诉讼参与人，证人的证言和鉴定人的鉴定结论同样是诉讼中使用的证据。但证人必须是了解案件事实情况的人，鉴定人是必须具有某种专门知识的人。有时司法鉴定人也需出庭作证，其出庭的主要任务是向法庭宣读鉴定意见，阐明鉴定人做出鉴定意见的科学根据和理由，接受法官及其他诉讼参与人对鉴定意见的质证，回答法官和其他诉讼人提出的与鉴定有关的问题。

三、当事人与医生

当事人是指因民事权利义务发生争议，以自己的名义进行诉讼，要求法院行使民事裁判权的人。民事诉讼中的当事人，有狭义和广义之分。狭义的当事人，仅指原告和被告。广义的当事人，除原告和被告以外，还包括共同诉讼人、第三人。

1. 医生作为当事人 医生在诊疗中，可能会因不良医疗后果或病因认识不一致，与患者及家属发生纠纷而被要求追究责任或经济赔偿，因此成为当事人或被告。鉴定是否为医疗事故，应依据《医疗事故处理条例》进行医疗事故的技术鉴定。所有的诊疗记录包括死亡病例讨论记录、疑难病例讨论记录、上级医师查房记录、会诊记录、病程记录，应当在医患双方在场的情况下封存和启封。封存的病历由医疗机构保管。

医患双方对首次医疗事故鉴定结论不服的，按照《医疗事故处理条例》第二十二条规定，当事人对首次医疗事故技术鉴定结论不服的，可以自收到首次鉴定结论之日起15日内向医疗机构所在地卫生行政部门提出再次鉴定的申请。

2. 医生作为医疗鉴定专家 卫生行政部门接到要求处理医疗事故争议的申请后，要交由医疗事故技术鉴定委员会组织鉴定，医疗事故技术鉴定委员会将从医疗事故技术鉴定专家库中抽取专家组织鉴定。专家库的成员主要由具有高级技术职务的医疗专业技术人员和法医组成。

当医生成为医疗事故技术鉴定专家库成员，有下列情形之一的，应当回避：①是医疗事故当事人或当事人的近亲属；②与医疗事故争议有利害关系；③与医疗事故争议当事人有其他关系，可能影响公正鉴定的。

3. 医生要有法律意识 在医疗损害过程中，如交通肇事后的伤者，既是案件的当事人也是患者，而医生作为诊疗专家也成为案件的证人。在某种情况下，当事人会夸大或隐匿伤情，甚至编造（诈伤）或自造伤情，以达到赔偿或使案情加重的目的。医生则需要仔细甄别，详细记录，以免误诊或漏记，为后期的民事赔偿带来纠纷。

医生所学知识多与疾病相关，在某些刑事案件中往往忽略犯罪因素，如因被注入毒麻药而致昏迷以至于死亡时，不要草率以"冠心病心肌梗死"作为诊断，或者因中毒引起的腹痛，而仅仅以"肠炎"作为诊断，掩盖犯罪事实，使犯罪分子逃避法律制裁。

为避免医疗纠纷，医学生不仅要努力学习医学知识，还要学习与法律相关的法医学知识，成为技术精湛、医德高尚、治病救人的医生。医生要维护患者的合法权益，同时要保护好自身的合法权益不受侵犯。

四、医疗保险与医生

医疗保险一般指基本医疗保险，是为补偿劳动者因疾病风险造成的经济损失而建立的一项社会保险制度。通过用人单位与个人缴费，建立医疗保险基金，参保人员患病就诊发生医疗费用后，由医疗保险机构对其给予一定的经济补偿。医疗保险同其他类型的保险一样，也是以合同的方式预先向受疾病威胁的人收取医疗保险费，建立医疗保险基金；当被保险人患病并去医疗机构就诊而发生医疗费用后，由医疗保险机构给予一定的经济补偿。因此，医疗保险也具有保险的两大职能：风险转移和补偿转移，即把个体身上的由疾病风险所致的经济损失分摊给所有受同样风险威胁的成员，用集中起来的医疗保险基金来补偿由疾病所带来的经济损失。

医生作为医疗服务的主体，是医疗保险制度的关键环节和人物，对保险制度的执行起着重要的作用。医保制度服务的好坏，取决于医生的服务质量，只有获得好的基本医疗服务质量，群众才能接受医疗保险制度。而服务治疗又取决于医生的态度和质量，所以医疗保险制度的实行，医生是关键环节。受社会医疗保险的限制，最新上市的新药、进口药、价格昂贵的药及交通事故所造成的医疗费用，均不在社会医疗保险报销范围之内。因此，医生要掌握医疗保险制度，在不降低医疗效果的前提下，尽量减少患者的社会医疗保险外负担，使社会医疗保险发挥最大功效。另一方面，医生又要避免过度医疗，并自觉主动控制过度医疗，才能真正做到节约社会资源，使患者获得合理治疗。

社会医疗保险、商业疾病保险和意外伤害保险及社会和劳动保险等均与临床医生有密切的关系，疾病诊断书和疾病诊治证明等是保险公司理赔的最主要的法律依据，作为临床医生应科学准确地做出疾病诊断，负责地出具医疗相关的诊治证明或司法鉴定文书。对于自伤诈保、带病投保，一定要实事求是对待，对于疾病或伤残的程度及预后判断一定要科学地分析，用法医学、医学理论和技术给出严谨的诊断和结论。

第三节 司法鉴定文书与医生

作为医生，在特殊情况下可能成为司法鉴定人，所以了解司法鉴定文书的要求是必要的，具体根据《全国人民代表大会常务委员会关于司法鉴定管理问题的决定》和《司法鉴定程序通则》公布的《司法鉴定文书规范》的第三、第五、第六、第七和第八条的规定：

第三条 司法鉴定文书分为司法鉴定意见书和司法鉴定检验报告书两种，司法鉴定意见书是司法鉴定机构和司法鉴定人对委托人提供的鉴定材料进行检验、鉴别后出具的，记录司法鉴定人专业判断意见的文书，一般包括标题、编号、基本情况、检案摘要、检验过程、分析说明、鉴定意见、落款、附件及附注等内容。

司法鉴定检验报告书是司法鉴定机构和司法鉴定人对委托人提供的鉴定材料进行检验后出具的客观反映司法鉴定人的检验过程和检验结果的文书，一般包括标题、编号、基本情况、检案摘要、检验过程、检验结果、落款、附件及附注等内容。

第五条 司法鉴定文书一般由封面、正文和附件组成。

第六条 司法鉴定文书的封面应当写明司法鉴定机构的名称、司法鉴定文书的类别和司法鉴定许可证号；封二应当写明声明、司法鉴定机构的地址和联系电话。

第七条 司法鉴定文书正文应当符合下列规范和要求：

1. 标题 写明司法鉴定机构的名称和委托鉴定事项。

2. 编号 写明司法鉴定机构缩略名、年份、专业缩略语、文书性质缩略语及序号。

3. 基本情况 写明委托人、委托鉴定事项、受理日期、鉴定材料、鉴定日期、鉴定地点、在场人员、被鉴定人等内容。

鉴定材料应当客观写明委托人提供的与委托鉴定事项有关的检材和鉴定资料的简要情况，并注明鉴定材料的出处。

4. 检案摘要 写明委托鉴定事项涉及案件的简要情况。

5. 检验过程 写明鉴定的实施过程和科学依据，包括检材处理、鉴定程序、所用技术方法、技术标准和技术规范等内容。

6. 检验结果 写明对委托人提供的鉴定材料进行检验后得出的客观结果。

7. 分析说明 写明根据鉴定材料和检验结果形成鉴定意见的分析、鉴别和判断的过程。引用的资料应当注明出处。

8. 鉴定意见 应当明确、具体、规范，具有针对性和可适用性。

9. 落款 由司法鉴定人签名或者盖章,并写明司法鉴定人的执业证号,同时加盖司法鉴定机构的司法鉴定专用章,并注明文书制作日期等。

10. 附注 对司法鉴定文书中需要解释的内容,可以在附注中做出说明。

司法鉴定文书正文可以根据不同鉴定类别和专业特点做相应调整。

第八条 司法鉴定文书附件应当包括与鉴定意见、检验报告有关的关键图表、照片等,以及有关音像资料、参考文献等的目录。附件是司法鉴定文书的组成部分,应当附在司法鉴定文书的正文之后。

鉴定人编写鉴定书时,按检验经过的实际情况叙述,不夸大也不缩小,文章简洁通顺、前后呼应、合乎逻辑,不能模棱两可、含糊其辞,尽量避免使用"可能""或许""原则上""基本上"等字样。编写鉴定书时,不但要确定事实,而且要解释事实;不但要解答提出的问题,有时也要说明未经提出的问题,使司法工作人员能够一目了然,容易理解。

复习与思考题

1. 哪些基础医学与法医学有着密切关系?
2. 法医病理学与临床病理学有何区别?
3. 医学生为何要学习法医学?
4. 医生与司法鉴定人有何关系?
5. 病程记录对司法鉴定有何作用?
6. 医生为何会成为患者的证人?
7. 病历在什么情况下会成为鉴定文书?
8. 医生与医疗保险有何关系?
9. 医生诊疗中为何要有法律意识?
10. 做医疗纠纷有关的鉴定时,尸体要符合哪些条件?

(陈 鹤 李连宏)

第二章 法医学与法学

【目标要求】

掌握：法、法学、法学体系和法律体系的概念，法医学的法律价值。

熟悉：法医学工作者学习法律知识的意义；死亡及死亡鉴定涉及的法律；活体损伤鉴定涉及的法律，医疗损害技术鉴定相关法律；生物样本涉及的法律；司法精神病鉴定涉及的刑事法律。

了解：尸体检验相关法律；虐待、性侵犯、保外就医、活体年龄推断相关法律；DNA证据鉴定涉及的法律问题；司法精神病鉴定涉及的民事法律。

> **案例 2-1**
>
> 被告人A，86岁，患有老年性脑病，生活不能自理，各项生理功能日益衰竭，随时有生命危险。被告人A与被害人B系爷孙关系，二人同住在一起。一日，被告人A在上完厕所后，被B拽了一下，差点摔倒在地，A联想到前几日B曾将他锁在家中，认为B是对其虐待，遂起杀人念头。第二天，A趁B熟睡，用菜刀朝B头部砍去，并随手将院中的铁锹拿上，继续砍击B的脖子，其间，铁锹掉落。被害人B当场死亡。这一案件看似简单，但是由于被告人自身的特殊性，而使案件成为烫手的山芋。被告人86岁，年龄偏大，且有各种基础疾病，身体状况不佳，随时有生命危险，一旦被告人在审理案件期间死亡，就会使法官面临很多的难题。
>
> 问题：
> 1. 被告人是否要做司法精神病鉴定？
> 2. 如果在羁押期间被告由于自身疾病发生死亡，如何进行处理？

第一节 法学概述

一、法与法学的概念

法是国家制定和颁布的公民必须遵守的行为规则，国家统治的工具。法，可划分为宪法、法律、行政法规、地方性法规、自治条例和单行条例。宪法是国家的根本大法，而法律是从属于宪法的强制性规范，是宪法的具体化。法律分为基本法律和普通法律。基本法律是指由全国人民代表大会制定和修改的法律，如刑法、民法通则、行政法、刑事诉讼法、民事诉讼法、行政诉讼法、商法、国际法等；普通法律是指基本法律之外，由全国人民代表大会常务委员会制定和修改的法律，如劳动法、行政处罚法、行政监察法、行政复议法、国家赔偿法等。法律作为社会的强制性规范，其直接目的在于维持社会秩序，并通过秩序的构建与维护，实现社会公正。

法学，又称法律学、法律科学，是以法律、法律现象及其规律性为研究内容的科学，它是研究与法相关问题的专门学问，是关于法律问题的知识和理论体系。作为以法律为研究对象的法学，其核心就在对于秩序与公正的研究，是秩序与公正之学。

二、法学体系和法律体系

法学体系是由法学分支学科构成的具有内在有机联系的统一整体。法学分为四大类分支学科，包括理论法学、应用法学、历史法学、综合法学，具体分支学科主要包括理论法学、法律史学、国内法学、国际法学、立法学、法律解释学、比较法学和外国法学、法学和自然科学、技术科学和其他社会科学之间的交叉学科，如法医学、司法鉴定学、司法精神病学等。

法律体系是指由一国现行的全部法律规范按照不同的法律部门分类组合而形成的一个呈体系化的有机联系的统一整体。简单地说，法律体系就是部门法体系。例如，宪法及宪法相关法包括《中华人民共和国宪法》《中华人民共和国国旗法》《中华人民共和国国徽法》等一系列法；诉讼法包括民事诉讼、刑事诉讼、行政诉讼、知识产权诉讼、仲裁等法律。

第二节 法医学与法学

一、法医学的法学范畴

法医学是应用医学、生物学及其他自然科学的理论与技术，研究并解决法律实践中有关医学问题的一门医学分支学科。法医学是医学和法学交叉学科，为法学的边缘学科，属技术法学范畴。法医学的产生是基于法律的需要。通过法医学鉴定提供科学证据，为侦查提供线索，为审判提供证据，并为有关法律、法规的制定提供依据。

二、法医学的法律价值

法医学是为法律服务的一门自然科学。从法律角度看，证据部分是诉讼法的核心内容之一。可以说，整个诉讼过程主要是发现、收集证据和运用证据证明案件事实的过程。而法医学鉴定意见是法医学鉴定人向司法机关提供的有关案件专门性问题的书面鉴定意见，具有法定的证据属性，是有别于其他证据如证人证言、当事人陈述的科学证据，充分体现了其法律价值。

同时，法律对法医学学科发展具有推进作用。法律在研究和解决实际问题的时候，必然会不断地遇到一些新的情况和新的问题，研究和解决这些问题对法学的发展非常重要。有些问题单靠法学无法解决，要依赖于其他学科如法医学的理论和技术支持，从而推动法医学不断进行研究和创新去解决相关问题。法医学正是在这种不断接受法律所提出新问题的环境下发展起来的。

三、法医学工作者学习法律知识的意义

法医学工作者的基本任务是遵循相应的法律程序，接受委托，应用医学等自然科学的理论和技术，对案件中有争议的专门性问题做出科学判断，并提供具有证据属性的鉴定意见书，以实现司法公正。而法律对法医鉴定人所从事的法医学鉴定具有很强的规范和指导作用。法医学鉴定既然是为法律服务的，它必须按照法律的要求和程序进行。我国《中华人民共和国刑事诉讼法》《中华人民共和国民事诉讼法》两大基本法和最高人民法院、最高人民检察院及公安部的有关法规中，均对法医学鉴定程序作了明确的规定。而且，在刑法等法律法规中，对司法鉴定人应承担的法律责任也有详细的阐述。此外，在法医学鉴定的各类鉴定活动中，如死亡原因分析、医疗纠纷和医疗事故评定、人体损伤程度和伤残等级鉴定、毒物分析、亲子鉴定及个体识别等，都具有相关的法律法规。这些都需要法医学工作者不仅要认真、全面、系统地学习法律知识，而且还要具备相当的法律素养、法学理念和法学思维方法。具体来讲，要以法学的实践思维培养司法鉴定人客观对待事物、公正处理问题的理念，以法学的问题思维培养审慎的求实态度，以法学的论证思维培养析辩的科学作风，以法学的评价性思维培养正义、公平的价值观。因此，只有掌握了相关法律知识的法医学工作者，才能运用其掌握的科学知识为社会法律实践服务。

第三节 法医学分支学科与法律

一、法医病理学与法律

法医病理学（forensic pathology）是研究与法律有关的人身伤亡的发生发展规律的一门法医学分支学科，是法医学的主体学科，所涉及的相关法律最多。

（一）死亡

死亡是机体生命活动和新陈代谢的终止，是生命的组成部分。从法律意义上说，生命是人具有权利能力和行为能力的基础，生命具有不可替代性。因此，生命是人存在的基础，是人至高无上的利益所在，是人的第一尊严。

死亡意味着生命的终结，在法律上则意味着作为法律关系主体的主体资格的消灭。通常情况下，死亡都是按照人的自然生命规律进行的，但由于各种因素的影响和介入，也经常会出现非自然死亡的情况，如自杀、他杀或意外事故等，还有与死亡有关的脑死亡、安乐死等问题。自杀、脑死亡与安乐死均会涉及死亡权的讨论。生命权应包括人在生命三个不同阶段中所具有的三个具体权利内容，即生命从开始孕育到出生时的出生权，从出生后到死亡前的生存权，以及临近整个生命末端的死亡权。承认死亡权，在某种意义上体现了法律对个人意愿的尊重和保障。死亡权包括死亡决定权、死亡标准选择权和死亡方式自主权等多个方面。

1. 脑死亡及其相关法律 脑死亡（brain death）是指大脑、小脑和脑干等全脑功能不可逆转的永久性丧失。由于各国立法不同，目前有关脑死亡的诊断标准不下30种，但通常包括以下指标：①持续深度昏迷（无自主运动，肌肉无张力，深浅反射消失）。②有已知原因的不可逆脑损害（排除因低体温、药物、代谢或内分泌异常引起的深昏迷）。③无自主呼吸，靠呼吸机维持呼吸。④所有脑干反射消失，包括瞳孔对光反射、角膜反射、头眼反射、眼前庭反射等。⑤经颅多普勒超声、脑血管造影和放射性核素检查，颅内血管的血流中止或逆向血流。⑥脑电图检查呈一直线，即等电位脑电图，对任何刺激无反应。⑦体感诱发电位检查，引不出脑干波形。在所有检查方法中，能证明脑循环停止是确诊脑死亡最可靠的根据。

对于脑死亡，现在医学上的诊断已明确。但是，由于死亡是公民民事法律关系产生、变更和终止的

原因之一，确定死亡的时间不一致，可引起遗嘱纠纷、保险索赔纠纷、职工抚恤金及器官移植纠纷、"不合理"死亡的认定等法律问题，也直接影响到法律上的继承问题，婚姻家庭关系中抚养与被抚养、赡养与被赡养及夫妻关系是否能够自动解除等问题，还涉及是否终止治疗、能否进行器官移植等诸多问题。因此，判定脑死亡，在法医学鉴定中具有重要的意义。

在国际上，包括美国、日本在内的诸多国家已有脑死亡的立法，100多个国家和地区正式承认脑死亡。但是，在我国，尚没有脑死亡的立法。国外的立法模式可以分为两种情况：一是与器官移植法合在一起而形成的脑死亡法律体系，法国是最具代表性的国家之一，1976年法国正式颁行《器官移植法》；二是分立式脑死亡法律体系，美国是最为典型的代表，1978年美国颁布《统一脑死亡法》，1984年又通过了《器官移植法案》。

国际上脑死亡法律体系包括的法律法规：①《脑死亡法》是脑死亡法律体系中的核心，对脑死亡各方面的法律问题做出宏观规制。②《人体器官捐献与移植法》和《遗体捐献法》是《脑死亡法》的辅助法。促进器官移植等医疗技术的健康发展是脑死亡立法的价值之一。③《脑死亡评定标准》《脑死亡管理制度》《脑死亡技术规范条例》是《脑死亡法》贯彻实施的保障性规范。

2. 安乐死及其立法 安乐死（euthanasia）是指对于现代医术无法挽救、临近死亡的患者，医生在患者本人真诚委托的前提下，为减少患者难以忍受的剧烈痛苦，而采取措施结束患者生命的一种方式（《中国大百科全书·法学卷》）。安乐死的适用对象必须是在当前医学条件下无法挽救并且正在遭受难以忍受痛苦的临近死亡的患者。实施安乐死的首要目的必须是减轻和解除患者不堪忍受的事实痛苦。患者必须在意识清醒的状态下自愿提出接受安乐死的请求，并需多次提出相关请求。实施安乐死的方式必须是仁慈和尽可能无痛的。安乐死必须按照国家相关法律法规实施，操作程序主要包括：第一，医生对患者情况做出书面诊断的结论；第二，患者本人需要向当地法院提出书面申请；第三，患者和医生之间需要达成实施协议；第四，由医生实施安乐死。整个过程必须在法院的监督下执行，并由相关公证单位进行公证。

安乐死一般分为主动安乐死与被动安乐死两类。所谓主动安乐死指由医生通过采取某种措施（如药物或毒物注射）使患者无痛苦的死去；被动安乐死是指停止维持患者生命的一切医疗或抢救措施，任其自然死亡。

荷兰是全球第一个通过安乐死立法的国家（2001年）。随后，比利时、日本、瑞士、加拿大和美国的一些州通过了安乐死的法案。韩国也于2018年2月起正式实施《维持生命医疗决定法》。虽然，我国目前尚无安乐死的立法，但可预见，安乐死也会像脑死亡一样最终会被人们接受和从立法上得到承认。

3. 死亡证明及管理 死亡医学证明书是由医务人员对死亡者填写的一种具有法律效力的证明文件，其用途主要包括：①是居民死亡的法定记录文件，属于法律文书凭证。②居民死亡医学证明，记载死者的各项基本情况及死亡原因，有关部门据此注销户口，办理殡葬火化等手续。③是死亡原因的原始资料，卫生部门利用它可以进行居民健康状况的专题研究，提出优先解决的公共卫生问题，为制定卫生工作方针，采取防病措施，提供科学依据。④告诉死者家属导致死者死亡不同阶段的生理状态，有助于他们对死者遗产相关事务的处理。⑤提供死亡原因和死亡环境，为保险机构等提供信息。

死亡证明是合法的对个体死亡进行证实的文件，但不能作为法庭分析死亡原因和死亡方式的证据。在大多数案例中，应该由患者的主治医生开具死亡的医学证明，因为他们最了解患者的诊疗过程，从而很可能对死亡原因做出正确判断（除非死亡的环境和相关的法律要求需要法医开具死亡证明）。

美国死亡证明书标准中包含了3个主要的信息主题：人口统计信息和个人信息（如教育背景、职业、社保编号、出生地等）；尸体存放的方法和位置细节（土葬、火葬等）；死亡的原因和死亡时所处的环境（死亡的医学证明部分）。

（二）尸体检验相关法律

尸体解剖（autopsy）是对死者遗体进行病理剖验的过程。尸体解剖是研究分析尸体诸多问题的最基本的方法。最早的法医尸体解剖出现在13世纪，到16世纪随着解剖学的逐步形成和发展，法医检验中尸体解剖的重要性也得到了法律的认可。可以说尸体解剖这一方法，在法医学漫长的发展史中具有里程碑的作用，是古代法医学与现代法医学的分水岭。

1. 验尸官制度 英国是验尸官制度（coroner system，主要是英格兰和威尔士，苏格兰实行大陆法系）的发源地。验尸官是独立的司法人员，主持验尸官法庭（coroner court，又称死因裁判法庭）的调查工作。负责调查暴力死、非自然死或原因不明的猝死，以及狱中死等死亡案件。英国规定验尸官的资格应为执业5年以上的律师，或者取得执业医师资格的医生，且要求其具有司法实践经验。我国香港地区现仍沿用验尸官法庭制。根据香港验尸官条例（1997年）规定，应向验尸官报告的死亡案件情况：医生不能准确作出死因诊断；死者死亡前14日内未经执业医生诊治，但曾被诊断为晚期的病人除外；意外或受伤导致死亡；与麻醉药物使用有关的死亡，因全身麻醉或麻醉后24h内死亡；手术导致的死亡或术后48h内的死亡；职业病导致的死亡；胎儿死亡；孕妇在分娩、堕胎或流产30日内发生的死亡；原因不明的败血症导致的死亡；可疑自杀；官方看管期间内死亡；具有法定逮捕或羁押权的公职人员在执行公务时死亡；死亡发生在具有法定逮捕或羁押职权的部门；私立精神病院或疗养院发生的死亡；他杀死亡；中毒死亡；虐待、饥饿或疏忽导致的死亡；在香港以外的地方发生死亡而尸体被搬运到香港的死者。验尸官通过分析病理学家的初步检验结果，认为可以排除对死因的怀疑，应当作出批准免于尸体解剖的命令、埋葬命令、火葬命令。反之，应命令解剖尸体，分析研究病理学医师的尸体检验报告，考虑是否启动调查程序（调查交由警方进行并提交死亡报告），考虑是否由陪审团加入并启动验尸官法庭询问程序，还可以签发搜查令等。

2. 部分国家和地区的相关规定

（1）欧盟部长委员会提案[NO.R（99）3]各成员国法医学尸体解剖通用规则：关于尸检范围的规定，事关非自然死亡，有关部门必须组织一个以上法医及时赶赴现场进行现场勘查、尸体检查，并决定是否进行尸体解剖。对于非自然死亡，无论死因确定或者可疑，即使死亡至发现有时间间隔，也一律应做尸体解剖，特别是在以下情况：①他杀或疑似他杀。②猝死，包括婴幼儿猝死。③侵犯人身权益，如怀疑逼供或任何形式的虐待。④自杀或疑似自杀。⑤疑似医疗事故。⑥意外死亡，包括交通、职业、家庭的意外死亡。⑦职业性疾病或损伤。⑧工业或环境灾害。⑨监护期内死亡或与警察、军人有关的死亡。⑩无名尸体或白骨化尸体。

（2）苏格兰检察官制度：在苏格兰，有关死因不明或意外死亡，以及死亡发生在职业场所或司法拘留、监禁过程中等情况，由检察官负责调查。即使医师已开具死亡证明书，检察官也有权决定解剖且无须家属同意，解剖由法医病理学医师进行。检察官决定执行解剖的法医人数和资格。根据死亡事件与检察官手册规定，需要向检察官报告的死亡情况有16种，包括因暴力、可疑或不明原因的死亡；涉及第三人过错或过失的死亡；可能或可疑自杀；意外死亡；因飞机、船舶或火车等交通工具引起的死亡；溺死；烧、烫伤或由火灾、爆炸引起的死亡；婴幼儿死亡；工作场所死亡；职业引起的死亡，包括职业病或中毒；医疗事故；中毒或可疑中毒；法定报告的传染病或食物中毒；司法拘留或监禁情况下的死亡；在不明处死亡；医师无法认定的死亡原因。

（3）美国佛罗里达州法医师制度：佛罗里达州州法第406章是关于法医师的规定。法医师遇有下列情况可以自行决定或经州检察长委托进行检验、调查和解剖：暴力犯罪；意外事故；自杀；身体健康的突发猝死；未经执业医师诊治的死亡；在监狱或刑罚矫正机关内的死亡；在警察看管或拘留中死亡；其他可疑或不正常的死亡；违法堕胎；中毒；导致死亡的疾病足以引起大众对公共卫生和健康的疑虑；职业病、职业伤害或职业中毒；尸体由外地运至本州而无医学证明者；尸体将被火化、肢解或海葬者。

（4）日本和德国：日本一般由警察委托开业医师进行验尸，少数大城市实行法医师制度（也称检察医制度）。除诉讼法规定外，日本还有专门的尸体解剖保存法。法医师进行检验和解剖的情况：①病死或自然死，包括医师诊治期间猝死；医师诊治期间不明原因死亡；医师诊治期间非疾病死亡；发病时死亡状况异常的死亡。②外因性死亡或因其并发/继发症状死亡，如交通事故、高坠、溺死、烧死、窒息死、中毒死、暴力死、电死等。③无法认定是病死、外因死或不明原因的死亡，如他杀、自杀。

德国《刑事诉讼法》第八十七条对勘验尸体、解剖尸体作出了具体规定：①尸体由检察院在医师协助下勘验，依检察院申请也可由法官在医师协助下勘验。显然无须医师协助也可查明事实的情况，可以不请求医师协助。②尸体应由两名医师解剖，其中一名必须是法医，或者是公立法医、病理学研究院院长，或者是由该院院长委托的，具有法医知识的该院医师。对尸体不得交给治疗过死者死亡前最后病症的医师解剖。但是可以要求解剖时他在场，从病历的角度给予说明。检察院人员可以参加尸体解剖。依检察院的申请，尸体解剖应在法官在场时进行。③为了勘验、解剖，许可将已经埋葬的尸体掘出。④是否解剖、掘出已经埋葬的尸体，由法官决定，在延误将影响侦查结果时检察院也有权决定。决定掘尸时，如果无特别困难就可找到死者亲属的要同时决定通知死者亲属，以通知不会影响侦查目的为限。

（5）我国的尸体解剖规则：目前我国并没有一个专门的、系统的、规范性尸体检验制度和法律，只有若干法律法规和部门规章。例如：

1979年卫生部重新发布《解剖尸体规则》。该规则规定尸体解剖分为三种，即普通解剖、法医解剖和病理解剖。普通解剖限于医药院校及其他有关教学、科研单位的人体学科在教学和科学研究时实施；法医解剖限于人民法院、检察院、公安局及医学院校涉及的法医科（室）实施；病理解剖限于教学、医疗、医学科学研究和医疗预防机构的病理科（室）施行。其中，进行法医解剖的情形包括：涉及刑事案，必须经过尸体解剖始能判明死因的尸体和无名尸体需要查明死因及性质者；急死或突然死亡，有他杀或自杀嫌疑者；因工农业中毒或烈性传染病死亡涉及法律问题的尸体。

2018年6月20日国务院通过的《医疗纠纷预防和处理条例》第二十六条规定："患者死亡，医患双方对死因有异议的，应当在患者死亡后48小时内进行尸检"。尸检应当由按照国家有关规定取得相应资格的机构和病理解剖专业技术人员进行。承担尸检任务的机构和病理解剖专业技术人员有进行尸检的义务。

尸体解剖对临床医学的价值可以概括为"3C"，即确定诊断（confirming）、澄清疑问（clarifying）及校正错误（correcting）。而涉及医疗纠纷的尸检目的主要为进一步明确临床诊断、验证死亡原因。

（三）死亡原因和死亡方式鉴定与法律

引起死亡的原因很多，如各种自然性疾病，或各类暴力性因素。就某一案例而言，有时是一个原因，有时却与多种原因有关。世界卫生组织建议的《国际疾病分类》将所有的疾病和死亡原因进行了分类，并给出了死亡原因（cause of death）的概念，即所有直接导致或间接促进死亡的疾病、病情和损伤，以及造成任何这类损伤的事故或暴力的情况。

根本死因或主要死因发生的方式称为死亡方式（manner of death），我国习惯上又称为死亡性质，或案件性质。目前国内外法医学通用的死亡方式分为非暴力死与暴力死两大类，前者分为生理性死亡和病理性死亡，后者又可分为自杀、他杀和意外死三种。死亡方式的鉴定是法医病理工作者的重要职责之一，是刑事侦查制定工作方向、司法审判定罪的重要依据。有关死亡原因与死亡方式的鉴定因案件性质不同，可能涉及刑事法律和民事法律。

1. 死亡鉴定与刑事法律 侵犯公民人身权利罪作为一类犯罪的总称，是指故意或者过失地侵犯公民的人身权利及与人身直接有关的权利，依法应当受到刑罚处罚的行为。与法医学鉴定有关的主要有侵犯生命、健康的犯罪，如故意杀人罪、过失致人死亡罪等。

在法医学鉴定中，最多见的是谋杀死。谋杀死（death from murder）指非法的或者说犯罪的他杀，是现实生活中最常见的一种他杀死。这类他杀死是指具有行为能力的人，预见自己的行为会剥夺他人的生命，并希望达到杀人目的而杀人的，称为故意杀人（谋杀死）。杀婴也是一种非法的他杀死，也要受到法律制裁。

其次是伤害死。伤害死（death from harm, manslaughter）指对他人实施的伤害行为，不是预谋或故意致其死亡，由于这样或那样的原因，最后客观上造成了他人的死亡。这类他杀虽然也是非法的他杀，但与谋杀的根本不同点是他的故意伤害行为并不以杀死他人为目的。这类他杀死在当今法医实践中相当多见。大多数情况下其伤害行为是一时的冲动，其行为的客观死亡后果与最初主观动机显著不一致是其特点。如主观上想致人伤或残，或只是为了造成他人痛苦，结果致被伤者死亡。虐待儿童和老人，以及对拘押、监禁、劳教和劳改的人犯采取违法乱纪的伤害行为所导致的死亡，绝大多数在本质上属于伤害死。

行为人主观上有损害他人身体健康的故意，且行为人明知自己的行为会给他人造成伤害，并且希望或者放任这种伤害结果的发生，但是由于伤势过重在客观上造成了被害人死亡的，是故意伤害（致死）罪，伤害致人死亡，必须是轻伤以上的犯罪行为。如果不是故意伤害他人的，只是由于自己的过失，从而导致了他人死亡结果的发生，就应定过失致人死亡罪。故意伤害当场致人死亡与间接故意杀人在司法实践中较难区分。

损伤导致重伤，抑或死亡，有时从损伤程度的角度很难界定。法医学上有致命伤的概念，简单而论，凡导致死亡的损伤均为致命伤（fatal injury）。致命伤又分为绝对致命伤和条件致命伤两类。绝对致命伤（absolute fatal injury）是指无论在何种情况下对所有的人都足以致死的损伤。条件致命伤（conditional fatal injury）是指在某种条件下才导致死亡的损伤。这些条件有外界客观因素，如伤后不能及时救治，医院误诊等；也有机体自身因素，如疾病、年老体弱等。

2. 死亡鉴定与民事法律 人身损害赔偿，是指民事主体的生命权、健康权、身体权受到不法侵害，造成致伤、致残、致死的后果及其他损害，要求侵权人以财产赔偿等方法进行救济和保护的侵权法律制度。人身损害赔偿还包括因生命权、健康权、身体权受到侵害时的精神损害赔偿。《中华人民共和国民法通则》第一百一十九条规定了人身损害赔偿法律制度的基本内容，《国家赔偿法》《消费者权益保护法》和《道路交通事故处理办法》等法律法规，以及最高人民法院制定的司法解释，对人身损害赔偿法律制度进行了补充和完善。

在法医学鉴定中最常见的是意外死。意外死（accidental death）是指意料之外、非故意的行为所造成的死亡。在法律上行为人存在过失，即疏忽和懈怠。行为人对自己行为的结果，应当预见或者能够预见而没有预见；行为人对自己行为的结果虽然预见了却轻信可以避免。有时，行为人主观上是为了紧急避险，但行为过度造成死亡的后果。还有，因不可抗拒的原因，遭受自然灾害等情况。这种意料之外和非故意的行为所造成的死亡受害者可能是他人，也可能是行为者本人，包括事故死和灾害死。自伤、自残者或出于某种目的自己对自己造成伤害，意外地超过了限度而发生的死亡（如性窒息），由于其并不是以故意结束自己的生命为目的，所以也是一种意外死。

根据最高人民法院关于审理人身损害赔偿案件适用法律若干问题的解释，侵权行为造成受害人死亡，应当赔偿受害人死亡时的丧葬费、死亡赔偿金和被扶养人生活费。丧葬费按照受诉法院所在地上一年度职工月平均工资标准，以6个月总额计算。死亡赔偿金按照受诉法院所在地上一年度城镇居民人均可支配收入或者农村居民人均纯收入标准，按20年计算。但60周岁以上的，年龄每增加一岁减少一年；75周岁以上的，按5年计算。被扶养人生活费根据扶养人丧失劳动能力程度，按照受诉法院所在地上一年度城镇居民人均消费性支出和农村居民人均年生活消费支出标准计算。被扶养人为未成年人的，计算至18周岁；被扶养人无劳动能力又无其他生活来源的，计算20年。但60周岁以上的，年龄每增加一岁减少一年；75周岁以上的，按5年计算。

二、法医临床学与法律

法医临床学（forensic clinical medicine）是应用现代法医学与临床医学的理论和技术，研究并解决法律上有关活体的医学问题的应用学科。该学科涉及范围广，主要有人身伤害损伤程度鉴定，车祸、工伤、人身伤害等伤残等级评定，性侵害中被害人检验，犯罪嫌疑人或被拘留者保外就医的疾病和残疾评定，人寿保险残疾与疾病确认，家庭暴力伤害，以及医疗过错和伤残等级评定，赔偿医学，活体年龄推断等。法医临床学对于司法审判中刑事责任能力判定、定罪量刑，民事诉讼人身伤害及残疾赔偿，以及行政裁决、劳保待遇、保险理赔中残疾与疾病确认等都具有重要意义。

（一）活体损伤与法律

人体损伤（injury）是指致伤物或致伤因素作用于机体引起组织结构的破坏和（或）功能障碍。"人体损伤"是医学术语，它具有以下特点：①必须有致伤因素直接作用于人体，也即外伤史是客观存在的事实。同时，损伤在机体上造成了一定病理性变化，即使微小的变化无法肉眼所及，但从医学理论上分析，该变化确实存在。②损伤是机体之外的因素作用所致，有时是被害人自己不慎造成的意外，或主观故意借助外界因素对自己机体的损伤，如自伤、诈伤等。

人身伤害（personal injury）是指"在侵权行为法中，人在身体上所遭受的伤害，如断肢等（见《牛津法律大辞典》）"，也即侵害公民生命权、健康权和身体权造成的损害。在法学理论中人身伤害分为以下几类：①外力作用于他人机体的伤害，包括使用外界致伤物及加害人自身肢体或器官，如拳脚、牙齿等。②不作为的行为也可以致人伤害，如故意不给患者服药。③还有使人陷于恐怖状态，造成人的精神上的障碍。④使用非暴力的方法，如供给他人腐败或有毒的食物。⑤使用暴力等手段相威胁，逼迫他人自伤或感染疾病。由此可以看出，人身伤害远远超出人体损伤的范畴。判定人身伤害程度的标准，是基于承担法律责任的性质所决定的。

人身伤害，虽然原因复杂多样，但其损害的后果却相对稳定，即侵害公民健康权可造成以下损害：①临时损伤。②永久性损伤。③残疾及劳动能力丧失。④疼痛和精神痛苦。⑤财产损失。也有作者分为：①一般伤害。②致人残废。③致人死亡。但基于刑法定罪量刑的需要，又把损害后果划分为轻伤、重伤和死亡等。同样的损伤，刑事、民事分类不同，如图2-1所示。

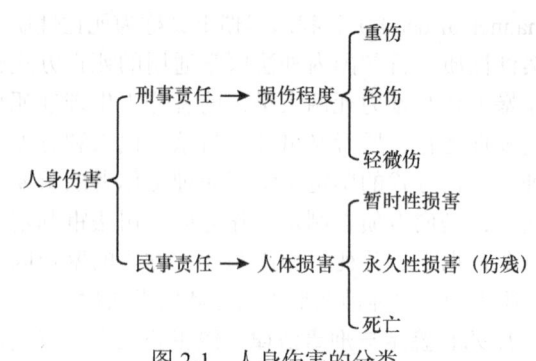

图2-1 人身伤害的分类

在法律上，侵害人身的违法行为因性质不同，既有刑事违法行为，也有民事违法行为和行政违法行为。侵权行为是民事违法行为，犯罪行为是刑事违法行为，两者除适用法律不同外，还有以下区别：

一是犯罪行为必须是具有社会危害性的行为，即必须达到具有社会危害性的程度，才能成为犯罪行为。侵权行为不必具有社会危害性，只要具备损害他人人身权利的违法性，就可以构成。二是刑法要求犯罪行为的行为人的主观恶性必须达到一定程度，即主观恶性较大的危害社会的行为，才能认为是犯罪，因此，刑事犯罪主要是故意犯罪，行为人对其行为有过失者，只有在法律有明文规定的情况下，才能认定为犯罪。侵权行为绝大部分是过失行为。按照目前法律规范的研究，"伤害"一词在法律上是由伤害罪演变而来，因此，人身伤害在法医学中比较统一明确，而在法律层面，一般是指刑事案件，民事案件通常称为人身损害。

1. 损伤程度鉴定与刑事法律 侵害他人身体权和健康权的违法行为，根据损害（伤）程度决定适用法律，如轻微伤不构成刑事犯罪，由行政法规处罚，依据民事法律处理损害赔偿；轻伤构成刑事犯罪，重伤是刑罚量刑的依据，造成轻伤或重伤的刑事案件可同时附带民事损害赔偿。

人体损伤程度存在社会学、医学和法律上不同的理解和界定。社会日常生活中基于一般的常识，人们通常有损伤重、损伤轻之分。医学主要依据生命体征分为轻度（中度）、重度和极重度等，而且临床医学各系统有不同的划分标准，为治疗提供依据。法律上的人体损伤程度已经发展为专用名词，具有特殊的含义：第一，损伤程度分类及名称由刑法及其他相关法律所决定，特别是重伤，其定义由《中华人民共和国刑法》规定。损伤程度的产生与医学的理论和技术具有一定的相关性，但并非完全统一，损伤程度的内容不是孤立存在的医学标准。第二，损伤程度的作用是为刑事违法行为定罪量刑提供依据的，而人身损害赔偿涉及的是伤残程度。

新的《人体损伤程度鉴定标准》自2014年1月1日起施行，原《人体重伤鉴定标准》（司发〔1990〕070号）、《人体轻伤鉴定标准（试行）》（法（司）发〔1990〕6号）和《人体轻微伤的鉴定》（GA/T 146-1996）同时废止。《人体损伤程度鉴定标准》将轻微伤、轻伤和重伤合并统一，最终形成"三等五级"的损伤程度鉴定标准。"三等五级"是指重伤、轻伤和轻微伤三等，重伤一级、重伤二级、轻伤一级、轻伤二级、轻微伤五级。《人体损伤程度鉴定标准》适用范围规定，"本标准适用于《中华人民共和国刑法》及其他法律、法规所涉及的人体损伤程度鉴定"。基于《人体损伤程度鉴定标准》覆盖轻微伤、轻伤和重伤，这里所指的法律主要是刑法和行政法律法规。从案件角度理解，就是依法对相对人违反刑法或者行政法律法规致人损伤的行为给予相应的法律制裁。因此，确定被害人的损伤程度就是为了对违法者进行法律制裁，也即根据被害人损伤程度从而明确违法者所应承担的法律责任及相应的强制惩罚措施。

（1）轻微伤：标准规定的轻微伤是指造成人体局部组织器官结构的轻微损伤或短暂的功能障碍。轻微伤的概念源自原《中华人民共和国治安管理处罚条例》，该条例第二十二条的规定"有下列侵犯他人人身权利行为之一，尚不够刑事处罚的，处十五日以下拘留、二百元以下罚款或者警告：（一）殴打他人，造成轻微伤害的……"轻微伤害在鉴定上对应轻微伤。关于轻微伤害，有作者认为：凡是损伤仅仅引起机体暂时和轻微的反应，基本不影响器官功能，一般均能自行修复的，就属于轻微伤害。一般来说，轻微伤害不需要专门的手术治疗，人体通过自身的代偿功能便能使其复原，或者仅采取简单的医疗手段和护理就能使伤势很快痊愈。《人体轻微伤的鉴定标准》自1997年1月1日实施，属中华人民共和国公共安全行业标准。该标准为轻微损伤的下限，上限与轻伤鉴定标准衔接。轻微伤害的损害赔偿可以通过调解或民事诉讼解决。

2005年全国人民代表大会常务委员会（全国人大常委会）颁布了《中华人民共和国治安管理处罚法》，原条例废止。该法第四十三条规定："殴打他人的，或者故意伤害他人身体的，处五日以上十日以下拘留，并处二百元以上五百元以下罚款；情节较轻的，处五日以下拘留或者五百元以下罚款。有下列情形之一的，处十日以上十五日以下拘留，并处五百元以上一千元以下罚款：（一）结伙殴打、伤害他人的；（二）殴打、伤害残疾人、孕妇、不满十四周岁的人或者六十周岁以上的人的；（三）多次殴打、伤害他人或者一次殴打、伤害多人的。"新的法律没有规定殴打他人必须"造成轻微伤害"，因此，目前轻微伤鉴定可以不作为主要项目。

（2）轻伤与重伤：轻伤是指物理、化学及生物学等各种外界因素作用于人体，造成组织、器官机构的一定程度的损害或者部分功能障碍，尚未构成重伤又不属轻微伤的损伤（标准中的定义）。我国刑法第九十五条对重伤作出了原则性的规定，即是指下列情形之一的：①使人肢体残废或者毁人容貌的；②使人丧失听觉、视觉或者其他器官功能的；③其他对于人身健康有重大伤害的。

在我国刑事立法中，有关伤害人身犯罪的罪刑规范，通常是指刑法第二百三十四条的故意伤害罪和第二百三十五条的过失致人重伤罪。故意伤害罪是指故意非法地损害他人身体健康的行为，刑法第二百三十四条第一款规定的是一般伤情的故意伤害罪（或称轻伤罪），第二款规定的是致人重伤和致人死亡的故意伤害罪。

故意伤害罪与非罪的界限，主要是依据是否构成轻伤进行界定，换言之，就是要正确区分轻伤害与轻微伤害的标准。按照刑法第二百三十四条的规定，一般的故意伤害罪，处三年以下有期徒刑、拘役或者管制；致人重伤的，处三年以上十年以下有期徒刑；以特别残忍手段致人重伤造成严重残疾的，处十年以上有期徒刑、无期徒刑或者死刑。因此，评定重伤是量刑的重要依据。另外，按照刑法第十七条第二款的规定，已满十四周岁不满十六周岁的人可以成为致人重伤的故意伤害罪的主体，但不能成为一般的故意伤害罪的主体，因而此时重伤评定也是罪与非罪的界限。

2. 伤残程度与民事法律 根据我国法的体系和法律规范，与伤残有关的侵权赔偿问题主要包括两大类。第一是民事损害赔偿，主要包括：①刑事伤害附带民事赔偿，刑事伤害附带民事诉讼是指司法机关在刑事诉讼中，依法追究被告人刑事责任的同时，一并解决由遭受物质损失的人或检察机关所提起的、由于被告人的犯罪行为引起的物质损失的赔偿而进行的诉讼活动。刑事伤害案件对被害人的赔偿，在法医临床学鉴定中占有很大比例。②纯民事损害赔偿，按照侵权行为或主体可分为国家机关及其工作人员职务侵权，产品责任，高度危险作业的赔偿责任，环境污染致人损害，地面施工致人损害，物件致人损害，动物致人损害，雇员执行职务中致人损害，无行为能力人和限制行为能力人致人损害，道路交通事故赔偿责任，医疗事故中的赔偿责任。第二是国家赔偿，主要包括：①行政赔偿，是指国家行政机关和行政机关工作人员在行使职权时，违法侵犯公民、法人或其他组织的合法权益造成损害的，国家负责向受害人赔偿的制度。②司法赔偿，是指行使审判、检察、侦查、监狱管理职权引起的赔偿责任。其与行政赔偿的义务机关不同，赔偿范围和赔偿程序等也有区别。但其责任性质、赔偿方式和标准是相同的。国家赔偿涉及法医学鉴定的案件量较少。

在法医学鉴定中，常见的涉及伤残赔偿的种类有：道路交通事故，刑事伤害案件，一般民事侵权案件，工伤劳动争议案件，医疗过失损害赔偿案件，保险理赔残疾鉴定事件等。目前，涉及道路交通事故、刑事案件、一般民事侵权案件的评定参照《人体损伤致残程度分级》执行（2017年1月1日起实施）；工伤劳动争议案件参照《劳动能力鉴定职工工伤与职业病致残等级》（GB/T 16180-2014）标准执行。医疗过失损害赔偿、保险理赔残疾鉴定按照各自的标准执行。

根据最高人民法院关于审理人身损害赔偿案件适用法律若干问题的解释，残疾赔偿金根据受害人丧失劳动能力程度或者伤残等级，按照受诉法院所在地上一年度城镇居民人均可支配收入或者农村居民人均纯收入标准，自定残之日起按20年计算。但60周岁以上的，年龄每增加一岁减少一年；75周岁以上的，按5年计算。受害人因伤致残但实际收入没有减少，或者伤残等级较轻但造成职业妨害严重影响其劳动就业的，可以对残疾赔偿金作相应调整。残疾辅助器具费按照普通适用器具的合理费用标准计算。伤情有特殊需要的，可以参照辅助器具配制机构的意见确定相应的合理费用标准。辅助器具的更换周期和赔偿期限参照配制机构的意见确定。

（二）其他相关法律问题

在法医临床学鉴定中，除损伤程度、伤残程度评定外，还涉及确认活体生理状态的专门性问题，它们经常作为独立的委托要求或鉴定目的。

1. 虐待（abuse） 经常受到共同生活的家庭成员或照顾人有意造成的肉体上或精神上的折磨、摧残和迫害称为虐待。虐待的构成必须符合：①施虐者的行为是故意的。②被虐者肉体或精神受到伤害。③施虐者和被虐者是共同生活的家庭成员或照顾人。以虐待儿童、虐待妇女和老人较为常见。

《中华人民共和国刑法》第二百六十条规定：虐待家庭成员情节恶劣的，处二年以下有期徒刑、拘役或者管制。犯此罪而引起被害人重伤、死亡的处二年以上七年以下有期徒刑。

2. 性侵犯 人类的性行为不仅受到道德规范的约束，而且必须适应法律行为规范的要求，接受其限制和制约。性行为的合法性是由当时、当地的相关法律来规定的。在我国，侵害他人的性犯罪有强奸（rape）、猥亵（indecency）、性虐待（sexual abuse），违背社会所普遍认同的行为规范、伦理、准则的性行为有卖淫（prostitution）和嫖娼（wenching）、同性恋（homosexual offence）、乱伦（incest）、兽奸（bestiality）等。

强奸罪，是指违背妇女的意愿，使用暴力、胁迫或者其他手段，强行与妇女发生性交的行为。根据刑法第二百三十六条的规定，犯强奸罪的，处三年以上十年以下有期徒刑。有下列情形之一的，处十年以上有期徒刑、无期徒刑或者死刑：①强奸妇女情节恶劣的。②强奸妇女多人的。③在公共场所当众强奸妇女的。④两人以上轮奸的。⑤致使被害人重伤、死亡或者其他严重后果的。

性交的生理概念，是指阴茎插入阴道内并完成射精两个过程。但在法律概念上则认为只要男子阴茎与女子阴道前庭接触，不论是否射精，或处女膜是否破裂，均已构成强奸罪。对发育不全、未满14周岁的幼女，意识丧失、精神病发作阶段的患者或弱智患者等妇女，不论本人是否同意而实施奸淫、性交者，均以强奸论罪。

3. 保外就医 《中华人民共和国刑事诉讼法》第二百五十四条规定，"对被判处有期徒刑或者拘役的罪犯，有下列情形之一的，可以暂予监外执行：（一）有严重疾病需要保外就医的；（二）怀孕或者正在哺乳自己婴儿的妇女；（三）生活不能自理，适用暂予监外执行不致危害社会的。对被判处无期徒刑的罪犯，有前款第二项规定情形的，可以暂予监外执行。对适用保外就医可能有社会危险性的罪犯，或者自伤自残的罪犯，不得保外就医。对罪犯确有严重疾病，必须保外就医的，由省级人民政府指定的医院诊断并开具证明文件"。保外就医是指被判处有期徒刑或者拘役的罪犯在服刑期间患有严重疾病，经批准取保在监外医治而采取的变通执行刑罚的制度，体现了我国刑法执行工作的人道主义原则。

4. 活体年龄推断 根据法律的要求，被告人、犯罪嫌疑人和被害人的年龄对于案件审理具有十分重要的意义，特别是针对18周岁、16周岁、14周岁的法定年龄的确定。在现实生活中，由于各种原因，经常缺乏年龄的合法证明文件，或有关年龄的证明文件受到质疑，需要法医对活体年龄进行推断。

（三）医疗损害技术鉴定

2009年12月26日全国人大常委会通过了《中华人民共和国侵权责任法》（2010年7月1日起正式实施）。该法第七章是关于医疗损害责任的特别规定，共11条款。该章规定了医疗损害责任的归责原则（第五十四条），医师的说明、告知义务（第五十五条），紧急情况下告知义务的例外（第五十六条），与当时医疗水平相应的诊疗义务（第五十七条），特殊情况下的过错推定（第五十八条），缺陷医疗产品或不合格血液责任（第五十九条），医疗机构不承担责任的情形（第六十条），填写、妥善保管和提供病历资料的义务（第六十一条），患者隐私权的保护（第六十二条），不得实施不必要检查原则（第六十三条）和医疗机构及其医务人员的合法权益的保护（第六十四条），可概括为四方面的责任，即伦理责任、技术责任、产品缺陷责任和管理责任。

最高人民法院关于统一医疗损害案件适用法律的通知要求，自2010年7月1日，各级法院所受理的医疗纠纷案件，统一适用《中华人民共和国侵权责任法》。《中华人民共和国侵权责任法》的颁布实施成为依法解决医疗纠纷诉讼案件的主要依据。

医疗纠纷（medical tangle），是指患者或其代理人与医疗机构或医务人员在形成法律关系的基础上，就医疗行为的需求、采取的手段、期望的结果及双方权利义务的认识产生分歧，并以损害赔偿为主要请求的民事纠纷。医患之间其他民事纠纷，亦称非医疗纠纷，是指医患双方对诊疗护理服务活动即医疗行为本身没有争议，但发生与其相关的其他民事纠纷，主要有医疗欠费纠纷及医方侵犯名誉权、肖像权的医患纠纷等，案由分别属于债务纠纷、名誉权纠纷和肖像权纠纷，适用不同的法律规定。即便是"具有执业资格的医务人员"在其"执业地点"发生的纠纷，但并不是"诊疗护理服务活动"的行为，如医生晚上下班在医院内不慎撞到患者，导致该患者骨折，也不属于医疗纠纷，而是一般的民事纠纷。

我国法律中，过错分为过失和故意。医疗过失包括责任过失及技术过失。责任过失指医务人员应当预见自己的行为可能导致患者出现不良后果或危害，因为疏忽大意而没有预见，或者已经预见但由于过于自信或抱有侥幸心理能够避免，而造成了不良后果或者危害。技术过失指行为人在医疗过程中由于学识、经验和能力所限，面对复杂情况，未能预见不良后果或因处置不当、处理错误造成的不良后果。关于我国司法实践中分析认定医疗过失，应依据《中华人民共和国侵权责任法》第七章中的相关规定。

三、法医物证学与法律

法医物证学是指就涉及法律问题的生物学检材进行检验，解决个人识别和亲权鉴定问题的法医学分支学科。

在我国三大诉讼法中分别规定了证据的内容，其中所称物证，种类广泛，可以说凡与案件有关、能够证明案件事实真相的物品和痕迹均被囊括其中。法医物证学研究的对象是上述物证中与人体或其他生物体有关的生物学物证，我们称之为法医物证。法医物证检材广泛分布于各类刑、民事案件和灾难、事故的现场，由受过训练的现场勘验人员采用标准方法提取、包装，送到有资质的实验室进行检验并出具检验报告或鉴定意见，在判断它们与案件之间的关系之后，才能发挥其作用。

法医物证鉴定的目的在于解决司法实践和社会生活中常见的两个问题，即个人识别（personal identification）和亲子鉴定（parentage testing）。个人识别是指通过对生物检材的遗传标记进行检验，判断前后两次或多次出现的生物检材是否同属一个个体的过程，利用DNA遗传标记进行个体识别是最常用和最可靠的手段。亲子鉴定，也称亲权鉴定（identification in disputed paternity），与个体识别不同，是研究两个或两个以上个体之间是否存在血缘关系，是通过对个体遗传标记的检验，应用遗传学规律进行分析，判断被检验父、母与子女之间或其他亲属之间是否存在生物学亲缘关系。

鉴于DNA证据作用越来越重要，许多国家对DNA证据的采集、检验鉴定及解释都进行了规定或用立法来加以规范。如英国1994年《警察与犯罪物证法》（Police and Criminal Evidence Act 1994）就对警察提取相关人员身体样品进行了规定，并允许将其与其他所有相关记录案件进行比对，同时可与特定的其他目标样品进行比对。美国则于1994年由国会正式通过了《DNA鉴定法》（DNA Identification Act），此后DNA鉴定应用和DNA数据库建设在美国迅速发展，到2003年所有的州都有了DNA相关的法律。加拿大在2000年7月通过了《DNA鉴定条例》（DNA Identification Regulations），提出对所有确证犯罪人员采样建库，但必须采用标准的采样专用试剂盒，同时明确了样品由数据库中清除的条件、保护人权隐私和保证数据安全的要求。

我国于1988年开始使用DNA证据，目前全国开展法庭DNA检验的实验室近400家。这些鉴定机构采用常染色体PCR-STR、性染色体-STR、线粒体DNA测序等分析技术，每年出具的DNA检验报告书达数万份之多。我国公安系统按照"2004—2008公安机关DNA数据库建设规划"和"全国公安机关DNA数据库建设任务书"的要求，从2005年起开始DNA数据库的建设工作。与DNA证据的检测技术和应用规模相比，我国对DNA证据的立法研究和立法工作严重滞后，对DNA证据的技术性规范处在技术层面上，即处于行业检验技术标准的制定并争取向国家技术标准转化的阶段，对DNA证据的获得和使用仅有部门规定，缺乏法律层面上的规则。

由于缺乏规范性，我国在DNA证据的提取、保存、检验和鉴定结果的应用上表现出诸多问题：①对刑、民事案件及社会生活各个领域中应用DNA技术而采集和保存生物样本的活动，缺乏法律规范。②DNA数据库的建立，数据的管理和样本的保存与使用缺少法律支持。③由于社会鉴定机构的DNA实验室逐渐增多，私下委托检验较多，盗采人体生物样本的现象较普遍。④司法人员对DNA证据过于依赖和信服，忽视了不同类型DNA分析技术各自的局限性，法庭对鉴定结论不质证、少审查或不审查。⑤DNA鉴定行业规模膨胀发展，盲目大量设立DNA实验室，人员和条件参差不齐，新建的、小规模的实验室由于案件量有限，技术基础薄弱，结果的可靠性难以保证。

研究近年来由DNA证据引发的在全国有影响的冤假错案时发现，DNA检验技术本身的问题并不突出，而技术以外的因素，是导致错案的根本原因。虽然我国法庭DNA证据检测技术水平与其他国家差距不大，但在DNA证据使用的过程中存在不少漏洞，一个重要的原因，尚无相关法律法规可循。

（一）生物样本采集、保存和利用相关法律

生物样本的采集是DNA证据鉴定的前提条件。生物样本的特殊性在于，它是人体的一部分，包含所有的个人遗传信息，通过对DNA检验可揭示出个体的性别、遗传标记特征、健康状况、身体缺陷、行为、种族等，还可判断人与人之间的遗传关系（亲属关系、遗传距离、种族迁移等）。法庭DNA数据是指以司法为目的，通过DNA检验获得的个体遗传信息（DNA型），这些数据主要保存于DNA检测实验室和法庭DNA数据库中。利用这些信息，可进行个体识别、家族搜寻和种族推断等。因此，对生物样本的采集、样本及其数据的保存与利用不同于其他物证，常常涉及法律问题。

1. 生物样本和DNA数据的法律属性 在审理案件，尤其是在刑事案件侦查过程中，需要有关人员（犯罪嫌疑人、受害人、其他人或人群）配合提供生物样本。但生物样本源于人体，由此得到的DNA数据可以揭示个人隐私。因此，在保护公民免遭刑事犯罪侵害的时候，还要遵循基本的道德价值观和涉及人权的法律。我们首先关注的就是公民自由、自主、隐私、知情同意和平等，这些价值虽不是绝对的，为了整体利益或保护他人的权利可以适当对其加以限制，但行使公民权利时对这些基本人权的干涉应该是可行的，因此，应该有法律、法规的规范与调整。

目前，建立DNA数据库成为各国普遍使用的侦查与办案手段，各国对生物样本法律属性的研究也趋于增多，怎样从价值和权利属性的角度界定生物样本，未经同意采取人的体液、组织等是否侵犯了其身体的完整性？DNA分型是不是个人隐私？这些权利要保护到什么程度？均是规范采样和样本保存与使用的法律问题。

2. 采集样本涉及的法律问题

（1）犯罪现场生物样本采集、保存：进行刑事侦查时，办案机关有权利和义务对犯罪现场生物样本进行采集和保存。但目前尚存在一些问题，如

有些侦查人员缺乏证据意识和相关技术培训，遗漏DNA证据、污染样本、调错样本的情况时有发生。而在英、美国家，犯罪现场生物样本采集、保存是警察必须培训的内容并有法可依，值得我们研究和借鉴。

（2）知情同意：在刑事、民事案件的调查过程中，从犯罪嫌疑人、受害人和志愿者处获取生物样本，应得到当事人的同意，知情同意权需要法律的明示。我国目前对此尚无法律规定，是否征得同意及获得同意的程序、方式等，各部门各机构应各行其是。

（3）强制采样：如果犯罪嫌疑人、受害人拒绝对其提取样本，是否能够采取强制措施，需要法律进行规定。强制采样首先要限制人身自由。我国《宪法》第三十七条规定，中华人民共和国公民的人身自由不受侵犯。任何公民，非经人民检察院批准或者人民法院决定，并由公安机关执行，不受逮捕。禁止非法拘禁和其他方法非法剥夺或者限制公民的人身自由，禁止非法搜查公民的身体。因此，对犯罪嫌疑人可能会有强制采样的方式，对受害人则不能。但是否所有类型的犯罪，不分轻重，均要采集生物样本进入DNA数据库以备查询？我国没有法律规定。

（4）秘密采样：隐私权是指自然人享有的私人生活安宁与私人信息秘密依法受到保护，不被他人非法侵扰、知悉、收集、利用和公开的一种人格权。秘密获取他人样本进行分析，会侵犯个人不愿公开的信息。以何种原因、何种程序秘密获取他人生物样本进行检验是合法的？非法秘密获取他人生物样本得到的DNA证据是否适用非法证据排除规则？对盗取他人生物样本进行检测作何种法律处理？尚无明确规定。

（5）志愿者参加的排查工作及其程序：也有人将其称为撒网式的DNA采样检验（DNA dragnet），是指为了在未确定犯罪嫌疑人的情况下，侦查机关对一定区域内有可能涉案人群逐一采集血样并做DNA分析，以确定犯罪嫌疑人的侦查方式。美国的撒网式DNA检验案件有两点在法律界引起争论：第一，撒网式的采样检验DNA没有司法令状；第二，撒网式采样检验DNA缺乏对具体人的针对性。由于提取血液、唾液检验是搜索活动，要获得被采样人的同意。我国刑侦机关，也经常采用撒网式的采样检验，少则数十人，多则数百，可能涉及某个地区的多个族系，以通过DNA证据锁定嫌疑人。什么样的案件可以使用这种排查？这种排查工作涉及人数的规模如何？由什么级别的哪个司法机关批准？以什么程序获得人群排查的许可？知情同意权体现的是什么？需要研究和立法。

对此英、美法系和德国大陆法系通过立法和判例的方式对强制采样都做出限制和规范。参加这种活动的人，在英国被称为志愿者（volunteer），采样必须经过同意。在德国，《刑事诉讼法》第八十一条规定，如果是针对生命、身体、自由的犯罪或者性犯罪行为，在经法官书面批准的前提下，警方可以进行撒网式DNA检测，法官的书面批准书上必须注明DNA检验所涉及的特定人群的范围，在德国只有性质十分严重的犯罪才能适用撒网式DNA检验。我国对此没有专门的法律规范。虽然刑事诉讼法和相关法规规定了人身检查，但基本不涉及强制采样问题。

3. DNA数据和样本的保存与利用 建立DNA数据库是DNA数据和样本保存与利用的最主要表现。利用DNA分型技术、计算机技术和网络技术收集法医DNA数据而建立起来的信息储存和查询系统，称为法医DNA数据库（DNA database）。许多国家建立的法医DNA数据库，因其在犯罪侦查中的高效性和准确性而得到广泛认可，成为打击犯罪最有力的工具。我国法医DNA数据库分为四类：①基础数据库，存储DNA数据库中各基因座的染色体定位、有关群体的基因频率资料和基因型资料、有关法医学应用参数等。②前科库，存储违法犯罪人员的DNA分型数据及信息代码。③现场库，存储刑事案件现场检材的DNA分型数据及案件信息。④失踪人员库，存储失踪人员的父母或配偶和子女及被怀疑为失踪人员的DNA分型数据及相关信息。我国公安系统于2004年开始全面建设DNA数据库工作，并采用三级库（中央、省、市）的结构。

数据库具备DNA信息的搜索、比对功能。将现场样本DNA型别在库中进行搜索，可能会与库中已经存在的某个或某几个身份明确的个体"匹配"（分型一致），这个人或这些人会被列为嫌疑对象，作进一步的调查；在进行部分"匹配"（部分分型一致）的搜索时，可能会在库中找到某些人，被作为罪犯的亲属加以调查；还可能通过搜索发现某人的亲属关系、家族、种族来源等信息。这其中的任何一个无辜者，身处涉及犯罪的调查之中，都可能对其造成不利的影响。另外，建立数据库会涉及大量的生物样本，虽然数据库储存的数据除了应用于个体识别以外，尚不具有更多的个人信息，但每个样本却都包含了被采样人所有的基因组DNA，具有被研究和信息开发的利用潜能。因此，DNA数据库主要涉及两大方面的法律问题。

（1）DNA数据的入库、保存、销毁，DNA数据和样本入库的条件，保存方式与期限，数据删除和样本销毁的条件及程序；许多国家在批准DNA数据库建立之时，都对上述问题进行了专门立法，尤其是入库和销毁的条件。如欧盟各国对数据库DNA检材样品的处理规定不尽相同（表2-1）。

目前，我国公安系统收录入库的DNA样本和数据总量已达数百万份，主要来自现场DNA检材和看守所内收押人员、服刑人员和一些刑事案件排查中的志愿者。目前各大区建立的实验室年处理样本能力在10万份以上。但我们没有专门的立法来支持数据库建设，而部门规定又很不完善，各地方不统一，还存在一些重要的问题，如是否应该无限期地保存数据和样本；未成年人的数据和样本是否入库，如何管理；数据的组成是否可能存在种族、阶层的不平等问题。

表2-1 部分欧盟国家数据库的数据来源

国家	嫌疑人的进入条件	罪犯进入条件	移出条件
奥地利	任何不良记录	全部	宣告无罪后
克罗地亚	任何不良记录	全部	不能
斯洛文尼亚	任何不良记录	全部	宣告无罪后
瑞士	任何不良记录	全部	宣告无罪后
德国	可能1年以上徒刑	法庭宣判后	宣告无罪后
丹麦	可能1年半以上徒刑	1年半以上徒刑	宣告无罪后
挪威	多种严重犯罪类型	法庭宣判后	不能
匈牙利	可能5年以上徒刑	5年以上徒刑	宣告无罪后
瑞典	无	2年以上徒刑	被证实犯罪后5～40年
荷兰	无	4年以上徒刑	被证实犯罪后5～40年
比利时	无	法庭宣判后	被证实犯罪后5～40年
法国	无	几种严重犯罪类型	被证实犯罪后5～40年

（2）DNA数据管理与使用：数据管理，不单纯是技术方面的安全性问题，也是涉及隐私权保护的问题：①DNA数据库管理。DNA数据库的管理者应该是谁？数据库是否需要独立于使用者？管理的程序、权限、监督方式如何？②DNA数据库使用。利用数据库进行嫌疑人搜索、亲属和家系搜寻的条件，即什么样的案子可以入库搜寻？搜寻结果在使用中的保密问题，如何保证在使用信息的过程中对"匹配"的无辜者的损害减少到最小？③DNA数据共享。为了打击跨国犯罪，许多国家在国际刑警组织的联系下，对DNA分型进行跨国搜寻。基于数据库的个体和家系搜索功能，非刑事需要，如灾难中失踪者身份确认、移民身份确认等许多领域都可能成为数据共享的对象，均涉及如何申请、批准及共享权限范围等问题。

（3）生物样本的使用：严格地讲，在每一份生物样本获得采样的同意时，同意的内容既包括同意采样的行为，也包括同意样本如何使用，即使用的范围。超出统一范围的使用，均应视为不合法。生物样本一旦脱离个体进入数据库保存，便可能出现使用权的争议问题。

法庭DNA证据的获取目的，一般是进行个人识别或亲子鉴定。这也是DNA数据库对生物样本的基本使用目的，一般不会发生争议。但有些国家在建立数据库时，对使用何种DNA遗传标记、检测遗传标记的数量，是有选择和限制的。可能涉及的法律问题：①DNA信息扩大使用。随着DNA技术的发展，其他涉及个体信息的DNA分析技术可能被应用于检测，如疾病信息、种族信息、行为类型有关信息。现存的生物样本，能否被无休止地进行检验、挖掘，并将其入库，以备查询？扩展检验的目的、程序和审批条件如何？②DNA信息用于科研。大量保存的生物样本，用于科学研究一般分为两种：一是用于增加和扩展数据库功能而进行的研究，即在个体识别方面，针对DNA多态性遗传标记的研究。由于这类遗传标记多位于基因组DNA的非功能区，多数人认为是无碍的，只要样本为匿名使用即可。另类研究，则具有较强的针对性，如行为与遗传和基因的关系、疾病与基因的相关性、种族特征与基因的关系等，研究不仅涉及伦理问题，还牵涉经济利益，因而在能否使用已存的生物样本方面，存在较大争议，需要研究和立法。

对于生物样本采集、样本与DNA数据保存及利用的问题，在立法时，可采用适当性原则进行权衡，平衡处理公权力与人权保护的关系；将知情同意作为对当事人采样的前置条件；在DNA数据和样本管理上遵循中立、公开、公平原则。

（二）DNA 证据鉴定相关法律法规

DNA 证据的鉴定与其他科学证据的鉴定有共性之处，涉及的法律问题多由司法鉴定制度加以规范。但随着社会鉴定机构中的 DNA 检验项目的发展，在亲子鉴定方面涉及的法律问题较为突出。

由于我国尚未建立完善的婚生子女推定制度和非婚生子女认领制度，男方动辄怀疑婚生子女的非血缘性，寻求鉴定，婚生推定的否认过宽，亲子鉴定过滥。从另一个角度看，亲子关系是基于一定事实形成的身份关系，由此产生的诉讼是确认之诉。我国亲子鉴定量每年数以万计，但到目前为止，没有关于 DNA 亲子鉴定的相关立法。

最高人民法院在 1987 年 6 月 15 日《关于人民法院在审判工作中能否采用人类白细胞抗原作亲子鉴定问题的批复》中，对如何委托和受理亲子鉴定只是做了原则阐述，不能起到规范作用。《中华人民共和国婚姻法》在亲子制度上的规定还存在很多缺陷。能否通过制定亲子关系鉴定规范来调整亲子关系鉴定行为，为亲子鉴定的委托和鉴定服务提供法律依据，值得探讨。建立亲子鉴定规范原则上要考虑如下问题：

1. 如何保障未成年人的合法权益 由于未成年的子女没有民事行为能力，其民事行为往往由其父母代理。在父、母决定进行亲子鉴定时，孩子的愿望和利益是最容易被忽视和侵害的：①在父母利益与子女利益之间发生冲突时，监护权的行使要以有利于子女的利益为基本原则。父母，在亲子鉴定事由中，尤其是父亲，不能为了解决自己的问题，给子女的心理健康和道德发展造成损害。②在是否进行亲子鉴定的问题上，应当尊重未成年子女（10 岁以上）的意见。③父母的监护权应当共同行使，在一方希望进行亲子鉴定时，应该与对方商量并征得同意，不宜背着对方单独进行。

2. 如何尊重妇女的人格尊严和被鉴定人的知情权 相互信任是维持夫妻感情的基础，无端怀疑会极大地伤害家人的感情。大多数亲子鉴定案例表面上看是父 - 子生物学遗传关系的鉴定，实质上是针对妻子进行的贞操检验，妻子对此理应有知情权。丈夫为消除疑心背着妻子进行鉴定，不仅涉嫌侵犯妻子对孩子的监护权，而且是对妻子知情权的侵犯。而妻子瞒着丈夫带孩子与他人进行亲子鉴定，同样涉嫌侵权。

3. 如何对待盗采样本的鉴定结果 在任何情况下采取生物学样本进行 DNA 进行检验，均应得到有关人员的事先、自愿和明确的同意。如有关人员不能表态，是否应由法律从其最高利益出发予以同意或授权？

未经他人许可，盗采他人生物学样本进行的 DNA 亲子鉴定，同样可以揭示出被鉴定人的身份关系，只是以非法的形式所为而已。根据非法证据排除原则法庭可以不予采信，但侵权人是否能以此作为高度怀疑的证据，向法庭提出依法鉴定？需进一步明确。

四、司法精神病学与法律

司法精神病学（forensic psychiatry），又称法医精神病学，是研究与法律相关的精神障碍和精神健康问题的医学科学，属于法医学或精神病学的一个分支学科。本学科有狭义和广义两种概念。狭义的司法精神病学主要研究诉讼当事人或诉讼参与者的精神状态和法律能力的评定，为司法部门提供法医学证据和处理意见，并研究和参与有危害行为的精神障碍者的治疗和处理建议。

（一）司法精神病鉴定与刑事法律

1. 刑事责任能力（criminal responsibility） 简称责任能力，是指具有承担刑事责任的资格，是司法精神病学鉴定中最重要的一种刑事法律能力。责任能力的核心内容是辨认能力和控制能力；亦即辨认自己行为的性质、意义和后果并自觉地控制自己行为的能力。我国法律规定，对于一般公民，只要达到一定的年龄，生理和智力发育正常，就具有了相应的辨认和控制自己行为的能力，从而具有刑事责任能力。刑事责任能力是犯罪构成要件中犯罪主体的必要条件之一，是行为人承担刑事责任所必需的条件。

各国刑法和刑法理论，对刑事责任能力多采用 2 分法或 3 分法。2 分法将精神病患者的刑事责任能力划分为"有"和"无"两个等级。我国在 1997 年颁布的《中华人民共和国刑法》中，将刑事责任能力分为 3 个等级，在无责任能力与完全责任能力之间确立了"限制刑事责任能力"，即其中第十八条规定："尚未完全丧失辨认或者控制自己行为的精神病人犯罪的，应当负刑事责任，但是可以从轻或者减轻处罚。"这是限制责任能力在我国第一次以法律的形式得到确认。在司法精神病学鉴定中经常把"限定""限制""部分"这几个词作为同义词使用。

刑事责任能力评定是司法精神病学鉴定的主要内容之一。在我国，精神障碍者出现危害行为时，刑事责任能力评定主要依据是我国《中华人民共和国刑法》（1997 年）第十八条规定："精神病人在不能辨认或者不能控制自己行为的时候造成危害结果，经法定程序鉴定确认的，不负刑事责任""间歇性的精神病人在精神正常的时候犯罪，应当负刑事责任""尚未完全丧失辨认或者控制自己行为能力的精神病人犯罪的，应当负刑事责任，但是可以从轻或者减轻处罚""醉酒的人犯罪，应当负刑事责任"。根据这个规定，是否患有精神病是评定责任能力的医学标准，是否有辨认或控制自己行为的能力是评定责任能力的法学标准。在我国的法医精神病鉴定实践中，刑事责任能力的评定是按照医学标准与法学标准相结合的原则进行的，两者缺一不可。

（1）《中华人民共和国刑法》中"精神病人"的界定：由于行为人是否患有精神疾病是正确评定其刑事责任能力的关键，因此，要求对《中华人民共和国刑法》中"精神病人"一词的含义和范围加以界定。《中华人民共和国刑法》第十八条中的"精神病人"包括患有狭义的精神病（psychosis），和患有各种非精神病性精神障碍（mental disorders）的人；或者说，既包括丧失辨认能力或控制能力的"精神病人"，也包括未完全丧失辨认能力或控制能力的"精神病人"。不管是严重的精神障碍者，还是非精神病性精神障碍者，都属于《中华人民共和国刑法》第十八条中所说的"精神病人"。

（2）无责任能力评定：《中华人民共和国刑法》第十八条规定："精神病人在不能辨认或者不能控制自己行为的时候造成危害结果，经法定程序鉴定确认的，不负刑事责任。"其医学标准是"精神病人"，法学标准是"不能辨认或者不能控制自己的行为"，即完全丧失了辨认或控制能力。司法实践中，与大多数国家的刑事立法一样，我国也是采用医学标准与法学标准相结合的原则评定"精神病人"的责任能力。如果患者精神障碍的诊断成立，实施了《中华人民共和国刑法》禁止的危害社会行为，其危害行为是基于精神病理症状，或与精神病理症状直接相关，一般评定为无责任能力。如精神分裂症患者在命令性幻听的支配下将一陌生人杀害；癫痫患者在意识障碍状态下实施的危害行为，此时患者的危害行为是精神病理症状的直接结果，均应评定为无责任能力。

（3）限制责任能力评定：限制责任能力又称部分责任能力（partial responsibility），介于无责任能力和完全责任能力之间。《中华人民共和国刑法》第十八条规定："尚未完全丧失辨认或者控制自己行为能力的精神病人犯罪的，应当负刑事责任，但是可以从轻或者减轻处罚。"这是目前我国限制责任能力评定的法律依据。其医学标准是"精神病人"，法学标准是"未完全丧失辨认或者控制能力"。司法精神鉴定实践中，对处于早期或不完全缓解状态的精神分裂症等精神障碍者，轻至中度精神发育迟滞或器质性精神障碍遗留人格改变等患者，实施危害行为时常评定为限制责任能力。

限制责任能力的评定是司法精神鉴定实践中的难点之一。一方面司法部门期望鉴定人对于限制责任能力更准确地量化，如责任能力限制的程度，是限制30%、50%还是70%。另一方面由于精神疾病本身的复杂性，就目前的医学认识水平，鉴定人要做出如此明确的结论尚无相关的医学论据。法院的办案人员不可能单纯依据鉴定结论就做出量刑决定，而是要根据案件的具体情况全面分析才能做出合理合法的裁决。

（4）完全责任能力评定：为了区别于限制责任能力，有责任能力又称完全责任能力。《中华人民共和国刑法》第十八条中规定："间歇性的精神病人在精神正常的时候犯罪，应负刑事责任""醉酒的人犯罪应当负刑事责任"。在这两款中，有责任能力的医学标准是"间歇性的精神病人和醉酒的人"；法学标准是"精神正常"，即具有完整的辨认能力或控制能力。在我国司法精神病学鉴定中，间歇性的精神病通常包括了心境障碍、各种原因导致的意识障碍、癔症性精神病、精神分裂症的完全缓解状态等。一般认为此类精神障碍者在间歇期病情缓解较为彻底，与正常人无明显差别，属于精神正常的自然人，存在完整的辨认能力或控制能力，因此在实施危害社会行为时属于有责任能力的犯罪主体。醉酒的人不属于精神病人，犯罪后不能引用前三款减免罪责。正常人醉酒可以导致行为失控，是众所周知的事实。放纵自己的行为大量饮酒，不加节制，以致产生行为失控，发生危害社会的严重后果，不论此时对自己行为的辨认或控制能力是否有损害，法律规定应当负刑事责任。

2. 其他与刑事诉讼有关的法律能力

（1）受审能力（competence to stand trial）：是指刑事案件的犯罪嫌疑人、被告人能否理解自己在刑事诉讼活动中的地位、权利，能否理解诉讼过程的含义，能否行使自己的诉讼权利的能力。受审能力不完全等同于诉讼能力，是诉讼能力的一部分，受审能力仅用于刑事诉讼，而诉讼能力也应用于民事等法律程序中。受审能力与刑事责任能力不同，首先，受审能力主要指被鉴定人刑事诉讼时的精神状态对其理解诉讼性质及可能后果，以及对与辩护人合作并选择合理辩护策略的能力，责任能力则主要指案发时被鉴定人的精神状态对其辨认和控制自己行为的能力；其次，受审能力鉴定先于责任能力的鉴定；最后，受审能力主要影响诉讼程序进行，可能导致诉讼中止，而责任能力主要影响刑事责任的判定。目前，我国尚无受审能力鉴定的法律规定。

（2）服刑能力（competence of serving a sentence）：是指罪犯或服刑人员能够承受刑罚的惩罚，能够理解刑罚的性质、目的和意义的生理和心理条件，亦称承受刑罚能力。

判定一个人是否具备服刑能力，也应从医学和法学两方面的要件分析。医学要件仍然是精神医学的临床诊断，它是被鉴定人能否承受刑罚的前提条件，在明确医学诊断的基础上，认真分析考查被鉴定人所患精神障碍类型和严重程度，以及精神异常活动对其理解刑罚的性质、目的和意义的影响程度，从而确定被鉴定人是否具备承受刑罚的能力。评定为无服刑能力的精神障碍者，应将其送往公安系统开办的医院或监狱当局设立的精神病监护医疗机构接受强制性医疗，待精神症状消失，精神活动恢复正常，能够承受刑罚后，再送回原服刑机关继续执行原判决。

（3）性自我防卫能力（ability to defend oneself against sexual abuse）：是指被害人对两性行为的社会意义、性质及其后果的理解能力。严格地讲，性自我防卫能力并不属于刑事法律能力，但因为此类鉴定都是在刑事案件中提出的，故将其放在刑事法律能力中讨论。

由最高人民法院、最高人民检察院、公安部、司法部和卫生部颁布于1989年8月1日起施行的《精神疾病司法鉴定暂行规定》第二十二条第一款规定："被鉴定人是女性，经鉴定患有精神病，在她的性不可侵犯权利遭到侵害时，对自身所受的侵害或严重后果缺乏实质性理解能力时，为无自我防卫能力。"

（二）司法精神病学鉴定与民事法律

1. 民事行为能力（civil capacity） 是指公民能以自己的行为，取得民事权利和承担民事义务，从而设立、变更或终止法律关系的资格；亦即一个人的行为能否发生民事法律效力的资格。

公民的民事行为能力不仅包含了公民以自己行为独立进行民事活动的能力，如结婚或离婚、赡养、抚养和收养、订立遗嘱和财产继承、签订合同、服兵役及参加选举活动等，而且也包括了对自己过失行为承担民事责任的能力，若实施了侵权行为，就要承担侵权责任。

精神病人由于其精神功能存在障碍，对其意思表示有不同程度的影响，法律为了维护他们的利益和社会的正常经济秩序，作了专门的规定。《中华人民共和国民法通则》第十三条规定："不能辨认自己行为的精神病人是无民事行为能力人，由他的法定代理人代理其民事活动。"本规定所说的不能辨认自己行为的精神病人，是指缺乏判断能力和自我保护能力，不能做出正确的主客观一致的意思表示，不知其行为后果的人，即丧失了意思表示能力，不能独立处理自己事务的人。

同时，《中华人民共和国民法通则》第十三条第二款规定："不能完全辨认自己行为的精神病人是限制民事行为能力人，可以进行与他的精神健康状况相适应的民事活动；其他民事活动由他的法定代理人代理，或者征得他的法定代理人的同意。"本规定所说的限制行为能力精神病患者所进行的民事活动，是否与其精神健康状态相适应，可以从行为与本人生活相关联的程度、本人的精神状态是否理解其行为，并预见相应的行为后果方面认定。

总之，《中华人民共和国民法通则》对公民，包括精神病患者的行为能力作了专门规定，同时最高人民法院《关于贯彻执行〈中华人民共和国民法通则〉若干问题的意见（试行）》（以下简称《贯彻意见》)对无民事行为能力人、限制民事行为能力人的某些民事行为的法律效力亦作了专门规定。《贯彻意见》第六条指出："无民事行为能力人、限制民事行为能力人接受奖励、赠予、报酬，他人不得以行为人无民事行为能力、限制民事行为能力为由，主张以上行为无效。"

2. 精神损害赔偿

（1）精神损害概念：关于精神损害，一般分为"广义精神损害"和"狭义精神损害"，前者是指权益受到侵害，受害人在非财产的价值上所遭受的损失。后者是指精神损害的客体，一般局限于某些较窄的范围，如《中华人民共和国民法通则》规定的"四权说"。精神损害主要有三种类型：①对生物（生理）形态的侵害。主要指公民的生命健康受到伤害后，因死亡或伤残引起的精神创伤。②对心理形态的侵害。③对社会形态的侵害。公民的社会形态，在法律上表现为公民的肖像、名誉、荣誉、婚姻、家庭关系等各种社会表现形式。对社会形态的人格利益的侵害削弱和破坏公民与他人和其他社会组织建立起来的密切关系。关于精神损害的法医学鉴定问题，是指因精神损害而导致的精神残疾，可概括为由于生物因素造成的精神功能障碍（或称为精神症状）及由于社会心理因素导致的社会功能缺损两个方面，具体表现是精神疾病病程持续1年以上未愈；在社会交往能力和家庭、社会应尽职责能力上出现不同程度的紊乱和障碍。对精神损害的赔偿，一般采用精神抚慰的手段及给予精神损害赔偿金（图2-2）。

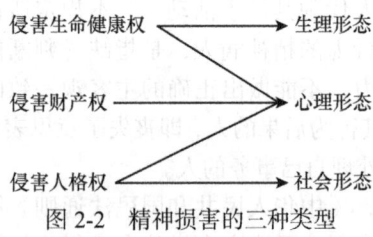

图2-2 精神损害的三种类型

（2）精神损害赔偿：关于人身伤害受害人的精神损害赔偿问题，《最高人民法院关于确定民事侵权精神损害赔偿责任若干问题的解释》第一条规定：自然人因下列人格权利遭受非法侵害，向人民法院起诉请求赔偿精神损害的，人民法院应当依法予以受理：①生命权、健康权、身体权。②姓名权、肖像权、名誉权、荣誉权。③人格尊严、人身自由权。违反社会公共利益、社会公德侵害他人隐私或者其他人格利益，受害人以侵权为由向人民法院起诉请求赔偿精神损害的，人民法院应当依法予以受理。第九条规定：精神抚慰金包括以下方式：①致人残疾的，为残疾赔偿金。②致人死亡的，为死亡赔偿金。③其他损害情形的精神抚慰金。第十条规定：精神损害的赔偿数额根据以下因素确定，①侵权人的过错程度，法律另有规定的除外。②侵害的手段、场合、行为方式等具体情节。③侵权行为所造成的后果。④侵权人的获利情况。⑤侵权人承担责任的经济能力。⑥受诉法院所在地平均生活水平。

（3）法医学鉴定：应遵循的原则是：①伤残者生命质量下降，在生理、功能、心理、社会和精神五个方面丧失或部分丧失对生活的享受，包括受害人现实生活环境和未来生活幸福。②伤残者相对寿命缩短，是指人体主要生命器官残缺或功能障碍，以及严重伤残者，其寿命相对同龄正常群体缩短，其未来生命权间接受到侵害。

复习与思考题

1. 简述法和法学的概念。
2. 简述法律体系与法学体系的区别。
3. 简述法医学工作者学习法律知识的意义。
4. 死亡所涉及的法律有哪些？
5. 简述损伤程度评定与定罪量刑的关系。
6. 简述法医物证鉴定程序中涉及的法律问题。
7. 简述司法精神病鉴定涉及的刑事责任能力和民事行为能力。

（马春玲 李连宏）

第三章 生物性检材

【目标要求】

掌握：生物性检材的概念，血痕的概念，血痕预试验、确证试验、种属鉴定的基本原理、方法及意义，精斑检验的意义及程序；精斑预试验方法，精斑预试验、确证试验的结果评价，人与动物毛发的鉴别，人骨的性别鉴定。

熟悉：生物性检材的特点、发现、提取、包装、保存和送检，血痕检验的程序，强奸案件的取材及送检，人类毛发的确定，骨骼种属鉴定的形态学分析、组织学鉴定。

了解：法庭生物物证检验的程序和要求，血痕的特点及血痕血型检测、DNA检测，精液组成、精斑的个体识别，毛发的个人识别，毛发的性别鉴定，骨龄鉴定。

> **案例 3-1**
>
> 2010年2月2日20时许，某地一居民楼的楼梯底下发现一具女尸，经现场勘查确认系一起杀人案件，系机械性窒息死亡，死者外衣外裤穿着较完整，但内衣裤穿着不整齐，分析生前曾遭到性侵犯，但是死者的阴道拭子上未检出精斑。
>
> 问题：
> 1. 现场勘查如何发现有意义的物证？
> 2. 本案例在哪些部位可能发现物证？
> 3. 本案例法医学鉴定应注意哪些问题？

第一节 概　述

以生物性检材（biological materials）为主要研究对象的法医物证学，是应用生命科学技术，通过对法医物证——生物性检材进行检验、分析，完成案件中相关的生物性检材的鉴定。无论是传统的基因表达产物的检测，还是目前广为法医学领域中应用的DNA分析，对于生物性检材中存在的遗传标记鉴定在民事和刑事案件中均显示出其重要价值。因此，生物性检材的鉴定分析不仅为法医物证学领域中的个人识别（personal identification）和亲子鉴定（paternity testing）提供了科学依据，也为DNA数据库建设增添了重要内容。

一、生物性检材的概念

在各种需要法医进行鉴定的现场中常遇到与人体器官、组织、分泌物和排泄物有关的物证，法庭生物物证主要是指这些与案件有关的生物性检材。凡是与案件有关并可为侦查提供线索、为审判提供证据、能揭露和证实案件性质的生物物品皆为法庭生物物证（简称物证）。物证一般包括人体残存组织、体液、分泌物、排泄物，以及常见的家畜、家禽、动物组织，如血液（斑）、唾液（斑）、精液（斑）、毛发、骨骼、牙齿、阴道分泌物（斑）、尿液（斑）、汗斑、粪便、羊水、恶露、乳汁（斑）、鼻涕（斑）、痰液（斑）、人体软组织、呕吐物。那些附着生物物证检材的、与案件相关的物品称为法庭生物物证，或称所有这类物证为生物性检材。

二、生物性检材的特点

法医物证检材是人体各种体液与组织，具有容易变性、变质、降解和腐败等特点。不同检材所受环境因素影响千差万别，尤其是来自犯罪现场的检材，自身的变性、降解和腐败；生物样本本身的残留、人为因素的处理（包括犯罪嫌疑人及采集样本的人员）和环境因素影响造成的样品含量减少，甚至变为微量生物性检材；案件本身的性质所形成的生物性检材为不同体液或分泌物的混合，或同种体液不同个体的混合；以及DNA检材进行鉴定的特殊性等。以上生物性检材改变的程度是不能人为控制的，也是无法预知的，这给检验鉴定工作带来了相当的难度。在法医物证鉴定中，处理以上各类生物性检材，解决检材本身的不确定性是鉴定成功的关键。

（一）降解生物性检材

由于生物性检材均可不同程度地受到外界各种因素的影响，检材越陈旧，所受的影响越大，检验也就越复杂和困难。因此，涉及生物性检材的法医学鉴定，应及时发现和提取检材，并应尽快进行检验。

存在于生物体内的遗传标记大部分为较大的分子，其分子的完整性较大程度上决定其遗传信息的可检出性。大分子构成的遗传信息在体内受到严格的控制，这些分子从离体那一刻起，就处于外界环境中，变化已经开始发生，即很容易被破坏、发生断裂，变成小分子，也称这种断裂为降解。影响生物性检材降解的因素有很多，主要有时间、温度、湿度、日光、化学或生物物质。其中以阳光暴晒、紫外线照射、高温、潮湿保存、微生物和某些试剂等对生物性检材的降解影响最大。真菌或细菌生长可使蛋白质变性或 DNA 降解，致使 DNA 分子的完整性被破坏，遗传标记无法进行检测。在实际案件中，生物性检材的降解常常是上述多种因素的综合影响所致。

由蛋白质构成的遗传信息，以及由 DNA 组成的遗传标记，相对于由糖类构成的标记更易降解。如高温可以在很短的时间引起蛋白质变性，失去生物活性。然而，由糖类构成的 ABO 血型抗原此时进行常规的检测却可以得到分型。降解对遗传标记的分析产生了明显的影响，降低了分型的成功率，其中对存在于大片段分子中的遗传标记分型影响较大，对于只需小片段的遗传标记的分析可能影响较小。这样，在采集和保存生物性检材的过程中，就必须考虑环境等因素对检材降解的影响。原则上检材在干燥、低温条件下的降解较为缓慢。

（二）微量生物性检材

准确鉴定存在于生物性检材中的遗传标记，除了上述要求的较大程度地保留分子的完整性，即生物性检材较少地受到降解因素的影响外，另一个必须具备的基本条件是进行遗传标记分析的生物性检材的量要足够。

不同遗传标记可检测和稳定分型所需要的量不同；不同检测技术对生物性检材所需要的量也不相同。因此，微量生物性检材的定义应该是准确分析鉴定出来自于生物性检材中不同类型遗传标记所必需的检材量的界定值。由于不同类型的遗传标记检出所需用检材量存在较大的差异，这样，在实际检案中对于微量检材的定义，以及如何选择最合适的遗传标记进行微量检材的分析鉴定有其特殊的意义。通常存在于红细胞膜和体液中由糖类抗原组成的遗传标记，由于其抗原性较为稳定（如 ABO 血型抗原），同时用于检查其抗原的方法显示出的高灵敏性（如 ELISA 等），因此，糖类抗原所需检材的量往往少于用于检测血清或组织液中蛋白质多态性时所需的生物性检材的量。存在于有核细胞中的 DNA 遗传标记密切相关于有核细胞的数量，确切地说，就是现场中所发现的生物性检材中有核细胞的数目决定着 DNA 遗传标记的检测分析。如选择 DNA 指纹图进行鉴定分析，就至少需要从现场生物性检材中提取高质量和高数量的基因组 DNA；微量及可能存在一定程度降解的检材，就应借助 PCR 手段放大后进行分析；存在于真核细胞中多拷贝数的线粒体 DNA 遗传标记也是解决微量检材鉴定的重要手段。

近年来随着遗传标记检测技术的发展，无论是对基因表达产物的检出，还是 DNA 水平的检出，均可从极低量的，或者是极低拷贝含量的生物性检材中分析鉴定出对案件侦破非常有价值的个人识别数据。

（三）混合生物性检材

混合生物性检材是指两名或两名以上个体的体液、分泌液等成分组成的混合样本，在法医物证检验中很常见。混合生物性检材通常可以分成两大类：一类是由不同个体的同一种体液、分泌液混合而成，最常见为多个个体的混合血痕；另一类是由不同个体的不同体液、分泌液混合而成，最常见的是性犯罪案件中案犯的精液与女性受害者阴道分泌液组成的混合斑。其次为精液、阴道分泌液与血液，血液与汗液，血液与唾液，血液与尿液，唾液与汗液等混合形成的斑痕。由于受到混合成分的种类、混合的个体数及不同个体来源的成分所占比例等因素的影响，混合斑检测结果的分析较单一斑痕要复杂。此外，法医物证检验中还可能遇到人与动物或人与微生物组成的混合物的鉴定。

混合斑检材常出现在下列情况：①性犯罪案件检材，包括阴道拭子、内裤、卫生纸、床单、犯罪嫌疑人外生殖器拭子等相关检材。这类检材一般都包含有精子及阴道上皮细胞，属男、女个体成分的混合物。②多人受伤的现场血迹，凶器、当事人身上或衣物上的血痕，多为两个或两个以上个体的混合血痕。③咬痕拭子含有咬者的口腔上皮细胞和被咬者的皮肤细胞。④指甲垢，可能含有本人和被抓者的细胞。⑤血衣，有另一个人的汗液、唾液或尿液。⑥勒颈的绳索、捆绑的胶带、作案工具等常包含受害人和案犯的皮肤上皮脱落细胞等。案件中常见的是混合精斑和混合血痕。

混合斑检验首先要确证检材是否为混合斑，然后通过对混合斑中各组分的遗传标记分型检测，最终达到个人识别的目的。混合斑中的遗传标记来源于多个个体，是各个体遗传标记的总和。在案件调查中应尽可能地了解案情，提取与案件相关人员的血液或唾液检材作为参照样本。尤其是混合精斑和混合血痕的鉴定分析，必须与参照样本比对，才有可能推断出混合斑涉及的各个体遗传标记的型别。由于 DNA 分离和检测技术的发展，对混合生物性检材中 DNA 检验，以及对混合斑 DNA 检验结果的分析，特别是 Y 染色体 DNA 多态性分析技术在混合斑检测中的应用，使得混合性生物性检材得到了很好的鉴定。

(四) DNA 分析所用的生物性检材

人体细胞内有两种DNA：一是核基因组DNA，存在于细胞核内，二是线粒体基因组DNA（mitochondrial DNA，mtDNA），存在于细胞器内。目前法医DNA技术可以分析这两种基因组DNA的多态性，理论上，有细胞的生物物证均可进行DNA分析。

不同的生物性检材DNA含量不同。通常是精液中DNA含量最高，而脱落的毛发DNA含量很少。各种组织DNA含量顺序是肾＞淋巴结＞脾＞肝＞脑＞肌肉＞心＞血，每克肾组织DNA可达800μg。但各种组织内的DNA降解速度不一，有些组织DNA易降解，保存一段时间后组织DNA含量发生较大变化。脑组织的DNA相对稳定，在低温无菌条件下保存1个月，DNA仍没有明显减少，保存1个月以上，DNA也只减少一半，仍可达40μg/g。脑组织DNA保持较好的主要原因是脑存在于颅腔中，不易受到环境影响和细菌的侵害。软骨由于钙化程度低，其中的DNA含量高且较易提取。如现场物证有软骨存在，应提取软骨送检，如肋骨、会厌软骨等。含有脱落表（上）皮细胞的其他材料，如胃液、粪便斑、鼻涕、头皮屑也能提取到DNA，由于摩擦、接触，指纹中也存在脱落细胞，也可以获得指纹的DNA分型结果。

三、生物性检材的发现、提取、包装、保存和送检

(一) 生物物证的来源

1. 生来的（自带） 血液、精液（阴道拭子、内裤、床单、卫生纸等），唾液（痰迹），肌肉，组织，肋软骨，牙齿，骨骼，指（趾）甲，毛发等。

2. 吃过的（唾液） 烟头、饮料瓶、口杯、筷子、勺子、牙签、吸管、果核等。

3. 用过的（接触） 刀、棍、绳索、胶带、牙刷、剃须刀、毛巾、面巾纸、龟头拭子、大便纸、手印、指纹、掌纹、赤脚印等。

4. 穿过的（表皮） 衣服、帽子、头套、手套、袜子、鞋子、口罩等。

(二) 检材提取的五要素

1. 人员 具有专门知识、接受过相关培训、具有现场勘验和检查资格。

2. 方式 穿工作服、戴手套，手套过袖口；一次性器械不得重复使用；试剂在有效期内使用。

3. 防护 所有检材都应视为可能的传染源，提取时穿戴好防护用品（三套一罩）；提取人员的任何伤口都要用防水织物包扎好；提取开始和结束后均要对手部消毒。

4. 程序 提取前照相或录像，提取记录；检材提取记录与现场勘验笔录及委托书上对检材的描述应当一致。

5. 质控 对照样本（如空白对照、受害人的样本）；分别提取、分开包装、做好标识、统一编号；禁止赤手触摸检材；预处理（对试剂、载体、容器、器械等的无菌处理）。

(三) 检材提取和包装的一般规则

勘验现场或检查嫌疑人时发现的物证，应根据生物性检材的种类及检材附着的载体的不同而用不同的方法提取，其一般性规则为：

1. 分析案情，在现场勘查时注意分析"疑检材"，在现场勘查过程中，全面仔细搜寻并发现检材非常重要。检材应直接提取。易携带物品可整体提取，不易携带物品最大限度地提取附着在载体上的检材。

2. 视检材附着于载体的不同，可应用擦拭、剪切、刮削、吸附、浸泡、锯凿、挖取等方法提取。体积大的检材（如床单、席子等）及时标记、剪取。易受污染检材务必注意保护（如受害人指甲的保护）。叠加检材提取宁轻勿重（乳头拭子、阴茎拭子、咬痕等）。

3. 规范检材名称，拍照固定，第一时间原位拍照或拍摄录像资料，结合测量、绘图等手段详细记录现场原始状态。如物证的发现地点、位置关系、种类、数量、大小、附着物特征等相关情况。在进行详细记录后，方可移动和提取检材。

4. 不同部位的各种检材应分别提取，使用标准的物证袋单独包装，并用标签贴封，做好相应的标记和编号。

5. 提取的检材必须详细登记案件名称，提取地点及时间，提取方法，检材名称、数量、形状、颜色，提取人、保存方法等。

6. 检材提取者必须戴手套，持洁净器具（如刀、剪、镊子等），禁止不戴手套用裸手直接触摸检材。

7. 凡是从各种载体上提取的检材，均应提取检材附近的空白材料。

8. 为了不遗漏有价值的检材，在对案发现场进行勘查和对犯罪嫌疑人住所、活动场所、物品进行搜查过程中，应力求做到全面、充分和仔细。不同类型的检材分布总会与案件的发生过程有密切关系，有一定的规律可循。在发现检材过程中，要注意改善照明条件，仔细观察拐角、缝隙等隐蔽部位。

9. 第一时间送检，避免阳光直射，避免受潮，临时存放要置于阴凉、通风之处，最好置于冰箱中冷藏。

案例3-1（续）

经现场勘验，死者外衣外裤穿着较完整，但内衣裤穿着不整齐，分析生前曾遭到性侵犯，由于死者的阴道拭子上未检出精斑，因此其双乳拭子上检出的DNA显得尤为重要，而其裸露的右乳拭子却混有另一男性DNA，难道是两人作案？为了进一步分析两处DNA与案件的关联性，检验人员利用Y染色体的父系遗传特征继续检验，结合常染色体STR和Y-STR结果对现场烟头、乳头拭子等生物性检材一一进行分析比对，结果发现现场一烟头上DNA和该DNA的Y-STR一致，且常染色体STR符合单亲关系。由于该烟头价值不大，于是大胆地认为现场烟头及另一DNA很可能是一对父子所留，混合成分则是移尸过程中污染所致，裸露的右乳拭子上的另一混合男性成分极可能是移尸过程中污染所致，因此得出结论：该案是一人作案，死者左乳拭子上的男性DNA为犯罪分子所留，为案件排查提供了强有力的依据。

问题：
1. 为了不遗漏有价值的检材，在对案发现场进行勘查和对犯罪嫌疑人住所、活动场所、物品进行搜查过程中，应注意哪些方面？
2. DNA检验的优点、缺点有哪些？

（四）检材的保存

提取的新鲜体液或斑迹应取部分尽快检验，检测完毕或暂时不能检验的生物性检材的保存应遵循：

1. 低温存放各种检材为首选。通常可将检材置于4℃或以下冷冻，独立包装。

2. 生物性检材最好放在阴凉通风处自然干燥，制成纱布斑迹，禁止加热烘干，防止霉变，即不污染（人员污染/样品交叉污染等），不降解（现场血迹不能检出数据等），不腐烂（吃过的苹果等）。

3. 检材提取后应有专人负责保存，物证检材袋应加密封。

（五）检材的送检

1. 提取的检材在包装和携带运送过程中应避免互相摩擦、冲撞及失落，易碎检材应防止挤压和振动，易散失的检材要严密包装。

2. 送检法医物证检材进行鉴定应持有相应的委托书，写明目的和要求，附相关的案情资料；再鉴定或复核检验应有初检报告或鉴定书的复印件。

委托书填写规范：相应签字、盖章、联系电话；检材务必一一列举，检材的名称与现场勘察笔录一致；案件编号、案情（时间、地点、人物及其自然情况、案件性质等）准确。案件破获，抓获嫌疑人：及时委托送检嫌疑人血样，不能混于前科人员血样。

检材包装规范：物证袋符合透气、避光、干燥等要求，不能长时间置于车辆里面等；标注案件名称、送检单位、提取人员、里面包装的检材名称等；人员血样以采样袋包装，标注自然情况、采样情况等。

3. 邮寄到各级技术部门检验的检材，除公函委托外，还应有检材清单；提取的各种检材按物证包装要求填写检材名称、部位、数量、发现地点、提取方法，提取人，送检要求，送检时间，联系地址，邮编，姓名，电话。

法医物证检材一定要正确记录、收集、包装、保存和送检，符合法庭科学要求，否则，即使法医实验室检测正确，仍可能成为无效证据。

（六）几种常见检材的提取送检

1. 血痕 棉签转移，可先进行联苯胺试验筛选，晾干后置于纸质包装袋。

2. 烟蒂 逐一提取，分开包装。

3. 饮料瓶 直接提取（不要打开瓶盖，内有液体不要倒掉，先刷指纹）。用棉签蘸拭瓶口时，务必分区域、分层次、分部位分别提取，千万不能一签到底，否则就把不同部位的样本污染、混合了。

4. 内裤 直接提取，置于纸质包装袋内。

5. 阴道拭子 分三段，口部、中部、穹窿部，分别提取，务必晾干，不能置于生理盐水及其他液体中。

6. 刀具 保存现场原装，禁止用裸手触摸，整体包装（注意保护刃部和柄部）。

7. 各类作案工具 提取、包装原则和刀具类似，注意保护柄部和击打部位。

8. 衣物 直接提取、包装、送检，如有潮湿，晾干后包装、送检。

9. 毛发 提取有毛囊的毛发，分开包装。

10. 骨骼和牙齿 完全白骨化的尸骨，选取表面完整无缺损的骨骼、牙齿，直接包装送检；如上面还有腐肉、组织，去除腐肉、组织等，将尸骨、牙齿洗净、晾干后送检。

11. 牙刷 纸质袋子将牙刷完全包裹住，及时送检。

12. 肋软骨 低温保存，及时送检。

13. 痰迹等各类痕迹擦拭拭子 两步转移法，晾干包装。

14. 咬痕、吻痕、乳头拭子、龟头拭子 根据具体情况蘸取适量生理盐水轻轻擦拭。注意分区域、分层次、分部位分别提取。

15. 床单等大的物件 根据案情、受害人陈述等，剪取或标记具体位置。

四、法庭生物物证检验的程序和要求

法医生物物证检材的各种检验应在公安、司法鉴定单位及大学法医专业技术部门进行，鉴定人员应具有鉴定资格。

物证采取后，应根据侦审工作的需要，及时做好检验。收件人应向送检人详细了解案情经过和勘查情况，再和送检人共同核实每份检材的包装情况，了解送检要求。若检材是邮寄送检，在收到邮件时，应先详阅来函，然后检查物证的包装情况，看有无异常和破损，是否与来函清单相符。在查看检材或进行检验时，要防止污染，所用工具和器皿必须彻底洗净、干燥。在剪取一件检材后，应将剪刀、镊子等擦拭干净后，才可剪取另一检材，以免交叉污染，造成错误。

检验前要根据送检要求和物证的不同类型，制订检验方案和步骤。一般先进行简单的直观检查、物理检验等不破坏物证的检验，然后再做化学或生物学检验。基本步骤：预试验、确证试验、种属试验、型别判定、统计学处理、检验结果解释、出具鉴定书。所耗检材一般不超过原始检材的1/3，其余留待复检或再鉴定时使用。在检验过程中，如出现各种矛盾和疑难问题，应组织有关专家共同讨论解决。

物证检验完毕，应编写"司法鉴定意见书"，寄送送检单位。剩余的检材应妥善保管，或退还送检单位。检材的处理情况，可写在鉴定书的最后。

第二节 血痕检验

> **案例 3-2**
> 别墅地面"血迹"——血痕检验法医解惑（视频扫描二维码获取）。
> **问题：**
> 1. 遇到可疑斑迹应该采取哪些合适的方式解决问题？
> 2. 提出的三个问题是如何解决的？
> 3. 为何要采取这些技术方法来试验，针对提出的问题你自己能够想到哪些方法？

血液在体外干燥后形成的斑迹称为血痕（bloodstain），是法庭生物物证检验中最常见的检材。无论在凶杀、斗殴、碎尸、交通事故，还是在抢劫、强奸等案件中，都会在现场、致伤物、受害人与嫌疑人的衣物上发现血痕。血痕检验可为案件的侦破和审判提供非常重要的线索和依据。

由于血痕多半处于外界环境之中，会不同程度地受到各种因素的影响，血痕越陈旧，其中遗传标记检测所受的影响越大。因此，应及时发现、提取，尽快检验。血痕检验应预先制订检验方案和步骤，尽量节省检材，同时需保留相当部分检材以备复检。

血痕检验时一般遵循以下程序：①肉眼检查；②预试验；③确证试验；④种属试验；⑤个人识别（各种遗传标记和性别测定）和其他检验（出血部位、出血时间、出血量推断等）。

需解决的问题通常包括：①送检检材是否为血液；②人血还是动物血（有时还要鉴定是何种动物血）；③对鉴定为人血痕的检材进行个人识别，如血型、酶型、DNA多态性、性别等的检测；④其他与案情有关的问题，如出血部位、出血时间、出血量等（图3-1）。

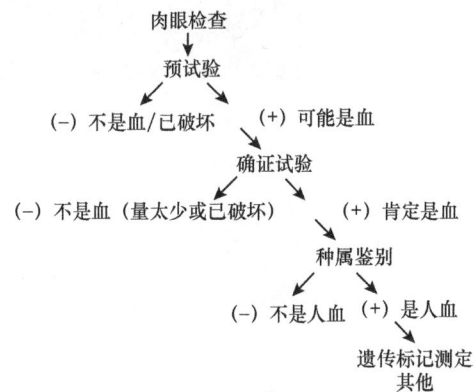

图 3-1 血痕检验程序

一、血痕的肉眼检查

血痕的肉眼检查主要观察血痕的数量、形状、色泽、分布、范围及大小等。此外，还要观察血痕与现场其他物品的相互关系，以推测案发时间、案件发生过程、搏斗情景、尸体被移动路线、嫌疑人的行踪等；判断案件性质，为侦查、破案提供线索和证据。

（一）血痕的分布

现场勘察主要是观察血痕分布的位置、数量及血痕存在的部位。在室内要仔细检查地面、墙面、门窗、家具、蚊帐、被单、枕套、席子、床板及其他物品，注意在砖缝、锁扣、门闩等隐藏部位寻找，应检查水龙头、水勺、面盆、水缸、毛巾上的可疑血痕，也应注意冲洗后遗留下的微量血迹或血印痕。在室外，血痕可黏附在树叶、草叶上，呈有光泽的暗红色斑，易辨认。若血液渗入泥土中，则难以辨别，此时应将可疑斑痕连同周边无斑痕处的泥土整块取出送检。检查伤者、死者或犯罪嫌疑人及所用物品时，应注意观察不易发觉或难以清除的部位，如毛巾上、指甲缝里、衣服皱褶、衣袋袖口、纽扣孔、鞋边等。

（二）血痕的形状

血痕的形状往往与出血者的体位、行走方向及出血部位等有关。血滴的形状受血滴滴落高度和方向的影响，从0.1m以内的高度落在地面时，血滴呈圆滴状，血滴边缘基本光滑或稍带锯齿状。从0.5m高度落下时，血滴边缘呈明显的锯齿状。从1m高度落下时，血滴边缘呈放射状，周边有溅出的逗点状或线条状小血痕。非垂直滴落时，锐角侧边缘光滑，钝角侧呈锯齿状或有溅出的小血痕。受伤后行走中滴落的血滴为一边呈锯齿状的圆形或椭圆形血滴，锯齿状边缘的方向为伤者行走的方向。动脉受伤，形成喷射溅状血痕，大量血液喷射到墙上可形成流注状血痕；静脉出血时，往往出现流注状血痕。此外还有擦拭状血痕、血印痕、血泊等。

（三）血痕的颜色

新鲜血痕的颜色呈暗红色，有光泽，随后逐渐变暗色、褐色或灰褐色。根据血痕干燥程度和颜色，可以大概推测血痕经过的时间（图3-2）。

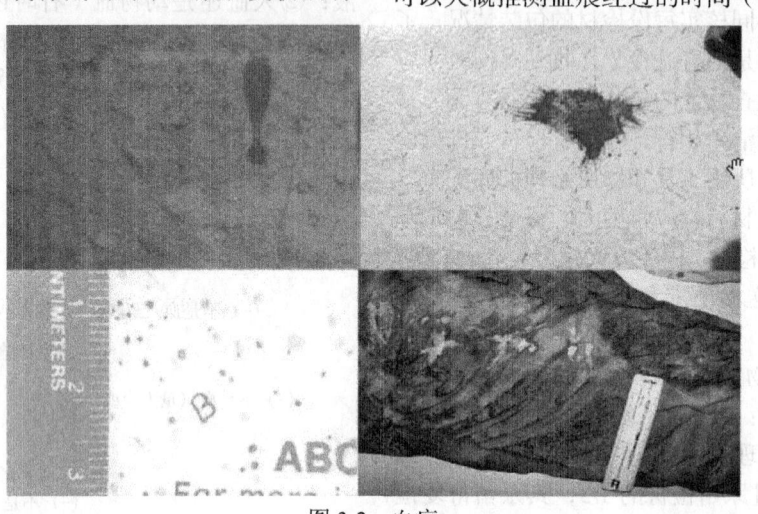

图3-2　血痕

（四）血痕的范围

血痕的范围一般取决于出血量，但有时因混有尿液、唾液等使血痕范围扩大，根据血痕的大小可估计出血量。出血量常与死亡及受伤后存活时间等有关。

详细的肉眼检查可发现许多重要的线索。在实验室对送检血痕还要进行仔细的肉眼检查，因为有良好的光线和附加设备，可能找到在现场未发现的新斑痕，获得新线索。

必须强调，肉眼检查及后续的所有实验室检查，不能用裸手触摸检材，以免检查者手上的汗液造成交叉污染，使实验结果的解释复杂化。

> **案例3-3**
>
> 某杀人案，复勘现场时发现，现场相对封闭、天气热、蚊虫多，技术民警注意发现、提取"活的"生物性检材。
>
> 随后在嫌疑人逗留时间较长的地下室，成功捕捉到了几只"吸足了血"的蚊子，经过DNA检验比对，蚊子体内血液为嫌疑人所留。
>
> 问题：
> 1. 如何在现场发现有意义的物证？
> 2. 蚊虫体内血液如何提取DNA？
> 3. 本案例如何防止污染？

二、血痕的预试验

对于肉眼观察所发现和提取的可疑血痕检材，通常应首先采取一种灵敏度高的方法以排除那些不是血痕的可疑检材，为后续的众多复杂检验提供有用的帮助，即首先进行预试验（preliminary test）。

血痕预试验的基本原理是利用血痕中的血红蛋白及正铁血红素的过氧化物酶活性，该酶可使过氧化氢释放出新生态氧，后者可氧化无色物质为有色物质，根据有无颜色变化做出判断。需要指出的是，有些生物性体液（如唾液、鼻涕、脓液）、植物汁液（如大蒜、胡萝卜、马铃薯）等也具有过氧化物酶活性；也有一些氧化剂（如铁锈、高锰酸钾、甲醛）同样能氧化无色物质成有色物质。因此，血痕预试验缺乏特异性，阳性结果仅表示待测物可能是血痕，而不能确证为血痕。血痕预试验的方法有很多，最常用的是联苯胺试验、鲁米诺试验和酚酞试验（phenolphthalein test）。灵敏度以联苯胺试验最高。

联苯胺试验

联苯胺试验（benzidine test）是1904年Adler进行便潜血试验而建立的方法，是迄今最常用的、也最灵敏的血痕预试验。

原理：利用血痕中的血红蛋白或正铁血红素具有的过氧化物酶活性，使过氧化氢释放出新生态氧，将无色联苯胺氧化为联苯胺蓝（图3-3）。

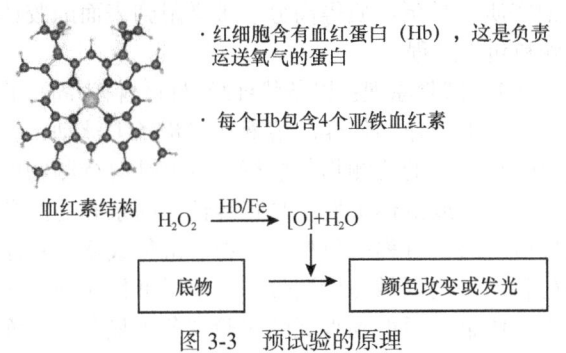

图3-3 预试验的原理

方法：剪取或刮取微量检材置于白瓷反应板上，或用滤纸轻擦斑痕。依次滴加乙酸、联苯胺无水乙醇饱和液各1滴。1～2min后无蓝色反应，再加3%过氧化氢1滴，立即出现蓝色为阳性反应；若不出现蓝色，为阴性反应。

联苯胺试验最大的特点是灵敏度高，血液经过稀释50万倍，仍可能呈阳性结果。所以联苯胺试验阴性结果可以否定是血痕检材。联苯胺试验有两类干扰物质，一是氧化剂，如高锰酸钾、重铬酸钾、铁锈和镍盐等，能直接将联苯胺氧化为联苯胺蓝，呈现蓝色反应。但氧化剂造成的蓝色反应出现在未加过氧化氢之前，所以要求试验时必须按上述次序滴加试剂。另一类干扰物质是生物源性物质如某些植物、蔬菜、水果等，本身含有过氧化酶使试验出现阳性反应。人体液如脓液、鼻涕或有些组织浸液；细菌如大肠埃希氏菌等，也含有过氧化物酶或具有过氧化酶活性的物质，亦能使联苯胺试验呈阳性。因此，阳性结果只能说明检材可能是血痕，不能肯定为血痕。所以，联苯胺试验的意义在于阴性结果可以否定血痕，除非血痕中的血红蛋白或其衍生物已经彻底被破坏。

联苯胺能够破坏血痕，不能再进行后续的检测，因此，试验时不要将试剂直接滴在衣服或其他检材的斑痕上。此外，联苯胺是致癌物，检测时应加强自我防护。

三、血痕的确证试验

预试验阳性表明检材可能是血痕，需进一步确定是否为血痕。做确证试验（conclusive test）的目的是确证检材是血痕，它检测的物质是血红蛋白或其衍生物，所以确证试验阳性表明检材是血痕。但确证试验灵敏度较低，细菌污染、发霉腐败、洗涤与日晒后的血痕，确证试验往往呈阴性反应。尤其是结晶试验，更易受许多因素影响，故阴性结果也不能否定检材是血痕，只能说未检见血痕。确证试验的方法：血色原结晶试验、氯化血红素结晶试验、显微分光镜检查及通过显微镜查找血细胞等，其中以两个结晶试验最常用。

血色原结晶试验

原理：血色原结晶试验又称高山结晶试验（takayama crystal test），原理为血红蛋白在碱性溶液中分解为正铁血红素和变性珠蛋白，在还原剂作用下，正铁血红素还原为血红素，与变性珠蛋白和其他含氮化合物（如吡啶、氨基酸等）结合形成血色原结晶。

方法：剪取或刮取少量检材，置载玻片上，用针分离成细纤维，盖上盖玻片，加1～2滴高山试剂（由10%氢氧化钠3ml，30%葡萄糖10ml，吡啶3ml混合组成），室温下静置10min后镜检。出现樱桃红色星状、菊花状或针状结晶，为阳性（图3-4）。

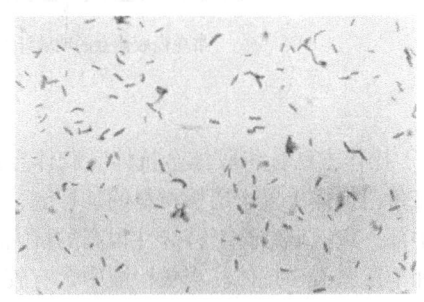

图3-4 血色原结晶试验

血色原结晶试验的优点是特异性好，目前尚未发现任何其他物质经同样处理能形成该樱桃红色结晶。试验阳性可以肯定是血痕，但试验的缺陷是灵敏度低。血液经过稀释200倍就难以得到典型的血色原结晶；经过水洗、雨淋或变性、腐败、陈旧的血痕阳性率低。因此，阴性结果没有意义。

四、血痕的种属鉴定

血痕种属鉴定（species identification）的目的是确定血痕是人血还是动物血，必要时还要确定是哪一种动物血。只有确定了血痕是人的，检测血痕的遗传标记才有意义。某些动物、植物、细菌都含有与人类似的血型物质，如鸡、猫、狗、猪、羊、肺炎链球菌14型含A样抗原；豚鼠、兔、某些鱼、大肠埃希氏菌O86含B样抗原；某些鱼、小白鼠含H样抗原；一些灵长类动物还有类Rh、类M抗原；动物间还有异种凝集素，若不查清楚血痕的种属就测定血型，易将动物的遗传标记判为某个人的，得出错误的结论。所以用血痕进行个人识别前，必须要鉴别其种属来源，而且结果必须是准确的。

种属鉴定的方法有许多种，但可分成下列三类：①免疫学方法，包括沉淀反应、凝集反应和酶联免疫吸附试验等；②生物化学方法，包括等电聚焦电泳法、纤维蛋白溶解试验及血红蛋白碱变性试验等；③分子生物学方法，如DNA-PCR技术等。日常工作中最常用的方法是抗人血红蛋白胶体金试验。

（一）免疫学方法

抗人血红蛋白胶体金试验：1971年，Faulk和Taytor将胶体金引入免疫化学，发明了胶体金标记技术，目前该方法已成为一项较成熟且已得到广泛应用的免疫标记技术。

胶体金试验的一个关键步骤为胶体金的准备。通常氯金酸在还原剂作用下，可聚合成一定大小的金颗粒，形成带负电荷的疏水胶溶液，由于静电作用而成为稳定的胶体状态，称其为胶体金。胶体金标记实质上是蛋白质等高分子被吸附到表面的胶体金颗粒包被过程。

（1）试验原理：以条状纤维层析材料为固相载体，通过毛细作用使样品溶液在层析条上泳动，并同时使样品中的待测物与层析材料上针对待测物的受体（抗原或抗体）发生高特异性、高亲和性的免疫反应。层析过程中免疫复合物被富集或截留在层析材料的一定区域（检测带），运用可目测的标记物（胶体金）而得到直观的实验现象（显色）。而游离标记物则越过检测带，与结合标记物自动分离（图3-5）。

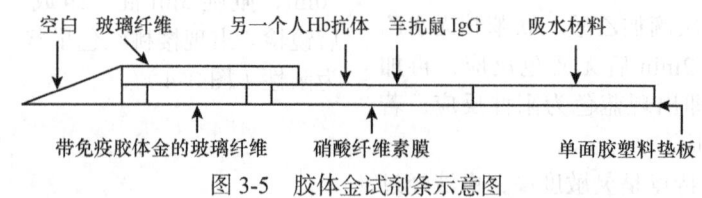

图3-5 胶体金试剂条示意图

（2）操作方法：将胶体金抗体（胶体金标记的抗人血红蛋白抗体）置于层析材料的加样端，并在层析膜的中部一定区域结合上特异性很高的抗人血红蛋白抗体和羊抗鼠IgG抗体。当被检液中含有胶体金抗体的对应抗原物质（人血红蛋白）时，抗体会识别抗原分子上的抗原决定簇并发生免疫结合反应，形成由胶体金粒子携带的抗体抗原复合物。在纤维层析载体上部材料吸水张力的牵引下，胶体金粒子会向上扩散。当进入硝酸纤维素膜时，胶体金粒子就犹如分子筛柱层析中的大分子物质一样，在硝酸纤维素膜的孔中发生层析，并先到达硝酸纤维素膜上点加了针对同一抗原的另一个抗体（抗人血红蛋白抗体）的位置（检测线），这样，由胶体金粒子携带来的抗原抗体复合物中抗原分子上的抗原决定簇也会被此处对应的抗体识别并结合，其结果便是在此处形成"胶体金携带的抗体＋抗原＋另一抗体"的夹心结构，并固定于此而显示胶体金的红色，故该法又称为夹心法。其余未反应的免疫胶体金会被其抗体结合而固定，从而在此处也出现红色。这种有两个红色标志的结果为阳性结果。但若被检测溶液中无抗原物质或抗原物质含量极低而无法足以使胶体金显出红色，则硝酸纤维素膜上点加了另一抗体的位置，即检测线处就不会有红色出现，但点加了羊抗鼠IgG的位置，即质控线处仍会有红色出现，这是阴性结果。若无任何红色出现，则说明或是标金抗体，或是羊抗鼠IgG失活，试纸条无效。操作通常将血痕浸出液滴加在试纸条的加样侧，5min内即可观察结果（图3-6）。参考《中华人民共和国公共安全行业标准》（GA765-2008）：人血红蛋白检测金标试剂条法。

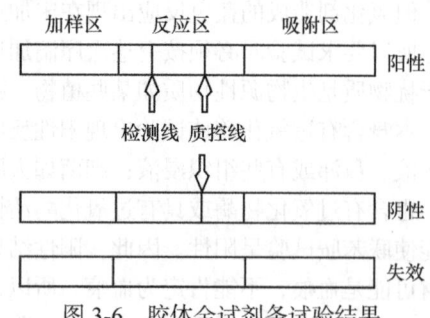

图3-6 胶体金试剂条试验结果

（二）生物化学方法

人与不同种属动物血红蛋白等电点不同，血红蛋白等电聚焦电泳谱带的位置和数量不同。将待测血痕与已知人及各种动物血痕进行等电聚焦电泳，对比等电聚焦电泳的谱带，可判断待测血痕是人血痕还是何种动物的血痕。

（三）分子生物学方法

不同种属有其特有的遗传物质，所以可根据人类特异性DNA片段鉴定种属。

1. Alu家族的种属特异性 在哺乳类动物细胞中，有一种中度重复序列家族，每个重复单位长约300bp，因在其170bp位置附近有限制性内切酶Alu I

的AGCT序列，故命名为 *Alu* 家族。*Alu* 序列为人和灵长类所特有，具有种属特异性。对血痕检材用PCR扩增 *Alu* 家族进行检测，可进行种属鉴定。

2. 线粒体DNA的种属特异性 细胞色素b基因位于mtDNA上，是一个具有种属差异的遗传标记，几乎所有的生物性检材都可检验。由于mtDNA拷贝数远多于核DNA，检测的灵敏度较高。人和其他哺乳动物的细胞色素b基因片段均存在Alu Ⅰ酶切位点，但酶切片段大小不同，可区分人与其他哺乳动物。

3. 核糖体RNA基因的种属特异性 核糖体RNA基因的核苷酸序列是按种系发生而保存的，大部分28S rRNA编码序列的区域进化缓慢，相对保守，但保守区中的可变区进化较快，种属之间差异较大。针对这一区域进行PCR扩增，可获得人和动物有差异的特异性片段。其区别可比较PCR产物的数量和分子量的大小。

五、血痕的个人识别

血痕检验的最终目的是要鉴定血痕是不是某个个体的，所以确证为人血痕后，应进一步检测血痕中的遗传标记以进行个人识别。

20世纪80年代以前，遗传标记的检测主要采用少数红细胞血型系统，如ABO、MN血型等进行个人识别。到了80年代，能对血痕中一些红细胞酶型、血清型进行检测，为血痕的个人识别提供了一些新的手段。但由于这些抗原、蛋白质遗传标记多态信息含量少，所以检测这些遗传标记的价值仅限于排除某个个体。进入90年代，随着DNA分析技术的迅速发展和日趋完善，法医鉴定工作逐渐转移到DNA的遗传标记检测。目前，检测血痕DNA遗传标记已是血痕个人识别的主要手段。由于DNA遗传标记多态信息含量大，大大提高了血痕的个人识别概率，结合案情，往往可以对血痕检材进行个体认定。

血痕中可检测的遗传标记较多，选择遗传标记应遵循以下原则：①具有良好的多态性；②较稳定，在血痕中可被检测的时限长；③检测方法已标准化、简便、快速、结果稳定、重复性好。

（一）血痕ABO血型检测的解离试验

ABO血型抗原对高温、腐败有相当的耐受性，而且抗原性很强、稳定，可以在血痕中保存相当长时间。ABO血型物质不仅存在于红细胞上，其他人体组织细胞也存在ABO抗原，这些特征在法医物证检材的个体识别中具有重要实际意义。ABO血型是法医物证检验中个人识别的传统检测项目。

1. 试验原理 血痕中的A、B、H抗原能与相应的抗-A、抗-B、抗-H抗体发生特异性的结合反应。这种特异性结合是可逆的，56℃加热后，血痕上抗原结合的抗体可以解离下来。用已知的A、B和O指示红细胞检测解离液中抗体。红细胞出现凝集者为解离试验阳性，红细胞不凝集者为解离试验阴性。综合反应结果，可判断血痕的ABO血型。

2. 操作方法 剪取血痕纤维3段，长约0.5cm，甲醇固定10min，挥干后分别置3支小试管中（也可放置于凹玻板中直接操作），分别加效价为64的抗-A、抗-B、抗-H血清，4℃冷藏下放置30～60min。生理盐水洗涤数次，分别加0.1%浓度的A、B和O指示红细胞悬液1滴，置于56℃温箱5～10min后，除去血痕纤维，悬液稍离心，倾倒于载玻片上，镜检。镜下红细胞凝集者为阳性反应；不凝集者为阴性反应。以检材无血痕部分作为阴性对照，已知A、B、O型血痕作为阳性对照。只有当对照的结果正确时，才能对检材的结果作出判断。

解离试验的特点：①试验灵敏度高，检材用量少，适用微量血痕的血型测定；②试验所需时间较短，试验所需设备简单；③试验操作技术和经验要求较高，其中洗涤步骤是关键，洗涤次数多容易出现假阴性，次数少则容易出现假阳性结果；④抗体效价应高于64；⑤必须设置已知A和B型血痕对照。选择对照血痕时应注意最好与检材血痕浓度相当、时间相近、基质相同。

（二）血痕的DNA多态性分析

由于DNA遗传标记个人识别率高、稳定性好，同时DNA分析技术显示出极高的灵敏度，因此，目前DNA分析技术是血痕个人识别所采用的主要手段。多个DNA遗传标记的联合应用，可达到个体认定的目的。

血痕DNA多态性分析的方法：DNA指纹图技术、PCR技术分析DNA序列多态性和扩增片段长度多态性，此外，高拷贝数的线粒体DNA的多态性分析也是目前血痕中DNA遗传标记分析常用的手段。DNA较蛋白质稳定，可在血痕中保存较长时间，长达数年的血痕有时仍能进行DNA多态性分析。用PCR-STR分析技术，大大提高了DNA多态性分析的灵敏度，使得对微量血痕的DNA分型变得更为简便。通过对血痕DNA多态性的分析，可以实现对血痕的同一认定。

1. 血痕中DNA的快速提取 血痕DNA分析方法与血液相同，只是提取DNA时应尽量减少和除去血红蛋白及其他杂质。从血痕中提取DNA的方法有多种，如饱和酚-氯仿抽提法、Chelex-100快速DNA抽提法、碱性裂解法等。

Chelex-100法提取DNA：将血痕检材用蒸馏水浸泡，12 000r/min离心，然后将沉淀悬浮于5%的Chelex-100溶液中，56℃孵育30min，振荡后置100℃ 8min，重新振荡后8000r/min离心，取上清液作为PCR模板。组织检材或陈旧血痕，在提取液中加入10mg/ml浓度的蛋白酶K，有利于模板DNA的提取。

2. 短串联重复基因座的复合扩增　短串联重复序列（short tandem repeats，STR），又称微卫星DNA或简单重复序列（simple sequence repeats，SSR），是目前在法医物证鉴定中应用最广泛的长度多态性遗传标记，它的重复单位短，多选择2～6bp，其长度多态性来源于重复单位拷贝数的个体差异。STR基因座在基因组中分布广泛，绝大多数位于非编码区，极少数分布在编码区。

经过筛选的STR基因座，扩增条件基本相同，可以在同一个PCR反应体系中扩增多个靶基因座，称为复合扩增。复合扩增可提高单次检测的信息量，提高个人识别率，也可降低成本和检材的消耗，对微量检材的鉴定特别有价值。目前的复合扩增体系已可同时扩增9～26个STR基因座，个体鉴别能力已达到或超过DNA指纹的水平。同时，复合扩增技术已经具备比较严格的自动化操作程序，以及完善的质量控制和质量保证措施。标准化的分型数据有利于计算机的数据处理、储存和联网检索，为建立大规模的法医DNA数据库打下良好的基础。

复合扩增的PCR反应体系仍由反应缓冲液、dNTP、引物、模板、DNA聚合酶及Mg^{2+}组成，唯有引物是多对。在确定复合扩增的反应体系组成和循环参数时，要考虑到实际选用的复合扩增条件并不是绝对地适宜每一个基因座，因此，需要对反应体系及循环参数进行不断的调整和优化，以求尽可能地保持多基因座扩增效率的平衡。

3. 复合扩增产物的基因分型　多基因座复合扩增产物电泳分离后，聚丙烯酰胺凝胶可直接用银染法显带。采用银染法显带，各靶基因座的等位基因均显示为同一种颜色，这样，复合扩增体系中多个基因座的等位基因长度范围必须互不重叠。银染复合扩增技术的优点是操作比较简单，经济实用。但因为片段长度范围选择的限制，银染复合扩增系统能够同时检测的靶基因座数量有限。

荧光标记复合系统是建立在荧光基础上的检测分析技术，由于具有多色分析、快速和使用简便的特点，被广泛应用于法医DNA分型中。荧光染料通常标记在每个基因座中一条引物的5′端，不同基因座引物标记不同的荧光标志物。扩增后的等位基因产物均携带有荧光基团，经电泳分离后，用荧光扫描系统对凝胶进行检测。按照荧光的颜色及等位基因片段大小区域区别基因座，根据片段的迁移率确定片段长度等位基因。荧光标记复合扩增系统不受各基因座基因长度重叠的影响，可以设计更多的基因座复合扩增，明显提高了检测信息量。近年来，激光诱导荧光标记STR自动分析技术的研究进展很快，应用的荧光染料种类逐渐增多，最新的技术采用了六色荧光，现已开发出25个基因座，甚至更多基因座荧光复合扩增的商品化试剂盒（图3-7）。

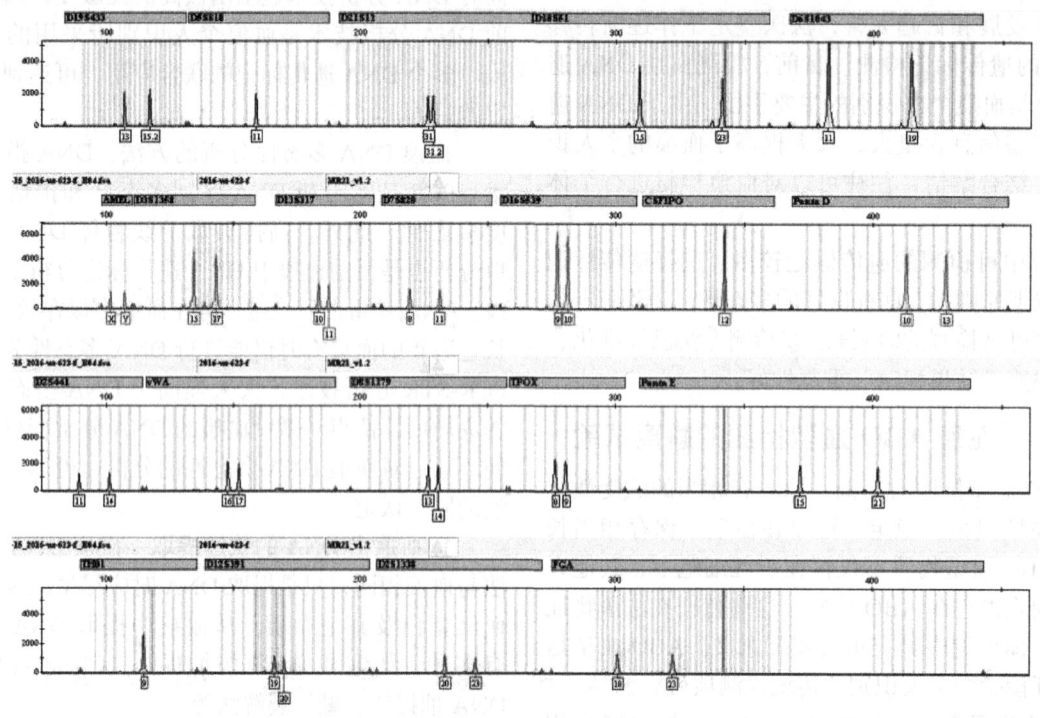

图3-7　DNA图谱

第三节 精液斑检验

案例 3-4

某地发生一起恶性强奸案件。犯罪嫌疑人闯入受害人王某住处，采用捂嘴巴、掐脖子等暴力手段将其强奸。经现场勘验，提取了犯罪嫌疑人遗留的精斑。DNA检测后与数据库信息比对，发现与一名有前科人员李某的信息一致，遂带回审查并采血样。同日，经DNA信息比对，认定李某为上述强奸案件的犯罪嫌疑人。

问题：
1. 如何有效提取强奸案的生物性检材？
2. DNA数据库有何作用？

精液斑（seminal stain，简称精斑）的检验是法医物证检验的一项重要内容，无论民事或刑事案件都经常遇到。强奸、猥亵行为往往涉及精斑检验。

精斑是精液干燥后形成的斑痕。精液主要由精浆和精子细胞组成，正常的精子数量为 $10^7 \sim 10^8$ 个/ml。除精子外，还有睾丸细胞、白细胞、脱落柱状上皮细胞、前列腺卵磷脂小体、玻璃小体、各种形状的精胺结晶、色素颗粒、脂肪球等。精浆是由男性各附属性腺分泌物所组成的复杂的混合物，其中精囊液约占60%，前列腺液占30%，附睾和尿道球腺液约各占5%。精囊液中含有多种蛋白质，在精液的凝固和射精中发挥重要作用。此外，精囊液中含有黄素，根据其在紫外灯下发光的特性，可用于搜寻精斑物证。前列腺液含有高浓度的酸性磷酸酶和前列腺特异性抗原（prostate-specific antigen，PSA），是精斑确证中重要的标记。

精斑检验的目的与其他生物性检材检验一样，是为公、检、法机关分析案情和审理案件提供证据，故精斑检验常需采集犯罪嫌疑人唾液及血液作为对照。对疑为精斑的检材需要解决下列问题：可疑斑痕是否为精斑？是人精斑还是动物精斑？若是人精斑，确定其个体来源。检验步骤是通过肉眼观察、预试验、确证试验、种属试验，认定为人精斑后，再进行个人识别。此外，在法医学实践中，精液与阴道液混合斑的鉴定可能往往多于单纯的精斑鉴定，作为法医物证学领域中的另一个检验难点，要求法医工作者应正确地鉴定出精液和阴道液成分的遗传标记，以确定犯罪嫌疑人。

一、精斑的肉眼检查

肉眼检查的目的是发现可疑精斑，确定其所在部位及分布情况，以便准确取材，提高检出的阳性率。

精斑无固定的形态，外观常因附着物不同而有差异。深色布类上的浓厚精斑呈灰白色糨糊状迹象，偶可见；较稀薄的精斑浸润于布纤维间，不易查见；浅色布类上的精斑多呈黄白色地图状，边缘色深。用放大镜检查，可在布纤维表面或中间见黄白色小鳞片。体表精斑常呈白色鳞片状痂片；凡软质载体（如衣、裤、纸张等）上精斑手触有硬感；新鲜精斑有特殊臭味。如果肉眼不能很好辨认出检材时，可借助紫外灯照射辨别可能的精斑分布，因精囊液中的黄素在紫外线照射下呈银白色荧光，斑痕边缘呈浅紫蓝色。紫外线检查为非特异性的，因此，阳性结果仅表示斑痕可能是精斑。

二、精斑的预试验

预试验的目的是筛选可疑精斑，故要求方法简单，灵敏度高。但由于预试验检出的成分并非精斑所特有，故阳性结果仅提示斑痕可能是精斑，不能确证精斑。精斑预试验方法有很多，常用的方法如下。

（一）酸性磷酸酶检验

精液的主要成分前列腺分泌液中含有大量酸性磷酸酶（acid phosphatase，AP），浓度为 $540 \sim 4000U/ml$，较其他体液、分泌液及脏器的含量高100倍以上。除精液外，部分蔬菜、水果也含少量酸性磷酸酶。此外，某些避孕药AP检测也呈弱阳性反应。故该试验只能作为精斑的预试验。由于AP来源于前列腺，无精子的精液AP试验也呈阳性结果。

精斑中AP相当稳定，对腐败及高热有较强的抵抗力。保存10余年的陈旧精斑，夏日室温放置8周的腐败精液及125℃加热30min的精液仍能检出其酶活性，但200℃加热5min则破坏其活性。检验AP的方法很多，其中最简便、灵敏的方法是磷酸苯二钠试验（Kind-King test）。

1. 原理 精液中的酸性磷酸酶可分解磷酸苯二钠，产生萘酚，后者经铁氰化钾作用并与氨基安替比林结合，生成红色醌类化合物。

2. 试剂 由反应缓冲液和显色液两部分组成。

缓冲液：磷酸苯二钠0.2g，4-氨基安替比林0.6g，柠檬酸1.4g，1mol/L氢氧化钠12.5ml，蒸馏水加至100ml，加热溶解后置冷水中迅速冷却，加0.5ml氯仿。

显色液：铁氰化钾3.6g，1mol/L氢氧化钠16.7ml，碳酸氢钠1.4g，蒸馏水加至100ml。

3. 方法 取可疑斑痕0.1cm×0.1cm，最好取斑痕边缘部位，置试管内，加缓冲液3～4滴，经37℃温箱内5～10min后，加等量显色液，立即出现红色为阳性反应，表明检材可能是精斑。颜色深浅与酸性磷酸酶浓度成正比,浓度越高,颜色越深红,浓度过高可出现红色沉淀。呈橙黄色为阴性反应,表明检材不是精斑或精斑中的酸性磷酸酶被破坏。同时剪取无斑痕处检材及已知精斑作阴性与阳性对照。

磷酸苯二钠试验灵敏度较高,稀释20 000倍的精液仍呈阳性反应。被水洗过的淡薄精斑,只要适当延长缓冲液温浸时间可呈阳性结果。精液如混有血液并不影响检验,血痕在该试验中呈灰褐色。由于该试验灵敏度很高,所以操作时,一般按空白部位、可疑精斑、已知精斑的顺序剪取检材,避免污染。

酸性磷酸酶试验的特异性较差,1g内脏组织(如肺、肝、肾、心、胃等)用5ml缓冲液浸泡的浸液,以及常见的人体分泌物或者排泄物(如鼻涕、汗、唾液、成年男性尿液等)也可呈弱阳性反应。为了排除上述假阳性反应,可在显色后将液体稀释64倍或将试管再放入56℃温箱中10~20min,此时精斑仍维持红色,而假阳性引起的红色则会消退。

(二)锌检出法

精液的含锌量较其他人体组织和体液为高,每克干燥精斑含锌约1.998mg。精液中的锌主要来源于前列腺,故锌检验尤其适用于无精子的精斑,但不适用于被锌污染的检材。精液中的锌可用吡啶基偶氮萘酚法及二硫腙法检出。以下介绍吡啶基偶氮萘酚法。

1. 试剂 ①0.5mol/L Tris液(3g三羟甲基氨基甲烷溶于50ml蒸馏水中);②吡啶基偶氮萘酚液(1mg吡啶基偶氮萘酚溶于0.2ml Triton X-100中,再加9.8ml的0.5mol/L Tris液混匀)。

2. 方法 取可疑斑痕0.5cm×0.5cm置试管中,加吡啶基偶氮萘酚液2滴,轻摇2min,出现深红色为阳性反应。

3. 灵敏度与特异性 本方法灵敏度高,可测出2~3mol/L的锌。稀释4倍的精液制成的精斑,稀释10~20倍的精液均可呈阳性反应。精斑中的锌离子不易因斑痕陈旧、加热或腐败而破坏,此法可测出90℃加热15min,室温下保存25年的精斑。除精斑外,其他人体液斑及蔬菜、水果汁等均呈阴性反应;精斑混有血液、阴道液等不干扰试验的结果。故有人提出该试验可以考虑作为精斑的确证试验。

三、精斑的确证试验

精斑确证试验是检验精液中的特有成分,其阳性结果可以确证精斑。精斑的确证方法很多,但主要有以下3类方法:精子检出法、免疫学检验及生物化学检验。

(一)精子检出法

检出精子是认定精斑最简便、最可靠的方法,不需要特殊试剂和仪器,因此,在各基层实验室均广泛采用。

精子,蝌蚪状,分头部和尾部,头部:2/3为顶体覆盖,含有多种与受精有关的重要酶,尾部:运动装置,内含中心粒和线粒体(图3-8)。

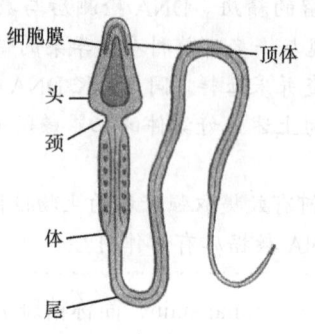

图3-8 精子模拟图

精斑中的精子是相当稳定的,陈旧精斑也可能查见精子,最长可达10余年。但因精子无色,头部折光,尾部很细且易断离,在精子数量少时,有时也难以根据少数不完整精子确证精斑。因此,在实际工作中,应选择合适的浸液及适当的染色方法,以提高精子的检出率。

1. 检材处理 ①直接染色检查:取新鲜精斑检材少许,置载玻片上,加生理盐水1滴浸软纤维,分离纤维后加染色液1滴,盖上盖玻片,显微镜下观察。在纤维上或其周围可发现已经着色的精子。②涂片检查:取可疑斑痕约1cm×1cm,剪碎后置于试管内,加适量生理盐水,室温2h,4℃过夜,2500r/min离心5min后,吸出全部浸液,置另一试管中。沉渣涂片,干燥后甲醇固定5min,染色。陈旧的精斑,其精子不易脱离载体,影响检验,此时可用5%~10%的氨液,甚至40%的氨液浸渍,使精子从浸软的载体上脱落,去掉载体,浸液离心,沉渣涂片。

2. 染色方法 精子染色方法有很多,其中以HE染色法最常用。HE染色法染色试剂有三种:A. 苏木素染液,称取苏木素0.5g,用无水乙醇5ml溶解。取明矾10g,在蒸馏水中加热溶解,加入苏木素乙醇溶液,加热至溶液呈深紫色,加入氧化汞0.25g,迅速冷却。B. 0.5%伊红染液。C. 1%盐酸乙醇溶液,取盐酸1ml,加70%乙醇溶液至100ml。染色方法是在涂片上滴加1~2滴苏木素染液,染色10~30min。水淋洗后,加1%盐酸乙醇溶液5~10s,水洗或在水中浸泡30min后,加伊红染液3min,水淋洗。干燥后二甲苯透明,镜检。

精子头前半部不着色或浅染，后半部染呈蓝色，尾部染呈红色（图3-9）。

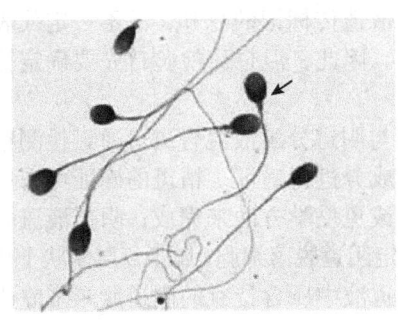

图3-9 精子

显微镜下检见精子需要一定的经验，精斑陈旧、取材部位不准或遇到少精子症者，涂片上往往仅见少量精子，故染色后须仔细观察，只要找到一个完整的典型精子，即能确证为精斑。精斑在浸渍处理过程中，精子尾部易断落，常只检见精子头部，此时应与阴道滴虫、酵母菌等鉴别。典型的精子头部呈椭圆形，着色特殊，其他植物细胞、细菌、阴道滴虫等则多呈圆形，染色均匀一致。若发现几个典型的精子头部也可确证为精斑。

（二）免疫学检验

制备各种抗-人精液特殊成分的抗血清，用沉淀反应等免疫学方法，检测可疑精斑中的抗原成分，以确证精斑。该免疫学试验的灵敏度高，特别适用确证输精管结扎术者和精子缺乏症患者的精斑。

参考《中华人民共和国公共安全行业标准》（GA766-2008）：人精液PSA检测金标试剂条法，原理、方法同抗人血红蛋白胶体金试验，简便、快速、高效。

（三）生物化学检验

生物化学检验方法主要检测一些在精液中含量高、活性强、有特征性的酶。如电泳法检测乳酸脱氢酶-X区带，该区带存在于人精子中，精子越多，X区带越明显。也可检测亮氨酸肽酶、甘氨酰脯氨酰二肽基氨肽酶等确证精斑。

四、精斑的种属鉴定

确证精斑后，需进一步鉴别是人精斑还是动物精斑。通常情况下是应用种属特异性好、效价高的抗-人精液血清或抗-P30血清等做种属鉴定。实际上，用抗-人精液血清或抗-P30血清做精斑确证试验的同时也完成了精斑的种属识别，甚至不少学者认为，由于精子形态与动物不同，故找到典型精子的精斑，亦不需要再做种属试验。

五、精斑的个人识别

做精斑检验的主要目的是进行个人识别，确定现场发现的精斑为谁所遗留，为侦查提供线索，为审判提供证据。随着法庭科学的发展和学科间的交叉渗透，精斑个人识别的方法已取得了很大的进展。当前，检验精斑的遗传标记主要有ABO血型、酶型、血清型和DNA多态性，尤以DNA多态性检测发展更快，应用价值最大。

（一）精斑ABO血型检测

ABO血型鉴定是指ABH血型抗原的检测。人体液及分泌液中的ABH血型物质是糖蛋白，是以水溶性形式存在的，但是否能够在人体液中检测出对应的ABH血型物质，乃由人类的分泌型基因所控制。分泌型指体液与分泌液受分泌型基因控制分泌ABH血型物质的人，不分泌ABH血型物质的人称为非分泌型。分泌型个体精液中的ABH血型物质的含量远比红细胞中多，且耐热，常用中和试验进行检测。其优点在于确定分泌型与非分泌型的同时，也可确定分泌型个体的ABO血型。

1. 原理 精斑中的水溶性A、B、H物质能特异地与相应的抗体结合，使抗体与指示红细胞的凝集反应能力降低或完全消失。因此，红细胞不发生凝集为中和试验阳性，证明精斑中含有与抗体相对应的抗原。

2. 方法 将作精子检查时的精斑生理盐水浸出液在凹玻板内分三列分别倍量稀释至1：32，然后于三列凹中对应地加入效价为8的抗-A、抗-B、抗-H试剂各1滴，摇匀，静置30min，最后，向对应各凹中加入2%指示红细胞悬液各1滴，摇匀，静置30min，观察红细胞凝集情况。在已知对照正确的情况下，精斑检材与无精斑检材的凝集抑制相差1级以上，表明精斑中含有相应的血型抗原。

精斑检材必须分别与抗-A、抗-B、抗-H作中和试验，然后依据三者反应的结果，判定分泌型精斑的ABO血型。作中和试验时，抗血清的效价一定要标化，以4~8倍为好。如抗血清效价太高，则难以被精斑中的血型物质所抑制，将导致假阴性结果。

（二）精斑的DNA分析

精子含有大量DNA，可从精斑提取DNA，检测其多态性。即使精液中无精子，由于精液中含有少量睾丸细胞、上皮细胞等，也能进行DNA分型。精子细胞膜是富含二硫基的交联蛋白组成的网状结构，能抵抗各种类型的去污剂作用，对外源性蛋白酶水解也有相当强的抵抗作用。为了裂解精子细胞，必须要切断二硫键以消化蛋白。DTT（二硫苏糖醇）作为还原剂可使二硫基断裂，还原成—SH。因此，在进行精液（斑）DNA提取时，除了常规的SDS（十二烷基硫酸钠）、蛋白酶K以外，还需加入一定量的DTT。需要指出的是，DNA含量多少与组织的有核细胞数目多少有关，不同个体的精子数正常情况下可相差1～1.5倍，再加上精子DNA降解以及各种干扰因素的存在，因此在实际案件中应给以充分的考虑。

精斑基因组DNA多态性分析目前多采用PCR-STR分型技术，此外，在血痕中能测定的各种DNA遗传标记也同样能在精斑中进行测定。

道液的混合斑鉴定。由于阴道液也含有血型物质和其他遗传标记，故从混合斑中测出的遗传标记是阴道液与精液遗传标记的总和，并不一定代表精液的遗传标记。因此，混合斑检验首先要确定检材是否为混合斑。

精液与阴道分泌液混合斑可通过检测精液成分及阴道液成分进行确证。精斑的确证可采用前述的精子检出或免疫学方法来完成；阴道液斑的确证可用检查确定阴道脱落细胞（属于复层鳞状上皮细胞）和鉴定阴道液中所含特有的阴道肽酶来完成。一旦确定为混合斑，则应采取对比推断、分离各成分检验等方法，以确定混合斑中精液的遗传标记，进行个人识别（图3-10）。

六、精液与阴道液混合斑检验

强奸和其他性犯罪案件中经常会遇到精液与阴

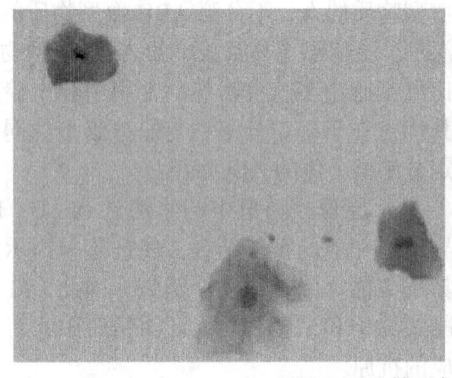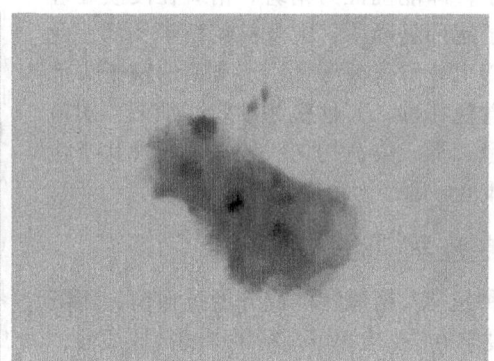

图3-10　精子与阴道脱落上皮细胞

如前所述，精子细胞膜蛋白质富含二硫交联结构，对去污剂及外源性蛋白酶有相当强的抵抗作用。相比之下，阴道上皮细胞则经不住常规使用的去污剂、蛋白酶的消化作用。在混合斑检材中加入SDS和蛋白酶K，37℃水浴孵育3h左右，阴道上皮细胞被破坏，释放出DNA，而精子细胞膜尚未破坏，离心后上清液中含有阴道上皮细胞的DNA，沉淀物则为精子。沉淀物以缓冲液洗涤数次后，再进行第二次消化，除SDS、蛋白酶K外，消化液中加入还原剂DTT，56℃孵育过夜。在DTT的作用下二硫键断裂，精子细胞膜破裂，即可获取精子的DNA，此谓二步差异消化法。提取到的阴道上皮细胞DNA和精子DNA可分别检验，以达到个人识别的目的。

Y染色体系男性特有，存在于该染色体上的STR多态性检测在性犯罪案的精斑个人识别中显示出其独特的应用价值。由于检测Y-STR不需要分离男女成分即可实现对男性成分的基因分型，故在性犯罪案件中，对精液与阴道液组成的混合斑中精液的个人识别有极其重要的意义。Y-STR呈男性伴性遗传，不与其他染色体重组，除突变外，在父系的所有男性个体中，包括兄弟、父子、叔侄、堂兄弟和祖孙等都具有相同的Y-STR单倍型。因此，Y-DNA标记作个人识别只具有排除同一性意义，没有认定同一性的作用。

七、强奸案件的取材及送检

男子违背妇女的意愿，采用暴力、胁迫、利诱、欺骗、药物或其他手段，使其不敢或不能抵抗，强行婚姻以外的非法性交行为称为强奸。对不满14岁的幼女，不论本人是否同意而实施奸淫者，均以强奸论罪。妇女被强奸后会留下许多证据，这些证据的取得对判断强奸关系重大，因此对于强奸案的取材及送检略作如下阐述。

（一）案情调查

在送检之前，应当分别向受害人及其保护人（包括父母）了解有关案情、防卫和抵抗情况、加害人与受害人相互位置关系、受害过程、有无射精等。同时应请被害人详细描述加害人的个体特征，包括身高、体格、脸型、口音、痣、疤、文身、衣着、有无被受害人抓伤或咬伤。

(二) 现场勘查

强奸案的发生可在室内，也可在室外。如在室内则观察陈设是否整齐，有无变动翻转，床上被褥、床单是否零乱；如在野外，则观察地上、青草等有无抵抗格斗时造成的草、菜被践踏或拖压等现象，现场有无凶器、绳索、擦拭卫生纸、血痕、精斑、毛发或其他证物，所有一切均应详细记录，绘图并照相留证，然后分别提取，以供检验。提取时应注意：戴好手套、帽子，防止交叉污染，并分别标记；对于不易移动、不好破坏物体如墙上、地面上斑迹，用纱线擦拭后晾干或直接置于离心管内保存；对于附着于可剪切的大件物品（如地毯、室内装饰）上的可疑斑迹，可将可疑斑迹剪下送检；对于易移动的较小物体上可疑斑迹（如衣裤、鞋帽、卫生纸、石块、小家具等），最好整件提取，送到实验室后再处理。现场生物性检材提取的原则是越浓越好，越纯越好。检材提取后阴干保存送检，不应未阴干就置于塑料等不透气包装袋盒内，不可烤干或晒干。所有检材分别包装，不能相互污染。

(三) 检材提取

妇女在被强奸后需提取受害人的阴道拭子及内裤等，一般情况下，性交后3天以上，阴道内已检测不到精子，提取阴道拭子无太大意义。对已婚或有性伴侣的妇女需采集其丈夫或与受害人有性关系的人的血痕作对照，同时应取被害人的血痕、十指指甲等。

(四) 检查嫌疑人

1. 损伤检查 观察嫌疑人的身高、体格等一般状态，检查有无因被害人的防卫、抵抗而留下相应的损伤。

2. 证物采集 检查嫌疑人的体表及外阴部有无明显血迹（受害人受伤时沾染等），如有，则用干净湿纱线擦拭后阴干保存。此外，还应仔细检查嫌疑人的衣服，特别是内裤上有无受害人的血迹等，这同样是很有价值的证据。

第四节 毛发检验

案例 3-5

某地一名10岁的小学女生被侵害。在现场勘查时没发现有意义的物证，因当时天黑及受惊吓，受害人无法提供犯罪嫌疑人的有意义的线索。于是将受害者带到医院进行体检，没有发现精液及精斑。但是，在清理受害者内裤时在裆部发现一根阴毛，有毛根。DNA检测后与数据库信息比对，发现与一名有前科人员王某的信息一致，遂带回审查并采血样。同日，经DNA信息比对，认定王某为上述案件的犯罪嫌疑人。

问题：

1. 如何有效发现和提取强奸案的毛发类生物性检材？
2. 毛发有无毛根在证据意义上有何区别？

毛是人和兽类皮肤的附属器官，习惯称为毛发。人类毛发与动物毛一样皆由表皮基底层细胞分化生成，由皮肤毛囊长出的一种富有弹性的角质体，由角质蛋白所组成，不易破坏，故离体毛发可长期保存，是法医鉴定较好的物证。

毛发可自然脱落、拔落或剪断。凶杀、斗殴、强奸、兽奸等刑事案件中，当事人个体之间或间接接触，凶器打击人体，均可能使犯罪嫌疑人或受害者的毛发遗留在现场，或附着在凶器、车辆、其他物体、受害人的衣裤及身体各部位。勘查现场时应注意寻找和提取毛发。现场提取的毛发可能来源于人，也可能是其他动物的毛发，乃至纤维，进行对比检验，可为判断案件的性质、推断凶器、划定侦查范围、寻找凶犯等提供线索和证据。

毛发的鉴定项目一般包括肉眼检查、透射显微镜和扫描电子显微镜技术、个人识别及毒物分析等。鉴定毛发要求解决的问题：是动物毛发还是纤维？是人毛发还是兽毛发？若为人毛发，是哪一部分的毛发？毛发是否有损伤？毛发的个人识别及性别鉴定等。

一、人毛发的确定

借助显微镜技术或物理化学方法，根据毛发的色泽、形态和结构等特征，可准确区别人毛发与纤维、人毛发与兽毛发（图3-11～图3-13）。

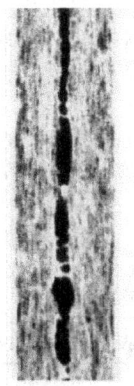
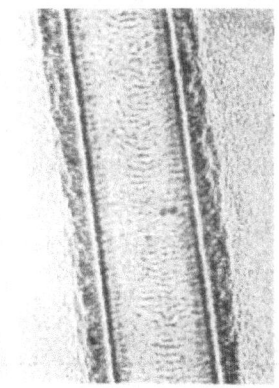

图 3-11 显微镜下人毛毛干及毛小皮

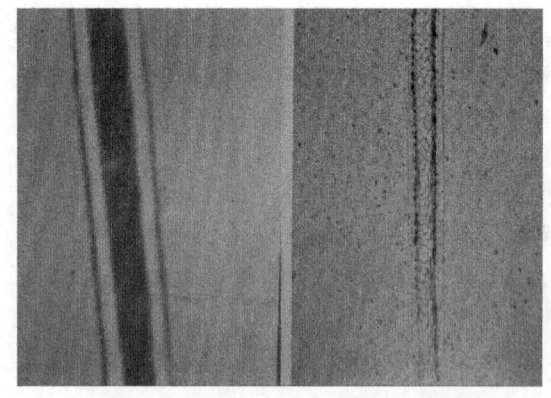

图3-12 显微镜下犬毛毛干及毛小皮

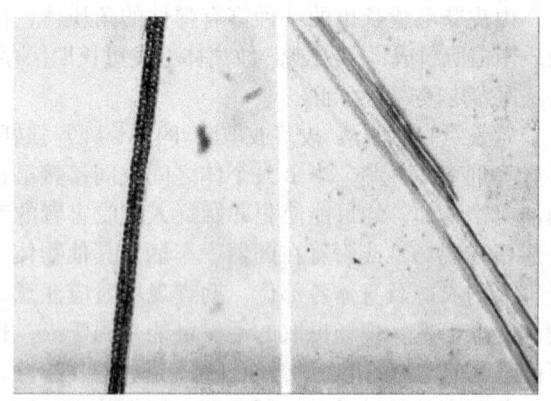

图3-13 显微镜下兔毛毛干及毛小皮

毛发具有毛小皮、皮质和髓质结构，而无其他纤维；毛发难于燃烧，但可有烧焦的特殊气味，而纤维易于燃烧；将10%的氢氧化钠加热至沸，毛发加入其中可逐渐软化至溶解，而纤维则无变化；也可应用红外线光谱仪照射，毛发和纤维两者产生明显不同的光谱，借此鉴别毛发和纤维。

人与动物毛发的鉴别可依据毛小皮、皮质和髓质三层结构特征来实现（表3-1）。

表3-1 人与动物毛发的鉴别

毛发的结构	人毛发	动物毛发
毛小皮	鳞片小、薄，纹理呈波纹状，游离缘呈细锯齿状	鳞片大而厚，纹理粗大，游离缘呈细锯齿状
皮质	宽，占毛干直径2/3以上，色素颗粒多分布在皮质边缘	窄，占毛干直径1/2以下，色素颗粒多均匀分布在髓质边缘
髓质	窄，不连续（个别部位的毛可出现连续），占毛干直径1/2以下	宽，连续，占毛干直径1/2以上，多数动物有特殊花纹
外表颜色	一般为一种颜色	常见一根毛上有几种颜色

二、毛发的个人识别

人毛发同其他组织一样也含有ABH血型物质，因此，可以用毛干检测ABO血型。即将毛干看作血痕纤维，进行解离试验，只是在做解离试验之前，应先将毛发脱脂、压扁，使髓质充分暴露，以利于准确检出ABH血型物质。与血痕比较，毛发有两个特征，一是毛发的血型物质较少，其次，毛发中毛小皮没有血型物质，只有髓质和皮质才有ABH血型物质，所以，毛发的ABO血型测定技术要求高，检测比血痕困难。

由于毛发的尖部和毛干部分含有的有核细胞数较少，而且由于毛发本身的发育和结构特点，通常考虑毛发的尖部和毛干部分类似于法医物证学的微量和降解检材。然而，毛发的毛根部及毛囊上皮细胞中含有较多的有核细胞，可提取较为理想的为法医学鉴定应用的DNA。这样，来自于该部分的检材除了可进行基因表达产物水平遗传标记的检测外，更重要的是可进行DNA多态性分析，这些就为个人识别提供了大量信息，可为案件的侦破及审判提供有价值的证据。

尽管毛发的毛干部分含有较少量的有核细胞，但是，与核基因组DNA比较，含有的mtDNA的拷贝数相对较多。因此，mtDNA序列多态性测定被视为一项重要内容。目前，在无毛囊的毛发DNA分析中，mtDNA遗传标记的检出阳性率最高，也较多的为法医学检案所应用。mtDNA是直接从母亲传递给孩子，因而称为母系遗传。对mtDNA研究显示，其非编码区（即D环）存在较高的多态性，对法医学个人识别和亲子鉴定有着重要的意义。

三、毛发的性别鉴定

性别测定是个人识别的重要内容之一，常为案件侦破提供非常有价值的证据。一旦确定性别，即为个体识别提供了50%的否定率。从毛囊上皮细胞提取核基因组DNA，然后扩增X与Y染色体上基因特异序列，可以进行性别鉴定。

（一）牙釉基因

牙釉基因（amelogenin，AMG）位于X染色体Xp22，编码牙原基质牙釉质蛋白。在人Y染色体中心粒附近有一类牙釉基因（amelogenin-like，AMGL），与牙釉基因的碱基序列有90%的同源性。用一对特异性引物可同时扩增AMG和AMGL序列片段，X特异性片段长977bp，Y特异性片段长788bp。

引物：AMXY-1F 5′-CTG ATG CTT GGC CTC AAG CCT GTG-3′

AMXY-2F 5′-TAA AGA GAT TCA TTA ACT TGA CTG-3′

扩增后男性可得到977bp和788bp两条带；女性只观察到977bp一条带。此法只需一对引物，性别鉴定可靠、方便、快速。缺陷在于扩增产物较长，这样就不适合腐败血痕和过于陈旧血痕的性别鉴定。为了克服此缺陷，目前已有新设计的引物，借助缩短引物间距，扩增出更短的片段，以此解决腐败降解检材的性别鉴定问题。

（二）ZFY/ZFX 基因

ZFY基因定位于Y染色体短臂，编码一种锌指状蛋白。同样，ZFX基因也定位于X染色体上，与ZFY基因有同源序列。性别鉴定设计的三个引物可同时扩增Y及X染色体上特异的ZFY基因片段来确定性别。位于Y染色体的ZFY基因片段长340bp，位于X染色体的ZFX基因片段长488bp。因此女性只有一条488bp的谱带，男性有340bp和488bp两条谱带。该方法在同一体系中一次检验X、Y两条性染色体，结果准确、无假阴性。

引物序列：

ZFXY 5′-ATT TGT TCT AAG TGC CAT ATT CTC T-3′

此引物为ZFX和ZFY基因二者同源序列通用的引物。

ZFY3 5′-CAT CAG CTG AAG CTT GAT GAC ACA CT-3′

此引物为ZFY基因3′端特异DNA序列。

ZFX3 5′-AGA CAC ACC TAC TGA GCA AAA TGT ATA-3′

此引物为ZFX基因3′端特异DNA序列。

第五节　骨骼和牙齿检验

> **案例 3-6**
> 在某地的竹林里发现一具白骨，为寻找身源，送来怀疑死者父母的血样，经过DNA比对，骨骼DNA与疑似父母血样的DNA符合亲缘关系。
> **问题：**
> 1. 通过骨骼如何鉴定是人类的？
> 2. 如何区别骨骼的性别？
> 3. 通过骨骼如何推测年龄？

人体硬组织主要指骨和牙组织。由于它们坚固、耐热、抗腐败等特性，是人体最稳定的生物性检材，可长期保存。大型灾难（如火灾、空难、沉船、战争）致尸体严重毁损；或某些历史案件等，骨和牙是遗骸身源鉴定的主要检材，甚至是唯一的检材。

一、骨骼的个人识别

骨骼作为重要的法医物证检材，在刑事和民事案件中借助对其检验来进行个人识别和亲权鉴定，已经发挥了其重要的作用。

（一）骨骼确定

对送检可疑物证进行骨骼检验时，应首先确定被检物是不是骨。通常是根据骨骼的解剖学与组织学结构特点，以及骨骼成分的测定进行判断。依常规，首先进行肉眼观察，如骨骼完整时鉴定并不困难，但是，对于残碎骨块肉眼不能确定时，需借助显微镜检查，即将骨组织磨成薄片，依据骨组织的特点判断是否骨骼。

（二）种属鉴定

法医在确定检材是骨骼后，还要进行骨骼的种属鉴定，即判断是人骨还是动物骨。目前骨骼种属鉴定的主要方法有形态学分析、组织学鉴定及DNA检验。

1. 形态学分析　人与兽骨在解剖形态和组织结构上有明显的不同，可依此进行鉴别。如人的脑颅骨大于面颅骨，而动物则相反（图3-14）。

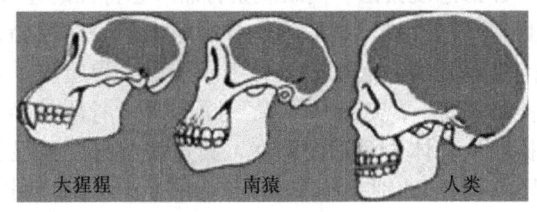

图 3-14　颅骨的区

动物的上位胸椎棘突发达，而下位胸椎与人的腰椎相似；人类骨盆骨的髂翼向外翘张呈盆状，有明显的性别差异，而动物骨盆窄而长，并无显著的性别差异等。

2. 组织学鉴定　若检材为小骨片，肉眼不能确定种属，可检查骨磨片的组织结构。组织学方法是采用骨磨片检查哈佛管的形态学特征，骨磨片在光学显微镜下，可观察到人与动物骨的形态学差异，哈佛管的直径和每个视野下的数量能够明确地反映出人骨与动物骨的种属差异。人骨无丛状骨和骨单位带；人与犬、猪、牛、羊骨的哈佛系统在形状、大小、分布位置、均匀程度等方面存在明显差异；人骨哈佛骨板层数最多，哈佛系统直径最大；中央管直径和面积百分比的图像分析结果显示人与动物骨的差异均有显著意义。

3. DNA检验 用于血痕种属鉴定的DNA检验方法同样可用于骨的种属鉴定。例如，大部分28S rRNA编码序列的区域进化缓慢，相对保守，但保守区中的可变区进化较快，种属之间差异较大。针对这一区域进行PCR扩增，可获得人和动物有差异的特异性片段。研究发现，骨松质DNA的含量是骨密质的10～20倍，故对骨骼进行DNA检验常用骨松质。

（三）一人骨或是多人骨的确定

绝大多数案例是一人骨的鉴定，但若遇碎尸案或白骨化尸体，常需确定被检测骨骼是一人的还是多人的骨。一人骨或是多人骨的确定主要是根据骨骼的解剖学结构、定位、数目、排列及各骨的连接吻合情况和有无重复骨等进行鉴定。亦可检验骨骼的血型和DNA等遗传标记来进行个人识别和身源鉴定。

（四）人骨的性别鉴定

骨骼检查中性别鉴定是一个重要的问题，它对鉴定尸骨身源，提供侦查方向等起到迅速简化问题的作用。根据骨骼判断性别的方法有很多，总体可分为三类，即形态观察法、仪器测量法和DNA检测法。

1. 形态观察法 肉眼观察骨骼形态特征的差异，推测和判定性别。一般男性骨骼粗大，表面粗糙，肌肉附着处的突起明显，骨密质较厚，骨质重；女性骨骼较细小，突起不明显，骨面光滑，骨质较轻。但长期从事体力活动的妇女，其骨骼与男性无显著差异。骨骼的性别差异以骨盆最为明显，其次是颅骨，其他如胸骨、锁骨、肩胛骨、四肢长骨等也有一定的性别差异（图3-15、图3-16）。

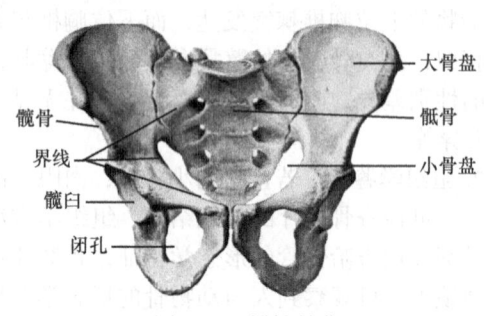

图3-15 男性骨盆

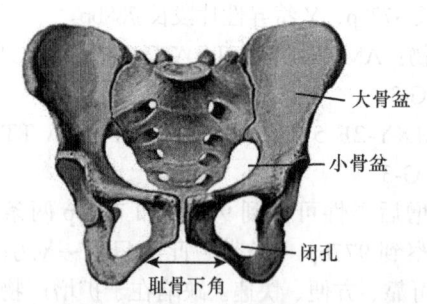

图3-16 女性骨盆

2. 仪器测量法 利用仪器（如骨骼测量仪）测量骨骼的长、宽、高、角度及厚度等，根据所得的数据判定骨骼的性别。常用的方法有两类：①均值法，将所测得的数据与男、女的总体均值比较，若测量结果所得的数值在男性总体均值内，则该骨骼属男性，反之为女性。由于人类个体差异较大，男女骨骼各均值均有较大的重叠部分，若所得的数值在重叠部分，则不能判定骨骼的性别。②判别函数法，将所测得的数值代入回归方程式中计算，比较结果与临界值，判定性别。这种方法解决了均值法中男女平均值重叠的问题，具有客观、易行和准确的优点，是目前最实用及最有价值的方法。

3. DNA检测法 利用X和Y染色体上特异的DNA序列，如 *Amelogenin* 基因、*DYZ1* 基因、睾丸决定因子 *ZFY* 基因等，将提取的骨DNA经特异性PCR扩增，可准确确定被检骨的性别。

（五）其他骨骼个体特征的确定

除了上述有关骨骼鉴定的项目外，某些案例还需要鉴定骨骼身源的年龄、身高及种族等。骨骼身源的年龄可根据骨化中心的出现与骨骺愈合情况推断；也可根据颅骨的颅囟和颅缝，以及耻骨联合面鉴定年龄，特别是后者在法医检骨实践中为十分重要的手段。应用耻骨联合面判断年龄准确性很高，对于男性和女性个体可采用不同的多元回归方程推断年龄，在14～30岁，判定误差仅为±1岁，在30～50岁，误差为±2岁。身高的推断可根据全身完整骨骼或不同部位骨骼的特征来完成，而后者以四肢长骨推断为首选。不同种族骨骼形态特征有一定差异，以头颅最明显，骨盆和股骨次之，需综合分析判断后予以鉴定。

颅骨蕴藏着人头面部形态特征的大量信息，根据颅骨进行身源鉴定还有面貌复原法和颅像重合技术。面貌复原法是根据颅骨的解剖学特点，重建死者生前面貌的一种个人识别方法。最常用的复原法是面貌雕塑法，即根据面部平均软组织厚度，将黏性物质黏附于颅骨表面,塑像复原。颅像重合技术是将失踪人的生前照片的负片与颅骨负片进行重叠印象,依重叠影像的解剖学关系是否一致,进行同一认定,是个人识别的一种非常好的办法。

二、牙齿的个人识别

牙齿是口腔内由高度钙化的组织构成的器官,是人体最坚硬的组织和保存时间最长的器官,不易受环境与理化因素的影响。牙齿的这种稳定性使其成为法医学鉴定的一种重要生物性检材,特别是在一些严重的火灾案件中,鉴定牙齿可能是识别烧焦尸骸的唯一方法。

(一)根据牙齿推断年龄

由于牙的发育、成熟及磨耗具有明显的阶段性,因此,推断不同阶段的年龄需选用不同的指标。出生后至14岁的年龄推断主要依据牙的发育,而14岁以后主要依据牙齿的磨耗度推断年龄。

人类的牙齿在一定时间内萌出,并显示出一定的次序。婴儿6个月开始乳牙萌出,约2岁半乳牙全部萌出,3~4岁发育完成。6岁时萌出第一恒磨牙后,乳牙逐渐被恒牙所替换,直到12~14岁第二恒磨牙萌出转为全恒牙列。伴随着年龄的增长,长期咀嚼食物可使牙齿逐渐磨损,这样就可以根据牙齿磨损程度划分等级来判定年龄。牙齿的磨损受食物组成、咬合习惯、性别、发育情况等多种因素影响。恒牙磨耗开始于15~20岁,20~40岁期间磨耗急剧进展,40~50岁期间进展缓慢,50岁以上牙齿磨耗又有较快进展。应用牙齿进行年龄推断最好根据牙群磨耗度,代入多元回归方程中计算求得。如果采用单个牙判断年龄,其准确度依次为磨牙、双尖牙、尖牙和切牙。

(二)根据牙齿推断性别

牙齿的形态也有性别差异。就同名牙而言,男性牙无论全长、冠长、冠宽、冠厚、根长等多项测量值均大于女性。性差最明显的是上下颌尖牙,最不明显的是切牙和双尖牙。

(三)牙齿的个人识别

牙齿检验除了可推断年龄和性别外,还可检测牙齿的遗传标记进行个人识别。牙齿与骨骼一样可以测定血型,一般是首先将牙齿或牙髓磨成粉末,然后将其黏附于透明胶纸或布纤维上,用如血痕ABO型的检测方法,即解离试验可检出ABO血型。此外,也可从牙齿中提取DNA,成功提取的牙齿DNA不仅可以用来进行核基因组水平的多态性分析,还可以进行线粒体DNA序列变异分析,从而达到个人识别的目的。

第六节 个人识别结果评估

法医物证学通过对生物性检材进行遗传标记分析,以此为案件侦查提供线索,为审判提供科学证据。生物性检材若不是犯罪嫌疑人所遗留,则可否定犯罪嫌疑人;若生物性检材不能排除来自犯罪嫌疑人,可以划定嫌疑对象,乃至认定罪犯。凡人体生物性检材遗传标记检测的结果与犯罪嫌疑人不匹配,一般可否定犯罪嫌疑人,但必须保证检验方法标准、结果可靠。

根据人体生物性检材的检验结果认定罪犯并非易事。长期以来,法庭生物学家们一直在为达到这个目的而奋斗。如谋杀案中,若检测出嫌疑凶器上的血痕与被害人血液具有相同的遗传标记,则在某种程度上支持嫌疑凶器是作案工具的论点。这里的某种程度与群体中具有该种遗传标记的个体数有关,群体中具有该遗传标记的个体越少就越支持嫌疑凶器是作案工具的论点。极端情况是该遗传标记在全人类数十亿人中是唯一的,则最大程度支持嫌疑凶器是作案工具的论点。这种统计学理论是遗传标记分析作为科学证据的基础。法医个人识别时,包括DNA在内的任何遗传标记分析都是基于这种统计学理论。为此,在法医实践中,最好联合使用多个遗传标记,这样可以产生数以千万计的基因型组合,而每一种组合在群体中出现的频率非常低,足以区别群体中的不同个体,也易于实现高概率认定。法医个人识别的科学证据意义的评估通常需要考虑遗传标记的系统效能和遗传标记对于具体个案的鉴定能力两方面因素。

一、个人识别概率反映遗传标记的系统效能

遗传标记的多态性程度越高,应用该遗传标记进行法医学个人识别的效能就越高。系统效能可用个人识别能力(discrimination power, DP)定量评价。个人识别能力指从群体中随机抽取两名个体,其遗传标记表型不相同的概率。一个与案件无关的人被误控在犯罪现场留下了血痕,理论上可以根据遗传标记检测结果否定现场的血痕是他的。但在遗传标记的鉴别能力较差时,没有关系的个体与现场血痕的遗传标记偶然也会相同。无关个体遗传标记偶然相同的机会高低不同,这与遗传标记的多态性有关,因此有必要知道遗传标记识别没有关系个体的能力。

对某一个遗传标记而言，多态性程度越高，其识别没有关系个体的能力就越强，这就是通常所说的个人识别能力。

提高系统的个人识别能力可以通过增加检测的遗传标记数目来实现，若检测多个遗传标记，可得到累计个人识别能力。显然所用遗传标记数目越多，鉴别能力愈强。

二、匹配概率对于具体案件分析的价值

法医实际检案中，常常需要通过比较案发现场收集到的法医物证检材与嫌疑人的遗传标记，以进行同一认定。鉴定无非有两种结果：进行检测分析的两个或多个样本可能是来源于同一个体；抑或分析的样本可能不是来源于同一个体。若两份检材的遗传标记表型或基因型不同，可明确结论两份检材不是来自同一个体。若遗传标记表型或基因型相同，则称为两份检材的遗传标记表型或基因型匹配。两份检材遗传标记表型或基因型匹配有两种可能的原因：①两份检材来自同一个体；②两份检材不是来自同一个体。对于一份现场检材而言，留下该检材的人与嫌疑人不是同一个体，理论上来自群体中的一名随机个体，仅仅因为其表型或基因型碰巧相同而出现了匹配。为此，可以估计当两份检材的遗传标记表型或基因型匹配时，如果现场检材不是嫌疑人留下的，一个理论上的随机个体留下的可能性有多大。

随机匹配概率（match probablity）指在假设条件件（H_d）下，获得 DNA 图谱的概率。这是一种条件概率，假设条件假定 DNA 图谱来自群体中一名与嫌疑人没有关系的随机个体。用竖线分开条件与事件，竖线右边为条件，左边为事件，随机匹配概率可写成 $Pr(E|H_d)$。

对于仅由一名个体留下的瘢痕，随机匹配概率数值上等于人群中这种 DNA 图谱的频率。

$$Pr(E|H_d) = 1 \times P(X)$$

正确地理解随机匹配概率非常重要，它不是指嫌疑犯以外的人有罪的概率，不是指其他人在犯罪现场留下相关证据的概率，不是指被告无罪的概率，也不是指现实社会中能找到与已知表型和基因型完全匹配的概率，而是对一个特定的基因表达产物多态性系统的表型和 DNA 多态系统的基因型可能出现在人群中的估计概率。随机匹配概率也可以理解为从一个人群中随机抽取一个样本，会出现特定上述表型和基因型的理论概率。显然这个概率越小，遇到这种个体的可能性就越小，说明现场检材与嫌疑人样本的表型或基因型匹配非常不像是一个随机事件，支持这两个样本来自同一个人的假设，也就是支持现场检材是嫌疑人留下的假设。目前大多数学者认为，如果某种表型和基因型组合的稀有程度大大超过了人类个体总数的倒数，从概率上估计在全世界人群中，即除了同卵双生子以外，几乎不可能找到具有同样表型和基因型组合的另一个人，认定同一性应无疑问。就概率分析而论，有理由认为遗传分析提供的证据是充分的。

综上所述，对法医个人识别科学证据的评估，至少需要考虑遗传标记的系统效能和具体案件的鉴定结果，给法庭提供量化的科学证据。应该强调的是，如果只简单地做少数几个遗传标记，鉴定所提供的证据强度是有限的，而联合使用多个遗传标记，可提高证据强度。这样就可以为案件侦查提供线索、为审判提供确凿无误的科学证据。

复习与思考题

1. 生物性检材的概念是什么？
2. 人细胞内有哪些 DNA 来源的遗传标记？
3. 可疑血痕检材的法医学鉴定程序是什么？
4. 血痕种属鉴定中抗人血红蛋白胶体金试验原理是什么？
5. 鉴定精斑中 P30 的意义是什么？
6. 依据骨骼推断性别都有哪些方法？
7. 依据牙齿推断年龄都有哪些方法？
8. 个人识别中遗传标记的系统效能如何评估？

（冀　强　罗海玻）

第四章 亲子鉴定

【目标要求】

掌握：亲子鉴定的概念、亲子鉴定的基本原理、肯定亲权、否定父权、突变的计算。

熟悉：亲子鉴定的应用范围、短串联重复序列、PCR技术的基本原理、OL峰的计算、亲子鉴定的程序。

了解：单核苷酸多态性、性染色体DNA遗传标记、线粒体DNA遗传标记、复杂亲缘关系鉴定、亲子鉴定标准、司法鉴定意见书。

案例4-1

一男子A（被检父）怀疑自家的孩子C为妻子B（孩子生母）与另一男性所生，该男子A于××××年××月××日到××鉴定中心提出进行亲子鉴定的要求，以明确自己是否为孩子C的生父。

问题：
1. 亲子鉴定的原理是什么？
2. 亲子鉴定使用什么遗传标记？
3. 所获得的检测结果怎么判定？
4. 亲子鉴定的程序有哪些？

第一节 亲子鉴定的概述

（一）概念

亲子鉴定（parentage testing）是指应用医学与生物学的方法，通过检测人类遗传标记，根据遗传学规律分析其检测结果，对有争议的被控父（或母）与子女之间的生物学亲缘关系作出科学判定，也称亲权鉴定（identification in disputed paternity）。其中判定有争议的父亲与子女之间是否存在生物学亲缘关系称为父权鉴定（paternity testing），是亲子鉴定中最常见的一类。随着更多的遗传标记的发现和应用，亲子鉴定的对象已不再限定于父（或母）与子女之间，也可对生物学全同胞、隔代祖孙或叔侄等旁系人员间的亲缘关系进行鉴定。目前，生物学全同胞关系鉴定和祖孙关系鉴定已出台相关鉴定规范可供参考。

选择合适的遗传标记是科学地进行亲子鉴定的基础。早期，亲子鉴定主要通过检测ABO血型、Rh血型、MNSs血型系统、HLA血型系统、血清型、酶型及传统遗传标记进行。1985年英国遗传学家Jeffreys提出的DNA指纹技术使亲子鉴定由最初的只能否定亲子关系发展到可以肯定亲子关系，是亲子鉴定史上一次质的飞跃。随着聚合酶链式反应技术的发展及可变数目串联重复序列（variable number of tandem repeats，VNTR）、短串联重复序列（short tandem repeats，STR）、单核苷酸多态性（single nucleotide polymorphism，SNP）等DNA遗传标记的应用，使亲子鉴定水平得到进一步提高。目前亲子鉴定已不再使用传统遗传标记，而是使用DNA遗传标记，其中最常用的检测技术是结合PCR和毛细管电泳的多色荧光标记STR复合扩增自动化分型。

（二）应用范围

随着国民法律意识的增强和科学检测手段的进步，亲子鉴定的案例逐年增多。涉及父母与子女关系的亲权鉴定主要有以下几种情况：

1. 丈夫怀疑孩子不是自己亲生。
2. 非婚生子女的户籍注册、抚育责任判定及财产继承纠纷。
3. 超生子女的户籍注册。
4. 变更姓名时亲子关系的认定。
5. 怀疑医院抱错婴儿或试管婴儿错配配子。
6. 强奸致孕案对孩子生物学父亲的判定。
7. 无名尸体、失踪人员及拐骗儿童等案件身源的认定。
8. 移民涉外公证时亲子关系的认定。
9. 失散亲属亲缘关系的认定。

第二节 亲子鉴定的原理和遗传标记

（一）原理

亲子鉴定可使用和参考的指标有很多，包括非遗传特征与遗传特征两大类。非遗传特征如根据妊娠期限推测受精日期，若确定被检测男子在受精期内未与孩子生母发生性关系，可排除父权；遗传特征主要包括皮肤、毛发、瞳孔的颜色、脸型、耳毛、短指或多指畸形等遗传性状和STR、SNP或InDel

等遗传标记。亲子鉴定通常选用经家系和群体遗传学调查，确定符合孟德尔遗传定律，具有较好遗传多态性，且在生理、病理或其他环境因素下保持终生不变的遗传标记。通过检测这些遗传标记，并根据遗传规律分析个体间遗传标记检验结果是否符合遗传规律，从而判定亲代和子代之间是否具有生物学的亲缘关系。

遵循孟德尔遗传定律是亲子鉴定的基础，包括孟德尔分离律和孟德尔自由组合律。孟德尔分离律：体细胞核中成对的基因，在减数分裂形成配子时彼此分离，分别进入各自配子细胞（精细胞或卵细胞）中；孟德尔自由组合律：精、卵细胞结合形成合子细胞（受精卵）时，不同基因座上的基因自由组合，形成子代的基因型。

根据孟德尔遗传定律，在一例具体亲子鉴定个案中，某基因在亲代和子代之间传递遵循一定的遗传定律，其基因型的关系如表4-1所示。

1. 孩子必定从父母的每对等位基因中各获得一个等位基因。

2. 父母均无的等位基因，孩子不可能有。

3. 除非双亲具有相同基因，否则孩子不会是纯合子。

4. 父母之一或两者是纯合子，则所有孩子必有该基因。

表 4-1　排除和不排除亲子关系时父母与孩子基因型关系
（以 *D7S820* 为例）

母亲	孩子	被检测男子 1	被检测男子 2
7	7	7 或 7, 8	8
7	7, 8	7, 8 或 8	7
7, 8	7	7 或 7, 8	8
7, 8	7, 8	7 或 7, 8 或 8	不包含 7 或 8
7, 8	8	7, 8 或 8	7
8	7, 8	7 或 7, 8	8
8	8	7, 8 或 8	7
		不排除亲子关系	排除亲子关系

根据上述四条遗传规律，在排除基因突变的前提下，亲子鉴定的基本原理可概括为：①在肯定孩子的某个等位基因必须来自其生父，而被检测男子并不能提供这个等位基因的情况下，可以否定他是孩子的生父；②在肯定孩子的某些等位基因必须来自其生父，而被检测男子能够提供这些等位基因的情况下，不能否定他是孩子的生父。以 *D7S820* 基因座为例，此两点原理如图4-1所示。

D7S820 基因座是定位于人类第7号染色体的，目前已报道有9个等位基因，遗传方式遵循孟德尔遗传定律。

图4-1中，母亲（M）的基因型为9，11，孩子（C）的基因型为9，12，其中9来自于母亲，等位基因12必须来自于其生父，而被检测男子2（AF2）不能提供，可以否定他是孩子的生父（排除突变的情况下），而被检出男子1（AF1）可以提供，不能否定他是孩子的生父。

（二）亲子鉴定常用的遗传标记

目前，亲子鉴定常用的是 DNA 遗传标记，其中最常用的是 STR 和 SNP。根据遗传规律又分为常染色体遗传标记、性染色体遗传标记和线粒体遗传标记。

1. 常染色体 DNA 遗传标记

（1）用于亲子鉴定的 DNA 遗传标记中最常用的是常染色体 STR，即重复单位长度为 2～6bp 的串联重复 DNA 序列。依照《亲权鉴定技术规范》（SF/Z JD0105001-2016），应选用具有遗传多态性且符合如下要求的遗传标记：①基因座定义和具有的特征已有文献报道；②种属特异性、灵敏性、稳定性研究已实施；③已有可供使用并公开发表的群体遗传数据，群体遗传数据包括从有关人群中获得的该基因座等位基因频率或单倍型频率及突变率；④遗传方式符合一定的遗传定律；⑤检测方法操作简便且结果可靠。STR 基因座的特征可表现为：

1）在人类基因组中，STR 基因座分布较广泛，平均每 6～10kb 就出现一个，具有较多的多态性基因座。绝大多数位于基因非编码区，极少数位于编码区。

2）STR 基因座的等位基因扩增片段长度一般在 400bp 以下，适用于法医案件中的降解检材分析。

3）STR 基因座杂合子个体的两个不同等位基因的扩增片段长度相近，小片段优势扩增不明显。

4）多个 STR 基因座的等位基因的扩增片段长度相近且较短，扩增条件相似，可复合扩增，操作简便。

5）已有相关规范指导 STR 基因座分析，其操作简便、规范且判型准确，可发布在各实验室公共平台，利于联网检索及数据比对。

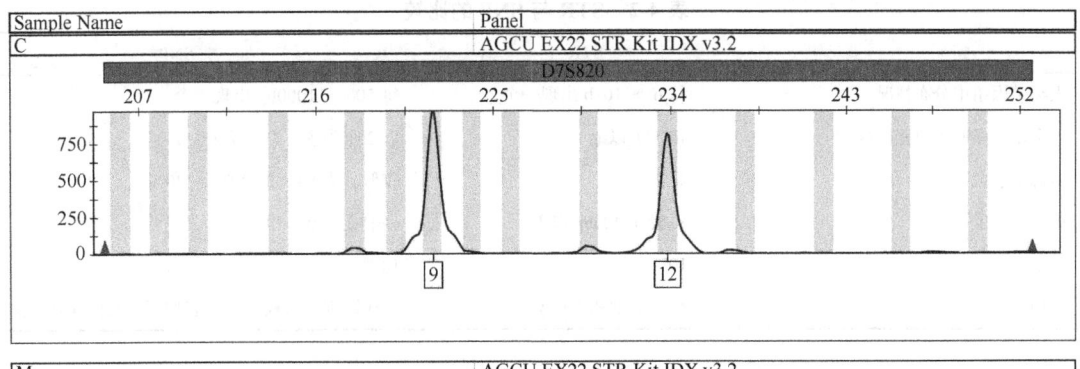
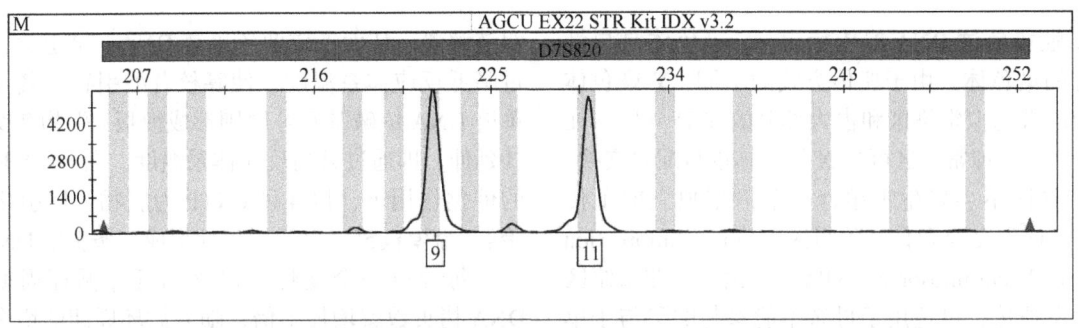
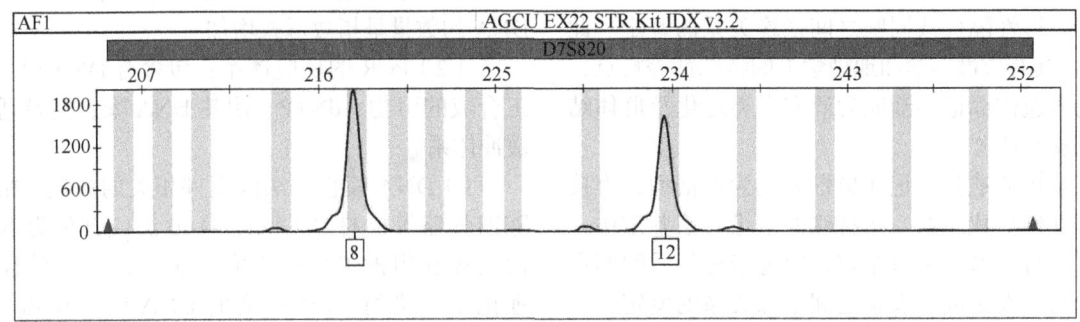
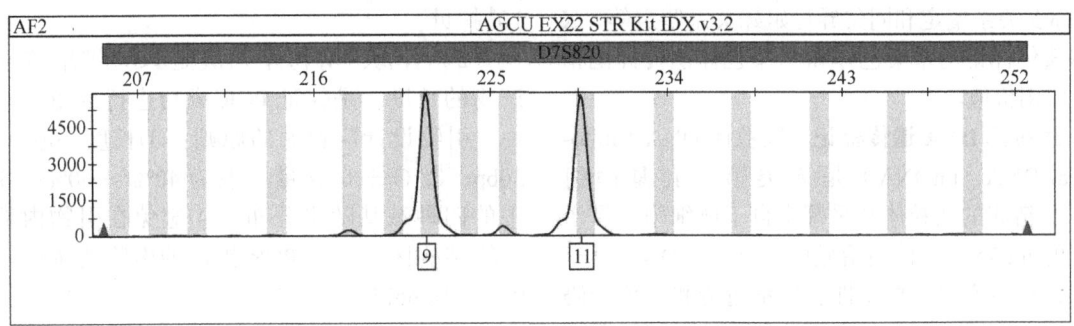

图 4-1 亲子鉴定基本原理在常染色体 STR 中的表现

（2）20 世纪 80 年代开始，SNP 被科研工作者发现，其主要是指在基因组内特定部位单个核苷酸序列的变异所形成的 DNA 序列多态性。SNP 的形成原因是单个碱基的插入或缺失及碱基替换导致单个核苷酸序列发生变化，可表现为二等位、三等位或四等位基因标记。部分亲子鉴定案件也使用 SNP 进行辅助判断。SNP 的特征可表现为：

1）SNP 在人类基因组中分布广泛，平均每 500～1000bp 就出现 1 个，总数约 300 万个。SNP 是人类最常见的一种可遗传变异，占所有已知 DNA 多态性数量的 90% 以上。

2）SNP 多态性较低，大都表现为二等位基因标记，易于分型，可适用于混合样本分析。

3）SNP 扩增片段小，一般在 100bp 以下，可适用于法医案件中的降解 DNA 检材分析。

4）SNP 突变率低，约为 10^{-10}，遗传稳定，可适用于表型预测及种族来源推断等方面。

STR 和 SNP 有各自的特点，见表 4-2。

表 4-2 STR 与 SNP 的比较

特征	STR	SNP
人类基因组中分布情况	每 6~10kb 出现一个	每 500~1000bp 出现 1 个
一个基因座的等位基因数	在 5 个以上	以 2 个为主（3 个或 4 个少）
多态信息含量	高	较低，为 STR 的 20%~30%
可检测长度	一般在 400bp 以下	一般在 100bp 以下
突变率	10^{-3}	10^{-10}
应用	个体识别和亲权鉴定	个体识别、亲权鉴定、表型预测及种族来源推断等

2. 性染色体 DNA 遗传标记 Y 染色体是男性所特有的染色体。由于遗传方式的不同，Y 染色体可分为两端的拟常染区和占大部分的 Y 特异区。在减数分裂中，拟常染区可与 X 染色体进行配对交换，而 Y 特异区不会发生重组，呈单倍型独立向下传递，故又称为 Y 染色体非重组区（non-recombination regions of Y chromosome，NRY）。由于其非重组区具有父系遗传，可适用于母亲不能参与的父与子单亲鉴定、男性隔代或同胞之间亲缘关系的鉴定。此外，结合其有效群体学和地理学上的特殊性等特点，Y 染色体遗传标记逐渐成为研究人类进化及群体结构的有效工具之一。

X 染色体遗传标记在男性表现为单倍型，直接遗传给女性后代。在一些特殊的亲缘关系鉴定中，如缺乏父母的亲缘关系鉴定，较远亲缘关系的鉴定（姨母与侄女之间、表亲之间亲缘关系的鉴定），祖母/孙女关系鉴定和同父异母姐妹关系鉴定等，X 染色体遗传标记与常染色体和 Y 染色体遗传标记相比更具应用价值。

3. 线粒体 DNA 遗传标记 线粒体 DNA（mitochondrial DNA，mtDNA）是人类第二套基因组 DNA，受精卵的线粒体几乎都来自于卵细胞，母亲所携带的 mtDNA 可传递给她的子女。mtDNA 具有多拷贝、高突变率、异质性、母系遗传和遗传密码不同等特点，可适用于父亲不能参与的母与子单亲鉴定、母系隔代或同胞之间亲缘关系的鉴定。

（三）DNA 遗传标记的检测技术

1. 聚合酶链式反应（PCR）技术 是一种可在短时间内获得数百万个特异 DNA 片段的体外扩增技术。该技术灵敏度高、特异性强且操作简便，适用于大多数法医 DNA 分析。

（1）PCR 技术的基本原理：PCR 扩增是以一对寡核苷酸片段为引物（primer），以四种脱氧核糖核苷酸 dNTP（dATP、dGTP、dCTP 及 dTTP）为原料，以靶 DNA 为模板，在 DNA 聚合酶的作用下，模拟体内 DNA 的半保留复制的过程。反应过程：①变性，即双链靶 DNA 在 90℃以上高温条件下氢键断裂，双链解离，从而形成两条单链 DNA；②退火，即通过降低反应体系温度，使寡核苷酸引物与其互补的单链 DNA 依碱基互补原则形成模板-引物杂交链；③延伸，即通过升高反应体系温度，在 DNA 聚合酶的催化作用下，以 4 种 dNTP 为底物，以引物为起始点，沿模板 5′→3′方向延伸形成一条新的 DNA 链。

每经过一个变性、退火和延伸循环周期，靶 DNA 拷贝数就增加 1 倍，随着循环周期的增多，靶 DNA 的数量呈指数形式增加。

（2）PCR 的反应体系：包含有 DNA 模板、人工合成的引物、dNTP、耐热 DNA 聚合酶及适宜的缓冲体系。

1）DNA 模板：法医案件相关的血痕、精斑、陈旧骨骼等检材经 Chelex-100 法或其他提取试剂盒处理获得的 DNA 均可作为 PCR 扩增的模板。理论上，进行 PCR 扩增的 DNA 模板仅需 10^2~10^4 拷贝。

2）引物：引物序列决定 PCR 扩增特异性和产物的长度，是保证 PCR 成功进行的重要因素之一。引物设计应遵循的原则：①长度一般在 15~30bp；② G + C 含量一般为 40%~60%；③引物中的四种碱基随机分布；④避免在引物内部形成二级结构区。进行 PCR 扩增的引物终浓度一般为 0.1~1μmol/L。

3）dNTP：作为合成 DNA 的原料，应将每种 dNTP 的终浓度调整平衡并控制在 20~200μmol/L。

4）耐热 DNA 聚合酶：具有良好的热稳定性，可催化引物按 5′→3′方向延伸合成一条新的 DNA 链。但是 Taq DNA 聚合酶不能校正引物 3′端的碱基错配，这种错配率约为 $2.1×10^{-4}$。

5）缓冲体系：一般包含 10~50mmol/L Tris-HCl（pH 8.4），0.5~2.5mmol/L Mg^{2+}，50mmol/L KCl 及有利于聚合酶稳定的明胶（0.001%）等。

（3）PCR 技术的法医学应用：目前，PCR 技术的法医学应用主要是 PCR-STR 分型技术，即利用高灵敏度 PCR 技术扩增高多态性的 STR 基因座，以进行法医学个人识别和亲权鉴定。

1）PCR-STR 分型技术基本原理：STR 基因座

具有高度遗传多态性且分布广泛，在不同个体间各个等位基因的重复次数不同，表现为长度差异多态性。因此，通过 PCR 扩增后，在电场作用下，长度各异的 DNA 片段因电泳迁移率不同区分出不同的等位基因，与由靶基因座全部等位基因混合物组成的等位基因分型标准物（allelic ladder，Ladder）参照比对后确定样本的基因型。

2）多基因座复合扩增：在同一反应体系中同时扩增两个或两个以上的基因座，即通过一次扩增就可获得多个基因座的信息，称为复合扩增。进行复合扩增时，所选择的 STR 基因座应分布在不同染色体上，以保证各基因座不存在基因连锁，同时调整和优化反应体系和循环参数，以确保各基因座间扩增效率的平衡。目前复合扩增产物的检测系统是银染检测系统和荧光标记检测系统。

A. 银染检测系统：多基因座复合扩增后，一般选用聚丙烯酰胺凝胶进行电泳分离后进行银染检测，操作简便快速、经济实用，但只适用于少数几个基因座的扩增产物片段互不重叠的情况，可检测的基因座数量有限。

B. 荧光标记检测系统：通过将荧光染料标记在每个基因座的其中一条引物上，等位基因扩增后产物会带有引物标记的荧光染料，经毛细管电泳分离后，可根据等位基因片段所带的荧光颜色不同加以鉴别。对于片段长度存在重叠的基因座，可使用不同颜色的荧光标记，这样便可在较短的产物片段范围内复合较多的基因座，获得较高的检测信息量，又能减少成本和检材消耗。

2. 荧光标记的 STR 基因座自动化分型 利用荧光标记检测系统进行 STR 基因座自动化分型是目前亲子鉴定最常用的技术。

（1）原理：作为标记的荧光染料含有共轭双键，易在电泳时受到激光的激发，并发射出特定波长的荧光。这些带有荧光分子的 DNA 片段根据各自经过激光扫描窗口的时间和其荧光特征形成不同的荧光吸收峰。荧光吸收峰越早出现代表片段越短，峰越高代表扩增片段数量越多。此外，可通过在电泳时同步加入的分子量内标的迁移率计算出所测样本的分子量大小，进一步利用分型软件将所测样本与等位基因分型标准物比对，就可以得到该样本的 STR 分型结果。

（2）优点：①内标与所测样本同时电泳，既可消除不同泳道间的相对误差，又可量化电泳结果，增加结果的准确性和可靠性；②可分辨六色荧光，可以区分片段长度重叠不同荧光标记的基因座，大大增加了一次可检测的基因座数量，获得更多的遗传信息；③可实现边电泳分离边检测，自动扫描呈现即时检测结果，简便高效。

（3）容易导致分型错误的情况：在自动化分型的图谱分析中，经常会遇到一些影响分型甚至导致错误分型的情况，鉴定人员进行分析核查时应引起重视。这些情况主要包括分型标准品等位基因命名错误、内标识别错误、基线跳跃或摆动、Stutter 峰、非模板依赖加 A、双尖峰、性别识别图谱异常、峰的均衡性异常、杂合性丢失或 3 等位基因和 OL 峰等。OL 峰在亲子鉴定中非常常见，需要计算后正确命名。

利用荧光标记的 STR 基因座进行自动化分析时，常常会发现一些在等位基因分型标准物以外的产物峰，其未被自动化命名，在分型图谱中被标识为 OL，我们通常称为 OL 峰（off-Ladder，OL）（图 4-2）。分为两类情况：

1）大部分是由于电泳过程中的漂移作用，使得它们被分型软件测量的片段大小稍微偏离相应的等位基因，不能被分型软件自动命名。实验室室温的变化，不同泳道之间电泳条件的差异，同批次上样但不同时间的电泳运行之间的差异等因素均会造成漂移。这种 OL 峰通过分析前后相邻已经自动化正确命名的等位基因片段相对于等位基因分型标准物的漂移偏离情况，再对 OL 峰进行漂移校正，可以人工修改为数字化命名。

2）当等位基因分型标准物的等位基因峰未包含被检测的产物峰时，相当于样本中出现了一个新的等位基因，该新的等位基因峰能够被分型软件识别片段大小和荧光标记种类，但在与等位基因分型标准物的等位基因峰比对时，找不到对应的等位基因分型标准物的等位基因峰，被分型软件标识为 OL 峰。这类 OL 峰又可分为两种情况，一种情况是出现在某个基因座等位基因分型标准物的等位基因范围内，另一种情况是未在某个基因座等位基因分型标准物的等位基因范围内而位于两个相邻的基因座之间。前一种情况是由于等位基因片段出现个别碱基的缺失或插入引起的基因微变异所致。经过漂移校正计算后，根据 OL 峰比等位基因分型标准物对应等位基因峰大（或小）1bp、2bp、3bp、4bp 的接近值来人工修正该峰的数字命名为 N.1、N.2、N.3 或 N.4。后一种情况一般是 STR 基因座滑动突变形成的稀有等位基因，首先要确定这个峰是属于哪个基因座的等位基因再进行计算。如果图谱中该 OL 峰相邻的两个基因座一个检出两个等位基因峰，另一个检出 1 个等位基因峰，那么该 OL 峰一般是属于后者。如果图谱两个基因座分型区都只检出 1 个等位基因峰，可以根据 OL 峰与两个基因座中最近等位基因分型标准物片段的碱基数差值哪一个是重复单位的整倍数来判断。同时，峰高和峰面积也可用于辅助判断。

案例 4-2

一样本分型图谱显示在 D7S820 基因座中自动命名等位基因 10，同时在其前方位置出现一个 OL 峰（图 4-2）。样本等位基因 10 和 OL 峰的 bp 值分别为 229.54 和 226.52；等位基因分型标准物的基因座等位基因 10 和与 OL 峰最接近的等位基因 9 的 bp 值分别为：229.53 和 225.55。

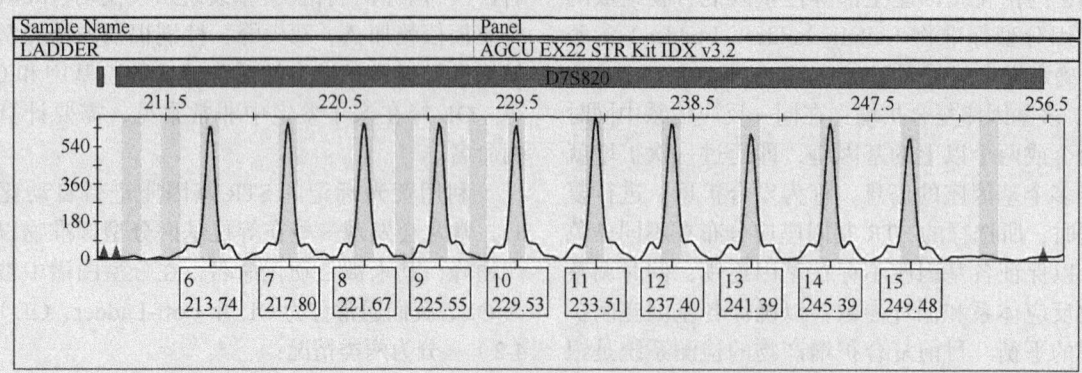

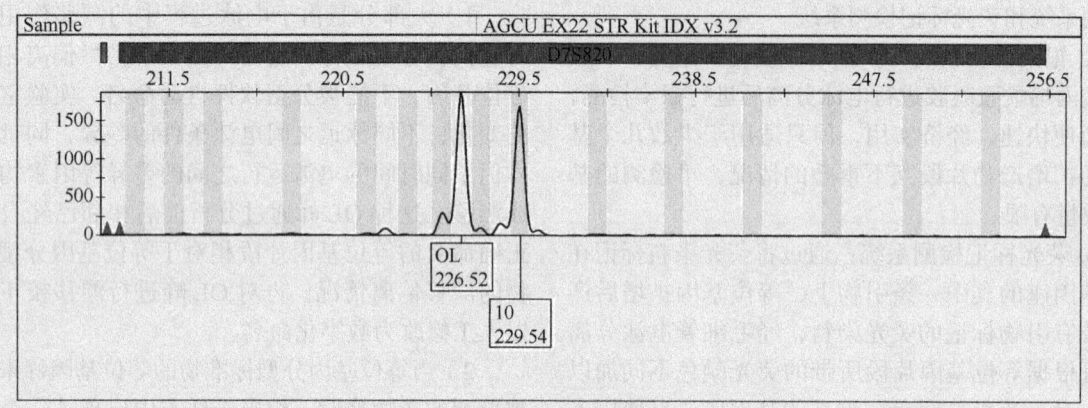

图 4-2　OL 峰的计算和命名

在确保样本内标和等位基因分型标准物命名准确的情况下，计算两个等位基因与等位基因分型标准物的大小差异 σ_1 与 σ_2。具体的计算方法为：

$$\sigma_1 = S_{OL} - L_9 = 226.52 - 225.55 = +0.97 \text{bp}$$
$$\sigma_2 = S_{10} - L_{10} = 229.54 - 229.53 = +0.01 \text{bp}$$
$$c = |+0.97 - (+0.01)| = 0.96 \text{bp}$$

根据计算结果，OL 峰比等位基因分型标准物的等位基因 9 大了 0.96bp，可以将 OL 峰命名为 D7S820 基因座的等位基因 9.1。

第三节　亲子鉴定的结果判定

亲子鉴定中最常见的案例是父权鉴定，鉴定被检测男子与孩子的关系，以否定父权或肯定父权，分为三联体和二联体鉴定。

（一）肯定亲权

当被检测男子（或女子）可以提供孩子必需的等位基因时，需要评价两者存在亲子关系的可能性大小。常用的评价指标为亲权指数和累计亲权指数。

1. 亲权指数（parentage index，PI）　是指被检测男子能够提供孩子生父必需基因的概率（X）与随机男子能够提供孩子生父必需基因的概率（Y）的比值，表示被检测男子能够提供孩子生父必需基因的可能性是随机男子能够提供孩子生父必需基因可能性的多少倍。亲权指数根据母、子和被检测男子的联合遗传标记进行计算，公式为：

$$\text{PI} = \frac{X}{Y} = \frac{\text{被检测男子是孩子生物学父亲的概率}}{\text{随机男子是孩子生物学父亲的概率}}$$

2. 亲权指数相关参数计算方法

（1）三联体常染色体 STR 基因座的 PI 值计算：三联体鉴定指孩子生母、孩子与被检测男子的亲子鉴定。表 4-3 给出了三联体常染色体 STR 基因座各类组合的 PI 值计算公式。假设被检测男子基因型为 PQ，孩子的基因型为 PQ，母亲的基因型为 PQ。p 为 P 基因频率，q 为 Q 基因频率，则：

$X=$ 被检测男子提供 P 基因概率 × 母亲提供 Q 基因概率＋被检测男子提供 Q 基因概率 × 母亲提供 P 基因概率 $= 0.5 \times 0.5 + 0.5 \times 0.5 = 0.5$

$Y=$ 随机男子提供 P 基因概率 × 母亲提供 Q 基因概率＋随机男子提供 Q 基因概率 × 母亲提供 P 基因概率 $= p \times 0.5 + q \times 0.5 = 0.5(p+q)$

$$PI = \frac{X}{Y} = \frac{0.5 \times 0.5 + 0.5 \times 0.5}{0.5p + 0.5q} = \frac{1}{p+q}$$

从这个例子可以看出，母亲与被检测男子的基因配合有两种或两种以上的方式，则 X 值的计算应是几种独立概率的数学和。同理，母亲与随机男子的基因配合有两种或两种以上的方式，则 Y 值应是几个独立概率的数学和。

表 4-3　三联体常染色体 STR 基因座 PI 值计算公式

基因型				PI 值计算公式
母亲	孩子	生父（推断）	被检测男子	
PP	PP	P	PP	$1/p$
PP	PQ	Q	QQ	$1/q$
PP	PP	P	PQ	$1/(2p)$
PP	PQ	Q	QR	$1/(2q)$
PP	PQ	Q	PQ	$1/(2q)$
PQ	QQ	Q	QQ	$1/q$
PQ	QR	R	RR	$1/r$
PQ	QR	R	RS	$1/(2r)$
PQ	PR	R	PR	$1/(2r)$
PQ	QQ	Q	QR	$1/(2q)$
PQ	PQ	P 或 Q	PP	$1/(p+q)$
PQ	PQ	P 或 Q	QQ	$1/(p+q)$
PQ	PQ	P 或 Q	PQ	$1/(p+q)$
PQ	PQ	P 或 Q	PR	$1/[2(p+q)]$

注：p、q、r 分别表示等位基因 P、Q、R 的分布频率。

根据表 4-3 各类组合的计算公式，可以简单地查阅公式计算 PI 值。表 4-4 举例说明了一例三联体亲子鉴定常染色体 19 个 STR 基因座 PI 值的计算方法。在 *D8S1179* 基因座母亲、孩子和被检测男子的分型分别为：（10，14）、（14，14）和（14，15），公式应该为 $PI = 1/(2q_{14}) = 1/(2 \times 0.1852) = 2.6998$。

表 4-4　一例三联体亲子鉴定常染色体 19 个 STR 基因座 PI 值的计算

基因座	孩子生母	孩子	被检测男子	计算公式及 PI 值
D8S1179	10，14	14，14	14，15	$1/(2q_{14}) = 1/(2 \times 0.1852) = 2.6998$
D21S11	28，29	29，30	29，30	$1/(2r_{30}) = 1/(2 \times 0.2794) = 1.7895$
D7S820	9，11	9，12	10，12	$1/(2r_{12}) = 1/(2 \times 0.2453) = 2.0383$
CSF1PO	10，11	10，11	11，11	$1/(p_{10}+q_{11}) = 1/(0.2433+0.2491) = 2.0309$
D3S1358	16，16	15，16	15，15	$1/q_{15} = 1/0.3453 = 2.8960$
THO1	6，9	8，9	9，9	$1/q_9 = 1/0.5215 = 1.9175$
D13S317	8，8	8，12	11，12	$1/(2q_{12}) = 1/(2 \times 0.1592) = 3.1407$
D16S539	9，11	9，11	9，12	$1/[2(p_9+q_{11})] = 1/[2 \times (0.2840+0.2585)] = 0.9217$
vWA	14，18	14，18	18，19	$1/[2(p_{18}+q_{14})] = 1/[2 \times (0.2567+0.1947)] = 1.1077$
TPOX	8，12	8，8	8，8	$1/q_8 = 1/0.5136 = 1.9470$
D18S51	13，14	14，14	14，19	$1/(2q_{14}) = 1/(2 \times 0.2160) = 2.3148$
D5S818	12，13	12，12	12，12	$1/q_{12} = 1/0.2406 = 4.1563$
FGA	23，25	23，25	21，23	$1/[2(p_{23}+q_{25})] = 1/[2 \times (0.2237+0.0970)] = 1.5591$
D2S1338	19，22	19，22	19，22	$1/(p_{19}+q_{22}) = 1/(0.1969+0.0531) = 4.0000$
D19S433	13，13	13，14	14，15	$1/(2q_{14}) = 1/(2 \times 0.2469) = 2.0251$
Penta D	11，13	9，11	9，13	$1/(2r_9) = 1/(2 \times 0.3647) = 1.3710$
Penta E	12，15	12，19	17，19	$1/(2r_{19}) = 1/(2 \times 0.0533) = 9.3809$
D12S391	19.3，23	19.3，22	22，22	$1/p_{22} = 1/0.1016 = 9.8425$
D6S1043	11，20	11，20	11，11	$1/(p_{11}+q_{20}) = 1/(0.1094+0.0260) = 7.3855$

（2）二联体常染色体 STR 基因座的 PI 值计算：二联体鉴定指孩子与被检测男子的亲子鉴定或者孩

子与被检测女子的亲子鉴定，以前者最为常见。计算 PI 值时，将缺少的一方考虑为随机个体。在大多数遗传标记组合检验情况下，二联体的亲子鉴定 PI 值比三联体的亲子鉴定 PI 值小。表 4-5 给出了二联体常染色体 STR 基因座不同组合的 PI 值计算公式。假设被检测男子的基因型为 PQ，孩子的基因型为 PQ。p 为 P 基因频率，q 为 Q 基因频率，则：

X= 被检测男子（女子）提供 P 基因概率 × 随机女子（男子）提供 Q 基因概率 + 被检测男子（女子）提供 Q 基因概率 × 随机女子（男子）提供 P 基因概率 = $0.5q + 0.5p = 0.5(p+q)$

Y= 随机男子（女子）提供 P 基因概率 × 随机女子（男子）提供 Q 基因概率 + 随机男子（女子）提供 Q 基因概率 × 随机女子（男子）提供 P 基因概率 = $pq + pq = 2pq$。

$$PI = \frac{X}{Y} = \frac{0.5(p+q)}{2pq} = \frac{p+q}{4pq}$$

表 4-5 二联体常染色体 STR 基因座 PI 值计算公式

基因型		PI 值计算公式
孩子	被检测男子	
PP	PP	$1/p$
PP	PQ	$1/(2p)$
PQ	PP	$1/(2p)$
PQ	PQ	$(p+q)/(4pq)$
PQ	PR	$1/(4p)$

注：p、q、r 分别表示等位基因 P、Q、R 的分布频率。

根据表 4-5 各类组合的计算公式，可以简单地查阅公式计算 PI 值。表 4-6 举例说明了一例二联体亲子鉴定常染色体 19 个 STR 基因座 PI 值的计算方法。在 *D19S433* 基因座孩子和被检测男子的分型分别为：（13，16.2）和（13，15），公式应该为 $PI = 1/(4p_{13}) = 1/(2 \times 0.2313) = 1.0808$。

表 4-6 一例二联体亲子鉴定常染色体 19 个 STR 基因座 PI 值的计算

基因座	孩子	被检测男子	计算公式及 PI 值
D19S433	13，16.2	13，15	$1/(4p_{13}) = 1/(4 \times 0.2313) = 1.0808$
D5S818	11，11	11，12	$1/(2p_{11}) = 1/(2 \times 0.3222) = 1.5518$
D21S11	29，30	29，30	$(p_{29} + q_{30})/(4 \times p_{29} \times q_{30}) = (0.2571 + 0.2794)/(4 \times 0.2571 \times 0.2794) = 1.8672$
D18S51	14，15	13，15	$1/(4p_{15}) = 1/(4 \times 0.1712) = 1.4603$
D6S1043	12，13	12，12	$1/(2p_{12}) = 1/(2 \times 0.1406) = 3.5562$
D3S1358	16，17	16，17	$(p_{16} + q_{17})/(4 \times p_{16} \times q_{17}) = (0.3277 + 0.2062)/(4 \times 0.3277 \times 0.2062) = 1.9753$
D13S317	12，12	10，12	$1/(2p_{12}) = 1/(2 \times 0.1592) = 3.1407$
D7S820	10，10	10，12	$1/(2p_{10}) = 1/(2 \times 0.1635) = 3.0581$
D16S539	11，12	11，12	$(p_{11} + q_{12})/(4 \times p_{11} \times q_{12}) = (0.2585 + 0.2058)/(4 \times 0.2585 \times 0.2058) = 2.1819$
CSF1PO	10，12	10，10	$1/(2p_{10}) = 1/(2 \times 0.2433) = 2.0551$
Penta D	12，14	9，12	$1/(4p_{12}) = 1/(4 \times 0.1328) = 1.8825$
vWA	14，18	18，18	$1/(2p_{18}) = 1/(2 \times 0.1947) = 2.5681$
D8S1179	11，12	12，14	$1/(4p_{12}) = 1/(4 \times 0.1287) = 1.9425$
TPOX	11，11	9，11	$1/(2p_{11}) = 1/(2 \times 0.2987) = 1.6739$
Penta E	17，17	11，17	$1/(2p_{17}) = 1/(2 \times 0.0581) = 8.6059$
TH01	7，9	9，9	$1/(2p_9) = 1/(2 \times 0.5215) = 0.9588$
D12S391	21，22	19，21	$1/(4p_{21}) = 1/(4 \times 0.1250) = 2.0000$
D2S1338	19，22	22，24	$1/(4p_{22}) = 1/(4 \times 0.0531) = 4.7081$
FGA	24，29	24，24	$1/(2p_{24}) = 1/(2 \times 0.1894) = 2.6399$

3. 累计亲权指数 亲子鉴定时，常需要使用多个遗传标记，设每个遗传标记的亲权指数分别为 PI_1、PI_2、$PI_3 \cdots PI_n$，n 个遗传标记的亲权指数相乘则为累计亲权指数（combined paternity index，CPI），计算公式为：

$CPI = PI_1 \times PI_2 \times PI_3 \times \cdots \times PI_n$（1、2、3、$n$ 代表第 1、2、3、n 个基因座的 PI 值）

以表 4-4 为例，该三联体常染色体 19 个 STR 基因座的累计亲权指数的计算过程如下：

$CPI = PI_1 \times PI_2 \times PI_3 \times \cdots \times PI_{19} = 2.6998 \times 1.7895 \times 2.0383 \times 2.0309 \times 2.8960 \times 1.9175 \times 3.1407 \times 0.9217 \times 1.1077 \times 1.9470 \times 2.3148 \times 4.1563 \times 1.5591 \times 4.0000 \times$

$2.0251 \times 1.3710 \times 9.3809 \times 9.8425 \times 7.3855 = 78\ 763\ 699.0326$

以表4-6为例，该二联体常染色体19个STR基因座的累计亲权指数的计算过程如下：

$CPI = PI_1 \times PI_2 \times PI_3 \times \cdots \times PI_{19} = 1.0808 \times 1.5518 \times 1.8672 \times 1.4603 \times 3.5562 \times 1.9753 \times 3.1407 \times 3.0581 \times 2.1819 \times 2.0551 \times 1.8825 \times 2.5681 \times 1.9425 \times 1.6739 \times 8.6059 \times 0.9588 \times 2.0000 \times 4.7081 \times 2.6399 = 4460\ 711.2473$

（二）否定父权

在亲子鉴定的结果中，若被检测男子不能提供孩子必需的等位基因，则可以否定该男子为孩子生父。分为两种情况：①孩子带有母亲和被检测男子双方都没有的一个基因；②孩子没有被检测男子必定要传递给其后代的一个基因。在表4-7中，在 $D3S1358$ 基因座孩子带有等位基因13，因为母亲并无等位基因13，所以13一定来自生父，而被检测男子无13，故被排除。在 $D7S820$ 基因座，被检测男子带有等位基因8和13，所以他的亲生孩子必定带有等位基因8或13，而孩子等位基因为9和11，故也可以排除他为生父。值得注意的是，STR基因座检测结果中至少有3个基因座符合上述情况时才能下否定父权的结论。

表4-7　两种排除父权的情况

基因座	母亲	孩子	被检测男子
D3S1358	15, 16	13, 16	17, 18
D7S820	9, 11	9, 11	8, 13

1. 非父排除概率（probability of exclusion，PE） 是指根据检测的某个遗传标记结果能够将不是孩子生物学父亲的男子排除的概率，是衡量一个遗传标记在非孩子生物学父亲的男子被控为生父时否定父权的可能性。非父排除概率是评价用遗传标记进行亲子鉴定时系统效能的指标，与遗传标记类型、遗传方式、等位基因数量和等位基因在群体中的频率有关。

目前常用的是STR遗传标记，STR基因座表现为多等位基因共显性遗传。非父排除概率计算公式为：

三联体亲子鉴定

$$PE = \sum p_i(1-p_i)^2 - \frac{1}{2}\left[\sum\sum p_i^2 p_j^2(4-3p_i-3p_j)\right]$$

二联体亲子鉴定

$$PE = \sum_{i=1} p_i^2(1-p_i)^2 + \sum_{j>i=1} 2p_i p_j(1-p_i-p_j)^2$$

式中，p_i 为群体中第 i 个等位基因频率，p_j 为群体中第 j 个等位基因频率，且公式中等位基因 i 不等于等位基因 j。

2. 累计非父排除概率（cumulative probability of exclusion，CPE）　非父排除概率是针对某一个基因座，亲子鉴定不只使用一个基因座，需要使用多个遗传标记，如19个STR基因座进行亲子鉴定。这时，有必要知道使用的全部遗传标记对于不是孩子生父的男人，否定父权有多大的可能性，即累计非父排除概率。需要注意的是，计算累计非父排除概率的前提条件是一个遗传标记独立于另外一个。相互独立的多个DNA遗传标记累计排除概率可根据下列公式计算：

$$CPE = 1-(1-PE_1)(1-PE_2)(1-PE_3)\cdots(1-PE_k) = 1-\prod(1-PE_k)$$

式中：PE_k 为第 k 个遗传标记的PE值。

表4-8以中国汉族群体为例，列出了19个STR基因座的非父排除概率和累计非父排除概率的计算实例。表中可见 $TPOX$ PE=0.3701，$CSF1PO$ PE=0.5001，联合使用两个基因座其累计非父排除概率为 $1-(1-0.3701)\times(1-0.5001)=0.685\ 112\ 99$。联合应用 $TPOX$、$CSF1PO$ 和 $D7S820$ 三个基因座其累计非父排除概率为 $0.860\ 693\ 987$，因此用于检测的遗传标记多态性越高，数量越多，累计非父排除概率越大，鉴别能力越强。

表4-8　中国汉族群体19个STR基因座的非父排除概率

基因座	非父排除概率	累计非父排除概率
TPOX	0.3701	0.370 1
CSF1PO	0.5001	0.685 112 99
D7S820	0.5576	0.860 693 987
D2S1338	0.695	0.957 511 666
D19S433	0.6554	0.985 358 52
D6S1043	0.7310	0.996 061 442
D12S391	0.6790	0.998 735 723
Penta D	0.5907	0.999 482 531
Penta E	0.7325	0.999 861 577
D3S1358	0.4806	0.999 928 103
vWA	0.6092	0.999 971 903
FGA	0.7068	0.999 991 762
D8S1179	0.6882	0.999 997 431
D18S51	0.7184	0.999 999 277
D21S11	0.6502	0.999 999 747
D5S818	0.5671	0.999 999 89
D13S317	0.6000	0.999 999 956
D16S539	0.5749	0.999 999 981
TH01	0.4046	0.999 999 989

（三）可能错误否定父权的情形及风险

用于亲子鉴定的遗传标记越多，出现遗传变异的可能性越大，即在亲子关系中的遗传方式表现为不符合遗传规律。可能遗传变异主要有沉默基因、替代等位基因、基因缺失、基因突变、基因互换、弱抗原、镶嵌抗原、嵌合体、生理与病理变异等。在实际案例中以 STR 基因座的等位基因突变（mutation）较为常见。

1. 三联体突变计算　如果母亲的基因型为 QQ，孩子的基因型为 PQ，被检测男子基因型为 P'R，其中 P' 比 P 大（或小）1 个或 2 个重复单位（$s=1$ 或 2）。设该基因座平均突变率为 μ。等位基因 P 的频率为 p。如果突变为 1 步（$s=1$），则：$PI=X/Y=\mu/(4p)$；如果突变为 2 步（$s=2$），则：$PI=X/Y=\mu/(40p)$，依此类推。偶尔会遇到不能区分 STR 不符合遗传规律的现象是来源于母亲或是来源于被检测男子。此时 PI 计算应考虑男女突变率不相同。例如：D13S317 基因座，母亲为（7，8），孩子为（7，9），被检测男子为（7，8）。父权指数计算方法为：$PI = \dfrac{(\mathrm{mut}_{f8\to9}) + (\mathrm{mut}_{m8\to9})}{p_9} = \dfrac{\mu_f + \mu_m}{4p_9}$，式中，$\mathrm{mut}_{f8\to9}$ 为被检测男子的等位基因 8 突变为 9 的概率；$\mathrm{mut}_{m8\to9}$ 为母亲的等位基因 8 突变为 9 的概率。μ_f 为男性突变率，μ_m 为女性突变率。通常，男性突变率高于女性突变率。例如，男性突变率可取值 0.002，而女性突变率可取值 0.0005～0.001，为了便于实验室间的数据比较，推荐女性突变率可取值 0.0005。表 4-9 以 D13S317 为例列出了不符合遗传规律时三联体常染色体 STR 基因座 PI 值计算实例。

表 4-9　以 D13S317 为例的不符合遗传规律时三联体常染色体 STR PI 值计算实例

（平均突变率为 0.002）

基因座	母亲	孩子	被检测男子	亲权指数
D13S317	7	7, 8	9, 11	$\mu/(4p_8)$
D13S317	7	7, 8	10, 11	$\mu/(40p_8)$
D13S317	7	7, 8	11, 12	$\mu/(400p_8)$
D13S317	7	7, 8	9	$\mu/(2p_8)$
D13S317	7	8	9	$\mu/(2p_8)$
D13S317	7	7, 8	8	7, 9	$2\mu/(4p_8)$
D13S317	7	7, 8	9, 11	$\mu/(4p_8)$
D13S317	7, 9	7, 9	10, 11	$\mu/[4(p_7+p_9)]$
D13S317	7, 9	7, 9	10	$\mu/[2(p_7+p_9)]$
D13S317	7, 9	7, 9	8, 10	$3\mu/[4(p_7+p_9)]$

注：表中 p_7、p_8、p_9 为相应等位基因 7、8、9 的频率。

2. 二联体突变计算　如果孩子的表型为 PQ，被检测男子表型为 P'R，其中 P' 比 P 大或小 1 个或 2 个重复单位（$s=1$ 或 2），设该基因座平均突变率为 μ，等位基因 P 的频率为 p，则 PI 值计算方法为：突变为 1 步（$s=1$），则 $PI=X/Y=\mu/(8p)$；突变为 2 步（$s=2$），则 $PI=X/Y=\mu/(80p)$；突变为 3 步（$s=3$），则 $PI=X/Y=\mu/(800p)$，依此类推。表 4-10 以 D7S820 为例列出了不符合遗传规律时二联体常染色体 STR 基因座 PI 值计算实例。

表 4-10　以 D7S820 为例的不符合遗传规律时二联体常染色体 STR PI 值计算实例

（平均突变率为 0.002）

基因座	孩子	被检测男子（女子）	亲权指数
D7S820	7, 8	9, 11	$\mu/(8p_8)$
D7S820	7, 8	10, 11	$\mu/(80p_8)$
D7S820	7, 8	11, 12	$\mu/(800p_8)$
D7S820	7, 8	9	$\mu/(4p_8)$
D7S820	8	9	$\mu/(2p_8)$
D7S820	8	7, 9	$2\mu/(4p_8)$
D7S820	8	9, 11	$\mu/(4p_8)$
D7S820	7, 9	8, 10	$\mu(2p_7+p_9)/(8p_7p_9)$
D7S820	7, 9	8	$\mu(p_7+p_9)/(4p_7p_9)$
D7S820	7, 9	6, 10	$\mu(p_7+p_9)/(8p_7p_9)$

注：表中 p_7、p_8、p_9 为相应等位基因 7、8、9 的频率。

（四）其他复杂亲缘关系鉴定

除亲子关系鉴定外，在实际案件中，我们还可能面临同胞、祖孙、叔侄或姨甥等复杂亲缘关系鉴定，使鉴定的难度大大增加，尤其是同卵双生子亲缘关系的鉴定。生物学全同胞关系鉴定和生物学祖孙关系鉴定可按照现有的鉴定规范进行，而同卵双生子亲缘关系的鉴定由于个体间 DNA 序列高度相似，目前通过传统的法医学遗传标记如 STR 和 SNP 等难以区分。

1. 生物学全同胞关系鉴定

（1）状态一致性评分：具有共同的生物学母亲和生物学父亲的多个子代个体之间的关系称为全同胞关系。通过检测遗传标记，分析遗传规律，鉴定有争议的两个体间是否存在全同胞关系称为全同胞关系鉴定（full sibling testing）。这类鉴定是以状态一致性评分（identity by state，IBS）为基础进行的，是生物学全同胞关系鉴定中用于判断遗传证据强度的指标。在 1 个 STR 基因座上，两名被检测个体间的相同的等位基因个数称为 IBS 评分（IBS score，ibs）。

（2）IBS 计算：依据 IBS 的定义，设有 A 和

B两名个体，某一常染色体STR基因座有P、Q、R和S等多个等位基因，则A与B间在该遗传标记的IBS可依据表4-11计算。

表4-11 常染色体STR基因座的IBS计算表

基因型		IBS
A个体	B个体	
PP	PP	2
PQ	PQ	2
PP	PQ	1
PQ	QR	1
PP	QQ	0
PP	QR	0
PQ	RS	0

若采用多个相互独立的常染色体遗传标记系统对两名个体进行检测，即为所有遗传标记上的IBS之和，即IBS。

（3）结果分析：依据常染色体STR基因座进行全同胞关系鉴定是基于同胞关系比随机个体享有共同等位基因的概率高的原理。依据孟德尔遗传定律，真正的全同胞也可能在同一个基因座上遗传为完全不同的基因型，其发生概率为1/4；真正的无关个体，也可能在同一个基因座上表现为完全相同的基因型，其发生概率与等位基因的所在群体频率分布有关。目前实施的标准是通过计算两名个体间的累计IBS，结合IBS在无关个体对群体和全同胞对群体中的概率分布规律，对两名个体之间是否存在生物学全同胞关系做出判断。

2. 生物学祖孙关系鉴定

（1）祖孙关系指数（grandparent index，GI）：通过检测人类遗传标记，分析遗传规律，鉴定有争议的祖父母与被检孩子两个体间是否存在生物学祖孙关系称为祖孙关系鉴定。通过检测一个或多个遗传标记，通过计算相关参数能将人群中随机一对夫妇排除为孩子祖父母的能力，称为平均非祖父母排除率，是排除非祖父母的一种指标。有争议祖父母与孙子（女）之间存在真正祖孙关系时其基因型出现的概率与争议祖父母与孙子（女）为无血缘关系的无关个体时其基因型出现的概率之比值称为祖孙关系指数，是亲权指数的一种，在生物学祖孙关系鉴定中用来判断遗传证据强度的指标。

（2）祖孙关系指数的计算：根据遗传规律，参照被检孩子与孩子生母的基因型推断出该孩子生父在这一STR基因座上的基因型，并依据人群等位基因频率计算该基因座的祖孙关系指数。

当被检孩子的生父基因与祖父、母基因符合遗传规律时，不考虑突变的可能，表4-12表示了不考虑突变情形下部分基因型组合时祖孙关系指数的计算方法。

表4-12 祖孙关系指数的计算方法

祖父×祖母	被检孩子	孩子生母	孩子生父基因	GI计算公式
PP×PP	PP	PQ	P	$1/p$
PP×PR	PP	QQ	P	$0.75/p$
PQ×PR	PQ	QQ	P	$0.5/p$
PP×RR	PQ	QQ	P	$0.5/p$
PR×QQ	PQ	QQ	P	$0.25/p$
PQ×PQ	PQ	PQ	P或Q	$1/(p+q)$
PP×PQ	PQ	PQ	P或Q	$1/(p+q)$
PP×PR	PQ	PQ	P或Q	$0.75/(p+q)$
PQ×PR	PQ	PQ	P或Q	$0.75/(p+q)$
PP×RS	PQ	PQ	P或Q	$0.5/(p+q)$
PR×QS	PQ	PQ	P或Q	$0.5/(p+q)$
PR×RS	PQ	PQ	P或Q	$0.25/(p+q)$

第四节 亲子鉴定的程序

亲子鉴定应遵循司法鉴定程序，亲子鉴定实验室或机构的管理和运行应严格按照《司法鉴定程序通则》（司法部令第132号）、《检验检测机构资质认定能力评价检验检测机构通用要求》（RB/T 214-2017）、《检验检测机构资质认定能力评价司法鉴定机构要求》（RB/T 219-2017）或《司法鉴定/法庭科学机构能力认可准则》（CNAS-CL08：2018）、《司法鉴定法庭科学机构能力认可准则在法医物证DNA鉴定领域的应用说明》（CNAS-CL08-A002：2018）来进行。从事亲子鉴定的机构应符合RB/T 214-2017中4.1或者CNAS-CL08：2018中5的要求，应当定期参加亲子鉴定的能力验证计划并考核合格。亲子鉴定的实施应遵循公安部发布的《法庭科学DNA亲子鉴定规范》（GA/T 965-2011）和司法部发布的《亲权鉴定技术规范》（SF/ZJD0105001-2016）来进行。注意：标准和文件的版本应实时更新，使用有效版本。

根据现行有效标准和规范的要求，亲子鉴定程序主要包括以下几个方面。

（一）委托受理

1. 明确委托方的要求和目的 亲子鉴定涉及刑事、行政和民事等多个领域，包括司法机关或有关组织、行政部门及个人委托等。刑事和行政案件的委托需要提供委托单位盖有公章的鉴定委托书或公函，并出示委托人或承办人的工作证。民事案件委托需要提供委托单位或个人的委托书，并出示本人的身份证明。受理时应明确委托方的鉴定要求和目的，父子关系、母子关系或其他亲缘关系鉴定，充分了解案情和鉴定用途。被鉴定人应提供有效的身份证件（成年人需要身份证、未成年人需要户口本或出生证明等），并拍摄被鉴定人照片。

2. 鉴定材料 亲子鉴定材料通常是在鉴定机构采集的被检测男子、孩子生母、孩子的样本（三联体亲子鉴定）或者被检测男子/女子、孩子的样本（二联体亲子鉴定），同时也可以是尸体上采集的或送检的样本。样本一般是血液（斑）或口腔拭子（唾液斑），其他人体生物学材料如精液（斑）、带毛囊毛发、羊水、组织块等亦可作为亲权鉴定的样本。对于接受了外周血干细胞移植的当事人，应避免采集其血样作为检验材料，宜取其口腔拭子（唾液斑）或毛发进行检验。样本必须分别包装，注明被采样人姓名、编号、采样人、采样日期等，置于冰箱冷藏或冻存。样本应进行唯一性标识，确保其在整个鉴定期间能得到持续的识别。

根据法律规定，样本的采集要遵循知情同意原则。采样前，需要取得被鉴定人的确认签名（或右手拇指或示指指纹）。婴幼儿或无法律责任能力的成年人，必须取得其监护人或法律授权人的同意，并提供授权的证明。采样时，需要填写采样单，写明委托方名称、采样日期、采样类型及被采样人姓名、性别、称谓、出生日期、证件号码等。

3. 司法鉴定委托书 司法鉴定机构审核后决定受理的亲子鉴定委托，应当与委托人签订司法鉴定委托书。司法鉴定委托书的内容主要包括鉴定编号、委托人名称及信息、司法鉴定机构名称、委托鉴定事项、鉴定用途、是否属于重新鉴定、与鉴定有关的基本案情、鉴定材料、鉴定选用的方法和标准、鉴定意见书发放、鉴定时限、鉴定费用、双方权利义务、鉴定风险提示和约定事项等。

（二）实验室检测

1. 样本处理 根据鉴定要求和目的，采用适合的方法处理样本，提取 DNA。亲子鉴定样本 DNA 提取的方法应采用《法庭科学 DNA 实验室检验规范》（GA/T 383-2014）建议的方法，常用的方法有：有机溶剂法（酚/氯仿）、Chelex-100 法、硅珠法、磁珠法、全自动工作站等。试剂可自行配制也可以使用商品化 DNA 提取试剂盒，部分类型的样本如血斑、唾液斑，可以使用免提直扩 PCR 试剂盒进行直接扩增而无须 DNA 提取。

2. PCR 扩增与电泳分型 亲子鉴定样本的 PCR 扩增现均采用商品化的试剂盒进行，每批次的检测必须使用阳性对照样本[已知浓度和基因型的对照品 DNA 和（或）以前检验过的、已知基因型的样本]及不含人基因组 DNA 的阴性对照样本作为质量控制，保证鉴定的准确性。PCR 扩增体系与温度循环参数按试剂盒的操作说明书进行或鉴定实验室自行优化。

扩增后的 PCR 产物通过遗传分析仪进行毛细管电泳分析，使用同批次电泳的等位基因分型标准物（Ladder）来对样本分型，应用分型软件获得分型图谱和数据表格。阳性对照样本和阴性对照样本的 PCR 产物同样本 PCR 产物同批次电泳，以达到保证分型准确性的目的。

（三）结果判定

获得分型图谱和数据之后，鉴定人员分析判断被鉴定人（被检测样本）间是否符合相应的遗传规律，并进行统计学分析，计算每个遗传标记的亲权指数、累计亲权指数。最终，鉴定人员根据遗传规律和统计学计算数据作出专业的判断，确定是支持还是排除结果。

（四）鉴定意见

鉴定意见是鉴定人依据检测结果和分析案件有关资料，对被鉴定人是否存在血缘关系作出的专业判断，其书面表现形式是司法鉴定意见书。亲子鉴定意见一般分为"支持存在亲权关系"和"排除存在亲权关系"两种情况，极少数会出现无法判断的情况。

（五）鉴定记录

整个亲子鉴定过程的记录是亲子鉴定工作和结果的客观证据，涉及亲子鉴定程序的每个方面，必须客观、详细、准确、及时地做好记录并签名。亲子鉴定的记录主要包括鉴定委托书、采样记录、样品流转记录、鉴定过程记录、鉴定中所获得的图谱或数据、亲权指数计算、授权签字人审核鉴定文书的记录、鉴定文书副本。鉴定完成后，以上所有记录应形成亲子鉴定档案，并归档保存。

第五节 亲子鉴定标准及司法鉴定意见书

（一）亲子鉴定标准

亲子鉴定标准可以确保鉴定的准确性和可靠性，使亲子鉴定规范化、科学化和标准化。目前国内现行有效亲子鉴定标准有两个：《法庭科学 DNA 亲子鉴定规范》（GA/T 965-2011）和《亲权鉴定技术规范》（SF/Z JD0105001-2016）。《法庭科学DNA亲子鉴定规范》适用于DNA实验室进行三联体亲子鉴定，二联体亲子鉴定（单亲鉴定或双亲皆疑鉴定）可以参考。《亲权鉴定技术规范》适用于DNA实验室进行三联体和二联体亲子鉴定。

两个标准关于亲子鉴定的内容及结果判断基本相同，其要点包括：

1. 三联体亲子鉴定和二联体亲子鉴定所使用的遗传标记累计排除概率应等于或大于0.9999。

2. 为了避免潜在突变影响，任何情况下都不能仅根据一个遗传标记不符合遗传规律就作出排除意见。

3. 任何情况下都不能为了获得较高的累计亲权指数，将检测到的不符合遗传规律的遗传标记删除。

4. 被检测男子的累计亲权指数小于0.0001时，支持被检测男子不是孩子生物学父亲的假设。鉴定意见可表述为：依据现有资料和DNA分析结果，排除被检测男子是孩子的生物学父亲。

5. 被检测男子的累计亲权指数大于10 000时，支持被检测男子是孩子生物学父亲的假设。鉴定意见可表述为：依据现有资料和DNA分析结果，支持被检测男子是孩子的生物学父亲。

6. 累计父权指数大于0.0001而小于10 000时，应通过增加检测的遗传标记来达到要求。

7. 鉴定意见是以不考虑双胞胎或者近亲情况为前提的。近亲情况应采用另外的公式，并需全面、系统地结合其他因素做综合分析。

（二）司法鉴定意见书

亲子鉴定司法鉴定意见书一般由封面、正文和附件组成，其格式和内容应符合相关规范或文件的要求，如《法庭科学DNA检验鉴定文书内容及格式》（GA/T 1161-2014）、《亲子鉴定文书规范》（SF/Z JD0105004-2015）、《司法部关于印发司法鉴定文书格式的通知》（司发通〔2016〕112号）。正文应至少包含基本情况、被鉴定人概况、检验过程、分析说明和鉴定意见五个部分。

1. 正文首页和基本情况 鉴定意见书正文首页应包括鉴定机构名称、鉴定意见书编号。鉴定意见书每一页底部应至少包含"共 页 第 页"。基本情况中应包括委托单位或委托人、委托日期、受理日期、鉴定材料（取样、样本类型等）。

2. 被鉴定人概况 被鉴定人姓名或代号、性别、被鉴定人相互关系、出生日期、有效证件信息及样本的编号。

3. 检验过程 鉴定所使用的标准、方法、过程、试剂盒、仪器设备；鉴定所获得的检测分型结果，包括遗传标记信息、被鉴定人的分型信息、每个遗传标记的亲权指数。

4. 分析说明 应包含所使用的遗传标记的累计排除概率、依据检测结果计算的累计亲权指数、对检测和计算结果的判定。

结果为支持的分析说明可表述为："本鉴定所使用的 *D19S433* 等21个STR基因座均为人类的遗传标记，遵循孟德尔遗传定律，联合应用可进行亲权鉴定，其累计非父排除概率大于0.9999。综上检验结果分析，在每一个STR基因座，AA均能提供给CC必需的等位基因。经计算，累计亲权指数为××××。根据《法庭科学DNA亲子鉴定规范》（GA/T 965-2011）和《亲权鉴定技术规范》（SF/Z JD0105001-2016），在不考虑同卵双（多）生和近亲的情况下，支持AA是CC的生物学父亲，从遗传学角度已经得到科学合理的确信。"

结果为排除的分析说明可表述为："本鉴定所使用的 *D19S433* 等21个STR基因座均为人类的遗传标记，遵循孟德尔遗传定律，联合应用可进行亲权鉴定，其累计非父排除概率大于0.9999。综上检验结果分析，在每一个STR基因座，AA在××××、××××和××××等基因座不能提供给CC必需的等位基因，不符合孟德尔遗传规律。经计算，累计亲权指数为××××。根据《法庭科学DNA亲子鉴定规范》（GA/T 965-2011）和《亲权鉴定技术规范》（SF/Z JD0105001-2016），在不考虑同卵双（多）生和近亲的情况下，排除AA是CC的生物学父亲，从遗传学角度已经得到科学合理的确信。"

出现不符合遗传规律现象，意见为支持的分析说明，需单独分析不符合遗传规律遗传标记的情况并计算亲权指数。

5. 鉴定意见 依据DNA分析结果和资料作出支持或排除的鉴定判断。根据结果鉴定意见可表述为："依据现有资料和DNA分析结果，支持被检测男子是孩子的生物学父亲"或"依据现有资料和DNA分析结果，排除被检测男子是孩子的生物学父亲"。

6. 签名和盖章 亲子鉴定意见书应该至少包括两名司法鉴定人姓名和签名，以及其司法鉴定人执业证证号。盖章包括首页鉴定意见书编号处、所有意见书的骑缝章、鉴定人签名处，章为司法鉴定专用章。

7. 附件 被鉴定人（检材）照片及相关证件照片（打印或粘贴）。

复习与思考题

1. 亲子鉴定的概念是什么？
2. 亲子鉴定的法医学应用是什么？
3. 亲子鉴定的基本原理有哪些？
4. 亲子鉴定的常用遗传标记有哪些？
5. 亲子鉴定的程序有哪些？
6. 什么是非父排除概率？
7. 什么是父权指数？
8. 排除父权的标准是什么？
9. 认定父权的标准是什么？
10. OL 峰怎么计算命名？

（罗海玻　冀　强）

第五章 死 亡

【目标要求】

掌握：死亡原因的概念及死因分析理论；死亡的分类；死亡机制；死亡诊断标准。

熟悉：死亡过程的分期；脑死亡、持续性植物状态与假死的概念及诊断标准；各种常见死后变化的主要形态学表现及其法医学意义。

了解：死亡的概念；死亡时间推断的相关内容。

案例 5-1

吴某，男，46岁，在买菜过程中因菜品价格与摊主齐某发生口角，随后齐某用拳头击打吴某的胸部一下，2～3min后，吴某晕倒在摊位前，经抢救无效死亡。解剖检验及组织病理学检验发现：左肩部可见一处表皮剥脱伴皮下出血，范围4.2cm×2.3cm，胸部局部未见挫伤、表皮剥脱。心脏大于死者的手拳，质量为355g。心外膜光滑，大量淡黄色脂肪组织附着，左冠状动脉前降支自起始处可见连续性斑块，长2.8cm，伴钙化，管腔Ⅳ级狭窄，斑块内少量红细胞漏出；右冠状动脉主干自起始处可见连续性斑块，长4.7cm，伴钙化，管腔Ⅲ级狭窄，部分心肌细胞呈缺血性表现。其他器官检查均未见异常。常见毒（药）物检验结果：从吴某血液样本中未检出常见毒（药）物成分；检出乙醇，乙醇含量为14.25mg/100ml。

问题：

1. 引起死者的死亡原因是什么？从死者胸部被击打的程度看，与死亡的关系如何？
2. 本案例的法医学鉴定应注意哪些问题？

第一节 概 述

临床医务工作者在日常的工作中会面对各种类型的死亡，研究死亡有利于健康的维护、疾病的防治、生命的延续及社会的稳定。作为医学生，了解并掌握死亡及与死亡相关的医学和法医学知识，从法医学的视角去观察死亡个体，并且对所救治患者的死亡有一个全面、客观的了解，是非常有必要的。本节主要介绍死亡概念、死亡原因、死亡分类、死亡机制、死亡过程及死亡诊断六个方面的内容。

一、死亡概念

死亡（death）是生物界的自然现象，是生物个体生命的永久终止，其表现为呼吸、循环、脉搏等生命活动的完全停止。生与死的界定是相对应的，死亡是生命的终结。正如人们通常所说的"有生就有死"，故死亡是生物进化赋予生命的必然结果。死亡的概念包含着人们对生命本质的科学认知和哲学理念。随着人类认识和改造世界的科学技术水平的发展，人们世界观的不断深化，对生命、死亡及死亡概念的认知也随之修正。人在自然界和社会中是具有独特的双重属性的，即生物学个体生命和在人类社会中担任一定角色的社会学个体生命。因此，人体的死亡可以分为躯体死亡和细胞性死亡。

（一）躯体死亡

躯体死亡（somatic death）又称整体死亡（total death）或个体死亡（individual death），即作为一个整体的人的死亡。此时，循环、呼吸功能或者全脑功能已不可逆地终止，标志着死亡的开始。但有些器官、组织、细胞在一定的时间内可能依旧会继续进行功能活动，在这段时间内这些器官或组织可被移植使用。作为社会成员，死亡是指担任一定社会角色的个体，从某一时刻起不可逆地丧失了可感知的个性和意识，不能感知任何刺激，且不能承担任何社会职责。这种情况下，称其丧失了社会性生命。故而人们需要确定个体死亡的具体时间。

（二）细胞性死亡

细胞性死亡（cellular death）又称分子死亡（molecular death），是指在体内、外自然因素作用下，整个机体器官、组织和细胞乃至全部DNA基因组等生物大分子的相继消亡。作为生物个体，死亡是一个过程而不是一个事件，它是机体在分子代谢水平上由量变到质变地引起组织、细胞相继死亡，直至机体生命活动完全停止的过程。躯体死亡与细胞性死亡之间没有明确的界限，由于各种组织、细胞对缺血、缺氧及其他损伤因素的耐受性不同导致其死亡速度也各不相同。一般情况下，胚胎发育晚的组织、细胞耐受缺氧的能力较差。如常温下脑组织对缺血、缺氧后发生不可逆损害的耐受时限仅为

8～10min，肝细胞产生不可逆损害的耐受时限约为30min，肺泡上皮细胞的耐受时限约为60min。由此看来，不同组织、细胞的生命功能是在不同时间相继终止，很难依据组织、细胞相继死亡的过程，判断个体死亡的具体时间。

二、死亡原因

在临床和法医学鉴定实践过程中，死亡大多是由一种以上的疾病或损伤及其引起的一系列并发症导致，也可因外界不利因素的介入而导致。如严重的创伤后继发某种并发症，可能是伤者本身就存在某种病理情况，或者在附加的医疗过程中出现的医疗过失等因素，通常是多因素综合作用后导致的死亡。因此，辨明各种疾病、损伤或其他内、外因素之间的关系及其与死亡的关系，是法医病理学工作者重要的工作内容之一。

世界卫生组织（WHO）在1993年公布了国际疾病与相关健康问题统计分类（International Statistical Classification of Diseases and Related Health Problems），常用简称为国际疾病分类（International Classification of Diseases，ICD）。2018年WHO公布了国际疾病分类第11版（ICD-11），其中提出了疾病、损伤和死亡原因分类标准。ICD-11定义的死亡原因（cause of death）：所有导致或促进死亡的疾病、病态情况或损伤及造成任何这类损伤的暴力或事故的情况。这个死因定义，广泛涵盖了几乎所有涉及死亡的有关因素，既有具体的疾病、损伤及其病理过程的合并症，又包含了引起这些疾病和损伤的原发事件和情况，还包含了医疗过程中可能出现的医疗过失或医源性因素等情况。分析确定与死亡相关的各种因素的责任关系的过程称为死因分析（analysis of cause of death）。以往还有学者将这种情况称为死因竞争。全面、正确的死因分析在案件中尤为重要。死亡原因可分为直接死因、根本死因、辅助死因、死亡诱因和联合死因等。

（一）直接死因

依据ICD-11定义，所有直接导致死亡的疾病或损伤称为直接死因（immediate cause of death），也可译作立即死因，即根本死因的致命性并发症和继发性并发症，是启动死亡机制的直接因素。直接死因不包括症状、体征和临死情况，如心力衰竭、呼吸衰竭等。它可以是疾病，如肺动脉栓塞、支气管肺炎、颅脑损伤合并感染，也可以是某种病理状态，如休克、败血症、脑水肿和脑疝形成等。常见的直接死因包括出血、感染、中毒、全身衰竭及栓塞等。

（二）根本死因

根本死因（primary cause of death）或称原发死因，是指引起一系列直接导致死亡的事件中最早的疾病或损伤，或者造成致命损伤的事故或暴力情况。根本死因是导致上述直接死因的损伤和疾病，是导致死亡的原发性疾病或外伤，是引起死亡初始的原因。所以说，根本死因应该是可以引起较严重后果的疾病、损伤及原发事件等，而某些与死亡关系不大的因素不能确定为根本死因。在自然性疾病致死案例中，其根本死因与所患疾病往往一致，如恶性肿瘤、冠状动脉粥样硬化性心脏病（简称冠心病）致大范围心肌梗死、主动脉夹层、脑血管畸形破裂出血等。在暴力性死亡案件中，根本死因是指其所受到的某种暴力因素（如机械性损伤、机械性窒息、电击伤、外源性毒物中毒等），它可以通过某种机制或通过损伤后，继发并发症导致死亡。根本死因与直接死因可以有时间间隔，也可以没有时间间隔，无时间间隔者，其根本死因同时就是直接死因，两者多数情况下可以有长短不等的时间间隔，甚至有的时间间隔可达数年，而其间发生了一系列"可能有充分的流行病学理由"的致命性并发症或其他不利情况。例如，乳腺癌→继发性股骨转移→病理性骨折→肺栓塞→死亡；又如，汽车撞伤行人→多发性骨折→创伤性休克→死亡。因此，根本死因是直接死因的始动原因，而直接死因是根本死因的相应后果，两者存在明确的因果关系。

（三）辅助死因

辅助死因（contributory cause of death）是指凡与直接导致死亡的疾病或情况没有因果关系或必然联系的其他可能促进死亡的情况。也就是说，可能同时存在多个与死亡无关的病理情况或伴发疾病，其中较次要的或者致命性不大的，但可能会降低机体抵抗力和生理反应的疾病或其他情况，它们与根本死因和直接死因没有直接的关系，只是在死亡的发生上间接地起到了促进作用。例如，严重脂肪肝的患者，因酒精中毒死亡，其中酒精中毒为根本死因，而脂肪肝应为辅助死因。

（四）死亡诱因

死亡诱因（inductive cause of death）是指因轻微外伤、体力活动或精神因素等诱发身体原有潜在疾病恶化而引起死亡的因素。一般对健康的人不会致命。死亡诱因不能单独危及生命或者造成较严重的损害，往往仅可能引起情绪激动和应激反应等生理性功能反应，并通过诱发体内原有疾病发作或促使病情恶化而导致死亡。常见的诱因有各种精神因素、过度劳累、暴饮暴食、大量饮酒、轻度外伤、性交、吸烟、饥饿、寒冷、医疗穿刺及器械使用等。诱因作用下发生死亡的重要特征是死亡在很短的时间内发生。例如，"拳击面部"引发原发性脑血管畸形破裂，导致病理性蛛网膜下腔出血死亡，其中原发性脑血管畸形应属根本死因，而病理性蛛网膜下腔出血应为直接死因，"拳击面部"则属于死亡诱因。又如，某冠心病患者与他人激烈争吵中突然倒地死亡，其中冠心病为根本死因，争吵导致的情绪激动应为死亡诱因。

在法医病理学死因鉴定实践中，经常会遇到死亡诱因和辅助死因不易区别的情况。通常死亡诱因与根本死因之间存在因果关系，但其多为一些对机体生理功能影响轻微的、短暂的一过性躯体或精神刺激的因素，单就损伤而言，仅应属轻微伤以下范畴。而辅助死因与根本死因之间无因果关系，但其对受伤者生理功能和精神痛苦的影响应当是较严重和持续的，直至死亡，其损伤程度应属轻伤以上。

(五)联合死因

联合死因 (conjunctive cause of death) 又称合并死因，是指死者身上同时存在两个或两个以上均可单独致死的死亡原因。构成联合死因是相互无关的一系列疾病或损伤，从病因学和死亡机制方面分别独立，没有确定的因果关系及主次因素，是并列的致死性疾病或损伤。联合死因一般有三种情形，即病 - 病联合致死、病 - 损伤联合致死、损伤 - 损伤联合致死。理论上，联合死因中的每个死亡原因均应独立承担相应的责任。

案例 5-2

张某，男，48 岁。据孙某交代，在其家中因琐事与前来的张某发生激烈争吵，争吵过程中，张某突然发出"啊"的一声后倒地不起，经抢救无效死亡。解剖及组织病理学检验：左手背可见一处散在表皮剥脱伴皮下出血。范围为 0.8cm×0.3cm。蛛网膜下腔广泛出血，脑沟、脑回结构不清；基底动脉节段性硬化，在脑底动脉环的左侧大脑前动脉和前交通动脉连接处可见一囊性扩张，呈球形，范围为 0.3cm×0.5cm，表面可见一不规则破裂口，长为 0.1cm，血管破裂口边缘可见少量血凝块附着，第四脑室及小脑延髓池可见积血。蛛网膜下腔不同程度扩张；其内血管扩张、充血，多量红细胞聚积。脑底动脉环左侧大脑前动脉和前交通动脉连接囊性扩张处可见一区域血管壁呈断裂状，局部中膜明显变薄，平滑肌细胞数量减少甚至消失，管壁内亦可见少量慢性炎细胞浸润。部分区域外膜可见数量不等的红细胞聚积。毒(药)物检验结果：未检出常见巴比妥类药物、吩噻嗪类药物及抗癫痫药物；未检出常见农药、剧毒鼠药及毒品；血液样本中检出地西泮，地西泮含量为 0.08μg/L。酒精检验结果：在张某血液样本中检出酒精，酒精含量为 12.45mg/100ml。

主要法医病理学诊断：左侧大脑前动脉和前交通动脉动脉瘤形成，伴破裂、出血；蛛网膜下腔广泛性出血；第四脑室及小脑延髓池积血；左手背挫伤伴表皮剥脱。

问题：
1. 蛛网膜下腔出血的原因有哪些？
2. 张某的死因是什么？

三、死亡分类

尽管世界各国法律制度不同，但均有明确的规定对造成死亡事件或情况追究责任的法律条款，据此界定了个体死亡的社会属性，即所谓死亡性质 (nature of death)。在法医学上根据死因和死亡性质的不同，可对死亡进行分类。但无论从死亡的性质上还是死亡方式上都可将死亡分为三大类，即暴力性死亡、非暴力性死亡和社会性死亡。对死亡进行分类的目的在于阐明死亡的发生及对死亡应负责任的事件情节，使从事刑事侦查、司法审判、民事调解、灾害赔偿等工作的相关人员正确理解现实生活中复杂的死亡情况及性质，为科学、客观、公正地开展工作提供依据。

(一)暴力性死亡

暴力性死亡 (violent death) 又称非自然性死亡 (unnatural death) 或称非正常死亡 (abnormal death)，是指由生命或疾病自然发展规律以外的因素干预而发生的死亡，即蓄意、过失或意外等各种非自然因素干预作用而导致的死亡。上述的干预因素可以来自外界，如他人或环境，也可以来自死者本人；可以是故意的，也可以是非故意的，如各种伤害案件、中毒案件、医疗事故、交通事故、工伤事故和严重环境污染公害等。而暴力性死亡如何得以实现称为死亡方式 (manner of death)。死亡方式的鉴定是法医病理学工作者的重要任务之一。对确定案件性质、民事调解及赔偿等具有重要意义。暴力性死亡按情节和方式的不同，一般又可分为以下类型：

1. 自杀死 (suicide death) 是指死者本人蓄意地对自己施加暴力手段而终止自己生命的事件。据 WHO 1976～1982 年统计，全世界每年自杀的人数约 37 万，其中日本的自杀率最高。最近报道，我国每年死于自杀的人数高达 28.7 万，约占整个死亡人群总数的3.6%，为我国第五大死亡原因。自杀率农村是城市的3倍，女性比男性高25%。可见自杀现象已成为不容忽视的社会问题。鉴别自杀还是他杀十分重要，法医学的鉴定意见对侦查人员确定死者的死亡方式，是否需要立案侦查起着决定性的作用，必须慎重。常见的自杀手段有缢死、服毒、跳楼、割腕、枪击等。

2. 他杀死（homicidal death） 是指违背他人的意愿，利用暴力手段伤害他人导致的死亡。根据他杀的实际情况又可分为：①非法他杀死，指未经法律允许使用暴力手段蓄意地剥夺他人的生命；②合法他杀死，指法律允许范围内剥夺他人的生命；③过失伤害死，由于处置不当、过失原因或没有预谋杀人，最后却造成了他人的死亡，如家庭纠纷、斗殴等导致的死亡。

3. 意外死（accidental death） 是指出乎意外的非故意行为所导致的死亡。"意外"指的是没有预见到实施的行为会造成死亡后果。"非故意"是指不以结束他人或自己生命为目的的行为。意外死一般又可分为以下几种类型：①灾害死，包括一切自然灾害所造成的死亡，如地震、水灾、火灾、雷击、海啸、山体滑坡等；②意外事件死，指由人为因素所造成的死亡，如交通事故、医疗事故、工伤事故等；③自伤、自残致死，指出于某种目的对自己实施伤害行为或采取不正确的姿势，意外超过了限度引起的死亡，如性窒息者用绳索悬吊自己的颈部，使自己处于短暂的缺氧状态，来获得反常的快感等，有时可能会出现失误导致死亡。其中，由自然灾害造成的灾害死，除需个体识别外，多不涉及法医学问题，而由社会或人为因素造成的事故死，通常需要进行法医学鉴定。

有时在案情不明或多种因素参与时，要区别自杀死、他杀死和意外死较为困难，往往需要仔细甄别。正如一种死亡机制可由多种死因引起，一种死因也可引起多种死亡机制，一种死因可有多种死亡方式，一种死亡方式可有多种死因。所以，判断死亡方式的主要依据是根本死因产生的现场案情事实及尸体剖检所见（包括法医病理组织学观察），并结合相关实验室检验结果综合分析，从而明确死者的死亡方式。另外，在临床工作中，要求临床医生应注意采集病史或案情经过，并详细予以记录，以备在进行死亡方式鉴定时，能够提供翔实的原始书证资料。然而，有关人员也应该知道，有时仅凭有限的或不完整的案情资料，是无法确定死亡方式的。获得完整和必要的案情证据是确定死亡方式的必要条件。

4. 死亡方式不明（undetermined/unknown manner of death） 是指死亡原因明确，但死亡方式无法明确的死亡。如高坠的尸体，表现为典型的高坠伤，死亡原因很清晰，系典型的暴力性死亡，但死者究竟为意外失足、自己跳楼还是他人加害，在尸体损伤上很难去鉴别，即使通过现场勘查、案情调查可能也无法明确，此时，可实事求是地写出死亡方式不明。

（二）非暴力性死亡

非暴力性死亡（non-violent death）又称自然性死亡（natural death），是指符合生命和疾病自然发展规律，没有暴力因素干预而导致的死亡。其包括因各种疾病死亡或衰老死亡，是不涉及法律的一类生物医学性死亡，理论上可分为生理性死亡和病理性死亡。

因疾病导致的死亡称为疾病死，又可称为病理性死亡，这类死亡在死前多有某些疾病的症状、体征和病情发展的过程，甚至有诊治经历，其在死因上多不引起争议。由于机体自然衰老，引起体内各器官生理功能的衰竭而导致的死亡称为衰老死，又可称为生理性死亡。现实生活中，理论上的衰老死几乎不存在，实际多为衰老机体在轻微疾病及某些内、外界不利因素作用下导致死亡。在死亡方式上一般不必对两者进行严格的界定，因为这类死亡一般不涉及法律问题。但有些少数疾病死，特别是猝死，因其死亡的发生具有突然性和意外性，与暴力性死亡在案情上有相似之处，极易引起相关当事人对死因的质疑、误解，因而常被怀疑是暴力性死亡或者引起医疗纠纷，这就需要进行法医病理学检验鉴定，查明死因，澄清事实。

（三）社会性死亡

社会性死亡（social death）是指人类社会有一些死亡情况不涉及一般的日常法律，而需要特殊的立法进行解决的死亡。这类死亡包括：①死刑（legal execution）；②战争死（death due to war operation）；③安乐死（euthanasia）。这类死亡情况大多仅具有法学、社会学及其统计学意义，几乎不涉及法医学问题。安乐死是指对患有不治之症的、精神和躯体处于极度痛苦折磨的患者，使其安详无痛苦地死去。

安乐死是一类既有疾病的自然因素，又有法定的人为因素的社会性死亡，涉及法律、伦理、哲学、医学和法医学等多个领域，是一个既敏感又复杂的问题，目前尚存有许多争议。世界各国从立法的角度已讨论多年，虽然许多国家对安乐死持肯定的态度，但到目前为止，仅有荷兰、瑞士等少数国家立法允许安乐死。目前我国尚无此项立法，临床医生应清醒地认识到，在我国尝试开展安乐死的行为可能会承担相应的法律责任。

从维护"人权"的角度，作为有意识的正常人，在自己的"生存权"不受侵犯的同时，为确保自身的"生活质量"和"生命尊严"，理应享有"选择死亡的权力"。也就是说，每一个人均应享有"庄严地生或庄严地死"的权力。因此，实行安乐死对患者、亲属和社会都具有一定的社会意义。

安乐死又可分为主动安乐死和被动安乐死。主动安乐死又称为积极安乐死，是指医生或他人通过采取某种方法（如注射某种毒物或大剂量药物）加速患者死亡；被动安乐死又称为消极安乐死，是指停止或放弃治疗措施，让患者自行死亡。

安乐死的实施对象，目前尚无统一标准，但必须是身患不治之症，又被痛苦折磨，而且现代医学手段不能医治的。患者自知无治疗希望，又长时间遭受痛苦折磨，其唯一的愿望就是请求医生用一种易于接受的方式尽早结束痛苦（生命）。对安乐死的请求应是在患者意识清醒的状态下，且能表明意愿时由患者本人提出。安乐死的实施实际上是一个十分严肃的问题，必须制定严格的标准和管理法律来保证。

四、死亡机制

死亡机制（mechanism of death）是指由疾病或损伤引起，最终导致死亡的一系列病理生理过程，即引起一系列继发性生理代谢、功能紊乱和致命性功能衰竭，而导致个体死亡的情况。死亡机制与死亡原因有着本质的区别，它不是指各种具体的疾病或损伤，而是指各种功能障碍，是在各种死亡原因作用下，最终导致个体死亡的几条共同通道。常见的死亡机制：整个机体的毁损、中枢神经系统功能障碍和（或）丧失，心肺功能衰竭、肝肾衰竭、循环衰竭、水电解质代谢紊乱、酸碱平衡紊乱、多器官功能衰竭、应激反应、损伤引起器官的迟发性破裂出血、感染及并发症等。上述机制功能的紊乱或障碍，最终都将导致心、肺和脑活动停止而死亡。

鉴于死亡机制均表现出系统或器官的功能紊乱，且危及生命的临床症候群，这对临床医生采取有效的针对性救治措施具有一定的指导意义。同时，也应当理解和允许临床医生或法医在不影响 ICD-11 死因诊断的前提下，将这些死亡机制作为"功能性诊断"。但是，目前的一些临床医生完全用死亡机制代替死因诊断的做法不应该提倡。如果将这些致命性病理生理过程作为死因来分析，必然会产生千篇一律的结论，对判明死亡的性质没有任何帮助。因此，要反映各种死因及其引发的一系列病理事件之间的关系，为案件提供客观、科学、公正的医学证据，就必须严格区分死亡原因与死亡机制。

在以往讨论死亡机制时，一般多集中于单个生命器官或系统，并作为孤立的情况进行死因分析。随着现代医疗救治手段的不断发展和完善，各种创伤或疾病引起的单一器官功能衰竭而死亡的情况已明显减少。许多因严重创伤或疾病等因素致病情危重，在经过一定时间的救治后，继发难以救治的多器官功能衰竭（multiple organ failure，MOF）或多器官功能衰竭综合征（multiple organ dysfunction syndrome，MODS），已成为主要死亡机制。因此，多器官功能衰竭已成为不容忽视的一类重要的死亡机制。

为了真正地揭示死亡的性质、明确死亡原因，必须强调进行全面系统解剖（尸表检验、尸体剖检、器官检验、组织学检验等），同时提取相关的生物学检材（如血液、脑脊液、玻璃体液、尿液、胃内容物等）进行实验室检验。在解剖时一定要仔细、全面和彻底，切忌仅对损伤或病变局部进行解剖，不可孤立地解释器官的病变或损伤，规范、严谨、认真的解剖，是确定死亡原因和死亡性质的根本保证。

五、死亡过程

死亡过程（death process）是指个体死亡的时间经过。一般说来，绝大多数死亡并非突然发生，而是要经历一个逐渐演变的过程，即死亡经历发生、发展直至终结。因死亡原因的不同，其经历时间的长短也差异较大。例如，心脏突然破裂或脑干受到破坏性损伤者可立即死亡；某些患有慢性疾病或消耗性疾病的人，其死亡是一个逐渐发展的过程，即死亡自濒死期开始，经过临床死亡期至生物学死亡期。这一典型死亡过程的三个阶段之间，并无严格的界限。了解死亡过程，对于临床医生抢救某些心搏、呼吸骤停的患者具有重要的实际意义。

（一）濒死期

濒死期（agonal stage）又称临终状态，此期为死亡过程的开始，主要为各种死因引发的致命性病理生理过程的晚期，中枢神经系统和生命中枢功能紊乱，机体各系统功能整合机制失调。主要特点是中枢神经系统脑干以上部分功能处于抑制或丧失状态，而脑干功能仍然存在，但由于失去高位中枢的调节和控制而呈紊乱状态。主要表现：意识模糊或消失；各种反射减弱或消失；瞳孔出现大小变化；心跳减弱；血压下降；呼吸微弱且不稳，出现病理性呼吸、酸中毒及水盐代谢障碍等。濒死期的持续时间长短不一,因机体健康状态及死亡原因的不同,可由数分钟至数小时,甚至更长。一般地讲,年轻体壮者濒死期较长,年老体弱者较短;慢性疾病者濒死期较长,暴力性死亡(如心脏刺伤、重度颅脑损伤、氰化物中毒等)或急死者(如猝死)时间较短,甚至缺如,直接进入临床死亡期。此期生命功能尚处于可逆阶段,如果能够得到及时有效的救治,仍可以复苏,否则,进入临床死亡期。

(二)临床死亡期

临床死亡(clinical death)又称躯体死亡,也可称为个体死亡。此期主要特点是中枢神经系统的抑制过程已由大脑皮质扩散到皮质下部位,脑干的呼吸及血管运动中枢严重抑制,循环和呼吸系统的生命活动消失,表现为心跳、呼吸停止,瞳孔散大,各种反射消失等。但全身各器官、组织的细胞并未全部死亡,有些还可存活一定的时间,功能逐渐衰退直至全部死亡。临床死亡期持续 8~10min,此时限亦即中枢神经细胞耐受缺氧的时限。一般地讲,濒死期长者此期则短;反之则长。在低温麻醉状态下,尤其头部降温时,脑的耗氧量降低,临床死亡期可延长达 1h 或更长。少数进入临床死亡期的个体,如采取积极有效的急救措施,恢复心跳和呼吸功能,仍有复苏的可能。否则,便可发展到生物学死亡期。

(三)生物学死亡期

生物学死亡(biological death)又称细胞性死亡,也可称为分子死亡,是死亡过程的最后阶段。此期中枢神经系统已发生不可逆的变化,功能永久性丧失。此后,机体各器官系统的新陈代谢相继停止,并出现不可逆的变化,相继出现尸斑、尸僵等早期尸体现象。此期各器官已不可用作器官移植。

六、死亡诊断

著名的《布莱克法律词典》对死亡的定义为"血液循环完全停止,呼吸、脉搏停止"。这一传统的死亡标准延续了几千年而为世界各国所广泛认同。我国的传统医学和司法实践也同样是以心跳、呼吸停止作为认定死亡的标志。但自 20 世纪中叶以来,随着现代医学的发展,机械复苏(人工呼吸机、人工心脏等)的有效应用和器官移植的开展,对既往死亡标准的界定产生了动摇。对自发性脑电活动丧失、自主呼吸和心脏收缩停止的个体,已经可以应用人工的方法维持其呼吸和心脏功能达到相当长的时间。利用这种个体作为器官移植的提供者是非常理想的,但同时也给人们带来了一个医学、法律及伦理道德方面的问题,即这种个体是否算作死亡?按传统的概念,死亡是以心跳和呼吸停止作为标志的,那么这种个体既然心跳、呼吸没有停止,就不能称为死亡,但事实上只要撤除机械复苏装置,其生命活动会立刻停止,从这种意义上说,此个体又应属死亡的范畴。鉴于上述事实,人们开始质疑用心肺功能停止作为判定死亡的标准,并开始探索新的死亡定义和死亡标准,在传统的心脏死和呼吸死(肺性死亡)的基础上,建立了脑死亡的概念。

按照死亡的传统诊断标准和新近提出的脑死亡,死亡可分为心脏死、呼吸死和脑死亡。

(一)心脏死

心脏死(heart death)又称循环死(circulatory death),是指心跳停止先于呼吸停止所引起的死亡。通常见于各种原发的心血管疾病(如冠心病、心肌及心瓣膜病、心律失常等),外伤,酸碱和电解质平衡紊乱,低温,中毒,电击,自主神经功能紊乱等,上述原因可通过引起心律失常、血流动力学改变、心血管运动中枢功能紊乱,进而引起心源性休克、心力衰竭、心脏停搏或神经源性休克等导致死亡。表现形式可为心室颤动、电-机械分离、心室停搏、神经源性休克、反射性心搏骤停等,其病理生理过程的中心环节是心脏不能将血液有效搏出以供全身循环系统需要,致使循环功能衰竭。心跳停止多是渐进性的过程,但也有突然骤停的。长期以来,人的个体死亡都是以心跳停止作为标志的。只要心脏还在跳动,即使跳动得极其微弱,仍然表明人还有生命。

(二)呼吸死

呼吸死(respiratory death)又称肺性死亡(pulmonary death),是指呼吸停止先于心跳停止所导致的死亡。通常见于各种机械性窒息(如缢死、勒死、扼死、溺死及压迫胸腹部等)和各种呼吸道、肺、胸膜腔和呼吸中枢的疾病及外伤、中毒、电击等原因。上述原因可通过引起呼吸停止或呼吸衰竭,最终导致死亡,其病理生理过程的中心环节是呼吸功能障碍和因呼吸停止所引起的脑缺氧及脑死亡。呼吸死亡的显著特点是低氧血症、高碳酸血症、酸碱平衡紊乱、组织缺氧和酸中毒。故尸检时窒息症状较明显,通常表现为皮肤黏膜青紫、发绀。

(三)脑死亡

脑死亡(brain death)又称全脑死亡(total brain death),是指大脑、小脑和脑干等全脑功能不可逆的完全丧失。通常见于各种原发性脑部病变(疾病)、颅脑外伤、心肺等脑外器官的原发性病变或损伤等通过引起脑部生命中枢组织结构破坏或脑部缺氧性损害，最终导致中枢神经系统功能发生不可逆的永久性丧失而引起死亡。脑死亡可以分为原发性脑死亡和继发性脑死亡。只要全脑功能发生不可逆的彻底丧失，不论心跳、脑外体循环、呼吸及脊髓等脑外器官功能是否存在，均可宣告个体死亡。

1959年法国学者 P. Mollaret 和 M. Goulon 在第23届国际神经学会上首次提出"昏迷过度"的概念。并于1966年国际医学界开始使用"脑死亡"一词。1968年，美国哈佛大学医学院死亡审查特别委员会对死亡的定义和标准提出了新的概念，即"不可逆转的昏迷或脑死亡"，这一概念的提出使个体死亡的定义发生了重大的转变。而后许多国家和地区的立法也逐渐接受了脑死亡作为判定死亡的标志。1971年，芬兰率先以国家法律的形式规定脑死亡为人体死亡的标准。1981年，美国通过《脑死亡法》。目前，联合国189个成员国中已有80多个国家承认脑死亡的标准先后提出过30余种标准。我国法律目前尚未正式允许脑死亡的诊断，但脑死亡的立法工作已进入实质性阶段。由于各个国家立法不同，所以对脑死亡的诊断标准也不完全一样，但在内容上与"哈佛标准"大同小异。比较一致的脑死亡标准包括：

（1）不可逆转的脑损害，包括各种重度的颅脑外伤和中枢神经系统疾病，尤其是脑干无法救治的损害，对刺激完全没有反应。而由各种原因导致可逆转的昏迷不属此范围，如中枢神经镇静药物中毒、内分泌代谢性疾病（糖尿病、肾上腺皮质功能低下等）和低温麻醉等。

（2）无自主呼吸，依靠人工呼吸机维持呼吸。

（3）意识丧失，呈不可逆转的持续深昏迷状态（irreversible coma）。表现为各种中枢性深、浅反射消失（如对强烈的疼痛刺激无反应等），无任何自主运动等。

（4）全部脑干反射消失，包括：①瞳孔散大、固定，对光反射消失，提示中脑水平功能丧失；②角膜反射、视听反射（前庭反射）消失，提示脑桥水平功能丧失；③咳嗽反射、恶心反射、吞咽反射等消失，提示延脑水平功能丧失。

（5）脑电波、脑血流活动停止。可应用脑电图、脑血管造影、脑超声多普勒、脑干诱发电位等进行检查。

制定脑死亡的诊断标准，不仅可以对"存在全脑功能丧失，其生命活动就不可能复苏"进行定论，同时还可以对已发生脑死亡者减少或停止不必要的抢救，以节约社会资源。也可明确采取供移植用器官的时间，以提供良好的移植供体，还可以确认死亡的具体时间，用于相关的法医学鉴定或解决某些法律纠纷。

虽然我国迄今尚未对脑死亡进行立法，但国家卫生和计划生育委员会已经委托有关学科的专家制定了中国的脑死亡诊断相关条款，其主要有4个判定标准：①中枢性永久性自主呼吸停止；②脑干反射完全消失；③持续性深昏迷；④脑电图平直，经颅脑多普勒超声诊断呈脑死亡图形，且观察12h无变化。

脑死亡的提出，是对传统心脏死和呼吸死的补充和完善。在临床实践中，原发于其他器官的损伤、疾病在导致心跳、呼吸停止超过一定时限时，使用传统的死亡概念，仍可为一种简单易行确定死亡的诊断标准。只有在原发性脑干或全脑的严重损伤、疾病时，才适用脑死亡的诊断。在20世纪80年代，美国医学界、法律界的一些机构建议采纳死亡诊断的条款："一个循环和呼吸功能不可逆停止，或全脑，包括脑干的一切功能不可逆停止的人，就是死人。死亡的确认必须符合公认的医学标准。"这一条款实际上是允许传统死亡概念、标准和脑死亡概念、标准同时存在，避免人们对死亡概念可能产生的误解。

1. 脑死亡与持续性植物状态 脑死亡与持续性植物状态（persistent vegetative state），并非同一概念，切不可混淆。脑死亡是指大脑、脑干、小脑等全脑功能不可逆转地完全丧失，是个体死亡的新概念。持续性植物状态又称去大脑皮质状态，俗称植物人，是指神经中枢的高级部位如大脑皮质功能丧失，患者呈意识障碍或持续昏迷状态，而神经中枢的中心部位（皮质下核和脑干）控制的呼吸、体温调节、消化吸收、分泌排泄、新陈代谢及心跳循环等自主功能依然存在的一种病理状态。这样的患者只要护理得当，可能长期生存。总之，植物人有自主呼吸等功能存在，而脑死亡是自主呼吸及其他脑功能完全性永久丧失。

2. 假死与诊断 在濒死期阶段人的循环、呼吸和脑的功能高度受到抑制，生命活动处于极度微弱状态，常规检查难以发现生命指征存在，以致被误认为已经死亡，这种状态称为假死（apparent death）。

假死是濒死期心跳、呼吸及组织细胞代谢等功能处于维持生命活动所允许的最低状态。常见原因：机械性窒息（缢颈、扼颈、勒颈、溺水等），中枢神经抑制性药物中毒（催眠药、麻醉药、阿片、吗啡等中毒，包括一氧化碳中毒），低温损伤（身体寒冷、冷冻、低温麻醉、人工降温等），电击，脑震荡，脑出血，癫痫发作，大失血，严重营养不良，严重脱水和强烈精神刺激等。因疾病发生假死的概率较低,临床医生和法医均应警惕这一现象。假死的主要发生机制可以是颅脑损伤或强烈精神刺激引发的扩散性抑制状态,也可以是中枢抑制性药物或缺血、缺氧导致生命中枢功能活动广泛抑制所致。假死有可能被及时抢救而复活,甚至有的假死可经过一段时间的功能自然调整而复苏。临床上也有将假死误诊为真死,而将其送进殡仪馆,在出殡、入殓过程中"复活"的案件。对疑似假死的情况,应积极坚持抢救,直到患者复苏或出现死亡的确切证据为止。为确认是否假死,应做细致检查:

(1)心脏活动:用手触摸脉搏或心尖区,用听诊器仔细听诊心脏活动,或心腔注射时感觉针尖是否触及微弱的心跳。心电图观察心脏生物电反应活动。X线透视观察心跳活动等。

(2)呼吸活动:用听诊器仔细听诊喉部呼吸音,在气管插管时感觉咽喉反射等判断呼吸情况。

(3)血液循环活动:用检眼镜观察视网膜血管搏动和动静脉血色差,可进行眼球张力、眼压、瞳孔变形试验、荧光色素钠试验、线扎指头试验等。

(4)进行各种神经反射、脑电图检查等。

(5)死亡现象观察,若出现尸斑、尸僵、角膜混浊等尸体现象,可确认死亡。

第二节 死后变化

人死后,尸体各器官、组织和细胞的生命活动停止,在内外多种因素的作用下发生的一系列变化,称为死后变化(postmortem changes)或称为尸体变化。影响死后变化的因素有很多,包括外界环境因素、尸体内在因素和特殊因素等。因尸体在化学、物理及生物学等因素作用下发生变化,使其尸体表面和内部器官、组织呈现出与活体不同的征象,称为尸体现象(postmortem phenomena)或称为死亡征象。根据死后变化出现时间的早晚,可将死后变化分为早期死后变化和晚期死后变化。前者通常是指死亡24h以内出现的变化。后者一般是指死亡24h以后出现的变化。在特殊条件下,还可形成保存型尸体。死后变化的发生、发展是一个连续的过程,早、晚期死后变化的划分是相对的。

临床医生要认识和掌握死后变化的表现特点和变化规律,这对确定死亡、帮助初步判断死亡时间和避免将死后变化误认为生前损伤等具有重要的实际意义。

一、早期死后变化

早期死后变化(early postmortem changes)是指死亡发生在24h以内出现的相关死后变化。主要包括超生反应、肌肉松弛、尸僵、尸斑、尸冷、局部干燥、角膜混浊、内部器官血液坠积、自溶、尸体痉挛及自家消化等。

(一)超生反应

超生反应(supravital reaction)是指生物个体死亡后,某些器官、组织和细胞在短时间内仍保持某些活动功能或对外界刺激发生一定反应的能力。临床表现:在瞳孔注入结膜囊药物如阿托品等可出现散瞳或缩瞳反应、断头后反应、心肌收缩、肠蠕动、发汗反应、纤毛运动等。

超生反应的法医学意义:①与活体正常反应相鉴别;②根据各器官、组织超生反应持续的时间推测死亡时间。

(二)肌肉松弛

肌肉松弛(muscular flaccidity)是指人死后肌肉和皮肤失去弹性和张力,使肢体肌肉变软、松弛的现象。临床表现:瞳孔散大,眼微睁,口微张,面部表情消失,沟纹变浅,肢体变软,大、小便失禁等。肌肉松弛是最早出现的死亡征象,但不是死亡的确证。肌肉松弛几乎与死亡同时出现,甚至在濒死期已经发生,待死后1~2h尸僵出现,之后可自行消失。但有时也有其不明显或缺如的现象。

肌肉松弛的法医学意义:人死后因骨骼肌松弛、皮肤弹性消失,当尸体某一部位与物体发生接触并受压时,可在受压部位形成与压迫物体表面形态特征性相似的压痕。此压痕不易消失,可保留相当长的一段时间。据此可帮助判断人死后尸体的停放地点和姿势,是否移尸及移尸的时间等。

(三)尸僵

尸僵(rigor mortis, cadaveric rigidity)是指人死后肌肉经过短暂松弛,各肌群逐渐僵硬并将关节固定,使尸体呈现僵硬的状态。

尸僵发生的时间和顺序通常有一定的规律。一般在死后1~3h尸僵开始出现,4~6h扩延至全身各大关节,12~15h其僵硬强度达到最高峰,全身关节僵硬,24~48h又开始按发生时间的顺序逐渐缓解,3~7天内可完全缓解消失。按尸僵发生的顺序可分为上行型尸僵和下行型尸僵两种。绝大多数情况下以下行型尸僵多见,即尸僵先由咬肌、颈肌开始,其次为颜面肌,逐渐扩延至躯干、上肢和下肢。上行型尸僵少见,尸僵先由足部开始,逐步向上扩延至颈项部、下颌部和头面部。尸僵不仅见于骨骼肌,平滑肌和心肌也可发生。一般在死亡4~6h内,人为地将已经形成的尸僵破坏,不久又能重新发生较弱的尸僵,这种现象称为再僵直(re-stiffness)。死亡6~8h后,不易发生再僵直(图5-1)。

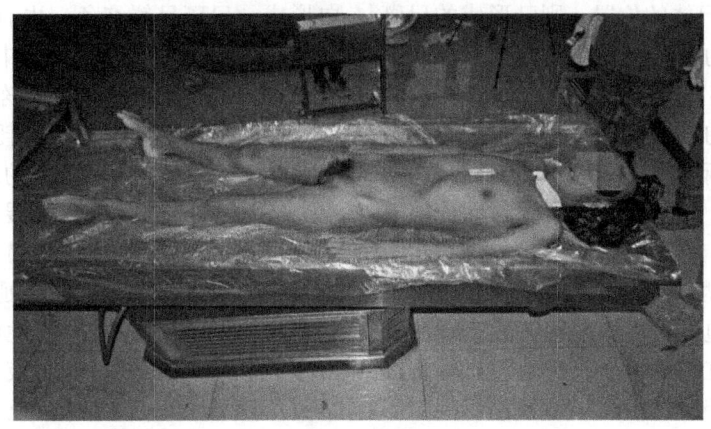

图 5-1　尸僵

尸僵出现的早晚、强弱程度和持续时间的长短受多种因素影响。例如，小儿及年老体弱者，尸僵出现较早，程度弱，持续时间短；成年、健康的肌肉发达者尸僵出现较晚，程度强，持续时间长。周围环境温度较高时，尸僵出现早，缓解快；温度较低时，尸僵出现晚，缓解慢；在湿度大的环境中，尸僵发生缓慢。有肌肉痉挛者，如电击、枪伤、破伤风、士的宁或有机磷等药物中毒时，尸僵出现早而强；败血症、慢性消耗性疾病的死者，尸僵弱。

尸僵形成的机制至今尚未完全明了。多数学者认为尸僵与死后肌肉内三磷酸腺苷（ATP）的耗竭密切相关。

尸检过程中进行尸僵检查时，首先用中等大小的力量活动下颌关节，观察其活动情况。再依次检查颈（项）部，上肢（肩、肘、腕、掌指等），下肢（髋、膝、踝等）各关节的活动情况。检查的过程中可逐渐加大力量，观察是否可将已形成的尸僵破坏。同时可根据使用力量的大小记录尸僵形成的程度。

尸僵的法医学意义：

1. 尸僵是确认死亡的一种征象。

2. 根据尸僵出现的顺序、时间、强度和部位，可以帮助推测死亡原因。对推测死亡时间仅作参考（目前尸体保存多为冷藏或冷冻）。

3. 尸僵可固定尸体的姿势，有助于判断死亡时的状态和有无移尸。

（四）尸斑

尸斑（livor mortis, lividity）是指人死后，血液循环停止，心血管内的血液因其自身的重力而坠积于尸体低下部位未受压迫的血管内，并透过该处皮肤呈现出云雾状、小片到大片状的有色斑痕（多为暗红色或紫红色）（图 5-2）。尸斑通常在死亡后 2～4h 开始出现，是具有重要法医学意义的早期死后变化之一，也易与生前皮下出血相混淆，应注意鉴别。

1. 尸斑的分期　根据尸斑的发生、发展过程和形态特征大致分为三期。

（1）坠积期：又称为沉降期。此期指尸斑开始形成至死后 12h 以内的尸斑。本期尸斑的特点：①血液局限在血管内，尚未扩散到血管外。②用手指按压尸斑，尸斑处毛细血管内的血液可流向周围，致尸斑暂时消失，移去手指尸斑又重新出现。③在

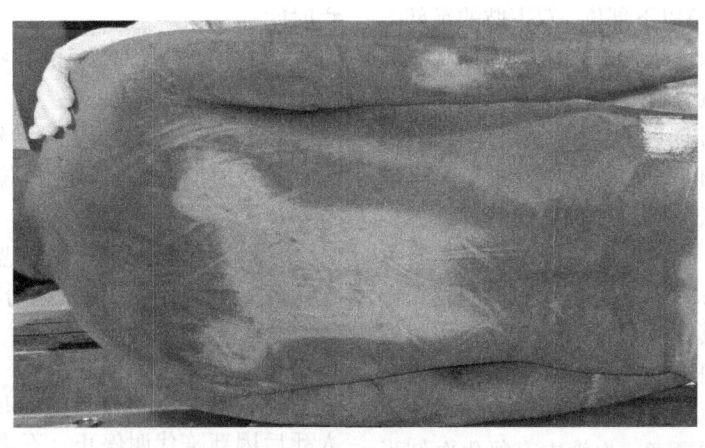

图 5-2　尸斑

呈暗红色，位于项、肩、腰部及双上肢伸侧面等未受压处

死亡6h以内，若改变尸体的位置，则已形成的尸斑可逐渐消失，而在新的低下部位形成新的尸斑，这种现象称为尸斑的转移。④在死亡6h以后，再改变尸体的体位时，原有的尸斑不再完全消失，而在新体位的低下部位形成新的尸斑，称为两侧性尸斑。⑤切开尸斑处的皮肤，可见血液从血管断面流出，容易擦去，且边擦边流出。

（2）扩散期：一般指死亡后12～24h内的尸斑。低下部位未受压迫的血管周围组织液透过血管壁进入血管腔，促进红细胞溶血，血浆被血红蛋白染色并被稀释后，渗出到血管外，浸润到组织间隙。此期的特点：①尸斑颜色、范围加深扩大，呈紫红色、大片状。②用手指按压尸斑处稍有褪色。③改变尸体体位，原有尸斑不消褪，新的尸斑不易形成，即使有新的尸斑形成，其颜色也极为浅淡。④切开尸斑处皮肤，血管断面有血滴缓慢流出，组织间隙中有浅黄色或淡红色液体流出。

（3）浸润期：一般指死亡24h以后的尸斑。被血红蛋白染色的组织液又渗入组织间隙，并浸染组织细胞，使其着色，称为浸润期。此期持续时间较长，以后即转为腐败。本期的特点：①尸斑完全固定，用力按压不褪色。②改变体位，原尸斑不褪色，且不能形成新尸斑。③切开尸斑处皮肤，无血液从血管断面流出。

2. 尸斑的分布及颜色 尸斑主要分布在尸体未受压迫的低下部位，因尸体姿势而异。常见的仰卧位尸体，尸斑主要位于枕部、项部、背部、腰部、臀部周围、双上肢伸侧面及双下肢屈侧面等未受压处，肩胛部、臀中部因支撑尸体重量而受压迫，故不出现尸斑。俯卧位尸体的尸斑，主要分布在颜面部、颈部、胸部、腹部及双上肢屈侧面及双下肢伸侧面等未受压处。水中尸体，由于其体位处于移动状态，尸斑出现的部位不确定，颜色呈浅淡红色。悬垂或直立位时（如缢死尸体），尸斑见于腹腰部裤带的上缘区、双上肢的腕关节以下部位、双下肢的足部。

尸斑的颜色主要取决于血红蛋白的氧合状态。正常人血液中因含有氧合血红蛋白而呈鲜红色。人死后中断氧供，但在一定时间内组织、细胞仍在呼吸，使血液中氧合血红蛋白转变为还原血红蛋白而呈暗红色，此颜色透过皮肤一般使尸斑呈现暗紫红色。尸斑的颜色可受死因、死亡时间、环境温度和肤色等多种因素影响。表现：①死亡后经历的时间越长，坠积的血液就越多，其颜色就越深。②皮肤颜色较白者比肤色较深者尸斑明显。③一氧化碳中毒者，因血液中有较多的碳氧血红蛋白，尸斑呈现特殊的樱桃红色。④氰化物中毒者，血液中有氰化血红蛋白形成，尸斑呈鲜红色。也有少数中毒者尸斑呈暗红色。⑤氯酸钾或亚硝酸盐中毒者，因形成正铁血红蛋白，尸斑呈灰褐色。⑥冻死者或死后冷藏、冷冻保存的尸体，因组织内氧耗量减少，尸斑一般呈鲜红色。⑦硝基苯中毒尸体的尸斑为蓝绿色。

3. 影响尸斑发生、发展的因素 ①急性大失血、贫血、多器官功能衰竭或恶病质等尸体，尸斑出现较迟且不明显，甚至延迟至6～8h才出现。②机械性窒息、电击、急性中毒及猝死等尸体，由于死后血液不凝固，血液易于坠积，尸斑出现早且程度强，甚至有时在死后30min左右即可出现。③溺死的尸体，因毛细血管受冷水的刺激发生收缩，且尸体在水中浮动或翻转，故尸斑出现较迟且程度较弱。④尸体表面被物体压迫时，因接触处皮肤的毛细血管内血液被挤压到别处，无血液坠积，故此处常不见尸斑而呈苍白色。⑤死后血液坠积，内脏低下部位的血管内血量增多，使尸斑不仅发生于体表，也发生于内脏，检查时应注意与生前病变相鉴别，防止与之混淆。例如，仰卧位的尸体，枕部皮下可聚积血性液体，容易误认为钝器伤所致；肺血液坠积最明显，最容易与淤血或炎症相混淆，尤其脊柱两侧的背侧肺组织因血液坠积呈暗红色，故组织学取材时应避开此处，有利于区别血液坠积和淤血。

检验尸斑时一定要仔细观察尸斑出现的部位、颜色和程度，并用指压法观察尸斑消退的情况，特别要注意与皮下出血相鉴别。皮下出血时，局部常伴有表皮剥脱、局部肿胀、压迫不褪色，且可发生在身体的任何部位等特点，皮肤切开检查时，组织内有凝血，用水冲洗或纱布擦拭不易去除。必要时可进行组织学取材观察。

4. 尸斑的法医学意义

（1）尸斑是确认死亡的一种征象。

（2）根据尸斑的发生、发展规律，可以推测死亡时间。

（3）根据尸斑颜色的一些特征性表现或程度，可以作为死因分析的参考。

（4）根据尸斑的位置和分布情况，可以推测死亡后一段时间的体位及尸体位置在死后有无被移动（移尸）。

（5）通过与皮下出血的鉴别，解决某些将尸斑误认为皮下出血而引发的纠纷案件。

（五）尸冷

尸冷（algor mortis，cooling of the body）是指人死后因新陈代谢停止，不再产生热量，尸体原有的热量不断散发，致尸体的温度逐渐下降变冷的过程。在人死亡后最初的数小时，尸体温度下降的速度较快，待尸体温度与周围环境温度接近时，其下降的速度变慢。尸体表面的温度可以下降到与周围环境温度相同，甚至低于环境温度2～3℃，这是因为尸体表面水分不断蒸发时，要从体表吸收一定热量所致。尸冷的发生、发展有一定的规律性，但这种规律常受尸体内外诸多因素的影响。常见的影响因素：

1. 周围环境温度 是影响尸冷最主要的外部因素，环境温度越低，尸冷就越快；反之就越慢。如果周围环境温度过高，达40℃以上时，则可不发生尸冷。

2. 通风情况 环境通风良好，尸冷较快；反之较慢。

3. 衣着情况 尸体衣着或覆盖物越多，尸冷越慢；反之就越快。

4. 个体差异 由于脂肪组织有保温作用，故肥胖尸体较瘦弱尸体尸冷慢。老年人和小儿较成年人尸冷快。死前有高热或痉挛者尸冷较慢。慢性消耗性疾病、大失血、溺死或冻死者，尸冷较快。

尸冷的测量方法通常有三种：①直肠测量法，将温度计插入尸体肛门内15cm进行测量。②肝脏测量法，在尸体右肋下缘做一切口，将温度计插入达肝脏表面进行测量。③延脑池测量法，需用特殊的测温计测量。

通常多采用测量直肠内温度，同时测量环境温度、风力和湿度等方法。一般每隔一小时测一次，共测2～3次。

尸体温度下降有一定的规律性，在春秋季节室温下，普通成年人死后10h以内，尸体温度平均每小时下降1℃左右；10h以上则每小时下降0.5℃左右。尸体温度降至与周围环境温度相同，一般需要24h。

尸冷的法医学意义：尸体温度下降与死亡时间有相关性，故可协助推断死亡时间。

（六）局部干燥

局部干燥（local desiccation）是指人死后，尸体局部表面，特别是湿润的创面和黏膜处，水分蒸发较快，致局部干燥、变硬，呈蜡黄色、黄褐色或深褐色，如羊皮纸样外观，称为尸体的局部干燥，又称皮革样化（parchment-like transformation）。一般在死后数小时即可出现。颜色变化与时间有关，时间较短的，颜色较浅，如蜡黄色；时间越长，颜色越深，如深褐色。温度高、空气干燥、流动快时，易形成皮革样化；温度低、空气湿度大时，形成较慢。水中尸体不形成皮革样化。

通常皮革样化的发生常见于一定部位，且局部组织结构完整、无表皮剥脱及肿胀等损伤表现，检验时注意仔细鉴别。在口唇、阴囊、阴唇、皮肤皱褶处（尤其是婴儿颈项部）等部位易形成皮革样化。口唇的皮革样化有时易被误认为是生前挫伤或腐蚀性毒物所致；阴囊的皮革样化有时易被误认为是损伤所致；婴儿颈部的皮革样化有时易被误认为是索沟。鉴别皮革样化与挫伤的方法：切开皮肤，检查有无皮下出血。

（七）角膜混浊

角膜混浊（postmortem turbidity of cornea）是指人死后角膜透明度减低，逐渐混浊呈灰白色，最终无法透视瞳孔，称为角膜混浊。角膜混浊的形成及程度主要与角膜内黏多糖和水的含量有关。人死后，随着黏多糖的水合作用受阻使含水量增加，角膜开始混浊，并随着水分的增加而加重，直至完全不透明。此外，角膜混浊与角膜的pH、离子含量、蛋白质变化、环境温度等因素有关。

角膜混浊一般随死亡时间的延长而逐渐增加，且有一定的规律，故可根据角膜混浊的程度初步推测死亡时间。在自然存放的条件下，刚死亡后角膜清晰、透明，5～6h后角膜上出现小白点，并逐渐扩大。10～12h后角膜呈轻薄雾状，可看到瞳孔，称为轻度混浊；15～24h后角膜呈云雾状，半透明，仍可看到瞳孔，称为中度混浊；48h以后角膜完全混浊，无法看到瞳孔，称为高度混浊（图5-3）。

值得注意的是，角膜混浊的速度与尸体所处的环境及眼睑闭合等因素有关。如环境温度越高，角膜混浊越快；反之则越慢。因此，在判定死亡时间时，应考虑到相关因素的影响。

（八）自溶

自溶（autolysis）是指人死后组织、细胞因受自身细胞所释放的各种酶的作用发生结构破坏而溶解、变软和液化的状态。肉眼观察可见器官变软、混浊、失去正常光泽，切面组织结构模糊不清。镜下，组织结构模糊，细胞肿胀，胞质嗜酸性染色增强，胞质内固有的特征性结构消失，核染色质凝聚、核发生碎裂或溶解消失。在自溶早期尚能辨认组织结构的轮廓，高度自溶时组织结构的轮廓也难以辨认。

通常，含消化酶类的器官较其他器官自溶速度快，与外界相通的器官比内部器官自溶早，同一器官实质细胞较间质自溶早而且重。一般在相同情况下，肠黏膜、胆囊黏膜、胰腺细胞自溶最早，然后

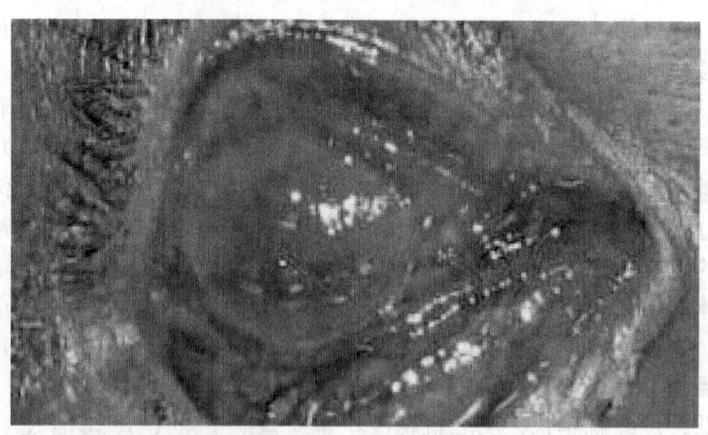

图 5-3　角膜混浊

是胃黏膜、肾近曲小管上皮细胞、脾、肝、肾上腺等，皮肤和结缔组织自溶速度较慢。

自溶受多种因素影响，环境温度高，自溶速度快；反之则慢。肥胖尸体自溶发生快。冷藏尸体自溶变慢，甚至可能暂时停止。急速死亡如猝死、机械性损伤、机械性窒息、电击、中毒等自溶较快，慢性消耗性疾病自溶较慢。

自溶的法医学意义

（1）根据不同器官、组织自溶的发展情况有助于推断死亡时间。

（2）自溶的表现需与某些变性、坏死等生前病变相鉴别。一般说来，自溶的形态表现有一定的规律性，呈弥漫性分布，局部无炎细胞浸润；而变性、坏死无规律性，并有相应的其他表现。

（3）死者生前的一些病变与损伤也因自溶的发展而发生变化。如因急性坏死性胰腺炎、大叶性肺炎等疾病引起的猝死者，若尸检时已发生自溶则很难在镜下观察到组织内作为重要病变证据的炎症细胞。所以，人死后应尽早进行尸检。

（九）尸体痉挛

死亡发生的瞬间肌肉未经松弛阶段而直接进入僵硬状态，使尸体保持着死亡时刻的动作和姿势，称为尸体痉挛（cadaveric spasm, instantaneous rigor）。尸体痉挛是一种特殊的尸僵现象，较为鲜见，包括局部性尸体痉挛和全身性尸体痉挛。尸体痉挛发生的重要条件：死前有剧烈的肌肉运动，或精神处于高度兴奋或精神紧张状态。痉挛多为局部性的，全身性的少见，前者如溺死者手中紧抓的水草或其他物品，自杀者手中紧握的利器等，它保持着死前时刻局部肌群的收缩状态。后者可保持死前的全身姿态。根据尸体痉挛时保持的动作、体位和姿势，对判断自杀或他杀具有重要意义。

二、晚期死后变化

晚期死后变化（late postmortem changes）是指死亡 24h 后出现的相关死后改变。尸体软组织和内部器官因受多种内、外因素的影响而发生不同程度的分解、破坏，故称为毁坏型死后变化（destructive postmortem changes），主要包括腐败、白骨化和霉尸等。

（一）腐败

腐败（decomposition, putrefaction）是指人死后尸体的蛋白质、脂肪及碳水化合物受腐败细菌的作用而逐渐分解和消失的过程。腐败是早期死亡征象的延续，是尸体内外腐败细菌大量滋生、繁殖的结果。参与腐败过程的主要细菌：大肠埃希氏菌、肠球菌、大肠腐败杆菌等肠管内细菌，以后逐渐有葡萄球菌、变形杆菌、梭形芽孢杆菌等外来细菌参与，其中特别是 Welchii 梭形芽孢杆菌可产生大量腐败气体。

1. 腐败的形态学表现　腐败是一个逐渐发展的过程，其发生的早晚和发展的快慢受多种因素影响，因此，其形态表现也各有不同。主要的形态学表现：

（1）尸臭（oder of putrefaction）：人死后，随着肠管内腐败细菌的滋生和繁殖，使蛋白质分解产生以硫化氢和氨气为主的腐败气体，并从口、鼻、肛门排出，具有特殊的臭味儿，称为尸臭。在人死后的 24h 左右就可以闻到尸臭。

（2）尸绿（greenish discoloration on cadaver）：腐败气体硫化氢与血液中的血红蛋白或游离铁结合，可生成硫化血红蛋白或硫化铁，透过皮肤呈现绿色，称为尸绿（图 5-4）。

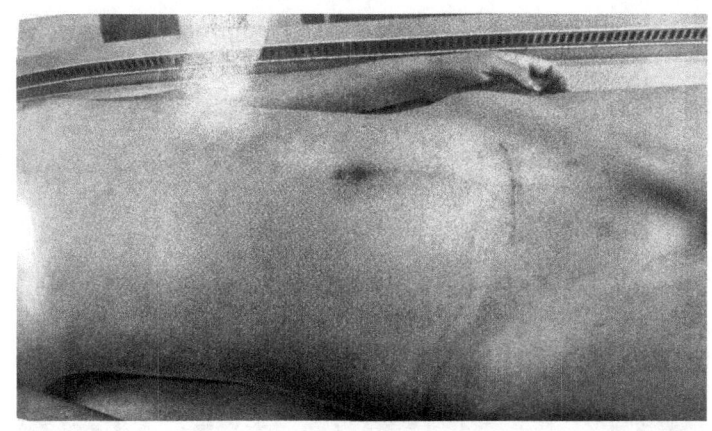

图 5-4　尸绿

一般在死亡 24h 左右首先出现于右下腹（因回盲部粪便积滞，细菌易繁殖），而后逐渐扩展到全身。局部尸绿有时易被误认为外伤性皮下出血，应注意鉴别。

（3）腐败气泡和水疱：随着腐败过程的发展，产生的腐败气体可进入表皮和真皮之间，形成大小不等的气泡，称为腐败气泡。有的在气泡内充满腐败液体，称为腐败水疱。在气泡破溃、表皮剥脱时，可裸露出污秽暗红色的真皮，检验时需注意与烫伤水疱相鉴别（图 5-5）。

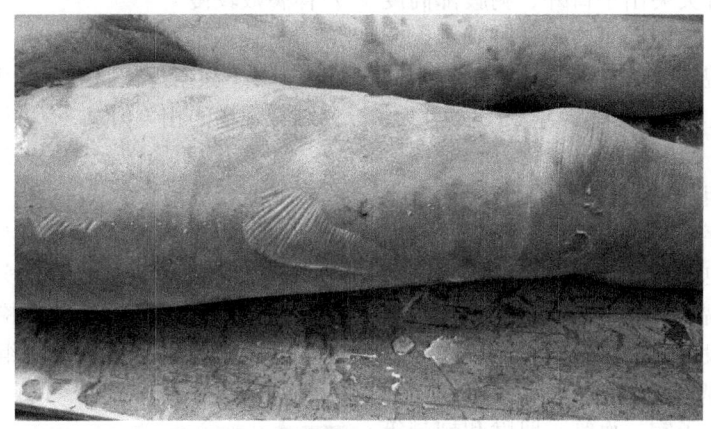

图 5-5　腐败水疱

（4）死后循环（cadaveric circulation）：尸体血管内产生的腐败气体，压迫血液使之流动，称为死后循环。其结果使腐败细菌随血液播散至全身各器官，促进腐败的发展。

（5）泡沫器官（foaming organ）：肝、肾、脾、心等实质性器官，因腐败气体积聚而形成大小不等的海绵样空泡，称为泡沫器官。泡沫器官不只是在腐败尸体上形成，有时也可发生在尸检取材后，未按常规剖开器官，固定液不易浸透一些体积较大的器官，腐败过程继续发展形成。注意不要将此形态变化误认为生前的病理变化。

（6）腐败静脉网（putrefactive networks）：因腐败气体的压迫，使体腔和器官血管中的血液流向体表，致皮下静脉网扩张，充满腐败血液，透过皮肤呈暗红色或青绿色树枝状血管网，称为腐败静脉网。一般在死后 2～4 天出现。早期多见于腹部和上胸部，其次是两侧的肩部、上臂和大腿，逐渐扩展至全身。腹壁的腐败静脉网应注意与门静脉高压时建立的侧支循环腹壁浅静脉曲张相鉴别（图 5-6）。

（7）死后呕吐和口、鼻血性液体流出：人死后腐败气体可压迫胃内容物，从食管经口、鼻排出，称为死后呕吐。有时这种反流的胃内容物可进入气管和支气管，易被误认为呕吐物误吸后导致的窒息死亡。腐败气体也可压迫肺，将积聚在气管和支气管内的腐败血性液体自口、鼻溢出，形成死后出血。注意要和急性中毒所致的所谓"七窍出血"鉴别。

（8）肛门、子宫、阴道脱垂和死后分娩：在尸体高度腐败时，腹腔内聚积的大量腐败气体可压迫骨盆底，使直肠内的粪便排出，肛门脱垂。若死者为妇女，则可有子宫、阴道脱垂。若为孕妇，胎儿也可被推出阴道，称为死后分娩（postmortem delivery）。

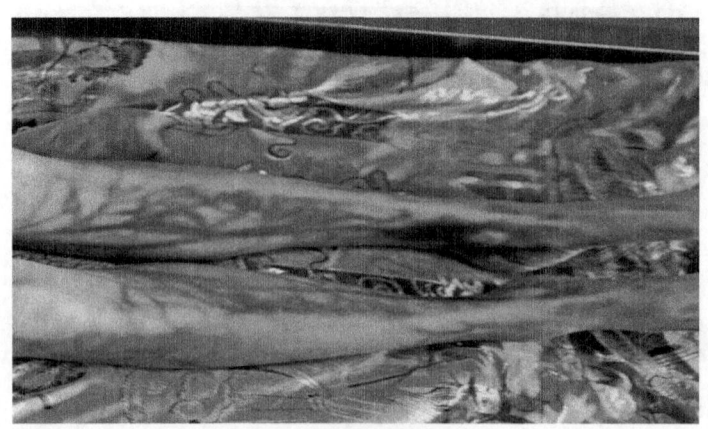

图 5-6 腐败静脉网
左、右小腿腐败静脉网

（9）巨人观（bloated cadaver）：当尸体腐败扩展到全身时，软组织内聚积的气体使整个尸体膨胀，称为巨人观。表现为体积变大、颜面肿胀、眼球突出、口唇外翻、舌尖突出于口外、胸腹部高度膨隆、阴囊肿胀、皮下组织和肌肉呈气肿状等。此时尸体面貌与生前容貌差异较显著，常需进行个体识别。一般情况下，在夏季，尸体置于空气中3～4天，即可呈现"巨人观"。

由于人体各器官组织的结构及致密程度、含水量、生前是否有细菌存在和功能等情况不同，其腐败开始的时间和速度也不尽相同。组织结构致密、含水量少的器官一般腐败缓慢，生前就有细菌存在的器官腐败较快。一般情况下，各器官的腐败顺序大致为肠、胃、肺、脾、肝、脑、心肌、肾、胰腺和骨骼肌等；前列腺、子宫、血管、肌腱和韧带等腐败较慢；毛发、牙齿和骨骼可保存较长的时间。

2. 腐败的影响因素　尸体本身及外界环境等诸多因素影响腐败的发生、发展。凡有利于腐败细菌滋长的因素均能加速尸体腐败；反之则抑制腐败的发展。常见的影响因素：

（1）周围环境：主要与温度、湿度、空气流通等有关，温度在20～35℃时最适宜腐败细菌的生长繁殖。夏天气温较高，腐败进展快；冬天气温较低，腐败进展较慢，冷藏、冷冻的尸体腐败显著减慢。尸体处于干燥的环境中，尸体水分丧失较快，腐败发展较慢甚至停止。放置在空气中的尸体比在水中或土中的尸体腐败快。但尸体自水中打捞起放置在空气中时，其腐败发展更快。因此，水中打捞上来的尸体要尽快进行检验。

（2）个体差异：肥胖尸体腐败速度快于瘦弱尸体；幼儿尸体（水分较多）较成人尸体腐败快；老年人尸体腐败最慢。

（3）死亡原因：猝死、机械性窒息等急速死亡的尸体，因死后血液呈不凝状，故尸体腐败较快；患败血症或脓毒败血症的死者，因生前体内有大量细菌，所以尸体腐败也较快；大失血或脱水死亡的尸体腐败较慢。

3. 腐败的法医学意义

（1）根据尸体腐败时产生的不同形态学表现，并结合现场的相关信息，有助于初步推测死亡时间。

（2）熟悉腐败尸体的表现形式，避免与生前损伤或病变相混淆。

（3）尸体腐败常可破坏生前损伤或病变，故应尽早检验，以得到客观、真实的检验结果。对已发生腐败的尸体，也不应放弃检验，通过骨髓的硅藻检验、生前有无骨折、器官组织内的异物残留等进行性别确认等。

（二）白骨化

白骨化（skeletonized remains）是指尸体各器官及软组织经腐败后完全溶解消失，毛发、指（趾）甲脱落，最后仅剩下骨骼，称为白骨化。尸体发生白骨化的时间长短，主要受环境因素的影响，如温度、湿度、尸体周围土壤情况等。一般情况下尸体发生白骨化的时间：暴露于空气中的成年尸体，在夏季需2～4周或以上；春秋季需5～6周；冬季约需数月。埋在泥土中的尸体需3～4年，有的时间更长。

白骨化的法医学意义

（1）尸骨可用于帮助推断死亡时间。

（2）生前骨骼的损伤痕迹，有些可在尸骨上长期保存，若白骨化时间不长，其骨髓可用于硅藻检查。

（3）尸骨可用于检验某些重金属中毒的取材标本。

（4）根据骨骼的结构特征，可推测死者的年龄、性别、种族。颅骨可用于颅像重合。

(三) 霉尸

霉尸（molded cadaver）是指尸体处于真菌生长的环境条件下（如沼泽、池塘、河溪等），会在裸露在环境里的尸体局部或全身表面滋生出霉斑或霉丝，颜色一般为白色或灰绿色。形态表现：霉斑开始多见于颜面部的眼、鼻、口唇及周围，颈部和腹股沟等处，之后逐渐向全身扩散；有时内部器官组织也可形成。肉眼观霉斑初期为斑点或细丝状，进一步发展可融合成片状。光学显微镜下可见大量霉菌孢子。

霉尸的法医学意义

（1）根据霉变尸体可推测尸体所处的环境条件，有利于分析案情。

（2）认识霉变尸体的变化，注意与某些损伤和疾病相鉴别。

（3）霉变尸体有时影响容貌的辨认，尸检时需更加认真仔细地进行个人识别。应先在原始状态下拍照和检验，待抹去霉斑后，再次照相和检验。

三、保存型尸体

自然存放和人工埋葬的尸体器官和软组织经腐败破坏而消失，这是一般的规律。如果尸体受某些内外因素的影响使腐败过程中断，器官和软组织免于崩解破坏，并在特定的条件下，将尸体部分或全部的保留下来，这种异常尸体现象称为保存型尸体（preserved corpse）。其主要有干尸、尸蜡、泥炭鞣尸、特殊型古尸和浸软等。

(一) 干尸

干尸又称木乃伊（mummy），是指尸体处于干热或通风良好的状态下，因尸体水分迅速蒸发而停止腐败，以干枯状态保存下来的尸体。干尸在保存型尸体中最常见。干尸主要表现为外形干瘪、体积缩小、质量比生前减轻70%左右，皮肤和软组织干燥皱缩、硬如皮革，皮肤呈灰色、淡棕色或暗褐色。同时，内脏也干燥、变硬，包膜皱缩、体积缩小。

干尸的形成条件与环境因素密切相关，同时与尸体本身的因素也有一定的关系。尸体处于高温干燥、通风良好的环境，周围的土质或裹物有较强吸水性时易于形成干尸；生前体质较瘦弱或脱水状态的尸体及新生儿、老年人的尸体也较易形成干尸。在沙漠等干旱地区易于形成干尸，如我国新疆吐鲁番地区出土的干尸就比较多见。在适宜的环境条件下，通常成年人形成干尸最少需2～3个月，婴幼儿2周以上即可形成干尸。

干尸的法医学意义

（1）干尸可长期保留个人特征，对个体识别和人类学研究有重要意义。

（2）干尸可保留某些生前损伤及病变特征，有助于分析死亡原因。

(二) 尸蜡

尸蜡（adipocere）是指长期埋藏于湿润的泥土或浸入水中的尸体，皮下及脂肪组织因皂化或氢化作用，形成灰白色或污黄白色的蜡样物质，致使腐败进展缓慢或停止，部分或全部尸体得以保存，称为尸蜡。这是一种较少见的保存型尸体现象，多发生在四肢、臀部、面部及女性乳房等局部，全身性尸蜡较为罕见。尸蜡可大体保持尸体原形，一般开始于皮下脂肪组织，而后逐渐发展到其他部位的脂肪组织。一般呈灰白色或污黄白色，为较坚实的蜡样物，触之有油腻感，可以压陷，伴酸臭味，干燥后变脆。

尸蜡主要成分是脂肪酸盐和饱和脂肪酸等，因其不溶于水沉淀所致。环境温度高时，尸蜡形成较快。小儿和肥胖者易形成尸蜡。一般成人形成局部尸蜡最少需要3～4个月，成人尸体全身尸蜡形成需要1年左右。

尸蜡的法医学意义

（1）尸蜡可保留某些生前损伤痕迹，对推测死因有一定意义。

（2）尸蜡有助于进行个体识别。

(三) 泥炭鞣尸

泥炭鞣尸（cadaver tanned in peat bog）是指处于酸性土壤或泥炭沼泽中的尸体，因酸性物质的防腐作用，尸体腐败停止，皮肤鞣化，而保存的尸体，又称软尸。泥炭鞣尸是一种很少见的保存型尸体现象。尸体主要表现：全身体积缩小、质量减轻、骨骼和牙齿因脱钙而变软，全身可盘曲，犹如"卷席"。

四、动物、昆虫对尸体的毁坏及死后人为现象

人死后，尸体受到内、外因素的作用，除了发生上述死后变化外，还会遭受到其他一些自然环境因素的作用，将尸体部分或大部分毁坏，造成尸体不完整。这里广义的自然环境因素主要指动物、昆虫和死后人为征象等。其中死后人为征象不包括尸体火化、死后人为分尸、碎尸和割掉部分器官等。而发生在尸体上的各种损伤，又称为死后伤，应注意与生前损伤、病变相鉴别。

（一）动物、昆虫对尸体的毁坏

动物对尸体的毁坏极易被误认为生前损伤，这将导致死亡原因及性质的错误判断。因此，与生前损伤相鉴别，对判明损伤的性质尤为重要。其中对尸体造成毁坏最常见的为蝇蛆、鼠类及蚂蚁等。

1. 蝇蛆对尸体的破坏 在昆虫对尸体的毁坏中，以蝇蛆最常见。在夏季，人死后不久即可在尸体上和周围见到群集的大量苍蝇，并很快产卵，孵化成蛆。蝇蛆可分泌含有蛋白水解酶类的液体，溶解和破坏尸体的软组织。在夏季，一般婴儿尸体在1周左右，成人在3~4周，就可被蝇蛆溶尽全身的软组织而仅剩骨骼。由于蝇的种类较多，且分布有一定的地区性，因此根据尸体上蝇的类型与现场类型进行比较，可帮助判断是否移尸。另外，根据蝇蛆生长发育情况，可帮助推断死亡时间。

2. 鼠类对尸体的破坏 由于鼠类自身特点和生活习性，无论在室内、室外都可能对尸体造成咬食破坏。其咬痕常表现为：多个创口，小而浅的创口仅达浅筋膜，且创缘不规则，可见锯齿状小咬痕，创缘周围皮肤不收缩。现场还可发现鼠迹、鼠粪。根据上述特点一般可判定鼠咬伤。

3. 蚂蚁对尸体的破坏 因蚂蚁自身体小口细，多咬食尸体皮肤柔嫩的黏膜、耳廓、下颌部、颈部等部位及表皮剥脱、皮肤创口、扼痕、索沟等损伤处。其咬痕常表现为：圆形、椭圆形或不规则形的组织缺损且较浅，边缘稍向内卷曲。数量较多的咬痕较密集排布在一个区域，肌肉可被破坏，但肌腱、血管、神经干等较致密的组织不易被破坏。若大量的蚂蚁群集对尸体进行破坏时，一般经4~8周即可将全身的软组织食尽而只剩骨骼。因蚂蚁对尸体的毁坏多形成表浅性损伤，因此，要注意与生前形成的表皮剥脱相鉴别。

（二）死后人为现象

死后人为现象（postmortem artifacts）是指人死后由于某些人为因素的作用，在尸体上形成的损伤和改变。死后人为现象有时易被误认为生前损伤或病变，或死后尸体形态结构破坏，极易影响尸体检验和死因诊断。常见的死后人为现象主要有：

1. 抢救过程中的人为现象 一般是指濒死期抢救时所形成的损伤。如在进行心肺复苏时按压胸部，可造成肋骨骨折、胸骨骨折、血胸、血气胸、器官破裂等；口对口人工呼吸时，可造成颈部、面部、口唇、牙龈的损伤；喉镜检查时，可造成口、腭、咽和喉部的损伤；急救或变动体位时，可使胃内容物反流或进入呼吸道等。上述损伤常在死因鉴定时引发争议，因此，应结合案情，在检验和分析时注意区分和予以说明。

2. 死后搬运、停放和冷藏尸体过程中的人为现象 如拖拉尸体时可形成死后表皮剥脱甚至形成死后挫裂伤等；搬动尸体动作过大可致颈椎骨折、长骨骨折等；有时还可导致生前损伤扩大、变形或骨折线延长等。

3. 尸体检验过程中的人为现象 严格地讲，尸体解剖也应属死后损伤的范畴，这是在法律允许且为司法实践服务的行为，故不应属死后损伤的讨论范围，但在尸检过程中因操作不规范、失误常可形成人为征象，容易被误诊为生前损伤或疾病，应尽量避免或减少人为征象，并注意加以区分。常见有以下几种情况：在颅骨发生线性骨折，在未进行标记、测量的情况下开颅，可使原有骨折线延长；取出颈部器官时，因用力过猛致舌骨骨折；在胸腔检查时，未在原位剪开右心室及肺动脉，致肺动脉内血栓栓子脱落、碎裂或丢失；在分离、取出腹腔器官时，因操作不够耐心、仔细，可致如肾上腺等体积较小的器官撕裂或丢失等。上述情况的出现，会严重地影响尸检结论，因此，尸检工作要按技术操作规范，认真、仔细进行，避免此类情况的发生。

4. 大体标本存放、固定、取材及病理组织学制片过程中的人为现象 如在存放及固定时，提取的大体标本，在容器内放置过多，可造成器官组织挤压、变形和固定不良等。在制作病理组织学切片过程中，如不注意，很容易造成多种人为现象。如脱水不完全、透明时间过长、染色过淡或过浓等，可直接影响病变的观察。

五、死亡时间的推断

死亡时间（time of death）是指从人体死亡到尸体检验时所经过的时间，也可称为死后间隔时间（postmortem interval，PMI），或称为死后经过时间。死亡时间推断（estimation of time since death）是指推断死后经历或间隔的时间。在法医学实践中，死亡时间的推断是法医病理学的重要任务之一，其在认定和排除嫌疑人有无作案时间、划定侦查范围、确定案件性质、阐明作案过程等方面均有重要价值。虽然死亡时间的推断历来是法医病理学研究的热点问题，但迄今为止，仍没有得到很好的解决。目前只能依据死亡尸体现象的一些变化规律，进行粗略判断，但这些变化常常要受到多种因素的影响，因此，要求我们必须采用多种方法和多项观察指标，进行综合分析判断。本部分内容主要介绍早期（未腐败尸体）死亡时间推断及晚期（腐败尸体）死亡时间推断。

（一）早期死亡时间推断

早期（未腐败尸体）死亡时间推断是指对未出现明显腐败征象的尸体进行死亡时间判断。在实际工作中，多以尸体温度下降的规律为基础，并结合尸斑、尸僵和其他早期尸体现象及胃、肠内容物的消化情况等进行综合推断。常见的推断方法主要有：

1. 根据尸体现象进行推断 依据尸体现象的发生、发展具有一定规律的特点，在尸体穿着和外界环境（温度、风力、湿度等）相对固定的情况下，可初步判断死亡时间（表5-1）。

表5-1 根据早期尸体现象推断死亡时间（春秋季）

尸体现象	死亡时间
尸体温度每小时下降1℃	10h以内
尸体温度每小时下降0.5℃	10h以上
尸僵开始出现	1～3h
尸僵发展达高峰	12～15h
尸斑开始出现	2～4h
尸斑指压易褪色	12h以内
尸斑指压不易褪色	12～24h
尸斑指压不褪色	24h以上
角膜轻度混浊	6～12h
角膜中度混浊	15～24h
瞳孔不能透视	48h

2. 根据胃肠内容物的消化程度进行推断 一般情况下，食物在胃内停留的时间和食糜及食物残渣通过小肠的时间有一定的生理学特点和时间规律，人死后这种规律将停止。可根据这种变化规律，推断死亡距最后一次进餐的时间，从而大致推断死亡时间。但食物的性状、饮食习惯、身体健康状况特别是消化系统有无疾病等对食物排空有影响，如流体食物比固体食物排空快；碳水化合物比脂肪、蛋白质类排空快；细腻食物比粗糙食物排空快等。判断时应综合分析（表5-2）。

表5-2 根据胃肠内容物推断死亡时间

胃肠内容物状态	餐后死亡时间
胃内充满未消化的食物	进餐中或餐后不久
胃内容物变软、外形较完整	进餐后约1h
胃内食物移向十二指肠，伴一定消化	进餐后2～3h
胃、十二指肠内少有食物残渣	进餐后4～5h
胃、十二指肠均空虚	进餐后6h以上

3. 根据膀胱内尿量判断死亡时间 一般情况下，大多数人在就寝前要排尿，若膀胱内尿量少，提示就寝后2～3h死亡；若膀胱内尿量较多，可提示凌晨死亡。但应排除濒死期尿失禁导致的膀胱内尿量减少的情况。

4. 其他方法 除上述常见的简便易行推断死亡时间的方法以外，还可根据超生反应检测、离子浓度检测、酶检测、DNA/RNA检测及综合参数法等方法对死亡时间进行推断。如可进行玻璃体内钾离子浓度的测定，正常值为3.40mmol/L，死后可规律性升高且与时间密切相关，在死后12h内其平均升高值为每小时0.17mmol/L，误差为±1.1h，死后24h误差为±3.5h。也可以检测血浆中的氯离子，死亡24h内血浆氯离子平均下降80～90mmol/L，下降速度为0.25～1.00mmol/h。随着死亡时间的延长，有些酶的下降也有一定的规律性，如心肌葡萄糖-6-磷酸脱氢酶活性，死后6h明显下降，18h消失。在同一物种的不同组织的细胞核中，DNA含量是恒定的，死后一段时间，细胞核DNA会发生分解、减少直至消失。

（二）晚期死亡时间推断

晚期（腐败尸体）死亡时间推断是指对已出现明显腐败征象的尸体进行死亡时间判断。可根据晚期尸体现象，尸体昆虫数据，其他方法（如尸体肌肉电导率、植物生长规律、现场遗留物及白骨化尸体等）推断死亡时间。常见的推断方法：

1. 根据各种晚期尸体现象推断死亡时间 在法医学实践中经常会遇到死后经历时间较长的案件，且尸体已发生不同程度的腐败。根据腐败发生、发展过程的动态变化，可大致推断死亡时间（表5-3）。但由于腐败发生的速度、形态特点受诸多内部、外部因素的影响，差异较大。因此，根据腐败的动态变化推断死亡时间应特别慎重。

表5-3 根据晚期尸体现象推断死亡时间

晚期尸体现象	死亡时间
下腹部出现尸绿	24～48h
出现腐败静脉网	2～4天
尸表出现腐败气泡、水疱	2～3天
巨人观	5～7天
成人尸体空气中白骨化	5～6周及以上
成人尸体土壤中白骨化	3～4年

2. 根据尸体昆虫数据推断死亡时间 目前，根据尸体昆虫数据推断死亡时间，已发展成为一门新兴的学科，即法庭昆虫学（forensic entomology）。

通过对尸体上发现的昆虫进行分类，在特定的条件下研究昆虫的生长发育特点进行推断死亡时间，大大提高了死亡时间推断的准确性。目前研究较多的是蝇蛆。

蝇类是死亡时间推断中研究应用最多的尸食性昆虫。蝇对尸臭很敏感，在夏季，人死后不久，苍蝇就可飞到尸体上和其周围，1h左右就可在眼角、口角、鼻孔、暴露的创口、肛门等部位产卵，经过10~12h即可孵化成蛆。蛆每天生长0.24~0.30cm，4~5天成熟，可达1.20cm，并潜入土中变为蛹，再经1周左右破壳成为幼蝇。因此，若在尸体上和其周围发现较多幼蝇，可推断死亡时间在2周左右。在春秋季节，蝇蛆生长发育缓慢，从蛆到蝇约需4周时间。在现场检验时，将收集到的蛆分为两部分，其中一部分在热水中杀死后，用75%乙醇溶液固定保存；另一部分放置在装有湿土的容器内饲养，并及时交相关法医学专家或昆虫学家进行检验推定。

3. 其他方法 有些因素也有助于推断死亡时间，如根据死者头发长短、胡须长度、穿衣情况、现场血痕陈旧情况、尸体周围植物的折断和下方被压植物情况等推断死亡时间；也可间接根据书信、日记、车票日期、钟表停止日期等推断死前活动情况及死亡时间。

综上所述，死亡时间的推断既重要又复杂，在实际检验工作中力求全面、仔细地按规范进行，将收集到的相关信息进行综合分析，以利于得到正确的鉴定结论。

案例 5-3

秋季的某日，清洁工人于某在某废旧工厂内发现一具青年女性尸体，遂报案。法医到达案发现场见：尸体衣着不整，仰卧于地面上，头南脚北，尸体弥散有特殊气味儿，地面周围可见凌乱脚印。解剖及组织病理学检验：尸斑存在于项、肩、背、腰、臀部及双上肢伸侧面、双下肢屈侧面等未受压处，为暗红色，重压不褪色。全身各大关节等处尸僵均已缓解。双上肢前臂、腹部及双下肢可见腐败静脉网。双侧腹股沟区域及双下肢均可见大小不等的水疱形成。死者颜面部肿胀青紫，双眼微睁，双眼球结膜均可见散在点状出血，角膜高度混浊，瞳孔不能透视。舌尖位于齿列间，口腔内可见少许血迹及头发。颈部可见"U"形勒痕，边缘不整齐，勒痕周围散在表皮剥脱伴皮下出血。左、右手腕部均可见范围为5.0cm×4.8cm的皮下出血，呈青紫色。脑组织散在点状出血；颈部两侧深层肌肉出血，甲状软骨骨折；喉头呈水肿状；肺脏可见散在肺大疱形成。心、肺、肝、肾及脾等器官淤血；胰腺呈重度自溶性改变。毒（药）物检验结果：未检出常见巴比妥类药物、吩噻嗪类药物及抗癫痫药物；未检出常见农药、剧毒鼠药及毒品。

问题：
1. 死者死亡的原因是什么？
2. 依据现有尸体信息试初步推断死者的死亡时间范围。

复习与思考题

1. 死亡概念的内涵和外延是什么？
2. 脑死亡的诊断标准及其意义是什么？
3. 举例说明死亡原因、死亡机制、死亡过程、死亡方式有何区别。
4. 何谓死因分析？如何进行法医学死因分析？
5. 何谓尸体现象？有哪些常见表现？
6. 试述尸斑的发生、发展过程及法医学意义是什么？
7. 试述尸僵的发生、发展过程及法医学意义是什么？
8. 如何避免死后人为现象的发生？
9. 如何根据尸温、尸僵、尸斑等尸体现象推断死亡时间？
10. 如何根据胃肠内容物的消化程度推断死亡时间？

（陶 春 陈 鹤）

第六章 机械性损伤

【目标要求】

掌握：机械性损伤的基本类型；颅脑损伤、高坠伤、枪弹创的特点。

熟悉：损伤检验时应注意的问题；损伤的死亡原因。

了解：生前伤与死后伤的鉴别；致伤物推断；损伤时间推断。

> **案例 6-1**
>
> 某年3月28日，张某（男，65岁），因故被他人按住头部多次撞击地面，被送至当地医院，诊断为外伤性蛛网膜下腔出血、脑挫裂伤等，经治疗约2个月出院，回家后约1个月在家中死亡。尸体解剖中见右侧颞枕交界处一处头皮挫裂创，伴局部头皮下出血；右侧颞骨线状骨折；右侧颞顶部硬脑膜外血肿形成（重176g），血肿与硬脑膜粘连不紧密，易剥离；大脑左额叶外侧、额叶底部及右颞叶外侧多发性局灶性脑挫伤，伴相应部位蛛网膜下腔出血。病理组织学检查，见硬脑膜外血肿处硬脑膜可见散在以中性粒细胞为主的白细胞浸润。肺内散在大小不等片、灶状粉染细颗粒状干酪样物，周围纤维化组织包绕，伴散在少量淋巴细胞浸润，有的可见多核巨细胞（Langhans细胞），有的呈纤维化结节状，半透明变性。散在片状、灶状肺泡腔内充满白细胞，以中性粒细胞为主。间质静脉扩张、淤血。细支气管黏膜上皮脱落，管腔内脱落的黏膜上皮细胞与白细胞混杂一起充塞管腔等，呈肺结核、支气管肺炎改变。其他多器官小动脉硬化。心血、尿液及胃内容物中未检出常见毒物及乙醇。
>
> 问题：
> 1. 本例死亡原因是什么？
> 2. 如何分析本例颅脑损伤大致发生的时间及成伤机制？其颅脑损伤是否与其死亡前约3个月发生的头部外伤有关？

第一节 概 述

一、损伤的概念

广义上，损伤（injury）是指因物理、化学及生物等所致的机体器官组织结构损害、功能及精神障碍。物理因素主要指机械性外力、高温、电击（雷击）、气压、放射线、激光等；化学因素主要包括腐蚀性化学物质、金属性毒物、农药、杀鼠剂等；生物性因素主要包括有毒动植物、微生物等。在物理因素所致的损伤中，因机械性暴力作用于人体，即物体与人体相对运动时力的作用造成器官组织的结构破坏、位移或功能障碍称为机械性损伤（mechanical injury），是法医学和临床医学实践中常见的一种损伤类型。

机械性损伤的分类方式较多，主要有以下几种：

1. 根据致伤物种类，可分为钝器伤、锐器伤和火器伤三类，法医学实践中主要按致伤物种类进行损伤分类。

2. 根据损伤的主要表现，可分为以器官组织形态改变为主的损伤和以功能损害为主的损伤两类。

3. 根据机械性暴力产生的原因，可分为军事性损伤、生产性损伤、交通事故性损伤和日常生活中损伤等。

4. 根据损伤发生的时间，可分为生前损伤、濒死期损伤和死后损伤。

5. 按死亡方式，将其分为自杀伤、他杀伤、意外伤和造作伤等。

二、机械性损伤的形成机制

机械性损伤可由运动的物体作用于静止的人体，运动的人体碰撞于静止的物体，或运动中的物体与运动中的人体相互作用三种方式形成。机械性损伤的形成机制较为复杂，受机械力的强弱、致伤物的性质和质量，以及人体组织器官的结构特点等多种因素的影响，成伤机制复杂，需要根据不同情况进行分析、判断。日常生活中，较为常见的损伤为钝性物体或锐器作用于人体，或人体撞击到物体上形成的钝力性外伤或锐器伤。有些情况下，一个事件中可发生2次或2次以上的损伤。如交通事故中，行人被车辆撞击后除了形成相应的撞击伤，还可因人体被抛起后摔跌，或又被其他车辆辗轧形成2次或3次损伤。有时，作用于人体的物理因素不仅限于有形物体，如在爆炸形成的损伤中，除爆炸物及受损物体碎片造成的损伤外，还包括燃烧物产生的高温和爆炸形成的冲击波等因素造成的损伤，有时后者造成的损伤程度更为严重。

（一）影响机械力作用的因素

机械力的大小取决于致伤物和人体的相互作用。根据力学原理，力的大小等于物体质量（m）和加速度（a）的乘积，即 $F=ma$。质量一定的物体，加速度越大产生的作用力也越大。如果致伤物运动的速度变化缓慢，力的作用时间长，则产生的作用力小，形成的损伤轻，或不造成损伤。致伤物的动能大小也是影响损伤程度的重要因素，根据动能计算公式 $E=1/2mv^2$，致伤物的动能与其质量及其运动速度的平方成正比。其中，致伤物运动的速度，比其质量更重要。如果致伤物的速度（v）不变，而质量增加1倍，则动能（E）增加1倍。若致伤物质量不变，其速度增加1倍，则动能增加3倍。例如，枪弹弹头重量虽轻，但在发射后的速度快，具有很大的动能，可产生很强的穿透力，能造成人体严重损伤。行驶中的汽车、火车、飞机等交通工具，因速度快、质量大，产生的动能大，因此造成的人体损伤程度也严重。

机械性损伤的程度还与人体受致伤物作用时的运动状态有关。在动量相同的情况下，如果致伤物与人体呈同向运动，受力作用时间延迟，可使作用力的强度减小，产生的损伤也减轻。如果两者相向运动，则造成的损伤加重。损伤程度还与致伤物作用力方向有关，当致伤物以一定角度方向作用于人体时，则能量被分散，产生的损伤比垂直打击相对较轻。其他影响损伤产生的因素还包括外力作用于人体后是否使人体发生运动等有关。如果外力作用于人体时引起人体发生运动，由于力的能量的消耗，使受作用的人体局部变形小，则损伤程度可能较小，但可能致人体摔倒，或摔倒后造成其他部位损伤，甚至更严重的损伤，如摔倒后导致颅脑损伤、肢体骨折等。如果人体或其某个部位处于固定状态，暴力作用于人体时，可以造成受作用部位的严重损害。例如，当外力作用于可自由活动的头部时，引起的头部器官组织损伤较小；当作用于依靠在墙壁或地面上的头部时，可造成严重的颅脑损伤。

人体高坠时所造成的损伤与坠落的高度（h）或坠落的速度（v）密切相关。根据自由落体公式 $E=mgh$ 和 $v=2gh$，人体或物体坠落时距地面越高，速度越快，势能（E）越大，所造成的损伤也越重。如果人体从高处坠落的过程中被障碍物阻挡，则势能递减，所造成的损伤可相对较轻，但障碍物可造成人体不同程度的损伤，甚至是致命性损伤。

（二）致伤物的性质和形状

机械性损伤的程度与致伤物的性质和形状有关。质地坚硬的致伤物在同等条件下所造成的损伤较质地软的致伤物造成的损伤严重。根据压强公式 $P=F/S$，在作用力（F）大小相同的情况下，作用面积（S）越小，则压强（P）越大。因此，当具有小而尖或锐利刃缘的致伤物作用于人体时，其作用力高度地集中于与其尖端或刃缘接触的部位，由于作用面积小，作用力集中，易穿透组织造成深部组织器官损伤。作用面积较大的致伤物打击人体时，作用力均匀地分散于较大区域，所形成的损伤比作用力集中于一小区域者为轻。但对于爆炸或枪弹射击形成的损伤，由于两者产生的能量大，造成的人体损伤程度也较重。同一致伤物可能具有不同形状，作用于人体可造成不同形态和程度的损伤。如斧头的斧背打击人体时可造成软组织挫伤或挫裂创，甚至骨折；当斧刃砍击人体时则形成砍创。完整的玻璃瓶类物体打击人体时，可造成软组织挫伤；如果打击人体时玻璃瓶发生碎裂，玻璃碎断边缘则可形成刺切创等形态的损伤。

（三）人体解剖组织学的特点

人体不同器官组织的弹性、脆性、硬度等不同，其致密程度、纤维排列的方向及数量的多少均不一致，其形状及组织结构上也存在差异，不同部位的内部器官受周围组织的保护程度也不同。因此，不同器官组织对暴力作用的反应各不相同，所形成的损伤形态特征差别很大。

人体各种组织，在应力的作用下可产生变形，变形程度除了与作用力的大小有关外，还取决于因组织的性质和结构特点不同所具有的弹性和可塑性。例如，弹性度较好的皮肤可在外力作用下拉长约40%，肌腱可拉长2%～3%，超过此限度，这些组织就可能发生断裂。皮肤（包括头皮）及皮下软组织、头发、颅骨在一定程度上可减轻暴力对脏器的损伤作用，主要是由于这种组织的可塑性可以延长作用力能量的释放时间，在一定程度上可防止或减轻外力对脑、心和肺等器官组织的损伤。外力所致的器官损伤还与器官组织本身是否有病变有关，空腔器官的损伤程度还与其充盈状态有关，如肿大的脾脆性增大、弹性降低，易受到外力作用而破裂；充满内容物的胃或充满尿液的膀胱受外力作用易发生破裂；老年人因骨质疏松，骨质密度降低，受外力作用易发生骨折等。

第二节　机械性损伤的基本类型

法医学实践中，根据损伤主要表现的不同，可将机械性损伤分为以形态改变为主的损伤和以功能改变为主的损伤两大类。

一、以形态改变为主的损伤

以形态改变为主的损伤主要包括擦伤、挫伤、创、骨折、内脏破裂和肢体离断等。

（一）擦伤

1. 定义 人体皮肤与表面粗糙物体相互作用，引起皮肤表皮层或表皮层与部分真皮的剥脱和缺损称为擦伤，又称表皮剥脱（abrasion）。

2. 分布及形态学所见 多发生于受钝器打击、高坠、交通事故及厮打过程中手指指甲等所致，可发生于体表的任何部位，以突出部位为多见，大小不一，形态上可表现为点灶状、片状或线条状（图6-1）。单纯表皮剥脱无出血，新鲜时呈红色或暗紫红色；当渗出液干燥时，形成皮革样化，呈浅棕色或深棕色。如果表皮剥脱累及真皮乳头或真皮，可出现血液渗出，干燥后形成血痂。表皮剥脱极少继发感染，擦伤的表面由渗出的组织液和血液覆盖伤面，形成痂皮，数日后脱落，表皮再生覆盖、愈合，一般不遗留瘢痕。

3. 分型 根据致伤物和损伤机制的不同，可将擦伤分为以下四种类型：

（1）抓痕（scratches, fingernail-produced abrasions）：由指甲抓划皮肤表面形成的擦伤。抓痕常见于厮打过程中。扼颈案件中，多见于被害人颈部、下颌，如果被害人挣扎、搏斗，也见于加害者的面部、前胸、上肢等部位。性犯罪案件中，在受害人的外阴、乳房或大腿内侧部位可见到条片状表皮剥脱。

（2）擦痕（grazes, brush abrasion）：体表皮肤与表面粗糙物体或地面摩擦所形成的损伤。多分布于身体突出部位，如面部、肘关节、膝关节、臀部等部位，呈片状、条状，表面常可附着有污物，如泥土、沙粒等，或伴有线状划痕。

（3）撞痕（impact abrasion）：致伤物以垂直或近于垂直体表的方向撞击体表时，局部皮肤被压陷，在压陷边缘形成的擦伤。可见于机动车撞击或高坠，有时可在皮肤表面遗留撞击物体表面的印痕，称为印痕状擦伤（patterned abrasion）。

（4）压擦痕（pressure abrasion）：表面粗糙的物体在压迫皮肤的同时与皮肤表面相摩擦而形成的损伤，常可累及表皮、真皮和皮下组织，真皮乳头和皮下血管受压，真皮乳头变扁平，血管闭塞，局部缺血。常见于缢沟处和咬伤处皮肤。

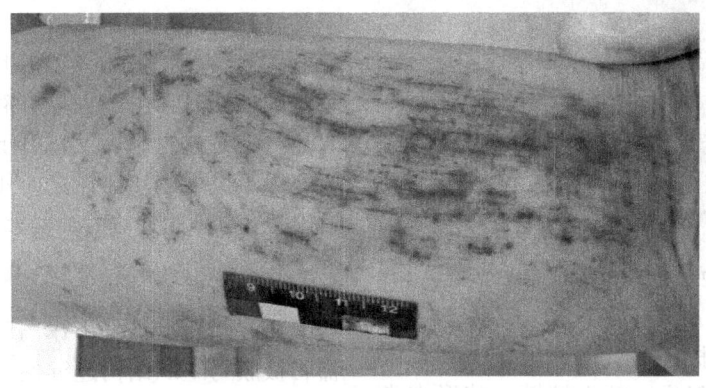

图6-1 表皮剥脱

4. 法医学意义 在临床医学中，擦伤可能并不是危及生命的一类损伤，但在法医学实践中，擦伤有其特殊的重要性。

（1）擦伤所在的部位，常标志外力的作用点。

（2）擦伤可提示力的作用方向。表皮不完全剥脱时，形成瓣状游离，游离的起始侧，提示力的作用起始方向。

（3）擦伤可反映致伤物作用面的特殊形态。

（4）擦伤的分布有助于推断案件的性质或成伤机制。例如，颈部的表皮剥脱应注意扼颈的可能；女性大腿内侧的表皮剥脱应注意是否存在性犯罪的可能；胸骨部位的表皮剥脱可能因临床心肺复苏抢救时实施胸外心脏按压所致；双手腕部环行表皮剥脱，可考虑为手铐或绳索类束缚所致；躯干、四肢多发性大片状表皮剥脱提示可能是在拖拉人体过程中形成等。擦伤亦可在死后移动尸体时形成，应根据有无生活反应及通过案情了解加以明确。

（5）应与死后变化形成的表皮剥离相鉴别。法医学实践中，常可见到因尸体腐败或长时间浸泡于水中，出现体表皮肤表皮片状脱落、真皮裸露的现象，属于死后表皮剥离，应与外力所致的表皮剥脱区分，以免引起误解。

（二）挫伤

1. 定义 人体器官组织受到钝性外力作用所形成的闭合性损伤，称为挫伤（contusion,

bruising injury）。

2. 分布及形态学所见 主要表现为组织内出血，或伴有组织结构的损害，常见于皮内及皮下软组织出血。挫伤的形态不一，可为圆形、椭圆形或不规则片状皮肤暗紫红变色（图6-2）。一般皮肤组织或器官的包膜不发生破裂，或皮肤挫伤伴有擦伤，而皮内及皮下或器官实质内发生出血，挫伤部位可见局部肿胀，经过一段时间可发生炎症反应。挫伤的形态和程度因作用力强度和局部组织特点而不同，出血的程度一般与所受外力作用的大小成正比。因眼睑、面颊部、外阴、腹膜后、肠系膜周围等部位组织较疏松，受外力作用后皮下出血可发生扩散，使出血范围扩大。额部或眉弓部挫伤时，血液可漫延至同侧的眼睑部，使眼睑部位呈暗紫红或青紫色，易被误认为颅前窝骨折所致。肌肉组织挫伤后，由于血液可沿肌纤维间隙扩散，也可使出血范围扩大。因此，某些情况下，挫伤范围与出血范围和程度并不一致。

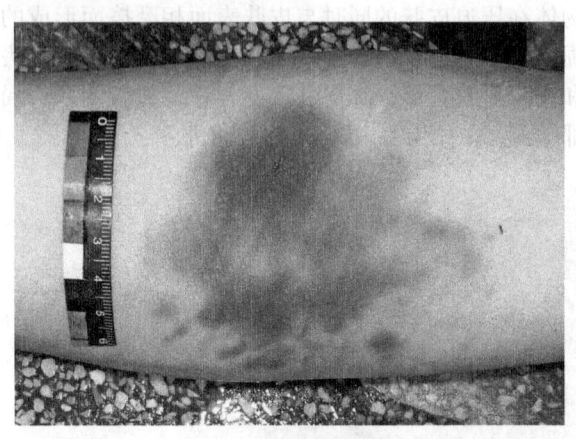

图 6-2　皮肤挫伤

皮内出血是指皮肤真皮层内的出血，多局限于人体受暴力作用的部位，较少扩散，其形态常能反映致伤物作用面的形状。内部器官，如脑、心、肺、肝、脾、肾、胰腺及胃、肠等也可因钝性外力作用而发生挫伤，表现为被膜或浆膜下出血，或伴有组织内出血、组织细胞损害，严重者可引起器官功能障碍。

3. 法医学意义

（1）挫伤属于生前损伤，挫伤部位是机械性外力的作用点。

（2）可推测致伤物及成伤方式。如果受打击的部位下方有骨组织衬垫，而软组织较少，所形成的皮下出血也可反映出致伤物打击面的形态特征。如肩胛部、胸廓、背部等部位受到棍棒类物体打击时，由于皮内或皮下组织中的毛细血管突然受压闭合，使血液瞬间流向两侧，造成闭合两端的毛细血管内压骤增，使之破裂、出血，形成受外力作用部位的皮肤颜色苍白，而两侧形成平行的条状出血带，即所谓"竹打中空"，国外又称之为轨道样皮下出血（railway-like subcutaneous hemorrhage）（图6-3）。

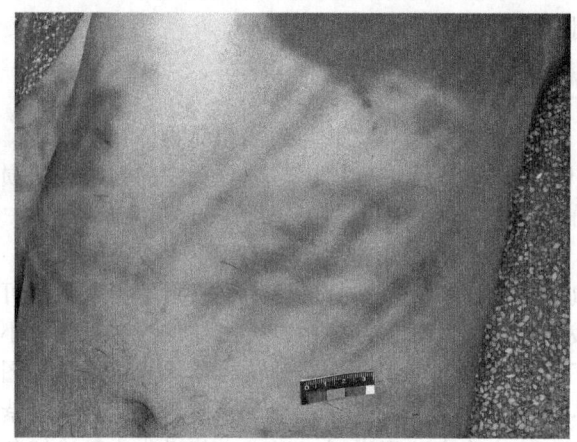

图 6-3　"竹打中空"

用某种具有花纹或纹理的致伤物，如皮带扣、鞭子、链条等打击体表，可形成与其花纹形状相一致的皮下出血；交通事故中，车辆轮胎碾压人体时，也可形成轮胎特有的花纹状皮肤下出血印痕。在致伤物与体表成锐角相交的一侧，出血带较宽，可显示暴力作用的方向。

（3）有助于分析死亡原因。广泛性皮肤及皮下软组织挫伤时，由于大量血液聚集于软组织中，同时还可伴有软组织坏死，由于大量失血及坏死物质吸收等，可因创伤性休克而死亡，或继发急性呼吸窘迫综合征或挤压综合征而死亡。

（三）创

创是指机械性外力作用于人体造成皮肤全层或器官被膜与组织结构连续性、完整性被破坏的一类开放性损伤。根据致伤物种类，一般将创分为钝器创、锐器创和火器创三种类型。形态学上，创由创口、创腔、创缘、创壁、创角和创底组成。

由于钝器的种类繁多，很多钝器不具有具体形态特征，所造成的创属于挫裂创。因此，本部分内容主要论述挫裂创，锐器伤和火器伤将在本章第三节的内容中讲述。

1. 定义 钝器作用力超过皮肤或器官组织弹性的极限，所造成的皮肤、皮下组织、血管、神经甚至肌肉或内部器官组织撕裂和断裂而形成的组织连续性中断，称为挫裂创（laceration）。挫裂创有时可伴有组织缺损。

2. 分布及形态学所见 挫裂创常见于人体的皮肤及皮下软组织，也见于内部器官（图6-4）。挫裂创的创口不规则，创角较钝，创缘和创壁不光滑，创底不平，创腔内创壁间常有韧性强、未离断的神经、血管和结缔组织等，即纤维组织间桥（bridging tissue）。有时，创缘周围可伴有表皮剥脱。有毛发的部位挫裂创可显露出被压挫的毛囊、嵌入的毛发或其他异物。但是在头部、颜面、胫骨部位，由于皮下紧贴骨质，即使是由钝器形成的挫裂创，其形态可类似于砍创或切创，易被误认，需要详细检查，特别应注意创缘有无表皮剥脱、创腔内有无组织间桥存在。

图 6-4　头皮挫裂创

3. 钝器造成挫裂创的方式

（1）棍棒、铁锤、砖头等钝器垂直打击人体或坠落时人体撞击地面，作用力向周围传递，使皮肤和内部器官组织撕裂，形成星芒状或类似星芒状的创口或凹陷性骨折。

（2）棍棒类钝器从切线方向打击人体，力沿其作用方向及致伤工具的两端传播，造成波纹状或分叉状挫裂创，伴有皮瓣或骨折形成。

（3）车辆辗过人体，由于高强度的牵拉、辗压和撕裂作用，使皮肤及皮下组织撕裂，形成不规则的挫裂创。常伴有内脏破裂，骨折乃至肢体断离。

4. 法医学意义

（1）根据挫裂创的分布、数量、严重程度及有无抵抗伤存在，可推断案件的性质。

（2）根据挫裂创的形态学所见，可判断暴力作用的方向及成伤机制。

（3）根据挫裂创的大小和形态，有时可推断钝器打击面的形态和致伤物。

（四）骨折

1. 定义　因机械性暴力作用造成骨组织解剖结构的完整性和连续性的破坏称为骨折（fracture）。

2. 分布及形态学所见　多见于颅骨和四肢骨，其次为肋骨、骨盆和椎骨等，可表现为骨质表面的缺损、线状或粉碎性骨折。根据外力作用方式和形成机制可分为直接骨折和间接骨折，直接骨折是指受外力直接作用引起的骨折，间接骨折是指骨折并非外力直接作用所致，而是通过外力作用引起牵拉、扭转等力的间接传导形成的骨折，如跳跃过程中足部着地或身体受到牵拉转动引起的下肢长骨的螺旋形骨折等。根据骨折的形态学改变还可将骨折分为线性骨折、凹陷性骨折、穿孔性骨折（孔状骨折）和粉碎性骨折，其中凹陷性骨折和孔状骨折主要见于颅骨。

3. 法医学意义

（1）骨折是暴力作用的指征。

（2）根据骨折的形态学所见可推断暴力的作用方式或成伤机制，如四肢长骨螺旋形骨折多因间接性外力作用所致。

（3）根据骨折的形态学所见可推断致伤物。

（4）根据骨折的愈合程度可推断骨折的损伤时间。

（5）因老年性骨质疏松或骨肿瘤、骨结核等病变，可因受到轻微的外力作用而发生骨折。

（五）内脏破裂

1. 定义　因外力作用导致人体内部器官解剖学结构完整性的破坏称为内脏破裂（rupture of viscera）。

2. 分布及形态学所见　可见于实质性器官和空腔器官，以肝、脾、肺为多见，包括被膜或浆膜及实质组织的破裂及外膜完整而单纯实质破裂，后者主要见于肝、脾的被膜下实质破裂。内部器官破裂常可导致大量失血，引起失血性休克而死亡。空腔器官破裂，如胃、肠破裂等常可继发腹腔感染等。

3. 法医学意义

（1）多发性内部器官破裂多见于交通事故中人体被车辆轮胎碾压和撞击、高坠。

（2）充满内容物的空腔器官在受到外力作用时易发生破裂。

（3）心脏破裂除见于胸部受到外力作用，也见于急性心肌梗死患者。

（六）肢体离断

因巨大暴力作用造成人体躯干、四肢严重毁坏和分离称为肢体离断（body dismemberment）。肢体离断多见于道路交通事故、空难、爆炸、高坠和建筑物坍塌等，也见于死后碎尸案件等。其法医学鉴定的重点是个人识别和死因鉴定。

二、以功能改变为主的损伤

以功能改变为主的损伤是指受外力作用后导致的以生命重要器官严重的急性功能障碍为主，而无明显形态学改变的一种损伤。主要包括神经源性休克和震荡性损伤。

（一）原发性神经源性休克

原发性神经源性休克（primary neurogenic shock）是指体表或内脏的外周传入神经受到强大的机械性刺激，引起交感或副交感神经反射功能异常，发生严重的反射性自主神经功能紊乱，导致生命重要器官微循环障碍乃至死亡。

如颈动脉窦、上腹部（位于腹腔正中，相当 T_{12} ～ L_1 段的太阳神经丛附近）、外阴、精索等神经末梢丰富的部位受到打击时可引起晕厥或昏迷，导致原发性神经源性休克。交感神经反射性反应增强可致血压急剧升高、心律失常甚至心室纤颤死亡；副交感神经过度兴奋可致血压骤降、晕厥、心动过缓乃至心脏停搏死亡。法医学鉴定中必须进行系统尸体检验，详细检查损伤部位，结合案情等资料，排除其他可能导致死亡的原因，才能认定为原发性神经源性休克。

（二）震荡性损伤

震荡性损伤（concussive injury）主要是指急速运动的钝性物体作用于头部、心前区或胸部导致的脑震荡、心脏震荡或肺震荡。一般多见于摔倒、钝器（包括高速运动的球类）等物体打击头部或心前区。震荡性损伤可严重影响生命中枢系统或心电节律，导致脑功能或心脏传导系统功能紊乱，严重时可致死亡，其中以心脏震荡易引起死亡。法医学实践中，因脑震荡或心脏震荡死亡者，常规组织学检查仅可见血管周围或组织间灶状出血；因肺震荡死亡者，肺组织主要表现为类似于冲击波所致的损伤，其形态学所见主要为弥漫性肺出血。

第三节　机械性损伤的类型

一、钝器伤

由无锋利刃缘和尖端的钝器作用于人体所形成的损伤称为钝器伤（blunt instrument injury），也称为钝力性外伤（blunt force injury）。常见的钝器有棍棒、斧背、锄头、扳手、砖石、拳脚、牙齿及其他钝性物体。钝器伤可因身体受钝器打击而形成，也可因身体撞击地面、墙壁或机动车交通事故等所致。钝器作用于人体所形成的基本损伤形态有擦伤、挫伤、挫裂创、咬伤、骨折、内脏器官破裂、挤压伤等。颅脑损伤多由钝器作用所致，由于颅脑重要的功能，常成为外力的作用点，加之其复杂、细致的解剖结构，容易形成损伤。本节主要讲述徒手伤、咬伤、棍棒伤、砖石伤、挤压伤和坠落伤。

（一）徒手伤

以手、足、肘、膝或身体的其他某个部位造成的损伤，称为徒手伤（injury from punching）。常见于纠纷斗殴、抢劫、虐待、强奸等案件。损伤轻者可致皮肤擦伤、软组织挫伤、挫裂创，重者可致骨折、内脏挫伤或破裂，甚至死亡。拳击头面部可造成眼挫伤、晶体脱位、视网膜脱落、耳鼓膜穿孔等，导致视觉或听觉损害；拳击胸部可引起心脏震荡、心脏挫伤或肺挫伤，甚至肺破裂。足踢或拳击上腹部可造成肝脾破裂、胃肠破裂；拳击或足踢头部可引起脑震荡、脑挫伤或挫裂伤。有时，打击颈、胸、腹、会阴等敏感部位，轻微的外力亦会引起神经反射导致原发性神经源性休克或诱发潜在疾病发作而死亡。

（二）咬伤

人或动物的上、下颌牙齿咬合所致的损伤，称为咬伤（bite wound）。在攻击和防御过程中均可形成。轻微的咬伤仅在皮肤上留下轻微的痕迹，并很快消失；稍重的咬伤可形成表皮剥脱伴皮下出血；严重的咬伤使皮肤的完整性遭到破坏，形成挫裂创，甚至组织缺损。较多见的是以对称的半弧形数个牙印构成类圆形或椭圆形的咬痕，常见于面颊、肩部、乳房，偶见生殖器被咬伤。在手指或其他突出部位，如乳头、鼻、耳等，咬痕可呈基本对称地分布在对应的两侧面上，上、下颌牙形成的咬痕不融合。不同的牙及牙列形成的咬痕不同，一般上颌牙齿咬痕较下颌的大而长，损伤也重；上颌牙排列较下颌牙松散，上颌中切牙牙冠较大，切面较薄较直，形成相对较长的"一"字形咬痕；下颌中切牙牙冠较小，切面亦薄、直，长度仅为上颌中切牙2/3，形成相对较短的咬痕。尖牙切缘部较尖，形成牙尖印咬痕。磨牙有4～5个牙尖印，呈方形分布，但通常磨牙形成咬痕较少。由于人体牙弓形态、牙的排列和疏密不同，加之牙有修复、脱落等变化的影响，因此，牙的咬痕具有良好的个体识别特征。发现有咬伤，需及时对咬痕进行检验、固定及提取，因有的咬痕很快会变形或消失。首先要提取咬痕表面的唾液斑，备做物证检验、个体认定。隔衣物形成的咬伤，应用紫外光检查衣物上有无唾液斑或其他肉眼不能见的痕迹。

（三）棍棒伤

棍棒类或条状质地较硬的物体打击人体造成的损伤，称棍棒伤（injury by club）。由于棍棒具有易获取、便于携带和挥动、打击力强等特点，是伤害案件中常见的致伤物。根据棍棒外形不同可分为圆柱形、方柱形及不规则形等。根据质地不同可分为木质、金属、竹、藤及塑胶等。常见以棒体打击为多，受伤部位常见于头面部、躯干和四肢。

不同形状的棍棒打击人体不同部位，形成的损伤可不同。用圆柱形棍棒打击在较平坦、软组织较多的部位，可在皮肤上出现两条平行的带状皮下出血，呈"中空性挫伤"或"中空性皮下出血"改变。中空区的宽度一般小于棍棒直径，尤其是木、竹质圆柱形棍棒更易形成。在我国以往的法医学著作中称为"竹打中空"，国际上称之为"铁轨样挫伤"（tramline or railway line bruise）。形成机制主要是由于致伤物接触的中心部分的皮肤及皮下软组织受到快速垂直挤压，使受压局部组织血管瞬间闭塞，血液向两侧分流，两侧血管内压急剧增高，发生充血和破裂所致。方柱形棍棒以其平面垂直打击人体时，形成均匀的带状挫伤，界线清楚，宽度与接触面宽度基本一致；快速猛击平坦且软组织丰厚的部位，形成带状中空性挫伤。如棍棒表面粗糙，挫伤部位还可伴有皮肤擦伤。如棍棒表面带有突出物，如铁钉、树枝叉等还可造成相应的损伤创口，这些所见有助于对致伤物的同一认定。由于头皮脆性较大，受棍棒打击时易发生挫裂创。

（四）砖石伤

由砖块或石块打击人体所形成的损伤，称为砖石伤（injuries sustained by blow with brick or stone）。砖石本身质地较坚硬，轻者可造成表皮剥脱、皮肤及皮下软组织挫裂，严重者可造成颅骨骨折、脑挫伤或挫裂伤、肝脾破裂等。由于砖块或石块易于获得，常被用作致伤工具。因此，由砖石所致损伤多见于伤害或他杀案件，是法医学实践中较为常见的一种钝器性损伤。当造成皮肤软组织开放性损伤时，砖石表面可能附着人体血迹或软组织碎屑，应注意提取检材用于DNA检验，作为致伤物认定的重要依据。

1. 砖块伤 砖块具有平面和棱角，其种类也较多。常见的砖块系由黏土烧制而成，质地较坚硬。当抛掷或手持砖块打击人体时，可造成不同程度的损伤。如果以砖的平面打击人体相对平坦的部位时，可形成擦伤或挫伤；如果以其棱角打击，可造成三角形或直角形的挫裂创，有时创口内可遗留碎砖末或泥沙等异物。

2. 石块伤 石块包括各类山石和鹅卵石，山石形状不一，表面凹凸不平，并有不规则的棱角，所形成的损伤多不规则，形态各异，大小不同，深浅不一。根据打击面和打击力的不同，损伤程度也不同，主要以擦伤和挫伤为主，严重者可致挫裂创。鹅卵石多为不规则的卵圆形或圆形，表面较光滑，常可造成皮肤擦伤或类圆形挫伤。

由于头皮具有大量的毛囊及毛根，脆性大，弹性度较小，因此用砖块或石块以较大的力打击头皮部位时，常可造成头皮挫裂创，出血量较大，严重者还可造成局部颅骨骨折。

（五）挤压伤

由体积较大质量较重的物体压迫或撞击人体，或人体在物体间被挤压，造成皮肤、皮下和深部组织的广泛性损伤，称为挤压伤（crush injury）。多见于建筑物倒塌、交通事故中车辆碾压、矿井坍塌等事故，也见于人群踩踏事件。发生挤压伤时，人体损伤范围较大，体表损伤程度不一，常可造成广泛性软组织挫伤、出血、骨折、肢体离断，严重者可造成内脏器官的破裂。胸腹部受挤压可因膈肌和胸廓呼吸运动受限制而引起窒息；造成的内脏器官的破裂，可引起失血性休克。如受到多次钝性外力作用造成广泛性皮肤及皮下软组织挫伤、出血，可引起创伤性休克、急性呼吸窘迫综合征；如伴有多发性骨折，还可引起肺脂肪栓塞等，常可导致受害者死亡。如受害者存活一定时间，还可发生挤压综合征（crush syndrome），也可导致受害者死亡。其机制主要是因包括肌肉等在内的皮下软组织广泛性损伤、坏死，释放出大量的肌红蛋白与红细胞破裂后释放出的血红蛋白进入血液循环，经肾小球滤过后沉积于肾小管内，主要是远曲小管中，形成肌红蛋白管型，造成肾小管坏死；同时，广泛性软组织挫伤、坏死后还可释放出多种毒性代谢产物，引起肾功能障碍。

（六）坠落伤

人体由高处坠落与地面或某种物体碰撞而导致

的损伤，称为坠落伤（injuries sustained in fall from heights）。实践中多见于人体坠落到地面，坠落过程中，由势能转化而来的动能作用力及与地面接触时地面所产生的反作用力，同时作用于人体，引起强大的冲击和震荡作用，可造成人体广泛性的钝力性损伤。

1. 坠落伤的特点 损伤广泛、严重、多样。体表可有不同形状和不同程度的擦伤、挫伤、挫裂创，内部可有肝、脾等器官的破裂及躯干、四肢的骨折。体表损伤常较轻，而内部器官损伤严重。损伤的部位和严重程度与坠落高度、地面性质及人体着地时姿势有关。坠落的起始点越高，着地点地面质地越硬，损伤越严重。如果坠落过程中有障碍物阻挡，可减轻损伤程度。

坠落损伤集中在着力侧或力量传递的方向。坠落时若系双足先着地，双侧跟骨可发生对称性骨折及膝部嵌入性骨折，有时脊椎与肋骨结合处、第1肋和第2肋近胸骨处有骨折或关节脱臼。如臀部先着地，体表损伤可能轻微而内部损伤严重，可见盆骨骨折，力沿脊椎传播，可使颅底枕骨大孔出现环状骨折，以及肋骨近椎处骨折、脊椎骨折。胸部先着地者，胸廓可发生广泛性肋骨骨折，骨断端多向内压，可刺破壁胸膜。如果手掌先着地者，上肢常发生骨折，可伴有臂、腕或掌关节脱臼。若头部先着地，常有颅骨骨折，有时颈椎有压缩性骨折和颅底骨折。

脏器悬着韧带的撕裂、固定部位的脱离及肠系膜根部的撕破等也是高处坠落的特征。

2. 法医学鉴定

（1）鉴定是否坠落损伤致死：主要依据坠落伤的特点进行判断。多数坠落死亡的案件，中间无障碍物，受害人身体上的损伤集中在着力侧，属于一次性暴力作用所形成的损伤。

如果坠落时，中间有障碍物，应分析死者身上的损伤是由坠落形成，还是坠落前已有的损伤。

（2）死亡性质鉴定：在法医学实践中，采用坠落自杀、他杀或灾害性高坠死亡的案例均有发生；仅根据尸体损伤判断坠落伤案件的死亡性质往往有困难，必须结合现场、案情、毒物，包括酒精的检测等进行全面分析，是法医学鉴定工作中的难点。

二、锐 器 伤

利用有刃缘或尖端的物体作用于人体所形成的损伤为锐器伤（sharp instrument injury）。常见的锐器有刀、斧、剪、匕首、剑、锥、刺刀、铁钉、玻璃碎片等。一般根据锐器有无刃口将其分为无刃锐器（如铁钉、铁锥等）和有刃锐器（如各类刀具及具有刃缘的物体），有些锐器既有锐利的尖端也有刃缘（如带有尖端的刀具）。锐器通过切、砍、刺、剪等方式作用于人体，造成皮肤、皮下组织乃至内部器官的损伤，形成切创、砍创、刺创、剪创四种类型。

（一）切创

切创（incised wound）是指利用有锋利刃缘的锐器，以刃缘压迫皮肤并沿刃缘长轴方向移动，切割皮肤及其下的组织所形成的创。可造成切创的锐器种类较多，包括刀片、剃刀、菜刀、屠刀、碎玻璃片、金属片等。有时，质地较韧的纸边或较细的金属丝也可对皮肤产生切割作用。

1. 切创的形态学所见 一般切创的创口较长，呈舟状；创缘和创壁光滑、整齐，创缘无擦伤和挫伤，创壁间无组织间桥，创角锐，可伴有切痕的伸延（图6-5）。创腔深者出血量多，可伤及肌肉和神经。创口的形态与切断的纤维排列有关，如果创口走行与组织纤维方向一致，则创口哆开程度不大，呈裂隙状；如创口走行与组织纤维方向成直角，则创口哆开比较显著，呈梭形。创口的长度与锐器刃缘的长短无关系，而取决于刃缘沿体表牵引移动的距离长度。

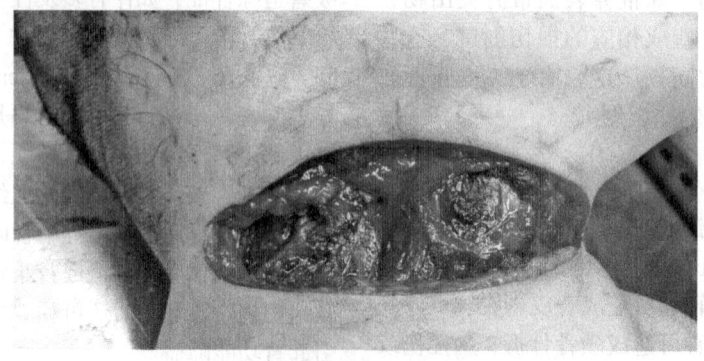

图6-5 颈部切创

2. 法医学鉴定 切创多见于自杀，他杀者少见，意外性切创可见于交通事故、工农业生产和日常生活中。

自杀性切创多分布在颈部、手腕部或腹股沟等容易达到的部位，这些部位较大的动脉血管分布相对表浅。切颈自杀俗称自刎，其切口从颈外侧上方，斜向通过颈前部，止于对侧下方。颈深部结构，如颈静脉、颈动脉、神经、肌肉、食管和气管等均可被伤及。有时甚至可伤及颈椎前缘并留下切痕，经常在开始端或主创口的两侧创缘附近有数条长短不一、深浅不等的平行创口，这些较浅的伤口或切痕称试切创（hesitation marks；tentative cut）。手指和手掌的切创可因自卫防御时抓刀刃等致伤工具所造成，称为抵抗伤或防卫伤（defense wound）（图6-6）。

他杀性切颈特别是单纯以切颈方式杀人较少见，偶见于先采用其他暴力方式致人于昏迷状态，再使用切颈方式杀人。

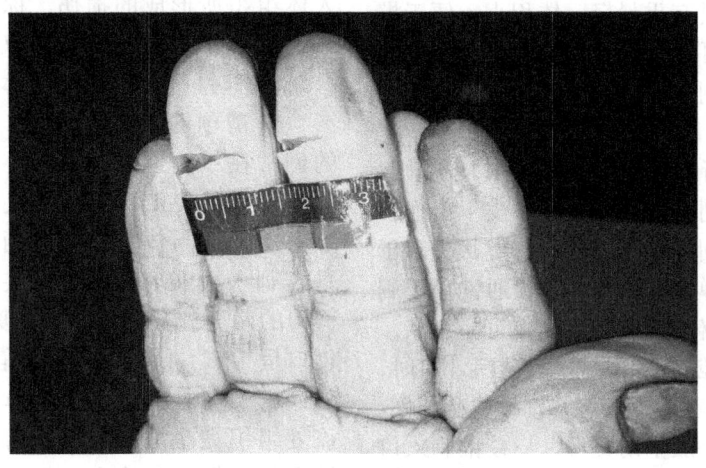

图 6-6　手指抵抗伤（切创）

（二）砍创

挥动具有一定质量的锐器，以刃缘砍击人体所形成的创称为砍创（chop wound）。常见的致伤工具有斧头、菜刀、军刀、长剑、屠刀、镰刀等。

1. 砍创的形态学所见　砍创创缘平整，创角尖锐或较钝，创腔较深，创壁光滑，无组织间桥（图6-7）。如果刃缘不锐利，有卷刃或刃缘缺损时，也可在相应部位的创缘形成狭窄的表皮剥脱。锐器砍击人体时，由于作用力大，除伤及皮肤、皮下组织外，还可造成内部器官。皮下组织，如肌肉、神经、血管常发生离断，出血量大，或可伴有骨折。头皮砍创常可在颅骨形成砍创，有时可伤及颅内脑组织。有些案件中还可见在防卫或抵抗过程中形成的砍创，多见于上肢（图6-8）。

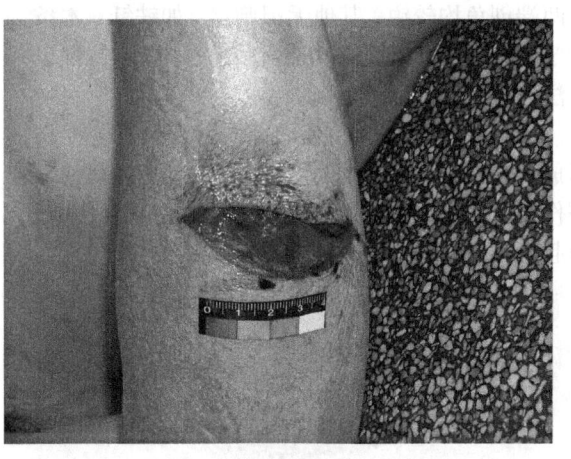

图 6-8　上肢抵抗伤（砍创）

2. 法医学鉴定　砍创多见于他杀案件，创口多位于头面部，可见有多处致命性损伤，损伤程度较重，常伴有颅骨骨折、脑震荡、颅内出血、脑挫裂伤。如受伤者曾与凶手搏斗，则受害者的手指、手掌、前臂外侧可留下抵抗伤。

自杀砍创极少见，但精神病患者在精神错乱的情况下，也可见向额顶部自砍者，其数目常为多个，创腔较浅，部位较为集中。

（三）刺创

以具有锋利尖端的锐器沿其纵轴方向刺入人体

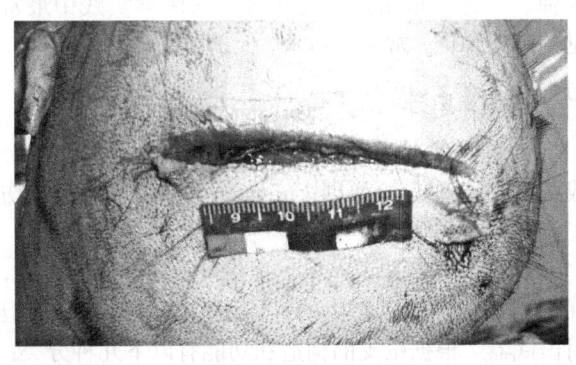

图 6-7　头皮砍创

所形成的管状损伤，称为刺创（stab wound）。常见的刺器（sharp-pointed weapons）分为有刃刺器和无刃刺器，无刃刺器一般较长，带有锥形或扁平末端，包括铁锥、铁钉、螺丝刀及钢钎等；有刃刺器又称刺切器，一般由尖、刃、背及柄构成。根据刃的数量可分为单刃、双刃和多刃刺器，如匕首、水果刀、手术刀、屠刀、剑、矛、三角刮刀等。在法医实际案件中所见的刺器多具有重量轻、体积小、便于携带的特点。有时，也可见到无尖端的木棍、金属性杆状物、树枝等物体刺入人体的情况，一般将此类损伤称为捅创。

1. 刺创的形态学所见 皮肤上刺创创口较规则，创角锐，创面平整，创缘无表皮剥脱和皮下出血，创壁间无组织间桥，创腔较深。创口的形状决定于刺器的形状及皮肤的弹性回缩，刺入口通常小于刺器的横断面。单刃刺器形成的刺创创口可呈线状，如果受皮肤纤维牵拉，创口哆开，可呈长梭形。有时，在有刃锐器刺入皮肤后还可因刃缘移动形成刺切创。圆柱形刺器的刺入口一般呈纺锤形，三棱锥刺入口多类似于三角形。单刃刺器在刃缘侧形成较锐的创角，另一侧创角较钝（图6-9）；双刃刺器形成的创口两端创角均较锐。其他无刃刺器，如铁钎、木条、竹竿、手杖、钢条等致伤物刺入人体形成的创口，在法医学中称为"捅创"。

胸、腹部刺创常伤及内部器官和大血管损伤，形成相应器官的刺创，危及生命。如胸部刺创，可刺伤心室壁，引起急性或慢性心脏压塞，或刺伤肺脏，引起血气胸。

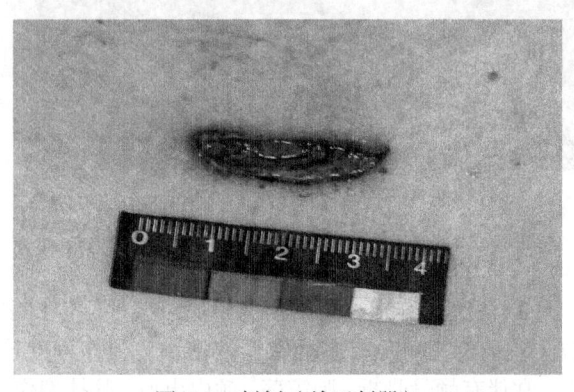

图6-9 刺创（单刃刺器）

刺创创道可反映出刺器作用的力量、方向和刺器长度。在检查创道时，要注意其方向、深度、创道末端部位及器官损伤等。

2. 法医学鉴定 刺创多见于他杀，有时也见于灾害性事故，如桥梁断裂，行人坠落，插在竹竿、钢筋等物体上。法医学鉴定中常需要判断创口是单刃、双刃还是多刃刺器所形成，对刺器的特征进行判断。测量创口的长度时需要将创缘对合后再测量。同时，必须对衣着上的刺入口进行检查，因衣着上的刺入口不受尸体腐败等因素的影响，实践中常依据衣着上的破裂口分析推断刺器的特征。

（四）剪创

剪创是剪刀两刃缘从根部向尖端合拢时剪切人体组织所形成的损伤，称为剪创（clip wound, scissoring wound）。如果剪刀两刃缘处于合并或未合并状态时，其尖端刺入人体也可造成刺创。

1. 剪创的形态学所见 剪刀夹剪组织所形成的创常在一侧创缘中点有一夹角，并形成与夹角大小相应的皮瓣，形成剪夹创。夹角的大小取决于剪刀平面与体表皮肤平面之间角度的大小，如垂直刺入后夹剪，则创口夹角大，接近直线。当剪刀的两刃分开，以一定角度倾斜于体表剪夹时，创口呈"V"形。夹角的分角线提示夹剪作用力的方向。夹剪乳头、阴茎、鼻尖等突出部位，可将该处组织完全剪断，形成剪断创；剪断创的创面较平整，但仔细检查，仍可发现创面不在一个平面上，而是由形成的嵴分成两个平面。当剪刀双刃合拢时刺入人体时，其皮肤创口呈不规则菱形。如果剪刀双刃分开时两刃片同时刺入人体，形成一对相邻的略呈"八"字形的刺创；若单刃片刺入，形成单刃刺器所致的刺创。

2. 创法医学鉴定 法医学实践中，剪刀损伤案件较少见。致命性剪创多见于他杀，也有用剪刀自刺心脏或剪断股动脉、桡动脉或颈部大血管导致失血性休克而死亡者。

三、火器伤

火器是借助于爆炸物燃烧时产生的大量气体并将投射物投出的一类工具，由火器引起火药爆炸所致的人体损伤统称为火器伤（firearm injury），包括一切火器所形成的损伤，如枪弹、雷管、炮弹、手榴弹、炸弹、地雷及炸药包等。法医学实践中最常见的是枪弹创，常见于自杀、他杀案件和意外事件。

（一）枪弹创

由枪支发射的弹头或其他投射物击中人体所形成的损伤，称为枪弹创（gunshot wound），其致伤工具是枪支和弹头。

1. 枪弹基本知识 枪，是指口径在20mm以下，并利用火药燃烧后产生的气体压力发射弹丸的轻型射击武器。根据枪支的构造和功能有以下几种分类：

（1）根据枪管的内壁构造分类

1）膛线枪：枪管的内壁上有数量不等、宽窄不同、向左或向右旋转的奇数或偶数膛线，又称来复线（rifles）。来复线可使弹头在被燃烧的火药推动前进时做旋转运动，使弹头按一定方向运动，保持其平衡与稳定，并克服地心引力，增加飞行的距离。此种枪支的弹头射程远，命中率高，杀伤力强。

2）滑膛枪：枪管的内壁无来复线。此种枪支射程近，命中率低，如猎枪等。

（2）根据枪支的发射性能分类

1）全自动枪支：扣动扳机时利用火药燃烧后产生的气体压力完成发射弹头、退壳、上膛，可进行连续发射的枪支，如机枪、冲锋枪。

2）半自动枪支：利用火药燃烧后产生的气体压力完成发射弹头、退壳、上膛，并每扣动一次扳机、击发一次的枪支，如"五四"式、"七七"式手枪等。

3）非自动枪支：枪支无复进簧及可滑动枪机，需手动来拉枪机、装弹、退壳，如"五三"式步枪、小口径步枪、手枪等。

4）转轮枪支：枪支有"形"内装子弹的弹轮，扣动扳机鼓轮向左或向右转动。

（3）根据枪管的口径分类

1）小口径枪支：口径在3.0～6.5mm的枪支。

2）中口径枪支：口径在7.0～11.0mm的枪支。

3）大口径枪支：口径在11.5～14.5mm的枪支。

（4）根据枪支用途分类

1）军用枪支：射程远、命中率高、杀伤力大；结构精密、性能良好，主要用于军队和警察。

2）猎用枪支：简称"枪"。此种枪支多用霰弹，枪管内壁平滑、射击面大，可分为单管猎枪和双管猎枪。部分猎枪有膛线，枪管口径大、射程远、杀伤力强。

3）特种枪支：体型小，便于携带和隐蔽，操作灵活、方便，适用于特种部门。

4）运动枪支：供体育比赛和训练时使用的枪支。

5）教学枪支：外形像军用枪支，可拆解，用于射击教学演示、训练用。

枪弹或子弹（cartridge）：由弹壳（shell）、底火（primer）、发射药（propellant）和弹头（bullet）四部分组成。按配用的枪种，子弹可分为：①手枪子弹；②步枪子弹；③冲锋枪子弹；④猎枪子弹；⑤信号枪子弹。按子弹用途分为：①战斗用枪弹（普通弹、特殊弹）；②辅助用枪弹（供教学、操练用的空包弹、教练弹），测压用枪弹（高压弹、强装药弹、标准弹）等。按不同发火部位分为：①中心发火子弹；②边缘发火子弹；③针状发火子弹。按子弹形状分为：①瓶形子弹；②柱形子弹。按弹头形态分为：①回头子弹；②平头子弹；③尖头子弹。

枪弹底火受到击发，引爆火药，产生高压气体，瞬间由化学能转化为机械动能，推动弹丸射出枪膛的能量转换过程，称为发射。现代火药燃烧后转化成的气体，容积骤然增加几百倍至几千倍，一般最大膛压可达到1200～3000kg/cm²或以上，膛内温度可达2500～3500℃，整个发射持续时间只有1～60ms。弹头的动能为$E=1/2mv^2$，其中E为弹头动能，m为弹头质量，v为弹头离开枪口后的初速度。根据公式，弹头的速度比质量更有意义。弹头飞行距离越长，受到的空气阻力越大，其动能丧失越多，击中人体时的能量也就越小。由于人体各种组织的致密度不同，在穿过各种人体组织时受到的阻力不同，所消耗的能量也不同。

2. 弹头对人体的作用 自身旋转并高速飞行的弹头击中人体时形成圆形或卵圆形的皮肤组织缺损和管状创管。通过含液体成分多的器官时，如脑、心腔及充盈的胃，由于液体动力学的作用，可造成组织爆裂。如果在组织内弹皮发生破裂或弹头遇到阻力不规则飞行时，可导致组织撕裂。当弹头的能量小时，旋转力不足以引起组织缺损，可使局部皮肤破裂，进入人体后由于组织收缩，皮肤创口呈裂隙状。当弹头的动能很小时，不足以穿破组织，仅在体表形成局部擦伤和组织挫伤。

3. 枪弹创的种类

（1）典型枪弹创：为贯通性枪弹创，由射入口（entrance wound）、射创管（wound track）、射出口（exit wound）三部分组成。

（2）非典型枪弹创

1）盲管枪弹创（blind-track wound）：仅有射入口、射创管，无射出口，子弹滞留在体内。

2）回旋枪弹创（circumferential wound）：弹头射入人体组织后，如果遇到质地较硬组织（如骨骼）的阻挡，可使其改变飞行方向而形成曲线形的射创管，弹头未能穿出体外。如子弹在头部可沿颅骨的表面或颅腔内面做回旋运动，或沿肋骨做弧形回旋运动。

3）擦过枪弹创（grazing wound）：弹头以切线方向或极小角度擦划过皮肤表面，形成沟状皮肤组织缺损，不形成射入口、射出口和射创管。深者可在皮肤与皮下组织形成一条沟，又称沟状枪弹创。

4）反跳枪弹创（ricochet wound）：弹头在射入人体组织之前先击中其他物体，反弹后又击中人体。由于子弹动能减弱、变形，失去稳定性，造成的枪创不典型，射入口可呈不规则形。如动能再小，弹头只对体表组织起擦挫作用，不能射入体内，主要造成局部表皮剥脱和皮下出血。

5）屈折枪弹创（deflected wound）：弹头射入人体组织后如遇硬物阻挡，改变方向后继续运行并射出体外。屈折枪弹创的形成常反映弹头具有的动能较大,由射入口、折射形的射创管及射出口三部分构成,但三者不在一条直线上。

4. 枪弹创的形态特征 枪弹创的形态特征与枪弹类型、射击距离和角度、人体组织结构等因素有关,其特征及对局部组织和器官破坏的严重程度,决定于弹头接触人体时的动能。

(1)射入口:不同距离射击形成的射入口不尽相同。一般射入口呈圆形,由于弹头穿过皮肤以后,皮肤发生回缩,射入口直径常小于弹头直径。如果射入口处皮下有骨组织衬垫,皮肤的牵张作用较小,射入口直径基本上与弹头直径相等。如弹头以一定角度进入人体,则射入口呈卵圆形,一侧边缘呈斜坡状,这种创缘提示弹头飞来的方向。接触或接近皮肤射击时,由于爆炸气体在高压下进入创口,使创口周围皮肤受到牵张,射入口中央组织缺损较大,创口边缘呈星芒状或"十"字状撕裂,周围皮肤及皮下组织因碳氧血红蛋白的形成而呈樱红色。

典型的射入口周围的皮肤,具有挫伤轮、污垢轮、火药烟晕和烧灼痕迹(图6-10)。接触皮肤射击时,还可以看到枪口印痕。这些射入口特征是区别于射出口的重要标志。

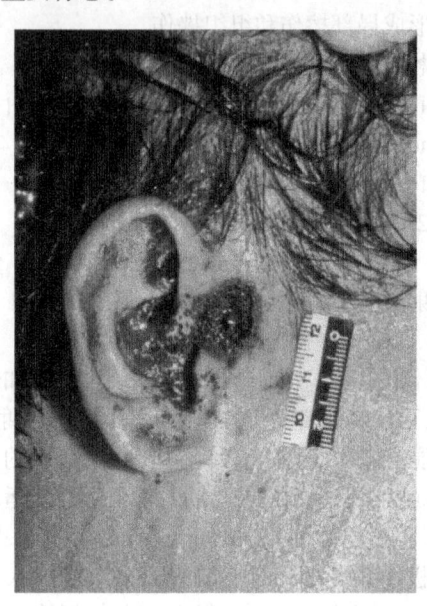

图6-10 枪弹创射入口

1)挫伤轮(contusion collar):也称为冲撞轮。系弹头顶压皮肤并旋转前进时在射入口周围形成的环状表皮剥脱,初期为鲜红色,随时间的延长逐渐皮革样化而呈棕色。

2)污垢轮(grease collar):也称为擦拭轮。系弹头上附着的金属粉末、油污或铁锈和尘埃覆盖于挫伤轮所致,肉眼不易看清,但在X线片上清晰可见。

3)火药烟晕(tattooing produced by powder and smoke):燃烧不完全的火药颗粒和烟灰黏附于射入口周围皮肤和创道口组织中,形成火药烟晕,并可见皮肤组织烧灼。射击距离越近,烟晕范围越小,色越浓;距离越远,面积越大,烟灰越稀疏。一般射击距离超过50cm,射入口周围看不到烟晕、灼烧和火药颗粒沉着。

4)枪口印痕(patterned impression of muzzle):贴近皮肤射击时,从枪口冲出的气体自射入口进入皮下,使皮肤迅即隆起,撞击于枪口并与之发生摩擦而形成枪口印痕。有时,在枪口未直接接触表皮或隔衣服发射时也可形成。

(2)射创管:弹头通过身体所形成的创道,又称弹创管或弹道。弹头穿透组织过程中,如组织含水量较多,形成的空腔可扩大几倍至几十倍,经过短暂时间空腔消失,留下较大范围的组织损伤。此种效应称为瞬时空腔效应(temporary cavitation effect)。其机制是高速飞行的弹头以很大的压力压缩弹道周围的组织,使之迅速发生位移和振动,形成一个比弹头直径大几倍至几十倍的瞬时空腔。经过反复膨胀、收缩,最后留下永久性创道,整个过程为5~10ms。

不同情况下的射创管截面的大小和形态的差异较大,与弹头速度、形状及受伤组织特性密切相关。当其他条件相同时,弹头的阻力面积越大,射创管的断面面积越宽。收缩状态下的肌肉被击中时,比松弛时击中的射创管宽。肝的射创管比肌组织宽,并多呈放射状裂开。射创管通常呈直线形,其方向与射击方向一致。如果遇到骨骼,特别是弹头的动能较小时,常可改变方向,从而形成曲折多变的射创管;射创管的射入口端常嵌有随弹头带入的衣物碎片及烟灰火药等异物;射出口端可有骨碎片或脏器组织碎片;盲管枪创时致伤弹头留在射创管的盲端。

骨骼上的射创口呈截顶圆锥形,圆锥体的尖端指向弹头飞来的方向,尤以穿过颅骨的射创管最为典型。弹头穿过颅骨形成穿孔性骨折,在射入方向,颅骨外板缺损小,内板缺损大;反之,在射出方向颅骨内板缺损小,外板缺损大,断面呈漏斗状,借此可判断射击方向和射击角度。

(3)射出口:进入体内的弹头穿破皮肤飞出体外时所形成的创口。其大小与射击距离有密切关系,一般大于射入口。但近距离射击时弹头动能较大,射出口可能略小于射入口;距离稍远时,射出口与射入口大小相近;远距离射击时,由于弹头的动能弱,射出口常比射入口大,呈裂隙状,尤其是弹头在人体内运动过程中发生变形、碎裂,或弹头穿过骨质与骨折破碎片同时飞出体外时可使射出口撕裂扩大,呈星芒状（图6-11）。

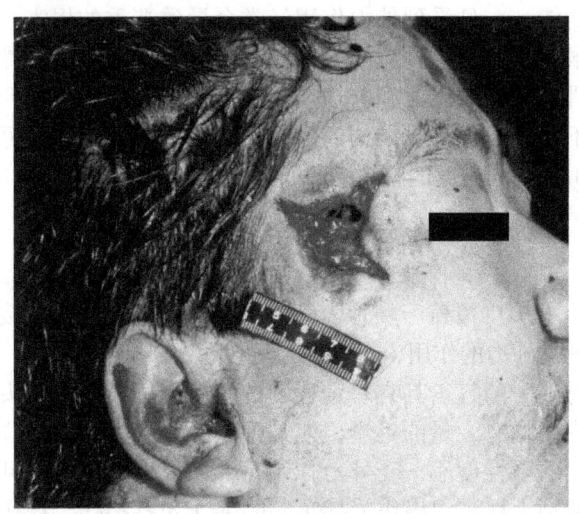

图6-11 枪弹创射出口

5. 枪弹创的法医学鉴定

（1）枪弹创的认定：主要依据枪弹创形态学特征，还可通过X线、组织学检查及微量金属元素分析等技术进行判定。对枪弹案件，除对受害人身体进行检查之外，还需要对其衣着进行检查。确定射入口及射出口，检查枪弹创相应位置衣服有无破损，破损的位置、性状及其周围有无烟晕、烧灼痕迹等附加成分；射入口内检出的衣服破碎片可与衣服质地和纤维进行比对。

（2）射击方向的确定：根据射入口、射出口和子弹在体内的运行情况，并结合现场的物体，如玻璃、墙壁上的弹孔或中弹痕迹等推断射击方向。

（3）射击距离的确定：枪口与射入口之间的距离为射击距离。根据射入口的形状和附加成分的作用范围可分为远射、近射和接触射击三种。由于枪支弹药不同，附加成分的作用范围也不同，最好用同一枪支弹药进行射击试验比较。

远距离射击：一般指枪口与体表距离超过100cm时造成的射入口。其形态仅带有挫伤轮和污垢轮的弹孔。没有烟晕和颗粒灼伤。

近距离射击：距人体约30cm以内射击，射入口周围有烟晕和烧灼痕迹。烟晕直径大小随射击距离远近而不同。

接触射击：即枪口接触皮肤射击。射入口多呈星芒状或"十"字形。射入口端有火药颗粒、烟灰残渣、枪口印痕及皮肤烧灼现象。

（4）推断死亡方式：除根据射击部位、方向、距离及衣服损伤外，还应注意死者手上有无烟晕等射击残留物，收集弹头、弹壳，提取可疑枪支上的指纹，还需要对可疑枪支进行同一认定，综合案情等判断死亡系他杀、自杀或意外所致。

（二）霰弹创

霰弹枪（shotgun）是指一次发射弹壳内装有一颗或多颗金属弹丸的枪支。霰弹枪主要被用于打猎，民间称之为猎枪。所用的投射物为霰弹（pellet），用铅制作的霰弹为软霰弹，以铅与锑合制者为硬霰弹，其大小、型号在国际上基本统一。霰弹飞出枪口后呈圆锥形散开。距离越远，散开的范围越大。接触射击或贴近距离射击时，由于气体作用及霰弹密集在一起，形成较大的单个不规则的射入口，边缘呈锯齿状，创口内组织破坏大，周围皮肤因烟晕和火药沉着而呈黑色。1m左右近距离射击时，创口周围的黑色烟晕显著减少，但可见火药颗粒烧灼的黑色印痕。1~5m距离射击时，霰弹呈圆锥形散开。击中人体形成的创口亦随射击距离的增大而逐渐散开，在中央一个较大的射入口周围形成多数小的霰弹射入口（图6-12）。距离越远，则小的射入口就越多。随着距离增加，大的射入口逐渐为单个霰弹射入口所代替。烟晕、烧灼痕迹肉眼不易见到。5m以上距离射击时，弹粒更分散，多数弹粒往往嵌在皮肤上或停留在皮下。

自制的霰弹，如颗粒状铁球，形状不一的铁块等，多者可以上百，少者仅有数粒。体积小的霰弹一般不形成射出口；体积大者有的可以形成射出口。

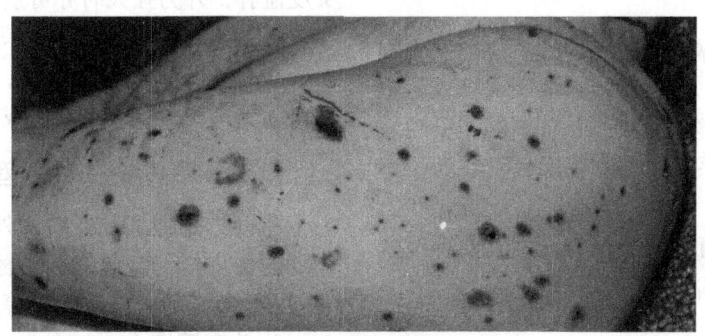

图6-12 上肢霰弹创

（三）爆炸伤

法医工作中常见的爆炸伤（explosion injuries）多由炸药爆炸引起。炸药爆炸时，瞬间释放出巨大的能量，产生极高的温度，并借周围空气等介质迅速向四周传播而形成一种超音速的高压冲击波，造成周围人体损伤及建筑破坏。

1. 爆炸伤特点 爆炸损伤多种多样，主要与爆源或爆心的距离有关。

（1）爆碎伤：人体处于爆源或爆心部位时，可被全部或部分炸碎，附近并有"爆坑"及烟痕存在。

（2）冲击波伤：冲击波致伤范围较大，常使许多人受伤。其损伤特征为衣着常被冲掉，或被冲破成碎片。人体损伤外轻内重，引起广泛的内脏出血，由于气压骤变，肺泡破裂出血最为常见，表现为弥漫性肺泡内出血；肺裂创可继发间质性肺气肿、气胸、血胸及肺萎陷。气压的改变常引起鼓膜破裂。严重的冲击波可引起肝脾破裂、充满尿液的膀胱破裂、多发性骨折、脑震荡、脑挫伤、颅骨骨折及颅内出血等。

（3）爆炸物打击伤：人体距爆心1～2m处，朝向爆心的一面常可见到炸药包内的碎铁片、铁砂或炸药包装物的碎片及雷管、导火索或其他携带物等。对人体能造成贯通创、盲管创或异物嵌入皮下组织及脏器等。距爆心较远的地方，由于冲击波的作用，使周围物件破碎并呈高速度四向飞散，对人体常能形成严重的钝器伤、刺创或刺切创。

（4）烧伤：人体距爆心较近时，朝向爆心的侧面常可发生广泛性Ⅰ～Ⅲ度皮肤烧伤。头发、眉毛和睫毛被烧焦，皮肤被烟熏呈灰黑色。爆炸瞬间，面向爆心方向，由于强光作用，常发生反射性眼睑紧闭动作，使眼周的鼻根部、眉间及眼眦部皱襞沟纹内皮肤无烧伤或烟灰附着；待肌肉松弛后，出现黑白相间的纹理。此种现象为生前爆炸伤的证明。

（5）摔跌伤：人体被爆炸时产生的冲击波冲击而跌倒，可发生骨折或内脏破裂。

（6）挤压伤：爆炸造成房屋倒塌，砸压人体形成挤压伤。

2. 法医学鉴定 爆炸多属于意外事故。但用炸药故意炸毁他人房屋、公共设施、他杀或自杀，也时有发生。损伤的种类、性状、分布等常能反映受伤者与爆炸中心的关系；结合现场勘查，有助于爆炸情况的推定。

此外，还需要注意检查尸体有无用其他手段杀死后伪装爆炸死亡的情况。

第四节 颅脑损伤

头颅部因其位于人体的上部，易受外力的作用，且脑作为中枢神经系统最重要的器官，具有重要的功能，一旦受到外力作用经常会导致严重的损害。根据头颅的结构，颅脑损伤可分为头皮损伤、颅骨骨折、颅内出血和脑损伤。头部受到外力作用后，不仅可引起颅脑结构的形态学改变，更重要的是可引起不同程度的脑功能障碍、继发性损伤，甚至死亡。

一、头皮损伤

头皮覆盖于颅骨表面，头部受外力作用时直接承受外力的作用，同时多数情况下头皮有毛发覆盖，对外力的打击具有一定程度的缓冲作用。但由于头皮内含有大量的毛囊，使其弹性度较人体其他部位皮肤弹性度小，受外力作用时，易发生破裂。常见的钝力性头皮损伤（scalp injuries）包括擦伤、挫伤或挫裂创；如果由锐器造成损伤则可形成切、砍、刺创等损伤，并可见头发被离断或砍断。

（一）头皮损伤机制

头皮损伤均因直接受外力作用所致，即头皮损伤处为暴力作用点，包括外力的直接作用或运动中的头部作用于物体上。

1. 钝性外力冲击或打击头部或头部撞击于钝性物体，如运动的石块、棍棒、车辆等直接作用于头部或运动中的头部撞击于车辆、地面、墙壁等，当致伤物体积较大而速度较慢时，常因打击、冲撞、摩擦等作用引起头皮擦伤、挫伤或头皮血肿；若致伤物体积较大、速度较快时，作用力强度超过组织弹性度极限，常可造成头皮挫裂创，并可伴有创口周围头皮擦伤、挫伤；若致伤物体积小，形状突起时，无论速度快慢，均易造成头皮破裂，形成孔状或不规则挫裂创。

2. 头部受钝性外力猛烈牵扯，如车轮碾压头部、发辫卷入机器等，由于牵拉、摩擦等作用，常造成大片或全部头皮撕脱伤。当头部受相对方向的钝性外力同时作用，如建筑物塌方、车辆倾覆压迫等，因挤压、摩擦等作用，常造成着力部位头皮挫伤或头皮血肿，外力强大时亦可造成头皮撕裂性损伤。

3. 锐器通过切、砍、刺等方式作用于头部时，由于单位面积内作用力较大，常形成相应的创口，创口周围皮肤极少伴有擦伤或挫伤。

（二）头皮损伤的类型

不同作用方式及性质的外力可产生不同形态或程度的头皮损伤，包括头皮擦伤、头皮挫伤、头皮裂创、头皮撕脱、头皮血肿等。

1. 头皮擦伤（abrasion of scalp） 头皮受切线方向的外力摩擦而形成的一种表皮损伤，表现为创面血性液体渗出，可有点状出血。上述擦伤主要发生在毛发剃除后或毛发很短的头皮上。有长发覆盖时，一般不易形成擦伤。

2. 头皮挫伤（bruising injury of scalp） 为头皮受钝性外力作用引起的皮内、皮下出血。由于头皮下有脂肪组织，其中又有大量与皮肤垂直的结缔组织隔将脂肪分为小块，故皮下出血不易扩散，表现为局部肿胀、压痛，在致伤物接触面凹凸不平时头皮挫伤常伴有头皮擦伤。

头皮受到外力作用可造成皮内出血，即真皮层内出血，但因真皮结缔组织致密不易形成血肿，仅局限于损伤局部头皮内，常可反映出致伤物着力部位的特征形态，有助于致伤物推断。

3. 头皮裂创（laceration of scalp） 由于头皮下有颅骨衬垫，受钝性外力作用，造成头皮组织断裂，形成头皮裂创。因头皮毛细血管丰富，出血量常较大。它与锐器造成的砍创或切创不同，钝器造成的头皮裂创，创口不规则，创缘不整，常伴有擦伤和挫伤，创壁间有组织间桥相连，常见毛发嵌入。

4. 头皮撕脱（tearing of scalp） 当暴力牵拉头发时，可使头皮连同帽状腱膜与其下方的疏松结缔组织层分离，造成头皮广泛性撕裂创。

5. 头皮血肿（hematoma of scalp） 按血肿发生的部位深浅不同，分为头皮下血肿、帽状腱膜下血肿和骨膜下血肿三种类型。

（1）头皮下血肿：血液聚积于皮下组织内，因皮肤借助纤维隔与帽状腱膜相连，可限制血肿的扩大。

（2）帽状腱膜下血肿：帽状腱膜由大量致密的纤维组织构成，帽状腱膜出血局限，不易形成血肿，但帽状腱膜下为疏松结缔组织，易于形成血肿，血液可以向周围扩散，聚集在帽状腱膜与骨膜之间，有波动感，严重时可遍及整个颅盖部，其边界与帽状腱膜附着边缘相一致。

（3）骨膜下血肿：常发生于颅骨骨折处，出血量较少。由于骨膜与颅骨外板相连紧密，骨缝处骨膜与硬脑膜外层相连，骨膜下出血常以骨缝为界，血液聚集于骨膜与颅骨外板之间。

二、颅骨骨折

根据作用力的大小及致伤物的不同，可引起线状骨折、凹陷性骨折、孔状骨折、粉碎性骨折、颅底骨折及全颅崩裂。

（一）线状骨折

线状骨折（linear fracture），骨折线长短不一，方向不同，形态也不一致，可呈线状、星芒状、弧形、环形及不规则形等（图6-13）。线状骨折不仅能反映出着力部位，而且能指示出外力作用的方向。

一般情况下，骨折线与致伤工具纵轴打击方向一致，遇颅缝时终止，如果颅缝骨化，也可越过颅缝。第二次打击形成的骨折线，可被第一次打击时形成的骨折线截断，可根据这种现象判断打击次数。

图6-13 颅骨线状骨折

（二）凹陷性骨折

钝力打击颅骨可造成颅骨骨板全层或单纯骨外板凹陷性骨折（depressed fracture）（图6-14）。圆形打击物垂直打击颅盖骨，常能造成圆形、类圆形或同心圆形凹陷性骨折，有时可反映出凶器接触面的轮廓和近似的接触面大小，相应头皮表面有挫伤或挫裂创。高坠时，头顶部着地，颅顶骨亦可发生类圆形凹陷性骨折。

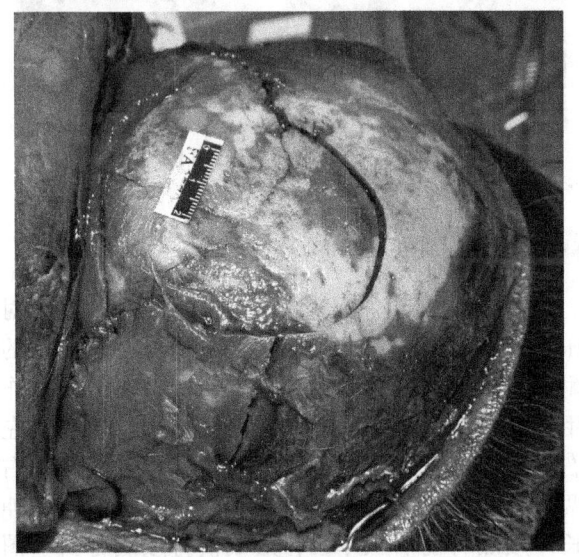

图6-14 颅骨凹陷性骨折

（三）孔状骨折

孔状骨折（perforating fracture）多见于高速

飞行的弹头所致，也见于带有尖端的物体打击头部。颅骨骨板贯通，形成穿孔。高速飞行的弹头以垂直方向打击颅骨，能迅速通过骨板形成孔状骨折，其典型所见为射入口颅骨内板骨折大于外板骨折口，即颅骨外板缺损小，内板缺损大，形成"喇叭"形创口，而射出口颅骨外板骨折口大于内板，断面呈漏斗状，根据此种所见可进行射入口与射出口的认定和射击方向的判定。

（四）粉碎性骨折

颅盖骨受到作用面积较大的暴力作用时，局部颅骨可断裂成多块骨片，碎骨片大小、形状不一（图6-15）形成粉碎性骨折（comminuted fracture）。可因一次性暴力作用所致，也可以因多次暴力打击形成。骨折碎片常呈龟裂状，局部可呈凹陷性，骨折碎片错位排列，可发生颅内硬脑膜破裂，并累及大脑组织，造成脑挫伤或挫裂伤。

颅盖骨的骨折线常向颅底延伸形成颅底骨折。部分案例中可见单纯性颅底骨折，常合并有口、鼻、耳等出血及引起眼周浸润性的皮下出血，取决于颅底骨折的部位。

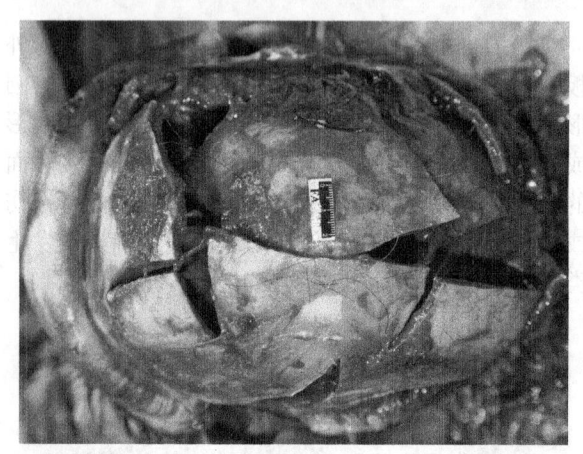

图6-15　颅骨粉碎性骨折

（五）颅底骨折

一般情况下，骨骼具有一定的可塑性，对压迫性作用力的耐受性较强，对伸展性作用力的耐受性较弱。当颅骨受到前后两侧施加的外力作用时，其前后径缩短，左右径则伸长，颅底骨左右被牵拉，可形成纵行颅底骨折。若在颅骨左右两侧施加外力，则颅骨左右径缩短，其前后则伸长，颅底骨前后被牵拉，形成横行颅底骨折（图6-16）。由于颅底凹凸不平，有较多的孔隙，骨折线多不规则。

高处坠落时，如两足或臀部先着地，暴力可通过脊柱传递至颅底，使第1颈椎与枕骨发生剧烈撞击，常于枕骨大孔周围发生环状骨折。头向下垂直坠落时，也可造成环状骨折，常合并颅盖骨骨折。

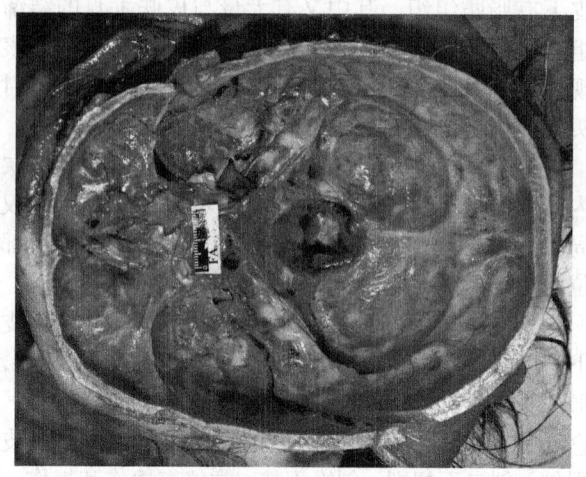

图6-16　颅底骨折

（六）对冲性骨折

对冲性骨折（contrecoup fracture），为暴力作用于颅骨时，力传导到远离着力点的部位，在颅底骨较薄弱处造成的骨折。如头顶部受打击时颅底薄弱处形成的骨折，或当枕部受打击时颅前窝的筛骨或眶板骨发生的骨折。

三、外力所致的颅内出血

当头部受暴力作用，可发生颅骨骨折，板障静脉、静脉窦、桥静脉、脑血管破裂等，血液聚集于颅内某一空间即形成颅内出血（intracranial hemorrhage）。按出血部位分为硬脑膜外出血、硬脑膜下出血、蛛网膜下腔出血等，是法医学实践中一类常见的颅脑损伤。

（一）硬脑膜外出血

颅内出血积聚于颅骨与硬脑膜之间，称为硬脑膜外出血（epidural hemorrhage；extradural hemorrhage）。大部分为外力直接作用引起颅骨骨折并伤及脑膜中动脉及其分支所致；少数由硬脑膜静脉窦或板障静脉损伤引起。约70%发生于颞部，其次为额顶部或颞顶部，少数硬膜外血肿伴有硬膜下血肿形成。通常硬脑膜外血肿症状并不在头部损伤后立即出现，而有一段从数小时至24h的无症状期，易被忽视，导致血肿不断加大，压迫脑组织，引起颅内压增高、脑功能障碍而死亡。硬脑膜外血肿多以急性为主，致死性出血量一般为50～

200ml，多在 100ml 以上。如果短时间内大量出血，可很快引起死亡。血肿存在于颅骨与硬脑膜之间，呈红果酱样，多为扁平状（图 6-17）。血肿体积大小不一，较大者直径为 10～12cm，厚度为 2～6cm，重量为 100～150g，严重者可达 400g。如果伴有硬脑膜破裂，血肿可同时存在于硬脑膜外和硬脑膜下。伤后 10 天以上的血肿呈紫黑色，中心部位液化呈褐色，血肿外形成肉芽组织包裹，并逐渐形成纤维性包膜或伴有钙化。血肿处局部大脑受压凹陷，中线结构向对侧偏移，可见海马沟回疝、小脑扁桃体疝等脑疝形成。

图 6-17　硬脑膜外出血

（二）硬脑膜下出血

出血积聚于硬脑膜与蛛网膜之间，称为硬脑膜下出血（subdural hemorrhage）。硬脑膜下血肿根据临床起病缓急可分为急性硬脑膜下血肿、亚急性硬脑膜下血肿、慢性硬脑膜下血肿三类。一般受伤 3 天内出现症状者为急性硬脑膜下血肿，4～21 天为亚急性硬脑膜下血肿，21 天以上者为慢性硬脑膜下血肿（图 6-18）。

一般发生于着力点的对侧部位，有的在着力点或其附近。出血来源多为汇入上矢状窦的桥静脉撕裂，其次为皮质血管破裂、静脉窦撕裂或脑皮质挫裂伤。血肿主要见于额顶叶或整个大脑半球的硬脑膜下。由于血肿可沿硬脑膜下腔隙发生扩散，在伤后短时间内不一定出现明显的脑压迫症状，多在 3 天至 3 周内出现症状，呈亚急性过程。有些案例在伤后 3 周以上出现症状，呈慢性经过。

图 6-18　硬脑膜下出血

急性和亚急性硬脑膜下血肿分布较广。急性硬脑膜下血肿呈新鲜暗红凝固的血液，表面光泽、湿润，无机化，无包膜形成。以大脑半球背侧面最常见，可累及额叶、枕叶及颞枕叶的腹侧面。有的可发生于大脑半球凸面，颅后窝极为少见。急性硬脑膜下血肿常伴有脑挫伤和脑疝形成，伤后可出现持续昏迷，昏迷进行性加深。亚急性者血肿开始发生液化，红细胞及纤维素逐渐崩解，凝血块变棕色；镜下可见巨噬细胞，有些吞噬了红细胞后形成含铁血黄素。慢性硬脑膜下血肿常在头部外伤较轻微的情况下发生，受伤后并未立即引起注意，多在伤后数周或数月才逐渐出现脑神经症状。通常血肿直径约数厘米，厚1～2cm，重10～100g。血肿周围形成包膜，包膜内的血肿逐渐分解为液体，渗透压增高，脑脊液和包膜内新生的毛细血管内的水分不断渗入，同时毛细血管又可发生破裂出血，使血肿体积逐渐增大，因而逐渐出现症状；最终因进行性颅内压增高，导致脑功能障碍而死亡。多次间断打击引起的硬脑膜下血肿可较大。血肿多为卵圆形或碟形。出血量大者可累及一侧或两侧大脑半球，出血量重可达200g。多次出血者，血肿形状常不规则或呈层状结构。出血后存活一段时间才死亡者，大脑可发生压迫性萎缩。慢性硬脑膜下血肿者由于初期出血速度较慢，出血量不多，一般在受伤后3～4个月发生死亡，需要进行法医学鉴定，确定死亡与外伤的关系。

（三）蛛网膜下腔出血

头部受外力作用，引起软脑膜、脑皮质等血管破裂，血液聚集在蛛网膜与软脑膜之间，为外伤性蛛网膜下腔出血（traumatic subarachnoid hemorrhage）。与脑底部动脉瘤或发育不良的脑血管破裂所引起的自发性蛛网膜下腔出血不同，外伤性蛛网膜下腔出血者常伴有颅骨骨折、脑挫伤，出血主要位于脑挫伤的部位。由于脑脊液具有抗凝作用，血液可通过脑脊液沿蛛网膜下腔扩散，分布于大脑半球其他部位，并聚积于脑室内。

打击下颌、颈部、项部、顶部及头部呈挥鞭样运动时，特别是头部发生扭转时，可造成脑底动脉或分支受牵拉发生撕裂或椎动脉在进入颅内处发生破裂，引起弥漫性蛛网膜下腔出血（图6-19），常可在短时间内导致死亡。外伤性蛛网膜下腔出血案例多发生于饮酒，特别是大量饮酒后，表明酒精对蛛网膜下腔血管破裂出血具有一定的促进作用，其机制主要是酒精具有扩张血管作用，使血管壁相对变薄，受牵拉时更易发生破裂。另外，大量饮酒后人的自我保护意识和能力下降，在头部受到外力作用时易出现挥鞭样运动。

因日射病、白血病、CO中毒、感染、窒息、药物过敏等死亡的案例中也可见到少量的蛛网膜下腔出血，需要鉴别自发性蛛网膜下腔出血与外伤性蛛网膜下腔出血。

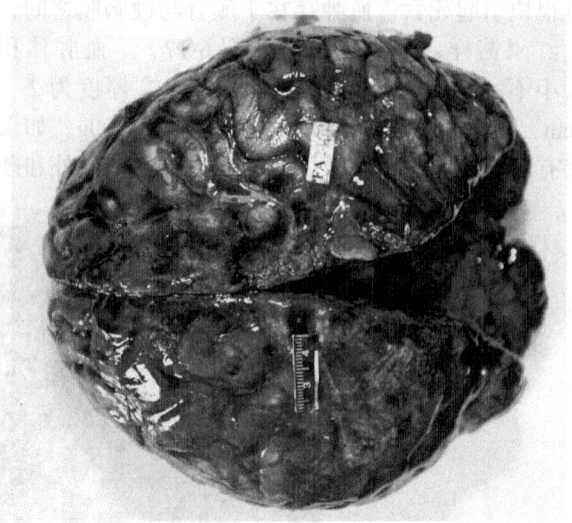

图6-19　外伤性弥漫性蛛网膜下腔出血

四、脑 损 伤

头部受钝性外力作用后，不仅可以造成头皮和颅骨的损伤，更重要的是还经常引起脑组织损伤。根据脑组织是否与外界相通，分为开放性脑损伤与闭合性脑损伤两类；根据发生的时序性可分为原发性、继发性和迟发性脑损伤，主要表现为以功能性损害为主和以形态学改变为主或合并功能性损害等损伤形式。原发性脑损伤主要包括脑震荡、脑挫（裂）伤、弥漫性轴索损伤；继发性脑损伤主要包括外伤性脑梗死、外伤性癫痫、外伤性脑积水等，其他继发性损害还包括急性呼吸窘迫综合征及心肌损害；迟发性脑损伤主要为外伤性迟发性脑出血。

（一）脑震荡

脑震荡（cerebral concussion）是头部遭受外力作用后即刻发生的短暂性中枢神经系统功能障碍，主要为短时间意识障碍。多发生于头部处于自由活动状态时外力作用于头部，如头部受到棍棒的打击，或者摔跌时头部碰撞地面所致。主要表现为头部受外力作用后，立即出现意识丧失，持续时间自几秒到若干分钟，轻者短时间内恢复正常，重者昏迷持续时间一般不超过半小时，也可伴有一段时间的头痛、头晕及轻度恶心、呕吐等症状，通常不遗留后遗症。意识恢复后，受伤当时情况可被遗忘，称为逆行性遗忘症（retrograde amnesia）。目前，认为脑震荡时意识障碍主要是脑干网状结构受伤所致。脑震荡本身不引起死亡，轻度或中度脑震荡通常无明显形态学改变。可出现部分脑组织高度充血及水肿，另一部分脑组织呈缺血性变化。因此，脑震荡主要表现为脑功能障碍，而无明确或特征性的脑组织形态学改变。

（二）脑挫伤

头部受外力作用引起的脑组织出血、坏死，称为脑挫伤（brain contusion），以局部脑组织结构碎裂破坏、出血为主的损伤也称为"脑挫裂伤"。头部受外力作用而发生加速运动时，着力处局部脑组织发生的损伤称为冲击性脑挫伤（图6-20），多发生于运动中的致伤物打击头部。发生于头部受外力作用点对侧区域的脑组织损伤，称为对冲性脑挫伤，多见于跌倒时头颅撞击外界物体而形成。一般静止状态的头受到外力作用时，常产生冲击性脑挫伤，对冲性脑挫伤少见或缺如；运动中的头部撞击在相对静止的物体上（如地面），常发生对冲性脑挫伤，且挫伤范围较大，损伤程度较严重（图6-21），而冲击性脑挫伤相对较轻。如摔跌过程中头枕部着地，在大脑额叶及颞叶部位可见较广泛的对冲性脑挫伤，而枕叶挫伤较轻或缺如。挫伤灶除了发生在大脑表面外，也可发生在脑中线部位的深部组织，如胼胝体、前连合、视丘、下丘脑及脑干等部位，可呈点状、线状，甚至形成血肿，累及范围可较广泛，称为中间性脑挫伤（intermediate cerebral contusion）或脑内损伤（inner cerebral trauma）。

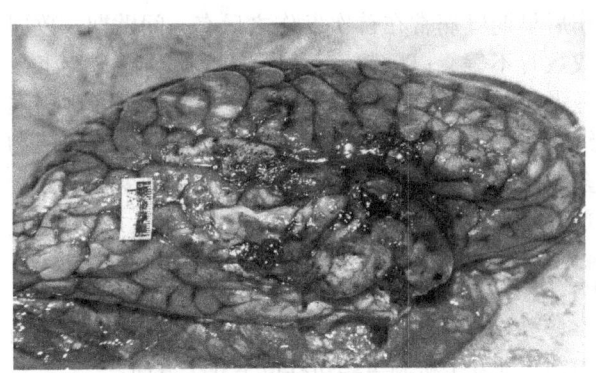

图 6-20　右侧颞叶冲击性脑挫伤

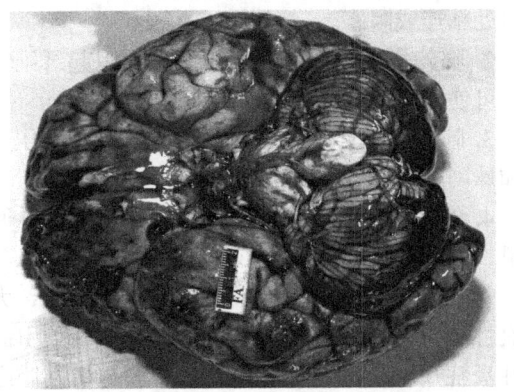

图 6-21　双侧额叶及右颞叶对冲击性脑挫伤

典型的脑挫伤主要为脑皮质的浅表、散在性簇状出血点或垂直的细条状出血，也可累及脑白质；切面脑挫伤灶略呈楔形，楔形的底面朝向脑膜侧，尖部伸向皮质下，可发生在一至数个脑回，挫伤的脑组织破坏程度可不一致。严重脑挫伤者，出血灶部位的脑组织碎裂、软化。如能存活，坏死的脑组织被吸收，逐渐机化，形成纤维化胶质瘢痕，局部脑回结构不清，呈褐色塌陷状，可成为外伤性癫痫发作的病变基础。

（三）弥漫性轴索损伤

弥漫性轴索损伤（diffuse axonal injury，DAI）是头部受到损伤后发生的一种原发性弥散性脑组织损伤，多见于交通事故，其次为高坠、头部受钝力打击。损伤部位主要为大脑白质、胼胝体、脑干或小脑白质，较为弥漫。有关弥漫性轴索损伤发病机制尚不清楚，一般认为头部受外力作用使颅内脑产生旋转加速度和（或）角加速度，在脑组织内部产生剪切力，使神经轴索和血管发生折曲损伤，导致DAI的发生。

根据损伤的严重程度可将DAI分为轻、中、重三型。

1. 轻型DAI　较少见，表现为头部损伤后昏迷持续时间为6～24h。临床上约30%的受伤者可出现去大脑强直或去皮质强直发作，但可很快消失，大部分伤者愈后较好。

2. 中型DAI　最常见的一种类型，头部损伤后昏迷持续时间在24h以上，但不伴有突出的、持续较长时间的脑干病症。约35%的该型病例临床可出现一时性或短暂的去大脑强直或去皮质强直发作。伤后3个月，部分病例可痊愈。与重型弥漫性轴索损伤的区别在于该型去大脑强直发作较重型为少，且无交感神经活动增强病症，如高血压、多汗或高热等。

3. 重型DAI　头部受外力作用后即陷入深昏迷，持续时间长，并持续出现去皮质发作或去大脑强直发作，同时出现交感神经增强病症。仅少数受伤者愈后恢复良好，常遗留有严重智能缺损或双侧感觉运动障碍，多数受伤者死亡，少数人呈植物状态。

临床上，弥漫性轴索损伤的诊断多依赖CT、MRI等影像学技术，主要表现为：①弥散性双侧脑白质水肿、脑肿胀、灰白质界线不清；②脑室、脑池、脑沟及蛛网膜下腔变窄或消失，无中线移位；③脑弥散性肿胀伴白质内弥散性点、片状出血，但未形成血肿，无占位性效应；④可伴有硬脑膜下薄层出血。病理组织学检查中，可见神经轴索节段性肿胀、断裂、轴索浆外溢、收缩球形成等改变。但伤后要经过一定时间才会形成此病变，最常见于胼胝体，其次是大脑脚、脑顶部近中线的白质区等部位。伤后1天左右，在HE染色的切片上可以观察到；伤后15～18h，通过镀银染色可见到。应用免疫组织化学染色技术进行β-淀粉样前体蛋白（β-amyloid precursor protein，β-APP）染色，在伤后3h的脑组织中即可观察到收缩球。轴索断裂后形成的收缩球可存在一段时间，在伤后存活6周后死亡者的脑组织中仍可见到，伴周围小胶质细胞聚集。但在脑梗死、出血灶的周围也可见到轴索的收缩球形成。

（四）外伤性迟发性脑出血

头部外伤后经过一段时间后发生的脑出血，称为外伤性迟发性脑出血（delayed post-traumatic hemorrhage）或外伤性迟发性脑卒中（delayed post-traumatic apoplexy）。其发生机制尚不清楚，一般认为是头部受外力作用导致脑内血管壁损害，引起血管壁继发性变化、出血所致。多在头部外伤后3周内突然发生脑出血的症状，也有在伤后半年，甚至1年者发生脑内出血。一般特点是常有陈旧性脑皮质挫伤；脑内出血发生在脑白质区，形成血肿。组织学检查可见出血区周围有散在血管周围出血，血管变薄，呈明显扩张、充血状态。认定外伤性迟发性脑出血时，必须非常慎重，必须与动脉硬化或脑血管畸形等疾病所致的脑内出血相鉴别。外伤性迟发性脑出血的鉴定易引起争议，需要通过案情调查、病理学检查等明确死者死前是否患有高血压、脑动脉粥样硬化及脑血管畸形等病变。

（五）外伤性脑梗死

因颅脑外伤后发生颅内血肿或脑水肿，引起颅内压升高，压迫颅内血管，导致供血部位脑组织坏死、出血，称为外伤性脑梗死（post-traumatic cerebral infarction），属于颅脑外伤后的继发性脑损害。病变的分布多见于脑疝发生部位的脑皮质，也见于扣带回、海马回、苍白球、中脑和脑桥、大脑枕叶等处。中脑的梗死常先发生于中线及中脑被盖部，继而累及脑桥被盖部，严重者可致命。大脑枕叶病变是由于大脑后动脉受压，致枕叶特别是距状沟的视皮质发生坏死出血，如患者幸存，会发生对侧的同侧性偏盲。其病变常发生在皮、髓质交界区，严重者累及皮质全层。皮质神经细胞的缺氧或缺血性病变明显；坏死出血区内呈高度淤血、水肿改变，常伴有出血、白细胞浸润及胶质细胞反应。如果颅底骨折伤及大脑中动脉可能会造成局部动脉夹层形成，引起继发性脑梗死。

（六）外伤性癫痫

外伤性癫痫（posttraumatic epilepsy）是颅脑外伤后脑损害所引起的一种继发性癫痫，可发生在伤后的任何时间，其发生率为0.1%～50%。根据伤后出现癫痫的时间不同，可分为早期和晚期发作两类。早期发作多出现于伤后1周内，常因脑挫伤、凹陷性骨折、蛛网膜下腔出血、颅内血肿、急性脑水肿等引起。晚期发作多发生在伤后3个月以上，常因脑损伤后脑挫伤处瘢痕形成、脑萎缩、脑室穿通畸形、脑脓肿等引起。

外伤性癫痫常发生于年轻成人，以20～40岁为多；80%～90%发生于男性；具有癫痫家族史的患者伤后更易于发生癫痫。并非所有的脑外伤患者都发生继发性癫痫，发病的时间、情况不同，差异也很大。遗传因素与外伤癫痫亦有一定关系。一般说来，脑损伤越重并发癫痫的机会越大，并且开放性脑损伤较闭合性者多。癫痫的发生与以下5种因素有密切关系：颅骨凹陷骨折、脑膜-脑皮质损害、伤后出现神经系统症状和体征、颅内血肿、外伤后遗忘。伤后出现前述因素越多，越易发生外伤性癫痫。通常额叶脑瘢痕常引起无先兆的大发作；中央-顶区的病灶多为肢体的运动性或感觉性发作；颞叶损害表现为精神运动性癫痫；枕叶则常有视觉先兆。外伤后早期癫痫常在首次发作之后有一间歇期，数周或数月不等，以后频率逐渐增高，在3～5年半数患者可能有所好转，或趋于停止。部分患者中仍继续有所发作，但频率不足，程度较轻者抗癫痫药物多能控制。另有少数患者癫痫发作频繁，甚为顽固，预后较差。

（七）外伤性脑积水

外伤性脑积水属于颅脑损伤后的一种继发性脑损害。其发生机制主要包括以下几个方面：

1. 脑外伤后引起导水管、第三脑室或第四脑室出口处粘连或阻塞。

2. 脑外伤后发生蛛网膜下腔出血引起纤维性粘连，可使脑脊液循环受阻而引起。

3. 脑外伤引起脑缺血缺氧出现水肿，压迫脑池和蛛网膜下腔。

4. 外伤引起颅内大静脉窦的阻塞，使静脉回流受阻、脑脊液吸收障碍等。

但主要机制是脑挫伤后蛛网膜下腔出血，大量的血性脑脊液对脑膜将产生强烈的刺激，可引起无菌性炎症反应，因此，可以在软脊膜与蛛网膜之间发生粘连，甚至堵塞蛛网膜绒毛，从而造成脑脊液的循环和吸收障碍。这与化脓性脑膜炎所造成的蛛网膜下腔梗阻引起的脑积水相类似，即由脉络丛产生的脑脊液虽然可以流出脑室，但却受阻于蛛网膜下腔而在脑基底池、环池及侧裂池等处阻碍脑脊液经脑凸面循环至蛛网膜粒吸收。

由于外伤性脑积水属于一种慢性病理性进展过程，因此，在尸体解剖中可见侧脑室明显扩张，内含有大量脑脊液，脑实质萎缩，脑皮质变薄；可见白质区广泛性髓鞘变性。

约有10%的重型颅脑外伤患者发生脑积水，在头部外伤的急性症状消失后，伤者出现逐渐加重的精神症状，表现为意识淡漠、呆滞、易激惹、语言单调、对外界刺激反应迟钝、步态不稳、共济失调、下肢僵硬、震颤麻痹样症状等。

案例 6-2

李某（男，67岁），12月10日，因机动车交通事故中受伤、昏迷被送往医院救治。经影像学等检查，诊断为"多发外伤、脑外伤、脑梗死、右股骨大转子骨折、右腓骨近端骨折、左额骨骨折"。12月20日，患者血氧饱和度明显下降，给予气管插管及呼吸机辅助通气等抢救措施。12月31日，经心肺复苏等抢救无效死亡。

尸体解剖中，见颅枕部皮下散在点、灶状出血；右侧股骨粗隆部位线状骨折，伴局部皮下及肌肉出血；右腓骨上段骨折，伴右小腿皮下及肌肉广泛性出血。胸骨于第5、6肋间骨折，骨折断端未见出血。左侧第3、4肋骨于腋前线处骨折，骨折断端未见出血。右侧第4、5肋骨于腋后线处骨折，骨折断端未见出血。双侧胸腔少量淡黄色液体，脏壁胸膜多发性纤维性粘连。腹腔大网膜菲薄、游离，未见积液。大脑蛛网膜透视度良好，蛛网膜下腔血管轻度扩张、淤血。脑底基底动脉及双侧颈内动脉散在灶状粥样硬化斑块形成。冠状切开大脑、小脑及脑干，见大脑各切面白质区、胼胝体、脑桥及小脑白质齿状核周围较弥漫散在点、灶状出血。心重300g，心外膜光滑，外膜下较弥漫性脂肪沉着，以右心室表面为著。左、右心室内膜光滑。主动脉根部可见散在灶状粥样硬化斑块。左冠状动脉对角支管壁粥样硬化斑块形成，管腔狭窄Ⅳ级，管腔通畅；左旋支、右冠状动脉及分支管壁未见异常，管腔通畅。心肌切面未见异常。左肺重1350g；右肺重1200g。双肺膨隆，浆膜增厚，质地较实；双肺各叶叶间隙散在纤维性粘连。双肺切面含液量较多，可见散在灶状乳白色化脓性改变。经原位打开右心室流出道、肺动脉及左、右肺动脉，未检见血栓栓子。其余内部器官未见异常。

病理组织学检查，见大脑蛛网膜下腔及脑实质内小动脉管壁呈硬化性改变，小静脉扩张、淤血。脑内少数血管周围可见棕褐色颗粒状含铁血黄素样物沉积。弥漫性胶质细胞增生。可见神经元噬神经细胞现象及卫星现象。血管周围间隙显著增宽。大脑皮质偶见软化坏死灶形成。脑白质区、胼胝体、脑桥及小脑可见散在灶状出血及筛网化灶、软化灶。其中，筛网化或软化灶内神经纤维崩解、断裂、肿胀，部分伴有灶状出血。有处软化灶内肿胀的神经纤维嗜伊红染色增强，并可见散在圆形或椑圆形嗜伊红性收缩球形成。有处软化灶内可见散在格子细胞，少数软化灶内可见新生的毛细血管。心脏局灶性外膜增厚，局部心外膜下散在灶状淋巴细胞聚集，心外膜下冠状动脉管壁轻度增厚。心肌可见散在灶状心肌纤维化。间质小动脉管壁增厚。肺浆膜增厚，局部肺泡腔内充满以中性粒细胞为主的白细胞及片、灶状肺泡腔内出血和纤维组织增生等。间质小静脉扩张、淤血，小动脉管壁呈硬化性改变。细支气管管壁散在淋巴细胞及中性粒细胞浸润，管腔内充满中性粒细胞为主的白细胞。其余内部器官主要为小动脉呈硬化性改变，静脉扩张、淤血。

问题：

1. 根据尸体解剖、病理组织学检查，并结合委托单位提供的案情和病历资料，分析李某的死亡原因是什么？
2. 本案例的鉴定要点有哪些？

第五节 损伤的检验及法医学鉴定

机械性损伤的检验与鉴定是法医病理学实践中重要的工作之一。很多情况下受伤者死亡前均经过临床救治，临床病历中有关损伤的检验、描述和记载及实验室检验结果等可为法医学鉴定乃至司法机关的案件处理提供重要的参考依据。因此，临床医生和法医工作者均需要学习和掌握对损伤的规范性检验与描述，无论损伤的程度如何，都需要认真、细致地检验、记载。

一、损伤的检查和记录

机械性损伤是法医实践中常见人体损伤类型，而临床医学工作者特别是外科医生也经常接触到外伤的患者。受伤者会在第一时间被送到医院进行救治，对于开放性损伤，如皮肤及皮下软组织的刺、切创、挫裂创、颅骨骨折伴颅内出血或同时伴有脑挫裂伤等，需要进行清创缝合或颅骨开窗颅内血肿清除等手术治疗，会改变损伤的形态所见或去骨瓣后使颅骨骨折所见缺失或不全。很多情况下，损伤可能不一定导致死亡，但通过询问病史和损伤的检查、描述，可为侦查部门提供更早、更详细的案情资料及基本上接近于原始状态的损伤性所见，为以后法医学相关事项的鉴定，如致伤物推断、损伤时间推断、损伤与伤残程度的鉴定、与治疗过程中形成的医源性损伤鉴别及案件侦破、审理提供重要的信息和证据。因此，临床医生在检查和治疗损伤时，需要采用规范性术语系统和详细的检查、描述，并记录各种不同类型和程度的损伤、累及的范围等，有条件情况下应协助拍照。在检查和治疗机械性损伤时，需要注意以下几方面事项：

1. 损伤的描述与记录 全面系统检查各部位损伤，并按人体解剖学标志记录损伤的部位、数量、大小及相互关系；使用规范的专业术语描述损伤的类型。

2. 检查原则 按由主到次、由上到下、由左到右、由前到后和由表及里的顺序记录损伤的部位、数量。描述损伤的形态时可采用几何术语，如圆形或类圆形、卵圆形、弧形、线状、条状或常见物体名称等进行描述，避免直接使用诊断性术语描述。测量损伤时，如长度、宽度和深度等应使用国际标准单位cm或mm记载损伤大小。详细记录损伤部位组织或创腔内附着或残留的异物，如致伤物碎片、泥沙等；实施颅骨开窗术时，应描述颅骨开窗术区颅骨是否有骨折、骨折形态、硬脑膜及脑损伤情况，应记录出血量等。对于手术切除的损伤组织或器官，在常规临床病理检查后，应妥善保管剩余的器官或组织，以备进一步检验。对于可疑胸部损伤的患者还应特别注意是否有肋骨或胸骨骨折，如有骨折应详细描述骨折的部位、数量等，为法医学鉴定中鉴别因心肺复苏术中形成的肋骨或胸骨骨折提供重要的依据。

3. 损伤并发症的记录 应详细记录损伤并发症的临床表现、诊断依据，特别是严重的一过性功能障碍，如生命体征的变化、休克症状等，因危及生命的病理生理表现，在恢复后将缺少客观的指征。

4. 系统尸检与记录 在对机械性损伤后死亡者进行尸体解剖检验时，除了体表检验外，还要全面系统地检查内部器官组织是否有损伤，对于宏观检查不能确定的可疑组织损伤，还需要进行病理组织学检查。依据案情和鉴定需要，必要时提取血液、胃内容物、尿液或肝、肾组织等进行毒物检测；提取血液、骨骼肌或肋软骨等进行DNA分析。对于临床上已清创缝合的创口，在检查缝合的创口后，应将缝合线剪断，检查创口及创腔的形态。检查过程中还应进行拍照、录像或根据需要绘制简图等。

二、生前伤与死后伤的鉴别

生前伤（ante-mortem injury）即人体存活时形成的损伤，包括濒死期形成的损伤。死后伤（post-mortem injury）是指人体死亡后对尸体造成的损伤。法医学实践中，主要依据生活反应（vital reaction）区别生前伤与死后伤。生活反应包括局部生活反应与全身生活反应。有时，生前伤与死后伤鉴别较为困难，甚至难以鉴别，如尸体发生了高度腐败、溺死前或死亡过程中形成并经长时间水中浸泡的损伤等，由于器官组织发生较为严重的死后变化，采用现有的技术手段难以进行鉴别。

（一）通过局部生活反应鉴别

器官组织损伤后，损伤局部组织可产生一系列形态变化及生物化学反应，可通过这些组织伤后的变化鉴别生前伤与死后伤。

1. 出血 是判定生前损伤的重要依据。人体受伤后，血管中的血液可流出体外发生外出血，同时血液可流入组织间隙或体腔内。流入到组织间隙内的血液与凝集的纤维素网混合在一起，即使水洗也不能除去。一般情况下，死后血管中的血液处于流动状态时，如果解剖时损伤到血管，血液也可流出，但不易浸润到组织内，水洗可以除去。需要注意的是，软组织丰富、组织间隙较疏松的部位，特别是肌肉组织多的部位，如颈部皮下软组织，当进行解剖检验时如果损伤到血管时，血液也可进入到肌外膜、肌束膜或肌纤维间隙，造成局部血液浸染，易被误认为局部出血。临床治疗过程中因静脉注射、手术等也可引起组织出血，应区别医源性损伤与案件或事件中形成的损伤。需要注意的是由于尸体在存放过程中，特别是尸体经冷冻保存解冻过程中红细胞发生溶解，血红蛋白释放可使原有的皮下出血范围扩大；或皮下血管中的血红蛋白会通过血管壁渗透并浸染周围组织，产生类似于皮下出血的所见，需要加以鉴别，防止被误解。

2. 创口哆开 人在生活状态时，皮肤、肌肉、肌腱及动脉等组织具有一定的弹力和张力，这些组织完整性受到破坏时，因创缘的皮肤、肌肉、血管发生收缩，创口呈哆开状。死后由于组织失去弹性及收缩功能，死后形成的皮肤创口哆开不明显，但在死后不久形成的死后创口也可见到创口哆开。因此，创口哆开对于鉴别生前与死后伤意义不大。

3. 炎症反应 组织损伤后，局部组织发生炎性充血、水肿、渗出、增生及修复等一系列炎症反应和修复过程；局部组织内酶活性增高，炎症介质，如组胺、5-羟色胺等含量增加。这些炎症反应和生物化学变化均可用于生前伤的判定。

濒死期所造成的损伤，损伤部位生活反应微弱，有时通过宏观和组织学检查也难以与死后伤鉴别。有研究表明，通过扫描电子显微镜观察创腔内渗出的纤维蛋白可以进行濒死伤的诊断。

（二）通过损伤后的全身性生活反应进行鉴别

1. 栓塞 脂肪栓塞、空气栓塞、组织栓塞、血栓栓塞等均属于生活反应。

2. 大量失血征象 如果器官组织损伤后发生大量失血，皮肤、黏膜及各器官可呈颜色苍白或色淡等大失血性所见，并常见左心室室间隔侧心内膜下形成片、灶状出血改变。

3. 全身感染 组织损伤后，特别是污染严重的开放性损伤，可因局部组织感染、化脓并扩散，造成败血症、脓毒血症等。

4. 吸入或咽下血液 颅底骨折、颈部切伤后，流出的血液可被吸入气管、支气管，甚至肺内细支气管或肺泡中，在肺部形成散在的血液吸入岛；血液也可被咽入胃内。

三、损伤时间推断

损伤时间（wound age）是指由器官组织受到损伤到进行损伤检查时所经过的时间。损伤时间推断（wound age estimation）是指根据创口或损伤组织的炎症反应和愈合过程中的宏观、病理组织形态学变化及各类生物化学指标的检测等进行损伤经过时间的判定。但由于受到损伤的类型、多种体内外因素、器官组织结构差异及检验、检测技术的影响，还不能准确判定损伤时间。因此，法医学实践中准确地推断损伤时间仍是一个世界性的难题。

（一）根据损伤的宏观形态学变化推断损伤时间

通过损伤的宏观形态学变化推断损伤时间主要适用于皮肤软组织损伤，由于受到检验的指标变化的时序性宽泛、缺乏定量性检测手段、个体差别、是否接受过治疗及损伤程度不同等多种因素影响，只能做出大致的损伤时间推断。

1. 皮肤擦伤 伤后2h，擦伤创面湿润，擦伤表皮剥脱面低于周围组织。伤后3～5h，渗出的组织液蒸发，创面干燥、结痂。伤后12～24h创面结痂与周围皮肤高度大致相平。伤后1～2天，痂皮形成并高出周边组织。伤后3～7天，痂皮的边缘开始与表皮分离。伤后7～12天，结痂可完全脱落。根据上述损伤的肉眼所见可大致推断皮肤擦伤的损伤时间。

2. 皮内及皮下出血 由于红细胞破裂，血红蛋白分解，氧合血红蛋白逐渐变成还原血红蛋白或正铁血红素，胆红素氧化成胆绿素及含铁血黄素和胆红素而透过皮肤形成暗紫红、绿、黄等一系列颜色变化。根据这些颜色变化，可大致推断皮内或皮下出血的损伤时间。通常伤后1天皮内及皮下出血呈暗紫红色或青紫色；死后1～3天，呈紫褐色。伤后3～6天，呈绿色。伤后1～2周，由绿色转变为蓝绿色至黄色。伤后2周以后，黄色逐渐消退至正常色。

3. 皮肤创口 由于炎症反应，在伤后2天内创缘红肿、渗出、凝血，结痂形成。伤后2～3天，创口缩小，创底肉芽组织开始向创口生长。清洁的创口约2周可完全被增生的上皮细胞覆盖，但主要取决于创口大小。如果创口发生感染，则在伤后36h形成脓液。

（二）根据损伤愈合过程中病理组织学变化推断损伤时间

在尸体上推断损伤时间，除根据上述各种宏观所见外，还可取材进行组织学检查。大量研究和实践表明，组织损伤后的炎症反应及修复过程具有一定的时序性的组织学变化，根据其病理组织形态学变化可进行损伤时间的推断。依据病理组织形态学改变推断损伤时间，应注意组织损伤后的炎症反应及修复过程会受到多种因素的影响，包括组织结构完整性、创口的大小、创腔的深度、继发感染及组织结构的不同等。

1. 伤后 6～12h 纤维素渗出，以中性粒细胞为主的白细胞浸润等。

2. 伤后 12～24h 巨噬细胞数量增多，可见骨髓来源的纤维细胞（fibrocyte），该细胞随血液循环浸润到受损伤的组织中，具有分化为成纤维细胞的功能，参与组织损伤的修复；较小的皮肤创口，表皮基底细胞开始分化、增殖。

3. 伤后 3 天 创口内及损伤交界区出现成纤维细胞（少数由纤维细胞分化而来），并可见较多巨噬细胞。

4. 伤后 7 天 新生毛细血管形成，成纤维细胞增多，形成肉芽组织。

5. 伤后 2 周 胶原纤维组织增生，对于较小的创口，增生的上皮细胞可基本覆盖创口。

（三）根据损伤愈合过程中酶活性及细胞或化学因子含量变化推断损伤时间

对于伤后较短时间（<12h）内的损伤，还可采用组织化学方法、生物化学或蛋白印迹等技术检测组织中各种酶活性改变。也可采用分子病理学及分子生物学技术测定损伤组织中细胞、化学因子的种类和含量变化来进行损伤时间推断。

1. 组织化学变化 在紧靠创口的创壁组织称为创缘中央带，厚 200～500μm。研究表明，由于局部组织坏死，创缘中央区酶的活性进行性降低。此带周围的一层组织称为创缘周边带，厚 100～200μm。由于组织防御性反应，酶活性及含量增高。一般伤后超过 2h，三磷酸腺苷酶、脂酶、氨基肽酶活性增高；超过 4h，酸性磷酸酶活性也增高；伤后超过 8h，除上述酶活性增高外，碱性磷酸酶增高。

2. 炎症介质变化 采用生物化学技术测定损伤局部的组胺与 5-羟色胺的含量，与邻近的正常组织比较，发现组胺增加 1.5 倍以上、5-羟色胺增加 2 倍以上即可证明该损伤是在生前形成的。组胺在正常皮肤内含量甚低，皮肤受伤后 5min，该处组织内游离组胺含量升高，20～30min 达高峰。5-羟色胺含量的升高开始得更早，在受伤后 5min 内已很明显。

3. 细胞因子变化 组织损伤后，除多种细胞参与组织炎性修复过程外，大量各类细胞及化学因子也参与此过程，包括细胞凋亡过程中的各类因子及涉及组织损伤与修复的多种细胞内信号传导途径中的各类细胞与化学因子。实验研究表明，这些因子在组织损伤愈合过程中的表达均具有一定的时序性，其中以检测皮肤损伤后各种因子表达变化的研究为多。通过免疫组织化学染色、免疫印迹技术及 mRNA 检测技术检测这些因子的变化，可用于损伤时间的推断。但由于这些细胞或化学因子均受组织死后变化影响较大，且目前绝大多数为实验性研究，尚缺少经人体材料的验证，因此法医学实践中还是主要依据损伤愈合过程中病理组织学变化来进行损伤时间推断。

四、致命伤与非致命伤

广义上，凡能够引起死亡的损伤称为致命伤（fatal trauma），未引起死亡的损伤称为非致命伤（nonfatal trauma）。判定损伤程度，对判定加害人的刑事责任或判断某些事件中当事人的责任有密切的关系。

（一）致命伤

致命伤（fatal trauma）分为绝对致命伤和条件致命伤两种。

1. 绝对致命伤 不论在何种情况下对任何人都足以致死的损伤属于绝对致命伤（absolutely fatal trauma），如头颅崩裂、头颈断离、躯干离断、胸腹腔爆裂、脑和心严重而广泛的损伤等。

绝对致命伤一般在短时间内导致人体死亡，但并不一定在受伤后即刻死亡。如果受伤到死亡的期间内，脑组织还具有一定的功能，有可能做出有意识的行动。如一例用手枪自杀者，枪弹从下颌射入，损伤左侧颞叶、额叶后，从颅顶穿出，有一小块骨碎片及脑组织喷溅并黏附在屋顶天花板上；但此人还步行 150 余米，与他人说话，4h 后死亡。另一例胸壁被刺伤者，伤后步行 10 余米，6h 后死亡。尸体解剖中发现胸腔内有约 2000ml 积血，右心室壁贯通性刺创，冠状动脉离断，心包内大量积血。

2. 条件致命伤 只有在特定条件下才致命的损伤称为条件致命伤（conditional fatal trauma）。根据条件的不同，又分为个体条件致命伤和偶然条件致命伤。

（1）个体条件致命伤：是指由于个体内在的条件，使损伤成为致命伤。例如，患有脾大的人，受到外力作用易发生脾破裂，或凝血功能障碍者受到开放性损伤后，易发生大失血，因失血性休克死亡。

（2）偶然条件致命伤：是指损伤本身并非致命，由于某些外部条件影响使损伤成为致命伤。如硬脑膜外或硬脑膜下出血，未能得到及时救治等而死亡。

有些案例中，同时存在个体条件与偶然条件，共同使损伤成为致命伤。

(二)非致命伤

非致命伤（non-fatal injury）分为重伤、轻伤和轻微伤三种，程度严重的损伤经治疗后不一定能够痊愈，可遗留不同程度的残疾。有关内容详见本书中第十四章"法医临床"。

五、损伤的死亡原因

机体遭受机械性暴力作用之后，除了可以造成器官组织形态学破坏，机体还可以发生一系列功能变化。损伤后导致死亡的原因分为原发性和继发性两种。

(一)原发性死亡原因

原发性死亡原因是指机械性外力作用直接导致死亡的器官组织损伤或功能障碍，包括以下几种：

1. 重要生命脏器的严重损伤 生命重要器官，如心、脑、肺、肝等器官广泛性破坏。

2. 器官或组织内出血 心包内出血200～250ml可压迫心脏，形成心脏压塞致死。颅内出血100～150ml，可因颅内压增高致死。延脑、脑桥等部位少量出血即可致死。

3. 出血 急性大失血达全身血量的30%以上即可引起失血性休克而死亡。

4. 原发性外伤性休克 又称为急性外伤性神经源性休克，主要是体表或内脏的外周传入神经受到强烈刺激，如喉头、上腹部、外阴、精索等部位受打击，颈动脉窦压力瞬间改变，通过迷走神经反射，引起血压骤降、晕厥、心动过缓甚至停搏。

5. 功能障碍 如严重的脑震荡、延髓震荡、心或肺震荡等导致生命重要器官功能障碍而死亡。

(二)继发性死亡原因

继发性死亡原因是指损伤后继发其他并发症而死亡，死亡一般发生在损伤后数天、数周或数月。法医学鉴定时需要分析死亡与原发性损伤之间的关系。在死亡原因分类中，继发性死亡原因属于直接死因。

1. 感染 由损伤引起的感染见于三种情况：①由损伤直接引起细菌感染，如腹部损伤引起胃肠道破裂、继发腹膜炎；头部受伤引起脑膜炎、脑脓肿。②损伤使局部抵抗力降低，从而继发细菌感染，如闭合性骨折、闭合性颅脑损伤后发生脓肿，常发生于易受感染的人，如糖尿病、慢性酒精中毒、结核病等患者。③损伤后全身抵抗力降低，尤其老年人，可发生坠积性肺炎、肾盂肾炎、溃疡性结肠炎或化脓性压疮等。

2. 外伤性非感染性疾病 可分为局部的和远隔部位的继发性疾病。局部并发症如外伤性动脉瘤、颅骨凹陷骨折所致的脑受压、腹膜粘连引起的肠梗阻等。远隔部位的并发症如下肢和骨盆静脉血栓脱落引起肺动脉栓塞、下肢血栓形成引起坏疽、内分泌腺损伤引起内分泌功能紊乱等。如上述病情严重或得不到适当、有效的治疗均可引起死亡。

3. 继发性外伤性休克 也称为创伤性休克，是指外伤后因失血、骨折或广泛的软组织破坏而发生的休克，常可因有效循环血量急剧减少及损伤后剧烈疼痛、坏死物质及代谢产物吸收引起内中毒等而导致死亡。

4. 栓塞 机械性损伤后，脂肪、空气或组织碎片等可进入血液循环中，并栓塞于肺内小血管及肺泡壁毛细血管，造成肺栓塞。肺脂肪栓塞多见于长骨骨折或皮下脂肪组织广泛挫碎时，大量脂肪细胞被破坏，脂肪滴进入静脉，回流到右心室及肺内小血管和毛细血管。肺脂肪栓塞临床症状主要表现为进行性呼吸困难。大量栓塞时，可因右心衰竭、肺冠反射而迅速死亡。空气栓塞可见于颈静脉或锁骨下静脉的开放性损伤、硬脑膜静脉窦破裂等。发生空气栓塞时，空气进入肺内血管，阻碍肺血液循环。也有利用注射器在静脉滴注过程中将空气注入静脉进行杀人的案例。如果一次进入人体循环系统内的空气量超过100ml，数分钟内可致死。

5. 窒息 颅底骨折后，流出的血液可吸入气管、支气管引起窒息。颈部软组织广泛损伤出血，引起喉头、气管中出血或喉头水肿，通气受到阻碍，亦可致窒息。胸部或肺刺创可引起气胸，特别是高压气胸，可严重影响呼吸功能，引起窒息死亡。

六、致伤物推断

致伤物推断是指根据损伤的形态特征、致伤物上附着物等，结合现场勘查，对致伤物的类型、大小、质地、重量及作用面形状等特征进行分析、判断的过程，是法医学实践中损伤鉴定的一项重要内容。

有些损伤的形态能反映出致伤物的形状，有些损伤的形态所见不具有特征性。损伤的形态特征与体表受打击处的结构特点及力的作用方向、力的大小、打击次数等多种因素有关。有些情况下，多种致伤物可能形成类似形态的损伤，不同的致伤物有时可造成形态非常相似的损伤。反之，同一致伤物以其不同作用面或以不同的力打击身体或作用于身体的不同部位时，也能形成不同形状或不同性质的损伤。因此，并非每个案例都能准确地推断出致伤物，而只能推断出致伤物的大致种类或某些性质，如只能推断致伤物为钝器或锐器或具有一定的重量、有棱角等，有时甚至难以通过损伤形态所见进行致伤物推断。

（一）根据损伤形态推测致伤物

1. 根据有无组织缺损，创口形状，创缘是否平整，创口周围皮肤有无擦伤或挫伤，创壁是否光滑、有无组织间桥，创底的形态，有无骨折，创口周围有无火药粉末或烟晕等，推断损伤是否由钝器、锐器或火器所致。

2. 根据损伤的形态特点推测致伤物的形状、大小、长度、厚度、棱角或其他特征。皮肤上形成的"竹打中空"，应属于棒状物体所致；带有花纹的轮胎、皮带铁扣、活动扳手上突出的螺丝可造成特征性的皮肤擦伤或皮下出血。

根据切创或砍创的长度。难以推测锐器刃口的长度。全刃砍入所形成的砍创，其创口长度可以反映刃口的长度。刺创形态可推测刺器为单刃、双刃或三棱形，刺器的宽度及长度。剪创中的夹剪创可推测剪刀的最小长度。剪刺创可推测剪刀背厚度。

枪弹创分为由来复枪发射的弹头和霰弹枪发射的弹丸所致的损伤，两类枪支发射的投射物形成的损伤均具有一定特征性，一般情况下，根据损伤的形态特征可以判断出相应的火器伤。对于弹头所致的损伤，如体内留有弹头，可从弹头的大小判断枪支的种类；如无弹头，可按射入口推测弹头的直径。但要注意射入口大小受射击距离、射击角度及受损伤的组织结构等因素的影响。

3. 不同形状的头皮的挫裂创，可能提示致伤物的接触面。如棍棒所致挫裂创呈长条形，有时一端分叉；铁锤、哑铃、锄背所致挫裂创呈弧形；斧背或砖块棱角所致挫裂伤呈小三角形；由方形或长方形具有棱边的物体的棱角所致挫裂创呈"U"形等。

从颅顶骨骨折形态很容易推断损伤系钝器、锐器或火器造成。如圆形凹陷骨折或穿孔，多由一端具有较小的圆形平面或球形体造成，如铁锤、哑铃、鹅卵石等；三角形凹陷系棱角垂直打击形成；舟状骨折则多数是棍棒造成等；颅骨粉碎性骨折可能是暴力多次打击或一次遭受巨大物体的严重暴力打击所致。颅底骨折可由颅盖骨的骨折线向下延伸所致，或为间接暴力所致，如高坠时足先着地。

（二）根据创内异物的检查推测致伤物

创内如有残留的碎刀片、碎木片、碎石片、泥沙、油漆残片、创缘油垢或碎屑、枪创射入口上附着的金属成分等均有助于认定致伤物的种类，并可与嫌疑凶器特征进行对比，进行致伤物的同一认定。

（三）根据衣服上痕迹推测致伤物

人体绝大部分被衣物所遮盖，因此衣物是最易与致伤物接触的部分。检验损伤时，应首先对衣着进行检查。衣服上的车辆轮印、相应的油垢或泥沙有助于推断损伤属于车辆所致；刀刺人体时在衣着上形成的破裂口常能较准确地反映出刀的宽度；枪弹损伤案件中，通过检测衣服上的破口擦拭圈或遗留的火药粉末可有助于枪弹种类的判断。

（四）致伤物上附着物的检查

致伤物上除可能留有指纹外，还可有伤者的血痕、毛发甚至组织细胞，或黏附有受伤者衣服上的纤维，通过检查致伤物上附着的这些成分，均可用于对致伤物的同一认定。

复习与思考题

1. 影响机械性损伤形成的因素有哪些？
2. 法医学中擦伤的重要性有哪些？
3. 擦伤有哪几种类型？各有何特点？
4. 挫裂创、切创、刺创各自的形态学特点是什么？
5. 坠落伤的特点是什么？
6. 颅骨骨折的类型有哪些？如何判断颅骨受打击的次数？
7. 枪弹创的种类有哪些？典型枪弹创及霰弹创的形态特征是什么？
8. 枪创的法医学鉴定要点有哪些？
9. 原发性死亡原因有哪些？
10. 损伤检验时应注意哪些问题？如何认识临床实践中损伤检验的重要意义？
11. 如何进行生前伤与死后伤的鉴别？
12. 推断损伤时间的方法或技术手段有哪些？
13. 如何进行致伤物的推断？
14. 什么是致命伤、绝对致命伤和条件致命伤？

（官大威　陈　鹤）

第七章 物理因素损伤

【目标要求】

掌握：烧伤与烧死、电击伤与电击死、冻死的概念及形态学改变；电流斑的概念及其形态学特点。

熟悉：生前烧死与死后焚尸的鉴别；电流对于人体的作用。

了解：烧死、冻死和电击死的法医学鉴定；中暑死与雷击死的概念；气压损伤与辐射损伤的概念。

> **案例 7-1**
> 某日，李某看管的林地失火，李某与同伴上山救火，事后同伴发现李某躺在地上，全身烧伤严重，已经死亡。法医检查时发现死者四肢呈屈曲姿势，气管腔壁上可见黑色烟灰炭末，枕部可见硬膜外热血肿。
> 问题：
> 1. 引起李某死亡的原因可能是什么？
> 2. 本案例的死亡性质（自杀、他杀、意外）是什么？应该如何判断？
> 3. 本案例在法医学鉴定中应该注意什么？

物理因素损伤（physical factors injury）是指各种物理因素作用于机体所引起的损伤。其中，高低温损伤与电流损伤最为常见。热损伤又可分为高温损伤与低温损伤最为常见。高温损伤有烧伤、烫伤、日射病和热射病；低温损伤则可造成冻伤与冻死。除高低温损伤外，电流、气压、声、光等物理因素均可造成人体损伤。因电能、化学物质、放射活性物等引起的损伤在临床上也被认为是烧伤，但在形态与发生、预后等方面各有其特殊性，分别称为电（流）烧伤、化学烧伤和放射烧伤。

第一节 烧伤与烧死

广义的烧伤是指机体组织因接触火焰、高温固体、化学品（如腐蚀物）、电（电流或雷电）、摩擦、辐射或电磁能等而形成的损伤。一般而言，以火焰或高温固体（如炭块、金属块等）引起的损伤称为烧伤（burn）；由高温气体或液体等引起的损伤，称为烫伤（scald）。在法医学实践中，两者虽其致伤物不同，但成伤机制和形态学改变相似。

一、烧伤程度的评价

烧伤多见于生产或日常生活的意外事故或蓄意伤害，属法医临床的检测对象；烧死多见于意外事故或纵火杀人，少见于自杀。烧伤的程度取决于烧伤的深度与范围。

（一）烧伤深度

法医学在烧伤尸体检验时，将烧伤深度分为四度。

Ⅰ度烧伤（红斑） 为最低度的热损伤。较低高温（40～50℃）短时间作用于局部即可引起Ⅰ度烧伤。热作用损伤仅限于表皮浅层，尚未累及基底细胞层。真皮乳头层内可有部分毛细血管及小动脉扩张充血，表现为局部红斑、肿胀。感觉微过敏，可有烧灼痛。因未伤及基底细胞层，故可数日痊愈，脱屑后无瘢痕。Ⅰ度烧伤应与死后坠积期尸斑相鉴别。前者的红斑可发生在身体皮肤的任何部位，而后者仅发生于尸体的低下未受压部位。

Ⅱ度烧伤（水疱） 较高温度（50～60℃）可引起Ⅱ度烧伤。热作用损伤表皮全层甚至真皮乳头层，真皮内血管扩张充血，血浆渗出并集聚于表皮与真皮之间，形成水疱。水疱内多为淡黄色清亮液体，去表皮后创面湿润，创底鲜红、水肿。痛、温觉增高，可有剧痛及感觉过敏。如无继发感染可在1～2周痊愈，而不留瘢痕（浅Ⅱ度）。烧伤形成的水疱为生活反应，应注意与腐败水疱鉴别。后者水疱液中蛋白质含量及细胞数少，并伴有气体。

若热作用伤及真皮网状层，可致表皮全层及真皮大部分发生凝固性坏死，并伴有炎症细胞浸润。去表皮后创面微湿，发白，或可见细小血管支。组织水肿，疼痛感觉迟钝，局部温度略低。一般3～4周后痊愈，多可遗留瘢痕（深Ⅱ度）。

Ⅲ度烧伤（焦痂性坏死） 高热（65～70℃）作用，伤及皮肤全层组织甚至甚至皮下脂肪、肌肉与骨骼，为Ⅲ度烧伤。烧伤区皮肤凝固变薄，形成半透明的褐色焦痂，硬如皮革；透过焦痂可见粗大血管网。烧伤的肌肉呈半透明状，深红色；烧伤的骨骼呈褐色，骨板结构消失。感觉迟钝，痛觉消失，局部温度低。经3～4周后焦痂脱落，多需植皮；瘢痕组织增生、挛缩，可遗留畸形。

Ⅳ度烧伤（炭化） 火焰烧灼形成炭化，即Ⅳ度烧伤。因火焰的长时间作用使组织蛋白凝固、水分丧失，而导致组织器官收缩、质地变硬、颜色变黑的过程称为炭化（charring）。若继续燃烧则可灰化。Ⅳ度烧伤完全破坏皮肤及其深层组织，甚至可达骨质，导致躯体大范围破坏。部分体表炭化者可生存，整个躯体体表的炭化只见于尸体。烫伤不出现炭化，烧伤程度只限于Ⅲ度以内。

（二）烧伤面积

烧伤面积是影响机体烧伤预后的重要因素之一，当Ⅱ度烧伤占体表面积的1/2或者Ⅲ度烧伤达体表面积的1/3时，可引起死亡。目前烧伤面积的估算多采用中国九分法和手掌法。

1. 中国九分法 系1961年根据中国男、女青壮年的实测结果简化后得出，经1970年全国烧伤会议讨论后采用（表7-1）。成人体表面积：头颈部9%（1个9%），双上肢18%（2个9%），躯干27%（3个9%，其中含会阴1%），双下肢46%（5个9%，其中含双臀5%，另加1%），共为11×9%+1%=100%。儿童（12岁以下）的躯干和双上肢的体表面积所占百分比与成人相似。儿童体表面积的特点是头大、下肢小，并随着年龄的增长，其比例也不同。估计儿童烧伤面积时应予以注意，可按下列简易公式计算：

头颈部体表面积（%）=9%+（12-年龄）%
双下肢体表面积（%）=46%-（12-年龄）%

表7-1 中国九分法烧伤面积计算

部位		占成人体表（%）	占儿童体表（%）
头颈部	头部	9×1 3	9+（12-年龄）
	面部	3	
	颈部	3	
双上肢	上臂	9×2 7	9×2
	前臂	6	
	手	5	
躯干部	前侧面	9×3 13	9×3
	后侧面	13	
	会阴	1	
双下肢	臀部	9×5+1 5	46-（12-年龄）
	大腿	21	
	小腿	13	
	足	7	

2. 手掌法 以伤者本人的一个手掌（手指并拢）为体表面积，1%为标准测量得出估算值。

（三）烧伤严重程度的分类

国内采用1970年国内烧伤会议拟定的标准（表7-2），如中度烧伤伴有下列情况之一者，则应属重度烧伤范畴。①全身情况较重或已有休克；②复合伤或中毒；③中、重度吸入性损伤；④婴儿头部烧伤超过5%。

表7-2 烧伤程度分类标准

严重程度	成人		儿童	
	烧伤总面积（%）	或Ⅲ度烧伤面积（%）	烧伤总面积（%）	或Ⅲ度烧伤面积（%）
轻	<10	0	<5	0
中	11~30	<10	5~15	<5
重	31~50	11~20	16~25	<10
特重	>50	>20	>25	>10

二、烧死的尸体征象

（一）尸表改变

1. 衣物残片 在火势不太严重的火场中，死者身上多留有衣着残片。衣物残片与其他不易燃烧的物品可以帮助认定死者身源；同时，残存衣着覆盖部位的皮肤热损伤较轻，有助于判断烧死者当时的体位。

2. 眼部改变 在火场中，由于烟雾刺激，受害人往往反射性紧闭双目，可在其外眼角形成未被烟雾炭末熏黑的"鹅爪状"改变，称为外眼角皱褶。角膜表面和睑结膜囊内也无烟灰和炭末沉积。由于双目紧闭，睫毛仅尖端被烧焦，称为睫毛征候（eyelash sign）。这些表现均是生前烧死的征象。

3. 皮肤损伤 烧死者体表皮肤上可见不同程度的烧伤（红斑、水疱、焦痂、炭化），或被烟雾熏黑。典型的生前烧伤可伴有明显的充血、水肿及炎症反应。毛发受热皱缩、卷曲，脆性增加甚至完全被烧毁。由于水分蒸发，皮肤组织干燥变脆并凝固收缩，可发生顺皮纹的裂开，形成状似切创的梭形创口，称为假裂创（false split），应注意与生前的机械性损伤相鉴别。

4. 尸斑鲜红，尸表油腻 由于烧死者血液中碳氧血红蛋白含量较高，尸斑常呈现鲜红色。皮下组织中的脂肪在高温作用下渗出到皮肤表面，使得尸表油腻。甚至在尸表完全炭化时，尸表油腻也很明显。

5. 拳斗姿势 全身炭化时，骨骼肌遇高热凝固收缩。由于屈肌较伸肌发达，其收缩也较强，因此四肢呈屈曲状，类似拳击手在比赛中的防守状态（图7-1），故称为拳斗姿势（pugilistic attitude）。拳斗姿势在死后焚尸也可形成，不能借以鉴别生前烧死或死后焚尸。

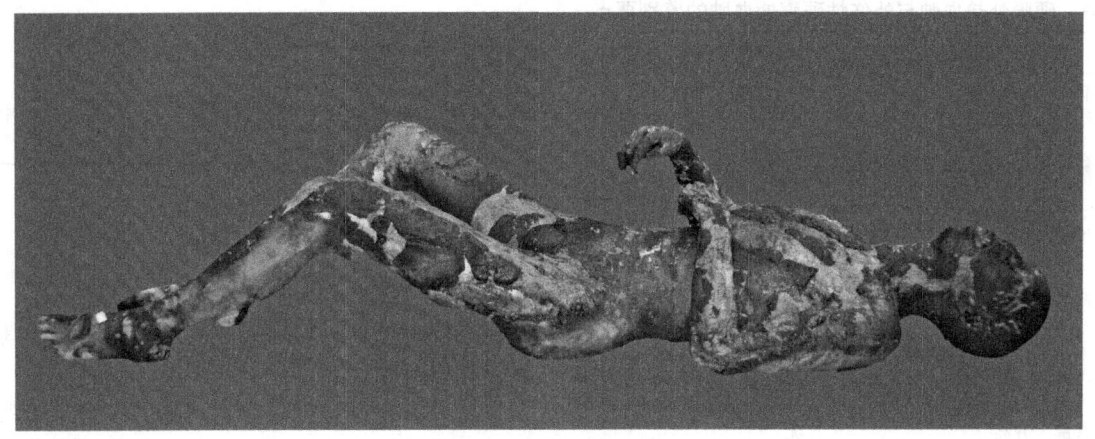

图 7-1 拳斗姿势

6. 尸体重量减轻、身长缩短 多见于严重烧伤及炭化的尸体，有时被错认为儿童尸体。

7. 其他 胸、腹腔内产生的气体可使胸、腹壁破裂，内脏脱出。高温破坏骨的有机质而使其松脆，造成骨破裂。这些损伤与生前的机械性损伤难以鉴别。

（二）内部器官改变

不论尸表烧损程度如何，火场中尸体仍有尸体剖验的意义，因内脏常保留较好，解剖时还可采取组织和血液，检测一氧化碳、酒精或其他毒物。

1. 呼吸道改变 燃烧产生的烟灰与炭末可沉积于呼吸道黏膜的表面，如口、鼻、喉、气管等处（图7-2）；火场中的热气体、火焰、烟雾和刺激性气体，可引起呼吸道及呼吸器官的烧伤反应，喉头、会厌及气管黏膜充血、出血、坏死，甚至出现白喉样假膜；肺部明显充血、水肿甚至出血，重量显著增加，富含蛋白性液体。上述的系列改变称为热作用呼吸道综合征，是生前烧死最确切的证据。但需要注意的是火烧现场飞扬的烟灰、炭末可进入尸体呼吸道浅部；有些急速死亡者也可不出现此综合征。

2. 心血管与血液的改变 右心房及上腔静脉内充满鲜红色流动性液体，心内外膜可见瘀点状出血。血液中含高浓度碳氧血红蛋白。光镜见心肌纤维肿胀、均质化、横纹模糊不清，心肌间质充血、出血、延迟性死亡者心肌间质可有炎症细胞浸润。

3. 消化道 消化管黏膜充血、出血、水肿、糜烂或溃疡等改变。迟发性死亡者多可见胃、十二指肠溃疡（Curling溃疡）的形成，是生前烧死的证据。由于机体处于应激状态，体内肾上腺素和肾上腺皮质激素分泌增多，胃酸分泌亢进而侵蚀消化道黏膜。Curling多见于胃窦、胃小弯、胃底或十二指肠后壁，常为多发性，呈圆形或不规则形。溃疡小而浅，其底部及边缘或可伴有炎症反应。食管、胃内有时可见炭末，说明死者在火场中有过吞咽行为，是生前烧死的重要证据。

图 7-2 呼吸道改变

4. 颅脑 受高温作用，颅骨可发生骨折，骨折一般为星芒状或裂隙状，骨折片外翻，应注意与生前钝性暴力打击所致的骨折相鉴别。

脑及脑膜受热后凝固、收缩、变硬，与颅骨内板分离，形成间隙；硬脑膜及颅骨板障内血管破裂，渗出的血液聚集于该间隙形成血肿，即硬脑膜外热血肿（extradural heat hematoma）。硬脑膜外热血肿可发生于生前或死后，但多为死后形成，应与外伤性硬膜外血肿相鉴别（表7-3）。

表7-3 硬膜外热血肿与外伤性硬膜外血肿的鉴别要点

	硬膜外热血肿	外伤性硬膜外血肿
形成原因	高温作用，多为死亡后形成	外力作用，为生前形成
位置	多在颅顶部，与颅骨相贴	与外伤部位一致，多为双颞部，与硬脑膜紧密粘连
质地	蜂窝状，松软质脆	坚硬致密
形态	新月形、边缘锐利	纺锤形
颜色	砖红色或暗红色	均为暗红色
范围	较大，可达100g以上	局限
HbCO含量	升高	无
伴发情况	颅骨烧焦、炭化、星芒状骨折，骨折片外翻	头部相应部位有外伤痕迹，常伴有颅骨骨折

5. 其他 被迅速烧死者，肝、脾、肾、消化系统及中枢神经系统的改变往往是急性休克的后果。

三、烧死的机制

1. 严重的烧伤 体表广泛烧伤、体液大量外渗、剧烈疼痛等可引起创伤性休克；红细胞破坏释放出钾离子，高血钾可导致急性心功能不全或心搏骤停；内脏损伤的并发症和继发感染。

2. 窒息 火场中灼热、刺激性气体和烟雾引起急性喉头水肿、支气管痉挛、分泌物阻塞呼吸道及急性肺水肿等导致窒息。

3. 中毒 火场中产生大量一氧化碳，可使受害者血液碳氧血红蛋白浓度达40%以上；室内装修所使用的合成建筑材料、油漆、塑料制品及其他化学制品燃烧产生的大量含氯、磷等有毒气体，可致中毒甚至死亡。

4. 机械性损伤 火场中因建筑物倒塌砸压，或求生跳逃等造成火场中人员发生各种机械性损伤甚至死亡。

四、烧死的法医学鉴定

（一）生前烧死与死后焚尸的鉴别

鉴别生前烧死与死后焚尸的主要依据是生活反应，鉴别要点见表7-4。

表7-4 生前烧死与死后焚尸的鉴别要点

	生前烧死	死后焚尸
皮肤烧伤区	伴有生活反应	无生活反应
眼睛周围	睫毛症候、"鹅爪状"改变	无
呼吸道	有炭末、烟灰沉着，热作用呼吸道综合征	炭末、烟灰仅在口鼻部；呼吸道无高温作用
胃	胃内可查见炭末	胃内无炭末
血液HbCO浓度	明显增高	无或含量极低
死亡原因	烧死、窒息或砸压等	机械性损伤、中毒或机械性窒息

（二）死亡方式的鉴别

烧死者绝大部分属于意外（90%左右），自杀与他杀较少见，但利用火烧焚尸灭迹以掩盖其杀人罪行者却较常见。

意外灾害性烧死中常有清晰的案情，如森林着火、油库燃烧或伴有着火的交通事故等，多造成群体性死亡。个别意外情况，多见于老人、儿童及体弱无力者、醉酒状态等，因无能力将火扑灭无法逃离火场而被烧死。

自焚者常利用汽油、煤油等易燃液体从头部向下浇洒，然后点火自焚。此类烧伤特点：上半身因燃料多而损伤重，下半身损伤轻。

如果有证据说明死因是机械性暴力或中毒死，而非烧死，则应考虑到他杀，但应注意区分火场中形成的机械性损伤。

（三）个体的识别

严重变形的尸体识别可根据残存的牙齿、骨骼、组织及其他物品（如饰物、配件等）来推断死者年龄、性别、身高。骨骼和牙齿两种组织及牙齿修复材料耐焚烧，是个体识别较好的依据。其他体表特征、内部器官缺如、假肢、起搏器等也均有助于个体识别。血型和DNA检测是个体识别的重要依据。

第二节 中暑死亡

中暑（thermoplegia）是由环境高温（或伴有高湿）引起的，机体体温调节功能衰减，热量大量蓄积于体内引起的全身性损伤。中暑常表现为热射病或日射病。日射病（sun stroke）是由于强烈的日光直射头部，使颅内温度急剧增高而引起神经系统功能障碍；热射病（heat stroke）是在高温、高湿环境中，机体散热受阻，热量蓄积于体内引起的机体损伤或功能障碍。

一、中暑的机制

热量蓄积于体内,使人体中枢神经系统兴奋,内分泌功能增强,分解代谢加强,产热增多,全身血管扩张,循环血量降低,导致组织器官缺氧、功能紊乱。

二、中暑的临床表现

过高热、皮肤干燥无汗和中枢神经系统症状是诊断中暑最有价值的临床表现。日射病者出现剧烈头痛、头晕、眼花、耳鸣、剧烈呕吐、烦躁不安等脑膜刺激症状,严重时发生意识障碍、昏迷、惊厥等。热射病者大多无前驱症状(头疼、眩晕、恶心、呕吐等),患者突然虚脱,意识丧失。典型表现有高热,颜面灼热潮红,皮肤干燥无汗,昏迷。

三、中暑死亡的法医学鉴定

中暑死者因体内热量蓄积,故尸冷迟缓;尸斑出现早且严重;皮肤发红、干燥,温度较高;镜下汗腺周围组织水肿,淋巴细胞浸润。全身器官表现为休克引起的病变,内部器官显著淤血、水肿,扩张的血管内红细胞充盈,黏滞成团。体内器官和组织,如脑、脑膜、肺、心包和心内膜等可出现广泛分布的小出血点。

中暑的发生不仅与环境高温或伴高湿的因素有关,也与个体体质及健康状态密切相关。因此,中暑死亡的诊断还需依据环境、临床表现等综合判定,并注意与机械性损伤、窒息、中毒、猝死等其他死亡相鉴别。

第三节 冻 死

低温所致体表局部损伤称为冻伤。局部冻伤后多可形成冻疮(frostbite)。冻疮是寒冷引起的局限性炎症反应,常见于手指、手背、足趾、足跟、耳廓等部位,可出现红斑、弥漫性水肿,甚至大小不等的结节。常伴有感觉异常、灼痒、胀痛。当机体长时间暴露于寒冷环境中时,全身新陈代谢功能降低,热量大量丧失,体温无法维持,出现昏迷,全身冻僵(frozen stiff),甚至发生死亡。寒冷为冻死的主要条件,环境湿度及风速也是重要的影响因素。此外,机体体质与健康状况等决定了其在寒冷环境中的适应能力。

一、冻死的死亡过程及机制

冻死是全身体温过低的最终后果,这是一个循序渐进的过程,机体的体温调节中枢、神经中枢及心血管系统等均在此过程中发生改变。

(一)冻死的死亡过程

机体受低温作用,随体温下降表现为下述过程:

1. 兴奋增强期 体温下降初期,出现进行性寒战。当体温降至35℃时称为体温过低(hypothermia),此时寒战尤为剧烈。心跳和呼吸加快,血压升高,代谢增强,进行代偿适应。

2. 兴奋减弱期 当体温继续下降至32℃以下时,血液循环和呼吸功能逐渐减弱,血压降低,呼吸及脉搏减慢,意识障碍、运动能力低下,并出现反常热感。体温降至30℃时意识丧失;至29℃时血压不能测出。

3. 完全麻痹期 体温降至25℃以下,体温中枢功能衰竭,陷入昏迷,反射消失,心跳、呼吸抑制,很少有恢复的可能。一般认为18~22℃是致死的临界体温。

(二)冻死的死亡机制

冻死的死亡机制并非是单一的,其主要机制是在低温下,血管扩张、麻痹、血流缓慢乃至停止,或由于此前发生的心室纤颤等,可因心脏功能逐渐衰退、脑组织缺氧、血管运动中枢或呼吸中枢麻痹等各种不同因素而导致死亡。体温达到心脏停止跳动的温度是10℃,但实际上机体往往在先于10℃时已经发生死亡。

二、冻死的征象

(一)外部征象

1. 衣着情况 冻死者多为衣着单薄,尸体呈蜷曲状。但也有在冻死前脱去衣服,全身裸露,或将衣服翻起,暴露胸部,或仅穿内衣裤,称为反常脱衣(paradoxical undressing)现象。原因可能是由于体温调节中枢麻痹而出现反常热感,应注意与抢劫或强奸杀人案中的被害人相鉴别。

2. 面容与皮肤 冻死者的面部表现似笑非笑,称苦笑面容(sardonic feature)。全身皮肤苍白或粉红,外露肢体由于竖毛肌收缩呈鸡皮样改变。阴茎、阴囊、乳头明显缩小。

3. 尸体现象 尸斑鲜红或淡红色,发生迟,消失慢,腐败明显延迟。

(二)内部征象

冻死者各器官充血、灶性出血。

1. 颅脑 脑组织淤血水肿，颅内积液量多，若颅内容物冻结，容积膨胀，可发生颅骨骨缝裂开。尸体冷冻后，也可发生颅骨骨缝裂开，非冻死所特有，更不要误认为头部外伤。

2. 心 右心房、室扩张，充满血液，可见软凝血块，或血液冻结。左心室内血液鲜红、右心室内血液暗红。

3. 消化道 食管、胃黏膜糜烂或坏死脱落。胃黏膜下有弥漫性斑点状出血，沿血管排列，呈暗红、红褐或深褐色，称为维希涅夫斯基斑（Wischnevsky's gastric lesions），为生前冻死的征象。

4. 肌肉 髂腰肌出血是冻死者相当特异的生活反应。

三、冻死的法医学鉴定

冻死大多数为意外死亡，自杀或他杀均极为罕见，平时受虐待的老人、妇女和孩子及久病衰弱者，应注意排除他杀的嫌疑。冻死的法医学鉴定应从以下几方面进行：

1. 尸体所处的地理环境 冻死一般发生在寒冷地区和冬春季节，应当详细调查当时的气象资料，记录现场的温度、湿度及当时的风速。

2. 死者身份与机体状况 平日受虐待的老人、妇女和婴幼儿容易发生冻死。另外，乞丐、流浪者也易发生冻伤和冻死；死者生前失血或处于醉酒状态，更易在户外冻死。同时注意抛尸伪装冻死的可能性。

3. 尸检 冻死者表现苦笑面容、红色尸斑、冻伤、反常脱衣现象和腰肌出血具有参考价值。冻死尸体的血液中保持较高的含氧量，有助于低温死亡的诊断。

第四节 电流损伤与电击死

电流通过人体所引起的皮肤及其他组织器官损伤或功能障碍称为电流损伤（electric injury），因电流作用导致人体死亡称为电击死（electric death）。

一、影响电流损伤的因素

影响电流损伤的条件很多，如电压、电阻、电流性质、电流的作用时间和机体的状态等。

(一)电流的性质

交流电比直流电危险；而50～60Hz的交流电与人体组织细胞的生物电节律相近，其危险性尤大，并恰是工业与生活常用交流电的频率。

(二)电压

150V以下的电压对人体相对安全，1000V以上的电压引起的损伤较易救治，而介于两者之间的电压则比较危险。触电休克后死亡多发生在电压为220～250V者。这是因为高压电选择性地作用于神经系统和呼吸器官，通过有效的人工呼吸可以治愈；低压电则往往作用于心脏的传导系统而引起致命性心室纤颤。1000V以上高压电的危险性在于皮肤与电源之间形成电弧，使衣服燃烧，组织烧伤。36V以下为安全电压，但在潮湿、接触时间长等情况下也具有一定的危险性。

(三)电流作用于机体的时间

电流作用时间和损伤程度成正比，如10 000V的电流作用半秒无危险，或仅引起惊惧；但200～300V的电流较长时间作用于机体却能致死。从局部讲，人体皮肤不是良导体，电流作用受皮肤电阻的阻抗；但经一段时间后电流击穿皮肤，电流量增大；而此后电热作用致皮肤和皮下组织发生凝固性坏死，对电流又起到了阻抗作用；最后一旦皮肤和皮下组织发展为炭化，则进一步降低了导电性。所以，低电压所致局部损伤的程度决定于接触时间的长短，随时间的延长，可致电流斑、炭化甚至露出肌肉和骨骼。

(四)电流通过机体的途径

电流在人体的入口与出口之间即为电流通路。电流以最短的距离流过，不一定沿电阻最弱处。触电后电流通过机体的途径大都由一个肢体进入，另一肢体逸出，此情况约占80%。电流通过脑、心、肺时最危险。电流在下肢与上肢之间（特别是由左上肢至右下肢）通过时，对心脏威胁很大；而电流由下肢至下肢，由于不通过心、脑等重要器官，所以危险性较小。单极性接触时，机体成为接电入地的导体，其电效应决定于身体接触地面的情况。如干燥土地，胶鞋或木板能阻止电流通过，危险性小；而赤足、鞋底有铁钉等则能促进电流通过，危险性大。正因如此，自杀或他杀多为双极性接触。但当两极间距离很近时，如电插头、电警棍等接触人体，由于作用于人体的电流回路很短，一般不致引起电击死。

(五)电流强度

电流强度是单位时间内通过已知截面的电量，是影响电流损伤最重要的因素。电流强度越大，对机体的损害越严重。男性对于电流强度的最大耐受值为21.6mA，8.8～9.4mA可使其紧握电源；女性耐受力稍差，最大耐受值为14mA，6mA即可使其紧握电源。通常，直流电电流强度达到100mA，交流电电流强度达到70～80mA时，即可致人死亡；而强度为100mA、频率为60Hz的交流电可立即致人死亡。

（六）电阻

因为电流强度与电阻成反比，所以人体组织的电阻对触电后果起重要作用。干燥的皮肤电阻达1 000 000～2 000 000Ω；出汗使电阻减小，可减为30 000～25 000Ω；水或盐水浸湿的皮肤，电阻可减至1200～1500Ω。当皮肤电阻为1200Ω时，110V的交流电可以引起死亡。人体各部位电阻不一，由小至大依次排列为：血液、肌肉、皮肤、肌腱、脂肪、骨。血液是极好的导体，大部分电流沿血管通过。所以血管丰富部位电阻小，如黏膜的电阻仅为1500～2000Ω，而骨的电阻则高达900 000Ω。

（七）机体与电源导体接触的情况

电源导体与机体接触越紧密，接触面积越大，电流进入机体时的电阻就越小，电流对人体的损害也就越大。低电压引起的死亡，与电源导体和机体紧密接触有关。但此时因为单位面积电流强度较小，故局部的热损伤可不严重。反之，若接触面积很小，进入体内的电流量不足以引起生理功能紊乱，却可能在皮肤局部产生小孔烧伤，甚至达深部组织。此外，在高压电场、电弧或电流火花等情况下，电源导体不与机体直接接触也可发生电击死。

（八）机体状态

电流引起人体损伤的程度与机体健康状态亦显著相关。受热、受冷、失血、疲劳、兴奋、恐惧、情绪低落、过敏体质、某些内分泌与心血管系统疾病等均能使机体对电刺激敏感性增高，而睡眠、麻醉能使机体敏感性降低。

二、电流损伤的机制

电流引起人体损伤的机制主要是电流作用和热作用。

（一）电流的直接作用导致人体损伤

1. 电流使人体主要的生物电发生器官心脏和脑组织发生短路，引起急性心脑功能衰竭。

2. 电流经过人体时，电能转化为机械能，从而造成机械性损伤。

3. 电流作用使组织细胞内离子分离，发生电泳、电解、电渗现象，从而使细胞极化或组织发生成分分解，影响组织器官的功能。

4. 电流通过组织时，局部电场作用于脂质双分子层，引起细胞膜破裂和细胞溶解。

（二）电流的热作用导致人体损伤

电流进入机体，由于人体皮肤（黏膜）组织的阻抗作用，使电能转化为热能，导致机体组织凝固、焦化或炭化等损伤。

（三）电击死

电击死是电流损伤的直接后果。电流通过心脏可引起心室纤颤、心律失常甚至心搏骤停。电流通过脑干和颈髓上段，可致中枢性呼吸麻痹。呼吸肌痉挛性收缩可致呼吸功能衰竭并引起窒息死亡；但有时，心跳和呼吸可极度微弱甚至暂停，表现为电流性昏睡（electric lethargy），可为假死状态（apparent death），积极有效的救治可使其复苏，故不可轻易放弃抢救。此外，高压电还可造成电烧伤，伴继发性休克、脂肪栓塞或内部器官破裂而死亡。

三、电击死亡的征象

（一）尸表征象

1. 电流斑（current mark） 又称电流印记（图7-3），是电流在穿过皮肤高电阻时产生的高热与电解作用，在电流于皮肤的出入口部位形成的损伤。电流斑常1～2个，也可为多个，常见于手指、手掌及足底部等。典型的电流斑外观呈口小底大、中央凹陷、边缘隆起的火山口样圆形或椭圆形皮肤损伤，直径多在0.6～1.0cm。凹陷中心可为黑色炭化区，底部可附有熔解的金属颗粒，周围呈灰白色的凝固性坏死。坏死组织与周围分界清楚，质地坚硬、干燥；电流斑周围可出现表皮和真皮的分离。在活体，坏死周围组织可见充血的红晕，有时整个肢体发生电流性水肿。

电流斑的形态常反映导体与人体接触部分的形状。若接触电线长轴，形成线状或沟状电流斑；若皮肤与导体接触不完全，或电击时被害人曾移动过，则电流斑的形态发生改变，难与导体形状相吻合。

光镜下电流斑中心表皮变薄、致密，染色深；或广泛破坏、脱落缺失。电流斑形成的创面常有金属碎屑沉积。周围残留的表皮变厚，各层特别是基底层细胞及细胞核纵向伸长，呈栅栏状或漩涡状的扭曲变形，细胞长轴与电流方向一致。

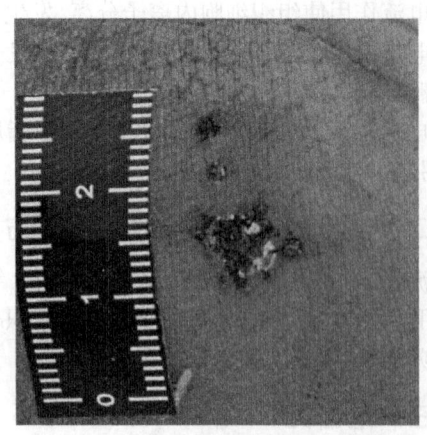

图 7-3　足底电流斑

2. 皮肤金属化（electric metallization of skin） 又称金属异物沉积，是指电极金属在瞬间高温下熔化或气化后，金属微粒在电场的作用下沉积于受损皮肤表面或深部组织的现象。交流电电击后，皮肤金属化可出现在电流的入口处；而在直流电电击后，金属附着物只存在于阴极接触部位。不同的电极金属可在皮肤表面产生不同的颜色改变，如接触铜导体，皮肤呈淡绿色或黄褐色；接触铁导体，呈灰褐色；接触铝导体呈灰白色。皮肤金属化现象出现与否和电流作用时间及强度有关。当金属化现象不明显时，可采用微量化学分析法、扫描电镜X线能谱检测法等分析检测技术，测定触电处皮肤组织的化学组成，以确定金属电极的种类。

3. 电流烧伤 多发生在接触高压电时。当皮肤与高压电源之间形成电弧或产生火花时，温度可达3000～7000℃。电流烧伤可使电流斑颜色变黄或黄褐色，乃至炭化变黑。高压电所致严重烧伤可以完全掩盖电流斑，范围广泛，累及整个肢体或更大面积。电弧烧伤组织的病变区与周围正常组织间的界线极为分明，通常看不到一般烧伤所具有的过渡区。电烧伤深度不等，常累及皮下组织、肌肉，有时深达骨质，引起骨坏死、胶原破坏和无机物熔化，形成"骨珍珠"（osseous pearl）。

4. 电击纹 电击时由于皮下血管扩张、麻痹、充血或出血，皮肤表面可形成树枝状或蜘蛛网状的红色斑纹，称为电击纹。电击纹多见于高压电，尤其是超高电压。若无出血，电击纹存在短暂，极易消失。

（二）内部征象

电击死者常显示窒息死亡的一些征象，多数死者可出现胰腺间质出血。内脏充血、水肿、点状出血。心脏及大血管内血液呈暗红色流动性。心外膜下，特别是主动脉瓣底部内膜下，有点状或斑块状出血。左、右心房扩张。心肌纤维可见断裂，嗜酸性染色增强并出现明显的波浪状改变，间质水肿及多数肌溶性坏死灶。可见心肌间质血管细胞核拉长，呈栅栏状排列。有时可发生血管破裂出血及血栓形成。在致死性电击中表现为心室纤颤。电流直接通过脑时，脑组织凝固、变硬。电流刺激可引起肌肉剧烈的不协调的收缩，从而使肌肉撕裂甚至骨折；高压电击时，电流热效应可形成"骨珍珠"；另外，高压电电击伤还可引起肝、肺、肾、胰腺、肠、胆囊等的出血坏死。

在活体，由电流直接作用或由邻近水肿组织压迫所致的周围神经损伤极为常见，受累的神经纤维肿胀、弯曲、断裂，此类损伤多为可逆性。但严重的神经损伤，有时引起该神经支配的组织坏死、肢体坏疽。

四、电击死的法医学鉴定

（一）电击死的确认

首先要向有关人员了解事情发生的经过，死者生前的行为、话语等；然后再进行现场勘验，注意环境潮湿情况、天气情况、尸体所处的位置、衣着状况、鞋袜有无击穿及电源电压和电流性质等情况；最后，对尸体进行仔细的检验，寻找电流斑，排除机械性损伤、窒息或中毒。

（二）死亡性质的确定

电击死多属意外，自杀和他杀电击死较少见。

意外电击死多发生于家庭和工业低电压时，生活意外常由于手触摸了磨损或破坏的电线造成；工业用电则由于违反技术操作规程、设计装配不良等引起。高压电意外常见于直接触及高压线或在高压电下工作者。意外电击死多可见典型的电流斑，但因电流斑也可在死后形成，所以要注意鉴别是意外电击死还是他杀后伪装电击死。

自杀电击死多见于男性，并以精神病患者（如抑郁症）居多。现场大多在室内，一般保持原始电击现场及特殊设计的电路。多用双极接触，如裸芯电极缠绕双腕；或一极接上肢，一极接下肢；或一极接心前，一极接后背；也有缠绕颈部的。偶见用高压电自杀者，长导线一端缠绕肢体，另一端系一重物（如砖石），抛在高压输电线上；也有爬上支撑高压线的铁塔上抓高压线而自杀者。触电后常在电休克时坠落，由高坠伤导致死亡。

他杀电击死多数趁被害人无防备或睡眠中突然袭击。现场被破坏，电源工具被隐藏，而后伪装成其他死亡现场，或伪装成意外电击死现场。对疑为他杀电击死者，要注意检查身体隐蔽部位有无电流斑或其他暴力痕迹。有时因多次反复电击，可造成身体多处电击伤痕形成；有时凶手用药水涂敷电流斑，以掩盖罪行。

第五节 雷击死

雷电（lightning）是自然界大规模、高强度的瞬时放电现象，又称为空气放电。云层中大量蓄积的电荷击穿空气介质（自激导电）在云层间或向地面放电。在放电的空间内，气体分子发生电离，发热膨胀，发出放电弧光（闪电），同时，由于大量能量释放发出炸裂声。雷电击中人体所致的损伤或死亡称为雷击伤或雷击死（death from lightning）。

一、雷击对人体的损害

雷电对人体具有电流直接作用、超热作用及空气膨胀导致的机械性损伤作用，可引起严重后果。

1. 死亡 遭遇雷击者可当场死亡（约近半数）或数天后死亡。其原因可能是强大的电流直接冲击心脏或脑干，致心脏停搏或生命中枢麻痹；或因雷击后电休克、局部高温、严重烧伤后继发性休克、感染或电机械力所致的内脏器官破裂；或由于原有的心、脑等严重疾病；有的甚至死于过度恐惧发生神经源性休克。

2. 雷击综合征 如果受害人不即刻死于雷击，可能会产生雷击综合征（lightning sydrome）。表现为意识丧失、外周或脑神经功能暂时障碍，称为闪电性麻痹（keraunoparalysis），以及鼓膜破裂、传导性耳聋及皮肤烧伤等。

3. 雷击的迟发效应 雷击后幸存者可因周围神经分支受损，引起皮肤组织循环不良、神经痛、麻木或其他感觉障碍；雷击的放射损伤有时可引起白内障；少数人还可发生记忆力减退、心理障碍及性格改变等。

4. 机械性损伤 雷击时，压缩空气所产生的冲击波打击人体，可引起体表和体内各器官严重的机械性损伤。

二、雷击损伤的征象

（一）外部征象

1. 衣着及所带金属物品的损坏 由于雷击的巨大作用，人体衣着常受到与皮肤极不相称的破坏，如被撕成小碎片，或被剥离于人体之外，衣帽鞋袜可见电流出入洞孔破损，随身金属物品被融化、铁制品被磁化等。

2. 雷电烧伤 雷电历时短，作用于体表的面积大，所以雷击本身很少造成严重烧伤。但随身金属物品被熔化时可引起局部高热烧伤。

3. 雷击纹 雷电通过皮肤遗留的红色或蔷薇色树枝状或燕尾状斑纹称雷击纹（lightning mark）或树枝状纹（arborescent marking, dendritic pattern），雷击纹由不同的红线组成，多数见于颈胸部，少数可发生在腹部和大腿等处。为强大电流通过局部皮肤时的轻度烧伤及皮下血管麻痹扩张所致。一般在死后24h内消失，但在活体可保存多日。这种特殊花纹对雷击伤很有诊断价值。

（二）内部征象

雷电击中头部，可引起明显的头皮下出血、颅骨骨折、硬膜下及蛛网膜下腔出血、脑延髓弥漫性点状出血等；雷击死者心内血液暗红色、不凝固；可发生心肌纤维断裂；因气流的冲击及气压的变化，鼓膜常发生张力性破裂；此外，还可出现其他内脏器官的充血、出血及浆膜和黏膜下的点状出血。

三、雷击死的法医学鉴定

通过调查和现场勘验，查明出事地点是否发生雷击及雷击出现后的物体损坏证据，死者体表的特殊改变（雷电击纹、电流入口和出口等），及其携带的金属物品的熔化和磁化，详细的尸体剖验排除其他死因，可确定为雷击死。

雷击受害者可能不止一人，或有目击证人；死者衣服被撕碎或烧焦，鞋子被炸开，炸口常在足跟部；地面、树木、建筑、动物及其他物品常有被雷击破坏的证据；雷击纹是雷击死最有价值的征象，但不常见，也易消失，因此，没有发现雷电击纹，并不能排除雷击死。

第六节 其他物理性损伤

一、气压损伤

人类长期适应于生活在一个大气压（101 325Pa）的环境中，气压过低或过高都会导致人体损害。一般地，机体对气压增加的耐受性较高，在环境气压增加3倍时可无损害；但对气压降低敏感，当气压降低50%时，即可引起缺氧甚至死亡。

（一）高空病（高山病）

当人在短时间内由平地登上高空或高山，由于无法适应低气压缺氧的环境，致使血液内氧分压下降，刺激呼吸中枢，反射性地使呼吸加深加快，使肺通气量增加，体内二氧化碳排出过多，出现呼吸性碱中毒，脑血管痉挛，从而进一步加重脑缺氧；此外，血氧过低还可使心肌严重受损，导致心力衰竭。

在海拔3000～4000m时会发生呼吸急促、头痛、疲劳、恶心、呕吐等；4500m以上高度时，症状加重，出现脉搏加快、精神功能障碍，类似醉酒状态，往往过高估计自己的力量，无视危险的存在。常发生肺水肿、胸闷、胸痛、发绀、口鼻溢出大量泡沫痰、肺呼吸音减低等；6000～8000m高度为生命的极限点，在7000～7500m高度时10～15min即可死亡。

因高空病而死亡者尸体出现类似窒息的征象，内脏器官血管高度扩张、淤血，甚至出血，以肺、心脏、鼻腔黏膜、呼吸道黏膜表现尤甚。

（二）减压病

减压病（潜水病）是暴露于高气压环境下一定时间后气压骤然下降，因机体组织和血液中气泡形成而发生的病理综合征。因其主要由迅速减压引起，故称减压病（decompression disease, caisson disease）。主要见于：潜水作业、隧道作业、潜艇故障上浮、高压舱工作、高空飞行、宇宙飞船密闭舱故障等情况。

当人体从深水（高压）迅速转向水面（常压）时，气体自溶解状态迅速游离形成气泡而积聚于组织和血液中。氧气和二氧化碳可被组织吸收利用，而氮气则在组织和血液内形成气泡。血液中的微小气泡可融合形成大的气泡，引起气体栓塞；氮气在脂肪组织中溶解度较血液中大4倍，大部分氮气集中在脂肪、神经组织和关节囊的结缔组织中，难以驱除。

氮气析出时气体所在位置不同，其临床表现也不一致，主要表现为胸痛、咳嗽、呼吸困难等症状。位于皮下，特别是富于脂肪的皮下组织，引起皮下气肿，可引起皮肤瘙痒；位于肌肉、肌腱、韧带内引起关节和肌肉疼痛；位于局部血管内引起缺血和梗死，常见于股骨头、胫骨和髂骨的无菌性坏死；全身特别是四肢、肠道等末梢血管阻塞可引起腹痛、腹胀、恶心、呕吐、腹泻等症状；若短时间内大量气泡形成，阻塞了多数血管，特别是阻塞冠状动脉，可引起严重的血液循环障碍甚至迅速死亡。

在进行减压病的法医学鉴定时，应查明伤者有无高气压停留或减压不当的历史，详查其症状，并对可疑者进行加压试验，如症状缓解便可证实其为减压病。

二、辐射损伤

辐射损伤（radiation injury）是辐射源通过电磁或大量粒子的作用引发机体的损伤。在自然环境下，人体接受宇宙射线和来自于土壤、空气的辐射，但其剂量在人体耐受范围内而不致损伤。

辐射又分为电离辐射和非电离辐射。电离辐射包括α、β、γ射线及中子流，可使生物组织产生电离效应；非电离辐射主要分为紫外线、可见光、红外线、射频、微波、激光等，其能量小，不产生电离效应。

在法医学实践中，辐射多见于意外。用于自杀、他杀的极为罕见。随着社会的发展，辐射现象及辐射源利用越来越多，如激光和光子武器的研制。民用设施的核泄漏、核污染或者是核辐射均已引起了国际社会的高度重视。

（一）电离辐射

1. 损伤机制 辐射引起的人体损伤效应非常复杂，但其本质是对分子的电离和激发。辐射能量将分子电离成不稳定的离子和电子，电子又碰撞激发其他分子而再次产生电离作用；在造成组织结构改变的同时，又产生了许多活性物质（如自由基等），再次引起大分子损伤。

2. 作用方式 辐射作用引起的机体变化分为原发作用和继发作用。

（1）原发作用：射线引起辐射生物学过程（电离、激发）及辐射化学过程（自由基形成）中，机体内大分子化合物（如蛋白质链、DNA或RNA链）的破坏及细胞某些微细结构的变化。蛋白质结构变化改变酶的活性，影响细胞代谢；DNA破坏引起细胞染色体或基因的改变。辐射也可直接损伤细胞超微结构，如线粒体、内质网、溶酶体、核膜、细胞膜等。

（2）继发作用：在原发作用的基础上，机体内出现的一系列生理、代谢及结构形态上的改变。生命活动受神经、内分泌、循环等方面的调节。放射损伤时，这些调节环节发生障碍，生物体从分子、细胞到组织乃至于整个机体都将发生不同程度的损伤。当神经组织受到辐射损伤时，将产生冲动并传导到身体的有关部位，导致其他部位组织细胞发生功能和代谢的变化；辐射后机体内可以出现类似促肾上腺皮质激素和可的松作用后变化，如体重减轻、淋巴组织萎缩、肝萎缩、皮肤组织萎缩、组织抗炎能力下降等；机体在放射性损伤后，组织中产生的毒性物质进入血液循环并到达身体的其他部位，可引起"毒血症"样变化。

3. 影响辐射损伤的因素 辐射损伤的影响因素有射线的剂量、性质、机体及外界环境等。一般地，射线的剂量越大、发病越早，损伤也越严重。不同性质的射线穿透力不一样，对机体的损害也各异。

年龄、性别及机体状态不同,对辐射的反应也有差异。实验研究中,雌性动物对辐射有较强的耐受,而年幼、年老和体弱的动物对辐射的耐受性差。

4. 辐射损伤　由于辐射所致人体各系统、各器官功能和结构破坏,从而引起的全身性疾病称为辐射病。根据照射量、症状及病理表现等,可将急性放射病分为造血型(骨髓型)、肠型、脑型(神经型)。强辐射还可造成皮肤的损伤。急性皮肤损伤表现为红斑、泡性皮炎、脱毛,甚至坏死伴溃疡形成;慢性皮肤损伤主要损害真皮,并可引起恶变。

辐射引起造血器官(骨髓)的损伤,临床上表现出明显的阶段性,包括初期、假愈期、极期和恢复期。出现造血障碍、组织出血及免疫功能低下,极易造成感染。

当射线剂量很大时,肠道隐窝细胞的代谢更新能力丧失。肠绒毛的创面直接和肠内容接触,出现严重全身性中毒症状,表现为高热、腹泻及电解质紊乱。常伴造血系统改变,严重者可在极短时间内死亡。

当剂量极大时,除骨髓、肠道发生损伤外,往往也引起了中枢神经系统的损害,表现为神经细胞的变性坏死,胶质细胞增生,以及脑组织广泛的出血水肿。多在照射的2天内发生死亡。

(二) 非电离辐射

1. 紫外线　阳光(特别是高原地区)中含有较强的紫外线。金属焊接、极高温状态时也能产生。280～320nm的紫外线易引起眼角膜、结膜及照射部位的皮肤烧伤,长期接触者可导致晶体混浊甚至皮肤癌等。

2. 射频　我国交流电供电的标准频率为50Hz。一般地,频率小于1000Hz的交流电称为低频电流,大于10 000Hz则称为高频电流。在高频电流周围形成的电磁场称为高频电磁场,又称为射频电磁场,简称射频。其中,100kHz～30MHz称高频,30～300MHz称超高频,300～300 000MHz称微波。

微波是指波长在10m以下,频率范围为300～300 000MHz,波的运动速度约为300 000km/s的电磁波。微波技术在世界上应用广泛,如微波炉、电视、电子计算机、卫星通信系统、军事上的许多监督、警报、干扰系统,乃至用于破坏卫星和导弹的系统等;其在医学、农业等方面的应用也日益广泛。

长期以来,人们认为微波像无线电波一样能够穿过人体或渗入人的机体,是没有危险的。事实上,当微波频率低于150MHz,其能量几乎全部穿透人体时,对人体危害不大;频率在150～1200MHz范围内的微波,容易被体内部分吸收,对内脏器官危害较大;频率在1000～3300MHz范围内的微波,容易被机体表面及皮下深部组织吸收,并转化为热能;频率高于3000MHz的微波,几乎全部被生物机体表面吸收,对皮肤和眼睛损害极大。近年来,对微波防护的研究表明,大功率或低功率长时间的微波辐射,都可能导致白内障的发生。

微波对人体的损害机制是致热效应和非致热效应。人体组织内电解质溶液中的离子在射频电磁场的作用下运动,在运动过程中分子间相互碰撞而产生热量。当高强度微波照射全身时,可使体温升高,产生高热反应:疲倦无力、头痛、失眠、易激动、记忆力减退、晕厥;还可出现消瘦、心动过缓、血管张力减退、收缩期杂音、甲状腺增大等;偶尔出现烦躁不安、癔症发作等精神症状;可有脱发、性功能障碍、晶体混浊等。人体最容易受微波致热效应损伤的是眼睛和睾丸,因其感觉神经分布不如皮肤那样丰富,并且缺乏能起冷却作用的血管系统,可以导致白内障、结膜、虹膜充血及视网膜病变;使精子生成减少甚至引起不育。微波还可引起阳痿、月经周期紊乱、妇女乳汁分泌下降等。

低强度微波照射,改变了生物化学反应中分子之间的相对运动状态,致使动态的代谢平衡状态发生紊乱,产生非致热作用。主要是神经性的,如头痛、眼痛、失眠、白昼嗜睡、急躁、多疑、记忆力减退。长期照射后,会引起前额部脱发、肌肉钝痛、性功能下降;有时还可引起心动缓慢、血压下降等。

微波损伤多为职业损伤或意外事故。法医学鉴定根据患者有无微波接触史、临床表现等即可确定。

3. 激光　是一种受激发射的相干光,其亮度高、方向性好,被广泛应用于医疗、工业、农业、国防及航天等领域。操作不当时可发生职业性意外损害,在现代战争或者警务中,也有使用激光武器进行杀伤的。

激光对人体损伤的机制主要有4种,即热效应、压强效应、光化效应和电磁场效应。当激光光子和生物分子相互作用时,激光能量转化为热能,热效应使组织内温度上升,引起组织蛋白变性、酶失活,甚至组织细胞坏死、炭化。当强激光脉冲聚焦于生物体时,生物受照区表面会产生一定的压力;局部液体沸腾或固体气化。此时,细胞内和组织内的压强急剧提高,引起微型爆炸,从而破坏组织细胞的结构和功能。此外,激光辐射的光量子直接被生物组织有选择地吸收而产生的光化效应,以及其电磁场效应,均可造成细胞、组织的损伤。

激光损伤可引起全身性功能变化,如全身和视觉分析器疲劳、眼沉重感、眼痛、头痛、易激动、兴奋、失眠、多汗、反射和骨膜反射亢进、血管反应性及血压不稳定等。激光束射入眼内可造成激光性眼炎（laser ophthalmia），主要造成虹膜、视网膜及脉络膜损伤，其中以视网膜后极部和黄斑区最易受损，如单脉冲激光可烧灼角膜；红外线谱激光可使晶体混浊；而可见光的激光主要损伤视网膜。此外，激光还可引起照射局部的皮肤损伤。

激光损伤多为职业损伤或意外事故，法医学鉴定时，可协同专业人员，调查案情，查明有无激光发射源接触史，并根据损伤情况即可做出判断。

4. 超声波 人耳能听到的声音，其声波每秒钟振动的次数（频率）在 20～20 000Hz，频率低于 20Hz 的声波，称次声波；而频率高于 20 000Hz 的声波，称超声波。超声波技术广泛应用于工业、农业、医学、地质和海洋等研究领域中。

当达到一定剂量的超声波在生物体系内传播时，可引起生物体系的功能或结构发生变化，称为超声生物效应。一般认为，低声强、长时间辐照引起的损伤以热效应为主；而在声强高、辐射时间短的情况下，引起损伤的机制是以瞬态超声空化效应为主。其化学效应可使组织复杂分子的化学键断裂、蛋白质变性、酶活性降低及芳香族氨基酸环断裂等。当声强在 700～1500W/cm^2 范围内，损伤则主要产生于机械效应。超声波损伤可表现为失眠、头痛、眩晕、步态不稳、感觉过敏或异常等症状，有时还可出现低血糖、嗜酸性粒细胞增多等。

当怀疑超声波使人致伤、需要法医学鉴定时，应同专业技术人员合作，查明有无超声波接触史，检查损伤的情况，在排除其他暴力伤或激光、微波的损伤后，才能确定超声波的损伤。

另外，频率低于 20Hz 又不能引起听觉的次声波也能对人体造成损伤。人身体器官有着自己固有的振动频率，如腹腔器官的振动频率一般是 4～8Hz，正好处在次声波范围之内，所以，当人体受到次声波穿透时，必然会引起共振、加剧振动，直至引起不同程度的损伤。受损伤者的常见症状包括头痛、心烦、失眠、耳鸣、胸部有压迫感、四肢麻木、恶心、鼻出血、心跳过速，严重者出现呼吸困难、失去知觉、内脏破裂出血，甚至死亡。

复习与思考题

1. 什么是烧伤？如何评价烧伤的程度？
2. 如何对火场中发现的尸体进行法医学鉴定？
3. 如何区分生前烧死与死后焚尸？
4. 火场中发现的尸体有哪些可能的死亡原因？
5. 火场中发现的尸体可以见到哪些形态学特征？
6. 如何对疑为中暑死亡者的尸体进行法医学鉴定？
7. 冻死尸体有哪些形态学特征？如何进行冻死的法医学鉴定？
8. 电击引起机体损伤的机制是什么？
9. 电击死者有哪些形态学特征？
10. 如何确认电击死？
11. 人体遭受雷击后，可出现哪些后果？
12. 如何进行雷击死的法医学鉴定？
13. 减压病是如何发生的？有哪些临床表现？
14. 辐射损伤主要有哪些类型？

（郭相杰）

第八章 交通事故损伤

【目标要求】

掌握：交通事故的概念及分类。

熟悉：机动车交通事故损伤的形成机制及特征；酒后驾车与交通事故。

了解：道路交通事故的法医学鉴定；铁路交通事故损伤、航空交通事故损伤、船舶交通事故损伤特点及法医学鉴定。

案例 8-1

某日，王某驾驶小轿车由南向北行驶至某路段时，将骑自行车由东向西横过马路的郭某撞倒，随后王某逃逸。约 3min 后，郭某被由南向北行驶的李某的车碾压，郭某死亡。事后交警查获逃逸车辆，要求解决该事故中各自的事故责任问题。

问题：

1. 引起郭某死亡的原因可能是什么？
2. 如何解决该事故中的事故责任问题？
3. 交通事故法医鉴定应该注意什么？

交通损伤（transportation injury）是在交通运输过程中发生的各种损伤的总称，即指各类交通运输工具和参与交通运输活动的物体，在交通运行过程中，所造成的人体组织、器官的结构破坏或功能障碍，甚至生命终结。按交通运输方式可分为道路交通损伤、铁路交通损伤、航空交通损伤、船舶交通损伤四类。按损伤发生性质分为交通事故损伤、交通意外损伤、自杀性交通损伤和他杀性交通损伤。

在我国，交通事故（traffic accident）是指各类交通运输工具的驾驶人员、行人、乘坐人员及其他在各种道路上进行与交通有关活动的人员，因违反《中华人民共和国道路交通安全法》和其他各类交通法规、规章，过失造成的人身伤亡或财产损失。由交通事故所引起的人身伤亡称为交通事故损伤（traffic accident injury）。交通意外损伤（unforeseen injury in transportation）是指由难以预料和防范的原因或不可抗因素所导致的与交通事件有关的损伤或死亡，如在道路运行过程中，驾驶员因心、脑血管疾病等突发猝死，交通运输工具突发的故障，突然的山体滑坡、路面坍塌，突遇泥石流或恶劣气候等所致。而利用交通工具达到自杀、他杀目的者，则构成自杀性交通损伤（suicide transportation injury）或他杀性交通损伤（homicide transportation injury）。在法医学日常检验工作中，道路交通事故损伤最为常见，本章重点介绍。

第一节 道路交通事故损伤概述

道路上的车辆在通行过程中，过失造成人、畜伤亡和车、物损失的交通事件，即称为道路交通事故（road traffic accident）。按照《中华人民共和国道路交通管理条例》的规定，道路交通事故中的道路，是指公路、城镇街道和里巷，以及公共广场、公共停车场等供车辆、行人通行的场所。车辆是道路交通事故损伤过程中的必要前提因素。行驶在道路上的车辆分为机动车和非机动车：机动车包括汽车、电车、摩托车、电瓶车、拖拉机、轮式专用机械车等；非机动车包括自行车、三轮车、残疾人专用车、畜力车等。其中以各种汽车、摩托车造成的交通事故损伤最多见。

从 1886 年世界上第一辆汽车在德国诞生以来的 100 多年里，已有数千多万人死于道路交通事故。据统计，目前全世界每年约有 100 万人死于交通事故，受伤者达 1500 多万人，全世界每年因交通事故所致的直接经济损失高达数千亿美元。与自然灾害相比，道路交通事故造成的死亡人数是其 45 倍，经济损失是其 5.8 倍。因此，有人把道路交通事故称为当今世界的"第一公害"。

一、道路交通事故的原因

1. 驾驶员的因素 主要有：①超速、超载行驶占事故原因的 32.1%；②违反交通安全操作规程，如逆行、抢行、交叉路口不减速、闯红灯、左右转弯和调头不适当、在不具备超车条件的路段强行超车等；③酒后驾车，常导致驾驶人员的意识能力、判断能力、操作控制能力下降而造成事故；④新手驾车或无证驾车，由于新手驾驶水平不高，缺乏经验，有的是疲劳驾车，更有甚者为非驾驶员驾车肇事；⑤服用违禁药品后驾车（西方国家较为多见）。

2. 车辆因素 未按规定对车辆进行定期保养、检修，车辆"带病"行驶；车辆的安全制动系统突发故障。

3. 道路因素 弯路、坡路，公路较窄，缺乏中间隔离带，人车混行等所引发的事故占很高的比例。

此外，道路上设施不完善、标志不明显及照明差也是引发交通事故的因素。

4. 行人违章　我国人口众多，人们的交通安全意识较差，对遵守交通规则的必要性认识不足。行人任意违反交通法规，随意横穿马路、翻越围栏和隔离带、行走或骑行于机动车道上等，均可引发交通事故。

5. 交通管理　交通安全法规的全民普及教育，驾驶员严格培训考核，车辆的认真审验，交通指挥和道路设施的完善，严格执法等措施的施行，特别是一些有助于增强驾驶员自我约束力的措施的及时制定，对减少交通事故的发生具有积极作用。

二、道路交通损伤的特征

在交通损伤发生后，法医除必须根据交通损伤的特征，确定受害人员的死因、死亡方式和死亡时间；还必须确定死者是司机、乘客或是行人；并会同侦查人员和相关专家重建案件经过，以甄别和确定案件性质与事故责任。

道路交通损伤有如下特征：①损伤发生在交通事故过程中，因此，交通工具应处于运动状态下。②损伤是由交通运输工具直接或间接，或两者共同造成。由运输工具直接造成的撞击伤、碾压伤和砸压伤等为原发性损伤（primary injury）；而人体从交通运输工具上坠落、被撞击后抛出摔跌或被所载物品击中、砸压等导致的损伤则为继发性损伤（secondary injury）。此外，由交通事故或意外事件等导致的坠岩坠落伤、坠河溺死及烧伤等也属于继发性损伤范畴。③交通损伤的直接损伤属钝性机械性损伤，其严重程度、特征与交通工具的接触作用部位及其运行速度有关。④交通损伤常表现为多发性和复合性，形态复杂、类型多样，损伤严重、死亡率高。⑤部分交通损伤案件的发生与驾驶人员的精神状况、生理和病理状态有关。随着交通工具的不断改进，纯机械的因素下降，而驾驶人员的因素越来越受到重视。⑥交通损伤有时可被用来作为自杀或他杀的手段。

三、与交通损伤有关的法律法规

随着汽车拥有量的剧增，交通事故的数量及其造成的伤亡和经济损失也迅猛增加。因此，国家制定、修改了一系列的法律、法规。《中华人民共和国刑法》第一百三十三条规定：违反交通运输管理法规，因而发生重大事故，致人重伤、死亡或者使公私财产遭受重大损失的，处三年以下有期徒刑或者拘役；交通肇事后逃逸或者有其他特别恶劣情节的，处三年以上七年以下有期徒刑；因逃逸致人死亡的，处七年以上有期徒刑。交通事故如属故意杀人或故意伤害他人身体或过失伤害他人身体，应按刑法规定作不同处理。

除刑法外，国家还制定了各种交通安全法规，规定了驾驶员和行人必须遵守的规则、规章。2003年10月，全国人民代表大会通过了《中华人民共和国道路交通安全法》并于次年5月1日实施；公安部2009年1月1日发布执行了新《道路交通事故处理程序规定》；2010年1月1日起执行新《道路交通事故尸体检验》标准（GA268-2009）。此外，《道路交通事故痕迹物证勘验》（GA41-2014）、《道路交通事故勘验照相》（GA50-1993）、《法医病理学检材的提取、固定、包装及送检方法》（GA/T148-1996）、《法医学物证检材的提取、保存与送检》（GA/T169-1997）等一系列法医学相关的国家和部门的行业标准的推广和实施，进一步完善了交通事故伤亡的法医学检验及相关鉴定的标准化，将会极大地提高交通伤亡的检验鉴定水平。

第二节　机动车交通事故损伤

机动车造成人体损伤的过程非常复杂，因为车和人均处于运动状态，损伤过程迅速、短暂，并有如碰撞、碾压和拖擦等多个环节参与；此外，尚有车速、撞击部位，车内、车外人员的位置及状态，路面与设施等因素影响。因此，对于交通事故中的损伤，必须从"人-车-路"多角度、全方位进行分析。

交通事故中的原发性损伤的本质属钝性机械性损伤，这些损伤常可反映出致伤物的特征。对于这些损伤特点的准确认识和认真把握，对法医学的鉴定及事故重建具有重要的意义。

汽车交通损伤包括行人损伤和车内人员损伤。

一、行人损伤

（一）损伤类型

车辆第一次碰撞或碾压人体造成的损伤如撞击伤、伸展创、碾压伤等为原发性损伤；人体被撞击后身体与地面或其他物体相碰撞、擦划，形成的摔跌伤、拖擦伤等属继发性损伤。

1. 撞击伤　是指汽车的某一部件直接撞击人体所致的损伤，又称直撞伤（impact injury），是最常见的损伤类型。车辆的不同部位撞击人体可造成不同特点的损伤。

（1）保险杠损伤：当车辆保险杠撞击人体时，在距地面 50cm 左右高处（以小轿车类为例）的人体下肢形成横带状的表皮剥脱性撞痕、皮下出血或骨折均称为保险杠损伤（bumper injury）。皮肤表面的损伤可因长裤遮盖而不明显，但深部软组织的挫伤出血和胫骨骨折则很常见和严重。典型保险杠性胫骨损伤，是指在胫骨的着力部位出现楔状骨折，楔形底边为力的作用点，楔形的尖端指向车辆的行驶方向（图 8-1）。保险杠损伤多造成承重腿损伤骨折，而非承重腿多呈现软组织的挫伤或裂创。承重腿损伤的骨折可以是横行，但当人体跑动或有旋转动作时，则以斜行或螺旋形骨折多见。保险杠损伤在迎面碰撞时损伤发生在下肢的伸侧面，后面碰撞时损伤发生在下肢的屈侧面，侧面碰撞时损伤发生在下肢的外侧面。大型车辆的保险杠较高，保险杠损伤的部位可上移至膝部或更高。

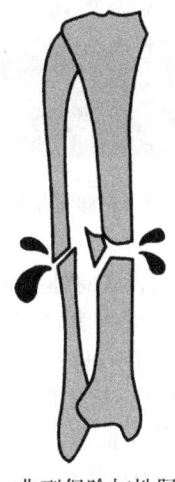

图 8-1　典型保险杠性胫骨损伤

（2）机动车车头所致的碰撞伤：汽车发动机罩、冷却器栅格、车头灯和挡风玻璃等撞击人体造成的损伤均属于机动车车头所致的碰撞伤。当肇事车辆的车头、各部件结构较平滑，位置较高（如大客车、公共汽车等）时，人体被撞击的部位多高于人体重心的躯干或头部。因接触面积广，巨大的冲击能量较充分地传递给人体，可表现为体表损伤不太明显（有时可留下冷却器栅格印痕），但颅骨和其他部位骨折及脑和内脏的损伤却十分严重（图 8-2）。同时在撞击伤对侧人体上的摔跌伤也十分严重。在车头正面部位可见轻度凹陷、变形或油漆崩碎、剥落等现象。

2. 伸展创（extension wound）　也称纹状浅表撕裂（striate-like superficial tear），指皮肤组织所受到的极大的牵拉力，超过皮肤的抗拉极限时，皮肤沿皮纹裂开形成多数微小的撕裂创。多发生在人体四肢与躯干相连部位，如腹股沟、腋前、颈部，以及腹部、腋窝等身体屈侧部位。伸展创的形成见于两种情况，一种是汽车自背后撞击人体重心区域时，身体向后过度伸展，而形成腹股沟或下腹部的伸展创，此时还可伴发颈椎的脱位和骨折；另一种情况是人体被车轮碾压时，由于车轮旋转产生的巨大牵拉力，造成在碾压部位附近、皮肤菲薄的部位形成伸展创。

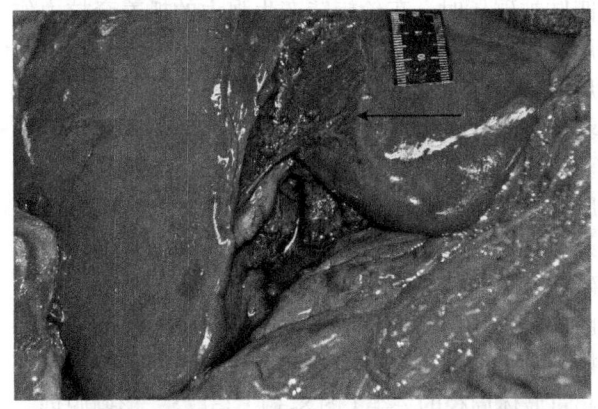

图 8-2　交通事故碰撞致肝脏破裂（箭头所指为肝脏破裂处）

3. 碾压伤　人体被机动车轮胎碾压形成的损伤称为碾压伤（run-over injury），是交通损伤中比较严重的一种。车轮碾压人体造成的损伤类型与碾压当时是否刹车有关；同时，刹车与否也是判断驾驶员责任的依据之一。

（1）不刹车碾压：由于没有采取紧急制动措施，使机动车车轮在人体上碾压而造成的人体伤亡。其特征是在受害人被碾压伤亡的中心现场无机动车，或机动车距受害人较远；在尸体附近无刹车制动痕迹。受害人皮肤上一般留有轮胎凹面花纹印迹。人体被碾压破裂时，轮胎胎面上沾有血迹或人体组织，并随车轮滚动沾染到车辆离去方向的路面上。

在人体被碾压的另一侧对应部位，即与地面接触的一侧，骨骼突起在皮下作为衬垫的区域如肩胛区、脊柱区、骶尾骨区等，可出现轻度的皮肤挫伤和皮下出血，称为碾压衬垫伤。

（2）刹车碾压：行进中的机动车紧急制动后，在滑行状态下将人体碾压而造成的人体伤亡。其特征是机动车紧急制动后滑行，在到达人体倒卧碾压中心位置之前的地面上有明确的刹车拖痕，人体倒卧在拖痕的终止处。由于车轮仅有少许旋转或不再旋转，受害人皮肤在轮胎凸面的作用下，形成接触处皮肤留有与凸性花纹印痕一致的表皮剥脱和皮下出血。此时，轮胎在车辆制动滑行过程中推压人体，使与地面接触一侧的体表与地面发生摩擦，形成片状、条状皮肤擦伤，称对称性擦伤。

人体不同部位受碾压所形成的损伤各异。头部被碾压时，可发生头皮和颅骨崩裂、脑组织外溢。胸腹部被碾压时，除皮肤软组织损伤、留下轮胎印痕外，还会造成胸骨、肋骨和盆骨骨折，胸、腹腔内脏器破裂、出血，甚至内脏器官脱出体外或腹腔内脏器官疝入胸腔。当车轮碾压人体肩、胸、腹、髋等部位时可在颈、腋及腹股沟等部位出现伸展创。四肢被碾压时，车轮旋转产生强大的抓着牵拉力作用于体表，使皮下组织与肌肉深筋膜之间撕脱分离，形成囊腔样改变或皮肤破裂撕脱，称皮肤撕脱伤或剥皮创（avulsion injury of skin）。皮肤撕脱伤可分为闭合性与开放性两种。闭合性肢体撕脱伤时，皮肤完整，皮下可形成囊腔并充满血液，触之有波动感。开放性撕脱创可表现为：①环状撕脱创，当小腿被碾压时，皮肤裂开呈环状撕脱，仅剩下皮下组织和肌肉，缺失的皮肤宽度与轮胎宽度一致；②半环状撕脱创，肢体皮肤呈半环状大面积裂开、撕裂范围超过肢体周径的一半（图8-3）；③"S"形撕脱创，肢体皮肤呈"S"形或螺旋状裂开，多是在轮胎碾过时，肢体转动所致；④当肢体末端或上肢前臂被碾压时，易发生不规则撕裂和棱形撕裂创。

有时，花纹锐利的新胎碾压肢体可造成关节或软组织薄弱处发生组织挫碎、肢体离断等损伤，这种情况多发生在大型满载车辆且速度较快的情况下。

4. 摔跌伤（tumbling injury） 指在机动车的作用下人体被抛出并摔落而形成的损伤。损伤的形态和程度取决于路面情况、汽车传递给人体的能量大小、人体的着地姿态及其衣着情况等。表现为挫伤与擦伤并存（即挫擦伤），且以深部组织挫伤出血、骨折和内脏损伤较重。当人体被车头或车尾撞击而发生扑倒摔跌时，在人体被撞的一侧留下直撞伤，而在另一侧可见挫擦性摔跌伤。

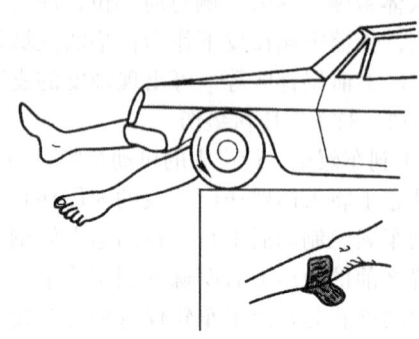

图8-3　半环状撕脱创示例

5. 拖擦伤（dragging injury） 指人体被撞击后未彻底与车分离，被车的某一部件刮带，在路面上拖擦形成的损伤（图8-4）。拖擦伤在交通损伤中不甚多见，其损伤程度与车速、拖拉距离、地面状态及人体有无衣着保护等有关。轻则表皮剥脱，重则皮肤脱落缺失，甚至相应部位的骨骼皮质上也出现擦划痕迹。拖擦伤的形态表现为大面积的擦伤，擦伤的初始端较重，尾端较轻并呈分叉呈刷状，故又称刷状擦伤（brush abrasion）。具有很好的方向指示性。损伤常分布在身体的突出部位，如头面部及躯干的胸部、背部和臀部。在四肢关节部位呈圆形或椭圆形，而在擦伤周边的体表凹陷处，则没有或仅有轻微损伤。

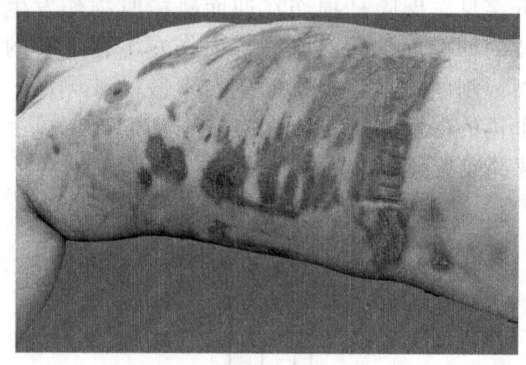

图8-4　胸腹部拖擦伤

有时机动车从受害者身体上驶过而未发生碾压，但因车的底盘较低，受害者被车底盘刮擦、带动或搓压翻滚造成损伤。在身体的前面、后面或两侧形成环绕身体长轴的损伤，损伤形态因路面特点（沥青、水泥、砾石、沙土等）而异。可形成拖擦伤、挫擦伤，甚至带有路面印痕；还可发生头颅、肩胛、颈、肋骨和胸腰骶椎及骨盆的骨折；车底的某些突出部件可在体表造成特征性损伤。

6. 砸压伤与挤压伤 机动车在行驶过程中，因发生翻车、坠车等现象时，人体被车辆或其他物体砸压造成的损伤称为砸压伤（tamp injury）。特点是在现场上有较庞大的砸压物，受损皮肤常出现不规则的挫裂创，软组织不同程度的挫碎，人体被砸压部位扁平变形，深部多发生粉碎性骨折和内脏破裂。在被砸压处边缘或受压较轻部位的皮肤可出现皮下水疱。机动车车体、部件与周围环境在特定情况下对人体挤压造成的损伤称为挤压伤（crush injury）。机动车对人体的挤压过程包括暴力冲撞与挤压两个阶段。挤压伤多发生在胸、腹部和四肢，严重的损伤和创伤性窒息是造成死亡的主要原因。

（二）车速对行人损伤的影响

在道路交通事故中，人体的损伤情况与案发当时车辆的行驶速度关系密切。车速不仅决定了车辆撞击的力量，而且，不同车速导致人体被撞击抛掷的距离也不相同。例如，轿车（或吉普车）与成年人（身高175cm）碰撞，当车速在30～40km/h时，一般可形成典型的碰撞三联伤，即①首次碰撞伤或直接伤：由车前保险杠撞击人体的腿部，或发动机罩的前端撞击腰部、髂臀部所造成；②抛举性碰撞伤：当人体受撞击部位低于人体重心位置时，因车辆前行的部分能量传递给人体，导致人体以重心为轴心发生翻腾，上身向车身倾倒，臀和下肢上扬，身体被抛举腾空，随后落下撞击到发动机罩上，造成躯干部的第二次碰撞性挫伤；③滑动性碰撞伤：由于车辆向前行驶的动能与人体后移惯性力的作用，导致人体在发动机罩上滑动，使人体头部、肩部与车辆前挡风玻璃相撞，造成头、肩部的第三次碰撞损伤。随后由于重力作用，人体摔落到路面上可造成摔跌伤。上述撞击三联伤的经过时间大约为1s。当车速更快（$v > 50～65km/h$）时，人体在车上可呈倒立状态，甚至从车上飞过摔到车后，形成滚动式撞击（somersault）；车速较慢（$v < 30km/h$）或急刹车时，人体可按撞击方向被抛掷摔跌到车辆的侧方或前方。当人体远离车身向前摔倒后，碾压常随之发生。

二、车内人员损伤

驾驶员、前排乘员和后排乘员由于与车内不同位置的部件碰撞，造成的损伤不同。人体与车内相应部位物体撞击形成的损伤，是判断事故发生时人体在车内位置的主要指征。

（一）驾驶员损伤

在交通伤亡事故中驾驶员自身伤亡者占总数的6%左右。驾驶员受伤部位：头部损伤占32.9%，面部损伤占28.8%，上、下肢损伤占22.6%，胸腹部损伤占10.2%，驾驶室空间较小、部件多，前有挡风玻璃、方向盘和各种仪表盘，下有油门、制动及离合器踏板，左有车门，后有靠背座椅，右有变速器操纵杆等。在事故发生时，上述部件均可成为造成驾驶员损伤的致伤物。

1. 挡风玻璃或玻璃框碰撞伤　当机动车前方发生撞击时，在无安全带和安全气囊保护的情况下，驾驶员以脚为轴心，臀部抬起、身体前倾，头部碰撞挡风玻璃或玻璃框，造成驾驶员前额和发际部位的擦伤、挫伤和挫裂创，以及颅前和颅中窝的骨折，大脑额、颞部的挫裂伤。额面部的损伤情况与挡风玻璃的质量、头部撞击速度有关。人体头面部的碰撞伤表现为突出部位如前额、眼眶、鼻、两侧颧部，呈小斑片状表皮剥脱和皮下出血，有时皮肤出现微小裂创。玻璃碎块可造成颜面部、颈部及前胸上部的小刺创和划伤，皮肤创口较小并密集方向一致。当碰撞力较大时，头部可从挡风玻璃破碎洞穿出，在头颈部形成挡风玻璃刺切创，可将胸锁乳突肌、颈总动脉、颈前及颈内静脉切断；有时损伤甲状腺和甲状软骨，创口中可发现玻璃碴。此外，与挡风玻璃框碰撞可在头的前额部、面部形成横行或一侧略带弧形的条状挫裂创，挫裂创的宽度与玻璃框缘一致。

2. 挥鞭样损伤（whiplash injuries）　机动车发生碰撞时，驾驶员（或乘员）由于车辆行驶中突然加速（后车追尾）或减速（迎面碰撞），头部急剧加速或减速运动，颈部过伸、屈，导致颈椎、颈髓及脑组织遭受牵拉、扭转、断裂及压迫，表现为椎体前缘及横突骨折、韧带和关节囊撕裂、出血及颈髓震荡、挫伤等，称为挥鞭样损伤。

3. 方向盘损伤（steering wheel injury）　是急刹车时方向盘对驾驶员胸部碰撞、挤压的特征性损伤。行驶中的车辆由于碰撞而紧急制动，未系安全带的驾驶员身体迅速前倾，座席也惯性前移，使驾驶者胸部或上腹部撞击在方向盘上；或伴有车头碰撞变形，发动机和方向盘后移，将驾驶员挤压于方向盘与座椅背之间。上述作用造成驾驶员胸部的损伤，称为方向盘损伤。胸部皮肤出现与方向盘边缘一致的弧形表皮剥脱和皮下出血，有时因向侧方移动而呈现片状擦伤。因衣着的影响，有时皮肤外表损伤不严重，却发生胸骨的横断骨折，肋骨多发性骨折（单侧多见），胸廓变形，肺、心及主动脉挫伤和破裂等。位于上腹部的肝、肾等脏器也可因方向盘的猛烈撞击而发生损伤。

4. 四肢反射性损伤　驾驶员正常行驶时，双手握方向盘，当碰撞发生的瞬间，两手本能性地抓紧方向盘或做用力撑住身体的避险动作，常造成手腕和前臂尺、桡骨的骨折。同时驾驶员右腿用力急踩刹车踏板，由车辆碰撞而产生的冲击力集中传导至右腿，造成右踝关节脱位、骨折或跟腱断裂；由于脚的可移动空间小而使其位置相对固定，易发生胫腓骨的扭转螺旋性骨折。这些损伤称为脚踏板损伤（pedal injury）。此时，腿踏板可在右足的鞋底留下印痕，这对判断驾驶员的认定非常重要。

车辆碰撞时，驾驶员在车内相对前移，其膝部和小腿胫前区易与仪表盘架的下方相撞击，形成擦伤、挫伤和挫裂创；膝关节韧带撕裂，关节腔出血；股骨下端的骨折或髌骨楔入股骨内、外侧踝之间。

此外，仪表板的撞击力向上传导，常造成股骨头脱位，或伴有股骨颈骨折及骨盆的损伤。

5. 安全带损伤（seat belt injury） 安全带是固定车内人员的束带装置，它能够降低减速力对人体的作用，保护头部避免撞击，并防止人体被抛掷。但如果撞击力十分巨大或车辆发生翻滚等，安全带猛然收紧则可挤压人体造成安全带损伤。表现为与安全带相对应的斜行跨越胸腹和环绕腹周的条带状皮肤擦伤。根据安全带损伤的特点可判断车内人体在事故发生时的位置。

（二）乘员的损伤

1. 副驾驶位乘员的损伤 小型客车或轿车的副驾驶位乘员在交通事故时最容易受到损伤，其伤亡率高于驾驶员和后排乘员，故此座位有"死亡席"之称。对168例副驾驶位乘员损伤程度分析，案件发生后副驾驶位乘员立即发生死亡和处于危重伤状态者占64.3%，重伤占17.8%，其余为中度至轻度损伤。

副驾驶位乘员的损伤在很多方面与驾驶员的损伤类似，但不形成方向盘挤压伤和脚踏板损伤。损伤主要以头面部多见，其次是四肢，且上肢多于下肢，胸腹部损伤较小。事故突发时，由于前方没有可以借以阻拦及抓扶、支撑的方向盘，故头面部撞击挡风玻璃及其框架的机会比驾驶员多，损伤更重，甚至可被从破碎的挡风玻璃处抛出车外；手掌猛然杵向前方的仪表盘架，很容易形成肘部鹰嘴骨折和肱骨下段骨折。此外，当车头撞击时，副驾驶位座席可向前滑动，足部被楔入坐垫下造成小腿和足部的损伤，如踝部的擦伤、挫伤、挫裂创及骨折等。

2. 后排乘员损伤 后排乘员位于车的中部和后部，座位之间，在车祸发生时形成的损伤不同于驾驶员和副驾驶位乘员，后排乘员的损伤以四肢损伤多见，且下肢多于上肢；其次是头面部；再其次是胸颈和躯干部。损伤表现：①前额和下颌部与前方座位靠背碰撞，造成前额的横行挫裂创，颅前或颅中窝骨折，大脑额、颞极挫伤。下颌部的碰撞可形成颏部擦伤，下颌支骨折及大脑枕叶挫伤。②由于车辆的紧急制动，后排乘员身体惯性前移，两膝抵在前排座位靠椅上，而臀部骨盆继续前移，使大腿剧烈屈曲外展，可造成髋关节的骨折、脱臼和关节损伤，甚至是双侧性损伤；还可发生股骨颈骨折、骨盆骨折等，称为分腿式损伤。③撞裂创与肢体离断，见于高速行驶的客车与对面驶来的车辆发生侧面剐蹭，造成车体破坏，破损的车体金属板断面与人体猛烈撞击，造成人体类似砍切样的钝性损伤，甚至削开颜面或离断肢体，表现为条状巨大裂创，离断面参差，断缘不整，有组织撕裂现象；骨折多呈粉碎性，骨折线不整齐。这种损伤多发生在邻窗侧座席上的后排乘员，易造成群死群伤的严重后果。④头部碰撞伤多见于站立位的乘员。由于车辆碰撞颠簸和跳动，使头顶部与车顶盖相撞，造成颅底骨折、脑出血。⑤后排乘员的头颈部挥鞭样损伤多于副驾驶位乘员。⑥有时乘员被抛起后猛烈跌落，臀部着力后形成腰椎脱位、骨折，甚至颅底和大脑的损伤。

3. 车内人员的其他损伤 车内人员除上述与其乘坐位置邻近的相应部件撞击成伤外，还有以下其他损伤：

（1）被抛出车外的损伤：车内人员可被抛出车外，形成摔跌伤、砸压伤或挤压伤等。

（2）异物穿刺创：在发生交通事故时，来自于车外的异物如木杆、竹竿、钢管或钢轨，以及道路护栏铁管等物品，通过挡风玻璃或车体，猛烈刺入人体形成盲管性或贯穿性异物穿刺创。

（3）车门挤压伤：交通事故发生时，尤其是翻车过程中，车门的开启、关闭可造成邻近位置的车内人员手脚和肢体的挤压，形成局部皮肤的擦挫伤、挫裂创和骨折等。

（4）烧伤：多见于车辆由于碰撞起火或被携带上车的易燃易爆物品爆炸起火造成烧伤，燃烧产生的CO及其他有害气体中毒可致死亡。

三、摩托车交通事故损伤

摩托车事故损伤（motorcycle accident injury）指摩托车驾驶员及被撞击行人的损伤。我国是摩托车生产大国，每年的摩托车生产量占世界第一位。由于摩托车的高速、开放、缺少保护设施和稳定性差等特点，并常在人群中或车丛中穿插行进，所以，事故发生率极高，伤亡率也位居机动车辆损伤的首位。

（一）摩托车损伤的致伤机制

1. 摩托车撞击行人 机制与汽车相似，摩托车前保险杠或车轮等部件直接撞击人体，可造成直撞伤、摔跌伤、拖擦伤及碾压伤。

2. 摩托车被汽车碰撞 碰撞形成的直撞伤及随后发生的摔跌伤的严重程度要取决于两者的相对运动。如果是相对逆向碰撞，则身体上半部分的直接撞击伤非常严重，而同向运动相撞则摔跌伤更严重。如侧向被机动车碰撞时，乘坐者的背部和侧面的损伤比驾驶员更明显。

3. 摩托车撞击静物 摩托车与树木、电线杆、建筑物等静物碰撞时，由于巨大的惯性力作用，驾驶员胸部撞在车把上，或头部、前胸及上肢与上述固定物直接撞击，发生头部及胸部的严重损伤和变形。当摩托车在发生碰撞事故时，后座乘员随着摩托车后轮向上、向前的冲击力向前飞出，头面部和四肢易撞击在与摩托车相碰撞的物体上造成损伤。

（二）摩托车损伤的特征

摩托车损伤可分为特异性损伤和非特异性损伤，前者系由摩托车部件擦撞驾驶员身体造成的损伤，表现为：

1. 骑跨伤 油箱和车把造成驾驶员会阴部的损伤最为常见。会阴、阴茎、阴囊及大腿内侧严重擦挫伤，甚至撕裂、出血；严重者可致耻骨支骨折，甚至造成膀胱、尿道或阴道挫裂创，称为骑跨伤。油箱可发现凹凸变形和擦痕、局部油漆脱落。

2. 皮肤车把印迹或后视镜边缘印痕 车把、后视镜与胸部、上肢碰撞，可形成皮肤车把印迹或后视镜边缘印痕，表现为表皮剥脱和皮下出血，深部骨骼局限性骨折。

3. 挡风罩切颈伤 带有挡风罩的摩托车，可发生挡风罩的切颈损伤，即挡风罩边缘造成驾驶员的下颌至耳后经第1颈椎处离断，离断缘多不整齐。

摩托车驾驶员因被向前抛出，多可发生撞击性损伤；摩托车乘员多可发生摔跌伤和碾压伤等非特异性损伤。摔跌时因在地面上滑移距离较长而擦伤明显。常见颜面部先着地，继之胸腹和四肢落地，此时面部大片擦伤，可伴有小挫裂创，并可造成颅前窝、颅中窝骨折，脑挫伤，肝、脾、肠系膜破裂出血；如果是头顶部先着地，继之肩和躯干部着地时，可造成枕部头皮挫伤和肩背部擦伤，并易形成颅后窝的骨折、脑挫伤、肺和肾脏震裂出血。在有头盔面罩保护时，头皮和额面不易发生损伤，但可发生颈椎骨折、脱位和出血等。

四、酒后驾车与交通事故

酒精与滥用药物已经成为当今世界重要的社会问题。由于酒精的麻痹作用，人在饮酒后，可发生视觉障碍、平衡失调，以及注意力下降、对危险的预知能力降低，并且过高地估计自己的能力。当危险出现的时候，往往无法正常控制汽车的油门、刹车及方向盘，从而导致事故的发生。据不完全统计，我国酒后驾车发生的交通事故，占全部交通事故的3%～5%；发生死亡者占全部交通事故死亡的9%～12%。

针对酒精对驾车带来的危害，《中华人民共和国道路交通安全法》第九十一条规定：饮酒后驾驶机动车者，处暂扣六个月机动车驾驶证，并处一千元以上二千元以下罚款。因饮酒后驾驶机动车被处罚，再次饮酒后驾驶机动车的，处十日以下拘留，并处一千元以上二千元以下罚款，吊销机动车驾驶证。醉酒驾驶机动车的，由公安机关交通管理部门约束至酒醒，吊销机动车驾驶证，依法追究刑事责任；五年内不得重新取得机动车驾驶证。

《车辆驾驶人员血液、呼气酒精含量阈值与检验》国家标准（GB19522-2017）规定：驾驶人血液中20mg/100ml≤酒精含量阈值＜80mg/100ml的行为属于饮酒后驾车，含量≥80mg/100ml的行为属于醉酒后驾车。此为交管部门依法认定酒后驾车这一交通违法行为提供了依据。

五、道路交通损伤的法医学鉴定

道路交通损伤常见且复杂，伤亡人员可以是驾驶员、乘客或是行人。造成伤亡的原因和方式可以是违反交通法规过失或意外，或肇事逃逸，亦可以是自杀或他杀。法医在进行道路交通事故伤亡鉴定时，需回答以下问题：①死亡原因是交通工具造成的致命伤，还是其他暴力因素、疾病猝发、醉酒或中毒致死；②死亡性质是交通事故、意外，还是自杀或他杀；③判断是生前碾压还是死后碾压，是单轮碾压还是双轮碾压，以及碾压次数等；④根据损伤特征和交通事故痕迹物证检验结果，进行事故经过的重建；⑤收集各种法医物证，根据交通事故物证检验结果和损伤特点，提供肇事车辆的特征或认定，为逃逸车辆的侦查提示方向；⑥区分死者为驾驶员、乘客或行人；⑦无名尸体的身源确认。

道路交通事故损伤的法医学鉴定基本程序：①认真进行现场勘验及案情调查，注意尸体的位置姿势，血泊、毛发、组织、衣物碎片、轮胎印痕、破碎漆片及碎玻璃片的分布，进行原始碰撞现场的认定；②系统全面的尸体解剖检验，以推断死亡原因和死亡性质；③交叉物证的提取和比对以确认肇事车辆；④对肇事车驾驶员进行酒精、药物检测，以判定事故的性质；⑤会同多学科专家，对收集到的各类痕迹物证信息进行全面综合评价，以进行交通事故重建（traffic accident reconstruction）。

第三节 铁路交通事故损伤

铁路列车是我国重要的陆地运输工具之一，铁路交通事故损伤（railway accident injury），是指发生在铁路沿线上与列车有关的事故造成的损伤。由于列车质量大、速度快、制动距离长（800m左右），因此所造成的车外人员损伤严重；而且，铁路客运列车乘载人数众多，事故时常造成群伤、群亡的严重后果。因此，铁路交通事故损伤影响较大。

列车造成人体伤亡的原因：①塌方、泥石流、淹水等自然因素；②机械故障等客观因素；③超速、忽视行车信号、道岔扳动及信号指示错误等人为因素。其中，人为因素所占比例最高。

列车事故损伤绝大多数为机械性损伤，少数或极少数为火烧伤、溺死等。列车事故损伤分为列车车外人员损伤和车内乘员损伤。

一、路外损伤

列车车外人员损伤又称路外损伤，是指列车撞轧车外人体或其他车辆而造成的伤亡。列车车外损伤主要有撞击伤、碾压伤和摔跌伤三种。

1. 撞击伤 由于列车质量大、速度快，列车部件坚硬、多棱角，易造成严重的损伤。撞击伤的位置以人体突出部位和头部为多见。损伤特征以挫裂创为主，同时伴有骨折和内脏器官损伤。如胫腓骨的楔形骨折可推断人体是处于站立位时受机车的排障器（蒸汽机车高约 30cm，内燃机车高 38cm）撞击所致。在撞击部位会留有黑色污物，是确认撞击点的重要依据。

2. 碾轧伤 是人体在列车车轮与路轨之间形成的损伤。因受上、下铁质车轮与路轨的轧压，多可造成肢体离断。被碾轧部位软组织挫伤、缺失，创面呈整齐的钝性截断，尤其是骨骼断面整齐、无破碎，断面皮肤边缘有碾轧挫伤带。

3. 摔跌伤 可分两种：①列车撞击导致人体抛掷摔跌，受害者多不在铁轨旁而是在路基边。常见头皮破裂、颅骨凹陷粉碎性骨折。②人体从运动的列车上跳下形成的摔跌伤。因坠落高度相对固定，损伤程度与列车运行速度成正比。由于人体的惯性较大，常造成衣着撕裂和体表的多发性损伤。

二、车内乘员的损伤

列车紧急制动或脱轨后翻滚、碰撞是列车内乘客损伤的主要原因。常见的损伤有：

1. 撞击伤 人体因惯性运动在车厢内与周围物体相撞形成的损伤。主要见于列车突然刹车减速时，人体与列车内的座椅、床铺、门窗等物碰撞造成减速性撞击伤；同时，因人体各部位惯性运动的不同步，产生头颈部的过屈或过伸性损伤。

2. 摔跌伤 人体在列车内撞击固体物件后，由于回弹和重力作用而发生摔跌，形成损伤。有时，人体通过破碎的门窗被甩出列车外，可造成坠落伤。

3. 挤压伤与砸压伤 列车事故时，因车厢扭曲变形及车厢内行李的移位造成人体挤压伤与砸压伤。有时也可因车厢内人群的相互挤压而致伤。

三、铁路交通事故损伤的法医学鉴定

铁路交通事故的法医学鉴定中要解决的问题及鉴定程序与道路交通损伤鉴定相同。主要解决死亡原因和死亡方式。而针对列车脱轨、相撞等重大灾难事故，法医主要解决事故中涉及医学的人为因素调查、遇难者的个人识别等问题，为事故善后处理提供科学依据。铁路交通损伤的死亡多为过失和意外，但涉及车外人员伤亡时应注意与卧轨自杀及他杀后移尸铁路上伪造卧轨自杀等死亡性质的相鉴别。

卧轨地点多靠近村庄、城镇或站内，特别是司机不容易瞭望的弯道处，很少在偏僻的站与站区间；现场附近可见自杀者逗留或徘徊痕迹；尸体的上半部分位于道心内居多，躯干和四肢呈强直伸展状姿势，双脚对应的路基地面上出现蹬踏痕迹；损伤具有一次性暴力作用形成致命伤的特点，如碾轧躯干、头颈造成离断等。他杀后移尸铁路上伪造卧轨自杀的现场多位于远离村庄、城镇的偏僻区间；时间多为晚上；现场无被害人自己遗留的痕迹，而多有移尸时的拖拉痕迹；尸体上的附着物常与现场不符合，尸检时常常发现非火车造成的致命伤，而火车碾轧形成的损伤为死后伤，缺少生活反应，有时可见反常的尸体现象。对尸体检材进行毒物分析有时可发现中毒。

对尸体进行个人识别、寻找身源等对于死亡性质的判定也具有重要意义。

第四节 航空事故损伤

航空事故损伤（aviation accident injury）是指飞机在开车后滑出起至着陆后到达规定位置停车期间，因事故造成航空乘客的损伤。与其他交通工具相比，航空事故具有以下特点：①失事原因复杂且多发生在转瞬之间。航空事故原因非常复杂，包括人为破坏、操作失误、天气恶劣、机械故障等。②事故死亡率高：飞机在空中高速飞行具有的巨大能量，且飞机携带大量燃油，因此在事故发生时具有巨大的损毁力。虽然飞机失事死亡的总人数在各种交通事故死亡总数中的绝对值小，但飞机失事的事故死亡率却最高。一般来讲，道路交通事故死亡率为 10%～20%，列车事故死亡率为 50%～60%，而飞机事故死亡率超过 80%。

一、航空事故损伤

航空事故损伤广泛多发，复合存在，且为一次性形成。损伤严重,肢体离断、破碎明显。飞行事故发生过程中人体的损伤主要包括机械性损伤、烧伤、气压损伤和低温损伤四种类型。前两种类型发生在飞行的任何阶段,而后两种类型主要发生在飞行过程中。

1. 机械性损伤 航空事故的机械性损伤包括碰撞与挤压、高坠与弹射性损伤和爆炸伤三种形式。

(1) 碰撞与挤压伤:航空事故发生时,飞机减速而人体惯性前移,乘客碰撞前排座椅或侧方的舱壁,可造成撞击伤及撞击力传导途径中远离着力点部位的间接性损伤(如膝盖撞击造成股骨颈、骨盆的损伤),或因飞机剧烈变形造成挤压伤等。此外,在飞机受撞的瞬间,由于人体各部位的惯性、减速运动不均衡也可造成损伤,如大腿根部与被安全带固定的躯干分离,心脏与胸前壁碰撞致伤,或心脏与大血管因不均衡扭转发生动脉破裂等。

(2) 高坠与弹射性损伤:飞机在空中解体后,人体从飞机中脱出形成高坠伤。弹射损伤是指在紧急情况下,飞机操纵人员通过弹射装置脱离飞机时所形成的损伤,主要见于军用飞机。

(3) 爆炸伤:飞行过程中人为破坏所致的爆炸或飞机失事后撞击地面引起的物理性爆炸均可造成爆炸伤,后者常发生在人体受机械外力(减速力)损伤之后。

2. 烧伤 是飞机失事时碰撞摩擦爆炸和燃料起火的结果。几乎每次飞机失事都伴有不同程度的燃烧。飞机内壁某些合成材料燃烧时产生大量氮氧化物或氰化物、氯化物等,还可导致人体吸入性窒息或中毒死亡。

3. 气压损伤和低温损伤 飞机失事时,因飞机舱内人工环境的突然改变,或因机身破坏而形成高空的开放环境,人体受缺氧、减压、低温的影响而损伤。但因这种状态很难在事故发生后维持较长的时间,故一般不会是构成飞机失事后人体死亡的单独原因。

二、航空事故损伤的法医学鉴定

发生航空事故后,应立即组成有法医参加的现场勘验组。法医学鉴定的主要内容是确定死亡原因、死亡时间和损伤性质(特别要注意非事故性暴力损伤的存在)、个人识别,并协助查明事故原因和处理善后事宜。航空事故的法医学鉴定程序包括:

(1) 尽早进入事故发生地、巡视和划定现场保护范围,了解与法医学鉴定有关的第一手资料。

(2) 在救护与灭火工作结束后,立刻进入现场勘验、拍照和录像,寻找遇难者,对尸体及遗物进行编号。

(3) 对尸体分别拍照、录像、摁指纹,仔细检查衣着,提取遇难者的遗物并装入编号的塑料袋内。

(4) 进行尸表检查和尸体剖验,必要时提取牙齿、毛发、血液备查。

(5) 详细填写"遇难者识别表",以备同遇难者家属或亲人填写的"遇难者调查表"和生前照片、航空公司提供的生前资料相比对,查明遇难者身份。

(6) 综合上述检验情况和遇难者生前资料,分别就死亡原因、死亡时间、个人识别、损伤性质及死前的生理状态等做出鉴定结论,对事故原因进行分析。协助有关部门和遇难者家属处理好善后事宜。

三、航空事故个人识别

航空事故损伤死亡率高,损伤类型复杂。尸体毁损严重:有的面目全非,有的尸骨不全、不留有任何遗物。因此,个人识别对空难原因的分析,善后处理及平息境内、外影响都有重要的意义。驾驶员的个人识别,是检验驾驶者是否患有导致事故的疾病,抑或有其他事故因素存在的前提。乘客的个人识别,则是对社会和家属负责的必要前提;同时,查明乘客在飞机上的位置,有助于进一步分析飞机上不同位置乘客所受暴力损伤的差异等。

在空难尸体检验中,个人识别具有突出重要的价值,可根据现场勘验及尸体检验结果进行个人识别。个人识别方法主要有辨认体貌特征、个人遗物鉴别、指纹比对、牙科识别、血型和 DNA 检验等。因此,在尸体检验时应注意尸体的衣着、体表佩戴物、口袋内容物、尸体附着物或嵌入物,以及遗物特征、体貌特征和损伤情况等。还应注意尸体的某些特征性部分,如先天畸形、假肢、骨关节病变、塑料或金属植入物、义齿。烧焦尸体注意指骨上附着的饰物和衣袋中的烧剩物品。

不同国家对上述方法的采用有所侧重。美国以指纹为主,英国以牙齿为主。我国因没有完整的牙齿、指纹档案,主要依据体表特征、衣着和遗物,结合指纹、牙齿和血型进行鉴别。近年来,DNA 检验在空难个人识别中越来越受到重视。不同原因的空难,识别方法不尽相同。将检验时记载的"遇难者识别表"与遇难者家属或亲人填写的"遇难者调查表"及生前照片和航空公司提供的乘客资料进行综合比对、分析,以确定遇难者的性别、年龄、身份、损伤程度、死亡原因和死亡时间,是非常有效的。

第五节 船舶事故损伤

船舶事故损伤(shipwreck injury)泛指在水域

中的船只和船上设施对人体造成的损伤。一般是指在水上航行的船舶、船舰，因触礁、碰撞、台风、翻船、失火、意外爆炸、有毒气体泄漏、人员坠海等情况引起的损伤和死亡。

一、船舶事故损伤类型

1. 倾覆与沉船损伤 当船舶遭遇暴风雨或台风，或与暗礁、冰山碰撞，或因劫船破坏等，造成船舶倾覆或沉没，人体与周围船体部件碰撞成伤。如果船上人员弃船落水而不能得到及时有效的救援，溺死常成为主要的死亡原因；有时可发生冻伤、脱水（海中）和饥饿死亡。如果因劫船破坏，则可留下人为的暴力性损伤，如锐器创或枪弹创。

2. 碰撞伤 船舶的运行速度较慢，碰撞后的减速力较小，故碰撞伤一般较轻。

3. 烧伤与爆炸伤 船只被雷击引起火灾，或船上货物自燃，或易燃品爆炸等情况下，可造成船上人员烧伤和爆炸伤。

4. 螺旋桨损伤（propeller injury） 如果落水人员被吸入到船只螺旋桨运转工作区，则船只的推进器螺旋桨桨叶的旋转性切削所形成的巨大劈力可造成人体的损伤。

二、船舶事故个人识别和法医学鉴定

沉船事故发生后，个人识别的方法步骤与航空事故相似。法医应确定遇难者的死因、死亡方式；并根据损伤类型和特征，结合案情和现场进行事故重建，为事故责任分析、改进安全措施等提供依据。值得注意的是，水中漂浮的尸体也可被吸入螺旋桨工作区，形成损伤，应与暴力性锐器伤或死后分尸鉴别。

复习与思考题

1. 交通损伤与道路交通事故损伤有何不同？
2. 我国道路交通事故损伤的现状如何？有何改进的建议？
3. 道路交通事故发生时，车外人员损伤与车内人员损伤有何不同？
4. 什么是碰撞三联伤？其发生条件有何特点？
5. 车辆的不同部位造成的车外人员损伤有何特征？
6. 车内不同位置成员的损伤有何不同？
7. 酒精对驾驶员有何影响？
8. 道路交通事故损伤的法医学鉴定需要解决哪些问题？
9. 摩托车事故损伤有哪些特征？
10. 铁路交通事故损伤的原因有哪些？会造成哪些损伤？
11. 航空事故会造成哪些损伤？
12. 在航空事故损伤发生后，如何进行个人识别？

（郭相杰）

第九章 机械性窒息

【目标要求】

掌握：机械性窒息的定义、分类、形态学变化；缢死、扼死的定义、形态学改变、机制；溺死的定义、形态学变化。

熟悉：缢型、缢死的鉴定；勒死的法医学鉴定；扼颈的方式、法医学鉴定；捂死、哽死的定义、形态学改变、机制、法医学鉴定；挤压性窒息死；溺死的机制、实验室检验、法医学鉴定。

了解：机械性窒息的过程，绳套和绳结，性窒息，体位性窒息；溺水的过程。

> **案例 9-1**
> 2010年，张某，女，被人发现死在出租屋内。尸体检验，死者颈部及下颌缘处皮肤见小片状类圆形皮下出血、新月形表皮剥脱，解剖见下颌下腺出血、甲状软骨前软组织出血、舌骨骨折等；并有颜面部皮肤、睑结膜、球结膜、会厌、心肺表面的出血点。未见其他致命性损伤，心血及胃内容中亦未检出常见毒物。
>
> 问题：
> 1. 本案例中张某的死亡原因可能有哪些？
> 2. 本案例法医学鉴定应注意哪些问题？
> 3. 本案例死亡的性质是什么？

第一节 概　述

一、机械性窒息的概念

凡因机械性外力（或称暴力）的作用，使鼻孔、口腔同时被阻闭，或呼吸道被压闭，或胸腹部受挤压导致呼吸障碍、全身缺氧，特别是脑乏氧和二氧化碳潴留者称为机械性窒息（mechanical asphyxia）。

氧（空气）是维持人体生命活动所不可缺少的物质。机体由于氧的摄入或利用障碍，二氧化碳的排出受阻，在体内潴留，从而引起组织细胞代谢障碍、功能紊乱和形态结构损害的过程，这一过程称为窒息（asphyxia）。因缺氧、窒息而致死称为窒息死亡。

呼吸有内呼吸和外呼吸之分，窒息也有外窒息和内窒息之别（图9-1）。由于肺部与外界空气之间的气体交换过程出现障碍而发生的窒息称为外窒息；血液与组织细胞之间的气体交换过程出现障碍而发生的窒息称为内窒息。前者多见于呼吸道被压迫或阻塞所引起的呼吸功能障碍；后者主要见于某些中毒、严重贫血、组织内血液淤滞等情况。

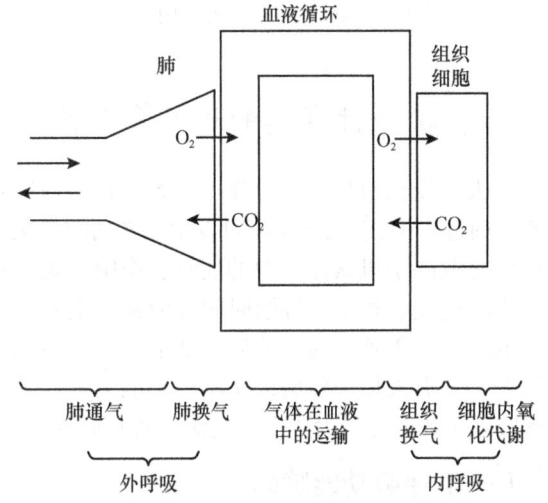

图 9-1　内呼吸与外呼吸

二、窒息的分类

根据窒息发生的原因，可分为：①机械性窒息；②电性窒息；③中毒性窒息；④空气缺氧性窒息；⑤病理性窒息等。本章仅研讨机械性窒息（图9-2）。

1. 压迫颈项部所致的窒息　包括缢死、勒死、扼死等。

2. 阻闭呼吸孔道所致的窒息　如用手或柔软物体同时压闭口腔和鼻孔所引起的捂死。

3. 异物堵塞呼吸道所引起的窒息　如以各种固体异物堵塞在咽喉或呼吸道内所致的哽死。

4. 挤压胸腹部所致的窒息　包括挤死、压死、活埋等。

5. 液体吸入呼吸道所致的窒息　如溺死等。

6. 环境缺氧所致的窒息　如被关在密闭的箱柜中或小容器内，头套在塑料袋中等。

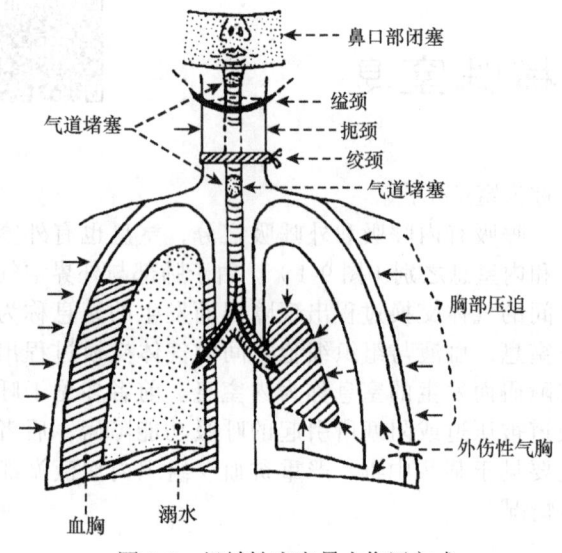

图 9-2 机械性窒息暴力作用方式

三、机械性窒息的过程和表现

从人体受到机械性外力作用开始，直至最后窒息死亡的过程中，各器官组织可发生一系列的变化。这些变化取决于机械性外力的性质、作用方式和窒息发生的速度、程度、持续时间等因素。主要系统器官的改变：①呼吸功能障碍；②中枢神经系统功能失调；③血液循环障碍；④肌肉功能失常。其中以呼吸系统的改变最为严重，表现也最为明显。

（一）呼吸功能障碍

所有的外窒息都表现出缺氧和二氧化碳潴留所引起的各种症状。窒息的发生发展是一个连续的过程。临床表现可分为六期。

1. 窒息前期 呼吸道受阻、氧气吸入障碍后，因体内尚有余氧还可供组织细胞代谢活动，也由于呼吸、循环功能的代偿，所以暂时不显示任何症状。窒息前期约持续半分钟。但可因个体训练或耐受力的不同而有差异，如擅长游泳者可持续 1～1.5min。

2. 吸气性呼吸困难期 因体内缺氧和二氧化碳潴留刺激延髓呼吸中枢，致呼吸加深、频率增快，吸气强于呼气，呈现喘息样呼吸。同时脉搏加快、血压上升。由于呼吸运动剧烈，胸腔负压增加，回心血量增多，继之右心房、室和静脉系统淤血，颜面和手指发绀，眼球突出，呈苦闷状。吸气性呼吸困难期持续 1～1.5min。

3. 呼气性呼吸困难期 因体内二氧化碳持续增多，刺激迷走神经，反射性地引起呼吸运动的加剧，呼气强于吸气。同时全身骨骼肌也出现痉挛，由阵发性发展为强直性痉挛，甚至可发生角弓反张，所以又称惊厥期或痉挛期。此期由于高位中枢神经系统严重缺氧，意识逐渐丧失，心跳变慢，瞳孔缩小，还可出现流涎、排便或排精现象。呼气性呼吸困难期较短，不超过1min。

4. 呼吸暂停期 呼吸中枢由于严重缺氧而深度抑制，呼吸变浅变慢而最后暂时停止。此期神经系统的功能逐步丧失，肌肉松弛，全身痉挛消失。心搏微弱，血压下降，状如假死，所以又称假死期。呼吸暂停期持续 1～2min。

5. 终末呼吸期 出现潮式呼吸，说明呼吸中枢即将衰竭。显示间歇性张口深呼吸，鼻翼扇动。颈部肌肉也参与以增强呼吸运动，一般约有数次间歇性深呼吸，其间隔逐渐延长同时瞳孔散大，血压继续下降，肌肉松弛。终末呼吸期长短不定，持续约一至数分钟。

6. 呼吸停止期 此期呼吸已停止。但仍有微弱的心搏，其持续时间因人而异，由数分钟至十几分钟，最后心跳停止而死亡。应注意呼吸停止期所形成的损伤，仍有微弱的生活反应。

上述各期的时间长短和表现明显与否，视个体的年龄、健康状况不同而有差异。年老体弱者，持续的时间较短。窒息全过程所经历的时间为 5～6min。若在窒息的前 3min 以内进行人工呼吸急救，尚能完全复苏。经 4～5min，仍有救活的可能。若经 8～9min 以后，则无复苏的可能。但溺水死者在 20min 以内，尚有复苏的可能。如果复苏不完全，多在数日后死亡。

（二）神经系统功能失调

中枢神经系统尤其是脑神经细胞，对于缺氧非常敏感。脑重仅占体重的 2.0%～2.2%，但其血流量为心输出量的 15%，耗氧量占全身耗氧量的 23%。大脑、小脑皮质的耗氧量更多。神经细胞突触的耗氧量又大于神经细胞体。窒息初期，通过神经反射出现脑血管代偿性扩张，可使脑部血流量增加 50% 左右。脑耗氧量最多的部位对缺氧最敏感，因而该处的血管扩张最明显，血供量也最多。当增多的脑血供量仍不足以维持其最低的耗氧量时，即出现神经系统的功能紊乱，出现判断力下降、运动不协调。严重时，可导致烦躁、惊厥、渐次出现阵发性痉挛，或可发展为全身强直性痉挛。身强体壮者惊厥显著,而年老体弱或麻醉者则较微弱甚至不发生。在窒息发生后1～2min内,个体意识即可丧失,不能再作有意识的活动,渐次发生昏迷乃至死亡。一般认为,完全中断氧供后的6～8min,就出现不可逆的脑组织缺氧性损伤。

(三)血液循环障碍

在吸气性呼吸困难期,由于剧烈的吸气运动,导致胸腔负压加剧,回心血量增多,肺血管床及右心均充盈血液,大静脉高度淤血,颈静脉怒张,出现颜面肿胀、发绀。此时心搏开始变慢。至呼气性呼吸困难期,肺内部分血液注入左心房、室和大动脉,血压上升。胸腔器官可因毛细血管破裂而发生瘀点性出血。此后心肌陷于疲劳,心搏渐弱,频率渐减,血压明显下降。心肌对于缺氧相当敏感,仅次于神经组织。一个健康人在静息状态时,冠状动脉血流量为心输出量的5%,心肌氧耗量较大,利用氧的能力也强。窒息时,冠状血管代偿性扩张,可使心肌血流量增加4～5倍。但当动脉血氧饱和度低于80%时,心肌细胞可因氧供不足而导致代谢功能障碍,心肌细胞膜电位降低,出现心电图改变(如ST段压低、T波低平、双向或倒置),传导性降低,心律不齐。当严重窒息而去代偿时,心肌细胞可出现不可逆性的缺氧性损伤。窒息过程中,舒张压一般降低,但收缩压则持续升高,直至机体死亡时则急剧下降,这可能是由心肌缺氧所致。

(四)肌肉功能失常

个体因脑神经细胞窒息缺氧,意识迅速丧失,肌肉松弛,不能做有意识的动作。在呼气性呼吸困难时,呼吸肌收缩增强而发生痉挛,尚可发生全身性的惊厥。

上述窒息表现,从开始至死亡所经历的时间,一般为5～6min,称为急性窒息死亡。但有时机械性外力使气道并未完全闭塞,仍可呼吸少量空气,或气道闭塞短时间后又缓解,恢复呼吸后再度闭塞,从而使窒息者死亡发生的时间延迟,称为亚急性窒息死亡,若有再延长者称为迁延性窒息死亡。后者的延迟有时可长达10h以上。

四、机械性窒息死者的尸体特征

机械性窒息死亡者的尸体外表和内部器官均有明显的形态学变化,但其程度常因个人体质和窒息性质、过程不同而有差异。若死者身体健壮,窒息过程较长,各期的表现明显,其形态改变也较为显著;反之,则不明显。

(一)尸体外表征象

机械性窒息死者的尸体外表,除有一般的缺氧改变外,尚可有机械性暴力所遗留的痕迹。一般窒息征象:

1. 颜面部淤血发绀 颜面部淤血、肿胀、发绀,尤以面部、口唇、耳、甲床等处发绀较为明显。绞颈、扼颈或压迫胸腹部而死亡者,头面部、胸背部的淤血、发绀尤为显著。

当血液中还原血红蛋白超过50g/L时(不论血液中血红蛋白的总量有多少),皮肤黏膜即出现发绀。发绀程度与下列因素有关:①皮肤的厚薄;②局部毛细血管的数量和扩张程度;③皮肤有无生理性或病理性色素沉积;④血液中剩余的氧合血红蛋白含量。发绀需要注意同死亡过程中体内余氧耗尽的情形相鉴别,若死亡已久,即使非窒息死者,也因体内余氧耗尽而出现发绀。

2. 瘀点性出血(图9-3) 多见于眼睑结膜近穹窿部、球结膜的内外眦部和颜面部皮肤。出血点圆形,针尖至大头针帽大小,单个存在,也可融合,淡(或暗)红色。细小的出血点须仔细观察,有时要借助放大镜方能寻到。出血原因一般认为与窒息缺氧所引起的血管通透性增高、小静脉淤血、毛细血管破裂等有关。瘀点性出血多发生在颈部受压处以上部位的皮肤。呼吸道迅速阻塞者瘀点性出血更为明显。瘀点性出血应与颜面部处于低下部位时发生的死后出血鉴别,后者的出血点较大,分布广泛。

图9-3 眼睑结膜瘀点性出血

3. 尸斑显著出现较早 窒息死者的尸斑出现早、明显而广泛,尸斑呈暗紫红色。

4. 尸冷缓慢 窒息死者在呼吸困难期往往发生惊厥,因而临死前体内产热增多,体温升高,所以尸冷也相应延缓。

5. 牙齿出血（玫瑰齿） 窒息死者牙颈部表面出现玫瑰色（或淡棕红色），经过酒精浸泡后其色泽更为明显。玫瑰齿对于鉴定腐败尸体有无窒息有一定的价值，但并非绝对的指征（图9-4）。

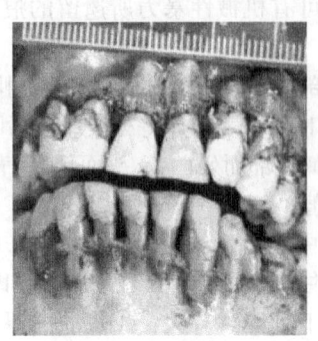

图9-4 玫瑰齿

6. 其他 呼气性呼吸困难期发生惊厥时，可致平滑肌收缩或痉挛，故常有大、小便失禁或精液排出。此外，尚见口涎和鼻涕流出眼球突出等。

上述变化仅为窒息死者的一般性改变，仅提示死者有窒息死亡的可能性，但都不是窒息死者的特异性改变，因而不能作为窒息致死的可靠依据。所以在发现有上述改变时需进一步细查：①死者的颈部、颜面部和躯体上有无机械性外力作用的损伤痕迹，呼吸道有无异物等；②死者的口、鼻部有无受捂压的痕迹，口、唇和颊部内面黏膜有无与齿、龈摩擦造成的黏膜损伤。用柔软物品捂死者的颜面部，往往找不到明显的损伤痕迹，但在唇、颊黏膜常能发现压迫造成的伤痕。

（二）尸体内部改变

1. 血液呈暗红色流动性 窒息后立即死亡者，体内各器官组织尚处于超生状态，仍继续消耗氧气，以致氧合血红蛋白完全变为还原血红蛋白，故血液呈暗红色。窒息死者死后0.5~1h内，血液尚有凝固倾向，出现不完全性血凝块，但以后又逐渐溶解，2~3h后血液呈流动性。这是因为窒息缺氧使血管内皮细胞受损后释放纤溶酶，使已凝的血块溶解，并能阻止血液的再凝固。

2. 内部器官淤血 窒息死者在呼气性呼吸困难期，胸腔负压剧增，使肺、右心房、右心室和静脉系统高度淤血，胸腔内最为明显，其他器官也淤血。窒息过程越长，淤血也越明显。尸检可见右心房、室扩张，充盈暗红色流动性血液。但左心房、室却常空虚。

3. 内部器官瘀点性出血 内部器官同体表一样也可发现粟粒大小的出血点。在肺表面（肺下叶或叶间的肺膜下）、心脏面近房室交界处和沿冠状动脉的外膜下（图9-5），主动脉的起始部、脑蛛网膜、甲状腺、睾丸等的包膜下，婴儿胸腺表面及口腔、咽喉、气管、胃肠、肾盂、膀胱、子宫外口等的黏膜均可出现出血点。淤血性出血点由法国学者 A. A. Tardieu（1818—1879）于1866年首先描述，故称为Tardieu斑。出血点的形状、大小、颜色、数目等均与眼结膜下所见相似。形成机制：①血管痉挛；②缺氧导致血管通透性增高；③肾上腺素分泌增多使小血管、毛细血管内压升高而发生破裂；④胸腔负压加大，肺膜下毛细血管不能耐受高压而破裂出血。但瘀点性出血并非窒息死者所特有，在猝死、败血症、磷中毒、砷中毒、急性酒精中毒死者也可见到。

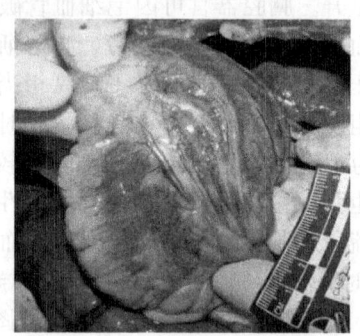

图9-5 心脏瘀点性出血

4. 肺气肿、肺水肿 在呼吸困难期，由于胸腔负压增高可出现肺气肿。严重者肺泡破裂发生间质性肺气肿。窒息死者由于肺高度淤血，可导致淤血性肺水肿。窒息过程越长，水肿也越明显。肺水肿液、呼吸道黏液与呼吸的空气三者相混合，可形成泡沫而涌出口、鼻孔，有时为浅红色泡沫。肺水肿乃临终前常见的病变，所以出现泡沫，并非窒息死亡者独有的征象。

5. 脾脏贫血 窒息死者的脾常贫血而体积缩小，包膜皱缩、色淡质韧。窒息时脾收缩，是一种代偿性机制，可使大量的红细胞进入血液循环增加供氧能力。肝、肾等器官淤血与脾贫血的并存，这在窒息死亡者几乎是普遍存在的变化。

（三）机械性窒息的组织学变化

窒息死亡者的组织细胞显示缺氧性改变，而以中枢神经系统和心、肺、肝等的变化较为明显。

1. 中枢神经系统 对缺氧最敏感，完全缺氧6~8min后，脑神经细胞即可出现不可逆性的改变。以海马回、大脑皮质、小脑皮质、苍白球、丘脑、下丘脑、齿状核等部位受累最为严重。大脑皮质第Ⅲ~Ⅴ层的锥体细胞、小脑蒲肯野细胞表现为细胞肿胀变圆、尼氏小体溶解消失、胞质液化、脂肪变性或空泡形成。核偏位、核仁消失，有的发生核固缩、核破碎以至消失。神经细胞呈嗜酸性染色。脑细胞和血管周围间隙扩大，小血管和毛细血管扩张充血，并可见出血灶。此外，尚可见毛细血管内皮细胞肿胀、脂肪变性而使血管腔细小。窒息死者电镜下最早期的变化为神经细胞染色质凝集在核膜下，以后线粒体、内质网、高尔基复合体、核蛋白体等细胞器出现不同程度的退行性改变。

2. 心肌 对缺氧的敏感性仅次于中枢神经细胞。缺氧5～6min后，心肌细胞混浊肿胀，核内和胞质内有空泡形成。核细长固缩，有时因水样变性而肿大。心肌内膜和肌间小血管周围结缔组织疏松肿胀。小血管扩张充血，毛细血管内皮细胞肿胀。也有局部心肌细胞呈萎缩性变化的。有些心肌细胞出现均匀一致的嗜酸性（或嗜碱性）改变。核周嗜碱性物质呈晕状排列。动物实验标本组织化学检查发现：心肌细胞中琥珀酸脱氢酶活性增强，但磷酸化酶却减低。此乃缺氧后心肌细胞最早的改变。电镜显示：心肌细胞肿胀，染色质凝集在核膜下。细胞相互离散，胞质中糖原颗粒消失。毛细血管内皮细胞肿胀，周围心肌细胞坏死。线粒体基质密度降低，嵴肿胀，结构不清楚。缺氧30min后，线粒体呈均匀一致性的改变，数目减少。心肌细胞出现不可逆性坏死改变。

3. 肺 窒息死亡者常出现肺气肿。年轻死者常见间质性肺气肿，肺前缘呈大疱型。肺小静脉扩张淤血，肺泡壁毛细血管充血，肺泡有大量水肿液。间质中可见出血灶。30min至12h迁延性死亡者的肺泡中可出现大单核细胞、吞噬细胞和多核巨细胞。肺组织化学显示：磷酸酶和酯酶反应均减弱。

4. 肝 肝细胞于缺氧3～10min后，胞质和核周围出现空泡，其周界清楚，散在性分布，为可逆性改变。电镜观察：在血流阻断10min后，肝细胞空泡变性，其中含有脂滴，尚可测出铁元素和酸性磷酸酶。30min后，线粒体、内质网膨胀，糖原消失，细胞膜破裂。在迁延性死亡者的肝细胞质中，可见散在性、均质、圆形玻璃样变性小体，直径2～4μm染色呈弱阳性。相差显微镜下显示，其周围有清晰的膜样界线。小体产生的机制不很清楚，可能是窒息缺氧后肝细胞膜通透性紊乱，胞质蛋白质凝结而成小体，其中可能尚含有血红蛋白成分。

5. 肾 肾组织淤血，间质水肿。近曲小管上皮细胞空泡变性，但不如心肌和肝细胞的变化显著。电镜显示：肾小球血管袢内皮细胞空泡变性，直径100nm。在慢性缺氧14天后，肾小球球旁器细胞的颗粒指数增高，被认为是肾素分泌增多的标志。

第二节 压迫颈部所致窒息性死亡

一、缢死

案例 9-2

某年4月1日上午，南方某市公安机关接群众报案称："某路段绿化带内有一男尸挂在树上"。现场勘查发现，该无名成年男子呈坐姿倚靠在一个小树干处，颈部有一红色绸质字幅带环行缠绕后，一端穿过树杈并于右乳突部两端打成死结（图9-6）。在离尸体10m远处的草地上发现一沾有血迹和毛发的人行道砖块，尸体和砖块之间的路上未发现血迹，现场勘查未发现其他异常情况。

尸表检查：额部正中有一长6cm的纵向挫裂创，创缘不整齐伴擦挫伤，创腔内有组织间桥，深达头皮下层，额、面部有多量血迹附着，面部血迹呈流注状。颈前及颈左、右两侧见宽带状软质索沟，颈左、右侧索沟斜向后上方，并于左、右乳突部消失，项部压痕不明显。余体表未检见损伤。两手掌沾有血迹。

解剖检验：颅骨未见骨折，脑组织未见挫伤。颈部索沟处有不规则片状皮下出血，左侧胸锁乳突肌下段有灶性出血，舌骨无骨折。

物证检验：现场发现的砖块上黏附的毛发和血痕经DNA检测均来源于死者。

图9-6 缢死

问题：
1. 本案例可能的死亡原因有哪些？
2. 本案例法医学鉴定应注意哪些问题？
3. 根据现有材料推测案件性质？

缢死（death from hanging）俗称吊死，是利用全部或部分自身重量，使套在颈部的绳索（或条索状物）压迫颈部所引起的窒息性死亡。常用的绳索有麻绳、草绳、围巾、皮带、绷带、电线等。条索状物、套压在颈项部、自身体重下坠是缢死的三要素（图9-7）。

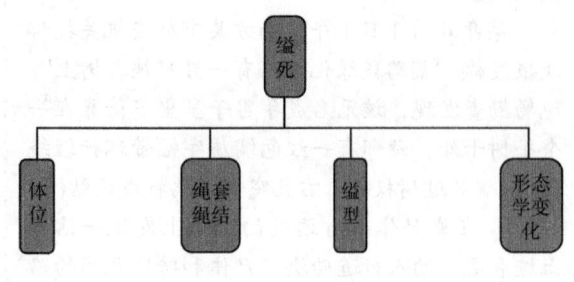

图9-7　缢死的分析因素

（一）缢死的体位

缢死可分为悬位、立位、蹲位、跪位、坐位、卧位六种体位。

由于缢死时的体位姿态不同，所以局部承受体重压力的大小也各有不同。一般认为，双足离地悬位缢死者承受体重的100%；蹲位者承受体重的70%～80%；而卧位则约承受体重的20%。

缢死的现场以室内居多，若发现缢吊者体温尚存，应迅速解救，进行人工呼吸或送医院抢救。现场勘验时要仔细勘查尸体的体位、面向、姿态及缢绳的性状、绾结形式等，测量死者与上下左右物体间的距离。观察尸体下面有无垫脚物，有无排出的大小便、唾液或精液等。门窗开闭情况，有无搏斗迹象，有无可疑的物品、痕迹或遗书。悬吊处有无摩擦痕迹、尘埃分布及绳索磨损状况，绳索上是否附着有固定处的异物或其本身的附着物等。所有现场情况，均应仔细勘察、详细记录、绘图、照相或录像。

（二）绳套和绳结

缢吊所用多为常见的绳索，按其性质分为：①软绳索，如布匹或床单、塑料绳、围巾、束带、毛巾、尼龙丝袜、发辫、橡胶软管等；②硬绳索，如电线、铅丝、钢丝、链条等；③半坚硬绳索，如麻绳、棕绳、草绳、尼龙绳、皮带等。

绳结是在绳套上所绾的结扣。绳结的式样很多，有活结、死结、帆结、瓶口结、牛桩结、领带结、外科结等。

绳结的形式和绾结方法，常能反映作案人的职业和其习惯上最为熟悉的绾结方法，有重要的法医学物证价值，故在现场勘察时务必保留绳结、绳套的原状，不应解开，以便作进一步检验鉴定之用。

（三）缢型

缢型表示绳套压迫颈部的位置和方向，可分为典型和非典型两类，前者又称为前位缢型；后者又分为侧位缢型和后位缢型。

1. 前位缢型　缢颈时绳套的主要着力部位是在颈前部，一般在舌骨与甲状软骨之间（图9-8A）。绳套从颈前部对称地绕向颈部左右两侧，并沿下颌角经耳后越过乳突部斜向后上方进入发际，达枕骨上部中线，形成提空，称为"八字不交"（图9-8B），缢绳结扣系在枕骨中线后上方。因着力点集中在颈前部，头向前倾垂，故又称前位缢型。此型最为常见。

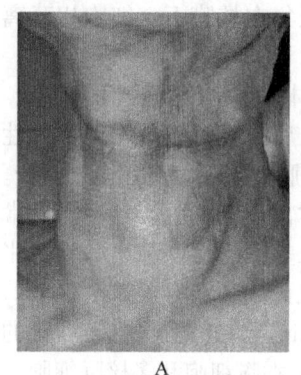 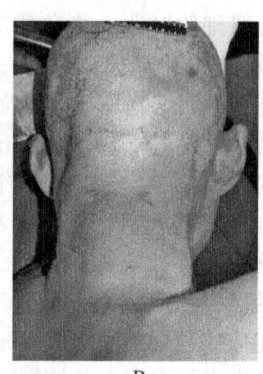

图9-8　典型缢型
A.前位缢型；B."八字不交"

2. 侧位缢型　缢绳主要着力部位在颈项部的左侧或右侧，相当于甲状软骨上下的水平，经下颌角、耳部、乳突等部位，绕颈项而斜行向上方，在其对侧形成提空，头偏倾垂于着力部位的一侧。绳套主要压迫在颈项部的一侧，使喉头和颈部的结构向提空方向移动，舌根被压在脊椎骨上，致呼吸道闭塞并障碍血液循环。因绳套的着力点在颈项部的侧位（左侧或右侧），故又称侧位缢型。

3. 后位缢型　缢绳的着力部位主要在项部，绕过两侧下颌角，在颈前正中线上方提起，结扣在尸体颈前部上方，死者头向后仰，颈椎骨被挤压向前移动，使咽后壁与舌根相抵触而压迫呼吸道，阻碍空气的吸入或妨碍血液循环。因尸体的着力部位主要在项部，故又称后位缢型（图9-9）。

图 9-9 非典型缢型

根据缢颈者的躯体是否悬空而又将缢死分为完全性与不完全性两类。完全性缢死者的躯体完全悬空，全身体重经缢绳而压迫在颈项部；不完全性缢死者的躯体不悬空，部分肢体与地面或与其他物体接触，故仅有部分体重经缢绳而压迫于颈项，如半立位（足尖着地）、蹲位、坐位、卧位等。

（四）缢死的形态学变化

缢死的形态学变化主要是颈部的损伤，包括缢沟的性状、缢沟的组织学改变、颈深部组织和器官的改变。

1. 缢沟的性状 缢沟是绳索压迫颈部皮肤所形成的印痕。它能反映出绳索的性质、绳索和绳套的形态、着力部位和缢型的特征。凡在绳套负重部位，缢沟最深最明显，其两侧斜行向上而逐渐变浅，最后消失。这种具有特征性的缢沟，我国古典法医学书籍中曾用"八字不交""不周项""项痕不匝"等术语描述。八字不交又称为提空。

（1）缢沟的位置和方向：前位缢型（开放式）的缢沟常位于舌骨和甲状软骨之间。其方向以前正中线为最低位，向左右两侧斜行向后逐渐变浅，至枕外粗隆附近完全消失。后位缢型（开放式）的缢沟，以项中部最深最明显。其方向在项中部呈水平走向，再绕过两侧下颌角逐渐变浅，至颈前部消失。侧位缢型（开放式）的缢沟常位于甲状软骨水平线的颈左侧或右侧，其方向经两侧下颌角、耳后部绕颈项而斜行向上，在对侧形成提空。

也有缢绳绕颈一圈或数圈再提空，形成特殊的闭锁式缢沟（图 9-10）。

（2）缢沟的数目：并不完全反映缢绳绕颈的匝数，只能反映缢绳绕颈后牵引着力时直接压迫皮肤的匝数。一条缢沟常由单绳套形成。双绳套如全部平行着力压迫颈部时，可形成两条缢沟。

（3）缢沟的宽度和深度：缢沟的宽度一般与缢绳的粗细相仿或略窄。其深度与缢绳的软硬、粗细、压力强度和缢型、体位、体重及悬吊时间长短有密切关系。

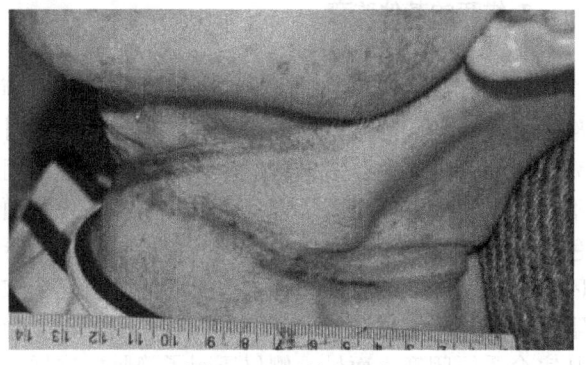

图 9-10 闭锁式缢沟

（4）缢沟的颜色与皮损：缢沟的颜色常与皮肤损伤的程度有关，而后者又与缢绳的软硬和粗糙程度有关。缢沟一般呈黄褐色或暗红褐色，并逐渐干燥形成皮革样化或羊皮纸样（parchment）的外观，尤以着力负重部位最为明显。在双绳套压迫之间的皮肤，常呈嵴样突起，伴有点状出血。

（5）缢沟印痕和附着物：缢沟表面常显现花纹样印痕，这是缢绳表面花纹样结构挤压、摩擦所形成。检验时利用侧光或放大镜仔细观察即可发现。缢沟的这些特征性花纹印痕，往往能借以推断缢绳的性状。

（6）缢沟缘有水疱形成：缢沟间的皮肤由于受绳套的挤压，血液向上下两缘（或两侧）排挤，血浆渗透毛细血管而聚积在表皮下，形成许多水疱，状如粟米大小，含有淡黄色或血性液体。

2. 颈深部组织和器官的改变

（1）软组织的改变：颈部胸锁乳突肌、胸骨舌骨肌、甲状舌骨肌和肩胛舌骨肌因缢绳压迫而有压陷痕迹，也称内部缢沟。肌肉有局限性挫伤出血，还可见因挫压而出现的玻璃样变性，但断裂者少见。胸锁乳突肌的起始部和锁骨附着端骨膜均可见出血点。

（2）颈部浅、深淋巴结出血：沿颈外静脉排列的颈浅淋巴结和沿颈内静脉排列的颈深淋巴结呈淤血、出血变化，而以缢绳压迫下方的淋巴结出血较为明显。淋巴结周围组织也有出血。

（3）颈动脉损伤：颈总动脉（颈内、颈外动脉分支的下方）内膜因缢绳牵拉而出现 1～2 条横断纹，伴有内膜下出血。缢死者中约 5% 有横断裂纹，以老人居多。若牵拉力较大而猛烈时，颈总动脉的中膜也可被撕裂而出血。

（4）舌骨大角及喉头软骨骨折：由于缢绳的压迫，舌骨大角外 1/3 和内 2/3 交界处常可发生骨折。

典型缢死者中有骨折的约占60%，非典型缢死者（侧位缢型多见）中约占30%。

3. 缢死的其他改变

（1）颜面部

1）面色：缢死者的面部色泽取决于绳套压迫颈部的位置和动、静脉压闭的程度。若动、静脉同时完全压闭，则面色苍白；若仅静脉压闭而动脉压闭不全，则面部因淤血而呈青紫色。前位缢型死者面色苍白，这是由于缢绳压迫在颈前部，同时完全压闭了静、动脉，甚至椎动脉，头面部的血液完全被阻断的缘故。侧位缢型死者，颈部着力侧的动、静脉完全受压闭塞，而另一侧仅压闭了静脉。这样头面部的血液回流中断，但仍有少量动脉血供，所以淤血肿胀而呈青紫色。后位缢型死者的面色，呈侧位缢型死者的类似变化。

2）鼻、口腔涕涎流注：有时涕涎流注现象在死后悬尸伪装自缢者也可出现。

3）舌尖微露：当绳套在舌骨与甲状软骨之间，舌根被推向咽后壁，舌尖随之向后移而抵在牙列之内，所以不外露。当绳套压在甲状软骨下方，舌根被压向上推移，舌尖向前露出牙外1～2cm。侧位缢死者，舌尖常斜向露出，并伸向着力侧的对侧颈部。

（2）体表及手足损伤：自缢死者的体表和手足很少有损伤。但若发生阵发性全身痉挛，或者因缢绳扭转而使身体摆动，有可能磕碰在附近的墙壁、家具或其他硬性物体上，则在体表和手足出现擦伤和皮下出血。严重者甚至发生表浅的挫裂创，应注意与他杀损伤的鉴别。

（3）尸斑和尸僵：悬吊缢尸由于流动性血液的下沉，所以在前臂、手足、小腿等处出现暗红色尸斑，并有散在性瘀点性出血。在裤腰带压迫以上部位也可以出现围腰带状尸斑，但裤带压迫处呈苍白色。悬吊时两足离地的尸体，足尖下垂，尸僵能出现后仍保持下垂状态。他杀后立即伪装自缢悬吊的尸体，尸斑分布与自缢者相类同。尸僵出现后足尖也下垂。缢死者可有大小便流注或精液排出。

4. 内部器官改变 显示机械性窒息的一般性改变。心、肺、肝、肾及胃肠淤血水肿，浆膜下有瘀点性出血。脑组织的改变可因缢型不同而有差异。典型缢死者脑组织多贫血。非典型缢死者，脑膜、脑组织、垂体前叶均有不同程度的淤血，脑实质可有出血。久悬者，因血液下沉，在各器官低下部位有明显尸斑。

（五）缢死的机制

当绳套借自身体重下坠之力压迫颈部后势必影响气体交换和脑部血供，并刺激颈动脉窦、迷走神经及其分支而影响心脏的功能，也可损伤脊髓、颈椎。由于缢吊者的缢型和体位不同，其死亡常由于这些因素中的一种或几种协同作用所引起。

1. 呼吸道阻闭 典型缢死者的绳套着力位置多在舌骨与甲状软骨之间，当身体下坠，重力经绳套而紧压颈前部时，舌根被推向后上方使之紧贴咽后壁，闭塞了咽腔；同时，舌骨大角和甲状软骨上角被压向椎体，使会压盖住喉头。因此，由口、鼻腔进出空气的通道完全被阻闭，造成呼吸障碍，此乃前位缢型所常见。侧位缢型（左侧或右侧）是绳套直接压迫喉部、气管而闭塞了呼吸道。后位缢型乃着力绳索压迫项部，使颈椎向前突出，间接压迫呼吸道所致。上述三种缢型，虽然绳套着力的部位不同，但都可阻断呼吸道，影响气体交换而发生窒息性死亡。实验证明，阻闭呼吸道只需15kg的压力即可。

2. 颈部血管受压致脑部血供障碍 缢颈时绳套压迫颈部使颈静脉、颈动脉和椎动脉的血流阻断，引起脑组织缺血缺氧。典型闭锁式缢死者，绳套压迫颈部的力量较重，动、静脉同时被压闭，引起脑部的血供中断。非典型缢死者，绳套的压迫往往使颈静脉回流受阻，但颈动脉却未完全压闭，血液仍可进入颅内，脑组织淤血，最后血流停滞、严重水肿，神经细胞营养障碍，意识遂逐渐丧失。

有学者通过实验证明，2kg的重力可压闭颈静脉；3.5kg重力可压闭颈动脉；16.6kg重力可阻闭椎动脉。可见，颈部只要受到17kg的重量压力，即可完全阻断脑组织的血流供应。

3. 颈部神经受压引起反射性心跳停止 绳套压迫颈部可刺激迷走神经或颈动脉窦引起反射性心搏变慢乃至停止。颈动脉分叉处的颈动脉窦是非常敏感的区域。压迫此敏感区，常能直接引起反射性心搏骤停。同时，压迫尚可刺激迷走神经、喉上神经引起反射性呼吸骤停。此外，绳套的压迫，还可刺激颈部感觉神经纤维，反射性地引起大脑皮质的抑制。

4. 脊椎和脊髓的损伤 常见于绳索套住颈部后，因身体骤然坠落、悬空，颈项部受到绳索的猛烈牵拉，导致第2～3或第3～4颈椎分离，可发生颈椎骨折和脊髓撕裂。

（六）缢死的鉴定

缢死者自杀多见，他杀少见，偶见意外，鉴定时必须分辨：是生前缢死或是死后悬尸；是自缢还是意外性或他杀缢死。

1. 生前缢死或死后悬尸

（1）窒息征象：生前缢死的尸体具有窒息死亡的一般征象，如全身血液呈暗红色流动性，内脏淤血，眼结膜、黏膜、浆膜下瘀点性出血。

（2）颜面部改变：前位缢型死者面色苍白，非典型缢死者颜面肿胀青紫，前额有瘀点性出血。

（3）缢沟的生活反应：生前缢死与死后悬尸的鉴别主要依靠缢沟的生活反应。生前缢沟有表皮剥脱、缢沟间皮肤的出血点、颈深部肌肉的内缢沟和瘀斑、舌骨大角骨折伴出血等改变。死后悬尸无生活反应。若有必要，对缢沟皮肤作组织学检查，还可作生化测定。生前缢沟的组胺总量并不增高，但游离组胺含量比正常者可增高275%，死后缢沟则不增高。生前缢沟处的5-羟色胺和游离组胺含量均较邻近正常组织明显增高，分别高达2.0倍和1.5倍以上。但死后缢沟，两者均不增高。

2. 自缢 自缢者必有自杀的原因和动机，多留有遗嘱。现场平静，室内自缢者门窗多闭锁；室外自缢者无搏斗迹象，仅有死者的脚印。死者衣装整洁，多为坐位、跪位或半卧位。缢绳的来源、悬挂高低、缢绳长短、绳结特征均符合自缢行为。自缢者的全身和局部，除有缢死所特有的改变外，并无其他致命性损伤。自缢的情况有时较为复杂，应谨慎鉴定，如被虐待、折磨、酷打后自缢者，则有明确的外伤。

3. 他缢 他杀缢死者较为少见。只有当被害人处于沉睡、醉酒、昏迷而无反抗能力的情况下，才有可能被缢颈致死。另有熟称"背娘舅""套白狼"的抢劫行为，也是一种他杀缢死。凶手身高体大，从被害者的身后，突然迅速地将绳索套住其颈部，背起被害者疾步行走以致将其缢死。他杀致死后悬尸者，凶手用其他手段将被害人杀死后，悬尸造成自缢的假象，企图掩盖罪行。死后悬尸多为完全性缢颈。现场有搏斗迹象，留有被害人以外的脚印。体表可有严重外伤和防卫伤。这种损伤常不能用被害者自己形成来解释。缢沟的位置、走向、深浅、印痕可能与自缢者相似，但无生活反应。总之，要综合分析案情、现场和尸检资料，既不要被假象迷惑，也不要片面地作出臆断。

4. 意外性缢死 又称灾害性缢死，可发生于幼儿。因意外跌倒，颈部被绳索绊套而缢死；或被钉子钉住衣领而缢死；或见幼儿从床与墙的间隙中滑落，颈部卡在床沿以致缢死；曾有儿童游戏，模仿自缢失误而不幸死亡。成人有的酒醉跌倒，颈部卡在桌脚横档上或沙发扶手上而致缢死。"性窒息"亦属意外性缢死，在本章第四节阐述。

二、勒 死

案例 9-3

2012年某时，臧某，男，被发现死亡。尸体检验，死者颈部见条形封闭环状索沟，较水平，互有交叉，索沟处皮肤局部擦伤、皮革样化明显，解剖见颈部深层肌肉有出血，并有面部发绀，睑结膜、球结膜、心肺表面、气管内壁见较多出血点。（图9-11）

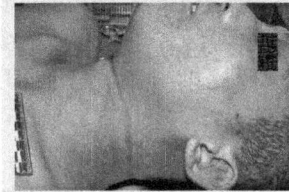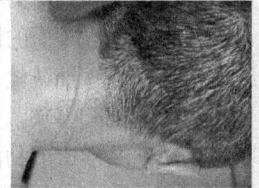

图 9-11 勒死

问题：
1. 本案例可能的死亡原因有哪些？
2. 本案例法医学鉴定应注意哪些问题？
3. 本案例死亡的性质是什么？

勒死（strangulation by ligature）又称绞死，是以条索状物缠绕颈项部，交叉勒紧，压迫颈项部造成的窒息死亡。

（一）勒索和勒死的方式

勒索以绳索居多，常见为麻绳、棕绳、纱绳、尼龙绳、尼龙丝袜，甚至衣袖等。其他索状物体也可作为勒死的工具，如皮带、毛巾、手帕、长筒袜、电线等。

勒索的缠绕颈部的匝数，各案例有所不同。他勒者意在使被害人迅速致死，而且时间仓促，故以一匝、二匝者居多。而自勒者则因许多客观因素，如唯恐匝数较少不能致死，或自杀意念的动摇等，勒死的匝数常常较多而且松紧不一。

勒索打结以防松脱的现象较为常见。一般情况下，较细软的勒索因打结方便故可出现打多结的情况；较粗硬的勒索打结则较少；勒索缠绕颈部的匝数多者因不易松脱，故打结较少；反之则较多。

勒索打结的部位并不固定。一般来说自勒者颈部前方打结较多，而他勒者则在颈的侧面（或左或右）更多见。

最常见的勒死方式是将勒索的两端交叉，以相反方向用力牵拉，收紧勒索压迫颈部造成窒息致死。偶尔也有将勒索的一端固定在某一物体上，仅收紧勒索的另一端而致被害人颈部受压致死。在自勒案例中有少数精神不正常者会采取一种十分奇特的勒死方式，如在勒索的两端系以石块、重物等。也有用小棍条绞紧绳索以压迫颈部致死者。

（二）勒死的形态学改变

1. 颈部改变

（1）勒沟的形态：勒索压迫颈部所形成的沟痕称为勒沟。

勒沟是勒死的重要依据。勒沟的性状和形态特征是由勒索的性状和施力大小所决定的。勒沟能反映勒索的硬度、勒索表面的形态及其他一些特征。勒索较硬者（如棕绳、细铁丝），勒沟明显而深（亦与用力大小有关）；勒索软者（尼龙袜、丝巾），勒沟可不明显。绳索所形成的勒沟常留有绳索表面的条纹、波纹状、编织状的印痕。勒沟内可留有勒索的附着物，如各种纤维、碎片等。勒沟表面常有程度不同的表皮剥脱，勒沟边缘常有明显的点状或小片状出血。

（2）勒沟的位置与方向：勒沟的位置可位于颈项的任何部位，但在喉头部上下较为多见，方向多为水平状环绕颈部，但也可稍有偏斜。勒沟环绕全颈，没有缢沟的提空现象，勒沟深度可不均匀。在绳结处勒沟常较别处深。若在勒索与颈部之间有衬垫物，该处勒沟可以不显或间断。

（3）勒沟的数目：勒沟的数目与勒索绕颈的匝数一致。但勒索缠绕颈部匝数较多时，勒索间的相互重叠，有时也难与勒沟数目一致。

（4）勒沟的其他特征：勒沟部位的皮肤由于与勒索摩擦、挤压，常出现表皮剥脱及皮下出血。在他杀勒死者，因挣扎及勒索时紧时松，擦伤及皮下出血尤为明显。尸检时常可见到勒沟部位皮肤因表皮剥脱而发生的皮革样变。死后经过稍久，因尸体干燥，皮革样化更为明显。冷冻后再化冻的尸体，勒沟上下缘的点状及小片状出血也因溶血化开而更加明显。

（5）颈部勒沟深部组织的改变：勒沟深部皮下脂肪组织、筋膜及肌肉组织内常有压痕、挤压伤及出血，但罕见断裂。相应的食管黏膜出现水平的苍白带区域。甲状腺、扁桃体、会厌、咽喉黏膜均有明显的淤血和出血。勒颈施力较重时，甲状软骨上角、环状软骨常发生骨折和出血。若勒索压迫在喉头以上，舌骨大角可发生骨折，压迫喉头以下，气管软骨环也可发生骨折。颈内动脉内膜无缢死时常见的横裂纹。

2. 颜面征象 勒死的机制主要是窒息，因此尸体的窒息征象较为明显。尸体颜面部青紫肿胀、眼结膜、口鼻黏膜散在出血点。勒死尸体颜面部窒息征象和轻重程度与窒息过程的长短有密切关系。窒息过程越长，由于勒索压迫时紧时松，致颜面部高度淤血，故窒息征象越明显。口鼻部可有血性泡沫状涕涎流出。眼球突出明显。舌尖常露出于上下牙列间，咬破舌尖的现象较缢死多见。

3. 内部脏器的改变 由于勒死过程中窒息征象较为明显，因此内脏的淤血、水肿、出血，在勒死的尸体上很多见。常见的有肺淤血、肺水肿和散在大疱性肺气肿；脑和脑膜的淤血、出血，肝脏、肾脏、心脏等实质性脏器的淤血，实质细胞的变性；以及气管、支气管、喉头、声门等处的水肿、出血。

4. 勒死的其他损伤 在他勒的案例中，凶手在施勒的过程中对被害人除颈部以外还常会造成别的损伤。被害人反抗挣扎时可造成肢体抵抗伤，头部、肘后、肩胛部表面及背的擦伤、挫伤。凶手在施勒前将被害人击昏可形成颅脑损伤。有时也可在被害人的颈部及前胸发现较多的抓痕。此外，被害人手中常可留有与凶手搏斗时扯落的衣片、头发、纽扣等物，手指甲缝中常嵌留血迹。

（三）勒死的机制

勒死的机制与缢死有相似之处。但因勒死时勒索在颈项部的位置、受力部位、施力方式和强度与缢死者有所不同，因此，勒死的机制有其自身的特点，主要表现为以下三个方面。

1. 呼吸道的阻塞 勒死时由于颈项部受压的部位较缢死时低，多在甲状软骨或气管的部位，不能像缢死时舌根被推向咽后壁闭塞了咽腔。因此，呼吸道常只是部分或间断受阻，所以窒息的过程较长。一般来说勒死窒息发生的速度与施力大小关系密切。

2. 颈部血管受压 勒死时由于喉软骨及气管软骨环的支撑作用，仅造成颈部静脉的完全性闭塞，颈动脉的部分受阻，而椎动脉常常依然畅通。加之被害人的抵抗挣扎、颈部受力不均匀而时松时紧。因此，勒死时主要是静脉回流受阻，动脉仍有部分血液进入头部，脑组织的血供不完全停止，延缓了大脑缺氧的进程，同时勒沟以上部位淤血明显。

由于头部静脉回流受阻造成颅脑大量淤血，脑组织的缺氧逐步加剧，导致意识丧失、昏迷直至死亡。偶尔也可因勒索较细，又位于甲状软骨与舌骨之间，牵引力较大，可造成颈部动、静脉和呼吸道同时受压闭塞而引起死亡。

3. 颈部神经受压 勒死时常因压迫迷走神经的分支喉返神经导致反射性呼吸抑制致死。也可因压迫颈动脉窦区导致反射性心跳抑制、反射性心搏骤停致死，或因血压下降引起休克致死。

（四）勒死的法医学鉴定

勒死的法医学鉴定，主要依据勒死的尸体特征，即颈部的勒痕、全身的窒息现象并排除其他死因作出勒死的结论，此外还必须结合实际案情的特点及现场的状况综合进行分析，最后得出结论。勒死可分为他勒、自勒和意外勒死。其中以他勒最为常见，自勒较少见，意外勒死罕见。在鉴别时应根据各自的特点来进行认定。现将几种勒死的特点分述如下：

1. 他勒 现场常较混乱或有明显的搏斗痕迹。室外现场多于室内，并留有他人的足迹，勒索很少留在现场。若在施勒前，被害人已失去反抗能力，如服用了投放的安眠药、熟睡或遭突然袭击，现场他杀特点也可以不明显，被害人尸体姿态可呈多样性。有时被害人的双手被捆绑，口内塞有物体，如手帕、毛巾之类，勒索绕颈匝数相对较少。

他勒时勒沟明显，较深，可有多条勒沟。勒沟处表皮剥脱，随死后时间延长而皮革样变加深，上下缘出血明显，颈部及前胸常有抓痕。勒沟深部的软组织出血明显而广泛。甲状软骨骨折，并可伴有舌骨、环状软骨及气管环的骨折。面部及肢体常有抵抗伤。颅脑及躯干的损伤也可存在。

他勒致死者一般窒息征象较为明显，但若被害人勒颈前已昏迷而失去抵抗能力，或体质虚弱，则窒息征象不甚明显。

2. 自勒 室内多于室外。自勒的现场较为平静，无打斗破坏的痕迹。常有自杀的迹象或遗书。现场一般无他人足迹。自勒的人采用的勒死方式多种多样，尤其是精神不正常的人常采用奇特的方式施勒。如将勒索绕颈后，两端系以重物；也有将勒索的两端绑于脚上，借伸腿的力量将勒索收紧，还有将勒索绕颈后打结，用棍棒插入绳套内，旋转棍棒，以绞紧绳套。有少数自勒者因开始采用其他自杀方式，如刎颈、切腕未达目的而后自勒，尸体上可留有勒前自杀所造成的损伤。

自勒时勒沟较浅，勒沟可为1～2圈，有时也有多圈，勒索常留在颈部。自勒者有时在颈部垫衬垫物，因此，可出现勒沟中断或深浅不一的现象，自勒者因其死亡过程较长，窒息的征象常比他勒明显。一般自勒尸体没有搏斗和抵抗引起的损伤。

3. 意外勒死 又称灾害性勒死，甚为罕见，偶有受害者头颈部披着的头巾、围巾等被转动的机器或机动车辆拖转，导致颈部被勒致死。也有工人不慎被卷入车床皮带致勒死者。新生儿颈部因脐带绕颈窒息死亡也属意外勒死。

自勒与他勒的鉴别见表9-1，勒死与缢死的鉴别见表9-2。

表9-1 自勒与他勒的鉴别

项目	自勒	他勒
现场	多在室内，一般较整齐，无搏斗痕迹，常留有勒索	野外多于室内，较混乱，有搏斗痕迹，常见勒索
勒沟	较浅，表皮剥脱轻微，边缘整齐，出血较少，常为完整的环形	较深，表皮剥脱严重，边缘不整齐，出血较多，常为间断环形
尸体姿态	常为仰卧，两臂屈曲，两手上举，绳端握在手中	体位不定
损伤	无四肢的抵抗伤，骨折少见，勒沟下软组织出血轻微	常有抵抗伤，甲状软骨、舌骨骨折多，偶有胸肋骨折，勒沟下软组织出血轻
窒息征象	颜面窒息征象严重	较轻

表9-2 勒死与缢死的区别

项目	勒死	缢死
索沟位置	常在甲状软骨下方	常在舌骨与甲状软骨之间
索沟方向	水平环状，或略体面斜向上	负重侧较平，斜行向后上方
索沟深度	深浅较为一致，在绳结处勒沟常较别处深	着力处深，近提空处较浅，可有中断
索沟出血	多有出血，颜色较深	多无出血，甲状软骨上角骨折
颈部骨折	甲状软骨，环状软骨纵向骨折	舌骨大角，甲状软骨上角骨折
颈部软组织损伤	肌肉多有断裂或出血，颈动脉无明显损伤	肌肉多无断裂出血，颈总动脉分叉下部内膜有横向裂伤
舌尖外露	舌尖多外露	舌尖多不外露
颅内淤血	脑组织、脑膜淤血明显，常伴出血	脑组织、脑膜淤血不明显
颜面征象	颜面青紫、肿胀，眼睑常有出血点	颜面苍白，眼结膜出血点不明显

三、扼 死

扼死（manual strangulation）系用一只手或双手压迫被害人的颈部，使其丧失意识、窒息死亡，又称掐死。扼死也可用肘部、前臂或器械压迫颈部致死。

扼死是一种常见的他杀手段，因为不需要任何凶器，尤其凶手与被害人体力悬殊时更易得逞。扼死均属他杀。

（一）扼颈的方式

扼颈的方式各式各样，常见的有以下几种：

1. 单手扼颈 较为常见，罪犯多位于被害人的正面，将拇指与四指分开，扼压被害人颈部的两侧，并以手掌虎口部的力量推压颈部的中央，将气管等颈部组织推向后方，造成呼吸道闭塞。

2. 双手扼颈 双手扼颈也常见，罪犯位于被害人的正面，将拇指与四指分开，以双手的四指压挤颈的两侧，以双手的拇指压住被害人的喉部将呼吸道向后推挤，造成气管塌陷、呼吸道闭塞。背后扼颈时这种扼颈的方式相对少见。罪犯位于被害人的背面，将双手拇指与四指分开，双手四指合拢于被害人的颈前，双手拇指压于被害人的颈后，以双手构成一个圈环，并向中央推挤收拢，类似于勒颈的作用，使呼吸道闭塞。

3. 以肘部或前臂扼颈 此种扼颈方式并不少见。罪犯常位于被害人的背后，以肘部或前臂的桡侧部扼压被害人的颈部，这种方法在国外称为"chokehold"或"arm-lock"，常被身高体壮的警察用以制服别人，用力过度可致人死亡。也有的用肘后面压住被害人的颈部并将其背部顶在墙壁或地面，以增强扼颈的压力，造成被害人颈部受压致死。

4. 用器械扼颈 凶手以短木棍、铁棍及其他棒状质硬的物体为凶器，双手握棍的两端，扼压被害人的颈部，致人死亡。也有用单手握器械用力顶压被害人颈部的案例报道。

5. 其他扼颈方式 凶手用单拳或用脚压住被害人的颈部，以墙壁地面作对应物，造成被害人颈部受压而致死。

在扼死的案件中，罪犯在实施上述扼颈方式时，因害怕被害人的呼救及达到加速被害人的死亡，常在被害人口中堵塞如毛巾、衣服、手帕之类的柔软物品。

有的罪犯先诱骗被害人误服安眠药、麻醉剂使其昏迷后将其扼死；将被害人击伤、击昏后再施扼颈也时有发生。

（二）扼死的形态学改变

1. 颈部的损伤

（1）扼痕：一般情况下扼颈时，凶手的手指、指甲、虎口、手掌、肘部及前臂压迫被害人颈部形成较具特征的损伤，此种损伤称为扼痕（图9-12）。

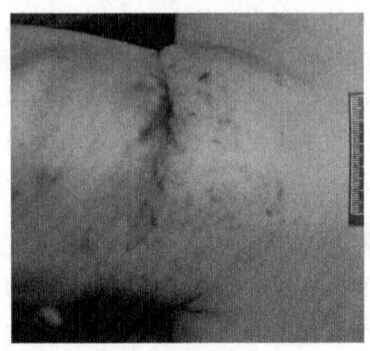

图9-12 颈前及下颌缘处片状类圆形皮下出血、新月形表皮剥脱

1）扼痕的形态：手指所致的损伤是类圆形的表皮剥脱或挫伤，指甲会形成新月状的表皮剥脱或皮损。单手扼颈时会在颈正中部位形成横形的虎口扼痕。肘背或脚压颈会在颈部形成类圆形的不规则皮下出血。前臂桡侧扼颈会在颈部形成长圆形或梭形的不规则的皮下出血。

2）扼痕的分布：扼痕的分布因凶手和被害人的相对位置、被害人的颈围、凶手手的大小及扼颈方式不同而异。通常凶手位于被害人前方用右手扼颈时，被害人颈右侧可出现一拇指扼痕，左侧有2～4个手指扼痕；若凶手用左手扼颈，扼痕的分布则相反。扼痕除颈部的两侧明显外，气管的两侧有时也十分明显，并伴有指甲所形成的新月状皮损。在许多案例中，由于被害人的反抗和挣扎，颈部扼痕的分布常常不规则，有时可集中在颈前或两侧，指甲印痕的方向可能与典型方向有很大的差异。

3）扼痕的颜色变化：皮下出血，多为深红色。切开皮肤可见皮下软组织内血浸染。表皮剥脱部位经12～24h后，发生皮革样变，形成干燥的质地较硬的暗红色斑。

（2）扼痕深层组织的损伤

1）皮下软组织的出血：受扼压处的皮下组织、筋膜、肌肉、甲状腺及周围组织有出血。胸锁乳突肌，胸骨舌骨肌和喉上的舌下肌群也有出血，常以左侧更为明显。有时下颌舌骨肌、舌根部和舌下疏松组织内也有出血。

2）骨折：扼死案例中，由于凶手扼颈时用力较大，故甲状软骨的骨折较缢死或勒死更为常见，舌骨骨折次之（图9-13）。甲状软骨骨折多发生在上角，尤以右上角为多，约占50%。婴幼儿由于软骨的弹性好，较少发生骨折。舌骨大角骨折约占35%，舌骨体骨折较少见。个别案例也有发生环状软骨骨折的。

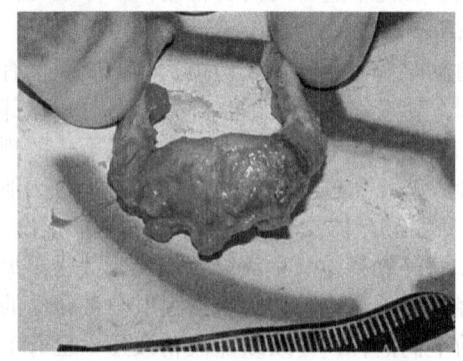

图9-13 舌骨软组织出血，相应处软骨骨折出血

2. 颜面征象 由于扼颈常仅造成颈部静脉的闭塞，颈动脉血供尚存，因此头颅的淤血较为严重。被害人颜面淤血肿胀呈青紫色，可在颜面、颈部较

疏松的皮肤处出现散在的点状出血，有时还可伴有鼻黏膜、口腔黏膜和外耳道的出血，舌尖常外露，时有咬伤和齿压痕。眼结膜充血水肿，伴有点状出血或斑块状出血。

3. 其他损伤 扼死案例中除颈部特征性损伤外，常伴有被害人其他部位的损伤。比较常见的有抵抗伤，被害人四肢、头枕部、肘后、两肩胛后、背部可有擦伤、挫伤，肌肉软组织内出血及骨折等损伤。有时，被害人颈部前胸有因挣扎时自己手乱抓形成的抓痕。有些扼死的案件，罪犯扼颈后或同时实施强奸，造成被害人会阴部及大腿内侧的损伤；还有些案例，罪犯在实施扼颈前已用其他暴力使被害人失去反抗能力，常见的有颅脑损伤及胸腹部的损伤。

（三）扼死的机制

扼死的机制与勒死的机制相似。用手或前臂压迫被害人的颈部，同样可造成被害人的呼吸道受阻、颈部血管受压及刺激颈部的神经感受器而导致死亡。其发生机制如下：

1. 呼吸道受压 无论是用手或肘部压迫受害人的颈部，都能导致气管的闭塞。其闭塞的程度决定于压力的大小及扼压的部位。呼吸道受压使被害人缺氧而发生昏迷失去反抗能力，因缺氧逐渐加剧，最终窒息死亡。扼死过程的长短，决定于呼吸道被压闭塞的程度。有时也因扼颈时将舌骨、喉头或气管推向后上方，堵闭咽后壁而发生呼吸障碍致死。

2. 颈部血管受压 以手扼颈，由于拇指与四指分开，从颈的两侧压挤，可使颈静脉完全闭塞。颈动脉不易完全闭塞，椎动脉更不易受压。因此，扼颈时能造成颅脑的淤血，脑组织也发生缺氧，因而窒息致死。

3. 颈部神经受压 在扼颈的过程中，尤其是急剧地压迫喉头的两侧，可刺激喉上神经、迷走神经或颈动脉窦区域的感受器，可反射性地引起心脏的停搏。喉上神经受压也可引起反射性呼吸停止，而颈动脉窦区受压可反射性引起血压下降发生休克。

以上三种扼死发生的机制常共同发挥作用而导致死亡。但决定死亡速度的重要因素是扼颈力量的大小及扼颈的部位。

（四）扼死的法医学鉴定

扼死都是他杀。但罪犯作案后常对尸体和现场伪装，会给法医鉴定工作带来一定的困难。因此，对尸体检查时应注意对尸体的原始状况及全身状况作详细的检查，尤其是对颈部检查特别要仔细。同时，为了能发现扼死的证据，应尽早对尸体进行检查。

1. 扼死的鉴定

（1）扼痕的鉴定：扼死的鉴定必须有扼而致死的证据，但窒息死并无特征，故应强调要排除其他死因。注意颈部的损伤，扼痕的确定要根据扼痕的部位、大小、性状、排列、方向进行分析。确定罪犯是右手还是左手；确定罪犯作案所处的位置；确定罪犯是单手施扼，还是双手施扼，是利用肘部还是利用前臂桡侧施扼。当扼痕不典型或不明显时，应考虑施扼时颈部有垫衬物的存在。

（2）抵抗伤的鉴定：抵抗伤是被害人生前与罪犯搏斗、抗争所造成的损伤。一般在四肢多见，尤其是双手和前臂。有时肩胛部、肘后、膝部也有抵抗伤存在。老年、体质虚弱者和婴幼儿常没有抵抗伤。有时当被害人熟睡时或投下安眠药、麻醉药后再施扼，也可以没有抵抗伤。

（3）其他损伤的鉴定：在扼死的案件中常常伴有除颈部的损伤、抵抗伤以外的其他损伤。这些损伤的形成有两种情况。其一是罪犯在施扼前将被害人击伤、击昏，便于施扼；其二是施扼后，凶手唯恐被害人会复苏，便又对其重要部位进行伤害，常见的有颅脑损伤、胸腹部的损伤，可以是钝器伤，也可以是锐器伤。

2. 伪造现场的鉴定 在扼死案件中，罪犯常对现场进行伪造，常见有以下几种情况。

（1）伪装缢死：罪犯将被害人扼死后，用绳索将其吊起，伪造自缢现场。因此，必须对颈部扼痕和缢痕进行鉴别，并对生前伤和死后伤进行鉴别，对生前施缢和死后施缢进行鉴别。

（2）伪装溺死：罪犯将被害人扼死后，或被害奄奄一息时，将其投入水中，伪造成溺死的现场。此时，对尸体检验时，要认真检查尸体，若发现颈部的明显的扼痕，以及扼死的其他法医病理学特征时，应结合硅藻检验结果，综合分析，进行扼死的认定。

（3）伪装服毒自杀：罪犯将被害人扼死后，又将一些毒药灌入被害人的口中。此时进行法医学检查时，若发现颈部明显的扼痕及其他扼死的特征时，应对死者的血液和肠内容物进行检验，确定是否有毒物及毒物的含量，进行综合分析，作出扼死的认定。

3. 其他征象的鉴定 在对扼死案件进行法医学检查时，应注意被害人颜面、口、鼻、耳道有无血液、黏液或泡沫等流出及流注方向，以助于判断被害人临死所处的姿势。

法医学检查时还应注意死者手中有无异物，如纽扣、衣物碎片、纤维、泥土或其他物体。这些发现

4. 扼死与勒死的鉴别　见表9-3。

表9-3　扼死与勒死的鉴别

项目	扼死	勒死
颈部骨折	甲状软骨上角骨折、舌骨大角骨折	甲状软骨、环状软骨纵向骨折
颈部痕迹	扼痕	勒痕
案件性质	都为他杀	他杀多见、偶有自杀及意外勒死
死亡机制	主要因呼吸道闭塞发生呼吸障碍致死	因呼吸道受压、颈部血管、神经受压综合因素致死
窒息征象	明显	一般较为明显

第三节　堵塞呼吸道所致窒息性死亡

> **案例 9-4**
>
> 王某被发现死于卫生间浴缸中，发现时尸体脚被捆住，头被塑料袋罩住。
>
> 尸体检验，死者王某坐于浴缸中，上身前倾屈曲，一塑料袋套于头部直至颈部，袋口端外侧被一棉绳系扎，尸检有颜面部发绀，睑、球结膜及皮肤见密集出血斑点，未见其他致命性损伤，心血中亦未检出常见毒物（图9-14）。
>
>
>
> 图9-14　捂死
>
> 问题：
> 1. 本案例可能的死亡原因有哪些？
> 2. 本案例法医学鉴定应注意哪些问题？
> 3. 本案例死亡的性质是什么？

一、捂　死

捂死（smothering）是以手或其他柔软物体同时压闭口、鼻孔阻碍呼吸运动，影响气体交换，导致的被害人窒息死亡。

施捂物除手掌外，常见的有毛巾、枕头、手帕、衣服、棉花、被褥、面团、烂泥、塑料袋等。

（一）捂的方式

1. 用手压捂口、鼻孔　凶手常用右手或双手掌压捂被害人的口、鼻孔，使呼吸道堵塞，致使被害人不能进行呼吸，随之出现缺氧，窒息死亡。这种方式施捂的对象多为婴幼儿或年老体弱者。

2. 用软质的物体压口、鼻孔　凶手常用毛巾、衣被、泥土、塑料泡沫等物压捂被害人的口、鼻孔。阻塞呼吸道，致使被害人发生缺氧，窒息死亡。中国古代有一种执行死刑的方法，用湿纸一层层贴在受刑人的口鼻，致窒息死亡。这种刑法常用于被处死的高级官员，以保存其尸体的完整。

3. 用塑料袋套住头颈部　用塑料袋套在被害人的头部，并用手压紧袋口，使被害人无法进行呼吸，致窒息死亡。也有小儿玩耍时意外发生这类致死的；亦有自杀者服少量催眠药后以塑料袋套住头部，致窒息死亡。

4. 将口鼻压在软的物体上　凶手揪住被害人的头部，将其口、鼻压在较软的物体上，如被褥、泥土、沙滩上，使其不能呼吸，致窒息死亡。

5. 其他　偶见熟睡中的成人肢体压在婴儿口鼻部或妇女哺乳时将婴儿紧压在乳房上而发生的窒息致死。

（二）捂死的形态学改变

1. 口、鼻部的改变　用手掌强行捂压被害人的口、鼻部，常在受压部位出现皮肤的擦伤压痕、指甲痕或撕伤。口、鼻受压歪斜或变扁。嘴唇、口腔黏膜、牙龈处可有挫伤出血。

严重者牙齿可松动或脱落。用较柔软的物体捂压口、鼻部的形态学改变可不甚明显，但有时也可在被压皮肤下留下柔软物体的印痕，如编织状、波纹状的布纹。因烂泥或沙土捂压口、鼻时在口腔内及鼻孔周围可黏有较多的泥土或沙粒。

2. 窒息征象　捂死的尸体窒息征象都比较明显。死者颜面部及四肢皮肤青紫（发绀）。眼球结膜及口腔黏膜有散在针尖大小的出血点。全身静脉及毛细血管扩张、淤血，肺泡腔内可见散在灶性出血。

3. 灶性出血　气管、支气管黏膜散在性点状出血，心包膜、肺膜点状出血。

4. 深部组织改变　分离口、鼻部的皮肤，有时可发现手掌压迫形成的片状皮下出血，有时也可形成椭圆形小片状出血。有时口、颊部肌肉如咬肌内也可见出血。

（三）捂死的机制

捂死主要是因为口、鼻孔道被压闭后，阻断了气体交换。捂死是纯粹的缺氧窒息死，其机制比较单一，比缢死、勒死、扼死的致死过程相对较长。因此，尸体上所表现出的窒息征象也比较典型和充分。

（四）捂死的法医学鉴定

捂死的鉴定，除发现尸体有一般窒息征象外，还必须结合具体的案情及尸体上所形成的特殊捂压改变来进行综合分析判断。要排除哽死、一氧化碳中毒及其他缺氧导致窒息的可能性。在一些柔软物体捂压婴幼儿致死的案例中，由于缺乏特征性证据，确定捂死有时相当困难，必须慎重。

确定捂死的关键是在尸体上找出捂死的确凿证据，如口、鼻部的捂压痕，口、鼻歪斜和塌陷，以及口、鼻部黏有软性物体的碎片及纤维等。

捂死的案例以他杀较多见，意外捂死少见，偶见自杀。

1. 他杀　多见于杀害婴幼儿或年迈老人的案例，要捂死清醒状态下的健壮的人并非易事。利用手掌或衣物强行压塞被害人的口、鼻导致被害人迅速窒息致死。或利用被害人醉酒或熟睡状态下施捂也常可达到捂死的目的。有时凶手在施捂前将被害人击昏、击伤后再施捂。

2. 意外捂死　时有发生。较为常见的有新生儿、婴幼儿睡眠时被衣、被覆盖面部将口、鼻盖住，婴幼儿无力将衣被移开，时间长久便发生窒息死亡。癫痫患者发作时跌入烂泥、河土或雪堆中被捂致死。

3. 自杀　偶见服催眠药后用塑料袋套住头部自杀，亦有精神病患者利用睡衣、睡袋捂紧口鼻或用胶带黏住口、鼻造成窒息致死。

二、哽　死

哽死（choking）是由于异物堵塞呼吸道，阻碍气体交换，所引起的缺氧性窒息死亡。外源性异物繁多，常见的有纸团、泥团、布团、花生米、果核、块状食物、纽扣、药片等（图9-15）。内源性异物较多见的为呕吐物、血液、血凝块及损伤的组织碎片等（图9-16）。

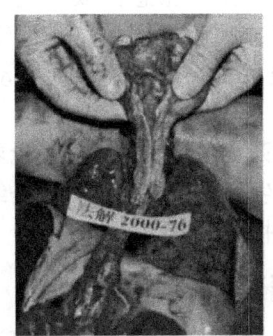

图 9-15　哽死（气道内食物）

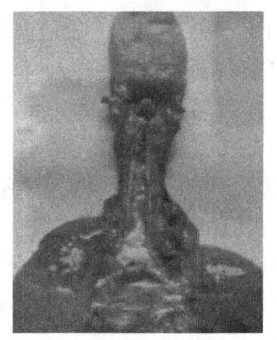

图 9-16　哽死（气道内呕吐物）

（一）哽的方式

哽的方式有以下几种：

1. 婴幼儿或儿童，因哭闹、说话、玩耍，将食物或异物吸入呼吸道，或卡在咽喉部造成呼吸道阻塞，窒息死亡。

2. 麻醉、昏迷时，将胃内呕吐物吸入呼吸道。醉酒时将食物误吸入呼吸道。

3. 晚期肝硬化患者，食管静脉丛大出血；消化性溃疡的胃大量出血；呕吐不止时；晚期肺癌或肺结核患者大咯血，以致血液、血凝块、肺坏死组织等吸入呼吸道。

4. 用一些软性物体如纱团、布团、泥团、纸团等，强行塞入被害人的咽喉部，导致被害人呼吸道堵塞致死。

（二）哽死的形态学改变

意外哽死尸表检查一般没有任何显著的特征。尸检时应注意呼吸道内是否有异物及存在的部位。在咽喉、气管、支气管，甚至细支气管以至肺泡内可检出异物，有时肉眼难以发现，需要凭借镜检才能发现。除发现异物外，尚可见气管和支气管内充盈血性液体和脱落的黏膜上皮。肺泡腔内可见水肿，肺泡壁血管明显充血。在一些经抢救的哽死案例中，尸检还可发现一些医源性损伤的存在，如气管切开、气管插管损伤及心外按摩所致的胸壁损伤等。

他杀哽死，由于异物被强行塞入呼吸道，时常可在口腔、咽喉部及气管等处发现黏膜剥脱及黏膜下出血。被害人的四肢、头部及身体的其他部位可发现有因挣扎反抗所形成的抵抗伤。

在一些窒息征象较为明显的案例中，头面部皮肤、眼结膜、球结膜及口腔黏膜均可见散在的出血点。

（三）哽死的机制

哽死机制主要是由于异物完全堵塞或部分堵塞呼吸道，使气体交换受阻，造成人体急剧的缺氧、窒息而死亡。尽管有时呼吸道并未完全闭塞，但由于吸入的空气急剧减少，人体不能迅速地建立代偿机制，加以呼吸道痉挛，最终仍会导致缺氧窒息而死。

呼吸道堵塞致死的其他因素还包括堵塞物刺激喉头、气管、支气管黏膜，使喉头水肿，气管、支气管反射性痉挛致使呼吸阻碍，加速窒息死亡的进程，以及堵塞物刺激喉上神经导致反射性心搏骤停而致死。

（四）哽死的法医学鉴定

哽死法医学鉴定的主要依据，是在呼吸道内发现异物。所以应认真仔细地检查咽喉部、气管、较大支气管。生前吸入，异物可达细支气管，而濒死期或死后吸入胃内容，异物仅在气管或大支气管。必须通过认真做尸体解剖检查，排除其他死因，同时又在呼吸道内发现异物，此时可考虑哽死。哽死的最终结论要结合具体案情、尸体征象，经过详尽的分析、判断方可得出。

在鉴别意外性哽死和他杀性哽死时，要根据他杀性哽死和意外性哽死的尸体征象及其他参考证据，才能作出最终的认定。

尸体的窒息征象显著与否，不能作为鉴定哽死的主要依据，因为在一些呼吸道堵塞后迅速致死的案例中，窒息征象常常不甚显著。

三、溺　死

> **案例 9-5**
>
> 2017年某日，在一湖内发现一具浮尸，后经查该死者系陆某，女。尸体检验，体表未见明显损伤，有鼻腔见蕈样泡沫溢出、睑结膜球结膜淤血伴出血点、口唇发绀体征，理化检验血样中未检出常见毒物（图9-17）。
>
>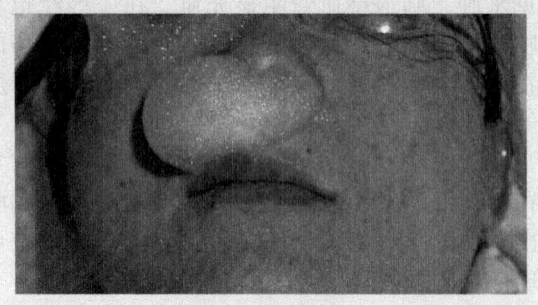
>
> 图9-17　溺死案例
>
> 问题：
> 1. 本案例可能的死亡原因有哪些？
> 2. 本案例法医学鉴定应注意哪些问题？
> 3. 本案例死亡的性质是什么？

溺死（drowning）指液体吸入呼吸道和肺脏引起的堵塞性窒息死亡。溺液分为淡水、海水、酒、油液、尿液等。

一般情况下，典型的溺死是人体沉入水面以下吸入多量溺液而引起的，但人体是否沉入水面以下不是溺死发生的必要条件，只要头面部甚至口鼻孔浸没于水面以下，如口鼻孔浸没于地面水洼、水盆中即可引起溺死。

在法医实践中，绝大多数溺死属于意外，自杀溺死亦不少见，他杀后抛尸入水、伪装自溺或他伤后溺死相对少见，虽然数量不多，但应引起足够重视。

（一）溺死的过程

1. **前驱期**　呛咳期，0.5～1.5min。
2. **呼吸困难期**　泡沫期，1～2.5min。
3. **失神期**　痉挛期，10min。
4. **呼吸暂停期**　1min。
5. **终末呼吸期**　1min。
6. **呼吸停止期**　几分钟。

（二）溺死的机制

1. **缺氧**　大量溺液的吸入导致肺脏的通气功能和气血交换功能出现严重障碍，继而出现缺氧和二氧化碳潴留，迅速出现缺氧性脑损害。

目前的观点是，淡水吸入可引起肺泡表面活性物质变性，活性降低，因此部分肺泡出现萎缩。而海水吸入肺脏，可引起肺泡表面活性物质稀释、冲淡，肺脏微循环的水分因渗透压梯度而透漏至肺泡。淡水、海水吸入均可导致肺泡气血交换功能障碍、加剧缺氧和肺泡毛细管内皮损伤及溺液成分进入体内。

2. **异常神经反射**　干性溺死或非典型溺死，人体落水后迅速死亡，时间经过极其短暂，呼吸道内没有溺液，没有水性肺气肿的征象。目前机制尚不清楚，可能是：①急性喉头痉挛，冷水刺激引起喉头痉挛，呼吸道闭塞；②神经反射，冷水刺激迷走神经兴奋，可迅速引起心动过速、心力衰竭而死亡。

3. **迟发性死亡**　溺水的人经过抢救复苏存活一段时间后才发生死亡，其死因可能是继发感染、不可逆脑损害、中毒、低温等。

（三）溺死的形态学改变

1. **尸体在水中浸泡的证据**　尸斑浅淡且出现迟缓，鸡皮样皮肤（goose skin），尸体的沉浮，洗衣妇手，"手套样"或"袜子样"改变，水中尸体腐败慢于陆上尸体。

2. **窒息的证据**　发绀、血液不凝固、内脏淤血、结膜、浆膜、黏膜出血、肌肉出血、颞骨岩部出血。

3. 溺死的特征性征象

（1）尸体外表征象

1）蕈状泡沫（mushroom-shape foam）：典型溺死者口鼻孔周围、齿缝中出现细小、稳定、均匀的白色或粉红色泡沫，这种泡沫及其稳定、黏稠，不易破灭。泡沫量大时在口鼻孔周围呈蘑菇样外观，抹去后可再涌出。其发生机制是溺液吸入呼吸道、刺激呼吸道黏液分泌增多，溺液、黏液和空气乃至肺泡表面活性物质在剧烈呼吸运动下搅拌混合而成。若合并呼吸道小血管破裂、出血，泡沫可呈粉红色。蕈样泡沫是一种生活反应，即表明溺水过程中存在呼吸运动，综合其他溺水征象，可确认生前溺水。

2）手中握有泥沙、水草、异物。溺死过程中，溺水者往往剧烈挣扎，其手中可攥住水中的水草、泥沙或其他物品。这是一种尸体痉挛现象，对确认生前溺水具有重要意义。

（2）尸体内部征象

1）上呼吸道溺液和异物：溺死者可有大量溺液及水中水草、泥沙等异物吸入上呼吸道。

2）水性肺水肿（aqueous emphysema）（图9-18）：溺死过程中大量溺液吸入、剧烈呼吸运动引起的肺脏特有的病理变化。肺脏重量显著增加，两肺脏体积明显增大，表面可见肋骨压迹，边缘因含气量增加呈圆钝、浅粉色，完全覆盖心脏，表面湿润、有光泽，触之有揉面感，质地相对硬韧，切面可见大量泡沫液体溢出。水性肺水肿是一种生活反应，是判断生前溺死的客观征象。

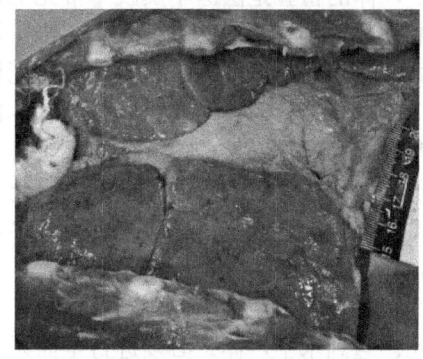

图9-18 水性肺气肿

3）胃肠溺液及异物：在溺死过程中，部分溺液可吞咽入胃，经过胃蠕动使溺液通过幽门进入十二指肠。小肠内检见溺液和异物，可视为生前溺死的征象。

（四）硅藻检验

溺死过程中，由于不自主剧烈呼吸运动作用，溺液及溺液中无机物、微小的单细胞微生物，如硅藻（图9-19），可通过肺泡壁毛细血管入血并回流至左心室，进而经过体循环分布于全身各个器官。因此，从内脏器官中检出溺液中的微小浮游生物，如硅藻、蓝藻的成分或异物，意味着溺水者临终前存在呼吸和循环功能，即生前溺水。

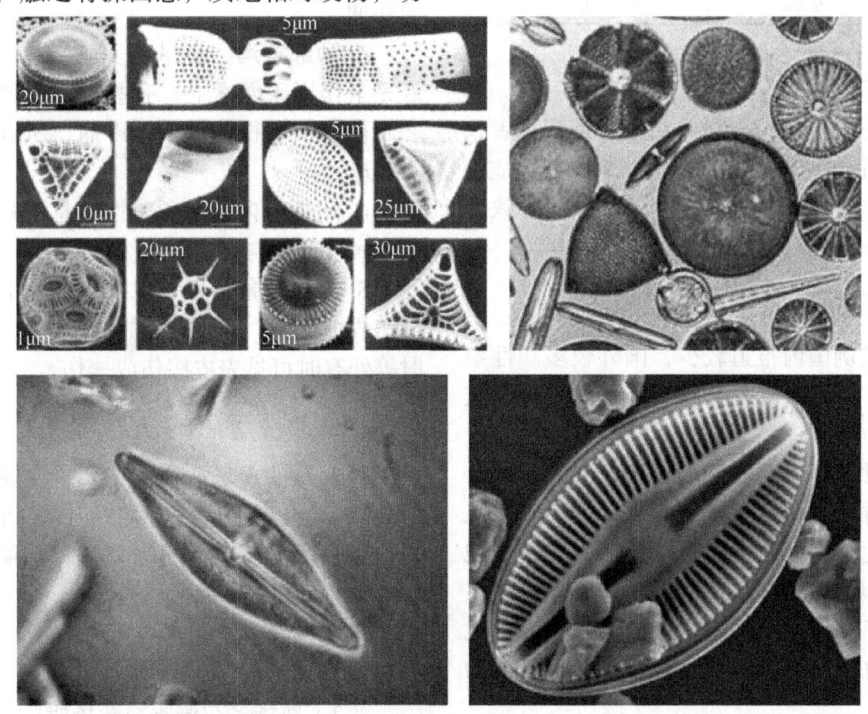

图9-19 硅藻

（五）法医学鉴定

水中尸体的检验是法医学实践中常见的内容。溺死尸体属于水中尸体，但是水中尸体不限于溺死。水中尸体检验和鉴定涉及面广，不仅解决死因、死亡性质、死亡时间、生前伤与死后伤等基本问题，还经常涉及入水地点、无名尸体个体识别等问题。由于溺死尸体往往缺乏特征性的病理学变化，而且水中尸体变化大，受影响因素多，发现时多已经不同程度的腐败，导致尸体检验工作难度大，尤其是溺死性质鉴定，常是水中尸体鉴定的难点。

因此，遇到水中尸体，必须进行全面系统的尸体检验，包括毒物/药物分析，并结合案情、现场情况等进行综合分析。水中尸体检验的基本要求：死因、个体识别、外伤的检验、入水时间段判断、落水地点的判断及死亡性质的推断。

溺水与死后入水的区别见表9-4。

表9-4 溺死与死后入水区别

鉴别点	溺死	死后入水
口鼻部	蕈状泡沫	无
手中	异物	无
眼部	结膜出血	无
呼吸道	溺液多	少
肺	肺水肿	不明显
硅藻	阳性	阳性
左右心血	差异	无
微量元素	差异	无

第四节 性 窒 息

性窒息（sexual asphyxia）是由性心理变态者，以奇特的方式，造成一定的缺氧状态，刺激其性欲，由于实施过程中的措施失误或过度，意外地导致窒息死亡。

（一）性窒息的特点

性窒息的案例国内报道较少，国外较多。性窒息者多为青壮年男性，大多具有一定文化程度，文盲者几乎没有。

性窒息者常选择隐蔽僻静的场所，如独居的卧室、地下室、树林、仓库、废弃的厕所等不易被人发现和干扰的地点，因此，常易被误认为自杀或他杀。性窒息的现场常可发现色情淫秽的画刊、书报、录像带、光碟、女性的照片或女性内裤、文胸及化妆品等。服饰也较为奇特，常为奇装异服，且多为女性梳妆。

性窒息的现场有可供缢吊的树枝、横梁、床架、窗框等。死者多采用缢颈方式，颈部可见绳索。常呈站立或卧位等不全缢体位，罕有呈全悬缢体位者。也有采用勒颈的方式，可在颈部发现绞勒状绳套。有时绕颈后再围绕躯干及手脚，甚至生殖器。为了减少疼痛，绳索下常见有毛巾、围巾或衣服衬垫。性窒息者有时用绳索将自己的手、足捆绑。除此以外，偶有用塑料袋将头套入或软物捂塞口鼻造成缺氧状态的。

（二）性窒息的死亡机制与方式

性窒息致死机制与所采取的窒息方式有关。多数采用缢、勒颈的方式。故死亡机制与缢、勒死同。性窒息者的本意并非自己寻死，而只是企图在低氧状态中求得性的快感。其死亡的发生，是由于死者疏于防范，所用窒息的措施过度或防范失灵，如滑套偶尔拉紧、脚底打滑、两腿发软、坐凳或垫在脚下的物体因故倒下，终以缢吊或绞勒窒息死亡。

（三）性窒息的尸体特征

1. 尸体特征 尸体常为全裸或半裸体，裸露生殖器，并以手接触呈摆弄状。有的阴茎上系以绳索或套上塑料袋，阴茎部位常有精液。尸表一般无严重损伤存在。

2. 尸体的颜面特征 尸体的颜面窒息征象较明显，虽性窒息初时常仅致轻微缺氧，但后突发严重缺氧，所以窒息征象表现较明显。如颜面部的青紫，眼结膜及口腔黏膜的点状及小片状出血，口鼻内的血性分泌物，少数死者可因舌骨根部受压迫致舌外伸。

3. 颈部索沟 缢吊者多取半悬吊的方式，体重未完全作用于绳索上，有些性窒息者在颈部与缢索之间衬有柔软物体以减轻疼痛，所以颈部的索沟可不明显。

4. 尸体的内部征象 性窒息致死者内脏器官的主要病理改变与缢死相同。

5. 其他征象 性窒息死者，一般无明显暴力性损伤或抵抗伤。但在身体的突出部位，如头皮、肩、肘等处有时可见表皮擦伤或挫伤。

（四）性窒息的法医学鉴定

性窒息的现场往往由于死者亲属的干扰或隐匿色情物品，以致缢、勒颈部的现象可被误认为自杀或他杀，使案情变得相当复杂。必须抓住性窒息的特征，才可得出正确的结论。

性窒息的鉴定要点

（1）死者多系青壮年男性。

（2）现场多在偏僻隐蔽场所。

（3）死者常全裸或半裸。

（4）现场常有女性用品或淫秽物品。

（5）无自杀或他杀的证据。

（6）死者有性变态的历史。

第五节 体位性窒息

> **案例 9-4（续）**
>
> 续案例 9-4。尸表检验：男性尸体，坐于浴缸中，上身前倾屈曲，双手背于后背。上身着蓝色工作服外套（纽扣扣住），下身着蓝色工作服长裤（未系皮带），未穿内裤，赤足。一透明塑料袋完全套于头部直至颈部，并于颈部塑料袋的袋口端外侧见一白色棉绳系扎，绕颈1周于颈前打一活结，塑料袋内见少许淡红色液体。两大腿被一黑色皮带系扎，皮带头位于前侧，皮带舌自右向左穿过皮带头，扣于最后一扣眼。两脚踝被一黄色证件带绕2周于前侧打2个十字结。颜面部发绀明显，双眼睑、球结膜见密集出血斑点。颈部未见明显索沟，未见皮下出血及表皮剥脱等损伤。胸壁及两大腿背侧皮肤见出血点。两大腿并拢较紧，阴茎被挤于下方。两大腿中段及两踝部见捆扎印痕，其余体表未见损伤（图9-20）。
>
>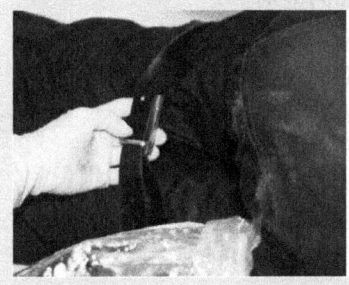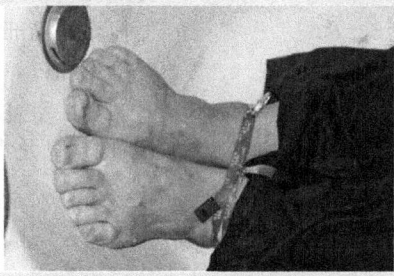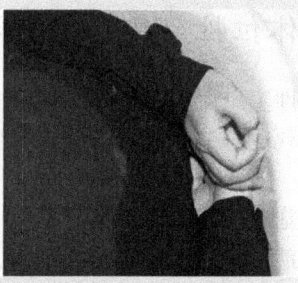
>
> 图 9-20 体位性窒息
>
> **问题：**
>
> 1. 本案例在捂死的同时还有何种因素导致死亡？
> 2. 本案例法医学鉴定应注意哪些问题？
> 3. 身体三处捆扎结头均在前侧，且体表未见抵抗性、防卫性损伤，未见其他致命性损伤，理化检验亦排除常见毒物中毒，本案例死亡的性质是什么？

体位性窒息（positional asphyxia）是因长时间被限制于某种异常体位，使呼吸功能受阻及静脉回流受阻而发生的窒息死亡。

一、体位性窒息的机制和过程

体位性窒息的方式：

1. 倒置体位 将被害人双下肢捆绑，悬挂在某一高度，并持续一段时间。

2. 斜挂性体位 将被害人的一上肢或一下肢悬挂在一定的高度，并持续一段时间。

3. 屈曲体位 长时间的头部向下屈曲，常见于酗酒、中毒或癫症的发作。长时间被限制在胸腹屈曲或同时上肢也内收的体位；或全身被装入一大网兜并悬挂空中均可窒息致死（洗冤集录中称为制缚死）。

4. 十字悬挂 长时间将两上肢水平伸展并固定在一定的位置上。

二、体位性窒息的尸体特征

体位性窒息因没有机械性暴力直接作用于颈部和口鼻部，故没有颈部的损伤，其中包括颈部血管、气管及其他软组织损伤。在一些被强制人员（犯罪嫌疑人或罪犯）中发生体位性窒息者，常见肢体被捆绑的痕迹及身体其他部位被殴打所致的损伤。在一些因屈颈或身体屈曲而发生体位性窒息者中，暴力损伤不很明显。

在大多数体位性窒息者中，窒息征象常较为明显，如全身性淤血、发绀，黏膜、浆膜及皮肤出血点，内脏的水肿等。

1. 肺通气功能障碍 躯干长时间被悬挂（无论是头向上还是向下），由于重力的作用胸廓被动下拉，使呼吸肌长时间处于吸气或呼气的状态，导致呼吸肌的疲劳，通气功能障碍，呼吸运动逐步减弱，使二氧化碳在体内不断堆积，机体内缺氧，继之发生窒息。

2. 呼吸道通气障碍 倒置性悬挂可使颈部长时间处于过伸状态,头下垂体位可使呼吸道受阻。这些都可影响呼吸道的通畅,呼吸运动不能正常进行,从而加快窒息发生。

3. 代谢障碍 除肺通气功能障碍及呼吸道通气障碍外,代谢功能的紊乱也是致死的重要原因。体位性窒息发生时,机体内的二氧化碳潴留,可引起呼吸性酸中毒,血浆中氢离子增多并向细胞内转移,使细胞内钾离子外移,血浆内钾、钙离子升高,从而使心肌动作电位失调,发生心律失常,实验证明在这些情况下超氧化物歧化酶活性明显下降,而丙二醛含量明显升高,氧的利用率降低,使组织内产生大量自由基并在体内蓄积,使代谢发生障碍。

三、体位性窒息的法医学鉴定

因体位性窒息而发生死亡的案件并不十分少见,但其窒息致死的机制有时可有争议,鉴定应持慎重态度。

体位性窒息的鉴定要点

(1) 有明显的体表及内部器官窒息的征象。
(2) 有长时间固定在某一特定体位的事实。
(3) 排除呼吸系统、心血管系统的疾病致死。
(4) 排除中毒死。

体位性窒息死多为过失意外死亡,故意杀人或自杀罕见。

复习与思考题

1. 机械性窒息包括哪些类型?
2. 机械性窒息尸体血液不凝的机制。
3. 缢沟的特点是什么?
4. 勒死的机制包括几个方面?
5. 勒沟的形态特征有哪些?
6. 缢死与勒死如何鉴别?
7. 扼死的局部特征性损伤有何特点?
8. 捂死的口鼻部常有哪些形态学改变?
9. 体位性窒息的方式有哪些?
10. 性窒息死亡案件现场有何特点?

(冀 强 罗海玻)

第十章 猝 死

【目标要求】

掌握：猝死的概念和原因及诱因。

熟悉：引起猝死的常见疾病及其特点。

了解：猝死的法医学鉴定。

案例 10-1

某大学宿舍，男，22 岁，一早上被室友发现其躺在床上，呼之不应，已经死亡。前一天下午，该男生曾因上腹部不适去校医院看病，诊断"胃炎"，服药后好转，晚上睡前还与室友说笑。死者身高 190cm，既往身体健康，为校篮球队运动员。

问题：

1. 引起本案例死亡的原因可能有哪些？
2. 本案例法医学鉴定应注意哪些问题？
3. 本案例致死的最可能的疾病或病变是什么？

第一节 猝死的概念

猝死（sudden death）指貌似健康的人因潜在性疾病突然恶化或急性发作而发生急骤死亡。猝死具有以下特点：①死亡的急骤性。大多数猝死案例，从死者出现症状到死亡的时间非常短暂，目前对这一时间长短各家标准不一，而我国目前采用 WHO 规定猝死的时间标准为 24h。法医学鉴定中常见的猝死案例仅数小时、数分钟甚至数秒钟，这种在几十秒内发生的死亡称为即时死（instantaneous death），常见于心脏疾病所致。②死亡的意外性。死者生前无危及生命的症状与体征，当死亡发生后，周围人难以接受，甚至连经治医师都始料未及。由于死亡出人意料，让人们怀疑非自然疾病死亡，而要求进行法医学检验鉴定。③死因是自然疾病。即潜在的进行性疾病或功能障碍，而非暴力死，一般不涉及法律问题；但无目击者在场的院前死亡者，常被怀疑为暴力死亡，多由公安机关介入进行鉴定；而在医院发生的猝死突出表现为各种形式的医患纠纷，可由卫生行政主管部门调解或启动司法程序鉴定。

第二节 猝死的原因及诱因

（一）原因

猝死在城市居民中更为常见，且男性多于女性。几乎所有系统的疾病均可能引起猝死，但其发生率有所不同。新生儿及幼儿的猝死中呼吸系统疾病占首位；成人猝死中心血管系统疾病占首位，中枢神经系统疾病居次，呼吸、消化、内分泌、泌尿生殖系统等疾病相对较少；青壮年的孕妇猝死的常见原因是生殖系统疾病（尤其羊水栓塞）。

（二）诱因

猝死的发生往往是有条件的，这些条件对疾病本身起着诱导、促进作用，即诱因。少数案例也可在没有诱因的情况下发生，如睡眠中猝死。常见的猝死诱因如下：

1. 精神、心理因素 是猝死最常见的诱因之一，如狂喜、狂怒、忧伤、悲愤、恐惧、惊吓、争吵、情绪激动等。有的心脏病患者因情绪激动时交感神经兴奋性增高，继而引发急性心力衰竭或心室纤颤而发生猝死。

2. 剧烈体力活动或过度疲劳 亦为猝死的常见诱因。剧烈的体力活动或过度疲劳，如爬山、游泳、疾跑等，都可使心脏负荷突然增大，对患有潜在性心血管疾病者可引起心室纤颤或脑出血而猝死。而有时对正常人属正常运动量的活动，亦可成为有潜在疾病者猝死的诱因。

3. 外伤 如击打颈动脉窦、心前区、上腹部、会阴部等神经敏感区可引起反射性呼吸、心搏骤停而猝死。有时轻微外伤也可引起猝死，如死者在打斗中被击中头部、胸部或腹部等，损伤程度轻，本身不足以构成直接死因，但有时可诱发猝死。这种情况下判明损伤与疾病的关系就显得极其重要。

4. 暴饮暴食 可能诱发部分急性出血坏死性胰腺炎或冠心病猝死。

5. 气温骤变 季节更替，气温变化，对老年人尤其是患有高血压或动脉粥样硬化的人群容易诱发心脑血管疾病而猝死。寒冷还可引起小动脉收缩、血压升高、心脏负荷加大而猝死。

6. 其他 某些药物如奎尼丁、利多卡因等使用不当，可以诱发猝死；饮酒后突然死亡则需根据具体情况做出分析判定。

绝大多数的猝死，只要按照尸检规范全面系统地进行法医尸体剖验，特别是组织病理学检查，均可发现足以确证死因的致命性病理形态学改变。但仍有少数因功能性或代谢性疾病而猝死者，虽做了全面系统尸体解剖和病理组织学检查，仍未能发现足以说明死因的器质性病变。这时需做特殊检查，如心脏传导系统、免疫组织化学及体液离子等检查，以期发现功能障碍而导致的猝死。

第三节 引起猝死的常见疾病

一、心血管系统疾病

心脏疾病是目前死亡率最高的疾病，其中心源性的猝死引起的死亡发病率也越来越高。据统计在我国，每年大概约有50万人死于心源性猝死。对于造成心源性的死亡原因研究，饮食中过多的脂肪的摄入及吸烟引起的冠状动脉粥样硬化、心肌梗死等造成的心室结构改变、室性心动过速、心室纤颤等恶性心律失常都是造成心源性猝死的重要原因。目前对于其机制的研究较多，但是在预防及治疗上还没有突破性的进展。近年来，微小RNA（miRNA）越来越受到人们的重视，miRNA广泛参与心脏发育的生理性过程，如心肌细胞的分化、心肌血管的生成，同时也参与了心肌的病理性过程，如心肌炎、风湿性心肌病、心脏瓣膜疾病，故其在心源性猝死发生过程中可能起到重要的作用。

（一）冠心病

由冠状动脉粥样硬化引起的心肌缺血缺氧性疾病称为冠状动脉粥样硬化性心脏病（coronary atherosclerotic heart disease），简称冠心病，是威胁人类生命健康的最主要的疾病，也是心血管疾病所致猝死中最常见的原因。多数冠心病患者猝死发生前无任何征兆，有的猝死发生前有心前区疼痛、胸闷、心慌、恶心或周身不适等症状，这些前兆有利于冠心病猝死的诊断。冠状动脉粥样硬化多见于35～50岁人群，男性多于女性，好发部位依次为左冠状动脉前降支、右冠状动脉、左旋支及左冠状动脉主干。按发生率，右冠状动脉虽比左冠状动脉前降支为低，但因正常人的窦房结和房室结的动脉多来自于右冠状动脉，故右冠状动脉病变更易引起传导障碍，在猝死鉴定中不应忽视右冠状动脉的检查。近年来冠心病猝死的发生有年轻化趋势，有20多岁即发生重症冠心病猝死的案例，故在法医鉴定中应灵活掌握。

冠状动脉粥样硬化，可通过下列不同方式引起猝死。

1. 冠状动脉管腔狭窄和心电紊乱 大多数猝死案例是由于冠状动脉粥样硬化使动脉管腔狭窄，在诱因作用下，导致微循环栓塞或冠状动脉痉挛，未得到及时有效的救治，继而引发急性心肌缺血，发生心肌供氧与需氧不平衡，造成局部电生理紊乱、心力衰竭，引起严重心律失常。实验也证实，冠状动脉狭窄和心室纤颤导致的心电紊乱，可引起死亡。

2. 合并症 冠状动脉粥样硬化的合并症可使狭窄的管腔更加狭窄，造成心肌缺血，继而发生猝死。

3. 血栓 冠心病猝死中解剖发现冠状动脉有血栓形成者约占1/3，血栓栓塞常致心肌梗死，有新鲜血栓形成的病例更易发生急性心肌缺血致心室纤颤而猝死。

4. 心脏破裂 常引起急性心脏压塞而猝死。

5. 心肌纤维化 心内膜、心室或室间隔上的纤维化斑块会引起心脏功能紊乱或心脏传导功能的阻滞。肉眼能见到的心脏纤维斑块，可引起猝死。

6. 乳头肌梗死/断裂 使二尖瓣部分脱垂，引起猝死。

冠心病猝死者绝大多数在1～2h内死亡，常规病理学检查多见心肌肥大、嗜酸性变等改变，缺乏典型的形态学诊断依据。即使发生心肌梗死，心肌坏死的形态改变在4～6h后才能表现出来。因此，应用病理学新技术，如免疫组织化学等，进行冠心病猝死早期诊断的研究，已成为法医病理学研究的重要手段。

疑为冠心病猝死案例，尸检时应仔细检查冠状动脉各分支，宜每隔2mm作横切面检查，以免遗漏局限性孤立斑块；对疑有血栓形成或斑块内出血的切面，应取材制片镜检。

冠心病猝死的多数案例仅见冠状动脉粥样硬化病变，而在其他各种暴力死或非暴力死的成年尸检案例中，亦常见到一定程度的冠状动脉粥样硬化病变。因此，对每一具体案例，要确定所见的冠状动脉病变是否是猝死原因必须慎重，应通过详细的案情调查、全面的尸体检查及毒物分析，严格排除其他各种死因后，才能作出鉴定。

> **案例 10-2**
> 死者，男，23岁，理发师。某日在理发时突感胸痛、胸闷，随后在附近卫生室注射马来氯酸钠敏注射液1支，症状稍好转后回家。回家不久突然出现昏迷，经医院抢救无效死亡。尸体

检验：尸表未见明显异常。尸体解剖见死者左冠状动脉前降支距起始部 6.5cm 处起有长 3.5cm 的冠状动脉粥样硬化，管壁增厚，管腔狭窄（Ⅲ～Ⅳ级）。左冠状动脉旋支距起始部约 4.0cm 处起有长 1.0cm 的冠状动脉粥样硬化，管壁增厚，管腔狭窄（Ⅲ级）。右冠状动脉未见明显异常。镜检：左冠状动脉前降支管腔内膜见大量脂类物质沉积，管壁增厚，管腔狭窄（Ⅳ级以上）；左冠状动脉旋支管壁内膜见大量脂类物质沉积，管壁增厚，管腔狭窄（Ⅲ级）。右心室前壁可见轻度脂肪浸润，左心前壁心内膜下及乳头肌可见点、片状纤维结缔组织增生（瘢痕组织），部分心肌细胞固缩、深染，细胞核结构模糊，部分心肌细胞纤维断裂。左心室前壁、心尖部及室间隔心肌梗死特殊染色（苦味酸染色）部分呈阳性，以心内膜下、肉柱及乳头肌为重，梗死心肌呈鲜红色，正常心肌呈黄色。窦房结、房室结未见明显异常。

问题：
1. 死者的死亡原因是什么？
2. 针对目前冠心病年轻化的趋势应采取哪些预防措施？

（二）心肌炎

心肌炎（myocarditis）是指由各种原因引起的心肌局限性或弥漫性炎症。心肌炎是小儿猝死的重要原因。引起心肌炎的原因有很多，如病毒、细菌、真菌、螺旋体、立克次体、寄生虫、免疫反应，以及物理、化学因素等。在法医学检案中较常见的有：

1. 病毒性心肌炎 是由亲心肌的病毒如柯萨奇病毒、ECHO 病毒、风疹病毒、流行性感冒病毒等引起的原发性心肌炎症，且常累及心包，引起心包炎。病理改变主要是：①大体见心脏增大，心尖钝圆，质地软，左、右心室扩张并充有不凝血液。②组织学见心肌细胞不同程度颗粒变性、肌质凝集、溶解和散在小灶性心肌细胞坏死，一般累及单个或 3～5 个心肌细胞，有时累及整束心肌，伴有淋巴细胞和单核细胞浸润，其中偶见中性粒细胞。间质充血、水肿，血管内皮细胞肿胀，散在多少不一的淋巴细胞和单核细胞。有的病例有不同程度间质纤维组织增生或坏死心肌的早期修复性病灶形成。以上心肌损害（变性、坏死）和炎症细胞浸润为弥漫性累及心脏各部和心肌各层，一般以左、右心室和室间隔的中、内层心肌病变明显，常累及心肌传导细胞，心房病变较轻，心内、外膜也常伴有充血、水肿和炎症细胞浸润。③病变散在分布，无一定规律，心肌病变较轻，有的病变以内层心肌病变稍重。本病有时临床难以做出正确诊断，主要靠组织病理学证实。

2. 孤立性心肌炎 是一种病因未明的急性间质性心肌炎，又称特发性心肌炎，病变局限于心肌，多见于 20～50 岁的中青年人。本病最早由 Fiedler 描述，故又称 Fiedler 心肌炎。本病潜在进行，突发心源性休克或阿-斯综合征而猝死。

本病根据炎症分布范围及细胞组成的差异分为两型：①弥漫性间质性心肌炎（弥漫型）；②特发性巨细胞性心肌炎（巨细胞型）。弥漫型的特点为弥漫性非特殊性间质性炎，主要表现为心肌间质有淋巴细胞、单核细胞及少量中性粒细胞浸润，心肌纤维也可发生变性坏死。而巨细胞型的特点是在心肌内有成纤维细胞、淋巴细胞、单核细胞及嗜酸性粒细胞等组成的肉芽肿，伴较多的多核巨细胞形成，本型较少见。

本病的病因仍未明了，多数认为与病毒感染有关，多见于中青年，突然发病，表现为进行性心功能不全、低血压、心前区隐痛等，病程短促，可引起猝死。病理诊断应掌握两个标准：①身体其他部分并无引起心肌病变的原发性疾病；②病变只限于心肌，而心外膜及心内膜均无炎性病变。死者生前常有不同程度的心慌、气急、低血压等临床表现，但症状轻微，均因猝死而疑为暴力死或因医疗纠纷而要求法医学鉴定，经尸检病理观察后可获得明确诊断。

不典型性心肌炎，病变局限，细胞变质不明显，渗出中性粒细胞、淋巴细胞数量较少，而吞噬细胞、组织细胞增多十分显著，由于缺少典型急性炎症形态学依据，而称"不典型性心肌炎"。单核细胞大量游出是本型炎症的一个重要指标，HE 染色分辨不清时，采用 CD68 免疫组织化学染色可有助于不典型性心肌炎的诊断。

心肌炎引起的猝死案例，有时肉眼观察心肌病变不明显，应从心室各部位取材，作组织病理学检查。对病变较轻的病例，应在排除中毒、机械性损伤等暴力致死因素后，方可慎重做出心肌炎引起猝死的结论。

（三）心瓣膜病

心瓣膜病分为先天性发育不良，如主动脉狭窄、主动脉瓣膜畸形、二尖瓣脱垂等，以及继发于心内膜炎症的瓣膜畸形和功能不良，如感染性心内膜炎所致二尖瓣狭窄或关闭不全、主动脉瓣狭窄或关闭不全。这些心瓣膜疾病均可因泵血功能障碍致心力衰竭或冠状动脉供血不足而死亡，也可因心房、心室扩大压迫损害心传导系统，或感染累及心传导系统导致心律失常死亡（图 10-1）。

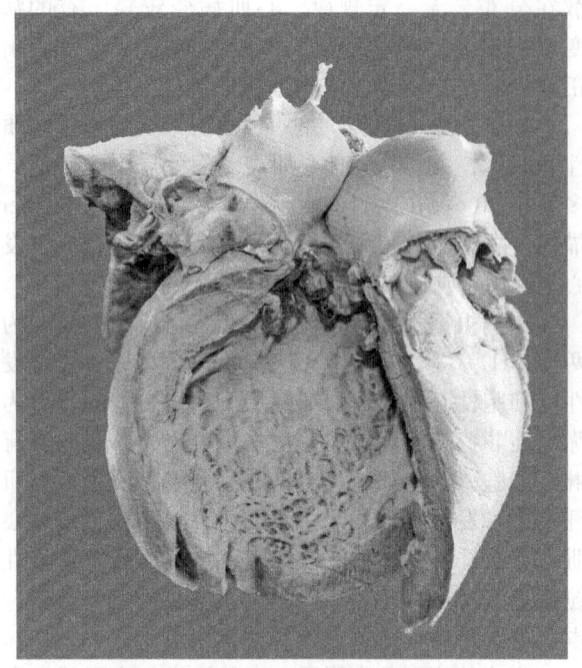

图 10-1　感染性心内膜炎致心肌梗死

细胞，星形胶质细胞增生肥大。最后，血液和破裂的脑组织被清除，病灶区由胶质细胞和胶质纤维所取代。若血肿较大则可形成囊肿。

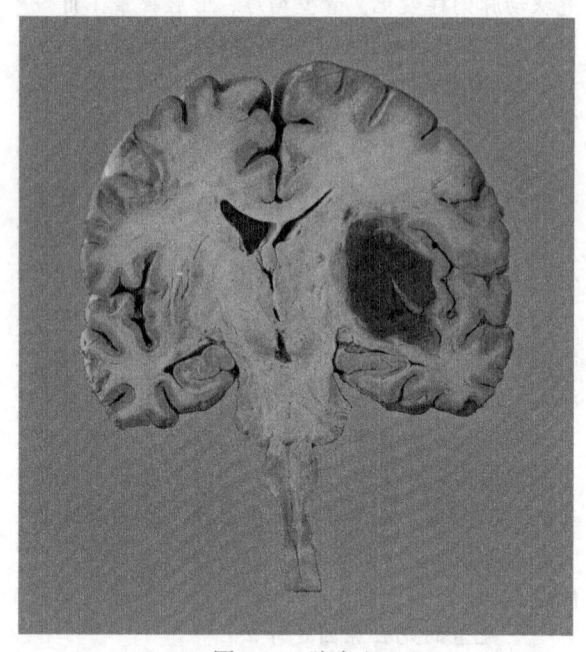

图 10-2　脑出血

（四）主动脉瘤

动脉粥样硬化性动脉瘤较多见，主要发生于腹主动脉，表现为局部膨出，动脉瘤破裂至猝死也较为常见。主动脉夹层动脉瘤形成原因不明，一般认为是由于动脉中层囊性变性或坏死所致，临床表现为心电图改变与剧烈的胸背疼痛不一致。主动脉夹层动脉瘤生前大多不能诊断，死亡机制多因主动脉夹层动脉瘤向外膜破裂，引起心脏压塞、左侧血胸、纵隔血肿或出血性休克等。梅毒性主动脉瘤多发生在主动脉弓，呈囊状扩张，破裂后可致死。

二、中枢神经系统疾病

出血性脑血管病

出血性脑血管病（hemorrhagic cerebrovascular disease）包括脑出血和蛛网膜下腔出血，是导致猝死的常见疾病。

1. 脑出血　是指非外伤性的脑实质出血，多由高血压和动脉粥样硬化、颅内动脉瘤破裂、脑血管畸形破裂等导致。脑实质出血往往形成血肿，血肿大小视出血部位而异。一般大脑壳核或脑叶出血，血肿直径约 50mm 或更大，血肿可破入脑室或蛛网膜下腔（图 10-2）。新鲜的出血灶呈鲜红色，周围脑组织中有散在的出血点和软化灶；血肿凝血块中有坏死脑组织和血管残余。较久的病灶血块收缩，呈暗褐色，边缘不齐，周围脑组织水肿和点状出血消退；镜检可见含铁血黄素和吞噬坏死组织的格子

（1）壳核出血：为豆纹动脉破裂，约占高血压病脑出血的55%。壳核位于基底核外侧，按其血肿发展和扩展的方向，区分为内侧型（内囊出血）和外侧型（外囊出血）。猝死一般皆为内侧型。

（2）丘脑出血：为丘脑后外侧丘脑膝状动脉或丘脑前内侧丘脑穿支动脉破裂，占高血压脑出血的25%～30%。血肿常破入侧脑室或第三脑室，或经正中孔和侧孔流入蛛网膜下腔。死亡病例血肿直径多大于30mm。

（3）脑叶出血：为大脑白质内出血，占高血压脑出血的3%～10%，血肿常破入蛛网膜下腔。

（4）中脑出血：少见，约占1.1%。

（5）脑桥出血：约占脑出血的8%，多由动脉粥样硬化及高血压，特别是恶性高血压所致，偶可见隐性血管畸形破裂所引起的致死性脑桥出血。出血常起因于脑桥中线动脉破裂，病变至脑桥中部开始向基底和被盖发展，血肿常破入第四脑室。脑桥出血病情进展迅速，患者很快陷入昏迷或死亡。

（6）小脑出血：占脑出血的0.9%～13.0%，系丘脑上动脉破裂，或小脑上、前下、后上三支动脉所组成的血管网破裂，血肿常破入第五脑室。除高血压和动脉粥样硬化外，隐性血管畸形是自发性小脑出血的重要原因之一。这种血管畸形体积较小，平时多无症状，一旦破裂出血，可迅速致死。

（7）脑室出血：直接由脉络丛血管破裂所致者罕见，实则多为其他部位出血导致的脑室积血。

（8）延髓出血：罕见，多为脑桥出血所累及。

脑水肿继发脑疝是脑出血最主要的继发性病变，也是最常见的直接死亡原因。最常见的致命性脑疝是小脑扁桃体枕骨大孔疝和颞叶沟回疝。前者压迫延髓，导致患者呼吸循环功能衰竭而死亡。

自发性脑出血与外伤性颅内出血须慎重进行鉴别。尸检时头面部所见损伤可为外伤所致，也可为患者自发性脑出血发病昏迷倒地碰撞地面形成；外力既可是外伤性颅内出血的原因，也可是促发自发性脑出血的诱因。因此，须注意观察头皮损伤的轻重程度，外力打击部位有无颅骨骨折及脑挫伤，其相对应的一侧有无对冲性损伤；注意颅内出血的部位，如为硬膜外或硬膜下血肿，多为外伤性颅内出血；如为高血压性脑出血，则多见于壳核部、脑桥、小脑等部位。死者以往有无高血压史，尸检所见有无高血压所致左心室肥厚及细小动脉硬化性固缩肾等病变也有助于鉴别。出血部位及可疑部位脑组织应取材作病理切片检查，以了解有无脑血管病变。

2. 蛛网膜下腔出血　是指血液流入蛛网膜下腔的一种临床综合征，可分为病理性和外伤性两类。其中病理性蛛网膜下腔出血是中枢神经系统疾病猝死中常见而又重要的原因，其病因以颅内动脉瘤破裂最为常见，脑血管畸形和高血压脑动脉粥样硬化所致血管破裂次之。出血可位于：①后颅凹和脑干周围，是颅内动脉及其分支的破裂之处；②额叶和（或）额叶内延致颅前窝，是前交通动脉或大脑前动脉远端的破裂之处；③大脑外侧裂内形成外侧裂血肿，且向穹窿部及脑底部扩散，是大脑中动脉的破裂之处；④脑干、小脑、脑桥角部和小脑上部是脑底动脉、椎动脉或小脑动脉的破裂之处。

蛛网膜下腔出血多位于脑表面或底部。前者脑表面呈紫红色，脑沟和脑池内积血较多，色泽也较深；出血量较大时脑表面有一薄层血凝块覆盖，血块可穿破蛛网膜而存在于硬膜下腔。凝血块或血液视出血时间的长短而有颜色差异，可呈鲜红色或暗红色，2次以上的出血则可见鲜红和暗红两种不同颜色凝血块。镜下1～4h内可见少许中性粒细胞浸润，偶见单核细胞吞噬红细胞现象；血管周围有少量多形核白细胞浸润，16～32h以后出现大量白细胞及淋巴细胞；36h可见机化现象。

外伤性蛛网膜下腔出血与病理性蛛网膜下腔出血需要进行鉴别，有时两者可存在同一病例，鉴别较为困难。外伤性蛛网膜下腔出血多因脑表浅部位的损伤如脑挫伤或裂伤所引起，出血常发生于皮层损伤附近较局限的区域内，出血量也不多；如果出血是由正常的脑底动脉破裂或其来源未能证实者，脑底动脉未见有肉眼或显微镜下的病理改变，则出血可能是由外伤引起。除上述外，外伤性蛛网膜下腔出血者还可有头皮血肿及其他颅脑损伤的证据，可以佐证暴力的存在。

本病引起猝死的机制是由于蛛网膜下腔大量出血，颅内压急剧增高，脑疝形成，脑干重要结构受压或移位，生命中枢麻痹而死亡。

三、呼吸系统疾病

（一）支气管肺炎

支气管肺炎可为原发，也可继发于其他疾病。多见于婴幼儿、老人和体弱多病者。引起婴幼儿突然死亡的案例约半数患者没有明显的临床症状，少数患者生前仅有轻微的上呼吸道感染症状或轻微的消化系统症状。

支气管肺炎病变多位于双肺下叶及背侧，表面和切面上散在暗红色或灰黄色实变病灶，以下叶多见，病灶大小不一，直径多在0.5～1.0cm，不规则，病灶中央常见1～2个细支气管断面。严重者病灶可互相融合甚或累及全叶，形成融合性支气管肺炎（confluent bronchopneumonia）。支气管肺炎一般不累及胸膜。病灶质地较实，支气管中有大量炎性渗出物。

显微镜下为以细支气管为中心的肺的化脓性炎症。病变早期，细支气管黏膜充血、水肿，黏膜表面附着黏液性渗出物，周围肺组织可无明显改变或仅表现为轻度肺泡充血。随病情进展，病灶中支气管、细支气管、呼吸性支气管管腔及周围肺泡腔内出现较多的中性粒细胞、少量红细胞和坏死脱落的上皮细胞。之后，中性粒细胞渗出增多，渗出物成为脓性。严重时，病灶相互融合，呈片分布，形成融合性支气管肺炎。有时病灶周围常伴有不同程度的代偿性肺气肿和肺不张。

若为吸入性肺炎，除可见小叶性肺炎的特点外，小支气管甚至肺泡腔内可见吸入的异物（呕吐物等），尤其是新生儿羊水吸入性肺炎，小支气管及肺泡腔内见多少不等的羊水有形成分如角化上皮细胞、胎粪等。

因病原体的毒素入血引起毒血症，引起中毒性心肌炎、中毒性休克；肺实变，肺循环阻力增加，肺动脉高压形成，右心负荷增加等均可导致急性心力衰竭而猝死。支气管肺炎猝死多见于小儿、年老体弱者。

（二）病毒性肺炎

病毒性肺炎（viral pneumonia）常由上呼吸道病毒感染并向下蔓延所致。多发生于儿童，症状轻重不一。婴幼儿和年老体弱者病情常表现较重。引发该病的病毒常见的有流感病毒、呼吸道合胞病毒、麻疹病毒、腺病毒等。

病毒性肺炎主要是间质性肺炎。肉眼观察，肺组织可见充血、水肿。光镜下可见炎症从气管、细支气管开始发生，沿肺间质发展，使支气管、细支气管壁及其周围小叶间隔及肺泡壁等肺间质充血水肿，肺泡壁明显增宽，可达正常的2～4倍，可见到以淋巴细胞和单核细胞为主的炎性细胞浸润。肺泡腔内一般无渗出液或有少量的浆液。有时候由于继发细菌感染，可见到肺泡内出现由浆液、少量纤维素、红细胞及巨噬细胞组成的炎性渗出物。严重时可见组织坏死。有些病毒性肺炎（如流感病毒肺炎、麻疹病毒肺炎等），肺泡内渗出较明显，并可形成透明膜，表现为渗出物浓缩凝结成一层红染的透明膜样物贴附于肺泡内面。

在增生的上皮细胞和多核巨细胞的胞质和胞核内，可检见病毒包涵体。病毒包涵体多呈球形，与红细胞大小相近，呈嗜酸性染色。其周围常有透明晕。某些病毒性肺炎还可在增生的支气管上皮、支气管黏液腺或肺泡上皮细胞内检见病毒包涵体。检出病毒包涵体是诊断病毒性肺炎的重要组织学依据。

本病猝死的机制主要有：①急性呼吸衰竭，其原因是肺泡间隔明显增宽和透明膜形成使肺泡呼吸面积缩小，造成气体交换障碍；②心力衰竭，由中毒性心肌炎引起；③由病毒血症而导致的全身中毒症状，尤其是合并细菌感染时，可引起感染中毒性休克死亡。

> **案例 10-3**
> 男婴，6月龄，"感冒2日"后死亡。尸体检验见发育正常，光镜下见左、右肺各叶间质淤血、水肿，弥漫性淋巴细胞和单核细胞浸润，部分区域肺泡腔内见红染液体及吞噬细胞；脑淤血、水肿，心肌间质淤血，心肌间质内可见小灶性淋巴细胞浸润。
> 问题：根据以上表现，分析该婴儿的死亡原因是什么？

（三）肺栓塞

肺栓塞是指栓子随血液流动阻塞肺的血管。最常见的栓子是血栓栓子，另外，脂肪、气体、羊水等也可引起肺栓塞。

1. 动脉栓塞 栓子多来源于下肢静脉或盆腔静脉。长期卧床、手术后或外伤后的患者，在下肢静脉或盆腔静脉等处可并发血栓形成。当血栓脱落后，栓子可随血流运行，通过右心可阻塞肺动脉主干或其主要分支（图10-3），或较多小栓子阻塞了多数肺动脉分支，形成急性呼吸循环衰竭而死亡。

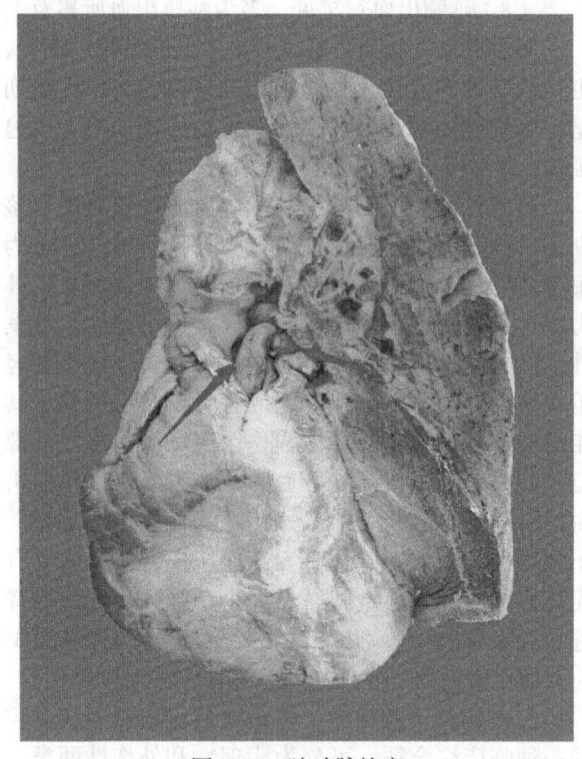

图 10-3 肺动脉栓塞

若死者死前数天曾有较广泛的损伤而导致的皮下出血、肌肉挫伤等，检验时应特别注意。心脏及大血管最好在原位切开观察，仔细检查肺动脉及其主要分支，并注意取材做组织学检查证实。另外，若发现肺动脉及其分支有栓塞，一定要寻找栓子的来源，检查下肢静脉、盆腔静脉或受损伤部位附近静脉内有无血栓形成。

2. 脂肪栓塞 是指脂肪滴进入血流阻塞肺血管。多见于长骨骨折、脂肪组织严重挫伤、脂肪肝等情况。脂肪滴进入血中后随血流进入肺脏，阻塞肺小动脉和毛细血管，当阻塞范围较大时，可引起肺循环障碍，导致心源性休克或右心衰竭而死亡。也可严重影响肺的气体交换而死于急性呼吸衰竭。

对于死前有骨折或有较大面积脂肪挫伤的死者，应注意此方面的检查。检验时肺的各叶均应取材做组织学检查，包括脂肪染色，查明有无脂肪栓子。

3. 羊水栓塞 是指羊水内容物进入母体血液循环，造成肺血管栓塞、变态反应性休克、弥散性血管内凝血等一系列症状，是一种严重的产科并发症，起病急骤，病情凶险，死亡率高达70%～80%，是产科猝死的一种常见原因。

在分娩过程中，子宫收缩可使羊水由裂伤的宫颈内膜血管进入母体血液循环或在某些病理情况下如子宫破裂、胎盘早期剥离、前置胎盘、剖宫产等，羊水可由开放的血窦进入母体血液循环。尸体检验见急性右心扩张，肺淤血水肿。光镜下查见肺小动脉和毛细血管扩张，管腔内有羊水的特殊成分，如角化上皮、绒毛的合体细胞、胎粪等。胎儿角化上皮常呈条片状，无核、嗜酸性，以此特点可以与脱落入血管腔内的血管内皮细胞相鉴别。

引起猝死的机制主要有：①肺血管被广泛栓塞后，可反射性引起肺血管痉挛，肺动脉高压，导致急性右心衰，或急性呼吸衰竭而死亡；②羊水中的胎粪、胎脂可作为过敏原，引发过敏性休克；③羊水中有大量凝血活酶，可引发弥散性血管内凝血，导致凝血障碍，从而发生严重的产后出血死亡。

凡产妇在分娩过程中出现休克或大出血死亡者均应该考虑本病。法医学鉴定的主要依据是，在肺小动脉和毛细血管内发现羊水成分，其中以角化上皮、胎粪较易查见。

四、消化系统疾病

（一）急性出血坏死性胰腺炎

急性出血坏死性胰腺炎（acute hemorrhagic necrosis pancreatitis），可见于任何年龄，但以40～70岁成人居多，女性多于男性。病变以广泛胰腺坏死、出血为特征。临床上主要表现为剧烈上腹痛伴恶心、呕吐，可发展为休克，约半数以上的患者合并有胆道疾病。死亡率为15%～75%。

胰腺坏死是胰腺蛋白酶自身消化的结果。原因：①十二指肠壶腹部因有胆石、蛔虫，壶腹部括约肌痉挛或局部水肿而阻塞，导致胆汁逆流进入胰管，激活胰蛋白酶原，使胰管、胰腺实质和血管坏死；②胰腺分泌亢进，造成胰腺小导管及腺泡的破裂，内生性活素激活胰蛋白酶引起胰腺坏死。胰腺坏死常是上述两种因素的综合作用。暴饮暴食（特别是酗酒）是本病发病的主要诱因，分娩也是常见诱因。

患者常在饱餐或饮酒后1～7h突发上腹部剧烈疼痛，常有恶心、呕吐，约有1/4的患者出现黄疸，继而休克死亡。

肉眼检查见胰腺肿大、质软，呈暗红色，胰腺分叶结构模糊，光泽消失。胰腺、大网膜及肠系膜等处，均有呈散在分布的灰白色混浊斑点或小块状钙化灶，这是溢出的胰脂酶将大网膜等处的中性脂肪分解为甘油及脂肪酸，后者又与血中及组织液中的钙离子结合成不溶性钙皂所致。镜下见胰腺组织大片坏死，间质中小血管亦坏死。由于小血管管壁渗透性改变或破裂，而引起胰腺出血。病程较久时，有中性粒细胞浸润。

本病患者的猝死，主要系休克与心搏骤停所致。休克的发生，或因胰液刺激腹膜，引起剧烈疼痛；或因腹腔内出血，持续性呕吐导致液体丧失，有效血容量减少；或因胰蛋白酶和胰腺自体消化产生有毒物质吸收入血，导致中毒性休克。胰蛋白酶入血后可促使凝血酶原变为凝血酶，因而发生弥散性血管内凝血。也有人认为，本病发病急骤、死亡迅速，其机制是由于胰腺坏死、出血，刺激腹腔神经丛，反射性地抑制心脏，使心搏骤停。

对怀疑本病死亡的案例应尽早进行尸体解剖（在死后24h内），避免因胰腺自溶或受血液浸染而造成诊断困难或误诊。为查明病因，尸体解剖应首先检查胰腺外观并详细检查胆道、胰管、十二指肠壶腹部开口处有无结石、蛔虫等，胰管有无受压、狭窄或畸形。甚至还应进一步做全面系统检查。因为胰腺出血、坏死也可见于其他疾病引起的猝死，如心血管疾病和脑脊髓疾病，多种暴力所致的机械性窒息、烧死、冻死、电击死、外伤性休克，以及乙醇、甲醇、安眠药、氰化物、一氧化碳、有机磷农药和砷等引起的急性中毒死亡者。因此，对急性出血坏死性胰腺炎的死因鉴定必须持慎重态度。

（二）急性出血坏死性肠炎

急性出血坏死性肠炎是一种危及生命的暴发性疾病，发病机制及病因不明，其发病与肠道缺血、感染等因素有关。肠套叠、肠扭转、嵌顿性疝均可引起局部肠段出血性梗死，肉眼观察该肠段呈暗红色（图10-4）。该病变主要累及空肠和回肠，呈节段性分布，病变肠壁增厚、质地变硬，小肠黏膜肿胀、广泛出血，皱襞顶端被覆假膜。肠壁浆膜充血、出血，有纤维素渗出。病变黏膜和正常黏膜分界清楚，常继发溃疡。光镜下见肠黏膜组织坏死，与正常组织交界处有中性粒细胞浸润，黏膜下层广泛出血，严重水肿，并有炎性细胞浸润。少数病例可有全部

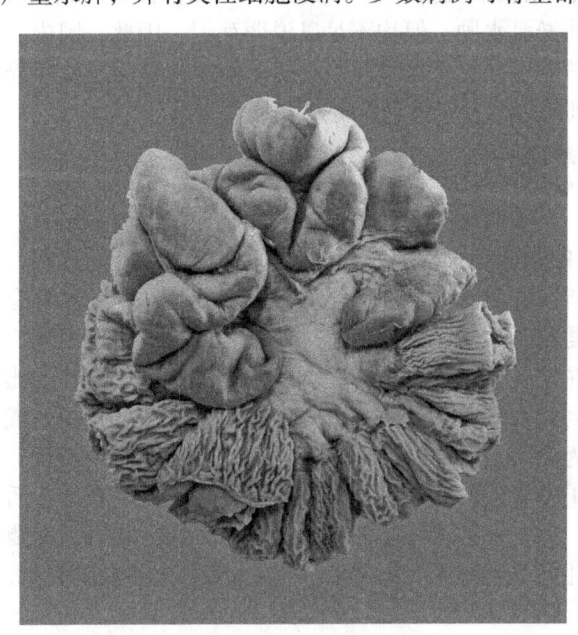

图10-4 肠出血性梗死

小肠及结肠受累，以出血、坏死为特征。主要临床表现为腹痛、腹胀、呕吐、腹泻、便血，重症可出现败血症和中毒性休克。

五、其他疾病

（一）青壮年猝死综合征

青壮年猝死综合征（sudden manhood death syndrome，SMDS）是一种主要发生于青壮年原因不明的猝死，又称睡眠中猝死。

SMDS 的主要特征：①死者生前身体健康，发育和营养良好；②多发生于年龄在 20～40 岁的青壮年中；③男性明显多于女性，比例约为 11∶1；④多死于夜间睡眠中，以凌晨 2～4 时多见；⑤死亡过程快，多表现为睡眠中突然发生呻吟、惊叫、呼吸困难、抽搐等症状，从发病到死亡不过数分钟；⑥尸体检验未发现致命性的病理改变。死因不明。常见主要改变是急性心力衰竭表现。

SMDS 的机制尚不明确，主要有以下几种学说：①急性心力衰竭，认为在睡眠中迷走神经占优势，从而抑制交感神经的活动，对引起心脏抑制的刺激阈值降低，容易导致心脏抑制死亡；②噩梦学说，睡眠中猝死前的某些表现如呻吟、惊叫等与人在做噩梦时的现象相似，因此，有人认为可能是噩梦的精神刺激而导致急性心脏死亡；③内分泌因素学说，因本病以男性占优势，且主要发生在青壮年，因此有人认为与内分泌因素有关等。

SMDS 尸检可见患者瞳孔散大，口唇及脚趾发绀，有的可见静脉怒张，尸斑出现早而显著，尸僵出现迟而强。心脏及大血管内血液不凝，各器官淤血，浆膜下及黏膜下可见散在出血点，心肌纤维断裂，肺淤血水肿，但均不足以说明死因。因此，国内有学者不同意将这类死因不明的解剖诊断为青壮年猝死综合征，建议仍诊断为死因不明。

（二）婴幼儿猝死综合征

婴幼儿猝死综合征（sudden infant death syndrome，SIDS）皆发生在婴幼儿不明原因突然意外的死亡，所以亦称为"摇篮死"（crib death）。全世界都有婴幼儿不明原因突然意外的死亡，但发生率不同。在发展中国家由于儿童总的死亡率较高，SIDS 的比例相对较低；在发达国家，发生率约为 1/500，成为婴幼儿死亡的常见原因之一。SIDS 的主要特征：①发生年龄为 2 周到 2 岁，但大多数发生在出生后 1～7 个月，尤以 2～3 个月为高峰；②男、女婴儿的发生率无太大差别；③绝大多数发生在睡眠中，尤其是凌晨 3 时至上午 10 时；④有明显的季节性，在寒冷季节发生率较高；⑤社会阶层不同发生率不同，任何家庭都可发生，但家境困难的家庭发生率较高；⑥解剖不能发现确切死因，大约 70% 的解剖在胸膜、心包及甲状腺可能发现出血点，这并不能说明 SIDS 是机械性窒息而死亡。因为出血点并非特异性改变，也可因痉挛或缺氧形成。

婴幼儿猝死综合征的机制不清，但有以下几种看法：①全身感染，婴幼儿免疫功能低下；②婴幼儿丙种球蛋白生理性减低，一般在出生后 2～4 个月婴幼儿来自母体的抗体减少，而婴幼儿本身所产生的抗体不足以抵抗外来感染；③过敏，可能为牛奶过敏；④心脏传导系统异常；⑤其他，如甲状旁腺发育不全导致钙代谢异常、维生素 E 缺乏、硒缺乏、染色体异常，或颈动脉体异常等。

SIDS 尸检可见各器官淤血，肺胸膜、心包膜及胸腺表面散在出血点，肺淤血水肿，喉和气管上段可有少量胃内容物吸入，心脏大小正常，心血不凝。光镜下可见心肌血管扩张、淤血，有些可见心肌间质点状出血；肺轻、中度水肿，毛细血管淤血，肝细胞轻度空泡变性。

SIDS 的鉴定应首先排除杀婴后伪装 SIDS 的情况，并排除灾害性死亡（如闷死）的可能，经系统解剖无致死性疾病、细菌检查及毒物分析无阳性发现，符合上述主要特点，结合案情调查和现场勘验，才能作出 SIDS 的诊断。

（三）胸腺淋巴体质

胸腺淋巴体质（status thymicolymphaticus）是一种特异体质，其特征为胸腺肥大，全身淋巴组织增生，心脏小，主动脉起始部周径狭小，肾上腺和性腺发育不全，皮肤苍白，皮下脂肪丰富，第二性征发育较迟等。有人认为具有胸腺淋巴体质者容易发生猝死，可能通过以下机制引起猝死：①机械性压迫，有时尸检发现胸腺高度肥大，压迫气管，使之狭窄，窒息而死；②过敏反应，激发因素为注射抗毒素，突然寒冷刺激等，尸检时可见淋巴滤泡增生伴生发中心坏死；③肾上腺功能减退，有人认为胸腺肥大及全身淋巴组织增生实际上是肾上腺皮质功能减退或衰竭的反应，由于肾上腺功能减退，机体抗感染及应激能力低下，从而导致猝死。

胸腺淋巴体质的诊断应十分慎重。须排除暴力性死亡、中毒死亡或损伤，尸检又无其他致死性疾病，并结合案情调查，慎重作出胸腺淋巴体质猝死的诊断。

第四节 猝死的法医学鉴定

（一）法医学鉴定的目的

猝死为自然死亡，本不应涉及法律问题，但是有些无目击者在场的猝死常被怀疑为中毒或自杀，有些生前与人存在纠纷的猝死者常被怀疑为暴力死甚至他杀，有些在医院发生的猝死常被怀疑为医疗事故。因此，通过法医学鉴定来查明死亡原因尤为重要。法医学鉴定有助于解决损伤与疾病的关系、损伤与猝死的关系等。在法医实际工作中常见采用投毒、机械性窒息、机械性损伤或电击等暴力手段将人致死，伪报猝死以逃避罪责的案例，通过尸检和毒物分析方能查清犯罪事实，揭露潜在犯罪行为。

（二）法医学鉴定应注意的问题

为了对猝死的死因做出科学鉴定，法医学鉴定人必须了解案情，收集病史、家族史和死前的临床表现，参加现场勘查，收集有关证据，及时进行全面尸体解剖和组织病理学检查，必要时进行细菌培养、生物化学检验及毒物分析，并经全面综合分析，做出正确的鉴定结论。

1. 确定死因 可能遇到以下几种情况：①死因明确，病变显著，足以解释死亡原因，排除了致命性损伤或中毒的存在。例如，主动脉瘤破裂、心肌梗死、脑内出血累及脑干等。②疾病和中毒并存。尸体解剖发现明显器质性病变，脏器中又检出达致死量的毒物，应判定为中毒死；相反，有时检出某药物或毒物，但量甚微，而器官病变严重，则应判定为猝死。③病变轻微难以解释死因，如青壮年猝死综合征，对此应采用排除法，即在排除机械性损伤、机械性窒息和中毒等暴力死亡后，结合案情，可鉴定为死因不明。

2. 损伤与猝死的关系 常见有以下几种情况：①死亡由疾病引起，与损伤无关。如主动脉瘤破裂、高血压脑出血等患者临终前摔倒跌伤。②死亡由损伤引起，疾病对死亡影响不大。如心脏贯通伤，同时有严重的冠心病，应认为是损伤致死，死亡与疾病无关。③死亡主要由损伤造成，疾病是潜在因素。即原有疾病不会迅速致死，在受到损伤后即发生致命的后果。如慢性血吸虫性脾大患者，腹部受钝器打击后发生外伤性脾破裂引起大出血致死。④死亡主要由疾病引起，损伤是诱发因素，如脑血管畸形患者，头部遭受轻微打击，可促发病理性蛛网膜下腔出血而猝死。

3. 病理组织学检查 法医实际工作中的猝死案件，只作尸体解剖远远不能满足死因诊断的需要，应当作病理组织学检查。尤其是心脏、脑、肺的组织切片检查，如果暂时无条件作病理切片，应将所取脏器及时用10%福尔马林溶液固定，并送有条件的单位检查。

复习与思考题

1. 简述猝死的概念。
2. 冠心病猝死最常见的机制是什么？
3. 简述婴幼儿猝死综合征的概念。
4. 鉴定心肌炎引起的猝死时应注意哪些问题？
5. 早期心肌梗死的病理学改变有哪些？
6. 婴儿猝死综合征有哪些特点？
7. 羊水栓塞的猝死机制是什么？
8. 蛛网膜下腔出血的法医病理学特点及鉴定时需注意的问题有哪些？
9. 心源性猝死鉴定时需注意哪些方面的问题？
10. 出血坏死性胰腺炎的病理改变及猝死机制是什么？

（张　俊　陶　春）

第十一章 性侵犯与性心理

【目标要求】

掌握：性侵犯的概念与分类；性侵犯的后果；性侵犯的法医学鉴定；性心理的概念及表现形式；性犯罪心理的概念；性罪犯的一般心理特征；性犯罪中受害人的一般心理特征。

熟悉：性侵犯医学检查注意问题；性犯罪的动机；性犯罪的原因；性犯罪受害人"诱发犯罪"的不良心理。

了解：性犯罪受害人的责任分类；性犯罪的心理防治措施。

> **案例 11-1**
>
> 王某，女，28岁，在其家人陪同下，报案称：2个月前，下班回家经过一段较黑的路段时，遭人跟踪，之后歹徒将其劫持至较远且偏僻的树林内实施强奸，并威胁其不准报警。事后，歹徒见四周无人，便匆忙离开。
>
> 问题：
> 1. 本案例中对受害人的勘验应注意哪些问题？
> 2. 对本案例进行法医学鉴定应注意哪些问题？
> 3. 本案例能反映出性罪犯与受害人怎样的心理过程？

第一节 性 侵 犯

一、概 述

性侵犯（sexual assault）是指侵犯者违反他人自身意愿，以暴力胁迫或利诱、欺骗等手段，在性方面造成对受害人的伤害，包括强奸、猥亵、鸡奸、性骚扰及乱伦等。

性犯罪（sexual crime）是触犯刑法规范，受到刑法处罚的非法行为。尽管受文化、伦理、风俗信仰和价值观等诸多因素影响，各国法律界定性犯罪方面差异很大，但性犯罪是严重的刑事犯罪却是普遍的共识。对维护女权方面，许多发达国家早已有性骚扰的审判案例，我国近年来才开始着手这方面的法律规范。

性权利是自然人独立的、基本的人身权利，包括性自由权、性自治权、性完整权、性身体安全权、性隐私权、性公平权、性表达权等。性权利的核心内容当属性自由权，性权利是人身权利和人身自由的组成部分。因此，性权利具有绝对权的效力。无论何人都负有不得侵犯权利主体性权利的义务，任何权利主体都有对自己性权利予以法律保护的请求权。性权利作为人身权利的本质属性决定了其私权的性质，也就决定了其当属法律保护的范畴。法律尊重并保护公民的性权利，不仅可以增强性的正当性，提升性的品位和价值，而且也是法律保障基本人权的根本价值之所在。一般来说，性权利应该由法律确认和设定，并为法律所保护。当性权利受到侵害时，国家应依法施用强制手段予以恢复，或使享有权利者得到相应补偿，并对加害人作出相应的处罚。

《中华人民共和国刑法》《中华人民共和国治安管理处罚法》《中华人民共和国未成年人保护法》和《中华人民共和国妇女权益保障法》等法律都对性侵害受害人性权利的行为作出了相关规定，从而保护了公民的性权利不受侵害。

二、性侵犯的分类

理论上，所有违反法律的性行为均属性犯罪（sexual offences）或性侵犯（sexual assault）。概括起来其种类可有：强奸（rape）、猥亵（indecency）、鸡奸（pederasty）、性骚扰（sex harassment）、乱伦（incest）、同性恋（homosexual offence）、性虐待（sexual abuse）、卖淫（prostitution）和嫖娼（wenching）等。由于法律、伦理和价值观，以及宗教信仰等差异的影响，各国对性犯罪法律分类和定界相差甚远，如有的国家法律允许同性恋，但包括我国在内的多数国家视之为非法而加以禁止。

（一）强奸

强奸（rape）是指男子违背妇女的意愿，采取暴力、胁迫、利诱、欺骗、药物或其他手段使其丧失抵抗，强行与之发生婚姻以外的性交行为。强奸属严重侵犯妇女人身权利的行为，各国法律均无例外地将强奸定为一种最严重的性犯罪。

《中华人民共和国刑法》第二百三十六条强奸罪规定："以暴力、胁迫或者其他手段强奸妇女的，处三年以上十年以下有期徒刑。奸淫不满十四周岁幼女的，以强奸论，从重处罚。"对发育不全、不满十四周岁的幼女及意识丧失、精神病发作的患者或智力障碍的妇女，不论本人是否同意而与之性交的，均以强奸罪论处。强奸妇女、奸淫幼女，有下列情形之一的，处十年以上有期徒刑、无期徒刑或者死刑：①强奸妇女、奸淫幼女情节恶劣的；②强奸妇女、奸淫幼女多人的；③在公共场所当众强奸妇女的；④二人以上轮奸的；⑤致使受害人重伤、死亡或者造成其他严重后果的。

理论上，女子可以被指控对男子进行性骚扰，但不可能对男性实施强制的性交活动。因此，强奸均为男性侵害女性。强奸所侵犯的客体是妇女的不可侵犯性权利。强奸可使受害人肉体和精神遭受摧残，可留下难以治愈的心理创伤等个体和社会的后遗症，因而具有极大的社会危害性。

一般来说，强奸行为具有以下三个特征：非法性、强迫性和目的性。

1. 非法性（illegal） 指强奸行为违背了妇女的真实意愿。首先，判断与妇女发生性关系是否违背妇女的意志，要结合性关系发生的时间、周围环境、妇女的性格和体质等各种因素进行综合分析，不能将妇女是否反抗作为判断是否违背妇女意愿的唯一要件。其次，同无行为能力的妇女发生性关系的，由于这些妇女无法正常表达自己的真实意愿，因此无论其是否"同意"，均构成强奸妇女罪。此外，对于幼女，由于身体各方面的发育均未成熟，加之对事物是非缺乏判断能力，因此，不论其本人是否同意，均以强奸罪从重处罚。

2. 强迫性（compulsive） 指通过使用暴力、胁迫或其他手段，强迫他人与之发生性交。暴力手段，指对被害妇女施以殴打或人身强制等危害妇女人身安全和人身自由的手段，使妇女不能抗拒。胁迫手段，是指对被害妇女施以威胁、恫吓等手段，通过精神上的强制以迫使妇女就范，不敢抗拒。其他手段，指使用暴力、胁迫以外使被害妇女不知抗拒、无法抗拒的手段，如假冒为妇女治病而进行奸淫等。

3. 目的性（purposeful） 强奸的目的就是性交。性交在生物学上是指男性阴茎插入女性的阴道内并完成射精的全过程。但在法律上不强调上述两个过程，只要阴茎接触女性的阴道前庭，不论射精与否，或处女膜是否破裂，即可认定为实施了性交行为，均构成强奸既遂。

（二）猥亵

猥亵（indecency）是指以正常性交以外的方式对他人实施具有侮辱性质的淫秽性行为，并以刺激、兴奋或性满足为目的，性满足包括生理满足和心理满足。猥亵行为是一种变态性行为，是损害社会道德、有伤风化的淫秽行为，既侵害了妇女的人身权利，又扰乱了社会秩序，为法律所不允许。

《中华人民共和国治安管理处罚法》第四十四条规定："猥亵他人的，或者在公共场所故意裸露身体，情节恶劣的，处五日以上十日以下拘留；猥亵智力残疾人、精神患者、不满十四周岁的人或者有其他严重情节的，处十日以上十五日以下拘留。"

《中华人民共和国刑法》第二百三十七条对强制猥亵、侮辱妇女罪和猥亵儿童罪进行了规定："以暴力、胁迫或者其他方法强制猥亵妇女或者侮辱妇女的，处五年以下有期徒刑或者拘役。聚众或者在公共场所当众犯前款罪的，处五年以上有期徒刑。猥亵儿童的，依照前两款的规定从重处罚。"

新的《刑法修正案（九）》将此条修改为：以暴力、胁迫或者其他方法强制猥亵他人或者侮辱妇女的，处五年以下有期徒刑或者拘役。因此，猥亵的对象不再局限于女性。

猥亵行为表现形式多种多样，既可以是单个人进行，也可以是多个人一起进行。理论上，男女各方均可向对方实施猥亵，但实际生活中，多为男性主动地攻击女性。常见的是成人对儿童或男性对女性强行拥抱、接吻、抚摸性器官、抚摸女性乳房等，或以阴茎顶撞、摩擦妇女身体、臀部等处，强迫男孩或女孩抚摸猥亵者的性器官，公然暴露外生殖器官、手淫（masturbate）或射精等行为。严重的猥亵行为可摧残受害人（儿童、妇女）的身心健康，亦可能使之感染性病。猥亵作案手段较为简单隐蔽，除个别当众公然的或造成躯体损害的猥亵，多数情况下，常发生在两个人之间，侦查取证难度大，有时很难留下令人信服的医学和其他方面的证据。

（三）鸡奸

以阴茎插入对方的肛门内以满足性欲的行为称为鸡奸（pederasty）。这种性交方式可能是双方同意而发生的，也可能是强迫进行的，有时甚至采取引诱或欺骗的办法，对儿童尤其如此。鸡奸在男性同性恋及猥亵男童中多见，有时也可发生男性对女性的鸡奸。

（四）性骚扰

性骚扰（sex harassment）是指违背当事人的意愿，采用一切与性有关的方式去挑逗、侮辱和侵犯他人的性权利，并给他人造成损害的行为。性骚扰常见于雇主对雇员、教师对学生、医生对患者等，其行为方式主要有：①口头方式，如以下流语言挑逗异性，向其讲述个人的性经历或色情文艺内容等；②行动方式，如故意触摸或碰撞异性身体敏感部位等；③设置环境方式，如在工作场所周围布置淫秽图片、广告等使对方感到难堪。

（五）反常性行为

除上述比较严重和多见的非法性行为外，尚有些法律未明确界定的，但却严重违反民俗伦理和社会道德规范的反常性行为。反常性行为是指性行为的对象与性行为的方式与常人不同，通常较为隐蔽。虽然中国现行法律对部分反常性行为并无明文禁止，但反常性行为者的行为常妨碍家庭与婚姻、扰乱公共秩序、侵犯他人隐私权（如偷窥）、财物权和（或）人身权。

1. 同性恋（homosexual offence） 是指同性之间的性行为，特别是性交行为。同性恋的主动方扮演男性角色、被动方扮演女性角色。男性同性恋常用鸡奸的方式进行性交，亦有口交和手淫者。女性同性恋多以生殖器的互相摩擦、相互手淫或用一些代用工具插入阴道相互刺激等。

1993年，美国心理协会和美国精神医学会率先将同性恋行为从疾病分类系统去除，目前世界卫生组织和精神病学会已不再把同性恋看作精神障碍，而只是性取向的不同，2015年6月26日美国最高法院裁定同性婚姻在全美合法。然而，在不同文化及社会背景下对于同性恋的态度和认识仍然存在巨大差异，同性恋行为是一个极具争议性的道德与伦理问题。美国、英国等西方国家仍严禁和处罚当众的同性恋行为或者未到法定行为能力年龄人的同性恋。我国法律尚不允许各种形式的同性恋婚姻存在。

在青春期，同性恋者开始对同性产生好感，而对异性毫无兴趣，甚至非常厌恶。同性恋者，有的完全不能接受异性，有的可以同时保持对同性和异性的情欲，有的基本上是异性恋者，偶尔发生同性恋行为，如在军队、监狱、学校等特殊境域下，较容易发生同性性行为，当外界境域改变后，此种行为又会消失，在动物界也有类似现象。因此，有同性恋行为者并不一定是同性恋者。

2. 乱伦（incest） 是指近亲属之间的性交行为，如父女、母子或兄妹之间。尽管法律禁止三代之内近亲婚配，但各国法律乃至同一地区的不同宗教或部族，对有悖常理的非婚乱伦现象的认识差异很大。有些父亲与女儿的乱伦还涉及儿童性虐待（child sexual abuse）问题。一般医生，特别是家庭医生，往往通过诊治可以发现存在的肉体和精神损害、性病或女孩妊娠，最先了解到这种家庭成员内部情况。

另外，其他常见的反常性行为还包括异性装扮癖（transvestism）、恋物癖（fetishism）、露阴癖（exhibitionism）、窥阴癖（scopophilia）、性虐待狂（sadism）、性受虐癖（sexual masochism）、恋兽癖（zoophilia）、恋童癖（pedophilia）、恋尸癖（necrophilia）和性窒息（sexual asphyxia）等。

三、性侵犯医学检查注意问题

为了保护公民的人身权利、性的不可侵犯的权利及婚姻权利等，人民法院在受理的刑事及民事案件中，如在伤害、强奸、离婚、血亲关系等诉讼活动中，经常需要对有关当事人就生殖功能、性功能等问题进行法医学鉴定，旨在获得证明案件真实情况的直接及间接的各种证据或者信息材料，这是科学办案的需要，也是正确定案及适用法律的需要。《中华人民共和国刑事诉讼法》第一百三十二条规定：为了确定受害人、犯罪嫌疑人的某些特征、伤害情况或者生理状态，可以对人身进行检查。犯罪嫌疑人如果拒绝检查，侦查人员认为必要的时候，可以强制检查。检查妇女的身体，应当由女工作人员或者医师进行。

性犯罪的医学检查应当在接到报案后立即进行，无论受害者身体和衣服多么污秽，均不要清洗，以免丧失有关物证。尽量选择能使受害者心情安定的、清洁明亮的舒适环境，最好是在严格消毒的配有适当检查器械的诊所。在检查前，一定要按法律程序征求受害人或其监护人的同意，最好是签署书面正式告知（informed consent），明确交代检查所获得的任何证据均可能提交法庭调查、交叉质证或向社会公开。男医生担当检查时，最好能有一个第三方女性在场见证，即使女医生检查时，对于幼女或未结婚的女性，也应要求受害者母亲或监护人及一名公安人员或医务人员在场见证。

通常，对于性犯罪死亡者应由专业法医师进行系统尸体剖验，而对于存活的受害者则聘请临床医师进行专科检查。由于性犯罪的受害者对有损尊严的刑事调查、医学检查和出庭质证心存恐惧，特别是辩护律师蓄意的诡辩等带来诸多负面影响，一定程度上阻碍了受害者起诉。同样，诊治医生也面临着诸多困难，必须公正地、客观地评价案情和检查结果，不真实的案情可能产生于病态的错觉或药物作用。检查性犯罪的受害者和嫌疑人，一般要求有经验的高年资医师执行。即使如此，有关性犯罪的检查、检验报告和出庭作证仍是困难的。对于年轻医生的指导，须由有经验的医师带领，熟悉检查常规，掌握性犯罪的各种正常和异常征象。此外，由于可理解的精神心理原因，对于刚刚遭到过男性攻击的女性受害者，再让另一名男性医生检查身体，很难克服心理障碍和配合检查以获得充分证据。因此，女性妇产科医师是最好的检查受害者的人选；反之，对于男性犯罪嫌疑人，男性泌尿科医师负责检查更为合适。

性侵犯的医学检查包含对受害人的人身检查及性犯罪实施者的人身检查。对受害人的人身检查主要任务是明确有无性交的证据，是否存在违背妇女意志即暴力的证据，判定受害人的年龄及精神状态等。对性犯罪实施者的检查，一般应征得其同意和配合，但是，根据法律可以强制进行检查，检查同样是全身的。检查过程中，医生应注意评估受检者的举止行为、情感和精神状态，真正受害者的忧伤、激动和愤怒等情绪，明显不同于蓄意诬陷者的推托回避和玩世不恭的态度。对于幼女可用一个模特娃娃让其指出受伤害的部位。如果受害者为十几岁的少女，应注意比较其实际年龄与表现年龄的差异，有时早熟的穿着、打扮和行为方式可能误导不知情的男子认为其已经达到法定行为能力的年龄。

检查结束时，所有的标本，如棉签、毛发、血痕、斑迹等，均应仔细标注采集的部位，分别包装和签字，送交法医实验室检验。医学检查报告应该立即出具，包括全部检查所见，既要有提示性犯罪的阳性所见，又要指出阴性情况，如躯体损伤和生殖器官损伤，有关的身心疾病和性病，从前的和最近的性生活情况，妊娠、分娩和月经状况等。医生的检查报告应该提供与以下证明相关的信息：①受害者是否为处女；②本次案发前，是否有过性交；③是否存在近期的性交；④体表损伤是否提示有过搏斗或受到强制；⑤有无生殖器官损伤；⑥如果存在生殖器官损伤，是否为强暴性交造成的。除非特别要求，一般医生不需要直接作出强奸或其他性侵犯的诊断结论。

四、性侵犯的后果

（一）性侵犯造成的躯体损伤

在我国当前刑事案件中性犯罪案件占有较大比例，女性易成为性犯罪案件中的受害者。在性侵犯案件中，受害人身体的局部或全身都会留有暴力痕迹，其损伤的严重程度各不相同。

1. 身体的损伤 性侵犯可以使受害人的会阴部位及其他部位出现不同程度的损伤。强奸过程中，因罪犯粗暴的行为、变态的施虐、被害人的抵抗及阴道较干燥等，易发生会阴部、阴道的擦伤、挫伤甚至裂伤。特别是幼女外生殖器发育不成熟，阴道窄小，更容易导致会阴部的损伤。会阴部损伤表现为阴部红肿、疼痛、排尿困难，重者造成阴道壁、会阴后联合部及肛门括约肌等严重撕裂和大出血，甚至死亡。或者因创口感染、瘢痕形成使损伤部位及其周围组织畸形愈合而影响正常功能；损伤部位感染后长期不愈合，可以造成阴道直肠瘘或肛门括约肌断裂致大便失禁等。此外，罪犯为了达到强奸的目的，往往对被害人施加各种暴力，如打击头部、扼勒颈项部、捂压口鼻部、绑缚手足等，以及被害人的抵抗暴力行为，从而造成被害人头面部、颈部、手腕部、胸部、乳房、大腿内侧及会阴等部位的损伤。

2. 妊娠（pregnancy）与流产（abortion） 强奸性成熟的女性，即使仅一次，也可导致被害人受孕。由于人为因素或自身原因，被害人可能承受流产（人工流产或自然流产）、引产等痛苦，进一步加重受害人的身体和精神创伤。此外，社会的压力、泄愤的心理等还可能出现被害人杀婴或虐待儿童的情况。

3. 性疾病的感染与传播 性传播疾病（sexual transmission disease，STD）是指主要通过性行为或类似性行为所传播的疾病，包括梅毒（syphilis）、淋病（gonorrhea）、软下疳、性病性淋巴肉芽肿、获得性免疫缺陷综合征（acquired immune deficiency syndrome，AIDS）、非淋菌性尿道炎、生殖器疱疹、生殖器疣（condyloma acuminatum）、传染性软疣等。在性犯罪尤其是强奸过程中，若罪犯或受害人患有上述疾病，均可因性接触而相互感染对方，导致性传播疾病的扩散和蔓延，造成严重的不良后果。因此，医师应按医疗常规认真检查并诊治可能存在的性疾病。

（二）性侵犯造成的心理精神损伤

性犯罪案件的发生，对女性受害人身心两方面均造成严重的伤害，尤其是心理上的创伤难以治愈。从心理与行为的关系来看，行为的出现离不开一定的心理支配，而某种心理产生之后如得不到有效控制，最终会外化成行为。性罪犯案件中的女性受害人的心理特征，决定了其非常容易出现心理及行为上的偏差，导致不良心理后果的出现。

1. 性心理障碍 性犯罪案件由于其类型的特殊性，使得一些女性受害人在受到身体伤害的同时，心理上也受到了重创，特别是一些年龄较小的未婚女性受害人，其心理上所造成的创伤更为严重。这种状况，会导致一些女性受害人产生性心理障碍，对人类正常的性行为产生恐惧感或厌恶感。因此，这些女性受害人组成家庭之后，无疑会夫妻不和，出现家庭矛盾,不但影响其家庭生活的幸福,而且极易导致家庭破裂。

2. 精神失常 性侵犯往往造成受害人心理和精神上难以承受的摧残,自尊心受到严重伤害,社会和亲友之间出现缺乏同情的议论,对受害人精神上造成的压力就更为严重,加之尊重的需要得不到满足会产生沮丧、恐惧、羞愧甚至绝望等不良心理状态,这些不良的心理状态如果不能消除,在外界不良环境刺激和影响下会继续强化和积累,使其精神上的压力越来越大,最后发展到难以承受的地步,导致精神失常。例如,强奸常使不少受害妇女,尤其是未婚女性,陷入极度痛苦之中难以自拔,有的可引发精神疾病,有的长期消沉、厌世。因此,对于性侵犯案件,不应止于惩治罪犯,尚应做好受害人的心理咨询等工作。

3. 自杀 女性受害人最普遍的反应就是羞愧,在羞愤交加的心理状态下,就会觉得无地自容,尤其是在比较偏远落后的地区,人们文化水平不高,深受传统思想观念的束缚与制约,无论女性自身还是周围的人,都把贞操观念看得很重。在这种氛围中,女性受害人极易产生绝望心理,而其家人或亲属也冷眼相待,这就使得女性受害人的绝望心理进一步加剧,最终产生轻生的想法,以结束生命作为摆脱烦恼的方式。

4. 由受害人转化为加害者 女性受害人的报复心理,在某些条件下,会导致女性受害人发生角色转变,由受害人转化成加害人,对犯罪分子或其家属乃至无辜者实施犯罪行为。也有一些女性受害人由于被害之后得不到周围人的同情和谅解,反而遭到冷嘲热讽,也会出现心理问题,导致放纵心理的产生,从而发生角色转变,主动出击去实施一系列的性犯罪行为,如得不到有效控制,则会一发不可收拾,陷入堕落的深渊不能自拔。

第二节 性侵犯的法医学鉴定

性侵犯的法医学鉴定范围很广,主要内容有:性成熟的鉴定,强奸的鉴定;性功能的鉴定,生育能力的鉴定,生殖器畸形的鉴定,性心理障碍的鉴定;婚姻能力的鉴定;妊娠、分娩的鉴定等。性侵犯的法医学鉴定应注意:第一,对受害人不能强制其接受人身检查,应当说服教育,取得其同意后才能检查。第二,对受害人应关心、同情和尊重,不得羞辱和侮辱人格。第三,检查妇女身体时,由女法医或者医师担任;如无女法医或者医师,应有女工作人员在场;检查地点应该是他人能够听到和看到的,但检查本身又是隐蔽的。第四,如果需要照相固定,应与受害人商量并取得其书面意见。第五,检查结果应写成笔录,由参加检查的人和见证人签名。第六,检查结果应注意保密。

一、强奸的法医学鉴定

(一)女子性成熟的判断

所谓性成熟(sexual maturity)是指女性性器官、体格和第二性征的发育成熟,此时已具备生育能力。在强奸案的法医学鉴定中,若怀疑受害人(特别是已死亡的女性)为法律规定的未成熟的幼女,首先要判明其是否已经性成熟。但性成熟是一个逐渐发展的过程,没有截然的分界线,受社会、气候条件、家庭环境、营养状况、发育程度、体育锻炼和遗传等诸多因素影响。而且,审判员要求确定受害人在当时是否性成熟,这就要求在案发后即刻进行有关的必要检查。

女性性成熟的征象:

1. 外生殖器及阴道的发育 性成熟的女子,其外生殖器和阴道已发育为成人型,大阴唇遮盖小阴唇,大阴唇脂肪丰满,小阴唇菲薄,阴蒂发育良好。阴道的大小已具备适应性交的条件。一般来说,不满十四周岁的女性其外生殖器的发育程度还不能适应与成年男子发生性交行为。

2. 第二性征的发育 乳房发育为成熟型,乳房膨隆、乳头突起,骨盆横径大于前后径,胸臀、肩部的皮下脂肪丰满,形成女性特有的体态。阴阜皮下脂肪发育良好,阴阜部及腋窝部有明显的阴毛及腋毛生长。

3. 受精能力和妊娠能力 受精能力是判断性成熟最重要的标志,主要根据有无周期稳定的月经及排卵。月经初潮年龄多为13～15周岁,但此时卵巢功能尚未发育完全,部分月经属无卵性的。只有达到性成熟期,月经趋于正常,有排卵方可妊娠。单凭月经来潮判断性成熟是不科学的。

4. 分娩能力 也是判断性成熟的重要标志之一,通常根据骨盆大小来决定。一般16～17周岁青年女性的骨盆变宽,其结构形态已发育成适合于胎儿娩出的大小。

除以上各种标志外,尚需注意其身体和精神的发育程度,以及是否具有独立生活和抚育子女的能力,进行综合判断。

(二)处女的判断

判断是否处女是以处女膜(hymen)的完整性为标志。当第一次性交时,绝大多数发生处女膜破裂。因此,对强奸案的鉴定,检查处女膜非常重要,应了解处女膜的解剖学特点及其类型。但已婚或有性交史及有多次分娩经历的女性,性交后一般情况下处女膜可无新鲜损伤的形态学改变。

1. 处女膜的解剖学特点 处女膜是阴道口周缘突起的环状薄膜，是阴道黏膜皱襞的延续部分，其组织坚韧，具有封闭阴道口的作用。膜的中央有孔，称处女膜孔。处女膜孔直径为1.0～1.5cm，仅可通过小指尖，并有紧迫感。处女膜孔的形状因处女膜类型而异，多数为圆形或卵圆形，少数为椭圆形或其他较少见的形状。

处女膜从结构上可为3个部分：基底部、膜部和游离缘。基底部与阴道口部位的阴道壁相连，游离缘构成阴道口的边缘，亦即膜的边缘。膜缘多数整齐而平滑，有时可有部分皱褶。基底部与游离缘之间为膜部，膜的宽度因年龄、发育及处女膜的类型而异，窄者仅2～3mm，宽者可达1.0～1.5cm，成年女性一般为0.8～1.0cm。

处女膜为环状黏膜组织，内外两面被覆鳞状上皮，中层由富含弹力纤维的结缔组织、血管及神经末梢构成。处女膜的厚薄程度，取决于中层的结缔组织是否丰富，结缔组织少者，处女膜似羊皮纸样菲薄、脆弱、易于破裂；结缔组织丰富者，处女膜肥厚、富有弹性、不易破裂。

2. 处女膜的类型 处女膜根据形态特点可分为以下几种类型。

（1）环状处女膜：处女膜呈环状，围绕阴道口周缘，其各部分宽度基本一致。处女膜孔位于中央，多呈圆形或椭圆形。

（2）半月状处女膜：处女膜呈半月状或新月状，偏于阴道口一侧，常以阴道口后侧为多见。这类处女膜宽度不等，膜的正中部最宽，两侧角最窄，游离缘较光滑整齐，处女膜孔呈卵圆形。此型的出现率仅次于环状处女膜。

（3）唇状处女膜：处女膜似唇状，分成两片，多数位于阴道口的两侧，外观很像第三阴唇。膜的宽度以中央部最宽，前后两端最窄。处女膜多呈纺锤形或直线形。

（4）锯齿状处女膜：处女膜的特点是在环状、半月状或唇状处女膜的基础上，游离缘有多处浅表性切迹，切迹分布均匀，排列规律，深浅较一致，状如锯齿；有的切迹较深，呈分叶状，也称分叶状处女膜。有时在游离缘上有多个乳头状突起，状如剪彩，称剪彩状处女膜。这类处女膜中各种深浅不同的自然切迹应与人为因素的破裂加以区别。

（5）中隔状处女膜：处女膜孔有两个，两孔之间有膜相隔，称中隔。此型较罕见。

（6）筛状处女膜：处女膜上散在有多个小孔，如同筛状，这种类型极为少见。

（7）无孔处女膜：阴道口完全被处女膜封闭，膜上无孔，俗称石女。

（三）强奸证据的鉴定

对于怀疑强奸案的鉴定应尽快进行，因为在强奸现场、受害人或加害人身上均可能留下犯罪的证据。若延误时间，则可能创伤已愈合，衣裤斑迹已洗净，物证已丧失，给鉴定工作造成困难。对于强奸案的鉴定，首先要进行案情调查，并及时对案发现场进行勘验，向受害人及监护人了解有关案情、受害人的一般情况及被强奸的经过细节、加害手段、防卫和抵抗情况、加害人的体貌特征等。对强奸发生的场所仔细进行勘验，注意现场是否遗有抵抗、格斗痕迹。注意收集物证，在现场的衣物、床单、被褥等上面仔细寻找精斑、阴毛或血迹，以便为案件的侦破提供线索和法律依据。按照我国有关法律规定，在强奸案件的鉴定中，检查妇女身体应由女工作人员或者医师进行。

是否发生强奸通常应具备以下三个证据，其中主要为性交证据和暴力证据。

1. 性交证据

（1）处女膜检查：应特别注意处女膜的存在和状态，处女膜有无破裂，对判断是否为第一次性交有重要价值。检查处女膜应由法医或妇产科医师进行。按妇产科检查方式，对大小阴唇、阴阜、阴蒂、阴道前庭先做一般检查，注意有无水肿、擦伤或挫伤；使处女膜充分暴露，观察处女膜的类型、颜色、宽度和厚度，游离缘的颜色，有无出血、潮红、肿胀、疼痛等征象。以上检查项目，不论有无阳性发现均应详细记录，并绘图说明。

处女膜破裂一般多因第一次性交所造成，约85%为完全性破裂，即从游离缘向基底部呈放射状破裂。偶有多次性交仍保持完整，直到分娩时才破裂的情况。处女膜破裂后不再恢复，长期性交，特别是分娩，进一步破裂处女膜，而使其明显萎缩留下残缺不全的处女膜或完全消失，一般难以受到性攻击的损伤。一般认为，在日常生活中，如骑马、骑自行车、跑步、游泳等活动，都不致引起处女膜破裂，少有例外。初次性交，处女膜破裂多在后半部，多为左右两侧对称性两处撕裂。法医学采用表盘钟点位置标记破裂口位置，以受害人的相对位置观察，破裂口多在4～5点和7～8点。典型的处女膜新鲜撕裂伤表现为破裂缘红肿、出血，并有凝血，接触时有痛感。经过3～4天后，可见少许脓性渗出物附着，之后逐渐减轻，约1周完全消失，撕裂处创口收缩、创缘修复，创缘钝圆呈陈旧性处女膜裂痕。

对已婚或经多次性交的女性，其处女膜由于已有陈旧性破裂，一般情况下检查处女膜意义不大。但应注意，由于强奸是在违背妇女意愿的情况下发生的，加之有些加害人行动粗暴，即使是已有性交史的受害人，在此种情况下也会发生外阴或阴道前庭擦伤。因此，对有性交史的受害人也要进行外生殖器检查。

强奸案的受害人如为14周岁以下幼女，由于其正处在生长发育阶段，外生殖器尚未发育成熟，阴道口较狭窄，成年男性阴茎难以插入其阴道内，故强奸案发生时可不发生处女膜破裂而表现为阴道前庭红肿和（或）擦挫伤，但只要双方生殖器接触即可以认定奸淫既遂。粗暴地强行插入不仅可造成处女膜破裂，还可造成会阴阴道穿等部位的撕裂，导致大出血甚至危及生命的严重后果。如果幼女仅表现为单纯处女膜破裂而无会阴部损伤，应考虑是否为猥亵过程中手指或其他工具所形成。

案发后应尽早进行处女膜的检查，因为随着时间的推延，损伤修复，会影响检查的结果。在有些情况下，尽管未经性交，由于手指和异物的插入等猥亵行为，也可能引起与性交相同的变化。然而，如果处女膜的弹性好，即使性交也不会留下显著的变化。因此，如果单纯以处女膜的检查作为强奸的证据应该慎之又慎。

（2）阴道检查：目的在于发现可能存在的阴道损伤及收集阴道内容物。对于儿童来说，阴道检查通常可以不做，但当阴道有流血时，则应进行阴道检查。检查可在常规麻醉下进行，以便修补可能存在的阴道损伤。阴道穿及宫颈的肉眼观察可以借助于小型阴道扩张器，但不要使用润滑剂，以便收集检材。如果不做阴道检查，可将一端带有注射器的导管轻轻插入阴道，以便收集阴道内容物。另外，可采用双合诊检查以便进一步了解有无阴道潜在损伤而引起的触痛，以及是否存在妊娠的可能。

（3）阴道内精液的检查：阴道内检出精液成分是性交的确证。据统计，性交后12h内，阴道内精子的检出率可达60%，少数案例在5天内仍可检出。此外，在受害人外阴部、大腿内侧、下腹部、衣裤、床单及现场地面应仔细搜索精液痕迹。

采取检材的方法因附着部位不同而异。对于活体，不论处女膜是否破裂，都应用棉签或纱布插进阴道内，在阴道穿后部做多次擦拭后取出作涂片；也可用末端光滑的带橡皮头的吸管，吸取阴道内容物；还可用纱布或棉签擦拭阴道后，用吸管注入1ml生理盐水冲洗阴道，收集冲洗离心所得的沉淀物，镜检有无精子。如果是尸体，除采取阴道内容物外，还要解剖子宫，采取宫腔内容物，有时仍可查出精子。

在强奸案件中，由于种种原因，受害人阴道内并不一定有精液。如不能检出精子，应考虑以下可能：加害人精神紧张未射精；加害人使用避孕工具或体外射精；加害人已做绝育手术或患无精子症；强奸后历时太久，精子已遭破坏；取材不当、检验设备差或检验技术有误等。未检出精液成分不等于没有精液，未检出精子，更不能否定有过性交。但是，若在阴道内检出精液成分或者精子，则是性交的可靠证据，在检出精液成分或者精子时，应当进一步做同一认定。

在轮奸案中存在两名或两名以上男子在同一时间段内轮流强奸同一女性，在提取精液成分时可提取到两名或两名以上个体精液的混合DNA检材，包含多个来源个体的DNA信息，此类案件影响因素较多，对加害人个体认定难度较大。对轮奸案混合DNA检验技术的突破是侦破轮奸案的关键科学技术难题。

2. 暴力的证据　加害人为了达到强奸的目的，往往对受害人施加各种暴力，除上述生殖器官检查所见的各种损伤外，受害妇女的身体上还可留下暴力痕迹。同时由于受害人的防卫和抵抗，又可在加害人身体各部位造成一些损伤。这些损伤的类型和分布特点，一定程度反映了罪犯的意图。因此，详细检查受害人和加害人衣着及身体损伤情况十分重要，这些损伤可作为判断强奸手段的间接证据，对认定强奸具有重要价值。

（1）机械性暴力：如打击头部、扼颈、勒颈、捂压口鼻，或用手帕、布团堵塞口腔、捆绑手足等方式使受害人失去抵抗能力。由于抵抗、防卫，在受害人大腿内侧、外阴部、腹下部、乳房、上臂、腕部、膝部、手部及颜面部等处可有皮下出血、表皮剥脱、抓痕、咬痕、压痕，颈部可见勒痕或者扼痕等。腹部可有擦伤，肩背部、肘部、臀部可见挣扎反抗所致的擦伤或特殊压痕，有时可附有现场的某些异物。注意受害人衣物有无弄脏、摩擦或皱缩处，受害人衣裤亦可被撕破、纽扣被扯脱、裤带被扯断或被解开，或黏有现场的某些异物，如泥沙、植物及加害人的血迹、精斑、毛发等，收集这些物证对判断原始作案现场十分重要。此外，由于受害人的反抗，可在加害人身上造成一些损伤，如颜面部、胸部、外阴部可能有抓伤，手指、肩部、面部、上臂、舌尖可能有咬伤，要注意加害人的龟头有无损伤。还应注意对加害人身体上相关物证的检查，如有无受害人的血迹、毛发、衣服纤维等遗留在加害人身上；还可用生理盐水浸湿的棉球擦拭或生理盐水冲洗加害人的阴茎龟头，检查有无受害人的阴道脱落上皮细胞，并进行DNA检验。

（2）精神暴力：受害人因受恐吓、威胁或利诱，使其心理上受到严重影响,精神受到摧残,被迫屈从、不敢抵抗,此时受害人身上可无明显暴力痕迹。

（3）使用药物：如用催眠药、麻醉剂、致幻剂、酒精等使受害人丧失知觉和抵抗力,而受害人身上可能不遗留机械性暴力痕迹。此时必须收集呕吐的胃内容物、血、尿液等进行毒物化验,加以证实。有关饮酒是否可导致女方丧失同意或拒绝性交的判断能力各国法律认识不一,我国法律规定醉酒者有完全责任能力,但行为能力尚无明确规定。

3. 其他证据

（1）年龄：强奸未满14周岁的幼女是强奸罪的加重情节,即使在被害人同意的情况下,也构成强奸罪。一般来说,被害人的年龄可以根据出生年月来确认,但有些情况下如精神状态异常不能提供年龄证据的,则需要根据其生理发育及生物学特征如牙齿和骨龄检测等方法来推断。

（2）精神状态：受害人有可能是精神病患者,也有可能在被强奸后出现严重的精神障碍。因此,有时需要对受害人进行法医精神病学鉴定。

（3）性传播疾病检查：受害人遭强奸后,如感染性病,可通过对受害人和犯罪嫌疑人的血液进行血清学检查确诊,结合案情调查,在排除其他人传染的情况下,对认定强奸有一定的参考价值。值得注意的是,由于性病的传染途径不局限于罪犯,因此,犯罪嫌疑人与受害人性病病原菌一致时,仅表示有强奸的可能,犯罪嫌疑人或被害人任何一方未被感染也不能排除强奸的可能。

（4）如果受害人遭强奸后导致妊娠后果也是强奸的证据之一,根据停经、早孕反应、分娩等日期和胎龄可推测被强奸的日期。同时还应对胎儿或婴儿进行遗传标记分析,根据遗传关系可以肯定或否定犯罪嫌疑人。

> **案例 11-2**
> 2013年2月16日11时许,某市某区发生一起凶杀案。林某,女,32岁,已婚,被人发现死在家中。室内物品十分凌乱,有搏斗痕迹。犯罪现场位于卧室,死者平躺于房间里侧床边,尸体衣着不整,下身赤裸,上衣卷至乳房之上,衣物散落在尸体周围或盖在尸体身上。现场可见大量血迹,主要分布于床、床边地面,呈血泊、低位喷溅及拖擦状血痕,床单上可见明显刀外形的血印痕及血手印痕。尸检见尸斑呈淡红色,指压后褪色,双眼球结膜均苍白,未出现明显出血,损伤均为砍、切创,主要集中在颈部和胸部,大腿内侧皮肤可见擦伤,会阴部有创口较浅的多处损伤,可见残留处女膜,阴道分泌物检见精子。
> **问题**：林某的死亡原因是什么？

二、猥亵的法医学鉴定

猥亵行为可能不留有任何痕迹,或者仅有不太严重的损伤,如外生殖器红肿、表皮擦伤、黏膜淤血等。这些损伤都比较表浅,2～3天后可逐渐消失。有时在女性生殖器官处也可见比较严重的损伤,如处女膜破裂、撕裂、出血,生殖器挫伤、撕伤等。强行手淫男性儿童,可致包皮发生表皮剥脱伴皮下出血；强行手淫少女或幼女,用手指插入阴道时可致处女膜浅表破裂,破裂部位以处女膜前半部（即9点至3点范围）为多见,阴道壁可致充血、肿胀、出血。法医学鉴定不但要发现这些损伤、记录这些损伤的特征,更重要的是对这些损伤评定损伤程度。

有时在性器官周围、衣裤和犯罪现场还可能发现精斑和其他性犯罪物证,应注意收集、提取、送检,以查找、认定加害人。对于儿童受害者,尤其应注意猥亵行为对其精神健康的影响。因此,应请心理医师和司法精神病工作者对其会诊,并提出参考性意见。

调查猥亵儿童行为案件,必须详细查明该行为发生时的环境和情节,时刻注意儿童容易受暗示、有幻觉倾向,容易受成年人指使,尤其是父母的指使,不讲真话。因此,对于他们的陈述在作为认定案件的依据之前必须慎重鉴别。向儿童询问有关猥亵行为的情节,必须有儿童的监护人在场,最好由女工作人员完成询问。

> **案例 11-3**
> 陈某,女,4岁。2007年4月28日晚9时许,被人从家中抱于村外玉米地中实施猥亵。次日13时许,陈某在该玉米地水渠内被村民发现,报案后将受害人送当地医院抢救并进行各项检查,结果提示受害人心力衰竭伴发休克。会阴部检查见处女膜撕裂,破裂部位位于处女膜前半部,阴道壁充血、肿胀、出血。经鉴定,其损伤引发中度休克,评定为重伤二级。

三、鸡奸的法医学鉴定

鸡奸后应尽早进行活体检查,有助于发现可证实此种行为的痕迹。

（一）肛门及直肠黏膜检查

初次发生时可检见肛门周围表皮剥脱、裂伤,直肠黏膜红肿、撕裂、出血,排便及行走时疼痛,儿童和青少年的肛门损伤更为明显和严重。直肠黏膜为单层柱状上皮，基底血管丰富，在鸡奸行为中极易损伤。习惯于鸡奸后，肛门周围放射性皱襞消失，肛门括约肌松弛，肛门呈漏斗状凹陷或向外翻转；直肠黏膜皱襞消失、光滑，肛门及直肠黏膜可有挫伤及浅表性瘢痕形成。直肠黏膜行组织病理学检查可发现挫伤处直肠黏膜下层呈慢性炎性变化。肛门及直肠黏膜检查的目的是明确有无损伤及遗留的精液等证据，对于死者，检测肛门扩张的大小时，应考虑到死后括约肌松弛性扩张的影响。

（二）法医物证检验

通过法医物证检验查明肛门周围及直肠内有无精斑对于判断案件性质具有至关重要的作用。被鸡奸者可能在肛门周围、肛门内及直肠黏膜上发现精液，可检见精子，但有时由于肛门及直肠内粪便的污染将会降低精子的检出率。同时应注意在鸡奸双方的身上、衣物上及现场周围进行检查，如发现精斑和血迹并对此进行检验可以获得可靠的证据，而其他的形态学特征都不能成为鸡奸的确证证据。

（三）对加害人外生殖器检查

如在鸡奸后不久进行检查，则可检见龟头上或冠状沟内黏附有粪便或带有粪便臭气。在鸡奸过程中，由于动作粗暴也可造成龟头表皮剥脱。判断曾是否被鸡奸，应根据案情、被鸡奸者的肛门外形异常或损伤，并从肛门和直肠内找到大量精子等进行综合分析。如受害后至检查前未解过大便，则虽经20h仍有可能检见大量精子。

此外，同性恋的主动方和被动方均需要检查，主动者的阴茎上可能涂有某种润滑油，用棉签可擦拭下粪便残渣等物质。被动者可见因长期鸡奸导致肛口松弛和肛门漏斗形扩张，从外面可见到直肠黏膜，甚至可发生肛周皮肤和黏膜角化增厚而呈灰白色，用棉签可能提取到肛门、直肠内精液和润滑油。

第三节　性　心　理

一、一般性心理

性心理是指围绕性特征、性欲望和性行为而展开的所有心理活动，是由性意识、性感情、性知识、性经验、性观念等结构组成的。性心理的实质是主体生理物质条件与社会化环境相互作用的结果，而性心理一旦达到了个体的"成熟阶段"，它就会具有相对的独立性。主体的性心理是建立在个体脑组织、内分泌和性器官的成熟及性法律、性伦理道德、性文化等一系列因素构成的性社会环境基础之上的。个体性心理的发育、演变，要经历性角色、性取向、性价值观念等方面的形成和演变过程。性心理是人格的重要构成部分，性心理健康也是心理健康的重要标志。性心理健康表现：主体具有良好的性伦理道德观、性阈限水平适度、面对各种不良刺激和诱惑有较好的自制力、在工作和生活的方方面面能够与异性建立起积极有效的关系、自身性行为和节律符合健康要求。

一个人从生理的成熟到性心理的萌发再到对异性的向往、追求和满足，这就是他（她）们性生理、心理发展的基本过程。在这一过程中，人的性心理活动始终占着主导地位，其主要表现为：

（一）性欲求心理

性欲求是人的性意识活动中最主要的一种性心理因素，也是人的性行为的基本动力。性欲求虽然并不一定导致性犯罪，但若没有正确的性意识的指导，就很可能向着违背社会道德和社会规范的方向发展。性的需要是维持个体生命和延续种族发展的源泉，当这种需要一旦被个体所意识并驱使人去行动时，就以活动动机的形式表现出来。性动机激发人去行动，使人朝着一定的方向，追求一定的对象，以求得性欲的满足。性需要越强烈、越迫切，由它所引起的性动机就越稳定、越有力，这就是性冲动。一般人们在这种性冲动情况下，应该以性的道德观念和法制观念予以约束，但是如果有的人缺乏这种约束能力，而又不能以正当的途径获得，甚至还接受了其他不良因素的诱惑，那么，这种性冲动就很容易导致性犯罪的发生。

（二）性新奇心理

由于人的性心理具有活跃性、不稳定、易冲动的特点，所以往往使人们对性关系产生新奇感，特别是处于青春期的青少年尤为明显，当他们一旦有机会或偶尔接触到异性时，常常表现出一种性的冲动、性的兴趣和性的惊险的心理状态，容易形成一种强烈的欲求心理。有关研究认为，人的性意识形成越早，人的性欲望就越强烈，相对，人的性抑制力就越差。这也是青少年性犯罪较多的一个重要心理因素。

（三）性享乐心理

随着社会的发展，人们精神需要有所增强，人的性爱心理也越来越复杂，逐渐出现性欲与责任分离的现象，使单纯的性乐趣、性享受成为一种可能。性心理学认为，人的性爱不仅是一种本能的性的满足和交往中纯生理的享受，而是人的情感、爱慕、道德、责任等的和谐交织。如果一个人一旦倾慕于一个人，就首先应该承担这样的义务，即尊重这种特殊关系的友谊，并且要把它看作最大的幸福而珍惜它。同时当一个人体验到真正的性爱时，就会激起自我牺牲精神和巨大的道德力量。如果仅仅把性爱看成一种单纯的享乐，把性爱与责任分离，把性爱与道德分离，甚至把性爱与情感分离，那就必然把正常健康的性爱推向狭隘功利的歧路，导致人的性心理的歪曲发展。

（四）性利欲心理

自愿、隐秘、专一是人类对性行为所共有的正常心态，然而，在当代社会中，商品经济仍占主导地位，金钱观念也就渗透到了人们的性意识中，影响和制约着人们的性心理活动。有些人甚至认为性器官不仅是异性泄欲的工具，而且是自身获利的本钱，将性商品化。因而，以利欲原则代替性爱原则，将性关系当成谋取金钱的手段和工具，成为性犯罪或其他犯罪的祸根。

（五）性互利心理

男女在性心理的本质特征上是一致的。随着社会的进步，两性关系更为密切，在性欲的满足上出现了一种性的互利心理。在正常情况下，这种性的互利心理并不是有害的。但是，这种性的互利心理首先应该是建立在双方健康、有益的爱情基础之上，而不应是纯粹的肉欲满足，并且还要受到社会道德规范和法律规范的制约。性乱并不是真正的互利，真正的互利只能是在正当的爱情范围之内，如果超越这个范围，那就是不道德的，或者是违法的。

以上这些性心理因素，毫无疑问，都同人的性犯罪行为有密切关系。但是，不能简单地看成一种直接的因果关系，而必须同其他因素联系起来进行分析，才能看到它在性犯罪中的作用。

二、性犯罪心理

性犯罪心理是指犯罪前以犯罪倾向存在行为人心里之中，在同特定情境相互作用时引起和支配其实施性犯罪的心理因素的总和。性犯罪心理是复杂的，一种犯罪行为可能由多种犯罪心理促成。性犯罪的发生，亦是犯罪者和受害人相互作用的结果，其类型和行为方式，在很大程度上反映了两者的特征。人的性犯罪行为，不是凭空产生的，它也是人的内外不良因素相互影响、渗透、结合的产物。一般来说，首先是外界的不良因素，在特定的条件下刺激了内在的性的生理和心理，由正常的心理状态转向异常的心理状态，即表现为性的冲动性，如果自身又不能予以抑制，就可能出现性的越轨行为。

（一）性犯罪的动机

1. 性犯罪的心理过程 任何犯罪意念转化为行为都有其复杂的心理过程，性犯罪也不例外。性犯罪的罪犯年龄多处在性功能旺盛时期，且未婚者多，由于他们受智力和社会阅历的限制，好奇促使他们对性的追求，当他们受到性的刺激，强烈的性欲望引起了他们心理上的冲动，当这种欲望不能自控时，即有可能不择手段地侵害他人。由于人类性生活受社会和法律的保护，因而，罪犯在实施性犯罪行为时，始终充满着心理矛盾，如强烈的性需要和担心违法犯罪的惊慌、恐惧的心理；作案后投案自首和逃避罪责的心理；案发后坦白交代与拒不认罪的心理；认罪伏法与抗拒改造的心理等，这是一般性罪犯心理上的共同特征。据文献报道，性犯罪案件中，初犯居多，较多为偶然性犯罪，他们犯罪后多数有耻辱、自责、悔恨感。案发后，他们有可能投案自首、坦白交代自己的罪行，有改过自新的态度，但也有少数人不计后果，案发后甚至会企图逃避罪责、拒不认罪，还有极少数罪犯屡教不改，成为惯犯。

2. 性犯罪的作案手段 性犯罪具有残忍性，作案手段多样化，其中引诱、威胁和暴力犯罪较为常见。据调查，性犯罪采用威胁或暴力方式的强奸案件占一半以上。有些犯罪嫌疑人利用自己的特殊身份，对幼女、少女或已婚妇女进行哄骗、物质诱惑等，以达到其性犯罪的目的。

（二）性犯罪的原因

任何违法犯罪行为的发生，都是各种复杂因素综合作用的结果，性犯罪也不例外，它是腐朽思想支配下的一种邪恶性欲心理的驱动。其犯罪原因，既不能夸大也不能忽视生物因素所引起的作用，因为人的动机是带有综合性的，心理感受的内容既包括社会影响的反作用，又包括生物功能状态所产生的心境。因而，我们要研究预防性犯罪的原因，不能不对性犯罪的生物、生理、社会心理现象加以综合分析。

1. 生物、生理因素 据文献报道，性罪犯中未婚者居多，在已婚者中，离婚、分居、丧妻和夫妻不和的占一半以上；这些性罪犯多数没有合法正常和谐的性生活条件。美国学者汉斯·托奇认为性罪犯多为未婚、离婚、丧妻、分居者。性罪犯大多处于性发育成熟而性功能旺盛时期，凡是性功能健全的人有性冲动是一种自然现象，即使从没有过性体验的人，在性意识的支配下，也有一定的好奇心，当他们受到性信息、性环境的影响和受刺激的促使，即会引起性冲动，于是就不择手段地达到性欲要求的目的。另外，在边远落后地区或由于其他各种原因导致大龄青年在适龄时期求婚难，失去应有的性生活，一旦遇到适宜的对象和环境，便有可能犯强奸罪，从而触犯了刑律。

由意识活动来调整性行为的自控能力，是人区别于其他动物的关键，也是完全可以做到的。调查表明性罪犯对待性关系的认识和对道德规范的态度，他们的性心理都有不同程度的偏离。其中，人们所关注的是性犯罪与智力、性犯罪与个性的关系。中外学者不断研究探索，普遍认为性犯罪与智力低下相关。性罪犯在个性方面的缺陷反应在心理过程的多方面，如在思维方面不能用语言进行交流，常出现极端观念；易产生敌意，缺乏克制和疏泄不良情绪的恰当方式；社会意识模糊，义务感、责任感差；不接受伦理道德的约束，很少考虑后果等。

2. 社会心理因素 犯罪行为受罪犯自身思想意识和心理的支配，但犯罪是个复杂的社会现象，犯罪意识和犯罪心理的形成不是偶然的，既有情感、利益、价值观、立场上的驱使，也有社会各种不良风气的影响。因而，犯罪是多种因素相互作用的结果，并不仅仅是犯罪者个人主观因素的唯一体现。

（1）家庭因素：家庭是社会的细胞，是个体成长和个性形成的重要环境。家庭生活不正常，家庭教育不健全，不可能带给个体以正确的指导和高尚的熏陶，很容易使其走上犯罪的道路。从调查的情况看，性犯罪的家庭环境多为家庭关系异常，家庭结构异常，家庭职能的异常。家庭关系异常如父母一方或双方不检点的行为对子女有潜移默化的作用，家庭成员中有性犯罪的，对青少年的腐蚀作用更强。结构异常的家庭子女缺乏关照，甚至受到虐待（maltreat），容易转向家庭外寻求温暖，如果被坏人拉拢或利用，则会走上性犯罪的道路。家庭职能的异常是家庭生活中最普遍存在的问题，包括家庭消费职能的低下和家庭教育职能的缺陷。家庭教育方式对孩子的成长起关键性作用，如溺爱型家庭教育容易养成子女随心所欲、蛮横等不良个性，如遇不良环境极易犯罪；放纵、漠不关心型的家庭教育对子女纵容、漠不关心，不履行教育义务，使子女为所欲为，是非观念差，易被坏人利用和唆使；严厉粗暴型的家庭教育常采取严厉粗暴的态度，不是循循善诱的教导，结果严重损害了子女的自尊心，丧失亲子感情，这是导致子女违法犯罪行为的一个重要因素。

（2）学校教育因素：学校是个体接受教育、获取知识、人际交往的主要场所，是学生全面发展、提高综合素质与能力的重要环境，教育又是发展智力的重要手段。对接受过教育的性罪犯进行调查研究表明，其中多数有在校期间逃学、厌学、师生关系紧张等情况，原因除了与罪犯本身的智力、个性、家庭因素有关外，与学校教育方式不当也密切相关，从而促使他们中途辍学，最终导致误入歧途。有学者认为，教育剥夺才是违法犯罪的主要原因。由于他们失去学习的机会，必然影响他们文化水平的提高，最终导致其社会适应能力不良和行为失衡，与文化水平相一致的是他们对社会消极因素较为感兴趣，一旦环境适宜，极易走向违法犯罪道路。

（3）社会环境因素：文化环境的污染和社会的不良风气所带来的负面影响，是性犯罪的主要原因。如一些不健康的充满黄色内容的书刊、录像、影视等性信息可以给性犯罪提供方法和手段，各种不良娱乐场所以其特有的刺激、宣泄气氛和相应的自由、随意、无拘无束的条件，给性罪犯提供了作案的活动场所。对于智力低下和文化水平不高的人，他们对性刺激的内在抵抗力低下，这些直观的性刺激，极大地激发了他们的好奇心，促使他们去模仿、去尝试，从而走向犯罪。据调查，性犯罪以文化环境污染为诱因的最多。由此可见，不良的社会环境因素尤其是文化污染在性犯罪案件中不容忽视。

（三）性罪犯的一般心理特征

1. 法律意识淡薄，认知水平低下 性罪犯在实施犯罪行为时，认知水平在其犯罪心理的形成过程中都起着重要的作用。性罪犯认知水平的高低主要与其文化修养相联系，文化素质的修养不足可造成他们对很多问题的错误认识，缺乏性道德意识，这使得他们认识不到混乱性行为对健康和社会的严重影响。同时，性罪犯法律意识淡薄，对两性关系缺乏严肃性，错误地认为性行为只与其自身相关，用于满足其自身要求和欲望。

2. 性观念扭曲 性罪犯多数道德观、人生观等低级、庸俗，单纯追求"性解放"和"性自由"，头脑中充满淫乱思想。在实施性犯罪时，简单地把"性爱"和"性关系"等同起来，心理上突出的表现为放荡淫乱，他们无视社会道德准则和行为规范的约束，由性过错而走上性犯罪。该类罪犯在性犯罪前多数具有调戏妇女、作风不正等劣迹。

3. 性意识丧失 部分性罪犯的法制观、价值观、荣辱观和道德观发生了严重错位，不顾道德人伦及受害人的年龄及身体等状况，往往采取野蛮手段，进行不法性行为。有的犯罪分子不顾及受害者与自己的亲属关系，只要是女性即实施性行为，有的性罪犯不管受害人的性器官是否成熟及有无残疾，有机会便实施犯罪；有的加害者在犯罪后用凶器伤害受害人性器官、乳房，甚至杀人灭口。

4. 单纯寻求体验 寻求性体验型多为一些处于性成熟时期的青少年，对性问题怀有神秘感，喜欢模仿，同时，在家庭、学校和社会上得不到正面的、健康的性知识教育，只能从黄色书刊、影视录像等淫秽资料中接受淫乱信息而被感染和腐蚀，致使其性意识、性欲望偏离了社会规范的轨道，由性过错而走上性犯罪的深渊。

5. 乐观侥幸心理 有些性罪犯自身很清楚自己的行为是犯罪，但是为了发泄性欲，将未成年女性、残疾女性或已婚妇女作为涉猎对象，并侥幸地认为，这些受害人或年幼无知，胆小怕事不会告发；或存在生理缺陷不能告发；或考虑到诸多因素不便告发。因此，侥幸心理是他们实施性犯罪的内驱力。

6. 性报复泄愤 具有这一心理类型的案犯主要是为图报复、泄私愤而滋生性犯罪。罪犯在案发前遭遇到不公正待遇或伤害时，情感处于愤恨、仇视、嫉妒等负性情绪状态，会使其认知扭曲、情感失控，缺乏同情心，容易导致性攻击行为。诸如有的罪犯因其妻子被他人奸污，为了报仇泄私愤，将他人妻子强奸；有的因与某人有仇，但又无法对其实施报复行为，便以其妻子、女儿作为攻击目标，实施性犯罪行为，以达到报复目的。另外，一些女性在遭受恋爱、婚姻挫折或性侵害后，会产生强烈的性报复心理，即女性在遭受性打击或性诱惑后所产生的一种反常心理状态，从而导致她们性爱观的逆变。

7. 内心的喜新厌旧 这一类型罪犯主要集中于已婚男性，他们不满足于已有的合法婚姻，追求非法婚外性欲。性犯罪常常具有劣根性和持久性的特点。这类罪犯对年轻貌美的女性趋于好感，并强烈追求与之发生性行为，一旦失去理智控制，性占有欲便恶性膨胀，最终导致性犯罪的发生。

三、性犯罪受害人心理

性生活自主性和纯洁性被视为最神圣和最基本的人权之一，性侵犯是对受害人人权的践踏，加之世俗观念和封建意识的无形压力，给受害者带来隐私、情感、名誉、婚姻等诸多个人和家庭的敏感问题，造成受害人心理和精神的极大痛苦，尤其是未婚女性，有时比肉体损伤给受害者造成的痛苦还要大得多。

（一）性犯罪受害人责任分类

依据性犯罪受害人责任的大小，可将其分为以下三种类型：

1. 无辜的受害者 此类受害人多见于幼女。因为幼女身心发育尚未成熟、年幼无知，缺乏应有的识别能力和防卫能力，易于遭受性侵害。另外，女性中智力不足的低能者，或其他精神病患者，因缺乏起码的理解力、判断力和观察力，也容易遭到性攻击而成为受害者。

2. 责任较小的受害者 由于无知，在求学求职、解决户口及调动工作等过程中上当受骗，易于遭到不法侵害，此种情况，受害人应负一部分责任。

3. 责任较大的受害者 少数女性之所成为受害人，在很大程度上是由其不良心理和行为造成的。

（二）性犯罪受害人"诱发犯罪"的不良心理

1. 忍辱屈从心理 在性犯罪中，有相当一部分受害人由于封建贞操观念的束缚和影响，同时害怕报案被询问时受到更大的生理和心理伤害，受辱后往往自认倒霉，不敢张扬和报案。犯罪嫌疑人正是利用了受害人的这一心理，才敢毫无顾忌地进行性犯罪活动。

2. 贪利虚荣心理 有些受害人贪图名利，追求享乐，而自己又无能力满足自身欲望，因而想方设法攀高求贵，追求权势，减少奋斗的艰辛。这种不良心理，一旦被犯罪嫌疑人窥测到，他们便投其所好，满足她们的虚荣心和物质需要，使其缺乏自我控制能力和丧失防范意识，从而达到其性犯罪的目的。

3. 极度恐惧和怕报复心理 通常情况下，妇女体力大都逊于男性，且生理上处于性的被动地位，害怕伤害与报复，屈从于犯罪分子。若遇突然的暴力袭击，有些人会惊慌失措，失去应有的反抗能力，处于极度恐惧的心理状态，行为上表现为顺从，遂使犯罪分子轻而易举地达到犯罪的目的。因而，犯罪分子常会利用此种弱点而实施侵害行为，有些受害人甚至可能受到犯罪分子的长期控制而无法脱身。

4. "性招引"心理 心理学研究表明，妇女裸露身体，穿过分暴露的衣服，会挑逗异性对她们进行性试探和性接近，从而招致猥亵和强奸。因为袒胸露背，穿紧身裤，使女性的身体表现得淋漓尽致，极富性感，客观上不同程度地刺激了男性的性心理，激发了男性的犯罪欲望，成为性犯罪的诱发因素之一。

5. 自信、侥幸心理 有些受害人，过分相信自己的判断，夜间单人行走，轻易相信陌生人，孤身进入案件易发的偏僻场所，存在侥幸心理，这恰恰也是一部分案件发生的不可避免的原因。

6. 危难解脱心理 对于孩子的教育，有些家长方法使用不当，导致孩子与家长难以沟通，在家庭中无法获得关爱与温暖，尤其是女孩子，一旦脱离家庭的保护，企图寻找家庭以外的温暖，将处于十分危险的境地。犯罪嫌疑人会乘其危难之机，通过诱骗等方式，对其进行性侵害。

7. 轻浮心理 有些受害人，思想简单，在婚姻恋爱、男女交往上，往往采取轻率的态度。她们对男性的搭讪、试探毫无防备，不论认识与否，均表现出过分热情，尤其是崇尚"性解放""性自由"的女性，均容易遭到对其较为熟悉的犯罪嫌疑人的攻击。这类受害人一般不被人同情，这就使法律的保护作用因世俗的偏见而削弱，从而在客观上纵容了性侵害行为。

（三）性犯罪受害人的一般心理特征

1. 羞愧心理 在性犯罪案件中，女性受害人受传统文化因素的影响，会产生较为严重的羞愧心理，认为这是一场令人难以承受的灾难，仿佛自己的过错比罪犯还要大。动因：有的被害人为保全自己的名誉，为自己的前途着想，对被侮辱的事实、情节，不愿为人所知；有的被害人因自身曾有不光彩的经历；有的害怕事情宣扬出去，遭到他人的误解等。因此，她们对罪犯的犯罪行为持容忍态度，不揭露，不告发。在这种羞愧心理支配下，一些女性受害人往往隐匿案情，不愿向司法人员提供线索，甚至罪犯被抓获并做出供述的情况下，被害人为了保全名誉而矢口否认，不愿提供证明材料，从而使犯罪分子逃避应有的惩罚。

2. 恐惧心理 恐惧心理是受害人遭受突然袭击之后，对这种外界强烈的精神刺激、身体的伤害而产生一种紧张的心理状态，也是受害人心理保护的一种机制。性犯罪案件发生之后，由于犯罪分子对女性受害人所实施的残暴行为，使得女性受害人产生严重的恐惧心理，受害人担心自己再次遭受伤害，生活陷入极度畏惧、恐慌和不安之中。受害人的恐惧心理持续时间较长，而且这种心理在一定的时间内仍产生持续的影响，导致被害人心理极不稳定，有的甚至一生都有心理阴影，尤其以年龄较小的受害人表现得最为突出。这类被害人由于被害当时的情境大多是在孤立无援、光线昏暗、地形偏僻状态下发生的，因而其陈述往往会有失真的成分。对待这种心理状态的被害人，司法人员要先行开导，增强被害人的勇气和信心，消除恐惧心理，使其有安全感，化消极心理为积极心理，使其陈述准确、客观。

3. 愤怒心理 受害人感到自己无缘无故受到侵害，精神上和财产上受到损害，在性犯罪案件中处于被迫、屈从和凌辱的地位，心里失去平衡，从而对犯罪分子产生较强的愤怒、不满和憎恨的心理。在向司法机关陈述时，一般能积极提供线索，协助司法机关侦破案件，其陈述一般比较真实、可靠。但有时也会带上一些感情色彩，如无意识地夸大事实，加上自己的主观想象和推测，因而对犯罪人有失真的描述，甚至心情激动，陈述还会出现头绪不清、先后颠倒的现象。

4. 顾虑心理 被害人遭到犯罪人的侵害，虽对犯罪人怀有极大的憎恨，希望犯罪人得到应有的惩罚，但顾虑重重，不愿如实陈述的一种心理状态。产生顾虑心理的原因，有的过去曾有揭发检举而被打击报复的经历，逆向接受经验；有的担心如实陈述后，犯罪人得不到法律的制裁反而遭到打击报复，因此对司法机关的询问表现冷淡，不愿多说；也有的被害人因爱面子，担心揭发后会影响自己的名誉和前途，不承认自己是被害人，对司法机关的询问持消极对立情绪；也有的被害人，因自己有把柄、隐私被性罪犯掌握，担心揭发了犯罪人，自己的隐私也暴露，因而戒备重重。对有顾虑心理的被害人，司法人员应先予以耐心开导，打消其顾虑，使被害人相信法律能打击罪犯，保护无辜，维护其名誉。在此条件下，被害人一般会主动如实陈述案件事实。

5. 报复心理 是被害人遭受犯罪行为侵害后产生的心理失衡，针对犯罪人、社会产生怨恨和不满，形成仇恨情绪，甚至可能出现极端报复犯罪。女性被侵害之后，陷入难以忍受的痛苦和屈辱之中，而犯罪分子由于其他一些原因，未能受到及时的惩罚，或者虽已惩罚了，但女性受害人感到惩罚的力度不够。在这种状态下，除表现出憎恨心理外，大多数被害人还有报复心理。因此，该类受害人向司法机关的陈述既有真实可信的一面，也有失真和夸大的一面，甚至虚构的陈述，其动因是想利用法律对犯罪人实施严惩，以求得心理的平衡，这是一种心理补偿。

6. 放纵心理 由于受诸多方面因素的影响，女性受害人很容易成为人们关注的焦点，或周围人谈论的话题，其所承受的来自外界的压力很大。在这种情况下，女性受害人很容易发生心理转变，尤其是遭受到周围人的冷眼或讥讽后，其本身原有的歪曲观念，会得到进一步强化，从而产生放纵心理。

7. 代偿心理 是指由于犯罪行为对被害人的生活造成严重影响，被害人希望在惩治罪犯的同时，可以在物质及精神层面得到一定的补偿，从而实现合法权益得以最大限度地弥补和恢复。

8. 绝望心理 女性受害人中，不少人在心灵深处把传统的贞操观念看得很重。当其成为受害人之后，精神上的痛苦是可想而知的，其中最为突出的是贞操被犯罪分子毁于一旦，感到自己的婚姻、命运等也都随之损毁，因此，难免会产生绝望心理。

9. 愚昧心理 常见于科学文化严重落后的农村地区，犯罪分子常利用封建迷信、宗教手段或者利用科学文化知识严重缺乏而进行欺骗。这类被害人受到人身侮辱，却受害不知害，大多数被害人在犯罪行为被揭露后，才知上当受骗。这类被害人常见骗奸案件，农民居多。

四、性犯罪的心理防治措施

性犯罪中的加害人与受害人的心理各不相同，不同类型的受害人，其心理特征也是有差异的。因而，只有根据不同的情况，采取相应的防范措施，才能达到遏制性犯罪的目的。

（一）开展性教育，提高全社会性心理健康水平

由于人生来就具有性的差别和性的要求，并且保持终身。因此，如何认识和对待性的问题，不仅与一个人的道德的形成和发展有密切的关系，而且与其一生的生活质量休戚相关。性教育既不是单纯的性知识传授，也不是杂乱的信息渗透，而是指用有关人类性问题的科学态度和科学知识武装人们的头脑，使人们在性问题上有高尚的感情，保持正常的两性交往；有正常的生理和性心理发育；懂得恋爱、婚姻的真正意义，实现夫妻性生活的和谐；养育健康正常的下一代；是人格发育的重要内容。只有积极地开展正确的性教育，才有助于帮助人们形成正确的性认知、破除性迷信、提高性阈限能力、形成正确的性伦理道德观，保持性心理和生理的健康。

（二）加强法制教育

法制教育的主要目的是强化性罪犯的法律意识，提高妇女依法维护自身权益的能力。要积极通过各种教育、大众传媒、社会舆论等手段使性罪犯形成正确的性的法律观念，让其明白，一切背离社会秩序的性行为必然会受到法律的惩处，帮助他（她）们树立正确的性爱观，肩负起家庭责任和社会责任。

（三）加强对女性的教育，增强其抵抗外界不良刺激和诱惑的能力

首先，女性教育应从幼年时期抓起，应从小培养其良好的心理品质和个性，使她们树立起正确的人生观、价值观、享乐观和性爱观，端正其思想作风和生活态度，懂得自尊自爱，增强其对不良影响的"免疫力"，从而最大限度地消除诱发性犯罪的行为和心理因素；其次，应有针对性地开展一些女性技能、技术培训，增强其社会竞争能力；再次，应加强思想道德教育，切实培养起女性自强、自立观念，增强其自食其力的意识，切断导致其走上犯罪道路的内部不良因素。在教育、矫治过程中要使她们认识到性的正确含义，即性不是以享乐、放纵、谋利为目的的，而是以爱情为基础；使她们逐渐形成正确的性别意识，使其自觉地遵守社会关于性的道德规范。

（四）加强性道德的宣传教育

加强性道德的宣传教育，破除片面的、压迫妇女的封建贞操观念，逐步改变人们对性犯罪受害人的歧视态度。只有这样，受害女性才能消除其不良心理，打消各种顾虑，及时地、勇敢地向公安机关报案，积极配合公安机关为揭露犯罪、打击犯罪提供最直接、最有力的证据，从而减少隐案，提高破案率，及时有力地震慑犯罪，减少犯罪分子利用性犯罪受害人不健康心理作案的可能性。另外，女性受害人经历重创后心理可以发生逆变，在犯罪心理的形成过程中，其思想、行为、举止等都有一个从量变到质变的过程，且这种内心的斗争和变化，可以被觉察。因而，平时应注意观察和了解一些女性的心理和行为举止的变化，给予她们关心和照顾，并及时教育和帮助，从而达到避免不良后果出现的目的。

（五）建立健全心理治疗机构，加强心理治疗

心理治疗及心理康复工作，在西方一些国家已经相当普遍，在我国一些经济条件具备的地区，可以建立专门的心理治疗机构或开放专门的心理咨询热线，针对不同女性受害人的心理状态，进行辅助性的心理治疗，使得女性受害人被侵害之后，有专门的治疗机构来负责医治其心理上的创伤。由于心理治疗机构中，有专门的心理医生，掌握了丰富的心理治疗方面的知识，能够有针对性地对女性受害

人的心理问题采取有效措施，及时进行治疗，消除其心理上的后遗症，从而保证其心理上的创伤能得到尽快恢复和愈合，避免给其将来的生活留下心理上的隐患。同时，也能够减少及控制不良后果的出现，真正达到拯救受害者的目的。

（六）要大力清除精神污染，净化社会环境

彻底清理非法出版物，收缴黄色书刊，查禁淫秽录像，清除腐蚀人们灵魂、诱发性犯罪的"精神毒品"，净化社会环境。与此同时，应开展丰富多彩、健康向上的业余文化娱乐活动，充实人们的业余文化生活，提高人们的认知水平，培养良好的社会主义的法制观、道德观和人生观。

复习与思考题

1. 法律对性侵犯如何界定？
2. 性侵犯的概念及如何分类？
3. 性侵犯的医学检查应注意哪些问题？
4. 性侵犯可导致哪些不良后果？
5. 强奸的概念及特征是什么？
6. 强奸案件法医学鉴定的要点有哪些？
7. 猥亵行为的法医学鉴定要点有哪些？
8. 性心理的概念及表现形式有哪些？
9. 性犯罪的动机与成因是什么？
10. 性罪犯具备哪些心理特征？
11. 性犯罪中受害人有哪些心理特征？
12. 受害人的哪些不良心理可能诱发性犯罪？
13. 从心理学角度对性犯罪如何加以预防？

（苏丽娟　郑传斐）

第十二章 儿童伤害

【目的要求】

掌握：拐卖、收买、贩卖、虐待、弃婴和杀婴等概念；虐待的皮肤黏膜软组织损伤特点及法医学鉴定；新生儿的法医学特征。

熟悉：拐卖的法医学鉴定；虐待的法医学鉴定；杀婴的法医学鉴定及肺浮扬试验和胃肠浮扬试验的检查方法及其结果判定。

了解：拐卖的有关法律认定；虐待的类型特点；弃婴的有关法律认定和法医学鉴定；杀婴的类型等。

案例 12-1

在某市一小区的超市里，一女孩偷吃点心被店员发现，店员问其原由，女孩尚说不清自己的年龄，只说有几天没有吃东西了，爸妈经常往死里打她，并展示其全身多处伤痕，店员看见女孩的头面部和四肢均有多处伤疤，背部尚有新鲜并渗血的抽打伤痕，店员感到情况非同一般，随即让其吃好后，送到小区公安派出所。公安人员找到女孩家，其父在班上，其母正在收拾房间，面对突如其来的公安人员不知所措，说不清孩子的确切生日，一会儿说 6 岁，一会儿说 7 岁，一会儿说是亲戚送养的，一会儿又说是在街上捡来的。最终，公安派出所依法将此夫妇二人收审。

问题：
1. 本案可能涉及的儿童伤害有几种情况？
2. 弃婴、收养、拐卖和虐待有何特点？
3. 虐待有哪几种类型？
4. 本案如何进行法医学鉴定？

第一节 概　述

儿童是祖国的花朵、祖国的未来，少年强则中国强。儿童时期是人生最关键的时期，古人云"三岁看到老"也是这个道理，这个时期对儿童的培养至关重要，一方面影响其生长发育、健康和疾病，另一方面影响思想品德等综合素质、知识和能力的养成乃至人生观、价值观和世界观的形成，所以，对儿童的培养倍受家长和政府的重视，可以说儿童的培养不仅关乎一个家庭的幸福，更关系一个民族一个国家的前途和命运，国家已颁布《儿童权利公约》《中华人民共和国妇女儿童权益保护法》等予以法律保障。

培养和教育包括家庭、学校和社会等诸多方面，父母是第一任老师，对于儿童的培养和教育，家庭教育最为重要。儿童教育要注重知识培养的同时，更要重视其思想、品德、情操等综合素质和能力的培养，特别是身心健康的培养。如果，从培养和教育儿童做起，我们的父母都能做到身体力行、言传身教，社会将更加和谐稳定平安美丽，国富民强，儿童们将健康快乐的茁壮成长。

然而，儿童在社会上是最弱势的群体，儿童是指 14 周岁以下的群体，包括围生期（胎儿满 28 周到生后 1 周）、新生儿期（从娩出到生后 28 天）、婴儿期（从生后 28 天到 1 周岁）、幼儿期（1～3 周岁）、学龄前期、学龄期和青春期，可见，这样一个特殊的群体最容易受到伤害。

儿童伤害是一个全球性的社会问题，在一些国家和地区尚很严重。

儿童伤害有多种形式和类型，在我国随着依法治国、法律不断健全、法律宣传和普及并且加大执法力度，儿童伤害总体有所下降，但个别地区儿童伤害等犯罪案件也有上升的趋势。本章重点介绍儿童拐卖、虐待、弃婴和杀婴。

第二节 拐　卖

一、拐卖的概念

拐卖（kidnapping and selling people）是指以出卖或收养为目的，通过拐骗、绑架、收买、贩卖、施诈、接送或中转妇女或儿童以获取利益的行为。

所谓拐骗，是指行为人以利诱、欺骗等非暴力手段使妇女、儿童脱离家庭或监护人并为自己所控制的行为。所谓绑架，是指以暴力、胁迫、麻醉等方法将被害人劫离原地和把持控制被害人的行为。所谓收买，是指为了再转手出卖而从拐卖妇女、儿童的犯罪分子手中买来被拐骗妇女、儿童的行为。所谓贩卖，是指行为人将买来的被拐的妇女、儿童再出卖给第二人的行为。接送、中转，是指在拐卖妇女、儿童的共同犯罪中，进行接应、藏匿、转送、接转被拐骗的妇女、儿童的行为。

自 1991 年全国范围内开展打击妇女、儿童犯罪专项行动以来，侦破并依法处理了一大批拐卖妇女、儿童犯罪案件，犯罪分子受到依法严惩。2008年，全国法院共审结拐卖妇女、儿童犯罪案件1353件。2009年，全国法院共审结拐卖妇女、儿童犯罪案件1636件，比2008年增长20.9%；判决发生法律效力的犯罪分子2413人，同比增长11.7%，其中被判处5年以上有期徒刑、无期徒刑至死刑的1475人，同比增长11.83%，但是，必须清醒地认识到，由于种种原因，近年来，拐卖妇女、儿童犯罪在部分地区有所上升的势头仍未得到有效遏制。

我国始终坚持严惩拐卖、收买妇女、儿童等犯罪行为的高压态势，我国法律不仅规定了打击拐卖犯罪，同样规定了打击收买犯罪。我国法律不仅规定了打击拐卖收买儿童犯罪（儿童是指未满14周岁的男、女儿童），同样规定了打击拐卖收买妇女犯罪（妇女是指已满14周岁的女性）。已颁布和实施《中国反对拐卖妇女儿童行动计划（2008—2012年）》《全国人民代表大会常务委员会关于严惩拐卖、绑架妇女、儿童的犯罪分子的决定》，最高人民法院、最高人民检察院《关于执行〈全国人民代表大会常务委员会关于严惩拐卖、绑架妇女、儿童的犯罪分子的决定〉的若干问题的解答》，《中华人民共和国刑法》《中华人民共和国妇女权益保障法》，最高人民法院、最高人民检察院、公安部、司法部《关于依法惩治拐卖妇女儿童犯罪的意见》和《中华人民共和国收养法》等，依法保护妇女、儿童的人身安全和合法权益。

二、拐卖的法律认定

（一）立案

具有下列情形之一，经审查，符合管辖规定的，公安机关应当立即以刑事案件立案，迅速开展侦查工作。

1. 接到拐卖妇女、儿童的报案、控告、举报的。

2. 接到儿童失踪或者已满14周岁不满18周岁的妇女失踪报案的。

3. 发现流浪、乞讨的儿童可能系被拐卖的。

4. 发现有收买被拐卖妇女、儿童行为，依法应当追究刑事责任的。

5. 表明可能有拐卖妇女、儿童犯罪事实发生的其他情形的。

公安机关在工作中发现犯罪嫌疑人或者被拐卖的妇女、儿童，不论案件是否属于自己管辖，都应当首先采取紧急措施。经审查，属于自己管辖的，依法立案侦查；不属于自己管辖的，及时移送有管辖权的公安机关处理。

人民检察院要加强对拐卖妇女、儿童犯罪案件的立案监督，确保有案必立、有案必查。

（二）定性

1. 依据国家有关法律，下列情形判定为拐卖儿童罪或按拐卖儿童罪的共犯论处。

（1）犯罪嫌疑人、被告人参与拐卖妇女、儿童犯罪活动的多个环节，只要有部分环节的犯罪事实查证清楚，证据确实、充分的，可以对该环节的犯罪事实依法予以认定。

（2）以出卖为目的强抢儿童，或者捡拾儿童后予以出卖，符合《中华人民共和国刑法》有关规定的，应当以拐卖儿童罪论处。

以抚养为目的偷盗婴幼儿或者拐骗儿童，之后予以出卖的，以拐卖儿童罪论处。

（3）以非法获利为目的，出卖亲生子女的，应当以拐卖妇女、儿童罪论处。

（4）将妇女拐卖给有关场所，致使被拐卖的妇女被迫卖淫或者从事其他色情服务的，以拐卖妇女罪论处。

有关场所的经营管理人员事前与拐卖妇女的犯罪人通谋的，对该经营管理人员以拐卖妇女罪的共犯论处；同时构成拐卖妇女罪和组织卖淫罪的，择一重罪论处。

（5）医疗机构、社会福利机构等单位的工作人员以非法获利为目的，将所诊疗、护理、抚养的儿童贩卖给他人的，以拐卖儿童罪论处。

（6）明知他人拐卖妇女、儿童，仍然向其提供被拐卖妇女、儿童的健康证明、出生证明或者其他帮助的，以拐卖妇女、儿童罪的共犯论处。

（7）明知他人收买被拐卖的妇女、儿童，仍然向其提供被收买妇女、儿童的户籍证明、出生证明或者其他帮助的，以收买被拐卖的妇女、儿童罪的共犯论处，但是，收买人未被追究刑事责任的除外。

（8）明知他人系拐卖儿童的"人贩子"，仍然利用从事诊疗、福利救助等工作的便利或者了解被拐卖方情况的条件，居间介绍的，以拐卖儿童罪的共犯论处。

（9）明知是被拐卖的妇女、儿童而收买，根据情形，以收买被拐卖的妇女、儿童罪论处；同时构成其他犯罪的，依照数罪并罚的规定处罚。

认定是否"明知"，应当根据证人证言、犯罪嫌疑人、被告人及其同案人供述和辩解，结合提供帮助的人次，以及是否明显违反相关规章制度、工作流程等，予以综合判断。

2. 要严格区分借送养之名出卖亲生子女与民间送养行为的界限。区分的关键在于行为人是否具有非法获利的目的。应当通过审查将子女"送"人的背景和原因、有无收取钱财及收取钱财的多少、对方是否具有抚养目的及有无抚养能力等事实，综合判断行为人是否具有非法获得的目的。

具有下列情形之一的，可以认定属于出卖亲生子女，应当以拐卖妇女、儿童罪论处。

（1）将生育作为非法获得手段，生育后即出卖子女的。

（2）明知对方不具有抚养目的，或者根本不考虑对方是否具有抚养目的，为收取钱财将子女"送"给他人的。

（3）为收取明显不属于"营养费""感谢费"的巨额钱财将子女"送"给他人的。

（4）其他足以反映行为人具有非法获利目的的"送养"行为的。

不是出于非法获利目的，而是迫于生活困难，或者受重男轻女思想影响，私自将没有独立生活能力的子女送给他人抚养，包括收取少量"营养费""感谢费"的，属于民间送养行为，不能以拐卖妇女、儿童罪论处。对私自送养导致子女身心健康受到严重损害，或者具有其他恶劣情节，符合遗弃罪特征的，可以遗弃罪论处；情节显著轻微危害不大的，可由公安机关依法予以行政处罚。

（三）量刑

1. 犯拐卖儿童罪的，处五年以上十年以下有期徒刑，并处罚金；依据不同情形，可以处十年以上有期徒刑或者无期徒刑，并处罚金或者没收财产；情节特别严重的，处死刑，并处没收财产。

拐卖儿童罪，是指用蒙骗、利诱或者其他方法使不满14周岁的未成年人，脱离家庭或者监护人的行为。

拐骗儿童罪侵犯的客体是他人的家庭关系和儿童的合法权益。拐骗的对象是不满14周岁的未成年人。

拐卖儿童是指以出卖为目的，有拐骗、绑架、收买、贩卖、接送、中转儿童的行为之一，只要实施了其中一种行为，即以拐卖儿童罪论处。

2. 拐卖妇女、儿童的，有下列情形之一，处十年以上有期徒刑或者无期徒刑，并处罚金或者没收财产；情节特别严重的，处死刑，并处没收财产。

（1）拐卖妇女、儿童集团的首要分子。

（2）拐卖妇女、儿童三人以上的。

（3）奸淫被拐卖的妇女的。

（4）诱骗、强迫被拐卖的妇女卖淫或者将被拐卖的妇女卖给他人迫使其卖淫的。

（5）以出卖为目的，使用暴力、胁迫或者麻醉方法绑架妇女、儿童的。

（6）以出卖为目的，偷盗婴幼儿的。

（7）造成被拐卖的妇女、儿童或者其亲属重伤、死亡或者其他严重后果的。

（8）将妇女、儿童卖往境外的。

3. 对被拐卖的妇女、儿童没有实施摧残、虐待等违法犯罪行为，或者能够协助解救被拐卖的妇女、儿童，或者具有其他酌定从宽处罚情节的，可以依法酌情从轻处罚。

4. 收买被拐卖妇女儿童的量刑视情形如下：

（1）收买被拐卖的妇女、儿童的，处三年以下有期徒刑、拘役或者管制。

（2）收买被拐卖的妇女，强行与其发生性关系的，依法定罪是强奸罪，强奸最高可判死罪。

（3）收买被拐卖的妇女、儿童，非法剥夺、限制其人身自由或者有伤害、侮辱、杀害、虐待、强奸等犯罪行为的，按《中华人民共和国刑法》的有关规定依照数罪并罚的规定处罚。以收买被拐卖的妇女、儿童罪与强奸、非法拘禁罪、故意伤害罪、侮辱罪等数罪并罚，最高也可判死罪。

（4）收买被拐卖的妇女、儿童又出卖的，依照《中华人民共和国刑法》的有关规定定罪处罚。收买被拐卖的妇女、儿童，按照被买妇女的意愿，不阻碍其返回原居住地的，对被买儿童没有虐待行为，不阻碍对其进行解救的，可以不追究刑事责任。

（5）借收养名义拐卖儿童的，依法追究刑事责任。收养、收买儿童后又转手倒卖的，以营利为目的出卖自己不满14周岁的子女的，捡拾到儿童后又转卖的，出卖14周岁以上女性亲属或者其他不满14周岁亲属的，以拐卖妇女、儿童罪论处。

5. 对收买被拐卖的妇女、儿童的，以及阻碍解救被拐卖妇女、儿童构成犯罪的，也要依法惩处。

6. 出卖14周岁以上女性亲属或者其他不满14周岁亲属的，以拐卖妇女、儿童罪追究刑事责任。

7. 出卖亲生子女的，由公安部门没收非法所得，并处以罚款；构成犯罪的，依法追究刑事责任。

8. 凡是拐卖妇女、儿童的，不论是哪个环节，只要是以出卖为目的，有拐骗、绑架、收买、贩卖、接送、中转、窝藏妇女、儿童的行为之一的，不论拐卖人数多少，是否获利，均应以拐卖妇女、儿童罪追究刑事责任。

9. 拐卖妇女罪中的"妇女"，既包括具有中国国籍的妇女，也包括具有外国国籍和无国籍的妇女。被拐卖的外国妇女没有身份证明的，不影响对犯罪分子的定罪处罚。

三、拐卖的法医学鉴定

拐卖儿童的犯罪行为，侵害了被害儿童的身体自由权和人格尊严权。身体自由权是指以身体的动静举止不受非法干预为内容的人格权；人格尊严权，是指与民事主体的尊严密切相关的以精神性人格利益为内容的人格权。被伤害儿童被拐骗后，处于被行为人控制之下，处于被欺骗、任其摆布的境地，失去决定自己去向的身体自由权，行为人将被害儿童当作商品出卖，损害其做人的尊严，被害人和被害家庭的亲人多年甚至一生在寻找在等待，倍受煎熬，而且极易引起被害人家庭离散，有的甚至家破人亡，其社会危害性极大。因此，一定要坚决禁止拐卖、绑架妇女、儿童；坚决禁止收买被拐卖、绑架的妇女、儿童；坚决禁止阻碍解救被拐卖、绑架的妇女、儿童。各级人民政府和公安、民政、劳动和社会保障、卫生等部门一定要按照其职责及时采取措施解救被拐卖、绑架的妇女、儿童，一定要做好善后工作，妇女儿童联合会等有关组织要协助和配合做好有关工作，任何人不得歧视被拐卖、绑架的妇女、儿童。

法医司法等工作人员务必高度重视，同时要依法重视证据。

1. 应当依照法定程序，全面收集能够证实犯罪嫌疑人有罪或者无罪、犯罪情节轻重的各种证据。

要特别重视收集、固定买卖妇女、儿童犯罪行为交易环节中钱款的存取证明、犯罪嫌疑人的通话清单、乘坐交通工具往来有关地方的票证、被拐卖儿童的 DNA 鉴定结论、有关监控录像、电子信息等客观性证据。

取证工作应当及时，防止时过境迁，难以弥补。

2. 应当高度重视并进一步加强 DNA 数据库的建设和完善。对失踪儿童的父母，或者疑似被拐卖的儿童，应当及时采集血样进行检验，通过全国 DNA 数据库，为查获犯罪，帮助被拐卖儿童及时回归家庭提供科学依据。

3. 拐卖妇女、儿童犯罪所涉地区的办案单位应当加强协作配合。需要到异地调查取证的，相关司法机关应当密切配合；需要进一步补充查证的，应当积极支持。

第三节 虐 待

一、儿童虐待的概念

虐待是一个严重的社会问题，受到虐待的个体多见于儿童和老人，也可以是其他成年人，可能是正常人，也可能是残疾人或某些疾病的患者。从 20 世纪 60～70 年代开始，儿童虐待行为成为国际社会普遍关注的社会热点问题，是国际儿童福利和儿童保护领域的重点研究课题，儿童虐待已经成为一个严重的全球性的社会问题，国际上越来越多的政府部门、非政府组织、有关学者及公众开始关注和研究虐待儿童问题。在我国，每年有大量的虐待儿童案件发生，虐待儿童现象大有存在，屡禁不止。儿童虐待行为具有严重的社会危害性，对儿童实施虐待行为可能导致儿童遭受身体疼痛、伤害和残疾，以及引起儿童精神心理障碍等问题，不利于儿童正常成长发育，不利于良好心理品格的养成，严重影响社会风气，影响整个社会的文明建设及和谐发展，因此，我国对虐待儿童现象应给予高度重视，制定出台并实施一系列法律法规对儿童加以保护。

儿童虐待（child abuse, child maltreatment）是指受虐儿童遭到家庭成员或照顾人故意通过躯体虐待、心理虐待、忽视（躯体忽视、教育忽视、情绪忽视）和性虐待等形式，从精神上或肉体上实施的折磨和摧残，剥夺或侵犯尚未自立儿童所应有的权利。受到虐待的儿童所表现出的症状和体征称为儿童虐待综合征（child abuse syndrome），因遭受虐待而发生的死亡称为虐待死。

儿童虐待综合征由法国法律医学教授安伯罗斯·塔迪安于 1860 年首次提出，他描述了 32 例通过尸体解剖发现的被鞭打或烧伤致死的儿童受虐案，并提出了这一问题。随后，1946 年美国儿科放射学专家约翰·卡菲（John Caffey）就他所观察到的非正常 X 线变化提出了他的质疑，并在 1953 年与 F. N. 西尔弗曼（F. N. Silverman）明确定义为外伤所致。1955 年，P. V. 伍利（P. V. Woolbeg）和 W. A. 伊万（W. A. Evans）首次把儿童的某些骨骼损伤归咎于父母或其他监护人的有意伤害。1957 年，约翰·卡菲（John Caffey）又复习了他早期观察的资料，并认定父母对孩子的体罚过重是导致某些儿童骨骼损伤的原因。由于各个国家的社会文化背景不同，对虐待儿童的认识和定义也不完全相同，但在国际上虐待儿童都是一个重要的社会问题，涉及伦理学、医学和法学等。随着对虐待儿童问题关注度的逐渐上升，美国在1974年率先颁布了世界第一部针对虐待儿童的法律——《儿童虐待预防和处理法案》。我国政府于1991年12月颁布了《儿童权利公约》，1992年1月1日正式实施了《中华人民共和国未成年人保护法》，1993年底公布了中国儿童权利报告，随着我国法律的不断健全，对于虐待儿童行为视情节可以按虐待罪、侮辱罪、故意伤害罪、寻衅滋事罪等罪名进行定罪处罚。

二、儿童虐待的类型

因虐待手段及致伤方式不同，可表现为各种类型的机体伤害，虐待可分为很多方面，既有身体方面的，也有较多是心理方面的。多数为反复发作的非致命性损伤，10%的损伤将会最终导致死亡，多是反复损伤积累的结果。虐待一般不使用工具，大多数利用手足致伤；致伤者是父母或其他监护人或看护人，致伤条件方便，手段多种多样，具有反复性、经常性的特点；致伤手段也有采用机械性暴力、高温、冷冻、电流等物理因素，也有通过断奶致饥饿或营养不良等；以上手段既可单独致伤或致死，也可合并致伤或致死，多为合并行为。它不同于一般意义上的谋杀，谋杀往往是单次暴力作用的结果，而且多使用某种工具为致伤物。

根据施虐者行为方式的不同可将儿童虐待分为以下不同类型。

（一）躯体虐待

躯体虐待是指儿童身体因受暴力而留下临床上可检验到的伤害。例如，淤血、伤痕、烧烫伤、裂伤、骨折等，依据受伤的部位及严重程度，可以明显看出其伤害不是意外造成的。通过暴力手段，如过分殴打儿童、强力摇摆婴幼儿、烧伤、窒息、捆绑或掌掴幼童而蓄意制造的身体伤害，除容易检查到身体或肢体的损伤外，严重者可造成脏器损伤甚至死亡，同时也造成儿童心理上的伤害。

（二）心理虐待

心理虐待是通过一些重复性的不良教育和行为，使受虐儿童的心理压抑和矛盾状态，表现为痛苦、烦恼、不自信和孤独无助等。如把孩子放到危险的环境中；教导孩子偷窃；强迫孩子贩卖非法物品；禁闭孩子，剥夺其与外界接触的权利；重复性的忽略、责备、侮辱、咒骂、讥讽、不公平对待、恐吓、轻视孩子、不友善对待；过分强迫孩子作超过本身极限的事情，如过度学前教育、给孩子过重的学习负担、强迫进行重体力劳动、限制人身自由甚至强迫自杀；对孩童情绪表达的不当反应及一些连带行为，如持续的口语攻击及嘲讽；限制吃饭、穿衣，甚至限制睡眠等，在精神上施加残酷的压力，给被虐待儿童的心理造成严重的创伤，严重影响了孩童的正常心理发育和成长，甚至造成心理障碍，表现为各种异常的心理过程和异常的人格特征及异常的行为方式。

（三）忽视

忽视是指监护者没有提供儿童最基本的生活必需或正常身心发展所需的照护条件和程度，包括一些父母的行为与儿童忽视有关，如父母对孩子缺乏关爱和督导，通常造成身体忽视。一般儿童忽视包括教育成长忽视、失去依靠、遗弃、缺乏督导等，如无成人照管孩童，由不适宜、不负责任的人照管孩童，蓄意不满足孩童基本的衣食住玩等基本生活需求和医疗诊治需求。

（四）性虐待

性虐待是指强迫幼童或未成年少年发生性行为。受虐儿童还不能完全理解，且无法表示同意与否。施虐者或通过给其看禁书、故意触摸孩童私处、蓄意对儿童暴露自身私处等。乱伦是性虐待的一种，是指在血亲间发生的性关系。其他的性侵害施虐者则可能是陌生人，包括的行为有性胁迫、强暴、性行为展示、性谋杀、拉皮条、恋童癖、以孩童从事色情交易等。

三、儿童虐待的伤害特点

受到虐待的儿童多见于3岁以下的生活不能自理、必须由他人哺育照顾的婴幼儿，伤害为多次、重复性的他伤，不是自伤或偶然事故，伤害具有显然的故意性；长期受到虐待的儿童可表现为身体瘦小、精神萎靡、营养不良、发育障碍、疾病丛生。其损伤形式多种多样，致伤原因主要为机械性暴力，其他也可见于烧烫、冷冻或电流等原因。受虐待的儿童一般无抵抗或防御能力，因此其损伤可见于身体各个部位，多为软组织损伤、骨折、眼损伤、硬脑膜下出血等，其中以软组织挫伤和骨折最为多见。

（一）皮肤黏膜软组织损伤

1. 体表损伤 皮肤挫伤常见于面部、臀部、四肢及腰背部（图12-1），多由钝器打击、手指的抓掐所致。其他可见于烧灼伤、烫伤或电流烧伤。损伤常为表皮剥脱、挫伤、烧伤等，颜色可有不同，新旧不等，是由反复多次暴力作用所致。头皮损伤（图12-2）容易遗漏，必须将头发逐绺分开认真详细检查。

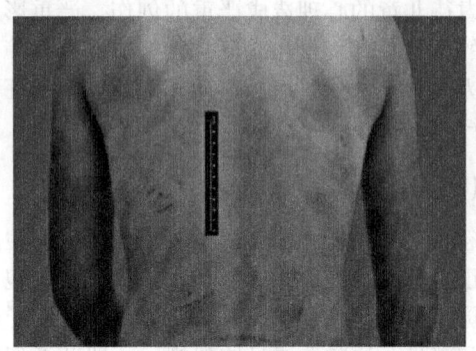

图 12-1　腰背部损伤

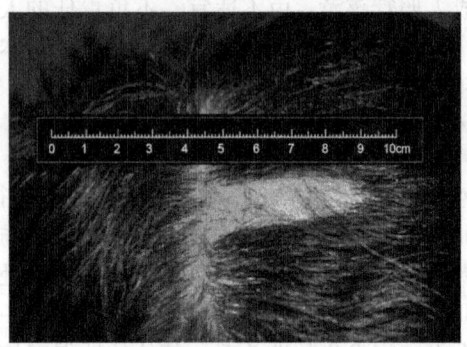

图 12-2　头皮损伤

擦伤多见于软组织比较丰富的部位，在致伤物与体表皮肤存在相对运动或受虐儿童在粗糙地面被拖拉时，均可形成皮肤擦伤，其伤也可新旧并存（图12-3），表明受伤不在同一时间。

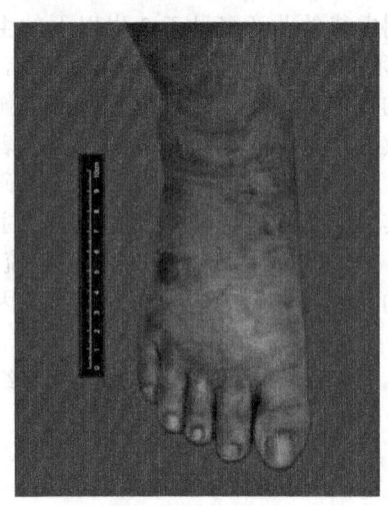

图 12-3　足部擦伤

挫裂伤多出现在钝性物体较大力量的打击，且皮下多衬垫较坚硬的骨质部位，如头皮、双小腿前、前额等部位。挫裂伤创缘不整齐，可伴有表皮剥脱或皮下出血，创腔内常留有异物或毛发。

2. 头面部损伤　表现为头皮血肿，头皮裂伤，面部青紫肿胀，尤以眼眶部位明显，眶周皮下出血、肿胀。掌击面部可致外伤性鼓膜穿孔，感染后可并发外伤性中耳炎等。

3. 眼损伤　见于约70%的被虐待儿童，多为拳击所致。表现为眶周青紫肿胀、眶骨骨折；严重者有眼内损伤，如玻璃体、视网膜、视神经出血而致视力障碍；另外，如受虐儿童的头部受到猛烈摇晃，产生的剪切力使软脑膜间的桥静脉局部破裂，导致视网膜静脉血压急剧升高，引起视网膜出血，常为双眼发生，因此，有人认为，双眼视网膜出血是受虐儿童遭受此种间接暴力伤害的特征。

受虐儿童发生眼损伤比较多见，主要是受到暴力的直接打击，最常见于拳击，也可见于间接作用所致。在局部除皮下出血外，主要为眼内出血，如睑结膜出血、视网膜出血、玻璃体积血等；还可出现视网膜破裂、视网膜剥离、视网膜囊肿、视网膜黄斑部瘢痕形成，甚至眼晶体移位。其中视网膜出血可累及视网膜的每一层，当血液凝集于视网膜下时，可引起视网膜脱离。血液可以进入玻璃体内，或进入视神经鞘内。临床表现为眼眶青紫肿胀，或伴有一眼或双眼视力障碍，甚至永久失明。视网膜出血和硬膜下血肿是有意伤害儿童身体的强有力指征。

双侧眼内出血往往是受虐儿童的特征，特别是视网膜的出血和视神经的硬膜下出血。受虐儿童的双臂被成人抓住，前后猛烈摇晃，或将小儿向高处抛起，此时由于小儿头部相对较大较重，而颈部肌肉较弱，易产生挥鞭样损伤。头部在前后运动时，剪切力使硬脑膜和软脑膜之间的桥静脉局部破裂，致视网膜的静脉压力急剧升高，颅内压突然升高，视神经鞘的压力也随之升高，视网膜中央静脉在视网膜脉络膜吻合处受压，眼内静脉压升高，导致视网膜血管破裂出血。

4. 口腔损伤　口腔、唇部黏膜损伤，挫裂伤，牙齿脱落、冠折，牙龈撕裂等。口唇黏膜的挫伤或挫裂伤要将口唇翻开才能检见，有时挫裂伤可延及牙龈缘，为拳击口部所致。

5. 肢体损伤　小儿肢体尤其是肘部和膝部常可见，也较常见于手（图12-4）、足部，由手指尖所致损伤，或是大人抓住小儿肢体摇晃或撞击所致。

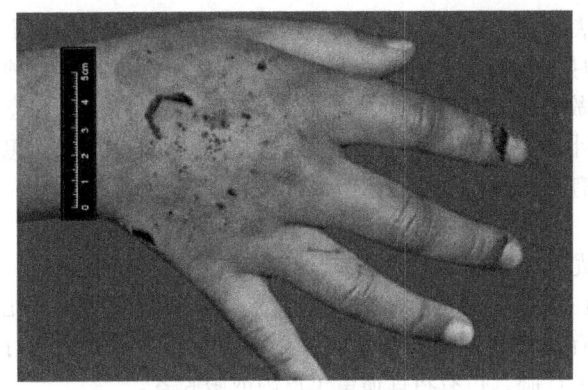

图 12-4 手部损伤

6. 躯体损伤 某处软组织如遭受反复掌击、拳击、撞击，可出现大面积挫伤。若发生在腹部，因此处的软组织较松软，腹腔内空腔脏器可以缓冲，挫伤可以不明显。暴力如果直接作用到腹腔实质脏器，可引起或隐藏严重的内脏破裂或挫伤，但有时因休克或周围循环衰竭，难以被发现，给准确判定损伤时间带来困难。

7. 咬伤 被认为是虐待儿童综合征具有特殊意义的损伤。咬伤可出现在面颊部、肩部、胸部、腹部、臀部及上下肢。可以是一处，但多为多处，且可重叠，新旧不等，边界不清，或相互融合；对陈旧性咬伤做组织学检查可发现含铁血黄素沉积，胶原纤维增生或瘢痕形成。咬伤也可由其他儿童造成，因此要拍片，以便根据咬痕形态和性状对施虐人进行个人识别。

8. 烧灼伤 用烟头烧灼者多见于四肢，局部呈大小与烟头相似的圆形皮肤烧伤，表现为红斑、水疱、组织坏死、碳化或并发感染，痊愈后局部遗留瘢痕。此外，开水、熨斗等烫伤、烧伤也不少见。热水烫可发生在将孩子放在热水中，下肢尤其是双足易遭损伤或先将孩子放入浴盆再放热水，在孩子强烈挣扎中强迫孩子坐下，这时还会造成肩部损伤。

9. 性虐待 虐待儿童指对处于依赖地位、发育期间未成熟的儿童，进行其不能理解、不能抵抗、违反社会公德或家庭伦理的性活动。任何年龄的儿童都有可能成为性虐待的牺牲者，最多见于年龄 7～13 岁者。近几年的报道，被虐待儿童的年龄有所下降，女孩比例明显大于男孩。性虐待的方式包括对生殖器或肛门的窥视、手淫、性交、口 - 生殖器接触、口 - 肛门接触、鸡奸等。受性虐待儿童身体损伤的临床表现主要是生殖器或肛门的损伤，以及由此引起的性传播疾病两个方面。女童外生殖器的损伤包括阴唇皮肤增厚、色素沉着、阴道口松弛或撕裂伤、出血、阴道分泌物增多、反复尿道感染。男童肛周损伤包括肛门括约肌松弛、反射性扩张。儿童的性传播疾病中，除了极少见的先天性感染外，一般一旦确诊可被认为是性虐待的诊断指标。如尿道、直肠或阴道的淋球菌、衣原体感染、尖锐湿疣、梅毒、滴虫病等都是性虐待所造成的结果。受到性虐待除会阴、肛门可出现不同程度的损伤外；处女膜可以破裂，也可以是完整的。短时间的性虐待，有时可见大腿内侧不同程度的掐伤、拧伤、皮肤青紫等损伤。

此外，不能忽视受性虐待儿童的精神心理损伤。不同年龄段的儿童在精神上也可有不同的表现，如 5 岁以下儿童可表现为惊恐、夜惊、抽搐或某些发育障碍。学龄儿童则可表现为突发的着急、害怕、消沉、失眠、歇斯底里、短期内体重急剧下降、学习成绩下降、逃学或离家出走等。

10. 其他 还可见于强酸、强碱等腐蚀剂造成的化学烧伤，这类烧伤或烫伤继发感染较常见，且极易蔓延，累及生殖器或会阴部。

（二）骨关节损伤

骨关节损伤是虐待损伤的重要征象，尤其当新旧骨折同时存在时，更有法医学鉴定价值。

受虐儿童出现的骨折和关节损伤以闭合性损伤为主，多由钝性暴力——直接撞击、挤压、扭动、推倒或摇晃引起。由于年幼，受虐儿童发生骨折后不能自述症状，或由于害怕而不敢讲受伤经过，病史多由监护人提供，往往难以获得准确的病史资料。临床医生或法医师在检查或鉴定时，应全面细致地进行身体检查和影像学检查，以发现隐蔽骨折。

1. 长骨骨折 常为长骨干螺旋形或横形骨折，干骺端的角状撕脱骨折和"桶柄状"的横形骨片脱落，以及干骺端碎裂和骨骺移位等，常表现为多发性和新旧不一的骨折伴大量骨痂现象。此外骨膜下创伤出血时，可见广泛的骨膜反应。

受虐儿童的新鲜骨折表现为哭闹不安、体温略有升高等全身症状，体检时可见在损伤局部有皮下血肿、局部肿胀、压痛、活动异常或功能障碍，有时骨折的肢体变形，局部可触及骨擦感，影像学可帮助确诊，并能查出临床查体难以发现的损伤和移位，如不完全性骨折、体内深部骨折、骨折脱位时伴有小骨片撕脱或斜骨折的骨折面反迭等。由于虐待儿骨损伤多是多发的，累及全身各部位骨组织，因此需做全身正、侧位影像学检查，有时还要做特定位置或两侧对比的 X 线片。如为尸体，这些检查应在做尸体解剖时进行。应该注意的是，在确诊或鉴定前，要与一些多发性的病理性骨折，如骨发育不良（osteogenesis imperfecta）或碎骨病（brittle bone disease）及车祸等意外事故所致的骨折进行鉴别。

陈旧性骨折在临床上可没有明显的症状和体征，单纯体检常常会漏诊，因此，对怀疑有虐待的儿童，应进行全身骨骼的影像学检查，以便确定是否有新旧不同程度的骨折并存。

受虐儿童的骨折多为单发性，也可以是多处发生，反复虐待致伤可造成多次骨折。骨折可以在新的部位，也可以发生在以前有过骨折的部位。由于受虐儿童通常存在营养不良、健康欠佳，可使骨折愈合时间延长。

受虐儿童的骨折可以发生在身体的任何部位，但最多见于四肢长骨，可能与四肢易遭受打击及易于活动有关。由于小儿干骺端尚未骨化，强度较低，因此骨折常发生于此处。骨折使局部骨膜撕脱分离，出血聚集骨膜下，形成骨膜下血肿，随着血肿机化，形成梭形原始骨痂。直接暴力打击可形成横断骨折，局部肌肉可从长骨的附着处撕裂而发生外伤性肌炎、骨外膜血肿钙化。儿童由于骨质较柔韧，故多为青枝骨折。

受虐儿童四肢骨折也较为常见，尤其是 18 个月以下的婴儿。当孩子的腕部或踝部被抓住摇晃时，可造成长骨的螺旋形骨折。

骨折可并发休克、感染、肺脏或肝脏等内脏器官损伤破裂、重要动脉损伤、颅脑损伤、脊髓损伤、周围神经损伤、损伤性骨化性肌炎、创伤性关节炎、关节强直、缺血性骨坏死、缺血性肌肉痉挛等，有些并发症可使伤情突然加重而致死亡。

2. 肋骨骨折　常见于肋骨的后侧靠近脊柱的部位，以双侧受累为多见，多因暴力直接作用于肋骨所致。多见于小龄儿童，其脊柱旁多发性骨痂在 X 线片上呈串珠状的特征性改变，被认为是成人用手挤压儿童胸部所致。如胸廓前后方向受压，可在腋中线处发生肋骨骨折，肋骨骨折可并发气胸（pneumothorax）、纵隔皮下气肿。被虐儿童的肋骨骨折常为多发性，靠近脊柱的位置且双侧受累多见，是由于暴力直接作用于肋骨所致。于肋软骨连接部位的骨折少见，一旦发生，即与暴力有关，表明胸骨的一侧受压，压力向对侧传播，在肋骨的固定点发生骨折。如果胸廓前后受暴力压迫，可在腋中线发生骨折。此处弯曲度较大，骨折断端一般向外凸出。但要与心脏复苏造成的这类骨折进行鉴别。如果小儿胸部遭到拳打、脚踢或撞击在硬物上，可以发生受力处的直接肋骨骨折，这类骨折除伴有皮肤挫伤外，还可合并胸腔及内脏损伤。检查时可见，骨折断端指向胸腔内。在进行 X 线片检查时，如果发现多发性肋骨骨折，且骨折处于不同的愈合期，表明为多次暴力所致。尽管一些骨折是在伤后 6 个月恢复正常，但有些仍保持骨折后所致的畸形，须做胸廓三维空间影像学检查，在排除自然疾病和意外事故造成后，应考虑为遭受虐待所致的损伤。患有骨疾病的小儿也会遭到虐待和损伤。

3. 四肢关节损伤　表现为关节处附近的挫伤，尤其是类圆形的挫伤或已有颜色改变的陈旧性挫伤，往往可怀疑是反复虐待的结果，对判断虐待儿童尤有意义。针刺者在其四肢、肩背部、手掌、足底可见针眼，也有将针遗留于皮内或腹腔者。

关节损伤主要是关节脱位，上肢多于下肢，尤其是肘关节、肩关节。

4. 其他部位损伤　当受虐儿腰部遭到强烈暴力作用时，如猛力踢踏，可形成脊柱骨折，可引起椎体前部损伤和椎间盘狭窄，甚至脊髓损伤，如在相应部位发现鞋印等痕迹，更有鉴定意义。

（三）脏器损伤

1. 脑脏损伤　硬脑膜下出血是虐待儿童综合征最常见的损伤之一，被认为是虐待儿童死亡的重要原因，即使未死，也多遗留严重持久的神经系统功能性障碍。大多数是暴力直接作用头部所致，重者可并发头皮外伤或颅骨骨折、脑挫伤、脑水肿和弥散性轴索损伤。还有一部分是头颈部反复剧烈摇晃，脑因惯性而移动及扭转、桥静脉破裂引起的。此时，除了硬脑膜下血肿（subdural hematoma）之外，可以没有其他头部损伤，检查时应予以注意，有人称其为"摇晃综合征"。

硬膜下出血不一定伴有颅骨骨折。当头部受到直接打击或撞击时，由于小儿颅骨较薄，柔韧有弹性，骨缝尚未完全骨化等特点，颅骨不一定出现骨折，但是可引起颅骨内陷，压迫脑组织，引起硬脑膜血管破裂出血；也可因脑的移动牵拉软脑膜及硬脑膜之间的桥静脉，引起静脉破裂，发生硬脑膜下出血。这时，在打击的部位常有头皮挫伤或头皮下血肿，当头部受到反复摇晃，也会使脑因惯性发生移动或扭转，产生的剪切力除引起脑挫伤外，在作用力最大处的桥静脉可发生破裂，而致硬膜下出血。这类损伤因暴力不直接作用在头部，故无头皮损伤，更无颅骨骨折。在检查鉴定时，除进行认真细致的体检外，还要做 X 线片、CT 扫描和磁共振成像检查，以便做出正确的诊断和鉴定。

头部遭到钝性暴力作用时，可形成颅骨骨折，并常伴有脑实质损伤，尤其是硬膜外血肿，致颅内高压，甚至死亡。

2. 胸腹腔器官损伤　腹腔器官损伤在受虐儿童时有发生，均为闭合性损伤，多由钝性暴力所致，有时腹部皮肤没有伤痕遗留，因此更具有隐蔽性，给临床诊断造成困难，延误手术机会而致严重后果，甚至危及生命。破裂多为肝脏、脾脏、胃、肠、膀胱等器官。另外，还可有肋骨骨折伴有胸膜脏壁层均破裂、闭合性气胸、纵隔及皮下气肿导致呼吸窘迫，贻误临床诊断或治疗而窒息死亡。

四、儿童虐待的法医学鉴定

我国对家庭暴力（domestic violence）所致伤病的重视还不够深入和广泛，所以，虐待儿童的伤病可能最先在医院就诊。接诊医师不要以为这些损伤看起来大多轻微而忽视，甚至在病历上都缺乏记载，一定要高度重视，增加儿童虐待伤病的意识，应排除是否有虐待儿童问题。如能确认是儿童虐待所致伤病，应及时向有关部门反映。

由于大多数施虐者是精神正常、具有责任能力的成人，因此在法医司法鉴定中，收集情况和在案情调查时，难以从施虐者得到真实准确的资料，而且，被虐待的儿童不能完整或清晰地诉说，这给鉴定带来了很大困难，因此，需做全面的、系统的和专科的身体检查。法医检查的对象可以是活体，也可能是怀疑被虐待儿童的尸体。其检验目的是确定是否为被虐待儿童，并与其他类似情况鉴别。由于大多数虐待儿童的家长都会说只是偶然的意外受伤，所以最为重要的鉴别是偶然意外或是虐待儿童问题。

在对受虐儿童进行法医学鉴定时，应注意做好以下工作。

1．收集案情 要注意采集受虐儿童的病史，特别是受伤史。因受虐儿年幼、恐惧，受伤情况不能自述，而监护人有可能即为施虐人，所提供的情况不真实。应有目的地向周围知情人进行询问调查，以获得真实可靠而准确的材料。鉴定时如有可能，应首先认真听取伤者的自诉，为了打消其家长的恐惧心理和害怕情绪，最好能单独与之交谈，同时观察其精神心理状态。受虐儿多见于女童或有残疾的男童，多表现为营养不良、淡漠寡情、畏缩恐惧或不敢说话。

2．体表检查 对被虐儿童要进行全面细致的检查。检查包括身高、体重、发育营养状况，是否干瘦或水肿，体表各部位皮肤、黏膜及软组织损伤的程度、数目、部位、形状、大小、颜色、性状、深度等，有无出血或血肿及其颜色和范围，有无瘢痕挛缩或肢体变形、关节脱位或骨折。同时进行拍照，并做详细记录。全面、细致的身体外表检查无疑更为重要，尤其注意有无前述虐待儿童综合征的特征性身体损伤，如在机体隐蔽部位或多部位、多发性的新旧不一的皮肤挫伤、咬伤和烧灼伤（多为烟头烧伤）等损伤痕迹。

3．眼部检查 要仔细检查眼部，必要时要请眼科专家会诊，进行眼底检查，观察视网膜有无水肿、新鲜出血或陈旧性眼底的改变，并进行眼底视网膜拍照。

4．影像学检查 观察全身骨骼，是否有骨折、关节损伤和陈旧性骨折，尤其是可疑部位要重点拍摄。必要时进行头颅CT扫描，以确定是否有硬膜下出血或血肿。对外表检查不能确认的活体伤者，还应进行专科检查，有的还需做B超、X线片、CT等特殊检查，以判断内脏损伤情况。

5．专科检查 必要时请儿科、外科、神经科、眼科、放射专家进行会诊，以确定是否存在新旧不等、反复发生的损伤，在与意外灾害损伤或疾病相鉴别后，才可鉴定为虐待伤。

6．特殊检查 对性虐待的儿童除了要进行会阴部的详细检查，还要详细向知情人了解情况。必要时要请心理专家会诊。性虐待法医学检查时，注意对年龄较小的儿童（小于7岁者），只需要仔细地视诊生殖器；对年龄较大的儿童（大于7岁者），可做相应的体格检查或妇科检查。某些体检表现可诊断为性虐待，如无正当理由证实为意外伤害的急性生殖器或肛门损伤、肛门处或阴道内发现精子或精液、感染淋病或尖锐湿疣、梅毒等。

7．损伤评定 根据人体轻、重伤鉴定标准的相应条款，对被虐待儿童的损伤进行程度评定。

8．尸体解剖 尸体解剖前要对尸体进行全身各部位的影像学检查，拍正、侧位X线片。解剖要系统、全面，分别进行颅腔、胸腔、腹腔、脊髓腔的解剖。在剖开胸腔前，应先做气胸试验。由浅入深地详细检查皮肤、黏膜、皮下软组织损伤、骨折、体腔内出血尤其是颅内出血、脏器破裂等。检查颅骨、脊椎骨、肋骨、四肢骨等骨折及其愈合阶段。对怀疑因虐待而死亡的儿童尸体，除系统、全面的尸体解剖外，要重视案情的调查和对现场的勘查，以判断有无意外受伤的可能。

对特殊的案例，除做影像学检查、尸体解剖外，还须提取检材做组织学检查、毒物分析、牙痕鉴定等，以便确定虐待儿的死因。

第四节　弃　婴

一、弃婴的概念

弃婴（abandoned baby）是指查找不到其亲生父母的1周岁以内的儿童。弃婴必须满足两个条件，一是弃婴必须是被亲生父母遗弃，且经有关部门查找，仍无法查找到其亲生父母的；二是弃婴必须满足年龄要求，即必须是1周岁以下。只有满足以上两个条件才能被认定为弃婴。在法医司法实践中，需要指出的是部分弃婴儿是无法得知其真实年龄的，故在此所指的1周岁有时候是一种年龄上的大致推断。

弃婴不同于弃儿和孤儿。弃儿（foundling）是指查找不到父母的1周岁以上的儿童。孤儿（orphan）是指丧失父母的儿童。

相对于孤儿来说，弃婴虽然无法查找到自己的亲生父母，但不能证明其生父母已死亡。

弃婴是一个严重的社会问题，是我国在建设法治和文明社会中的一个悲剧。实施遗弃婴儿行为的主体一般是孩子的亲生父母，而遗弃婴儿的原因很多、很复杂，但比较多见的情况一是被遗弃的婴儿多存在某种生理缺陷或患有不治之症；二是不良迷信观念的影响歧视婴儿为女童，甚至是因为婴儿父母不愿承担抚育责任；三是近年来青少年的性早熟及性观念的开放，未婚先育或未成年妈妈人数增加，而未成年妈妈的弃婴现象非常多见。弃婴事件绝不仅仅是道德人性问题，而且是触犯国家法律的案件，其中特别是弃婴死亡案件往往给社会造成极其恶劣的影响。

国家高度重视弃婴问题，2013年民政部、发展改革委、公安部、司法部、财政部、卫生计生委、宗教局七部委为合力处理弃婴非法收养问题联合出台颁发了《关于进一步做好弃婴相关工作的通知》，明确禁止个人私自拾捡弃婴。联合国为保护儿童权益设立《儿童权利公约》，作为公约保护的对象。《中华人民共和国刑法》《中华人民共和国收养法》和《中华人民共和国未成年人保护法》中均规定了不得遗弃、虐待未成年人、禁止溺婴、弃婴等；遗弃婴儿的，由公安部门处以罚款；构成遗弃罪的，依法追究刑事责任。可见，国家已明确以法律的权威性和强制性保护婴幼儿合法权益。

二、弃婴的法律认定

依据《中华人民共和国刑法》《中华人民共和国未成年人保护法》和《中华人民共和国收养法》等有关弃婴的法律规定如下：

1. 父母或者其他监护人应当创造良好、和睦的家庭环境，依法履行对未成年人的监护职责和抚养义务。

2. 禁止对未成年人实施家庭暴力，禁止虐待、遗弃未成年人，禁止溺婴和其他残害婴儿的行为，不得歧视女性未成年人或者有残疾的未成年人。

3. 收养不满14周岁的未成年人必须符合下列情况：

（1）丧失父母的孤儿。

（2）查找不到亲生父母的弃婴和儿童。

（3）亲生父母有特殊困难无力抚养的子女。

4. 对私自送养导致子女身心健康受到严重损害，或者具有其他恶劣情节，符合遗弃罪特征的，可以遗弃罪论处；情节显著轻微、危害不大的，可由公安机关依法予以行政处罚。

5. 遗弃罪是指对于年老、年幼、患病或者其他没有独立生活能力的人，负有抚养义务而拒绝抚养，情节恶劣的行为。

三、弃婴的法医学鉴定

弃婴可以被发现在遗弃的公共场所如医院或单位及社区家庭门前；或山上、街道路边甚至垃圾箱内等；有的被收养；有的被买卖等。在法医学司法鉴定实践中，主要是弃婴死亡案件，首要解决的是弃婴的死亡原因、案件性质及个体识别，但往往因案件发现不及时，尽管案情相对简单，但鉴定难度较大。

（一）弃婴的判定

即查找身源，进行个体识别，这对案件后续工作的进行极为关键。首先，要确定是活婴还是死婴，活婴要及时采取抢救措施；其次，要判定婴儿出生的时间即年龄，有的弃婴身边或包裹里就带有其一般情况，如出生年月日；然后，寻找弃婴者，可以通过婴儿的衣着、包裹物特征（如有时用父母的工作服包裹等）及随身物品或者在弃婴地点周围进行排查走访，进行指向性寻找，也可以通过DNA信息库进行快速搜查。

（二）弃婴的鉴别

首先要明确婴儿尸体是否为新生儿，活产还是死产，有无生活能力；对于死婴要分析判断死亡的原因，是因自身疾病或母亲疾病死亡，还是分娩过程中遭受产伤死亡，如是使用暴力手段剥夺分娩过程中或娩出后不久具有生活能力的新生儿生命的行为，属于杀婴。

（三）死婴的尸检

对于新生儿尸体要进行法医学解剖。在尸体检验时，要做全面详细的尸表检查、毒物检验及组织病理学检验。要特别注意以下几点：

（1）检查是否存在产伤及新生儿发育异常。要对新生儿各项发育指标进行仔细检查，检验确定死产、活产的各项指标。

（2）对于怀疑杀婴案件，要仔细进行尸表检查，尤其应注意婴儿颈部、口鼻部是否存在损伤，内部器官是否有窒息征象等。在通常的弃婴死亡案件中死亡原因多为将新生儿遗弃后，新生儿长时间饥饿、寒冷等因素所引起的冻饿死。在弃婴尸体检验时要特别注意检验是否存在颈部扼压、口鼻部捂压等窒息损伤，新生儿各项生命体征较弱，往往不需要太大的外力就能引起窒息死亡，因此对于内部器官窒息征象的检验也尤为重要。在死婴案例中，确定死亡原因存在较大难度，最重要的是检验弃婴是否发育正常，有时需通过侦查破案，详细了解母亲的疾病及用药史后，方能确定。在法医司法鉴定工作中，勘验溺水死亡的婴儿时也要特别注意，不能因尸体在陆地被发现，就主观排除溺水的可能。

（3）确定死亡方式，在鉴定弃婴死亡案件中应通过现场勘验、案情调查、尸体检验、损伤分析等进行综合判断。如体表有无损伤，是否存在疾病、生前溺水、意外吸入或者饥饿、寒冷等因素；若有损伤，通过损伤的分布部位、形态特点及严重程度综合分析损伤的形成机制，有时对案件定性具有关键作用。

非婚生子，也为此类案件的侦破提供了一定经验。抛尸地点对于案件的侦破也有较大帮助，往往弃婴案件多为涉世不深的年轻女性，在遗弃尸体的过程中存在较大的心理压力和恐惧感，而非随意遗弃尸体，因此，在案件侦破过程中，对案发周边现场的排查也尤为重要。

第五节 杀 婴

一、杀婴的概念

在儿童伤害中，杀婴情况比较少见。

杀婴（infanticide）是指非法使用暴力手段，加害分娩过程中或娩出后不久的已具有生活能力的新生儿生命的犯罪行为。

在法医司法鉴定中，必须确定被检验的婴尸是否为新生儿，检查其有无生活能力（包括胎生月数）、活产还是死产、分娩后存活时间和死亡原因及了解其生母情况和分娩过程等，其中有无生活能力和死亡原因最为重要；而胎儿或新生儿因其本身的疾病或母亲的疾病，或在分娩过程中遭受损伤而死亡，不属于杀婴。

二、杀婴的类型

新生儿没有自主能力，因此很容易受到伤害，故根据其死亡原因可以分为暴力死亡和非暴力死亡两大类型。

（一）暴力死亡

暴力死亡又可分为故意杀婴和意外杀婴两类。

1. 故意杀婴 又分为积极杀婴和消极杀婴两类。

（1）积极杀婴：是杀婴的主要形式，是指用机械的或化学的等暴力行为对新生儿进行致命性的伤害。机械性窒息是常用的手段，如扼死、勒死、溺死、闷死和异物堵塞口、鼻和呼吸道。勒死的常见工具为脐带、绳索或布条。溺死常见于将新生儿抛入粪池、水缸、尿桶、池塘、江河湖海等。堵塞呼吸道的物品多为纸团、布团、手帕、衣物等。也有用手掌或将枕头压在面部而引起机械性窒息死亡，此时常没有明显的暴力痕迹。也有用机械性损伤手段杀害新生儿，如用钝器打击头部，用锐器刺入囟门或心脏。少数情况可见于化学暴力，如用剧毒药物注入囟门等。

（2）消极杀婴：胎儿娩出后，故意不采取保温和护理措施，任其冻死或饿死。也见于故意撕断脐带不予以结扎，或任由胎盘、脐带与新生儿相连，不予处理，导致失血死亡。这种情况通过尸体检查来判断消极杀婴的死因是比较困难的。

2. 意外杀婴 是指非有意杀婴，非疾病、非故意杀害，而是由于疏忽大意造成的新生儿意外死亡。如父母熟睡时，手臂或大腿压在新生儿的胸部；母亲在睡眠状态下哺乳可因乳房或棉被捂压婴儿口鼻而窒息死亡。也见于经产妇分娩过程过急呈坠落产，使胎儿坠落在地上，发生头颅损伤或坠落在便桶内，吸入粪水而窒息死亡。这种情况在初产妇很罕见。但有的产妇故意将婴儿投入粪桶内将其溺死，然后伪称如厕时发生意外坠落产。

（二）非暴力死亡

非暴力死亡又称自然死亡，可以发生在分娩前、分娩中及分娩后。

三、新生儿的法医学特征

（一）新生儿死亡特征

首先要根据分娩后存活婴儿的各种特征的出现或消失，确定是否新生儿，进一步推定其存活的时间及死亡特征。

1. 外部特征

（1）皮肤：正常的新生儿皮肤上黏附羊水和血液，肛门周围及大腿部位有粪便。但是，如胎儿分娩后已洗浴，或尸体有损伤，其体表沾染血液，此项检查则失去意义，必须检查其他指征。除此以外，新生儿皮肤还附着有胎脂，胎脂是由体表分泌的皮脂、脂肪酸结晶及上皮细胞构成，呈灰白色泥土样。当胎儿出生时因通过产道的摩擦，虽然大部分胎脂已经脱落，但在腋窝、腹股沟、耳后、颈部等部位的皮肤皱襞处或关节屈侧可有残留。成熟儿皮肤紧张、丰满，出生5～6h后出现显著红晕，称新生儿红斑；1～2天后红斑消退，同时脱皮；2～3天出现轻度新生儿黄疸，即皮肤和巩膜上出现不等程度的黄染；第4～5天黄疸加深，皮肤呈棕黄色，第7～10天黄疸自然消退，有时可延长，特别是未成熟儿黄疸较重者，可延迟至出生后14～30天消退。

（2）脐带：在法医学上根据脐带判断新生儿的主要依据是：分娩后不久死亡的新生儿的脐带湿润柔软，有光泽，呈灰白色、蜡样，在脐带根部无明显分界线。存活的新生儿，6～12h脐带根部组织开始发生轻度炎症反应；24～36h可出现一圈红色炎症环，形成明显的分界线；第2～3天，此处显著发红肿胀，脐带从游离端的血管内膜逐渐增厚闭塞至脐根部，并逐渐干燥皱缩，呈黑色；至第5～8日脐带全部干燥萎缩、脱落；第12～15日形成脐窝；经3周左右全部瘢痕化。检验时应仔细观察脐带的残端，是否有发炎和化脓等，必要时应作细菌培养。观察脐带的外表变化，可以推测出生至死亡的间隔时间。

（3）产瘤（caput succedaneum）：也称胎头水肿。在分娩过程中，胎儿先露部的部分软组织受到产道的强力压迫，使不受压的先露部分淋巴液和血液发生淤积，在此处形成局限性皮下组织水肿，形成瘤样突起，称产瘤。产瘤多见于颅顶部或顶枕部，触之如黏土样感，分娩后数小时开始缩小，1～2天或2～3天内消失。胎死宫内的死产儿因无血液循环，故不发生产瘤。尸检时，切开产瘤，可见疏松的皮下组织充满液体，状似胶冻，界线不清。产瘤不仅仅局限于一块颅骨，也可越过骨缝或囟门波及其他颅骨，其骨膜下常伴有点状出血（图12-5）。

（4）胎头血肿（cephalohematoma）：当胎头通过产道受到强力压迫，或因胎头负压吸引和产钳手术等，致颅骨外的软组织与骨膜剥离，骨膜下的小血管破裂，血液淤积在骨膜下形成血肿，称为胎头血肿。血肿在刚分娩后不明显，产后数小时到2～3天内逐渐增大，数周后消失。血肿的中心部有波动感，周围有堤状质硬的隆起，无移动性，并常以一块颅骨的边缘为界线，而不越过骨缝或囟门，不波及另一块颅骨。

胎头血肿与产瘤的鉴别见表12-1和图12-5。

表12-1 产瘤与胎头血肿的鉴别

	产瘤	胎头血肿
部位	在先露部的皮下组织	在骨膜下
范围	不受骨缝限制	不越过骨缝
病变特点	皮下组织水肿	出血有波动感
出现时间	娩出时即存在	产后2～3天
消失时间	产后2～3天	产后3～8周

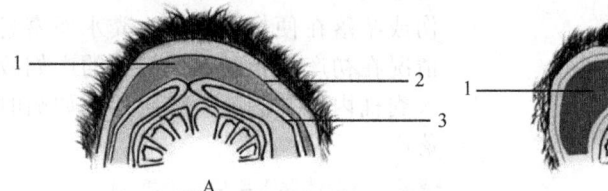

图12-5 胎头水肿与胎头血肿
A.胎头水肿：1.水肿，2.皮下，3.颅骨；B.胎头血肿：1.血肿，2.头皮，3.骨膜

2. 内部特征

（1）胎便：新生儿的小肠下段及全部大肠充满黄褐色至暗绿色胎便，胎便黏稠如泥土状，显微镜检查，胎便的主要成分为肠黏膜分泌的黏液，并含有胆汁及羊水成分，包括角化上皮、毳毛、脂肪球等。特殊成分是胎便小体（meconium corpuscle）。胎便小体是无结构的圆形或卵圆形的褐绿色颗粒状小体，直径20～40μm。胎儿一般出生后10h开始排便，4天才能排净。值得注意的是，切不可把食物形成的粪便误认为胎便。

（2）胃内容物：新生儿胃内仅有白色黏液，胃内如有血液或胎便，证明胎儿分娩时是活的。胃内如有乳汁，证明已经哺乳，存活1天以上时，注意勿将黏液误为奶汁。奶汁含脂肪，而黏液无脂肪。开始呼吸时，胃内即进入空气，30min后空气进入十二指肠，约6h可及全部小肠，24h可充满全部肠道。

（3）循环系统的变化：胎儿时期的血液循环系统与成人的血液循环系统之所以不同，是因为胎儿在母体内两肺没有换气作用，肠管无消化吸收作用，供给胎儿的氧与营养物质全靠母血通过胎盘循环，胎儿的代谢产物（二氧化碳及其他废物）也借胎盘循环转运给母体排出，胎儿循环的气体交换与物质交换过程全在胎盘内进行，称为胎盘循环。胎儿出生后开始呼吸，肺循环代替了胎盘循环，脐静脉、脐动脉、动脉导管、静脉导管及卵圆孔开始发生器质性的变化，经过数日、数周或数月，内腔缩小、闭锁，变成相应的韧带，分别称脐静脉索、脐动脉索、动脉导管索、静脉导管索。卵圆孔闭锁需要数月。

（二）新生儿生活能力及胎龄的确定

胎儿出生后能够继续维持生命的能力，称生活能力或生存能力。确定新生儿有无生活能力，关键在于胎儿的发育程度，即成熟程度。

1. 发育程度的标志 新生儿有无生活能力，即胎儿在离开母体后能否继续生活，能够继续生活就是具备了生活能力。

一般是以妊娠月数或周数来表示胎儿的发育程度。妊娠10个月（40周）的胎儿已完全成熟，称成熟儿。但妊娠8个月（满30周）之后的胎儿，经过适当的护理与哺育就有生活能力，凡胎龄超过28周而未满37周出生的活产婴儿均为早产儿（premature infant），又称未成熟儿，其体重在1000g以下的出生后大多不能存活。根据世界卫生组织规定，不论妊娠月数，凡体重在2500g以下的早产儿或弱体质儿，统称为未成熟儿。但胎儿如有严重畸形，如无头儿、无脑儿、消化道闭锁及其他生命重要器官的重度畸形等，则虽足月也无生活能力。

（1）身长、体重和胎头径线：测量新生儿的身长及体重可推定其胎龄。按照妇产科理论，胎儿身长的增加速度比较恒定、均匀，且身长在死后变化很小，而体重由于死后水分蒸发及腐败，每日可减轻6～25g，如死后放入水中，在2周内吸收水分，体重可以增加14%。但是，由于腿的长度不同，因而测量坐高又比身长更为准确。故通常法医学对推定新生儿的月龄，以坐高作为判断胎儿月龄的依据。

胎头各径线的增长一般与胎儿体重的增长相一致，即枕额径、双顶径、双颞径、枕颏径、枕下前囟径，其中以胎头双顶径值意义较大。根据超声波测定妊娠26～36周胎儿的双顶径值平均每周增加0.22cm，妊娠36周后增加速度逐渐减慢。双顶径值9.3cm为胎儿成熟的标志。

胎龄可根据胎儿身长、体重推算：1～5个月时，身长（cm）=月数^2，体重（g）=月数^3×2，6～10个月时，身长（cm）=月数×5，体重（g）=月数^3×3。

（2）化骨核形成：化骨核（ossification center）是指胎儿骨内开始化骨之处，又称骨化中心或骨化点。化骨核形成的时间各不相同，胎儿在出生前约11周有化骨核806个，以后逐渐发育融合，当出生时已下降到约450个，到成人骨骼时仅有206个。由于化骨核的出现、发育和消失的过程有一定的时间顺序，因此法医学上在做个体识别时，常用放射照相法测定骨骼化骨中心的数目、大小和愈合情况，这是评价骨骼成熟程度、判断骨龄的最好标志。而确定新生儿成熟程度以股骨化骨核形成作为最可靠的重要标志。跟骨在第5个月末、胸骨柄在第6个月末、距骨在第7个月末、股骨下端及骰骨在第9个月末出现骨化核，10个月的胎儿股骨下端骨骺内可见到海绵状圆形或椭圆形的化骨核形成，直径约0.5cm。尤其在尸体腐败时，应用化骨核推定胎龄月数更有价值。

（3）妊娠7个月胎儿特征：身长35cm，体重1000g，胎盘309g，脐带长45cm，跟骨化骨核直径0.5cm，毳毛分布全身，皮下脂肪沉积不多，皮肤粉红，体表附有胎脂，皮肤有皱褶，早老人样面貌，指甲未达指端，睾丸在腹腔内，阴蒂及小阴唇突出。

（4）成熟儿的特征：成熟儿的身长约50cm，体重3000g以上，胎盘500g，脐带长50cm，头围34cm，胎头枕额径11.3cm，双顶径9.3cm，枕颏径13.3cm，双颞径8.4cm，胸围32cm，腹围30cm，肩宽12cm，腰宽9cm，头发长2cm，大囟门直径2cm，股骨化骨核直径0.5cm，跟骨化骨核直径0.8cm，胸骨柄、距骨和股骨化骨核均出现，身体各部分比例适中，皮肤粉红色，皮下脂肪发育良好，体型丰满，皮肤富有弹性，已发生鼻、耳软骨。肩和上臂有毳毛。指甲超过指端，趾甲达到趾端。睾丸降入阴囊，大阴唇遮盖小阴唇。

（5）肺的组织学特征：胎儿的月龄也可根据肺的组织学结构推测。5个月以前的胎儿，其肺组织似腺体，管壁衬以立方或柱状上皮细胞。第5个月后，肺泡发育成腺样结构。之后肺泡壁上出现毛细血管，肺泡逐渐变大，形成多角形。由于这时仍在宫腔内，肺泡内充满羊水。分娩后开始宫外呼吸时，肺泡才更加扩张，液体被空气取代，部分羊水从上呼吸道排出，部分从肺泡吸收，肺泡清空。肺组织学检查对测定胎儿月龄有一定意义。

2. 影响成熟新生儿生存的因素

（1）各种暴力因素导致的堕胎、杀婴。

（2）致死性高度畸形或严重疾病。

（3）重度分娩障碍。

（4）妊娠晚期或分娩前应用某些药物，如孕妇使用抗凝药——双香豆素或华法林治疗栓塞时，可引起胎儿死亡或脑出血；应用吗啡镇痛或治疗心性哮喘时，可引起胎儿呼吸中枢抑制，致使分娩时胎

四、杀婴的法医学鉴定

（一）收集案情

要详细采集母体的自然情况，包括对其本人进行调查，要有目的地向周围知情人进行询问调查并结合有关医生意见。

（二）死婴判定

对死婴尸体进行全面细致的体表检查，包括身高、体重、发育营养状况，体表有无异常，包括各种痕迹，口、鼻腔、外耳道是否有异物，有无各种产伤、发育异常。初步判断其成熟状况和发育程度等。

（三）尸检鉴定

尸体解剖要系统、全面，分别进行各器官的检查、提取检材做病理组织学检查以便与意外死亡和自然死亡进行区别并分析死亡原因。

1. 分娩前胎儿死亡的原因 分娩前胎儿死亡多与母体疾病、胎盘异常或胎儿疾病有关。如母亲患有严重的心脏病、急性传染病、妊娠高血压综合征、严重的肺结核病、艾滋病合并肺部感染、肾脏疾病或子宫疾病等，均可以导致胎儿死亡；母体中毒或有严重的腹部外伤等也可以导致胎儿死亡。胎儿宫内窘迫和胎儿畸形是围产期胎儿死亡的主要原因。

2. 分娩中胎儿死亡的原因 在分娩过程中，由于脐带受压、脐带绕颈、脐带扭结、脐带过短、产程过长、胎盘早剥、胎盘纤维素样坏死、胎盘出血、胎盘重度钙化等多种原因，可使胎盘血液循环障碍，导致胎儿缺氧而发生宫内窘迫。有时胎儿经过产道即开始提前呼吸而吸入羊水、血液、胎便而窒息死亡。也可见于分娩中胎头在产道中遭受强力压迫，而发生颅骨凹陷或骨折、颅内出血（颅内血肿）及小脑天幕撕裂等导致胎儿死亡。

3. 分娩后新生儿死亡的原因 分娩后的非暴力死亡是在新生儿没有生活能力的前提下患有重要器官（心、脑、肺等）的严重畸形、新生儿肺炎、肺出血、新生儿肺透明膜病、胎粪吸入、吸入性肺炎、新生儿蛛网膜下腔出血、颅内出血、新生儿出血症、溶血症、败血症、新生儿产伤性疾病、新生儿衣原体感染、呼吸窘迫综合征的延续等均可导致新生儿死亡。有时也见于羊水或血液吸入、羊膜堵塞口鼻等引起死亡。

（四）死产和活产的鉴别

判断新生儿是活产还是死产，其主要标志是根据胎儿出生后在母体外是否进行过呼吸，已呼吸过是活产，未呼吸过是死产。未呼吸过的肺体积小，居于脊柱两侧或贴附于胸腔后壁，边缘锐利，表面光滑，似肝脏状，无弹性，无捻发感，重量轻，一般在 28～39g，表面及切面均呈均匀的暗紫色，如血量较少时呈淡红色；切面颜色一致，压之可有少量血液流出。光镜下支气管和肺泡腔均未扩张。如是宫内窘迫，肺表面可有散在出血点。不可将活产和生活能力相混淆。因为有足够生活能力的胎儿可以是死产，如因宫内呼吸窘迫致死；相反，无生活能力的胎儿，如畸形或未成熟儿，可以活产，但于出生后即死亡。胎儿在母体子宫内生活时，含有氧和营养物质的血液来自胎盘，肺没有功能，肺泡未扩张，因此肺组织呈肝样实体状。出生后，胎盘循环终止，胎儿即刻进行呼吸动作，使肺发生明显且重要的变化。活产儿不但能将空气吸入肺内，也能将空气咽进胃肠道，使胃肠道发生改变。

已有呼吸的肺，肺容积增大，重量也随之增加，可达 62g，这是因为随着呼吸的建立，流入肺内的血液增加所致，由于胎儿出生后，经过哭喊伴随的强度深呼吸，肺泡全部扩张，肉眼观肺表面膨隆，两肺前缘遮盖部分心脏，边缘钝圆，颜色较浅，触之有弹性和捻发感，表面和切面均呈大理石样纹理，压迫切面颜色呈现红色，有血性气泡溢出。光镜下见支气管和肺泡已经扩张，肺泡壁变薄，肺泡壁毛细血管扩张，血管内血液丰富。若是呼吸微弱的肺，只有部分支气管和肺泡扩张，且呈散在分布。

确定新生儿是否曾呼吸，最常用的方法是肺浮扬试验和胃浮扬试验，同时还应做肺的组织学检查，这样不仅可以通过有无肺泡扩张及扩张的程度来确定有无呼吸，而且有时还可以检查肺脏的病理改变及肺内异物，如羊水成分或外界溺液成分，以帮助确定死因。

1. 肺浮扬试验（hydrostatic test of lung） 未经呼吸的肺，因肺内不含空气而呈实体状，比重为 1.045～1.056，投入冷水中即下沉。已有呼吸的肺，肺内含有空气，肺的体积增大，比重小于 1，投入冷水中不下沉。应用这一原理判定新生儿是否曾经有过呼吸运动，称为肺浮扬试验，这是判断新生儿是否活产的重要依据。

（1）检查方法：按照常规解剖方法打开胸腹腔，分离颈部软组织，分别结扎喉头下方、膈肌上方的气管和食管，并在膈肌结扎上方切断，连同舌、颈部器官及心肺一同取出，放入冷水中，观察是否上浮、上浮的部位及其程度。如果下沉则先切除心脏，在气管结扎上方切断颈部其他组织，将肺连同气管放入水中观察浮扬反应。然后再切除肺门部的支气管，将左右肺分别放入水中进行试验；试验后再剪开支气管检查黏膜和内容物,必要时取内容物做涂片检查。顺次分离各肺叶,分别将各叶放入水中观察浮扬反应;最后在各肺叶切取不同部的肺组织小块放入水中观察。如果浮起,则将肺组织小块用干纱布绞挤后再放入水中观察反应。

（2）结果判定（图12-6）

1）全部阳性反应:死后不久的新生儿尸体,经上述实验除颈部器官下沉外,全部肺均浮起者,为全部阳性反应。说明肺已充分呼吸,空气被吸入全部肺泡,可明确其为活产儿。

2）部分阳性反应:死亡不久的新生儿尸体,经上述试验,肺部分浮起,为部分阳性反应,说明肺呼吸不充分,只有部分肺泡腔内吸入空气,这种情况既可见于肺膨胀不全的活产儿,也可以见于实施过人工呼吸的、腐败的或是宫内呼吸（分娩中空气进入子宫内,胎儿吸入空气）的死产儿。如怀疑是腐败尸体,可挤压肺组织后放入水中,观察是否下沉,若是经过正常呼吸的肺,则空气不能被挤出（图12-6）。

肠系膜,将胃肠全部取出,放入水中,观察浮扬情况。如果胃及部分肠管上浮,可将下沉部分肠管做多段双重结扎,并分别剪下各段单独做浮扬试验,此检查可得知空气进入哪段肠管,进而可推断出胎儿出生后的生活时间。如果胃肠全部下沉,可在幽门部做双重结扎,将胃取下,放入水中,如果仍然下沉,可在水中将一侧胃壁剪开一口,观察有无气泡逸出；同样的方法,分别在各段肠管操作,观察有无气泡逸出。

3. 结果判定 若死亡后不久新生儿的肺和胃肠浮扬试验均呈阳性反应,可证明是活产儿。若肺和胃肠都不含空气,试验均呈阴性反应则为死产儿。若部分肺或整个肺含有空气,而胃肠内不含空气,则是已呼吸过的活产儿,但生活时间很短即死亡。若肺全部下沉,而胃或部分肠管含气上浮,则可能是因异物堵塞呼吸道,致肺发生继发性膨胀不全,原已吸入的少量空气被吸收,因此肺浮扬试验阴性,但空气已经咽下,胃肠上浮,说明曾经呼吸过,这种情况极少见（图12-7）。

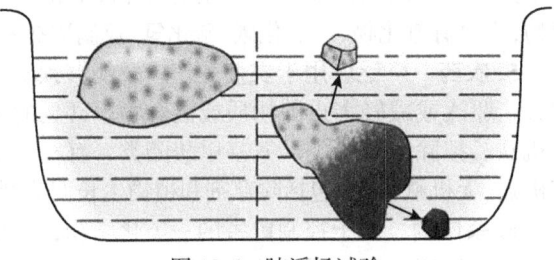

图12-6 肺浮扬试验
左:阳性（上浮）;右:部分阳性（上浮）,部分阴性（下沉）

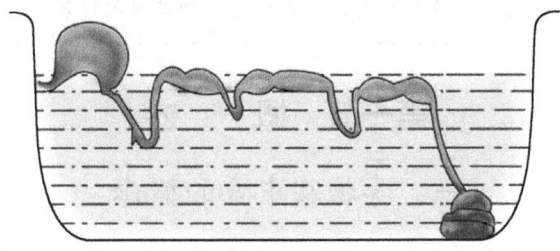

图12-7 胃肠浮扬试验（阳性）

3）全部阴性反应:如果全部肺下沉,说明肺未曾呼吸过,可以推断为死产儿。但以下两种情况的活产儿有时也可呈阴性反应,一是未成熟儿呼吸功能不全,出生后即死者,肺泡内仅吸入少量空气,死后又被组织吸收;二是坠落产,气管内吸入异物而窒息死亡者。

2. 胃浮扬试验（hydrostatic test of stomach and bowel） 这是肺浮扬试验的辅助试验。新生儿呼吸时也可将部分空气咽下而进入胃内,然后逐渐由胃进入十二指肠和小肠。根据胃肠内有无空气,可以辅助判断是活产儿还是死产儿。同时,根据空气分布的部位,可以推断新生儿的存活时间。但是对于腐败尸体,这种试验则无意义。

检查方法:按常规剖开胸腹腔,一次结扎贲门、幽门、十二指肠上下端、空肠、回肠及结肠,分离

复习与思考题

1. 常见的儿童伤害有几种情况？从概念上讲其各有何特点？

2. 关于拐卖儿童,如何进行法医学鉴定？

3. 虐待儿童的伤害有哪些主要特点？

4. 如何做好儿童虐待法医学鉴定？

5. 弃婴、弃儿和孤儿是如何界定的？

6. 怎样做好弃婴的法医学鉴定？

7. 杀婴有几种类型？各型有何主要特点？

8. 新生儿活产或死产有何标志？

9. 如何分析判断胎儿的死亡原因？

10. 如何判定肺浮扬试验的结果？

（李连宏　官大威）

第十三章 中 毒

【目标要求】
　　掌握：毒物和中毒的概念、中毒发生的条件。
　　熟悉：常见毒物中毒和中毒的法医学鉴定。
　　了解：毒物的分析方法。

> **案例 13-1**
> 　　冬天，某农舍内，一独处男子早上被发现死于自家床上。现场勘验发现火炉已灭，门窗紧闭，无外人进入痕迹。尸表检查发现，尸斑呈樱红色，未见其他损伤。
> 　问题：
> 　　1. 引起本案例死亡的原因可能是中毒吗？
> 　　2. 本案例法医学鉴定应取哪些检材？检测为何种（类）毒物？
> 　　3. 本案例最可能的致死原因和性质是什么？

第一节 概 述

一、毒物及中毒的概念

　　毒物（poison）是指一定条件下某种化学物质以较小剂量进入机体，与机体间发生化学或物理化学作用，引起机体功能障碍和器质性损害的物质。

　　由于毒物作用而引起机体的器官功能障碍、结构破坏等疾病，称为中毒（poisoning）。由中毒导致的死亡称为中毒死。

二、毒物的分类

　　毒物的种类繁多，目前尚无一个完善全面的分类法。一般常用以下几种方法进行分类。

（一）按毒物的化学性质分类

　　1. 挥发性毒物　采用蒸馏法或微量扩散法分离的毒物，包括氰化物、醇、酚等。
　　2. 非挥发性毒物　采用有机溶剂提取法分离的毒物，分酸性、碱性和两性毒物三类。如巴比妥类、苯二氮䓬类和吩噻嗪类安眠镇静药、吗啡等。
　　3. 金属毒物　采用破坏有机物的方法分离的毒物，如砷、汞等。
　　4. 阴离子毒物　采用透析法或离子交换法分离的毒物，如强酸、强碱、亚硝酸盐等。
　　5. 其他毒物　根据其化学性质需要采用特殊方法分离的毒物，如一氧化碳、硫化氢等。

（二）混合分类法

　　1. 腐蚀性毒物　对接触局部具有强烈的腐蚀作用，如强酸、强碱、无机或有机盐类等。
　　2. 金属毒物（即实质性毒物）　以损害组织器官的实质细胞为主，产生不同程度形态学变化，主要有砷、汞、铅、铊等。
　　3. 脑脊髓功能障碍性毒物　主要是进入机体后导致脑脊髓出现中毒症状，引起其功能障碍的一类毒物，主要有安眠镇静药、毒品、麻醉剂、中枢兴奋剂、致幻剂等。
　　4. 呼吸功能障碍性毒物　进入机体后引起以缺氧窒息为主要疾病特征的导致呼吸功能障碍的一类毒物，主要有氰化物、一氧化碳、硫化氢、亚硝酸盐等。
　　5. 农药　广泛应用于农业生产中，能够预防、摧毁、驱逐或减轻害虫的物质或混合物。常见的为有机磷、拟除虫菊酯类、氨基甲酸酯类、有机氯及有机氟、无机氟等。也包括除草剂和植物生长调节剂。
　　6. 杀鼠剂　用于控制鼠害的一类化学物，主要有急性杀鼠剂如毒鼠强、氟乙酰胺、磷化锌等，抗凝血杀鼠剂如华法林、溴敌隆、大隆等。
　　7. 有毒植物　具有毒性的一类植物，在中医药中常用，如乌头、钩吻、曼陀罗、夹竹桃、毒蕈等。
　　8. 有毒动物　整体或局部器官有毒性的动物，如蛇毒、河豚、斑蝥、蟾蜍、鱼胆、蜂毒等。
　　9. 细菌及霉菌性毒素　由微生物产生的毒素，如沙门氏菌、肉毒、葡萄球菌等细菌，以及黄曲霉素、霉变甘蔗、黑斑病甘薯等真菌。

三、中毒发生的条件

（一）毒物的量

　　进入机体的毒物需要达到一定的量才能引起中毒，毒物毒作用的强弱与进入体内毒物的量呈正相关，表现为剂量-效应关系，即进入体内毒物的量越大，作用越快。引起中毒的最小剂量称中毒量（toxic dose）。引起中毒死亡的最小剂量称致死量（lethal dose）。

　　判断是否中毒，重要的不是进入机体的量，而是实际吸收的量，即实际进入血液循环发生中毒作用的剂量。出现中毒时，血中毒物的浓度称为中毒血浓度。引起死亡的血中毒物浓度称为致死血浓度。由于个体差异的存在,中毒血浓度和致死血浓度的值都不是绝对的,而是处在一定范围内。

(二)毒物的理化性状

毒物进入血液后发生的全身作用,取决于毒物被机体吸收的量和速度。毒物可以分为气态、液态和固态三种状态,气态毒物经呼吸道通过肺迅速吸收入血,发生作用很快而且强,液态毒物易通过皮肤、黏膜吸收入体,毒作用发生快而且较重,固态毒物根据其溶解性不同发挥的毒作用也不尽相同,一般来说,溶解性越高的毒作用发生越快。

(三)毒物进入机体的途径

毒物入体的途径不同,吸收速度也不同,一般顺序大致为:椎管和心腔>静脉>吸入>腹腔内>皮下>肌内>真皮内>口服>体表接触。

(四)毒物的相互作用

两种或两种以上的化学物同时或先后作用于机体,互相影响其对机体的毒作用,称为毒物的相互作用。根据毒作用的增强与否,可分为联合作用和拮抗作用。

根据毒物之间毒作用的关系可以将联合作用分为以下4种情况:

1. 独立作用(independent effect) 指两种或两种以上的毒物同时或先后作用于机体,作用在生物体的不同部位,产生的反应不同,并且互不相关,且所引起的生物学效应也不相互干扰,从而表现为各毒物的各自毒效应。

2. 相加作用(additive effect) 指两种毒物入体后,每一毒物以同样的方式、相同的机制作用于相同的靶,仅仅它们的效力不同。它们对机体产生的毒效应等于各个外源化学物单独对机体所产生效应的算数总和。可简单理解为 1+1=2 的关系。

3. 协同作用(synergistic effect) 当同时给予两种或两种以上的毒物时,作用在靶器官或靶细胞上的效应大于(称为增强)各毒物物效应的总和。表示多种毒物以不同作用机制产生同一效应。可简单理解为 1+1>2 的关系。

4. 增毒作用(potentiation) 指一种化学物本身无某种毒性效应,但当其与另一化学物同时给予时,可使另一化学物的毒性增强。可简单理解为 1+0>1 的关系。

与协同作用相反,一种化学物质使另一化学物的毒性减弱,称为拮抗作用(antagonistic effect),可简单地理解为 1+1<2 的关系。

(五)机体状态

1. 体重 中毒量一般与体重成正比,体重越大者所需中毒的毒物量越大。

2. 年龄 儿童和老人往往较年轻人容易中毒,常常在低于一般中毒致死量或中毒致死血浓度的情况下发生中毒死亡。

3. 性别 妇女在妊娠期、哺乳期或月经期对毒物的反应较为强烈。

4. 健康状态 营养差者由于抵抗力较低对毒物耐受性弱。机体患病时,特别是患心、肝、肾等器官疾病者更容易发生中毒。

5. 习惯性或成瘾性 反复长期使用同样药物,机体可产生对该药物的耐受性,能达到耐受中毒量甚至超过致死量的程度。常见于酒精依赖者、长期吸食毒品和安眠镇静药者。

6. 过敏性 与习惯性相反,指有的人因为遗传因素或免疫反应的缘故,接受治疗量的药(毒)物后,出现与一般人有质的差异的中毒反应,即对某种药物特别敏感,使用少量,也会出现中毒。

7. 体内蓄积 反复使用某种分解或排泄慢的化合物,可在体内蓄积,即使每次使用的量不大,长期使用也可发生毒性作用。

(六)其他

影响中毒的条件还有很多,如毒物的储存条件,一些植物毒和动物毒可因采集季节不同或使用部位不同而毒性有明显差异。

四、毒物的体内转运和转化

毒物进入机体产生毒性效应,在体内经历吸收(absorption)、分布(distribution)、代谢(metabolism)、排泄(excretion)四个过程称为ADME过程,对毒物起效时间、作用强度和持续时间均有很大影响。其机制为被动扩散和主动运输两种,大部分毒物主要是被动扩散。毒物在体内量的改变过程,仅是毒物发生空间位置的迁移,统称为生物转运(biotransportation),主要指吸收、分布和排泄过程。毒物经过酶催化后化学结构发生改变的代谢过程出现了质的变化,又称生物转化(biotransformation),主要指代谢过程,形成的产物为代谢物(metabolite)。

毒物通过细胞膜的速度,取决于它们脂溶性的大小,脂溶性又受毒物的极性大小及离子化程度的影响,脂溶性与极性及离子化程度均成反比。极性越大,脂溶性越小;毒物经离子化后,脂溶性往往减弱,较难通过细胞膜脂质进行扩散。

(一) 生物转运

1. 吸收 毒物经过各种途径吸收后均经血液循环而起作用。吸收的速度随进入体内的途径不同而异。不同入体途径毒物吸收快慢顺序不同，其顺序依次为：椎管和心腔＞静脉＞吸入＞腹腔内＞皮下＞肌内＞真皮内＞口服＞体表接触。法医学鉴定中常见的主要有以下几种：

（1）消化道吸收：是固态或液态毒物最常见的吸收途径。胃液呈酸性，肠液偏碱性，毒物的脂溶性在这两个部位有明显差异。弱有机酸在胃内易吸收；而弱有机碱在肠内呈脂溶形式，所以主要通过肠道吸收。乙醇大部分在小肠吸收，此外，胃肠蠕动能力、毒物的溶解度、胃充盈状况和食物性质等，也都是影响消化道吸收的因素。

（2）呼吸道吸收：经呼吸道吸收的毒物主要有气态毒物，吸收最快的是气体、小颗粒气溶胶和脂水分配系数较高的物质。挥发性毒物蒸气、气溶胶、粉尘等。如一氧化碳、氰氢酸、氯仿、乙醚及汞蒸气等经肺吸入，因肺泡面积大，毒物直接进入血液而不经肝代谢，故比消化道吸收快。

（3）皮肤吸收：健康皮肤对大多数毒物不吸收，但对脂溶性毒物可吸收，如接触有机磷农药而中毒。

（4）注射吸收：最为迅速。以心血管内注射吸收为快，其次为肌内及皮下、胸腹腔等。在医源性中毒中，错用药物或用药过量导致意外事故的发生较多见，如在硬膜外麻醉时，给药剂量过大或误插入蛛网膜下腔导致患者在短时间内死亡。

2. 分布 毒物吸收入血后，通过血液分布到全身各组织器官。由于毒物的化学特性、细胞膜渗透性的差异，以及对各组织、器官亲和力的不同，毒物在体内的分布并非均匀。能溶解于体液的可在体内均匀分布，如乙醇等。对某一器官具有特殊的亲和性，富集于这些组织器官，形成该毒物的储存库（storage depot），如汞对肾脏，砷对毛发、指甲，铅对骨骼。吗啡则以结合形式在胆汁中含量最高。脂溶性毒物与脂肪亲和力强，已发现双对氯苯基三氯乙烷（DDT）、六氯环己烷（六六六）在身体脂肪中蓄积的浓度最高。

3. 排泄 指毒物及其代谢产物经机体的排泄器官或分泌器官排出体外的过程，是毒物在体内的最后过程。毒物主要经肾脏经尿液排出体外，也可经胆道排泄，其他如汗液、唾液、乳汁、泪液也可以排泄。

（1）肾：是最重要的排泄途径，排泄毒物的效率非常高，毒物通过肾小球、肾小管随尿液排出，因此尿液是最常采取的检材。毒物经肾排泄时，肾往往遭到不同程度的损害。其排泄机制主要为肾小球滤过，肾小管主动分泌和肾小管被动重吸收，其中简单扩散和主动转运更加重要。

（2）胆道：胆汁排泄是机体肾外排泄的主要途径，胆汁由肝细胞分泌后产生，经过毛细胆管、小叶间胆管、左右胆管后汇入肝总管，最后经胆囊管流入胆囊中储存、浓缩，开始消化时，胆汁从胆囊排出到十二指肠。经胆汁排入到小肠的外源性化合物及其代谢产物，在小肠中被分解，重新被肠黏膜上皮细胞吸收，经肝门静脉回到体循环，最后经尿液排出体外，形成肝肠循环（hepato-enteral circulation）。

（3）其他：随上皮、皮脂腺、唾液腺、乳腺、消化液等分泌物而排出。如一氧化碳、乙醇等可通过呼吸道排出体外，吗啡、地西泮等可通过乳汁排出，引起婴儿中毒，苯妥英钠等可通过肠道排泄。

(二) 生物转化

毒物进入机体后，通过与细胞和组织内某种酶作用，部分代谢转化，最终发生结构的变化。完全不变化或完全变化的毒物均较少，多数毒物通过代谢变为低毒或无毒的产物。通过代谢还增强极性及水溶性，从而影响其分布，生物转化的方式主要有两个时相，即第一步为氧化、还原或水解，第二步为结合。

1. 氧化 是最常见最有效的解毒方式，不论有机或无机毒物均可在体内借助于酶系统起氧化反应，参与其中的主要为微粒体酶和非微粒体酶，如乙醇氧化为二氧化碳及水，苯氧化为酚。主要有硫氧化、氮氧化、羟基化、脱烷基、醇氧化、醛氧化和胺氧化等作用。

2. 还原 通过还原作用可使毒物的毒性发生改变。如亚硝酸盐中NO_2^-根可被还原成毒性低的NH_2。另一方面，通过还原作用也可生成毒性高的毒物，如五价砷还原为三价砷，硝西泮、氯硝西泮的硝基还原。

3. 水解 各种细胞的微粒体、血浆或消化液中均含有酯酶及酰胺酶，能使各种酯类或酰胺类毒物水解，而减小毒性作用。水解作用主要有酯水解、酰胺水解、缩醛（糖苷）水解、环氧化物水解。如对硝基酚水解时产生对硝基酚随尿排出，普鲁卡因被酯酶水解后生成对氨基苯甲酸和二乙氨基乙醇。有些毒物经过水解，可出现增毒现象，如氟乙酰胺通过酰胺酶水解，可形成毒性更大的氟乙酸。

4. 结合 毒物在体内与某些正常成分结合成低毒性化合物，与葡萄糖醛酸结合是广泛存在于机体的一种代谢反应，此外还有与硫酸的结合等。如氰氢酸与蛋白巯基中的硫结合成硫代氰酸，酚与硫酸或葡萄糖醛酸结合，以及乙醇非氧化代谢产物EtG、EtS、FAEEs和PEth等。

五、法医毒物动力学

法医毒物动力学（forensic toxicokinetics）是用法医毒理学和毒物动力学的理论和技术研究机体、尸体、检材或自然环境中法医毒物的动力学变化过程的学科。其研究内容包括法医毒物的毒物动力学、死后分布、死后再分布、死后弥散、毒物分解动力学、死后产生毒物等。法医毒物动力学目的：①提供法医毒物的毒物动力学模型、方程和参数；②提供法医毒物的死后分布、死后再分布、死后弥散、分解动力学、动态分布、检材和尸体中毒物产生情况的资料和数据。其任务是为中毒案件的法医学鉴定提供毒物动力学证据。其主要作用有：①推断中毒死亡当时尸体内毒物浓度；②推断肇事或中毒当时机体内毒物浓度；③死后腐败产生毒物与生前服毒的区别；④生前服毒与死后染毒的鉴别；⑤毒物进入机体的时间、途径和方式的确定。对毒物分析结果的评价和使用意义重大。

1. 毒物动力学（toxicokinetics） 是应用药代动力学原理，探讨药物及其他外源性化学物毒性或不良作用发生和发展规律的一门交叉边缘学科。它运用药代动力学的原理和方法定量地研究毒性剂量下药物在动物体内吸收、分布、代谢、排泄随时间的动态变化规律与特点，探讨药物毒性发生和发展的规律性，从而为毒物安全性评价提供科学依据。其作用有：①提供毒物原体及其代谢物的毒物动力学方程和参数；②推断肇事或中毒当时机体内毒物浓度；③判断服毒时间、毒物入体途径；④研究毒物联合作用机制。

2. 死后分布 中毒死亡当时毒物在尸体内的分布状态，即中毒死亡当时毒物在尸体各器官组织中的含量状态称为毒物的死后分布（postmortem distribution），用中毒死亡当时尸体组织脏器中毒物（药物）的含量来表示。其作用有：①检材采取；②判断死亡时相；③推断血中毒物浓度；④推断入体途径；⑤判断是否发生毒物死后再分布。

3. 死后再分布（postmortem redistribution，PMR） 即毒（药）物在尸体内浓度的改变过程，特别是心血中毒物浓度的变化。这种毒（药）物浓度随着取材部位的不同、检材收集和死亡时间间隔的不同而发生变化，毒（药）物浓度与部位和时间的依赖关系在法医科学中被称为毒物的死后再分布。其作用有：①检材的采取和收集；②毒物分析结果的评价和使用。周围血（如股静脉或锁骨下静脉血）已成为毒物分析的"黄金标准"，中毒法医学鉴定中应同时取心血、周围血、肌肉、玻璃体液及其他组织等多种检材，进行全面定量分析和比较以消除死后再分布的影响。

4. 死后弥散（postmortem diffusion） 是指毒物从机体内的蓄积库（reservoir），如胃肠道、肝脏、肺和心肌等被动扩散释放到周围组织，导致周围组织或血中毒物浓度升高的过程。死后弥散是死后再分布的一种机制，有部分学者认为它是死后再分布的主要或全部原因。其作用有：①正确解释死后再分布机制；②提供生前服毒与死后染毒鉴别依据。

5. 毒物分解动力学（toxic decomposition kinetics） 研究毒物在尸体、检材和自然环境中动态变化过程或稳定性（stability），运用动力学理论和分析技术经数学模拟来揭示此变化过程的规律性。生物检材中毒物及其代谢产物浓度随时间变化的动态过程是毒物分解动力学研究的中心问题。应用生物检材中毒物分解动力学数学模型和参数，可以推测生物检材中毒物浓度的经时变化，推断中毒死亡当时尸体内毒物含量，指导选择最佳存放检材条件，确定毒物检出时限，正确分析和使用毒物分析结果。

6. 死后产生毒物（postmortem production of poison） 是指由于腐败、碳水化合物和蛋白质的分解，在尸体和保存检材中产生醇类、硫化氢或氰化物等生前未服用毒物的现象。在醇类、硫化氢和氰化物中毒法医学鉴定中应注意区分是生前服毒还是死后产生。

六、急性、亚急性和慢性中毒

根据毒物入体后毒物作用的快慢，将中毒分为急性中毒、慢性中毒和亚急性中毒。

（一）急性中毒

急性中毒一般指24h内，生物机体一次或多次摄入或接触毒物导致的中毒。在法医鉴定实践中所遇到的中毒案件，无论是自杀、他杀或者意外灾害，绝大多数是急性中毒。常因毒物一次性进入机体而发生。其中毒死亡也快，其原因多为生命器官的急性功能障碍。

（二）慢性中毒

慢性中毒通常指少量或者多次接触或者摄入毒物在3个月以上而导致的中毒。在法医工作实践中，药物滥用（包括吸毒）和环境污染所致的中毒多表现为慢性中毒。

(三)亚急性中毒

亚急性中毒指介于急性中毒和慢性中毒之间的中毒。在法医工作实践中较少见，多为蓄积中毒，以意外多见。

（负克明）

第二节　常见毒物中毒

一、砷化物中毒

砷（arsenic），俗称砒。无机砷化合物中毒以三氧化二砷（As_2O_3，arsenic trioxide，又名白砷或白砒）最多见。砷是一种传统毒物，常被用于投毒他杀，采用小剂量多次投毒时，易被误诊为其他疾病；砷化物中毒也可见于日常生活性意外，如误当作碱面或石膏来制作食品，用其配成栓剂治疗阴道滴虫病而引起中毒。

1. 砷中毒分型　分为4型。

（1）急性麻痹型：特点是出现严重循环衰竭，伴昏迷或半昏迷状态，偶有抽搐。患者常在数小时内急性死亡。

（2）急性胃肠型：此类型最常见，服毒后迅速发生呕吐、腹泻，伴有腹部痉挛性疼痛。呕吐物呈稀米汤样，临床表现甚似霍乱，容易发生混淆。患者可于数小时至数天内死亡。

（3）亚急性型：见于小量多次摄入砷化物，或一次大量摄入体内但未立即死亡。病程迁延，临床表现以肝、肾损害为突出，易误诊为急性重型肝炎。

（4）慢性型：多由于砷化物少量多次进入体内所致，病程可达数年。有的则由急性中毒后逐渐发展而来。中毒症状有的表现为周围神经炎症状；有的表现为慢性胃肠炎；有的皮肤角质增生或色素沉着，严重者色素沉着遍及胸、腹、背部，皮肤呈古铜色；指甲出现1~2mm宽的白色横纹，逐渐向远端移行。

2. 砷中毒的尸检所见　急性砷化物中毒尸检一般没有特殊病变。亚急性和慢性型中毒可见：

（1）消化系：亚急性中毒消化管黏膜呈炎症改变，可出现急性或亚急性重型肝炎。

（2）皮肤黏膜：慢性砷中毒者可见皮肤色素沉着；在掌跖、手背、足背及躯干等处可见角质增生。

3. 砷中毒的法医学鉴定　根据砷接触史、典型临床表现（如呕吐、腹泻、米汤样大便、腹痛或皮肤角质增生、周围神经炎等）和毒物分析结果。

二、氰化物中毒

氰化物（cyanide）是一类剧毒化合物，分无机氰化物和有机氰化物两类。法医工作中常见的为无机氰化物如氢氰酸、氰化钾、氰化钠。有机氰化物如腈类、氰酸酯类、异氰酸酯类等主要见于医疗意外、生产事故。许多植物中含有氰苷，如杏、桃、李和枇杷等果实中的核仁，木薯，酸竹笋，高粱嫩叶等，氰苷经过水解后释放氢氰酸可引起中毒；其中以苦杏仁中氰苷含量较高。

自杀或他杀是氰化物中毒死亡的常见方式。有少数利用氰化物通过胃肠外途径（肌内注射、静脉注射等）投毒的，应引起注意。

1. 毒理机制　氰化物毒性取决于在体内释放氰离子的速度和数量。氰离子可抑制体内40余种酶，主要通过阻断细胞色素氧化酶在生物氧化过程中的电子传递，使组织细胞不能利用氧而造成内窒息。

2. 中毒症状　当口服大量或吸入高浓度氰化物时，可在4~6s内突然昏倒、呼吸困难、强直性痉挛，经2~3min后呼吸心跳停止，呈"闪电式"死亡。如剂量较小，则可经过一段时间后（10~30min）死亡。

3. 尸检所见　氰化物中毒死者，尸检时可见尸斑、肌肉及黏膜呈鲜红色，但死亡迅速者尸斑可呈紫红色，而口唇及肺脏仍呈鲜红色。一般窒息征象重，体腔内可有苦杏仁气味。口服氰化物中毒者，胃及十二指肠黏膜可有出血、糜烂及坏死。

4. 法医学鉴定　凡突然急速死亡的案例而疑有中毒时，应首先考虑氰化物中毒的可能。尸检见胃黏膜有显著腐蚀现象有助于诊断。因氰氢酸容易挥发，可因尸体腐败而分解，尸体腐败时又可产生少量氢氰酸。因此，必须尽早尸检和采样送检，毒物分析亦应尽早进行，以免出现假阴性或假阳性。

三、安眠镇静类药物中毒

法医实践中较常遇到的有巴比妥类和非巴比妥类安眠药，近年来以非巴比妥类的中毒为主。非巴比妥类安眠镇静药包括强安定药和弱安定药两类。前者为抗精神病药，常用的为吩噻嗪类；后者为抗焦虑性镇静药，减轻焦虑、紧张，有抗惊厥作用，常用的有地西泮、氯氮䓬、甲丙氨酯、格鲁米特、甲喹酮等。

安眠镇静药通过作用于中枢神经系统的不同部

位和环节，产生抑制效应。巴比妥类安眠药与乙醇、吗啡或非巴比妥类安眠镇静剂均有协同作用；如乙醇可增加巴比妥类的吸收速率，又可阻碍其在肝内的代谢而延长巴比妥类的作用，引起重度中毒甚至死亡。

1. 中毒症状 急性中毒者出现神经系统、循环系统、呼吸系统受抑制的表现，如嗜睡、共济失调、神志不清、体温下降、呼吸变慢、发绀、肢体软弱、皮肤湿冷、尿潴留、瞳孔大多散大、反射消失、手臂及足跟部皮肤上可出现疱疹。

2. 尸检所见 可见一般窒息征象，如中毒后死亡较快，胃内可发现残存未溶解的白色粉末或药片，胃黏膜可发生糜烂或出血。迁延数天后死亡的病例，常并发坠积性肺炎，大脑半球苍白球可有对称性坏死灶。

3. 法医学鉴定 必须强调定量分析，以确定是否达到致死血浓度，如量不高，应注意有无与其他镇静安定药物并用或同时饮酒；同时应作全面尸检排除其他疾病。

四、农药中毒

农药可分为杀虫剂、杀螨剂、杀菌剂、除草剂、杀鼠剂及植物生长调节剂等。法医工作中最常见的是杀虫剂和杀鼠剂。杀虫剂中用量最大、使用范围最广、中毒人数最多的是有机磷农药。由于农药和杀鼠剂的广泛使用，容易获得，意外、自杀和他杀均很常见。

（一）有机磷农药中毒

常见的有机磷农药有剧毒类的甲拌磷（3911）、内吸磷（1059）、双硫磷（1605）等；高毒类的久效磷、甲胺磷、敌敌畏等；中毒类的乐果、敌百虫等和低毒类的杀虫畏、马拉硫磷（4049）等。

有机磷农药中毒在城镇以敌敌畏中毒为多见，农村则以甲胺磷、对硫磷等较多见。除常见用于服毒自杀外，也有用于投毒的案例，如将农药掺入食物、饮料或中药等，还有通过胃肠外途径投毒者，如静脉、肌内、皮下、胸腔、心包腔内注射、吸入或塞入阴道等。意外中毒多为误服被农药污染的饮食，或使用时未加防护所致。

1. 中毒机制及症状 有机磷可经消化道、呼吸道、阴道等黏膜及皮肤吸收。进入体内后主要抑制胆碱酯酶活性，使胆碱能神经突触间隙的化学递质乙酰胆碱过分蓄积，导致胆碱能神经持续兴奋，出现毒蕈碱样症状（如恶心、呕吐、腹痛、腹泻、流涎、流泪、出汗、呼吸困难、发绀、瞳孔缩小等）、烟碱样症状（局部和全身肌肉的颤动、痉挛，到最后的肌无力或肌麻痹）和中枢神经系统症状（早期头痛、眩晕、躁动、谵语、共济失调、呼吸加快、血压升高、体温升高，晚期昏迷、惊厥、血压下降），最后转入抑制和衰竭。

呼吸衰竭是有机磷急性中毒的主要死因。经口中毒大多于半小时内出现中毒症状，1～5h内死亡；经呼吸道吸入中毒发生快，经皮肤吸收中毒发生较慢。在中毒后1～2周，部分患者可发生周围神经病，称为有机磷迟发性神经病（organophosphate induced delayed neuropathy，OPIDN）。其发病机制主要是对神经病靶酯酶（neuropathy target esterase，NTE）的抑制。

重症有机磷中毒病例有经治疗初步好转，而在第3～15天突然发生"电击式"死亡。这种迟发性突然死亡的案例，以乐果重症中毒病例较多见，也可见于对硫磷、内吸磷、敌敌畏、甲胺磷、马拉硫磷等。目前认为这是有机磷对心脏的毒性作用引起恶性心律失常所致。

急性有机磷中毒后2～4天，个别可在7天内，可突然发病，主要表现为肌无力，先后累及肢体近端肌群和颈屈肌、呼吸肌等，常见颅神经麻痹，严重者可因呼吸肌麻痹而死亡。由于其发病时间在急性中毒症状明显改善后、OPIDN发生之前，称为中间综合征（intermediate syndrome，IMS）。

2. 尸检所见 急性中毒死者可见尸斑显著，尸僵出现早而强，部分案例可见腓肠肌和肱二头肌显著挛缩。瞳孔大多缩小，口鼻周围有白色泡沫，多可闻及有机磷的特殊气味。夏季可见死苍蝇在口周围黏着。胃内可闻到有机磷的特殊气味，有机磷乳剂与胃内容物混合可呈白色乳状液，敌敌畏等有腐蚀性的有机磷可使胃底黏膜呈大片灰白色或灰褐色坏死，并有出血。

3. 法医学鉴定 如中毒者瞳孔缩小、大汗、肌束颤动、口吐白沫，而且死亡较快，应首先想到有机磷农药中毒的可能性。尸检时闻到有机磷的特殊气味，检见瞳孔缩小、肱二头肌及腓肠肌挛缩等，对有机磷中毒的诊断具有参考价值。有机磷中毒的鉴定有赖于毒物分析的结果。胃及胃内容、心血是常用的检材，经皮肤或注射方式中毒者，还应取局部皮肤。有机磷虽然容易降解，但有时埋葬数月甚至更久，开棺采样仍有检出的可能性。

（二）氨基甲酸酯类农药中毒

氨基甲酸酯类杀虫剂主要有呋喃丹、西维因、叶蝉散、速灭威和仲丁威等。氨基甲酸酯类和有机磷农药一样，是一种胆碱酯酶抑制剂。但氨基甲酸酯对胆碱酯酶的抑制是可逆的，抑制后的胆碱酯酶复能快，临床症状出现较快，持续的时间较短，如未死，恢复也快。

氨基甲酸酯类中毒的尸检变化、临床表现与有机磷农药中毒者近似。

法医工作中如遇中毒症状类似有机磷农药中毒，而呕吐物、胃内容物无特殊气味时，应考虑氨基甲酸酯类农药中毒，再结合案情调查和毒物分析结果可以做出鉴定。

（三）百草枯中毒

百草枯（paraquat），化学名称为1,1′-二甲基-4,4′-联吡啶阳离子或其盐（二氯化物、二溴化物等），别名克芜踪、对草快，是一种在国内外使用广泛的除草剂。百草枯对人畜毒性极大，口服中毒死亡率非常高，可达90%以上。

1. 中毒机制 百草枯产生大量过氧化氢和过氧游离基等物质，并消耗机体中的还原型烟酰胺腺嘌呤二核苷酸磷酸（NADPH），引起肺、肾、肝等组织器官细胞膜脂质过氧化，造成组织细胞损伤甚至多器官功能衰竭。

2. 中毒症状 百草枯对皮肤、眼睛和口腔黏膜具有腐蚀性，会造成皮肤干裂，结膜炎和角膜炎，咳嗽、咳痰、呼吸困难等症状。口服摄入者可有剧烈呕吐，咳嗽，口腔、咽部、食管、胃有烧灼感。大部分中毒者会出现舌部肿胀、舌面黏膜的糜烂及溃疡，被称作百草枯舌（paraquat tongue）。肺对百草枯极为敏感，中毒症状表现为胸痛、呼吸困难及肺影像学改变，进一步发展为呼吸衰竭。百草枯中毒者还可出现蛋白尿、血尿及脓尿，尿素氮升高，进而肾衰竭，严重者出现少尿、肝功能异常。

3. 尸检所见 消化道黏膜和肺的损伤是百草枯中毒的特征性病变。消化道的损伤包括口、咽、食管、喉和上部气管黏膜严重充血，以及胃黏膜容易充血。肺的损伤分为两个阶段：①破坏阶段，在接触1～3天内发生，特征是对肺泡上皮细胞的破坏；②增生阶段，在接触5～10天内发生，大块肺纤维化，被称作百草枯肺（paraquat lung）。

4. 法医学鉴定 怀疑百草枯中毒死亡的案件，应注意提取肺作为检材。

五、毒品中毒

（一）概述

1. 毒品与吸毒的概念

（1）毒品：是指国际公约明令禁止的、能够使人形成瘾癖的麻醉品与精神药物的统称，包括阿片、吗啡、海洛因、大麻、苯丙胺类等200余种。

（2）吸毒：意指某些人为了变换情绪或诱导欣快感，非法使用明令禁止的毒品，包括麻醉剂（阿片、吗啡、海洛因）、兴奋剂（可卡因、苯丙胺类）、致幻剂（大麻、二乙麦角酰胺）。

（3）药物滥用（drug abuse）：是指长期使用某种药物超过了治疗的需要，从而成瘾不可自拔，包括催眠镇静安定剂、止痛剂，甚至酒精和烟草，广义而言，吸毒也是药物滥用。

2. 常见毒品类型

（1）阿片类：包括吗啡、海洛因、可待因、美沙酮等。

（2）中枢神经兴奋剂：如可卡因、苯丙胺、甲基苯丙胺等。

（3）大麻：包括印度大麻、大麻醇等。

（4）致幻剂：如二乙麦角酰胺（lysergic acid diethylamine，LSD）等。

（5）毒品的替代药、添加剂和溶解剂：如盐酸二氢埃托啡。

依国家和地区不同，毒品流行种类也不一样，大多数国家和地区，目前以吗啡（包括海洛因）、大麻、可卡因和苯丙胺类最多见。

《中华人民共和国刑法》规定的毒品，是指鸦片、海洛因、甲基苯丙胺（"冰毒"）、吗啡、大麻、可卡因及国家规定管制的其他能够使人形成瘾癖的麻醉药品和精神药品。

目前国内滥用的主要毒品是阿片类，即阿片、吗啡和海洛因等。近年来，甲基苯丙胺等新型精神活性物质呈流行和蔓延趋势，应引起重视。

3. 吸毒的方式 有口服、咀嚼和吮吸、吸入、皮下或肌内注射及静脉注射。其中吸入可通过吸点燃的原材料（大麻）；或直接吸入如挥发性溶剂；或将固体药物加热使之升华为气体，然后吸入。

（二）阿片类中毒

阿片旧称鸦片（opium），阿片的原生植物是罂粟，其带籽的蒴果含一种浆液，干燥后形成棕黑色黏性团块，即为阿片。阿片中含20种以上生物碱，包括吗啡类与罂粟碱类。吗啡（morphine）是阿片中最主要、含量也最多的有效成分。阿片毒品主要以吗啡和可待因的量来衡量毒品的真伪，国家禁毒委员会认为吗啡含量在1%以上，就可以认为是阿片毒品。

海洛因（heroin）是乙酰化吗啡衍生物——二乙酰吗啡，俗称"白面儿"，为毒品之王。黑市上的海洛因根据有效成分的多少，分为1、2、3、4号，有效成分越高，编号越大。国内海洛因绝大部分由境外贩进，其海洛因含量为1%～90%，有些不足1%。黑市上的海洛因因添加剂不同，颜色外形各异，含量一般在10%～40%。

20世纪80年代前,吗啡中毒案例几乎都是由于医疗上误用或用药过量,且多为小儿。偶有用吗啡自杀者,多与职业有关,用于他杀者少见。80年代后,吸食阿片、海洛因不断增多,不仅吸毒成瘾造成慢性中毒,而且有因过量而急性中毒或合并严重感染或同时受外伤等而死亡。

1. 吗啡的中毒机制 吗啡具有极强的麻醉作用,其对中枢神经系统的作用是抑制和兴奋的复杂结合,抑制占优势。吗啡可刺激呕吐中枢;刺激动眼神经核,使瞳孔缩小;对脊髓有兴奋作用,使脊髓反射增强。吗啡能减少胃肠道平滑肌蠕动并增加括约肌收缩而导致便秘;使周围血管扩张,因而中毒者体温下降。呼吸中枢麻痹是中毒死亡的直接原因。

2. 吗啡的中毒症状 急性吗啡中毒症状为中枢神经系统深度抑制,呼吸深度抑制,呼吸慢而浅表,脉搏微弱而不规则,血压下降,体温下降,四肢冰凉。瞳孔缩小至针头大小是吗啡中毒的特征之一。

3. 吗啡中毒尸检所见 急性吗啡中毒死者,解剖无特殊所见,仅为一般窒息征象。不一定能见到瞳孔缩小。阿片中毒时,胃中有时可找见阿片残渣,闻到阿片臭味。慢性吗啡中毒(成瘾)死者身体消瘦、贫血。如使用静脉注射毒品,体表可见新旧不一的注射痕迹。吸毒史长者多在双侧上肢静脉,甚至足背静脉注射,留下更多的针眼。鼻吸毒品者可造成鼻中隔穿孔。

吸毒的尸检工作中要注意严加防护,因为吸毒者是艾滋病或病毒性肝炎的高危人群。

4. 法医学鉴定 应注意吗啡中毒突出的表现,如昏睡、发绀、瞳孔缩小如针尖、呼吸缓慢等,并注意与其他中枢抑制剂中毒及中枢神经疾病相鉴别。必须调查毒品来源、种类及吸毒史。吗啡、海洛因过量可因呼吸麻痹急速死亡,特别是初吸毒者或戒毒后复吸者。

对吗啡进行定性、定量是必不可少的鉴定工作内容。海洛因进入体内很快代谢为吗啡,尿中只有极微量的海洛因原形,所以仍以检出吗啡作为依据。血液、尿液、胆汁不论进入途径如何都是最好的毒物化验检材,但要及时,一般48h后则完全排泄。

(三)苯丙胺类中毒

苯丙胺又称苯异丙胺或安非他明(amphetamine),是较强的中枢兴奋剂。苯丙胺的衍生物有甲基苯丙胺(methamphetamine)。其盐酸盐作用较苯丙胺更强。甲基苯丙胺外观似水晶体,故俗称"冰毒"。多在青少年中蔓延,值得引起高度重视。

急性中毒症状表现兴奋,精神、体力均显活跃,动作快而不准,焦虑、紧张、震颤、意识紊乱、眩晕。严重中毒者谵妄、恐慌、躁狂、幻觉、自伤及类偏执型精神分裂症。可有外周拟交感神经反应:心动过速,呼吸增强,血压升高,头痛,高热,颜面潮红,大汗淋漓。最后心律不齐,发生循环衰竭死亡。

急性苯丙胺类中毒死亡者无特殊病变,因此鉴定时强调调查毒品的来源、中毒症状、吸毒史及毒物分析。

(四)致幻剂中毒

常见致幻剂有大麻、二乙麦角酰胺、苯环乙哌啶及氯胺酮等。

大麻主要影响精神活动,较大剂量使人产生显著的情绪与行为反常,出现离奇的幻觉、类偏执狂等急性精神病反应,并可导致以残暴、离奇的手段杀人。可造成思维迟钝、混乱和思维崩溃及时间、空间定向障碍,不能意识到危险动作的后果。

尸检无特殊病理变化。法医学鉴定应注意调查有无吸食大麻烟或内服该类毒品史。经毒物化验加以判定。

(五)可卡因中毒

可卡因(cocaine)是古柯叶中的主要生物碱,又称古柯碱,化学名为苯甲酰甲基芽子碱。纯可卡因是一种白色结晶,味苦。可卡因是一种强效中枢兴奋剂,是西方常滥用的药物之一。这种兴奋剂几乎充斥了美国和欧洲市场,已成为严重的社会问题。

可卡因对机体最突出的作用是对中枢神经的刺激作用,开始作用于大脑皮质使之兴奋,产生一种欣快的精神状态,解除疲劳及饥饿,进而延及皮质下中枢,过度兴奋则转为抑制,严重者发生呼吸、心跳停止。长期使用大量可卡因有产生精神病的潜在危险,可卡因精神病表现为偏执狂,有一种典型症状是有皮下蚁走感,奇痒难忍,造成严重抓伤甚至断肢致残。

可卡因中毒的法医学鉴定,要注意毒品接触史。急性中毒者可突然昏倒、苍白、冷汗、无脉,因心脏停搏和心力衰竭而迅速死亡。长期滥用可卡因者可产生耐受性和依赖性,主要为精神依赖,滥用者形体消瘦。要根据不同的进入途径,注意有关病理变化和检材采取方法。

六、杀鼠剂中毒

杀鼠剂种类繁多,常见的有磷化锌、磷化铝、氟乙酰胺、敌鼠、毒鼠强等。我国已禁止使用毒性极强的药品(如毒鼠强、氟乙酰胺)作为杀鼠剂主要成分投放市场，但因管理上的问题，仍然有不少使用的，发生中毒和死亡的事件一度明显增加。

（一）氟乙酰胺中毒

氟乙酰胺（fluoroacetamide）又名敌蚜胺或1081。因其毒性剧烈，20世纪70年代就被国家禁止生产和使用。

氟乙酰胺外形与碱面、食糖或食盐相似，所以易被误食中毒或用以投毒。人吃了因氟乙酰胺毒死的禽畜很容易发生二次中毒甚至死亡。二次中毒是氟乙酰胺中毒的一个特点，常可导致群体性、不明原因的发病，甚至死亡。

1. 中毒机制 氟乙酰胺经胃酸作用水解脱氨生成氟乙酸，氟乙酸在细胞线粒体内形成氟乙酰辅酶A，再形成氟柠檬酸，氟柠檬酸能取代柠檬酸，并与乌头酸酶牢固结合而使酶失活，阻断三羧酸循环中柠檬酸的氧化。使柠檬酸在组织中大量积聚，从而引起机体代谢障碍，由于氟柠檬酸与乌头酸酶的结合是不可逆的，故称这一过程为"致死合成"（lethal synthesis）。

2. 中毒症状 氟乙酰胺中毒时神经、循环、呼吸和消化系统均有症状表现。重症中毒者表现为反复发作的强直性痉挛，呼吸衰竭或窒息是致死的主要原因；也可表现为各种心律不齐，严重的心肌损害可致心室纤颤。尸检见窒息征象明显。

3. 法医学鉴定 遇中毒症状有抽搐的应考虑氟乙酰胺中毒，毒物化验除检验体内的氟乙酰胺外，还可检验氟乙酸等含氟的代谢产物。氟乙酰胺化学性质较稳定，有从腐败肉泥中检出的报道。

（二）毒鼠强中毒

毒鼠强（tetramine），化学名四亚甲基二砜四胺，又称为"没鼠命""四二四"，曾广泛用于灭鼠。但其毒性大，属剧毒急性杀鼠剂；无较好的解毒剂，易引起二次中毒，我国已禁止使用。

毒鼠强是中枢神经系统抑制性神经递质γ-氨基丁酸的拮抗剂，属惊厥型毒剂。中毒的特征性症状为强直性、阵发性抽搐，类似癫痫发作。死亡急速者，尸检时除一般急性死亡常见的尸体征象，无显著病理变化。

凡在进食后很快有癫痫样抽搐反复发作者，均应考虑毒鼠强中毒的可能性，但需注意与其他痉挛性毒物中毒鉴别。毒鼠强的化学性质稳定，腐败尸体及福尔马林固定后的内脏也可供毒物分析用。

七、酒精中毒

乙醇（alcohol），俗称酒精，急性酒精中毒最常见于意外事故。有如狂饮后直接死于中毒或死于并发症，也有将毒物或药物（如安眠药、大麻、阿片及乌头等）投入酒中进行麻醉抢劫或他杀、自杀者。此外，酒醉后易引起斗殴伤害案件，饮酒后驾驶机动车辆，易发生交通事故。

1. 中毒机制 酒精的主要毒理作用是抑制中枢神经系统，首先抑制皮质功能，使皮质下中枢出现兴奋。表现为面色发红、多言、易感情冲动或无理争论。有性欲冲动，易犯罪。有夸大狂的表现与盲目冒险的大胆行为，易发生交通事故。当酒精的作用进一步加强时，皮质下中枢、脊髓及小脑运动受累，出现共济失调现象，表现为动作不协调、步态蹒跚，重度口吃、语无伦次，呕吐。重度酒精中毒时延髓血管运动中枢和呼吸中枢抑制，出现昏睡、呼吸表浅、面色苍白、皮肤湿冷、发绀、体温在正常以下、昏迷、抽搐症状，如此持续10h余，可因呼吸衰竭而死亡。呼吸中枢麻痹是引起死亡的主要原因。

酒精扩张血管，尤其是皮肤血管，产生温热感。实际上体温易由皮肤散失，加上酒精麻痹体温调节中枢，使体温迅速下降，于低温条件下易冻死。

酒精中毒剂量因人及其习惯不同而悬殊。一般酒精中毒量为75～80g，致死量为250～500g，致死血浓度在400～500mg/100ml。

实际工作中许多其他因素可影响酒精对机体的作用。有心脏病者酒精的致死血浓度较低；与其他呼吸抑制剂或麻醉剂（如巴比妥类安眠药、非巴比妥类安眠药及吗啡等）联合应用时，酒精的致死量明显变小。

2. 尸检所见 急性酒精中毒死亡者出现颜面潮红，眼睑水肿，全身各器官充血、水肿及点、灶性出血，呈窒息征象。剖开体腔时，能嗅到酒的特有气味。酒醉昏迷呕吐，可将呕吐物吸入气管而发生窒息；严重心脏病、肝炎、肝硬化、支气管肺炎及高血压病等患者，易因饮酒中毒引起死亡；也可见酒后死于交通事故或打架斗殴等。急性酒精中毒者易发生蛛网膜下腔出血，尤在头部受伤后。

3. 法医学鉴定 首先确定是否酒精中毒死亡，因急性酒精中毒死者尸检无特征性改变，故重要的是酒精的定性、定量检查。测定血中乙醇浓度时，以心血和周围静脉（股静脉）血为宜；在判定死因时应考虑年龄、疾病、外伤、机体状态、联合中毒等因素。

酒精或饮酒相关案件的法医学鉴定中常涉及生前饮酒和死后产生乙醇的鉴别，可通过体内乙醇非氧化代谢产物、尿中（5HTOL/5HIAA）比率、乙醇/正丙醇浓度值、尿中乙醇检测来鉴别。

八、一氧化碳中毒

一氧化碳（carbon monoxide，CO）为无色、无臭、无刺激性气体，比重 0.967，比空气轻。煤气、汽车尾气及火药、炸药爆炸气体内均含 CO，浓度分别为 6%～15%、7%、30%～60%。中毒多见于意外事故，如生活性意外、火灾、生产性意外。由于 CO 无色、无臭、容易得到，常为自杀或他杀的工具。利用汽车尾气自杀在西方国家较多见，近年来我国也有发生。他杀后伪造现场成自杀或灾害事故假象时有发生。近年来，因违章安装煤气热水器而造成煤气外泄中毒事故也不在少数。

1. 中毒机制 CO 经呼吸道侵入体内后，约 90% 与血红蛋白中的二价铁结合，生成碳氧血红蛋白（HbCO），HbCO 无携氧能力，它既竞争性地替代氧合血红蛋白，并阻碍氧合血红蛋白中氧的解离和组织内二氧化碳的输出，最终导致组织缺氧和二氧化碳潴留，产生中毒症状。HbCO 含量越高，机体缺氧越明显，中毒症状越严重。

临床上常以血中 HbCO 含量作为判断中毒程度的依据：轻度中毒，HbCO 在 10%～20%；中度中毒，HbCO > 30%；重度中毒，HbCO > 50%。

2. 中毒症状 急性中毒者常先有头部沉重感、前额发紧，继而出现剧烈头痛、眩晕、心悸、胸闷、恶心、呕吐、耳鸣、四肢无力及共济失调等症状，此时意识虽存在，但中毒者已无力离开险境自救，故在现场勘查时常可见中毒者向门窗方向爬行的姿势。如继续吸入 CO，则很快出现嗜睡、麻木、意识模糊、大小便失禁乃至昏迷。此时皮肤、黏膜呈樱桃红色，尤以面颊、前胸、大腿内侧明显，呼吸、脉搏加速、反射减弱或消失，甚至出现低血压、心律失常、抽搐或强直等情况。严重中毒者由于脑水肿而出现深度昏迷，此时可出现病理反射，肤色亦因末梢微循环不良而呈灰白或发绀。最终因呼吸衰竭而死亡。

3. 尸检所见 中毒迅速死亡者，因血液中含大量 HbCO，使尸斑呈樱桃红色。各内脏组织亦呈樱桃红色，特别是肌肉组织，这是因为肌肉中有 CO 肌红蛋白形成，尤以胸大肌为明显。心血呈樱桃红色，不凝固。各脏器病变与一般窒息死亡者相同。如迁延数天后死亡，以中枢神经系统和心肌缺氧性病变最为严重。脑常在双侧苍白球形成对称性软化灶；大脑白质可见广泛脱髓鞘变性；重度中毒者常见局灶性心肌坏死，左心室乳头肌顶端容易发生坏死；肾小管上皮细胞和肝细胞变性或坏死；偶见多发性骨骼肌坏死后继发肌红蛋白尿，患者可因急性肾衰竭而死亡。长期昏迷患者可并发坠积性肺炎或压疮。重度中毒者在躯干、面部及四肢等部位皮肤有红斑、水肿，甚至有水疱和大疱形成。

4. 法医学鉴定 应注意现场勘查的重要性。尸斑、肌肉、内脏及血液呈樱桃红色，是 CO 中毒的重要征象，但应与氰化物中毒、溺死、冻死或冷藏尸体相鉴别。CO 中毒者其脏器组织虽经福尔马林液固定数周仍保持樱红色。血液中的 HbCO 含量测定是一氧化碳中毒鉴定的最有力证据。但应注意，迁延性中毒死者或死前曾接受输氧抢救者，HbCO 测定可能浓度很低，甚至出现阴性结果。心血管疾病患者或有慢性肺病患者对一氧化碳的耐受力降低，其致死 HbCO 浓度可低于健康人。这是分析毒物化验结果时应注意的问题。

九、其他毒物中毒

（一）有毒动、植物中毒

我国的有毒动、植物分布广泛，种类繁多，因其中毒和死亡的案例时有发生。有毒动、植物中毒以意外中毒最常见，包括医源性和生活性意外，用有毒动、植物自杀的案例也不少见，有毒动、植物投毒他杀者较少见，但仍应警惕，尤其是在有毒动、植物分布较多的农村地区。

有毒动、植物的毒性成分及其毒理作用均十分复杂，往往一种有毒动、植物有多种毒性成分，且有少数有毒动、植物的有毒成分尚不清楚；对机体的毒理作用部位靶器官、靶组织尚不肯定；许多有毒动、植物中毒缺乏特异性病理形态学改变，尚无特异性的检验方法。因此，在有毒动、植物中毒的法医学鉴定中应注意认识中毒症状、系统尸检、比对检验或动物模拟实验、有毒动植物的地区性分布等问题。

我国常见的有毒动、植物：乌头、雷公藤、钩吻、夹竹桃、毒蕈、栝楼、蛇毒、斑蝥、毒蜂等。

1. 乌头中毒 乌头因产地不同其名各异，较重要的有川乌头、草乌头、雪上一枝蒿等，是最常见的有毒植物。乌头碱是其主要毒性成分，使中枢神经系统和周围神经系统先兴奋后抑制；对心肌有直接刺激作用。重度中毒者因延髓的呼吸和血管运动中枢麻痹，导致呼吸抑制，最后死于呼吸、循环衰竭。生川乌 3～5g，生草乌 3～4g，雪上一枝蒿 0.5～2g 即可使人中毒死亡。

口服后最先出现口唇、舌、咽喉及口腔刺麻感，继而全身和手足皮肤发麻，有特异的刺痛及蚁走感，尤以指尖为著，可持续 1～2h 之久。继而发展到颜面肌和四肢疼痛性痉挛及难以忍受的冷感。恶心、呕吐、腹痛、腹泻、流涎等。而后出现呼吸困难、心慌、气促，脉搏最初迅速，继则变慢，血压下降、心律不齐。严重者可有阵发性抽搐、呼吸浅慢、昏迷。中毒发生后，快者1～2h，慢者8～11h可死亡。死者尸检常规病理检查常无特殊所见。

乌头属植物中毒具有较明显的地区性，多属意外中毒，但自杀、他杀中毒的也不少。乌头中毒有典型的口舌四肢持续发麻症状。流涎、胃烧灼感有一定意义。乌头中毒的毒物化验检材以尿液及涎液为最佳。

2. 毒蕈中毒　毒蕈是指食后可引起中毒的蕈类，我国已知80多种。毒蕈的有毒成分十分复杂，目前尚未完全研究清楚。

毒蕈种类繁多，毒素及毒性差异很大，中毒反应也不相同。一般常先有胃肠刺激症状，但因所含有毒成分不同，其他中毒症状有明显差异，据此大体可将毒蕈中毒分为4种类型。①肝肾损害型：可出现肝大、黄疸，严重者可出现中毒性肝坏死，肝脏体积显著缩小，呈急性黄色或红色肝萎缩。此型最常见，死亡率高达90%，多死于肝性脑病(肝昏迷)。②神经精神型：主要表现为副交感神经兴奋症状，如谵妄、精神错乱、狂笑、动作不稳、幻视、幻听、甚至行凶杀人或自杀。③胃肠炎型：主要症状为剧烈腹泻，水样便，阵发性腹痛，以上腹部和脐部疼痛为主。经过适当对症处理可以迅速恢复，死亡率低。④溶血型：中毒3～4天后出现溶血性黄疸、肝脾大，少数患者出现血红蛋白尿，重者可死于休克或继发的尿毒症。

毒物化验应从现场尽可能将吃剩或未吃的毒蕈和野外采集同种毒蕈的标本进行品种鉴定，并做毒蕈毒素的毒物分析或动物毒性试验。毒蕈中毒常发生于夏秋季，且多为群体性中毒，或因个体差异、进食量的不同，共同进食者不一定均发病。因中毒死者多为肝肾损害型，因此尸检见肝中毒性坏死有一定的诊断意义，但应与暴发性重症肝炎及其他能致肝坏死的毒物相鉴别。

3. 蛇毒中毒　我国蛇类有约220种和亚种，毒蛇67种和亚种。其中对人体危害最大的10种为：眼镜蛇、眼镜王蛇、银环蛇、金环蛇、蝰蛇、蝮蛇、尖吻蝮、竹叶青、烙铁头、海蛇。它们数量多，分布广。

意外被毒蛇咬伤是引起中毒的常见原因。用作药用而发生意外的也有报告，我国南方有用银环蛇咬人而中毒死的他杀案例，应引起注意。用蛇毒自杀中毒致死的亦有报道。

（1）中毒机制：蛇毒只有经过破损的皮肤或黏膜进入人体，沿淋巴及血液循环扩散至全身才起作用，不同毒蛇所含的蛇毒成分不同，毒理作用也有所差异。主要作用于神经系统的称神经毒，使中枢神经特别是延脑呼吸中枢麻痹，阻断神经肌肉间的传导；主要作用于心血管系统的称血液循环毒，可抑制心脏活动，出血、溶血等。神经毒的毒性最强，如银环蛇、金环蛇的蛇毒主要含神经毒；蝰蛇和尖吻蝮的蛇毒主要含血液循环毒；眼镜蛇、眼镜王蛇、竹叶青和蝮蛇的蛇毒是混合毒，既含神经毒，也含血液循环毒，其中眼镜蛇毒以神经毒为主，竹叶青和蝮蛇则以血液循环毒为主。

（2）中毒症状：被含神经毒的毒蛇咬伤局部可出现麻木感、轻度红肿，麻木感向心性扩散，严重时可致肢体瘫痪。被含血液循环毒为主的毒蛇咬伤时，局部出现明显的红肿疼痛、组织坏死，变紫黑色，并迅速向近心端蔓延。神经毒类蛇毒中毒者全身症状表现为头痛、眩晕、流涎、恶心、腹痛、胸闷、气促、眼睑下垂、视物模糊、复视、幻视，听、嗅、味等感觉异常或消失，声音嘶哑、舌麻痹，以致言语不清、吞咽困难、牙关紧闭、共济失调或全身瘫痪等中毒症状。经数小时或数日，因呼吸麻痹和循环衰竭而死亡。含血液循环毒蛇类，中毒全身症状表现为畏寒、发热、恶心、呕吐、全身肌肉酸痛、心悸、胸闷、烦躁不安、谵妄、全身多发性出血、便血、尿血、黄疸、贫血、血压下降、休克等。重者可在咬伤后数小时发生心、肾功能衰竭或中毒性休克。溶血性蛇毒（如海蛇蛇毒）可引起横纹肌麻痹症状，出现肌红蛋白尿，可引起急性肾小管坏死致急性肾衰竭死亡。

（3）尸检所见：毒蛇咬伤病理变化可因毒蛇种类不同而异。咬伤局部皮肤有一对较深而粗的毒蛇牙痕。蛇的种类与大小不同，毒牙的印痕间距与深度不同。咬伤局部可高度肿胀，呈污紫黑色，有水疱形成及表皮脱落。切开肿胀组织有多量淡红色水肿液渗出，肌肉失去正常光泽，变为污灰、暗红甚至紫黑色，皮下出血明显。神经毒性毒蛇咬伤局部可仅见牙痕而无其他明显改变。海蛇蛇毒对横纹肌有选择性损害作用；主要病变为横纹肌坏死。

（4）法医学鉴定：毒蛇咬伤中毒以南方、夏秋季节多见，绝大多数为意外。怀疑毒蛇咬伤中毒死时，尸检中需仔细检查，寻找体表毒蛇牙痕。现场勘查有时可发现盛装过毒蛇的器具内有毒蛇的鳞片或唾液痕。毒蛇毒素的检测尚十分困难，近年有报告可用免疫学方法检测部分蛇毒。

（二）腐蚀性毒物中毒

腐蚀性毒物包括强酸、强碱、盐类、腐蚀性气体及腐蚀性有机化合物。法医工作中较常见的主要为强酸、强碱及腐蚀性气体。腐蚀性毒物的特点主要是在所接触的机体局部造成腐蚀性损害，留下相应的病变。

1. 腐蚀性酸类中毒 腐蚀性酸类主要包括硫酸、盐酸、硝酸，它们都以其所含的氢离子对机体发挥刺激和腐蚀的作用。

过去有用强酸，如硫酸自杀者，但现在则很少见。因其强烈的腐蚀作用，用于他杀的罕见。目前常见用强酸毁容的案例，它主要涉及临床法医的活体鉴定内容。偶有用强酸对碎尸进行消尸灭迹的。意外中毒主要见于工业生产、运输等。

（1）中毒症状：口服后消化道立即发生剧烈疼痛，似烧灼或刀割样，伴强烈呕吐。硫酸中毒常引起胃腐蚀性穿孔，致弥漫性腹膜炎，出现疼痛性休克。硝酸中毒者因胃内有大量气体产生，常致腹胀、嗳气。强酸中毒后，其意识一般常清醒直至临终，因此死者常很痛苦。浓硫酸、盐酸、硝酸的酸雾可由呼吸道吸入，此时常在呼吸道内造成腐蚀损害，出现胸痛、胸闷、刺激性咳嗽等症状，由于由呼吸道进入血液的速度快，其中毒后产生全身症状较快较重。

（2）尸检所见：尸检变化主要在接触毒物的局部出现腐蚀斑痕。腐蚀斑痕颜色一般盐酸为灰白色；硫酸呈黑色；而浓硝酸常为黄色。尸体内部的改变主要在消化道，如食管、胃肠等部位出现腐蚀所致的凝固性坏死。硫酸因其强烈的腐蚀及渗透作用，常导致胃穿孔，致邻近器官、组织腐蚀，使得肝、脾、横结肠、网膜组织等因腐蚀和热作用，质地变脆，颜色变灰白或黑色，如煮熟状。腹腔内可因硫酸的刺激和腐蚀作用，出现急性化学性腹膜炎的改变。硝酸和盐酸一般不易致胃穿孔，胃壁可以因收缩而变厚。吸入强酸酸雾中毒死亡者，在咽喉、气管、支气管上出现相应的腐蚀性改变，引起肺水肿。

（3）法医学鉴定：要注意对腐蚀斑痕的识别。遇死者口周，尤其是口角有流注状斑痕时，应警惕是否强酸中毒。可用 pH 试纸测试腐蚀区，腐蚀斑痕的颜色则可以帮助进一步分析是何种强酸。

法医实践中还可遇到一些弱酸性的腐蚀性毒物中毒案例，如苯酚、煤酚、甲酚等。此类毒物中毒时，除有局部的腐蚀斑外，常可以闻及上述毒物的特殊气味。另外，苯酚中毒尸检时可以见到由其代谢产物所致的棕绿色的尿。

2. 腐蚀性碱类中毒 腐蚀性碱类主要包括氢氧化钠、氢氧化钾及氢氧化铵，它们主要以其所含的氢氧离子对机体发挥刺激和腐蚀作用。

用强碱自杀、他杀的现在很少见。意外中毒主要见于工业生产、运输过程中。

强碱的中毒症状同强酸中毒类似，主要为消化道和局部腐蚀刺激征。胃、十二指肠可发生穿孔引起弥漫性腹膜炎。出现混浊的强碱性尿液，有的出现蛋白尿、血尿、少尿，甚至发生急性肾衰竭。呕吐物可以吸入呼吸道，引起喉头水肿；在氨气中毒时，除消化道的症状外，主要表现为呼吸困难。另外，高浓度的氨或氨气，可致碱性烧伤、出血性液化性坏死，并可通过神经反射引起心搏、呼吸骤停。

强碱中毒局部腐蚀痕的特点表现为肿胀、柔软、滑腻感。氨水中毒时主要出现在口唇周围的皮肤、齿龈、舌头、食管、胃及接触部位。

强碱中毒的法医学鉴定主要是与强酸中毒相鉴别。

（贠克明）

第三节 常见毒物的分析

法医中毒鉴定工作中，各种类型的检材是重要的物证。对检材的处理是否得当，直接关系到毒物鉴定结果的准确性和可靠性。而不同类型的毒物具有不同的理化特性，对检测技术的要求也各不相同。对毒物进行鉴定时，应针对不同类型检材和毒物的特点，采取合适的检材预处理方法，将待检毒物从检材中分离纯化出来，并结合实验条件选择合适的技术手段，对检材中的毒物进行分析。

本节着重介绍检材的类型、检材预处理方法和常见毒物的分析方法。

一、检材和检材预处理

（一）检材（specimen）

作为法医中毒鉴定的对象，检材可分为体外检材（in vitro specimen）和体内检材（in vivo specimen）两大类。

1. 体外检材 指未经过体内吸收、分布、代谢等过程的检材，既包括现场发现的一些可疑物，如药片、粉末、饭菜、饮料等，也包括曾经进入人体的可能含有未被消化吸收的毒物的材料，如当事人的呕吐物、洗胃液和胃内容物等。有时能从体外检材中发现一些毒物的原型，如呕吐物或胃内容物中尚未溶解的药片、煎煮过的中草药药渣中的药材原型等。

体外检材的鉴定结果，可为案件侦破提供重要的线索，但由于体外检材往往只是可疑物，且无法排除犯罪嫌疑人故意设置的假象，体外检材的鉴定结果一般不能作为中毒鉴定的直接证据。

2. 体内检材 指取自活体或尸体的生物材料，包括血液、尿液、唾液等体液，以及内脏、肌肉、毛发、皮肤、骨骼等组织。其中血液是法医中毒鉴定领域最为重要的体内检材，因为血液中毒物的浓度直接反映其被机体吸收的情况，是判断是否中毒或中毒死亡的客观依据。由于毒物常以原型或代谢物的形式排泄，并且部分毒物在尿液中的浓度高于其在血液中的浓度（如阿片类、苯丙胺类毒品和河豚毒素），尿液也是非常有价值的体内检材。而金属毒物常在肝、肾蓄积，因此肝、肾组织是检测金属毒物的重要检材。

与血液、尿液等常规体内检材相比，毛发具有更长的检测时限（1～12个月）。基于头发具有一定的生长速度（约1cm/月），可以通过分段分析来确定毒物入体时间，并可对长期或单次给药进行区分。毛发分析的检测结果可作为推测吸毒史、药物辅助犯罪案件用药时间的重要证据。毛发还具有无损采样、易收集和保存（可室温放置）、便于运输等优点。此外，毛发的情况有时也可以提示中毒，如图13-1所示，由铊中毒引起的弥漫性脱发。

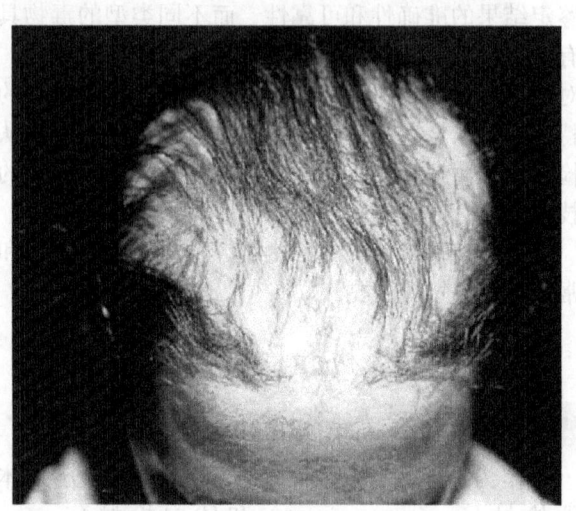

图13-1　由铊中毒引起的弥漫性脱发

由于毒物入体后也能在指甲蓄积，并且一些吸食和贩卖毒品的嫌疑人、投毒案件的嫌疑人和自杀案件的当事人指甲中可能有毒物的残留，指甲也是一种重要的检材，近年来受到越来越多的关注。与毛发一样，指甲具有检测时限长、易收集、对人体无损害、易保存等优点，但由于含有的待测物浓度低（常低至 pg/mg），对检测技术的要求较高。而与毛发不同的是，指甲有长度和厚度两个生长方向，分别具有一定的生长速度（长度方向：手指甲约0.3cm/月；脚指甲约0.1cm/月），且毒物进入指甲的机制更为复杂，造成指甲中毒物的定量分析较为困难。

> **案例13-2**
>
> 一位45岁男子感觉不明原因的乏力和体重减轻，持续半年多时间，期间住院数次，未找出病因。一位皮肤病理学家注意到他指甲上有横向的多条白色条带（图13-2），怀疑是砷中毒造成的米氏线（Mee's lines）。后对该男子的指甲和头发进行了金属毒物的分析，检测到砷。此时，一名内科医生回忆起了类似的案件：另一位曾在该医院就诊的43岁男子，也出现过身体虚弱和体重减轻等症状，之后死亡，死因不明。经进一步调查后发现，两人均是推销员，且负责的销售区域相似，常在同一个小镇的同一家百货公司的餐厅吃饭，并由同一位女服务员提供服务。之后开棺验尸，从43岁男子体内也检测到砷。根据指甲的生长速率，通过测量45岁男子指甲的米氏线之间的距离推测出该男子在那个餐厅就餐的时间，与实际情况相吻合。之后女服务员被逮捕而被判谋杀罪。
>
> 问题：
> 1. 砷的鉴定要点有哪些？
> 2. 除测定指甲米氏线之间的距离外，还有什么方法可以推测45岁男子摄毒的时间？
>
>
>
> 图13-2　由于多次砷暴露引起的米氏线

对体内检材进行法医中毒鉴定时，目标物除毒物原型外，还需检测其代谢物（metabolite），即毒物经体内氧化、还原、水解等代谢过程形成的系列物质。代谢物的鉴定结果，是毒物进入机体的重要证据。但代谢物往往水溶性大、含量低、易受基质的干扰，代谢物的检测具有一定的难度，对分析方法的灵敏度、专属性等要求较高。

（二）检材预处理

除小部分体外检材成分单一，可以直接检测外（如纯度高的毒品），大部分检材特别是体内检材组成复杂、待测物含量低、干扰物多，需要经过分离、纯化、浓缩、衍生化等检材预处理（sample pretreatment）转化成合适的形式后供进一步分析。不同类型的毒物具有不同的检材预处理方法。

1. 非挥发性毒物的检材预处理方法

（1）液-液萃取法（liquid-liquid extraction，LLE），利用化学物质在互不相溶的两种溶剂中溶解度的不同，将毒物从检材或加入了某种溶剂的检材中提取出来转移到另一种溶剂中的过程称为液-液萃取。法医毒物分析常用的萃取溶剂有乙醚、乙酸乙酯、三氯甲烷等，以及这些溶剂的混合溶液。由于覆盖的毒物范围广、对设备要求低，液-液萃取法是法医毒物分析领域应用广泛的检材预处理方法。

（2）固相萃取法（solid phase extraction，SPE），又称液-固提取法（liquid-solid extraction，LSE），是基于待测物与检材中的干扰物被固相萃取柱中固定相选择性吸附，并被洗脱液选择性洗脱的原理进行分离的方法。与液-液萃取法相比，固相萃取法需要特殊的装置，但可以得到更为纯净的萃取物，能够同时完成样品的纯化和浓缩，并可实现批量处理及与检测仪器相连的在线前处理。

（3）蛋白沉淀法（protein precipitation），是利用盐、有机溶剂、酸或碱等物质破坏蛋白质分子在水中的稳定性，导致溶解度降低而沉降下来转化为固体，而与检材中的毒物分离的方法。蛋白沉淀法具有操作简单、快速的优点，但存在未去除完全的杂质可能造成干扰、对分析方法的灵敏度要求较高等问题。

2. 挥发性毒物的检材预处理方法 挥发性毒物指分子量小、常温常压下蒸汽压较高、易挥发的有毒化合物，如乙醇、氰化氢、硫化氢等。这类毒物的检材预处理方法即利用它们易挥发的特性，将其转化成气态分子从检材中提取出来。常用的方法主要为蒸馏法和顶空法。

蒸馏法是基于气-液平衡原理，即物质在一定温度下具有一定的蒸汽压，并在相对密闭的体系中在气-液两相间保持热力学平衡。蒸馏法通过加热提高蒸汽压，使得挥发性毒物从沸腾的检材溶液中逸出，而在冷却装置中被收集后供分析。

顶空法同样是基于气-液平衡原理，将检材装入顶空瓶并加盖密封，通过恒温加热提高挥发性毒物在气相中的浓度，当毒物在气-液两相间达到平衡后，用注射器等装置抽取一定体积的液上气体供分析。

3. 金属毒物的检材预处理方法 金属毒物进入人体后，会与体内的蛋白质结合形成牢固的结合物，难以直接提取分析，因而需通过高温，加入强酸、强氧化剂将检材中的有机质分解和去除，将结合状态的金属转化为可溶的无机化合物后供进一步分析，这样的检材预处理方法称为有机质破坏。

有机质破坏方法分为湿消化法和干灰化法两种。湿消化法是在液体状态下去除有机物的方法，在加入强酸和氧化剂（硝酸-硫酸、硝酸-高氯酸、硝酸-过氧化氢等）后加热分解检材中的有机物，从而得到含无机物的强酸性水溶液。该法具有效率高、待测组分挥发损失少的特点，但由于使用大量强酸，会产生二氧化硫等强腐蚀性的大量有毒气体，需在良好的通风条件下操作。干灰化法分成高温灰化法和低温挥发法。高温灰化法是利用高温（450～550℃）将检材中的有机物破坏，剩余的灰分用水或酸溶解后供进一步分析。该法具有试剂空白小、可批量处理样品的优点，但所需温度高、耗时长，不适合于怀疑含有砷、汞等易挥发金属毒物的分析。低温挥发法采用高频等离子体等技术除去检材中的有机质，具有所需温度低、效率高、空白值低的特点。

4. 水溶性毒物的检材预处理方法 主要包括水浸法和透析法。

（1）水浸法：是用水浸泡已剪碎或捣碎的检材，或辅以轻微加热使得待测毒物溶解于水，然后进行过滤或离心，取滤液或离心上清液进行分析的方法。水浸法适合组成简单检材的直接提取。对于体内检材，水浸法所得浸取液由于无法完全去除蛋白质等大分子物质，可能会对进一步的分析造成干扰，可结合透析法进行处理。

（2）透析法：是利用水溶性的小分子和离子毒物可通过半透膜，而与检材中的大分子干扰物质如蛋白质和多糖等相分离的方法。具体操作是将放入了已剪碎或捣碎检材的半透膜置于纯水中浸泡，待检材中的小分子物质在膜内外达到渗透平衡后，将膜外水溶液换成纯水，反复透析几次后将所得透析液合并供分析。透析法可将组成复杂检材中水溶性小分子物质分离出来而不改变它们的化学性质，但耗时较长，并且所得透析液中待测物的浓度往往较低。

二、分析方法

（一）理化分析法

理化分析法（physical and chemical analysis）指

利用物质的物理、化学或物理化学性质对物质进行测定的一系列分析方法，主要包括显色反应、沉淀反应和显微结晶反应。

1. 显色反应（color reaction） 是指将检材中待测的某种或某类毒物转变成有色物质的化学反应，变色的原理包括酸碱中和、氧化还原、络合等。通过观察颜色变化来判断检材中是否含有某种或某类毒物，或根据颜色的深浅程度来分析待测物的含量。所用试剂称作显色剂。显色反应常在白瓷反应板上或试管中操作。

2. 沉淀反应（precipitation reaction） 是指将检材中待测的某种或某类毒物转变成难溶性化合物从溶液中析出的化学反应，所用试剂称沉淀剂或沉降试剂。沉淀反应的产物，部分有颜色，部分呈现出一定的结晶状。沉淀反应常在试管中或载玻片上进行。

3. 显微结晶反应（micro-crystallization reaction） 是指在显微镜下观察沉淀反应或升华实验等所得到的晶体，通过观察晶体的颜色和晶型等性质来判断是否含有某种毒物。

理化分析法具有操作简单快速，不需要特殊仪器设备的优点，但对待测物的纯度有较高要求，容易受一些干扰因素的影响，灵敏度不高（检出限常在几十到几百微克的范围），存在假阳性或假阴性的风险，现在主要用于药品粉末或残渣等毒物含量和纯度较高的体外检材的预试验或类别试验。

（二）免疫分析法

免疫分析法（immunoassay）是利用抗原抗体特异性结合的原理进行检测的一类分析方法。举例来说，在采用甲基苯丙胺的免疫分析板对尿样进行测定时，首先在加样孔内滴入3～5滴尿样，尿样在毛细作用下向前迁移。在质控区出现紫红色条带的前提下，如果测试区（T）出现一条紫红色的条带，说明尿样中无甲基苯丙胺或甲基苯丙胺浓度低于检出限浓度，此时板上的抗体全部或部分与板上的甲基苯丙胺偶联物结合；如果测试区未出现色带，则可初步判断尿样中含有高于检出限浓度的甲基苯丙胺，此时板上的抗体全部与样品中的甲基苯丙胺结合，而未与板上的甲基苯丙胺偶联物结合；如果质控区未出现红色条带，说明试剂盒失效或操作有误，所得检测结果无效，需重新测定。

由于具有灵敏度较高（检出限常在几百纳克到1μg的范围）、检材无须特殊处理、操作简便快速、可用于现场检测等优点，并随着商品化免疫板的不断增加，免疫分析法广泛用于毒品、苯二氮䓬类安眠镇静药物的鉴定。但需要注意的是，免疫分析法只能对毒物的种属或大类进行分析，容易受到待测物的结构类似物的干扰，存在假阳性的风险。因此免疫分析法通常作为一种初筛的方法，检测结果需要气相色谱-质谱等仪器分析方法的进一步确认。

（三）形态学鉴定

形态学鉴定（morphological identification）是指通过感观或借助显微镜对检材的外观性状或显微形态进行定性分析的方法。外观性状鉴别包括对检材的形状、大小、颜色、气味、表面特征、质地等进行分析，而显微形态的鉴别是借助显微镜对检材的组织结构、细胞种类、内含物质类型等进行观察分析。在法医毒物鉴定领域，形态学鉴定方法主要用于有毒动植物的筛选试验，通常需要相应动植物的标准品进行比较判断。形态学鉴定的结果可为中毒鉴定提供重要的线索，但最终鉴定结论的确认还需要其他的分析方法对其中的有毒成分进行确证。

（四）动物毒性试验

动物毒性试验（animal toxicity test）是利用某些毒物具有较强的毒理作用或特殊的中毒表现，通过观察实验动物服用后产生的毒效反应对毒物进行定性分析的方法。通常针对简单的体外检材，经处理如离心、过滤等操作后，以适当的给药途径用于合适种类的动物，观察并记录动物的中毒症状、组织器官的病变等并与实际中毒案例对照，以初步判断检材中是否含有有毒成分或是否含有某种或某类毒物。在法医毒物鉴定领域，动物毒性试验主要用于具有特殊中毒表现的毒物的筛选试验，如颠茄生物碱、士的宁和毒鼠强等。这种方法还适用于毒性成分尚不清楚或尚无可靠分析方法的毒物（尤其是有毒动植物），以及无法从案情调查等获取线索的情况。动物毒性试验具有简单、快速、直观的优点，但干扰结果的因素较多，如动物种属、给药途径等，因而最终鉴定结论的确认还需要其他的分析方法对其中的有毒成分进行确证。

（五）仪器分析法

仪器分析法（instrument analysis）是利用能表现出毒物的某些物理或物理化学性质的一些仪器来达到分析目的的方法。与传统的理化分析方法相比，仪器分析法具有灵敏度高、检材用量少、精密度高、重现性好、分析速度快等特点，在法医毒物鉴定领域应用广泛。

1. 光谱分析法（spectral analysis） 是基于各种物质由于结构不同对电磁辐射的吸收和发射具有

选择性的原理，确定物质的结构和化学成分的分析方法。

光是一种具有能量的电磁辐射。光子的能量与其频率成正比，与波长成反比。按波长的大小顺序，可将光划分为不同的光谱区，包括紫外光区、可见光区和红外光区，其波长依次增长，能量依次变小。利用待测物与不同波长光的作用可以建立不同的光谱分析方法。

（1）紫外-可见分光光度法（ultraviolet-visible spectrum，UV-VIS）：当物质分子吸收一定波长光的能量，分子外层电子由基态跃迁到激发态，产生的吸收光谱称为紫外-可见光谱，波长范围在200～800nm。利用物质的紫外-可见光谱特性而建立的分析方法称为紫外-可见分光光度法。需要注意的是，不是所有的化合物都具有紫外-可见吸收特性，通常含有芳环或不饱和共轭结构的物质才能产生紫外-可见吸收光谱。

紫外-可见吸收光谱是以波长为横坐标，以吸收度为纵坐标所描绘的曲线。紫外-可见分光光度法对毒物进行定性检测的依据是吸收光谱的特征，包括曲线形状、吸收峰数量、最大吸收波长和摩尔吸光系数值等。一般将样品和标准品的吸收光谱特征进行比较。由于紫外-可见吸收光谱给出的仅仅是官能团的信息，因而结构相似的一类化合物会产生类似甚至相同的吸收光谱，如亚甲基二氧苯丙胺与亚甲基二氧甲苯丙胺、巴比妥类与吩噻嗪类化合物等。将在同样的实验条件下得到的试样的吸收光谱与标准品的光谱对照，如果两者差异明显，则可以判定不是同一种物质；如果两者相同，却不一定是同一种物质，需借助其他的分析方法进一步确证。可见紫外-可见分光光度法在用于毒物的定性分析时具有较大的局限性。

紫外-可见分光光度法具有仪器简单、操作方便、不破坏样品的优点，但由于提供的信息量少，不适合定性鉴别，多用于定量分析，并且灵敏度有限，一般在1～100μg/ml范围内，部分化合物可达0.1μg/ml。在法医毒物鉴定领域，紫外-可见分光光度法主要用于亚硝酸盐和血液中一氧化碳的测定。

（2）红外分光光度法（infrared spectrum，IR）：当红外光照射时，物质分子吸收其中一定波长的光能，引发振动和转动能级从基态跃迁到激发态，相应这些波长的透射光强度减弱，用于描绘百分透过率（$T\%$）对波长或波数的曲线称为红外光谱。利用红外光谱对物质进行定性或定量分析的方法称为红外分光光度法。与紫外-可见分光光度法不同的是，由于物质分子发生振转能级跃迁所需要能量较低，几乎所有的有机化合物均具有红外吸收特性，因而红外分光光度法的适用范围较广泛。

按照吸收特征，红外光谱被分为官能团区（4000～1300cm^{-1}，也称特征区）和指纹区（1300～400cm^{-1}）两部分，分别反映了化合物官能团的特征和分子结构的细微差异。红外分光光度法已成为毒物鉴定和化学结构表征的重要工具。

由于可以提供精细的分子结构信息，红外分光光度法具有强大的定性鉴别功能，且具有样品用量少、不破坏样品、分析速度快等优点，但对待测物的纯度要求高，因而在法医毒物鉴定领域主要用于毒品粉末等体外检材的分析。

（3）原子吸收分光光度法（atomic absorption spectrophotometry，AAS）：当锐线光源辐射出特征谱线的光投射到气态原子上时，如果光的能量正好等于原子从基态跃迁至激发态所需的能量时，会引起原子对该特征谱线光的吸收，产生原子吸收光谱。利用物质的原子吸收光谱特性而建立的分析方法称为原子吸收分光光度法。

原子吸收分光光度法具有准确度和灵敏度高（检出限在1ng/ml至1μg/ml范围）、受干扰小的优点，广泛用于金属毒物的定性和定量分析，但由于分析不同元素时往往需要换用不同的灯作为光源，无法实现对多种金属的同时测定。

（4）电感耦合等离子体原子发射光谱法（inductively coupled plasmas atomic emission spectroscopy，ICP-AES）：等离子体（plasma）是由自由电子、带电离子和中性粒子所组成的整体上呈电中性的气体状物质集合，一定条件下可以提供普通加热方法难以达到的高温。电感耦合等离子体是通过高频电磁场使工作气体形成等离子体并呈现火焰状放电，而以电感耦合等离子体为新型激发光源的原子发射光谱法被称为电感耦合等离子体原子发射光谱法。样品被引入等离子体后，在6000～10 000K的高温下去溶剂、蒸发、原子化、电离和激发，利用激发态的原子或离子返回基态时发射出的特征谱线，根据各元素特征谱线的存在与否及其强度，对检材中某种或某几种元素进行定性和定量分析。

电感耦合等离子体原子发射光谱法具有灵敏度高、覆盖元素范围广（绝大多数金属元素和部分非金属元素）、可以实现多种元素的同时测定等优点，在法医毒物鉴定领域越来越广泛地应用于生物检材中多种金属毒物的测定，如测定血液、尿液、毛发中的砷、铅、汞等。

2. 质谱法（mass spectrometry，MS） 是将化合物转化成带电离子后，按质荷比（m/z）的不同分离后测定化合物成分和结构的分析方法。质谱法分为有机质谱法和无机质谱法，在法医毒物鉴定领域分别用于有机毒物和金属毒物的分析。

（1）有机质谱法：是采用质谱对有机化合物进行测定的方法，其流程简述如下：气态样品进入离子源后被电离，形成失去外层电子的分子离子和进一步碎裂得到的各种碎片离子，进入质量分析器后这些离子按质荷比大小分离，依次进入检测器，得到质谱图。质谱图的横坐标是质荷比（m/z），纵坐标是相对丰度，即以最强离子峰为基峰，其高度设为100%，其他离子峰与基峰的百分比表示。

由于可以根据分子离子峰的信息得到分子量，根据分子离子和各种碎片离子的信息推测物质的分子结构，通过同位素峰的特性推算分子中卤素等信息，质谱法具有强大的定性分析功能。此外，质谱法还具有适用范围广、灵敏度高、分析速度快等优点，与色谱联用后可为复杂检材中毒物的定性鉴别和定量分析提供重要的分析工具。

（2）无机质谱法：是采用质谱对无机化合物进行测定的方法，目前应用最广泛的是电感耦合等离子体质谱法（inductively coupled plasmas mass spectrometry，ICP-MS）。

电感耦合等离子体质谱法是采用以电感耦合等离子体作为离子源的质谱仪对无机元素进行检测的分析技术，具有灵敏度高、背景低、干扰少、图谱简单、线性范围宽、可提供精确的同位素信息等优点，适合多元素的快速分析。

3. 色谱法（chromatography） 是一种将混合物中各组分分离后逐个分析的方法，具有强大的分离能力。色谱法涉及固定不动的固定相（stationary phase）和携带样品向前移动的流动相（mobile phase）。由于化学结构和性质的不同，样品中的各组分随流动相经过色谱柱中的固定相时，与固定相之间的作用力（分配、吸附、离子交换等）会有所差异，造成移动速度的不同，差速迁移一定距离后被分离。这里着重介绍色谱法重要术语，以及在法医中毒鉴定领域应用最为广泛的气相色谱法和高效液相色谱法。

（1）色谱法重要术语

1）色谱图（chromatogram）：是由检测器输出的电信号强度对时间作图所绘制的曲线。

2）色谱峰（chromatographic peak）：指色谱图上流出曲线的突起部分。

3）保留时间（retention time，T_R）：指从进样开始到某组分在柱后出现浓度极大值时的时间。在一定的色谱条件下，不同化学结构和性质的组分具有不同的保留时间，是色谱法的定性参数。

4）峰面积（peak area）：指色谱峰曲线与基线包围的面积，是色谱法的定量参数。

（2）气相色谱法（gas chromatography，GC）：是以气体为流动相的色谱法，其流程简述如下：将样品用注射器进样后，在气化室瞬间被气化成气体，接着由载气带入色谱柱，样品中各组分与色谱柱中的固定液之间作用力的差异造成移动速度的不同，依次被载气带出色谱柱，进入检测器，得到色谱图。

气相色谱法进行定性分析时，主要采用标准品进行对照，即基于在相同的色谱条件下，待测毒物与标准品是否具有相同的保留时间。进行定量测定的依据是：在一定的色谱条件下，组分的色谱峰面积与它的含量成正比。

气相色谱法具有分离效能和灵敏度高、操作相对简单等优点，适用于分离分析气体样品，或易挥发性和热稳定的液体和固体样品。而对于极性大、难挥发或热不稳定的毒物，需要进行衍生化处理，使其成为极性较小、易挥发的衍生物后进行测定，如将阿片类毒品用丙酸酐或 N-甲基-N-（三甲基硅烷基）三氟乙酰胺衍生化后采用气相色谱法检测。

（3）高效液相色谱法（high performance liquid chromatography，HPLC）：是在经典液相色谱基础上，引入了气相色谱的理论和技术，采用高压泵、高效固定相和高灵敏检测器，使分离效率和分析速度显著提高的液相色谱技术。高效液相色谱法的流程简述如下：将样品用进样器进样后，由高压输液泵输送的流动相带入色谱柱，样品中各组分与色谱柱中的固定相之间作用力的差异造成移动速度的不同，依次被流动相带出色谱柱，进入检测器，得到色谱图。

同气相色谱法的定性原理一样，高效液相色谱法也是主要采用标准品对照进行鉴定，即基于在相同的色谱条件下，待测毒物与标准品是否具有相同的保留时间。定量分析是基于在一定的色谱条件下，组分的色谱峰面积与它的量成正比。

与气相色谱法相比，高效液相色谱法不受待测物挥发性和热稳定性的限制，适用于大部分有机毒物的分析，并且固定相和流动相的选择范围大，有利于改善色谱分离。

4. 色谱-质谱联用技术 色谱法具有强大的分离功能，可以将复杂检材中的各组分分离后进行检测。但是受到检测器的限制，对于待测物的性质有一定要求，如采用紫外检测器时，要求待测物具有紫外吸收；并且色谱法主要依赖保留时间定性，存在假阳性的风险。而质谱法适用的化合物范围广泛、灵敏度高，且具有强大的定性鉴别功能，但对样品的纯度要求较高，不适合体内检材等混合物的直接分析。将色谱和质谱法联用，可以充分发挥各自优点，弥补相互的不足，并且由于质谱仪可提供样品中各组分的分子量和结构信息，即使待测物在色谱上没有实现完全分离，但通过分析各组分的特征离子也能进行定性和定量分析。在法医中毒鉴定领域，常用的色谱-质谱联用技术包括气相色谱-质谱联用（gas chromatography-mass spectrometry，GC-MS）、液相色谱-质谱联用（liquid chromatography-mass spectrometer，LC-MS）和高效液相色谱-电感耦合等离子体质谱联用（high performance liquid chromatograph-inductively coupled plasmas-mass spectrometry，HPLC-ICP-MS）。

（1）气相色谱-质谱联用：是将气相色谱与质谱仪相连接而以质谱仪作为它的检测器，综合了气相色谱高效的分离能力和质谱强大的定性鉴别功能，适用于分子量较小、挥发性好且对热稳定物质的鉴定，如有毒动物斑蝥中的毒性成分——斑蝥素。

气相色谱-质谱联用技术进行定性分析时，主要依据待测物色谱峰的保留时间和质谱图所提供的分子离子峰、主要碎片离子峰及丰度比等信息。气相色谱-质谱联用仪配备有商品化标准质谱图库和质谱图搜索系统，可将检材的质谱图与谱库中标准品的质谱图进行比对，完成未知毒物的定性鉴别，这是气相色谱-质谱联用仪的一大优势。

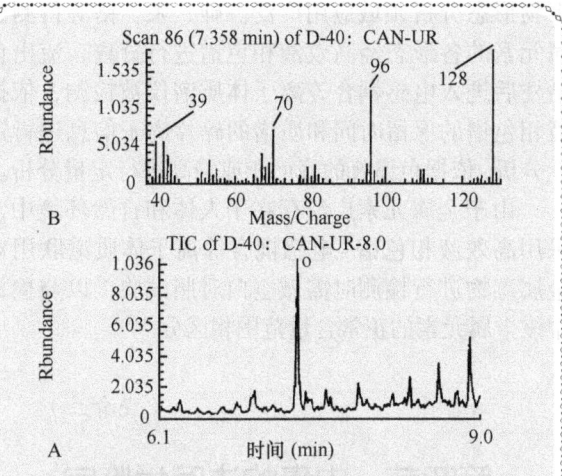

图 13-3　服用药粉后 6h 尿样的气相色谱图（A），色谱峰被鉴定为斑蝥素（其质谱图为 B）

表 13-1　血液和尿液中斑蝥素的浓度

时间（h）	血液（mg/ml）	尿液（mg/ml）
6	—	2.35
10	0.29	1.12
20	0.18	0.59
30	0.15	0.38

案例 13-3

一位 38 岁的男性，随茶水服用三匙壮阳药粉后随即出现口腔、咽喉部烧灼感，数分钟后出现胸部灼痛、胃痉挛、呕吐症状。1h 后送往医院，意识清醒，呼吸规则，血压、心跳正常，口腔、咽喉部出现腐蚀性病变，伴随尿失禁、肾损伤症状。经 2h 的活性炭血液灌流后，中毒症状无缓解，并陷入昏迷，肝肾功能进一步下降，伴随大出血倾向，30h 后死亡。经气相色谱-质谱联用法（采用全扫描 m/z 35～210）确认剩余的药粉（棕色粉末，含少量片状物）中含有斑蝥素（图 13-3），其含量为 1.3%。对死者的血液、尿液中的斑蝥素进行定量分析，结果如表 13-1 所示。死者药粉服用量为 2～3.5g，估算摄入的斑蝥素为 26～45mg，而文献报道斑蝥素致死量：10～60mg，据此推测当事人斑蝥素中毒死亡。

问题：
1. 口腔、咽喉部出现腐蚀性病变的还有可能是哪些毒物？
2. 是否可以采用形态学鉴定方法对药粉进行鉴定？

（2）液相色谱-质谱联用：是将高效液相色谱与质谱仪相连接而以质谱仪作为它的检测器。高效液相色谱对于难挥发、强极性、对热不稳定及大分子化合物的分离能力高，质谱可以对化合物进行准确定性，所以液相色谱-质谱联用是一种分离分析复杂有机混合物的有效手段。

同气相色谱-质谱联用一样，液相色谱-质谱联用技术进行定性分析时，主要依据待测物色谱峰的保留时间和质谱图所提供的分子离子峰、主要碎片离子峰及丰度比等信息。但受到离子化方式等的限制，液相色谱-质谱联用仪没有商品化的化合物质谱图库和质谱图搜索系统，各实验室需要根据各自的仪器条件自己建立谱库。

液相色谱-质谱联用具有分离能力强、灵敏度高、定性准确的优点，并且分析范围广，几乎可以覆盖所有的化合物，包括气相色谱-质谱联用仪难以直接测定的强极性、难挥发及热不稳定的物质。

（3）高效液相色谱-电感耦合等离子体质谱联用：金属元素在自然界中以多种形态存在，不同形态金属的毒性可能差异很大，因而仅测定检材中某种金属元素的总量已越来越不能满足现代法医中毒鉴定的要求。高效液相色谱-电感耦合等离子体质谱联用，综合了高效液相色谱强大的分离能力与电感耦合等离子体质谱强大的元素分析功能，在金属毒物形态分析领域应用广泛。砷、汞、铬等待测金属元素的各形态经高效液相色谱进行分离，流出色谱柱后进入电感耦合等离子体质谱仪被检测，依据液相色谱的保留时间和质谱的碎片离子信息进行定性分析，依据色谱峰的峰面积或峰高进行定量分析。

由于金属元素广泛存在于人体和自然环境中，采用高效液相色谱-电感耦合等离子体质谱联用对金属毒物进行检测时需做空白对照试验，以与检材中该金属元素的正常含量范围相区分。

（饶渝兰）

第四节 中毒的法医学鉴定

近年来，毒物的品种和数量越来越多，鉴于毒物的广泛性，中毒的隐蔽性、复杂性及中毒症状的多样性，对于任何法医学鉴定案件，尤其是不明原因的死亡案件，均应进行常规毒物的筛选和检测，排除中毒的可能性。

中毒的法医学鉴定任务主要解决是否发生中毒，是何种毒物中毒，进入体内毒物的量是否足以引起中毒或死亡，毒物进入体内的时间、途径和形式及案件性质（自杀、他杀、意外）等问题。为此应了解案情和临床经过，勘验现场，进行全面的尸体检查，收集合适的检材，做系统的法医毒物分析，正确评价毒物检验结果，进行综合分析，最后得出结论。要解决如上的问题，应该主要从以下几方面着手进行详细的调查和检验。

一、案情调查

案情调查是进行法医学鉴定的重要环节，对涉及法医毒物中毒案件的鉴定显得更为重要。通过对中毒案件的有关情况进行详细调查，获得更多的相关信息。

1. 一般情况 姓名、年龄、性别、籍贯、住址、职业（可能接触何种毒物），嗜好及生活习惯等。了解中毒者可能接触或收集到的毒物，家中存放毒物（如农药、杀鼠剂等）的可能性。

2. 中毒发生经过 确定有无目击者，了解中毒症状发生时间、死亡时间、中毒者过去的健康情况，有无精神病？有无滥用药物或形成瘾癖（如吸毒、经常服用安眠镇静药等）？有无因患病服药而导致药物累积？如曾在医院救治，应查阅病历，向主治医生详细了解中毒发病经过，抢救过程中用过何种药物？呕吐物、洗胃液、血、尿等检材是否保留？

3. 毒物来源 食物来源及烹调情况用的原料是原存或新购进，毒物来源的可能性，家中和工作单位有何种有毒物品，常服何种药物。

4. 中毒者思想情绪 有无异常情绪，言语行动有无反常，有无外出或外人来过。

5. 群体性中毒 群体性中毒中哪种食物是共食，各人进食量、症状，各人健康情况。鉴别是细菌性还是化学性食物中毒？中毒的性质是意外还是他人投毒？是否恐怖事件？

6. 环境污染和工业事故 有毒有害的化学物质发生大量泄漏或引起燃烧、爆炸；在短时间内迅速扩散，造成现场多人急性中毒，甚至周围居民发生中毒。有毒有害化学物质在运输过程中出现交通意外，导致毒物泄露。煤矿生产过程中的一氧化碳中毒，下水道清理过程中容易发生硫化氢中毒等。

7. 农药的保管使用情况 重点了解当地常用农药品种，有无新农药的使用；农药的使用、保管制度如何，有无剧毒农药的流散和滥用情况。

8. 医源性药物中毒 了解有无错用药物或用药过量，有无误信民间流传偏方服用有毒中草药的情况。非法行医常致患者错用药物，药物过量中毒甚至死亡。

9. 其他 了解中毒者的家庭和社会关系，在中毒死亡事件发生前后死者或其亲属有无反常行为表现，以及有无其他因果关系，以分析有无自杀或他杀中毒的可能。

二、症状分析

不同毒物入体后表现的中毒症状不尽相同，根据一些毒物不同的中毒症状，可以推测为何种毒物中毒或哪一类毒物中毒，为进一步进行尸体解剖和检材采取做好准备，为毒物分析检测提供有力方向。但是应该注意，不同的毒物也可出现相类似的中毒症状；某些疾病也可具有与中毒相似的症状，在进行鉴定时应注意鉴别。

1. 常见中毒症状和体征可提示的主要毒物

（1）短时间内迅速死亡氰化物、毒鼠强、氟乙酰胺、有机磷农药、高浓度一氧化碳或硫化氢吸入等。

（2）神经系统

1）昏迷：催眠镇静安定药、麻醉药、一氧化碳、硫化氢、酒精、有机磷、氰化物及某些毒品等。

2）抽搐：的士宁、有机磷、有机氯、氟乙酰胺、毒鼠强、异烟肼、局部麻醉剂等。

3）瘫痪：一氧化碳、正己烷、乌头、蛇毒、河豚等。

（3）消化系统：多数毒物作用于消化系统，可出现恶心、呕吐、腹痛、腹泻等症状和体征，可由强酸、强碱、砷化合物、金属盐类、有机磷、磷化锌、氟化物、多种有毒动植物如毒蕈等毒物引起。

（4）呼吸系统

1）呼吸加快：的士宁、咖啡因、甲醇、刺激性气体等。

2）呼吸减慢：阿片、海洛因、一氧化碳、催眠药、酒精等。

3）肺水肿：刺激性气体、有机磷等。

（5）心血管系统 心律失常、心源性休克、心搏骤停等可由乌头、氟乙酰胺、夹竹桃和治疗心血管系统药物等毒（药）物中毒引起。

（6）泌尿系统：少尿或无尿等可由升汞、四氯化碳、磷化锌、砷化氢和其他金属盐类毒物中毒所致。

（7）血液：凝血功能障碍、出血可由敌鼠钠盐、溴敌隆、肝素等引起。

（8）皮肤黏膜

1）发绀：亚硝酸盐、苯胺等。

2）黄疸：磷化锌、四氯化碳、氯仿、异烟肼、砷化物、毒蕈等。

3）异常色素沉着、过度角化：慢性砷及其化合物中毒。

（9）眼睛

1）瞳孔散大：阿托品、颠茄、曼陀罗、氰化物、酒精等。

2）瞳孔缩小：有机磷、氨基甲酸酯类、阿片、海洛因、氯丙嗪等。

3）视力障碍：甲醇、阿托品等。

（10）毒物本身有特殊气味 有机磷、磷化锌、酒精、苯酚、刺激性气体等。

2. 临床上常易将中毒误诊为疾病的情况

（1）急性异烟肼、士的宁、毒鼠强、氟乙酰胺中毒，由于发生强烈的抽搐而易误诊为癫痫、破伤风。

（2）急性砷化物中毒时出现强烈的上吐下泻而易误诊为霍乱、急性胃肠炎等。

（3）敌鼠钠盐、溴敌隆、大隆等抗凝血杀鼠剂中毒时因其出血倾向，易误诊为过敏性紫癜、血友病、再生障碍性贫血等。

（4）慢性砷化物中毒时因皮肤变黑，易误诊为Addison病。

（5）多种毒物中毒（如磷化锌、四氯化碳等）可致中毒性肝病，可误诊为肝脏病变如急性暴发性黄疸性肝炎。

三、现场勘查

现场遗留的物证对毒物的检验和鉴定也很有意义，主要应收集可供毒物分析用的检材。收集检材的方法除遵循现场勘验的一般原则外，还应注意以下事项：

1. 中毒者急需抢救时，在抢救前要记清变动前的情况，并及时记录中毒者及目睹者提供的情况。

2. 中毒者已经死亡，注意观察尸体的位置和姿态，并对尸体的衣着和尸表进行初步检查。

3. 保留现场剩余的食品、呕吐物、排泄物、饮料或药片，有无盛装过毒物的纸包、药瓶、安瓿和注射器等，观察现场剩余物品的性状、颜色和气味等。

4. 收集毒物分析检材时，要注意杯盘、碗上的指纹，有无纸包、药瓶、注射用具等，以及遗书或信件等，分析其有无自杀动机或被毒害致死的因果关系和经济利益关系。

5. 在气体中毒的现场应检查通风情况，毒气来源。可能时，采集空气进行分析。

6. 急性群体性中毒事件，对有怀疑的剩余食物如饭菜、饮料及油、盐等调味品，应迅速采样进行毒物分析，尽快查清中毒原因。

7. 现场周围搜寻毒物来源。

四、尸体检查

（一）尸体外表检查

着重查看口袋内有无残留的药片、药丸或药粉；有无遗书或与案情有关的文字材料。

1. 尸体衣物情况 有无流注痕，呕吐、排便污染。

2. 尸体外表征象 有无腐蚀痕迹，特殊气味、尸斑颜色、皮肤新注射痕迹。在女性尸体特别注意阴道内有无毒物。

3. 尸斑 注意尸斑的颜色，如急性一氧化碳中毒死者的尸斑呈樱桃红色，部分氰化物中毒死者的尸斑呈鲜红色，亚硝酸钠中毒死者的尸斑呈暗褐色或巧克力色。

4. 尸僵 检查尸僵的强度，因痉挛性药物中毒致死者尸僵出现早而强。

5. 皮肤 检查皮肤的颜色，有无出血点、针痕、咬痕、腐蚀痕等。敌鼠钠盐中毒可出现皮肤点状、片状出血；慢性砷中毒可出现雨点样色素沉着。

6. 瞳孔 观察瞳孔大小，测量双侧的瞳孔直径。多数有机磷农药中毒尸体仍可保持缩瞳现象，有时在阿片类毒品中毒时也可以观察到瞳孔缩小。

7. 口鼻部 口腔黏膜和口周皮肤有无腐蚀现象，牙缝内有无可疑药物颗粒、植物碎片，口、鼻有无特殊气味等。

（二）中毒尸体的解剖

1. 解剖前的准备 解剖用的器械预先洗净、晾干，不得沾染消毒药液，收集检材的容器以玻璃制品最好，塑料袋也可使用，收集的检材和脏器切勿用水冲洗。

2. 自身安全防护　解剖中毒尸体时一定要做好自身安全防护，必要时应着防化服等。解剖大剂量农药、氰化物、磷化锌等中毒尸体，结扎取出胃后，宜在通风柜内剪开胃壁，观察胃内容物及胃黏膜变化，防止大量有毒气体吸入。

3. 尸体解剖　按常规进行。尽管多种毒物中毒在形态学上常无特异性，但是全面的尸体解剖仍是鉴定中毒的必要步骤。

4. 解剖检查时应注意尸斑及血液颜色、局部腐蚀现象，特别是胃内容物的性状、异物及特殊气味。胃黏膜的刺激征象，对判断经口进入的某些急性中毒具有较大意义。

5. 在尸体解剖台旁，可准备简易快速毒物分析的有关试剂和器材，如毒品检测试纸定性筛选常见毒品等，有助于迅速获得毒物分析方向。

五、检材提取、保存和送检

中毒案件毒物分析检材收集是否及时、准确，保存和检验是否正确，在中毒法医学的准确鉴定中起到十分重要的作用。如错过时机，现场已被破坏，可疑剩余食物、饮料、药物、呕吐物或其他容器已被倒掉或销毁，尸体已被火化，保存不当导致毒物的分解、破坏甚至污染，则毒物分析检材不可复得，毒物分析结果也不可信，给法医学鉴定造成极大困难甚至无法鉴定。如果中毒者曾送医院急救，其洗胃液及为临床诊断所取的血样，都是很有价值的毒物分析检材。中毒患者的尿液、呕吐物等也应注意收集。

通过全面系统的法医解剖，采集中毒死者体内的组织、器官和体液是法医毒物分析检材的最重要来源，一定要采集合适、足量的检材供毒物分析用。

尸体解剖时主要检材的采集方法和注意事项可见以下内容：

1. 胃及胃内容物　解剖可疑急性中毒的尸体，剖开腹腔后，先结扎胃的两端，取出，将全胃放在洁净的容器内，沿胃大弯侧剪开胃壁，检查胃内容物的性状，操作过程中要防止胃内容物流失。如在胃内容物中发现残余药片、粉末、晶体或油滴等应分别提取并单独收集。

2. 肠及肠内容物　如口服毒物迁延一段时间后才死亡，或已经洗胃抢救的案例，须注意收集肠内容物；应将肠管分段结扎取出后分别取其内容物装瓶。

3. 血液　是十分重要的毒物分析检材，血中毒物已达致死浓度则可肯定为中毒致死。疑为挥发性毒物中毒的血液，应装满容器，密封保存，以免容器中残留空间，使气体挥发而影响分析结果。周围血因受到死后再分布的影响较小，其毒物浓度的分析结果与心血相比较，更合适解释死者是否由于该毒物中毒引起死亡，尸检时应自锁骨下静脉、股静脉等收集。

4. 尿液　尿液很少受死后变化的影响，毒物常以原体或代谢产物由尿液排泄。因此，尿液几乎对各种毒物检验均有价值。

5. 肝　测定肝组织中毒物的浓度，对中毒的法医学鉴定也有实用价值。

6. 肾　肾组织可检出多种毒物，特别是各种金属毒物。

7. 脑　脑组织含有丰富的类脂质，因此对脂溶性毒物是良好检材。对酒精、巴比妥类、局麻药的中毒应取脑组织作为检材。

此外，疑为阿片或海洛因中毒时，应收集胆汁。在疑为慢性砷中毒、铊中毒时应采集毛发和指甲作为检材。尸体腐败，器官已液化消融时，可取骨骼肌（一般取腰大肌或大腿肌肉）作为检材。由于眼玻璃体的解剖学部位的特点，与血液或脑脊液相比，较少受到尸体腐败或污染的影响。

六、毒物分析结果的评价

毒物分析的结果对确定中毒与毒物的性质固然起决定作用，但不是唯一的证据，还有许多因素影响分析结果，必须具体情况具体分析。

毒物分析结果强阳性（达中毒或致死血浓度）时，若外周血中毒物浓度到中毒或致死血浓度，则可肯定毒物中毒或中毒死。若心血中毒物浓度到中毒或致死血浓度，或远高于致死血浓度，但外周血中毒物浓度较低，且胃中检出大量或高浓度毒物时，则应首先考虑毒物死后再分布的影响，其次排除死后大剂量染毒或死后毒物入体的可能性。

1. 若毒物分析结果为弱阳性（检出毒物但未达到中毒血浓度）　应考虑下述几种可能：

（1）毒物是否作为药物或滥用药物进入机体？有时在胃内容物和血中可检出治疗量或微量镇静催眠类、阿片类、苯丙类毒品等滥用药物。但经详细的法医病理学检查，一般均能发现足以说明死因的自然疾病的病理改变和损伤等。

（2）毒物有无可能在死后进入尸体？如泥土中的砷日久可渗入埋葬尸体的腐烂组织中，可使挖掘尸体取材检验出阳性结果。

（3）毒物因检材保存不当而分解，毒物含量下降。许多毒物在保存生物检材中可发生分解，若送检或检验前保存时间过长，应考虑毒物分解，如有机磷农药、氰化物。

（4）毒物有无可能死后尸体组织腐败产生？如腐败尸体的血液中可检出乙醇、氰化物或硫化氢，腐败尸体体液或血性渗出液中检出一氧化碳。

（5）毒物分析操作是否正确？仪器、试剂是否纯净？盛装检材的容器有无污染？

（6）毒物是否正常人体内成分？某些金属元素，如砷、汞、铅、锌等，在正常人体组织中也含有微量。因此，只有通过较精确的毒物定量，与组织中的正常含量进行对比，才能解释毒物分析结果。

2. 若毒物分析结果为阴性 则需考虑下述几种可能：

（1）收集检材是否及时？所取检材的种类是否合适、齐全。例如，迁延性一氧化碳中毒死者一氧化碳已自体内排出，血液中不能检出碳氧血红蛋白；又如，通过臀部肌内注射敌敌畏中毒致死案例，尸检时仅取胃内容物分析结果阴性。

（2）毒物因尸体腐败而分解消失。如挥发性毒物在尸体内经短期后即不能检出；乌头碱也易因尸体腐败及碱性作用而被分解。

（3）毒物因检材保存不当而分解消失。如氰化物或敌敌畏在常温保存血液中可很快分解。

（4）毒物因加入防腐剂而被破坏。如尸体经福尔马林液防腐处理或器官标本经福尔马林液固定，则氰化物或氯氮卓被迅速破坏而不能检出。

（5）某些毒物（如部分有毒动植物）目前尚无适当的毒物检验方法。

（6）毒物分析的技术操作是否正确？选用的分析方法是否灵敏？

七、中毒尸体挖掘取材的价值

已经埋葬的尸体，死后经过一段时间（数日至数年不等）才从案情调查上被怀疑为中毒，能否挖掘尸体取材进行毒物检验，有无可能检出毒物，法医毒物分析工作者需根据毒物的种类、尸体埋葬的环境条件季节等综合做出预判。但随着毒物分析技术的发展，尤其是高效液相色谱质谱联用分析技术的发展，毒物检测灵敏度的提高和毒物代谢物或分解物分析研究的进展，中毒尸体挖掘的价值有了很大提高。

八、中毒的死亡方式

（一）自杀中毒

自杀中毒是各种类型中最常见的，特点是，常为口服服毒，不少自杀者直接使用毒物的原体，使用的剂量也较大，现场常会有遗留盛装毒物的容器。服用的剂量常超过该毒物的一般中毒致死量，所用毒物为易于获得的毒物，与其职业有密切关系。在农村地区，以农药、杀鼠剂、有毒动植物多见，城市则多为催眠镇静安定药、煤气、清洁剂及其他药物等多见。

（二）他杀中毒

他杀中毒在整个他杀案件中占相当比例，他杀中毒的毒物种类上一般选择无色、无味、无臭而毒性高的毒物，以免被受害人发现。而将毒性比较低的毒物如安眠镇静药混在饮料、食物或药物中，在列车、长途大巴车上和约见网友时进行麻醉抢劫的案例也时有发生。他杀投毒的途径以经胃肠道多见。他杀投毒尽管与自杀中毒一样，多为一次给予较大剂量毒物的急性中毒，也有医护人员利用专业知识直接给予大剂量药物而致人中毒死亡的。

（三）意外中毒

主要是群体性灾害中毒事故，意外中毒可分为生产性和生活性两类，前者发生在工农业生产时，如有毒气体的突然泄漏、挥发性农药气体被误吸、配制或喷洒农药时农药经皮肤或呼吸道被吸收等。后者发生于日常生活中，如将亚硝酸盐误当食盐，剧毒农药贮放不当污染了粮食、食油或食物，误食有毒动植物，煤气泄漏或排烟不畅，长期在密闭的空调汽车内因一氧化碳中毒，误服毒物而中毒或进食被致病微生物污染的食物发生的食物中毒等。

（四）药物滥用

药物滥用指为了寻求欣快、陶醉等情感，超过治疗需要长期反复使用某种药物或化学品而成瘾的状况。滥用药物的种类很多，包括麻醉剂、中枢神经兴奋药、致幻剂、催眠镇静安定药、镇痛剂等。近年来国内外均出现新精神活性物质（new psychoactive substance，NPS）的滥用。

（五）环境与食品污染

环境污染所致损害越来越引起关注，环境污染损害包括健康损害、财产损害和环境（生态）损害。环境污染损害鉴定评估或环境污染损害的法医学鉴定在国内外引起重视。

国内近几年食品污染问题不断出现，如婴幼儿奶粉问题等，食品污染常见于食品的加工、储存，蔬菜、水果的种植、保鲜等环节，常常有不法分子向食品内添加工业化学品，达到以次充好、牟取暴利的目的，常常导致群体性食物中毒的发生，严重时可以导致死亡发生。

（六）医源性药物中毒

医疗工作中因为各种原因而错用药物、用药过量、用药途径错误或药物被毒物污染等引起的中毒，称为医源性中毒，也多属于意外中毒，常因此而引起医疗纠纷，常需法医检验和鉴定。

综上所述，中毒的法医学鉴定不能单纯依靠毒物来分析结果，对每一个具体案例必须根据案情调查、现场勘验、临床资料、尸体解剖及病理组织学检查所见，再结合毒物分析及其他检验结果，进行综合评定。

复习与思考题

1. 何为毒物？如何分类？
2. 何为中毒？简述中毒发生的条件。
3. 简述毒物的体内转运和转化。
4. 何为法医毒物动力学？简述法医毒物动力学的主要作用。
5. 何为急性中毒？何为慢性中毒？何为亚急性中毒？
6. 简述砷化物中毒的毒理作用、临床表现、尸体解剖所见和法医学鉴定要点。
7. 简述氰化物砷化物中毒的毒理作用、临床表现、尸体解剖所见和法医学鉴定要点。
8. 简述催眠、镇静类药物中毒的毒理作用、临床表现、尸体解剖所见和法医学鉴定要点。
9. 简述有机磷农药中毒的毒理作用、临床表现、尸体解剖所见和法医学鉴定要点。
10. 简述氨基甲酸酯类农药中毒的毒理作用、临床表现、尸体解剖所见和法医学鉴定要点。
11. 何为毒品？简述常见毒品类型。
12. 何为吸毒？何为药物滥用？
13. 简述阿片类中毒的毒理作用、临床表现、尸体解剖所见和法医学鉴定要点。
14. 简述苯丙胺类中毒的毒理作用、临床表现、尸体解剖所见和法医学鉴定要点。
15. 简述可卡因中毒的毒理作用、临床表现、尸体解剖所见和法医学鉴定要点。
16. 简述氟乙酰胺中毒的毒理作用、临床表现、尸体解剖所见和法医学鉴定要点。
17. 简述毒鼠强中毒的毒理作用、临床表现、尸体解剖所见和法医学鉴定要点。
18. 简述敌鼠钠盐中毒的毒理作用、临床表现、尸体解剖所见和法医学鉴定要点。
19. 简述乙醇中毒的毒理作用、临床表现、尸体解剖所见和法医学鉴定要点。
20. 简述一氧化碳中毒的毒理作用、临床表现、尸体解剖所见和法医学鉴定要点。
21. 检测金属毒物时，常用的分析技术有哪些？
22. 与液相色谱-质谱联用技术相比，气相色谱-质谱联用技术的优势是什么？
23. 简述中毒法医学鉴定的过程。
24. 如何评价毒物分析结果？毒物分析结果强阳性、弱阳性、阴性时各应考虑哪些问题？

（贠克明　饶渝兰　马春玲）

第十四章 法医临床

【目标要求】

掌握：法医临床医学鉴定的概念、程序和种类；人体损伤程度分级；劳动能力、劳动能力丧失的概念及分类；诈病的概念和特点；造作伤的概念和特点；医疗损害的概念及医疗损害鉴定内容。

熟悉：法医临床医学鉴定种类及注意事项；人体损伤程度鉴定及人体伤残程度鉴定注意事项；伤病关系处理原则；诈病、造作伤鉴定注意事项；医疗损害鉴定注意事项；误工期、护理期、营养期、护理依赖程度概念及其鉴定注意事项。

了解：《人体损伤程度鉴定标准》《人体损伤致残程度分级》《劳动能力鉴定职工工伤与职业病致残等级》分级原则；致伤方式与损伤时间的推断。

案例 14-1

某男性，55 岁。骑车时因道路交通肇事颈部受伤，伤后出现四肢瘫痪，经颈椎 MRI 检查提示多节段颈椎间盘突出变性、椎管狭窄、颈髓硬膜囊受压，颈髓内见高密度梭形信号影，诊断为四肢瘫、颈髓损伤、颈椎退行性变。鉴定时检查见四肢瘫痪，双上肢肌力Ⅲ级，双下肢肌力Ⅳ级。

问题：
1. 伤病关系如何判断？
2. 伤残程度如何？
3. 护理依赖程度如何？

第一节 概 述

法医临床是法医学的分支学科，其主要工作内容是法医临床医学鉴定。

一、概 念

法医临床医学鉴定（identification and appraisal of forensic clinical medicine）是根据单位或个人的委托，运用临床医学、法医学及其他学科的理论与技术，通过现场勘查、活体检查、物证检验和书证审查等方式，对有关活体医学问题进行鉴别和判断，并针对委托鉴定事项作出相应鉴定意见的过程。法医临床医学鉴定的内容十分广泛，主要包括：人体损伤程度鉴定，交通事故、工伤、人身意外伤害等人体伤残程度鉴定，劳动能力评定，保险理赔人身损害鉴定，医疗损害鉴定，监外执行与保外就医鉴定，性功能评定，致伤物与成伤机制推断，损伤时间推断或新鲜陈旧鉴别，护理依赖程度鉴定，以及休息期、护理期与营养期鉴定等。法医临床医学鉴定的主要任务是为刑事案件定罪量刑、民事诉讼案件人身损害赔偿、行政案件处理及人身保险理赔等方面提供科学证据。

二、鉴定的程序和种类

（一）法医临床医学鉴定程序

1. 鉴定的委托 进行法医临床医学鉴定必须有合法委托主体。对于在诉讼活动中针对诉讼涉及的专门性问题进行法医临床医学鉴定的，即法医临床司法鉴定，依据现行的《司法鉴定程序通则》相关规定，应由办案机关（侦查机关、审查起诉机关和审判机关）进行委托。对于非诉讼案件的普通法医临床医学鉴定，委托主体可以为行政机关、企事业单位、社会团体或个人。委托方应当出具鉴定委托书，鉴定委托书应明确鉴定要求，介绍案情概况，并详细注明所提供鉴定材料的名称和数量。如委托方为个人，委托人应填写鉴定机构提供的委托鉴定登记表。委托人委托鉴定的，应当向鉴定机构提供真实、完整、充分的鉴定材料，并对鉴定材料的真实性、合法性负责。

2. 鉴定的受理 根据《司法鉴定程序通则》第十一条"司法鉴定机构应当统一受理办案机关的司法鉴定委托"及第四十九条"在诉讼活动之外，司法鉴定机构和司法鉴定人依法开展相关鉴定业务的，参照本通则规定执行"的规定，具有从事法医临床医学鉴定资质的鉴定机构应作为法医临床学医学鉴定的受理主体。其实真正实施鉴定受理的是鉴定人，但由于我国目前还没有实行自由鉴定人制度，鉴定人一般都服务于某个鉴定机构，或者是专职的，或者是兼职的，因此从法律意义上讲，鉴定机构才是鉴定受理的主体。

鉴定机构接受委托方委托后，应自委托之日起 7 个工作日内指派或选择鉴定人对委托鉴定事项、鉴定材料等进行审查，并作出是否受理的决定。对于属于本机构鉴定业务范围，鉴定用途合法，提供的鉴定材料能够满足鉴定需要的，应当受理。《司法鉴定程序通则》第十五条规定，具有下列情形之一的鉴定委托，司法鉴定机构不得受理：

（1）委托鉴定事项超出本机构司法鉴定业务范围的。

（2）发现鉴定材料不真实、不完整、不充分或者取得方式不合法的。

（3）鉴定用途不合法或者违背社会公德的。

（4）鉴定要求不符合司法鉴定执业规则或者相关鉴定技术规范的。

（5）鉴定要求超出本机构技术条件或者鉴定能力的。

（6）委托人就同一鉴定事项同时委托其他司法鉴定机构进行鉴定的。

（7）其他不符合法律、法规、规章规定的情形。

对于鉴定材料不完整、不充分、不能满足鉴定需要的，鉴定机构可以要求委托人补充；经补充后能够满足鉴定需要的，应当受理。

鉴定机构决定受理鉴定委托的，应当与委托人签订鉴定委托受理协议书。协议书应当载明委托人名称、鉴定机构名称、所受理的鉴定事项、是否属于重新鉴定、鉴定用途、与鉴定有关的基本案情、鉴定材料的提供和退还、鉴定风险，以及双方商定的鉴定时限、鉴定费用及收取方式、双方权利义务等其他需要载明的事项。

鉴定机构决定不予受理鉴定委托的，应当向委托人说明理由，退还鉴定材料，如委托人需要，应给予出具不予受理鉴定告知书。

3. 鉴定的实施 鉴定机构受理鉴定委托后，应当指定本机构具有该鉴定事项执业资格的鉴定人（至少2名）进行鉴定，因此鉴定人是鉴定实施的主体。鉴定实行的是鉴定人负责制，鉴定人对鉴定负全部法律责任。鉴定机构在鉴定文书上加盖相应鉴定章的目的是证明鉴定人的身份及鉴定书本身的合法性，并不对鉴定意见的内容负责。原则上鉴定实施的主体应与受理鉴定的主体为同一人。

鉴定人应按相关技术标准、技术规范和临床常规检查的方法与要求对被鉴定人进行全面、细致的全身检查、专科检查、临床医学辅助检查及针对所提供的鉴定材料进行阅片检查、文证审查等。鉴定人应对上述检查进行实时记录，记录可以采取笔记、录音、录像、拍照等方式，其内容应当真实、客观、准确、完整、清晰。

少量案件在判断成伤机制或损伤性质有困难时，鉴定人可与办案人共同进行现场勘验，必要时也可重建现场，以便于作出明确的鉴定意见。

对于复杂、疑难或者特殊鉴定事项，可以指定或者选择多名司法鉴定人进行鉴定，也可以聘请相关专业专家协助鉴定。专家讨论记录应真实完整记载，并存入相应鉴定档案。

鉴定机构应当自鉴定委托协议书生效之日起30个工作日内完成鉴定，对于涉及复杂、疑难、特殊技术问题或者鉴定过程需要较长时间的，经鉴定机构负责人批准，完成鉴定的时限可以延长，延长时限一般不得超过30个工作日。鉴定时限延长的，应当及时告知委托人。

根据《司法鉴定程序通则》第二十九条，司法鉴定机构在鉴定过程中，有下列情形之一的，可以终止鉴定：

（1）发现有本通则第十五条第二项至第七项规定情形的。

（2）鉴定材料发生耗损，委托人不能补充提供的。

（3）委托人拒不履行司法鉴定委托书规定的义务、被鉴定人拒不配合或者鉴定活动受到严重干扰，致使鉴定无法继续进行的。

（4）委托人主动撤销鉴定委托，或者委托人、诉讼当事人拒绝支付鉴定费用的。

（5）因不可抗力致使鉴定无法继续进行的。

（6）其他需要终止鉴定的情形。

终止鉴定的，司法鉴定机构应当书面通知委托人，说明理由并退还鉴定材料。

对于司法鉴定人本人或者其近亲属与诉讼当事人、鉴定事项涉及的案件有利害关系的，或者司法鉴定人曾经参加过同一鉴定事项鉴定的，或者曾经作为专家提供过咨询意见的，或者曾被聘请为有专门知识的人参与过同一鉴定事项法庭质证的，鉴定人应当回避。

4. 制作鉴定意见书 根据法医临床医学检验结果，结合病历资料、临床医学辅助检查结果、案情资料等，针对委托鉴定要求进行全面细致的分析，并按照鉴定标准综合评定，最后作出鉴定意见，以鉴定书的形式提交给委托人。

法医临床医学鉴定意见书的内容包括以下几项：

（1）标题：写明鉴定机构的名称和鉴定种类（法医临床医学鉴定）。

（2）编号：写明鉴定机构缩略名、年份、专业缩略语（法临）、文书性质及序号。

（3）基本情况：写明委托人、委托事项、受理日期、鉴定材料等情况。

（4）基本案情：写明委托鉴定事项涉及案件的简要情况。

（5）资料摘要：摘录与鉴定事项有关的鉴定资料，如法医鉴定的病史摘要等。

（6）鉴定过程：应当客观、翔实、有条理地描述鉴定活动发生的过程，包括人员、时间、地点、内容、方法，鉴定材料的选取，采用的技术规范，检查、检验的主要结果等。

（7）分析说明：是详细阐明鉴定人根据有关科学理论知识，通过对鉴定材料、检查结果、鉴定标准、专家意见等进行鉴别、判断，综合分析，逻辑推理，得出鉴定意见的过程。

（8）鉴定意见：根据检查、检验结果和分析的理由，对委托鉴定的事项作出简单而明确的结论性意见。

（9）附件：鉴定时所使用图片的截图及说明。

（10）落款：由鉴定人签名及盖章，并写明鉴定人的执业证号、专业技术职称，同时加盖鉴定机构的鉴定专用章，并注明文书制定日期等。

鉴定意见书类似于一篇小的议论文，其论点是鉴定意见，其论据是鉴定材料、检查结果及相关专业理论，其论证就是分析说明部分。分析说明部分能够反映由检查结果如何得出鉴定意见的过程，能够使委托人充分了解鉴定意见的依据，能够坚定鉴定人自己乃至委托人对鉴定意见可靠性的信赖，同时也是检验鉴定意见可靠性的重要依据。因此，鉴定意见书的质量取决于分析说明部分，分析说明部分的质量取决于鉴定材料的完整性、充分性、真实性及鉴定人的专业技术能力、素质和修养。

（二）法医临床医学鉴定的种类

法医临床医学鉴定的种类主要有首次鉴定、补充鉴定、重新鉴定和联合鉴定。

1. 首次鉴定 法医临床医学鉴定人在接受合法委托后，根据鉴定要求对被鉴定人实施第一次鉴定的过程，也称初次鉴定。

2. 补充鉴定 鉴定完成后，委托方发现原委托鉴定事项有遗漏或提供新的鉴定材料时，再次委托原鉴定机构的原鉴定人进行复查，并对原鉴定给予补充或进一步说明的过程。补充鉴定实际上是原鉴定的继续，是原鉴定文书的组成部分。

3. 重新鉴定 委托人对原鉴定的鉴定程序或鉴定意见有异议，重新委托其他鉴定人对原有资料和被鉴定人进行检验，针对原鉴定事项进行鉴定的过程。根据《司法鉴定程序通则》第三十一条的规定，有下列情形之一的，司法鉴定机构可以接受办案机关委托进行重新鉴定：

（1）原司法鉴定人不具有从事委托鉴定事项执业资格的。

（2）原司法鉴定机构超出登记的业务范围组织鉴定的。

（3）原司法鉴定人应当回避没有回避的。

（4）办案机关认为需要重新鉴定的。

（5）法律规定的其他情形。

重新鉴定应当委托原鉴定机构以外的其他鉴定机构进行；因特殊原因，委托人也可以委托原鉴定机构进行，但原鉴定机构应当指定原鉴定人以外的其他符合条件的鉴定人进行。接受重新鉴定委托的鉴定机构的资质条件应当不低于原鉴定机构，进行重新鉴定的鉴定人中应当至少有一名具有相关专业高级专业技术职称。

4. 联合鉴定 对于涉及重大案件或者特别复杂、疑难、特殊技术问题或者多个鉴定类别的鉴定事项，办案机关委托司法鉴定行业协会组织协调多个司法鉴定机构进行鉴定的过程。广义的联合鉴定还包括一个鉴定机构聘请本机构以外的相关专业领域的专家作为专家辅助人进行咨询，但最终的鉴定意见应当由本机构的鉴定人出具。所聘专家辅助人不在鉴定意见书中署名，但对其提供咨询意见应当签名，并存入鉴定档案，以备查询。

（三）鉴定注意事项

1. 进行法医临床医学鉴定必须严格按照相关技术标准和规范，对被鉴定人进行系统、全面的检查。在对检查结果进行全面客观分析的基础上，按照鉴定标准给予综合评定，最后作出鉴定意见，以鉴定意见书的形式提交给委托方。司法鉴定意见书不可交给原告人和被告人。

2. 在鉴定的过程中，鉴定人有权查阅本案的卷宗及询问有关情况，但必须保守秘密。鉴定人若与本案有牵连，包括有利害关系或亲属关系等，必须回避。

3. 慎重鉴别疾病与损伤的关系。损害是由损伤直接造成，或是与损伤无直接因果关系，或者损伤仅是原有疾病发作的诱因等，应予分清并明确说明。

4. 因活体检查涉及临床医学各学科，必要时可邀请有关学科专家配合检查，以保证鉴定结论准确无误。

5. 鉴定人切忌不加分析地引用"诊断证明书"或病历资料，否则有可能因误导而作出错误鉴定结论。

6. 应充分应用现代医学检验手段，如影像学检查、肌电图、神经诱发电位等，对被鉴定人损伤程度和伤残现状予以客观评价。

7. 在开展鉴定工作时，要仔细核对被鉴定人身份及合法身份证明，确认受检者与被鉴定人为同一人。

8. 为甄别被鉴定人提供的影像学资料（X线片、

CT、MRI)、化验单等的真实性,客观评价被鉴定人的现状,鉴定机构要在专人全程陪同下,对被鉴定人进行相关辅助检查,以保证获取资料的真实性和客观性。

9. 认真学习并正确理解与运用现行的《人体损伤程度鉴定标准》《人体损伤致残程度分级》《劳动能力鉴定职工工伤与职业病致残等级》等相关国家标准、行业标准、部分省市颁布的试行标准等,在尊重事实、实事求是、科学规范的基础上,认真做好鉴定工作。

第二节 损伤程度

损伤(injury)是指机体因受外界因素作用而出现的组织器官结构破坏或(和)功能障碍。法医学将损伤分为致命伤和非致命伤。凡是能够直接导致人体死亡后果的损伤为致命伤,未导致人体死亡的损伤为非致命伤。损伤程度(injury degree)是指非致命伤造成人体组织器官结构破坏及功能障碍的程度。损伤程度是人为地将损伤对人体造成的后果进行的等级划分,法医学意义的人体损伤程度分为重伤、轻伤和轻微伤。损伤程度的鉴定意见是法律上对当事人进行刑事处罚或治安处罚的重要依据。

一、概念及依据

(一)概念

损伤程度鉴定是指具有从事法医临床医学鉴定资质的专业人员,在接受合法委托后对被鉴定人的非致命伤进行检验,再依据我国现行公布实施的人体损伤程度鉴定标准进行评定,对非致命伤的损伤程度做出判断的过程。

损伤程度鉴定的过程主要包含两个重要的环节,即检验和评定。坚持严格按照相关技术标准和规范,对被鉴定人进行系统全面的活体损伤检验是作出客观、公正法医临床医学鉴定的前提和保证;正确理解和引用《人体损伤程度鉴定标准》的相关条款进行评定,是法医临床医学鉴定的关键。

(二)依据

损伤程度鉴定有其法律依据和医学依据。

1. 法律依据 《中华人民共和国刑法》中关于故意杀人、过失杀人、故意伤害或过失伤害他人,都明确规定了相应的刑事责任。根据《中华人民共和国刑法》规定,需要承担刑事责任的损伤程度分为重伤和轻伤,重伤分为一般重伤和残疾的重伤。区分轻伤与轻微伤的实质则是伤害行为构成"犯罪"与"非犯罪"的分界线;轻伤鉴定意见的确立,就意味着伤害行为构成犯罪的事实成立。

2. 医学依据 从医学角度讲,损伤程度是指机体受到外力作用致使组织器官结构破坏和(或)功能障碍的程度。因此,损伤程度鉴定应从损伤当时情况及损伤后果、结局两个方面考虑。

我国现行实施的损伤程度鉴定标准是由最高人民法院、最高人民检察院、公安部、国家安全部、司法部(两院三部)联合颁布的《人体损伤程度鉴定标准》,于2014年1月1日开始实施,代替之前实施的《人体重伤鉴定标准》(司发〔1990〕070号)、《人体轻伤鉴定标准(试行)》(法(司)发〔1990〕6号)和《人体轻微伤的鉴定》(GA/T 146-1996)。《人体损伤程度鉴定标准》相比原有的人体损伤鉴定标准具有以下一些特点:①删除原标准中一些不宜使用的条款;②完善了原标准中一些有瑕疵的条款;③补充了原标准中一些遗漏的条款;④根据办案时限的要求,强调以原发损伤为主,结合损伤后果及结局综合分析评定损伤程度;⑤将过去三个标准整合为一个标准,分为三级五等;⑥增加了定量评定的指标;⑦提高了一些轻伤的鉴定标准,降低了一些重伤的鉴定标准。

二、分类及意义

(一)损伤程度的分类

人体在遭受损伤以后,会出现不同的损害后果。依据不同损伤对人体所造成的损害程度进行分类,有利于追究相应的法律责任。从法律及法医学角度,损伤程度分为重伤、轻伤和轻微伤。现行的《人体损伤程度鉴定标准》为了进一步量化损伤程度,将人体损伤程度分为三级五等,即重伤一级、重伤二级、轻伤一级、轻伤二级及轻微伤。

1. 重伤(grave injury) 两院三部联合颁布的《人体损伤程度鉴定标准》中表述的重伤是指使人肢体残废、毁人容貌、丧失听觉、丧失视觉、丧失其他器官功能或者其他对于人身健康有重大伤害的损伤,包括重伤一级和重伤二级。重伤一级是指各种致伤因素所致的原发性损伤或者由原发性损伤引起的并发症,严重危及生命;遗留肢体严重残废或者重度容貌毁损;严重丧失听觉、视觉或者其他重要器官功能。重伤二级是指各种致伤因素所致的原发性损伤或者由原发性损伤引起的并发症,危及生命;遗留肢体残废或者轻度容貌毁损;丧失听觉、视觉或者其他重要器官功能。重伤二级是重伤的下限,与重伤一级相衔接,重伤一级的上限是致人死亡。在人体发生损伤后出现以下情况时应属重伤。

(1) 直接危及生命的损伤：如脑、心、肺严重的损伤；主动脉、肺动脉、颈动脉、股动脉等大血管破裂，肝、脾、胰腺、肾等器官破裂性损伤须手术治疗等。

(2) 直接引起危及生命的严重并发症的损伤：如颅脑损伤出现神经系统症状和体征，颅内严重感染、颅脑损伤须手术治疗，胸部外伤须开胸手术治疗，胸部外伤导致肺严重萎陷，严重外伤引发中度以上休克，腹腔积血须手术治疗等。

(3) 直接造成严重后遗症的损伤：如颅脑外伤引起外伤性癫痫、智力障碍、失语、瘫痪，脊髓损伤引起的瘫痪、排便功能严重障碍，眼损伤后遗留严重视野缺损，四肢长骨骨折不愈合或假关节形成等。

(4) 导致重要器官严重功能丧失的损伤：如视觉、听觉丧失，喉损伤后导致不能恢复的失声，严重嘶哑，两侧乳房损伤丧失哺乳能力，泌尿生殖系统损伤导致肾功能障碍、生殖功能障碍，尿道损伤造成尿道狭窄致重度排尿障碍等。

(5) 引起毁容的损伤：中度以上毁容等。

(6) 造成肢体残废的损伤：各种损伤因素导致肢体缺失或者肢体虽然完整但已丧失功能，如手功能丧失累计达一手功能 36% 以上，肢体功能丧失可因关节、神经血管或肌肉瘢痕导致四肢大关节功能丧失 50% 以上，一足离断或缺失 50%，足跟离断或缺失 50% 等。

2. 轻伤（flesh injury） 两院三部联合颁布的《人体损伤程度鉴定标准》中表述的轻伤是指使人肢体或者容貌损害，听觉、视觉或者其他器官功能部分障碍或者其他对于人身健康有中度伤害的损伤，包括轻伤一级和轻伤二级。轻伤二级是轻伤的下限，与轻伤一级相衔接，轻伤一级的上限与重伤二级相衔接。轻伤对人体健康有一定的损害，可遗留或不遗留器官的功能障碍，但不会造成重要的严重功能障碍。如头面、肢体、会阴等处的创口，但有长度规定；全身骨骼一定程度的骨折；四肢大关节脱位、关节韧带损伤后遗留一定功能障碍；重要的解剖结构（眼、口腔等）损伤，伴一定程度的功能障碍；单纯颅脑器质性损伤不危及生命，单纯脊髓、重要周围神经器质性损伤，其功能可完全恢复或遗留一定的功能障碍等。

3. 轻微伤（slight injury） 两院三部联合颁布的《人体损伤程度鉴定标准》中表述的轻微伤是指各种致伤因素所致的原发性损伤，造成组织器官结构轻微损害或者轻微功能障碍。轻微伤经治愈或自愈后一般可不遗留明显的后遗症。如软组织小面积擦挫伤、较小的锐器创等。轻微伤的上限与轻伤二级相衔接，未达轻微伤标准的，不鉴定为轻微伤。

（二）损伤程度鉴定的法律意义

人体在遭受损伤以后，会出现不同的损害后果，对伤者的生命和健康造成不同程度的影响。公民的生命权、健康权和身体权受法律保护，不得任意侵犯，若侵害人使用的暴力达到法律所规定的情节时，就应当接受法律的处罚。为有效地保护公民的合法权益，打击犯罪，同时又要遵循罪刑相当、公平公正的司法原则，就必须对不同的损伤按其对人体所造成的损害程度进行分类，以利于追究当事人的法律责任。

《中华人民共和国刑法》第二百三十四条规定：故意伤害他人身体的，处三年以下有期徒刑、拘役或者管制。犯前款罪，致人重伤的，处三年以上十年以下有期徒刑；致人死亡或者以特别残忍手段致人重伤造成严重残疾的，处十年以上有期徒刑、无期徒刑或者死刑。第二百三十五条规定：过失伤害他人致人重伤的，处三年以下有期徒刑或者拘役。

对于侵犯人身权利，尚不构成处罚者，可依据《中华人民共和国治安管理处罚法》规定处罚。《中华人民共和国治安管理处罚法》第四十三条规定：殴打他人的，或者故意伤害他人身体的处五日以上十日以下拘留，并处二百元以上五百元以下罚款；情节较轻的，处五日以下拘留或者五百元以下罚款。

根据相关法律、法规的原则性规定，法医学意义的重伤对应于《中华人民共和国刑法》第九十五条、第二百三十四条第二款和第二百三十五条的规定。法医学意义的轻伤对应于《中华人民共和国刑法》第二百三十四条第一款的规定。法医学意义的轻微伤则对应于《中华人民共和国治安管理处罚法》第四十三条所指的人身损害。

由此可见，对于人体损伤进行损伤程度鉴定是司法实践的现实需要，是定罪量刑的重要依据。

三、损伤程度鉴定的基本原则

1. 以法律为准则，全面分析、综合评定 坚持以致伤因素对人体直接造成损伤当时发生的原发性损害及与损伤有直接联系的并发症、后遗症为依据，对影响人身健康的原发性损伤及其并发症的评定，应以损伤当时的伤情为主，结合损伤的后果或者结局进行综合评定。对影响容貌和组织器官功能丧失的损伤评定，应以损伤的后果或结局为主，结合损伤当时的伤情，综合评定。鉴定时不能因临床抢救及时、治疗好转、预后良好，而减轻对原发性损伤程度的评定；也不能因治疗不当或个体特异体质等因素致原伤情转重，而加重对原损伤程度的评定。

2. 以客观病情为依据，注重客观检查结果　在进行损伤程度鉴定时，鉴定人要坚持按照相关技术标准和规范对被鉴定人进行全面系统的检查，明确是否存在损伤，甄别诈伤或造作伤等，并实时做好记录，根据需要进行拍照或录像等，并予以存档保存。

3. 严审委托方资料，与现场检查结果互印　要细致全面审查病历及有关案情资料，仔细阅片（X线片、CT等），全面、客观地分析资料的可信性。

4. 把握时机　以原发性损伤为主要鉴定依据。关于损伤程度鉴定时机问题，伤后即可进行鉴定；以损伤所致的并发症为主要鉴定依据的，在伤情稳定后进行鉴定。以容貌损害或者组织器官功能障碍为主要鉴定依据的，在损伤90日后进行鉴定；在特殊情况下可以根据原发性损伤及其并发症出具鉴定意见（临时性鉴定），但须对有可能出现的后遗症加以说明，必要时应进行复检并予以补充鉴定。

5. 复杂案情，慎重操作　鉴于损伤的多样性和伤后病情变化的复杂性，鉴定过程中，对鉴定标准未做出具体规定的损伤，可以遵循损伤程度划分原则，参照鉴定标准相近的条款作出相应的鉴定意见，但应慎重操作。

6. 充实资料，对照检查　鉴定人审核委托方提供的影像学资料，最好在鉴定时重拍同一部位的影像片进行对照。对需要进行客观检查才能证实的伤情，要进行特殊检查，如脑干视（听）觉诱发电位、肌电图、体感诱发电位等。

7. 慎重鉴定损伤的并发症和后遗症　损伤所致的并发症必有相应的症状和体征，其中体征是鉴定的重要客观依据，是开展鉴定工作的基础。后遗症反映了损伤的转归和结局，在鉴定时要切实判定后遗症与损伤之间是否存在因果关系；在原发损伤愈合后，如仍遗留有不可逆的畸形或功能障碍，才能认定为后遗症。

8. 伤病关系的处理原则　损伤为主要作用的，既往伤/病为次要或者轻微作用的，应依据本标准相应条款进行鉴定；损伤与既往伤/病共同作用的，即两者作用相当的，应依据本标准相应条款适度降低损伤程度等级，即等级为重伤一级和重伤二级的，可视具体情况鉴定为轻伤一级或者轻伤二级，等级为轻伤一级和轻伤二级的，均鉴定为轻微伤；既往伤/病为主要作用的，即损伤为次要或者轻微作用的，不宜进行损伤程度鉴定，只说明因果关系。

第三节　劳动能力与伤残程度

劳动能力是反映一个人作为生存个体和社会成员完成其全部生活和工作的能力，受个体的生物学因素、心理因素和社会因素影响。

劳动能力鉴定和伤残程度鉴定主要涉及行政和民事责任及民事赔偿等问题，是法医临床医学鉴定的重要内容。

一、劳动能力和劳动能力丧失

（一）劳动能力的概念和分类

劳动能力（labour capacity）是指人的工作能力和生活能力的总和。人类进行劳动工作的能力，又包括体力劳动能力和脑力劳动能力。劳动能力往往是判断人体各器官功能是否正常的最低指标，受多种因素的影响，是公民健康权的一项重要权益。

劳动能力根据劳动性质可分为一般性劳动能力和职业性劳动能力两种。①一般性劳动能力（general labour capacity）：是个体生存所必须具备的能力，主要指日常生活活动的能力，如独立行走、吃饭、穿衣，保持个人卫生和环境卫生等。目前我国多数伤残标准都以一般劳动能力丧失程度来划分。②职业性劳动能力（occupational labour capacity）：是指经过专业训练，具备专门知识（如医生、工程师等）或职业性专长很强（钢琴师、画家等）的劳动能力，又称专门性劳动能力。

（二）劳动能力丧失的概念和分类

劳动能力丧失（labour incapacity）是指因疾病、损伤或衰老等原因引起的原有劳动能力（如工作能力、社会活动能力和生活自理能力）的下降或消失，使机体与从事劳动工作不相适应。

劳动能力丧失的分类方法较多，通常可按照劳动能力丧失持续的时间和丧失的程度来区分。

1. 按劳动能力丧失持续的时间分类　可分为暂时性劳动能力丧失和永久性劳动能力丧失两种。

（1）暂时性劳动能力丧失：是指因损伤或疾病引起机体功能障碍，使机体暂时不能继续完成原来从事的本职工作，在功能障碍恢复后仍可继续工作。

（2）永久性劳动能力丧失：是指因损伤或疾病引起的机体功能障碍，在临床治疗终结后，仍遗留有不同程度的功能障碍，长期不能恢复，以致不能完成原来的本职工作或需要调换一个轻便的工作。

劳动能力鉴定是针对永久性劳动能力丧失者进行的。

2. 按劳动能力丧失的程度分类　可分为完全劳动能力丧失、大部分劳动能力丧失和部分劳动能力丧失三种。

（1）完全劳动能力丧失：是指器官严重缺失或

畸形致功能完全丧失或严重功能障碍，不能继续从事原来的工作，也不能从事任何职业性劳动，存在特殊医疗依赖，且生活不能完全自理。

（2）大部分劳动能力丧失：是指器官大部分缺损或明显畸形，致中重度功能障碍，不能从事任何职业性劳动，仅需一般医疗依赖，日常生活不需要他人经常照顾。

（3）部分劳动能力丧失：是指器官部分缺损或形态异常，伴轻度功能障碍或无功能障碍，不能从事通常的本职工作，但能从事无损于健康的较轻的工作，无须医疗依赖。

（三）劳动能力丧失评定的基本原则

1. 伤残的评定应在损伤或疾病治愈后或病情趋于稳定，已达到临床治疗终结或医疗期满后方可进行。
2. 确认被鉴定人目前的劳动功能障碍（伤残）与损伤或疾病是否存在因果关系及表现形式。
3. 按照相关技术标准和规范对被鉴定人进行全面系统的检查和必要的临床客观辅助检查。
4. 根据被鉴定人的致残性质和评定伤残的目的，援引不同的评残标准。

二、鉴定的适用标准

伤残评定标准是确定被鉴定人劳动能力丧失程度的重要依据，同时也是进行经济赔偿的基本要件之一。我国现行的伤残评定标准主要有两个，即在评定工伤与职业病时，可适用中华人民共和国国家标准（GB/T 16180-2014）《劳动能力鉴定职工工伤与职业病致残等级》进行评定；道路交通事故及其他意外伤害所致伤残的评定可适用两院三部联合颁布的《人体损伤致残程度分级》进行评定。除此之外，有部分行业部门颁布和实行的行业标准，如民政部、劳动和社会保障部、卫生部及总后勤部2004年联合发布的《军人残疾等级评定标准（试行）》，其适用评残对象为被认定为因战致残、因公致残或者因病致残的现役军人；中国保险行业协会和中国法医学会2013年联合发布的《人身保险伤残评定标准》，适用于意外险产品或包括意外责任保险产品中的伤残保障，用于评定由于意外伤害因素引起的伤残程度。

上述两个常用评残标准即《劳动能力鉴定职工工伤与职业病致残等级》和《人体损伤致残程度分级》，虽然把伤残等级都划分为一至十级，一级最重，十级最轻，但由于涉及法律关系的性质不同，在制订基本原则、方法、主要内容、赔偿关系及多处伤残赔偿指数等方面均存在差异。就同一部位损伤进行评定时，如采用的鉴定标准不同，将会评出不同的伤残等级。例如，一侧眼球摘除，在适用《人体损伤致残程度分级》标准时，可评定为七级伤残，但在适用《劳动能力鉴定职工工伤与职业病致残等级》标准进行评定时，可评定为六级伤残。一般情况，同一损伤适用《劳动能力鉴定职工工伤与职业病致残等级》标准较适用《人体损伤致残程度分级》标准评残等级相对较重，究其原因，可能是适用《劳动能力鉴定职工工伤与职业病致残等级》评残的人群所获得的是经济补偿，带有抚恤的性质；而适用《人体损伤致残程度分级》评残的人群所获得的是经济赔偿。由此可见，鉴定人在进行伤残评定时，必须依据委托方提供的案件性质，适用相关的评定标准予以评定，以保护当事人双方的利益。

三、工伤事故致残等级鉴定

1996年颁布的国家标准 GB/T16180-1996《职工工伤与职业病致残程度鉴定标准》，是为了加强安全生产，维护国家整体利益，保护职工合法权益，适应工伤保险制度改革而制定。标准中明确定义，职工工伤与职业病致残程度鉴定是指有关授权机构对劳动者在职业活动中因公负伤或患职业病后，于国家社会保险法规所规定的医疗期满时通过医学检查对伤残失能程度做出的判定结论。此标准是劳动法配套的技术标准，是确定伤残者待遇和安置工伤职工的主要依据。2006年，国家对GB/T16180-1996进行修订与完善，并与我国劳动能力鉴定法规相配套，将原鉴定标准更名为《劳动能力鉴定职工工伤与职业病致残等级》，编号GB/T16180-2006。2014年再次对该标准进行修订，编号GB/T16180-2014，为现行的工伤事故致残程度鉴定标准。

1. 致残等级的定级原则、依据 职工因工伤和职业病致残者，在进行致残等级鉴定时，依据《劳动能力鉴定职工工伤与职业病致残等级》（GB/T16180-2014）进行评定。本标准依据工伤致残者在评定伤残等级技术鉴定时的器官损伤、功能障碍及其对医疗与护理的依赖程度，适当考虑由于伤残引起的社会心理因素的影响，对伤残程度进行综合判定分级。

标准将伤残等级分为一至十级，一级最重，十级最轻。其分级原则包括：

（1）一级伤残：器官缺失或功能完全丧失，其他器官不能代偿，存在特殊医疗依赖，或完全或大部分或部分生活自理障碍。

（2）二级伤残：器官严重缺损或畸形，有严重功能障碍或并发症，存在特殊医疗依赖，或大部分或部分生活自理障碍。

（3）三级伤残：器官严重缺损或畸形，有严重功能障碍或并发症，存在特殊医疗依赖，或部分生活自理障碍。

（4）四级伤残：器官严重缺损或畸形，有严重功能障碍或并发症，存在特殊医疗依赖，或部分生活自理障碍或无生活自理障碍。

（5）五级伤残：器官大部分缺损或明显畸形，有较重功能障碍或并发症，存在一般医疗依赖，无生活自理障碍。

（6）六级伤残：器官大部分缺损或明显畸形，有中等功能障碍或并发症，存在一般医疗依赖，无生活自理障碍。

（7）七级伤残：器官大部分缺损或畸形，有轻度功能障碍或并发症，存在一般医疗依赖，无生活自理障碍。

（8）八级伤残：器官部分缺损，形态异常，轻度功能障碍，存在一般医疗依赖，无生活自理障碍。

（9）九级伤残：器官部分缺损，形态异常，轻度功能障碍，无医疗依赖或者存在一般医疗依赖，无生活自理障碍。

（10）十级伤残：器官部分缺损，形态异常，无功能障碍或轻度功能障碍，无医疗依赖或者存在一般医疗依赖，无生活自理障碍。

2.鉴定注意事项

（1）对于《劳动能力鉴定职工工伤与职业病致残等级》未列入的损伤，可以参照该标准的分级原则，比照相近条款对伤残等级作出判定。

（2）伤残等级评定一般应在病情稳定，临床治疗终结后进行。对有明确规定的，应严格按照标准的相关规定进行评定。

（3）对于同一器官或者系统多处损伤，或一个以上器官不同部位同时受到损伤者，应先对单项伤残等级进行鉴定。如果几项伤残等级不同，以重者定级；如果两项及以上等级相同，最多晋升一级。

（4）对于损害的器官原有伤残或疾病史，即单个或双器官（如双眼、四肢、肾脏）或系统损伤，本次鉴定时应检查本次伤情是否加重原有伤残，若加重原有伤残，鉴定时按实际的致残结局为依据；若本次伤情轻于原有伤残，鉴定时则按本次工伤伤情致残结局为依据。

（5）对涉及精神科门类鉴定的，有关精神障碍方面的问题应该由具有司法精神病鉴定执业资格的鉴定人评定。

四、道路交通事故伤残鉴定

《中华人民共和国道路交通安全法》第八章附则第一百一十九条表述的"道路"，是指公路、城市道路和虽在单位管辖范围但允许社会机动车通行的地方，包括广场、公共停车场等用于公众通行的场所。"交通事故"，是指车辆在道路上因过错或者意外造成的人身伤亡或者财产损失的事件。道路交通事故受伤人员伤残是指"因道路交通事故损伤所致的人体残废，包括精神的、生理功能的和解剖结构的异常以及由其所导致的生活、工作和社会活动能力不同程度的丧失"。道路交通事故伤残评定是交通事故处理的关键之一，现已成为法医临床医学鉴定的重要内容。

以前道路交通事故受伤人员的伤残评定依据中华人民共和国国家标准（GB/18667-2002）《道路交通事故受伤人员伤残评定》进行。2017年3月23日，国家质检总局、国家标准委发布了《关于废止〈微波和超短波通信设备辐射安全要求〉等396项强制性国家标准的公告》（2017年第6号）。在其废止的国家标准中包括了《道路交通事故受伤人员伤残评定》（GB/18667-2002）。该公告的发布，代表着在中国实施15年的《道路交通事故受伤人员伤残评定》（简称《道标》）正式废止。取而代之的是由两院三部联合颁布并于2017年1月1日正式实施的伤残评定标准——《人体损伤致残程度分级》，该标准适用于所有非工伤的人身损害致残程度等级鉴定。但有特殊约定的除外，如保险公司人身意外险产品或包括意外责任的保险产品中由于意外伤害因素引起的伤残程度，适用《人身保险伤残评定标准》进行评定。

1.伤残程度等级的划分原则、依据 《人体损伤致残程度分级》将人体损伤致残程度划分为10个等级，从一级（人体致残率100%）到十级（人体致残率10%），每级致残率相差10%。致残程度等级划分依据为：

（1）一级残疾：组织器官缺失或者功能完全丧失，其他器官不能代偿；存在特殊医疗依赖；意识丧失；日常生活完全不能自理；社会交往完全丧失。

（2）二级残疾：组织器官严重缺损或者畸形，有严重功能障碍，其他器官难以代偿；存在特殊医疗依赖；日常生活大部分不能自理；各种活动严重受限，仅限于床上或者椅子上的活动；社会交往基本丧失。

（3）三级残疾：组织器官严重缺损或者畸形，有严重功能障碍；存在特殊医疗依赖；日常生活大部分或者部分不能自理；各种活动严重受限，仅限于室内的活动；社会交往极度困难。

（4）四级残疾：组织器官严重缺损或者畸形，有重度功能障碍；存在特殊医疗依赖或者一般医疗依赖；日常生活能力严重受限，间或需要帮助；各种活动严重受限，仅限于居住范围内的活动；社会交往困难。

（5）五级残疾：组织器官大部分缺损或者明显畸形，有中度（偏重）功能障碍；存在一般医疗依赖；日常生活能力部分受限，偶尔需要帮助；各种活动中度受限，仅限于就近的活动；社会交往严重受限。

（6）六级残疾：组织器官大部分缺损或者明显畸形，有中度功能障碍；存在一般医疗依赖；日常生活能力部分受限，但能部分代偿，条件性需要帮助；各种活动中度受限，活动能力降低；社会交往贫乏或者狭窄。

（7）七级残疾：组织器官大部分缺损或者明显畸形，有中度（偏轻）功能障碍；存在一般医疗依赖，无护理依赖；日常生活有关的活动能力极重度受限；各种活动中度受限，短暂活动不受限，长时间活动受限；社会交往能力降低。

（8）八级残疾：组织器官部分缺损或者畸形，有轻度功能障碍，并造成明显影响；存在一般医疗依赖，无护理依赖；日常生活有关的活动能力重度受限；各种活动轻度受限，远距离活动受限；社会交往受约束。

（9）九级残疾：组织器官部分缺损或者畸形，有轻度功能障碍，并造成较明显影响；无医疗依赖或者存在一般医疗依赖，无护理依赖；日常生活有关的活动能力中度受限；工作与学习能力下降；社会交往能力部分受限。

（10）十级残疾：组织器官部分缺损或者畸形，有轻度功能障碍，并造成一定影响；无医疗依赖或者存在一般医疗依赖，无护理依赖；日常生活有关的活动能力轻度受限；工作与学习能力受到一定影响；社会交往能力轻度受限。

2. 伤残等级与赔偿的关系 伤残者的伤残赔偿是以伤残等级所对应的伤残赔偿指数并按照交通事故发生的平均生活费进行计算，赔偿时限为20年。所谓伤残赔偿指数是指伤残者应当得到伤残赔偿的比例。其中Ⅰ级赔偿指数为100%，Ⅹ级赔偿指数为10%，每级相差10%。例如，某伤残人员的伤残等级为Ⅵ级，其残疾比例为50%，即赔偿指数应为50%，其伤残赔偿亦按照赔偿总额的50%计算。对于身体多处伤残的赔偿，《人体损伤致残程度分级》中并没有明确规定，但实际执行中仍然沿袭了《道标》中多等级伤残赔偿的综合计算办法。该计算办法是根据伤残赔偿总额、赔偿责任系数、赔偿指数等，运用标准中的计算公式计算伤残者所应得到的实际赔偿数额。对于道路交通事故中多处伤残的受伤人员，以最重的一处伤残等级作为赔偿的主要依据，身体每增加一处伤残，则增加一定的赔偿比例，但是，所有增加赔偿的比例之和不超过10%，伤残赔偿指数的总数不超过100%，亦即增加的伤残最多使受伤人员的伤残等级提高一个级别。因此，对于道路交通事故受伤人员的伤残评定，应对每处损伤的伤残等级分别作出评定。

3. 鉴定注意事项伤 残评定应以人体损伤治疗后的结果为依据，客观评价组织器官缺失和（或）功能障碍程度，科学分析损伤与残疾之间的因果关系，实事求是地进行鉴定。在实际鉴定中应注意以下几个方面：

（1）鉴定中遇有本标准规定以外的伤残情形，可根据残疾实际情况，依据本标准致残程度等级划分依据，并比照最相似等级的条款，确定其致残程度等级。

（2）伤残等级评定时机应在原发损伤及其与之确有关联的并发症治疗终结或者临床治疗效果稳定后进行。

（3）非同一部位和性质的两处以上的损伤，应当分别评定伤残等级。

（4）正确处理伤病关系。当损伤与原有伤、病共存时，应分析损伤与残疾后果之间的因果关系。根据损伤在残疾后果中的作用力大小确定因果关系的不同形式，可依次分别表述为：完全作用、主要作用、同等作用、次要作用、轻微作用、没有作用。伤残等级应以损伤的后果或结局为依据进行鉴定，但应阐明损伤与残疾后果之间的因果关系，对于损伤"没有作用"的，不应进行致残程度鉴定。

第四节 诈病与造作伤

一、诈 病

（一）概念

诈病（simulation, malingering）是指身体健康者，为达到某种目的故意伪装患有某种疾病。诈病多见于故意伤害或意外事故受伤人员为追究他人责任或骗取赔偿，也见于犯罪嫌疑人或罪犯伪装精神疾病或其他严重疾病而丧失劳动能力，以逃避刑事责任或刑事处罚。广义的诈病还包括夸大病情或伤情，如伤病者对损伤或疾病的症状与体征故意夸大，以期望达到某种目的。此外，还包括将疾病伪装成损伤或原有病变谎称为现有损伤或病变。

（二）诈病的特点

1. 有明确的目的 所有的诈病者均为了达到某种目的而伪装患病，如为达到企图调换工作，逃避兵役，掩盖罪责，摆脱于本人不利境遇或推诿责任，骗取休假、药物、福利或赔偿等目的。

2. 同一人群中常常伪装类似的疾病 在同一人群中有人伪装某种疾病成功达到目的后，其他人也跟着效仿，此种情况在劳教、服刑人群中屡有发生。

3. 伪装病情不易检查 伪装者为不被识破，常常伪装主观性较强，不易检查出来的病症，如伪装疼痛、聋、盲、精神病等。

4. 过分夸大病情 病症混乱而矛盾，临床表现与实际病情不符。

5. 病程反常 所表现出的症状不符合疾病或损伤的发生、发展规律，一旦达到目的或伪装被识破，症状很快消失。

6. 查体不配合 伪装者害怕被识破，常常表现对查体不配合，对检查者言行敏感，情绪不稳。

（三）法医临床医学鉴定中常见诈病

1. 诈盲 是指伪装视力障碍或夸大视力障碍程度的行为，也称伪盲。诈盲可表现为单眼盲或双眼盲。由于伪装双眼盲目相对较困难，且难以持久，因此单眼诈盲较多见。诈盲者由于害怕被识破，对于眼科的一些常规检查往往不配合，表现为睁眼不能、畏光、注视不能等。单眼诈盲者有时表现双眼同视的视力不如单侧健眼视力。

诈盲检查方法包括单眼诈盲检查法和双眼诈盲检查法。单眼诈盲检查法：①瞳孔对光反射；②雾视法；③视力表变换距离测试法；④红绿镜片法；⑤视觉诱发电位检查。双眼诈盲检查法：①瞳孔对光反射；②视觉诱发电位检查。视觉诱发电位检查属客观检查法，其余为主观检查法。鉴定中应以客观检查法为主，主观检查法为辅，相互印证，综合判断。

诈盲的法医学鉴定的关键：①明确是否存在导致盲目或视力下降的器质性损伤或疾病；②判断视力下降的程度是否与器质性损伤或疾病的程度相符；③确定视力下降程度是否能够得到视觉诱发电位检查结果的印证。

2. 诈聋 是指故意伪装听力障碍或夸大其听力障碍程度的行为，也称伪聋。伪装者可伪装单耳聋，也可伪装双耳聋，但伪装单耳聋多见。伪装者往往过度夸大耳聋行为，常常表现对问话及声音无任何反应，或刻意将健侧耳偏向声源，但其说话声音不增大。伪装者主观听力障碍，客观听力检查正常。

诈聋检查方法包括主观听力检查法和客观听力检查法。主观听力检查法包括听觉眼睑反射试验、听力器伪聋测试法、朗读试验、音叉检查法及同音频掩蔽试验等。客观听力检查法包括声导抗测定、耳声发射及听觉诱发电位。

对于疑为诈聋者进行法医学鉴定时，鉴定人应详细询问病史或受伤史，注意其回答内容、方式、神情及举止行为，并通过病志记载及辅助检查确定其是否存在导致听力障碍的器质性病变基础，通过客观听力检查法以确定是否存在耳聋及耳聋的程度，从而对其真实的听力状况作出判断。

3. 诈瘫 是指伪装神经系统损伤或病变而致肢体无力、活动障碍等行为，即伪装瘫痪。伪装者常在头部损伤、脊髓损伤或周围神经损伤后，表现一肢或多肢体运动障碍，如不能行走、不能持物等。

瘫痪根据损伤部位不同分为两种，即中枢性瘫痪和周围性瘫痪。前者系上运动神经元病变所致，肌肉萎缩不明显或整个肢体呈轻度失用性萎缩，表现为肌张力增强，腱反射亢进，病理反射阳性，故又称为痉挛性瘫痪或硬瘫；后者系下运动神经元或周围神经病变所致，损伤神经所支配的肌肉萎缩明显，表现为肌张力下降、腱反射减弱甚至消失，故又称为迟缓性瘫痪或软瘫。

法医学鉴定时应明确有无瘫痪及瘫痪的性质；是否存在引起瘫痪的神经系统病变；所表现的瘫痪性质是否与神经系统损伤部位相对应；是否存在于瘫痪相对应的客观体征，如肌肉萎缩、神经系统生理反射及病理反射、肌张力状态等；有无因瘫痪引起的并发症，如压疮。诈瘫鉴定应注重客观体征，而不能轻信主观症状。影像学检查有助于定位神经系统损伤部位，如CT、MRI；电生理学检查对确定是否存在神经系统损伤及判断瘫痪程度有重要意义，如神经肌电图检查、体感诱发电位及运动诱发电位检查。

4. 伪装抽搐 多见于头部外伤的患者，其表现形式多种多样，有的似癫痫大发作，有的表现为肢体不规律抖动或上肢屈曲、下肢伸展状态。抽搐常常发生在有人的场合，而单独场合很少发生。

对于疑有伪装抽搐者进行法医学鉴定时应详细询问其发作时间、发作频率、发作时具体表现及临床治疗情况，同时确定有无引起抽搐发作的器质性病变，并应排除病理性抽搐或癔症性抽搐。

(四)诈病法医临床医学鉴定注意事项

鉴定时注意对被检查者的态度,切忌先入为主,主观臆断,不能让被检查者察觉对他有怀疑或不信任,以免造成对立态度,增加识别困难。

1. 认真了解案情 了解案情有助于判断被检查者是否存在诈病的动机。

2. 仔细审查病历资料 通过对被检查者病历资料的仔细审查,有助于判断被检查者病程是否存在反常现象。

3. 详细询问病情 耐心听取并详细记录被检者的陈述,详细询问病情,有助于洞悉被检者的心理状态,对其所述情况做出科学的判断。

4. 多利用客观的检查方法 认真对被检者进行全面的体检,并作必要的 CT、MRI、肌电图、诱发电位等客观的辅助检查,有助于判断被检查者的真实状况。

5. 聘请相关专家会诊 对于一些特殊疾病往往需要聘请有关专家会诊鉴定,以利于做出正确的判断。同时多位专家会诊能够对伪装者的伪装心理造成一定压力,有助于检查者捕捉其破绽。

6. 注意癔症的鉴别 癔症是功能性功能障碍,与器质性功能障碍性对应。诈病与癔症的区别可简单表述为:诈病者不存在导致功能障碍的器质性病变基础,不应该存在功能障碍,实际上也不存在功能障碍,但表现出功能障碍;癔症者也不存在导致功能障碍的器质性病变基础,也不应该存在功能障碍,但实际上存在功能障碍,因此表现出功能障碍。此时,客观检查法无法区分两者,但主观检查法往往会得到意想不到的结果。

7. 慎重作出鉴定意见 因诈病结论关系到被检者的声誉及相应的后果,做结论时一定要慎重,要在全面检查和综合分析基础上,有科学根据地做出诈病结论。

二、造 作 伤

(一)概念

造作伤(artificial)是指出于某种目的,自己或授意他人运用各种物理、化学或生物学方法对自己身体造成损伤或加重、扩大原有损伤。广义的造作伤也包括造作病。在法医临床医学鉴定实践中,造作伤常见于故意伤害案件,造作伤者为了诬陷、报复他人或勒索、骗取他人钱财而使自己受伤。

(二)造作伤特点

1. 造作伤的目的、动机 造作伤都有非常明确的目的,如逃避惩罚或掩盖罪行、骗取荣誉或信任、逃避责任或义务、诬陷他人或获取赔偿、骗取休假、骗取保外就医等。

2. 造作伤的损伤性质 造作伤多为机械性损伤,尤以锐器伤最为常见,其次为钝器伤、火器伤。

3. 造作伤的致伤方式 造作伤一般都是自己所为,少数情况下由其家人、朋友或其利益相关者代其实施。

4. 造作伤的损伤部位 造作伤的损伤部位多与其目的、动机相连,多选择易被发现、暴露的部位,如头面部、四肢、躯干。

5. 造作伤的损伤程度 造作伤者只是为达到某种目的,并不希望危及生命、毁容或遗留严重功能障碍,而轻微的损伤又唯恐不能达到最终目的,因此多选择轻伤范围内的损伤,如皮肤裂伤、鼓膜穿孔、鼻骨骨折等。

6. 造作伤的诊治情况 与诈病不同,造作伤者对于检查和治疗非常配合,有时会提醒或暗示其损伤部位及程度,唯恐被遗漏。

(三)法医临床医学鉴定中常见的造作伤

1. 体表锐器造作伤 损伤常集中在同一部位,伤数多,大小一致;密度大、间距小;排列整齐、方向一致;浅表均匀、程度轻;创口随体表生理弧度而弯曲;由于怕痛、犹豫等复杂心理,常有试刀痕。

实际上在鉴定中常常遇见的造作伤是在原创口基础上的扩创,其目的是使创口长度延长,从而使其损伤程度达到轻伤,以便追究伤害者的刑事责任、获取赔偿或使自己摆脱不利境遇。该种损伤往往于瘢痕形成后进行鉴定,鉴定时应注意:①认真审查其原始就诊病志,明确病志记载的损伤是否与鉴定时所见的瘢痕相对应;②仔细观察瘢痕的形态特点,整个瘢痕是否符合一次形成;③有条件的可以要求办案机关提供致伤物,并与遗留瘢痕相对比,判断是否能够形成此种损伤。

2. 鼓膜穿孔 外伤性鼓膜穿孔可由直接外力作用或间接外力作用形成。前者主要是由针状物直接作用于鼓膜所致,穿孔部位多位于鼓膜紧张部后方,呈圆形、卵圆形,边缘较规则,穿孔数目可为一个或多个,鼓膜出血较多,常伴有外耳道损伤;后者形成机制是暴力作用于外耳道口,瞬间使外耳道内空气压力增大,超过鼓膜的承受能力而破裂,穿孔部位多位于紧张部前下方,呈不规则状、裂隙状或放射状,穿孔数目多为一个,鼓膜出血较少,一般无外耳道损伤。故意伤害案件中鼓膜穿孔基本均为间接外力作用所致,而造作伤所致的鼓膜穿孔多为直接外力作用所致。鉴定时应要求提供受伤时拍的鼓膜照片,注意观察受伤时鼓膜穿孔的特点,明确是否存在鼓膜穿孔，并判断其形成机制，但应注意与病理性（中耳炎性）鼓膜穿孔相鉴别。

3. 骨折 常见的造作骨折多为鼻部骨折，且多发生于故意伤害案件。这是由于①鼻骨为人体中较为脆弱的骨骼，拳击即可使其发生骨折，骨折后治疗简单，很少遗留后遗症；②《人体损伤程度鉴定标准》中规定，"鼻骨粉碎性骨折；双侧鼻骨骨折；鼻骨骨折合并上颌骨额突骨折；鼻骨骨折合并鼻中隔骨折；双侧上颌骨额突骨折"均构成轻伤二级，因此造作鼻部骨折可以追究对方刑事责任。造作鼻部骨折多采用拳击方式，与实际故意伤害案件中常见鼻部骨折的成伤机制一致，因此对于造作鼻部骨折判断非常困难，需要结合案情调查、现场录像，并对比影像学资料，综合判断。

（四）造作伤法医临床医学鉴定注意事项

1. 案情调查 要作详细的案情调查，向被检者反复询问受伤经过、"凶犯"的行凶方式。通过反复询问，详细记录，分析其前后是否有矛盾，是否合乎逻辑，细节是否清楚。自伤者对受伤过程的细节往往不能确切地加以说明，并且叙述内容夸张、混乱，前后颠倒，相互矛盾，不能自圆其说。

2. 现场勘查 通过现场勘验，收集有关物证，观察现场有无搏斗迹象及血迹分布特点，判断伤者受伤是否搏斗时所致。自伤者的血迹常较集中，无散乱现象，他伤者的血迹则四溅，分布散乱。

3. 损伤检查 检查损伤部位及其特点，判断是否符合造作伤特点，必要时可借助辅助检查（如X线、CT）。

4. 衣服检查 主要是检查被检者的衣服破损，是否与衣服掩盖处的体表破损在部位上、形态上、特征上吻合；衣服上的血痕分布及流注方向与损伤后所处的姿势造成的血流方向是否相符。

5. 事件重建 必要时，要求被检者在案发现场或临时布置的模拟现场将受伤当时的情况重新表演一次，从表演中可分析、揭露其矛盾。

第五节 人身损害其他相关问题

一、损伤与疾病关系的判断

根据有关法律精神，分清损伤与疾病的关系（有无因果关系），确定损伤直接造成的后果（损伤参与度），对于维护双方当事人的合法权益、案件的正确处理具有重要的法律意义。损伤与疾病关系鉴定就是对损伤和疾病分别在人体损害后果中作用力（原因力或参与度）的判断，简称伤病关系鉴定。伤病关系鉴定也包括对既往伤在损害后果参与度的判断。

在现行的三个主要标准中，对于伤病关系的处理都有明确的规定，但对最后鉴定意见及最终处理的影响力各不相同。各标准具体规定已在第二节、第三节阐明，这里不再赘述。下面以"伤者牙齿在原有严重牙周病及牙龈严重萎缩基础上受外力作用致牙齿脱落7枚"为例，分别按《人体损伤程度鉴定标准》《人体损伤致残程度分级》《劳动能力鉴定职工工伤与职业病致残等级》（GB/T16180-2014）进行损伤程度及伤残程度鉴定，对伤病关系在鉴定中的影响力做进一步解释说明。

1. 伤病关系的判断 由于本例伤者既存在严重的牙周病并牙龈严重萎缩，牙齿的牢固程度明显较正常降低，受到相对轻的外力作用就可能导致牙齿脱落，因此本例7枚牙齿脱落的损害后果应为外伤与原有牙病共同作用的结果，即损伤与疾病的参与度均为50%。

2. 依据《人体损伤程度鉴定标准》进行损伤程度鉴定 本例的损害后果是损伤与疾病共同作用的结果，根据该标准伤病关系处理原则，并依据相应条款适度降低损伤程度等级。根据该标准重伤二级中"牙齿脱落或者牙折共7枚以上"，本例的损害后果为重伤二级，降级评定后，实际的鉴定意见应为轻伤二级，承担轻伤二级的伤害刑事责任。

3. 依据《人体损伤致残程度分级》进行伤残程度鉴定 根据该标准伤病关系处理原则，伤残等级应以损伤的后果或结局为依据进行鉴定，并应阐明损伤与残疾后果之间的因果关系。依据该标准十级"26）牙齿缺失或者折断7枚以上；牙槽骨部分缺损，合并牙齿缺失或者折断4枚以上"的规定，本例鉴定意见应为"伤残程度为十级，其伤病关系为共同作用"。实际赔偿应按十级伤残赔偿额的50%赔付。

4. 依据《劳动能力鉴定职工工伤与职业病致残等级》进行伤残程度鉴定 根据该标准伤病关系处理原则，伤残等级鉴定时按事实的致残结局为依据。依据该标准十级中"牙齿除智齿以外，切牙脱落1个以上或其他牙脱落2个以上"的规定，本例鉴定意见应为十级伤残，实际赔偿应按十级伤残赔偿额的100%赔付。

综上，对于既往存在疾病或损伤的人员，都应该先进行伤病关系判断，然后再依据相应标准中对伤病关系处理原则的规定，做出最终的鉴定意见。

二、人身损害误工、护理、营养期限的评定

在民事诉讼或纠纷案中，除需要进行伤残等级和劳动能力鉴定以外，还应对误工期、护理期、营养期进行评定，简称三期评定。现行的三期评定标准是2014年11月26日实施的中华人民共和国公共安全行业标准《人身损害误工期、护理期、营养期评定规范》（GA/T 1193-2014）。

（一）概念

1. 误工期（loss of working time period） 人体损伤后经过诊断、治疗达到临床医学一般原则所承认的治愈（即临床症状和体征消失）或体征固定所需要的时间，也称休息期。

2. 护理期（nursing period） 人体损伤后，在医疗或者功能康复期间生活自理困难，全部或部分需要他人帮助的时间。

3. 营养期（vegetative period） 人体损伤后，需要补充必要的营养物质，以提高治疗质量或者加速损伤康复的时间。

（二）三期评定时机及评定原则

1. 评定时机 应以外伤直接所致的损伤或确因损伤所致的并发症经过诊断、治疗达到临床医学一般原则所承认的症状及体征稳定为准。

2. 评定原则 人身损害误工期、护理期和营养期的确定应以原发性损伤及后果为依据，包括损伤当时的伤情、损伤后的并发症和后遗症等，并结合治疗方法及效果，全面分析个体的年龄、体质等因素，进行综合评定。

（三）三期评定注意事项

1. "误工期、护理期、营养期"是指本次损伤/事故所致的期限，需排除既往损伤、疾病。

2. "误工期、护理期、营养期"为各类损伤/事故的一般性期限，在具体案件的评定中，应遵循个性化为主、循证化为辅的原则，考虑不同个体的自身情况（个体差异、潜在疾病、年龄等因素）、损伤情况、临床治疗、恢复等因素具体分析，综合评定，不可机械照搬。

3. 人身损害后的临床"误工期、护理期、营养期"低于本标准期限的，按临床实际发生的期限计算；多处损伤，不能将多处损伤的"误工期、护理期、营养期"进行简单累加，一般以"误工期、护理期、营养期"较长的损伤为主，并结合其他损伤的期限综合考虑，必要时酌情延长；对于一些损伤后恢复期较长，但已进入调解程序或诉讼程序的，"误工期、护理期、营养期"评定的上限可以至伤残评定前一日，但原则上不超过24个月。

4. 遇有本标准以外的损伤，应根据临床治疗情况，或对照本标准类似损伤所需的"误工期、护理期、营养期"进行评定。

5. 继发性损伤、合并症、并发症或需二期治疗的，根据临床治疗恢复情况确定。

三、人身损害护理依赖程度评定

人身损害在治疗终结后，仍遗留躯体伤残或精神障碍，致使日常生活活动能力或日常生活自理能力严重障碍，需他人帮助、护理才能维系正常的日常生活，称为护理依赖（nursing dependency）。护理依赖包括躯体伤残护理依赖和精神障碍护理依赖。

护理依赖程度（level of nursing dependency）是指躯体伤残或精神障碍者需要他人护理所付出工作量的大小，由高到低分为完全、大部分和部分护理依赖。现行的护理依赖程度评定标准是2015年1月1日实施的中华人民共和国国家标准《人身损害护理依赖程度评定》（GB/T 31147-2014）。

（一）躯体伤残护理依赖程度

躯体伤残护理依赖程度是通过判断伤残者日常生活活动能力进行评定。日常生活活动能力（activities of daily living）是指人在躯体健康的情况下，日常生活必须反复进行的、基本的、共性的活动能力。日常生活活动能力包括10项，即进食（10分）、床上活动（10分）、穿衣（10分）、修饰（5分）、洗澡（5分）、床椅转移（15分）、行走（15分）、大便始末（10分）、小便始末（10分）及用厕（10分），总计分值100分。

根据躯体伤残者完成日常生活活动能力项目的情况，客观确定每项分值。总分值在61分及以上，日常生活活动基本自理，无护理依赖；总分值在60～41分，为部分护理依赖；总分值在40～21分，为大部分护理依赖；总分值在20分以下，为完全护理依赖。

（二）精神障碍护理依赖程度

精神障碍护理依赖程度是通过判断精神障碍者日常生活自理能力进行评定。日常生活自理能力（ability of taking care of oneself）是指人在正常思维

支配的情况下，自我料理个人日常生活的能力。日常生活自理能力包括12项，即进食、修饰、更衣、理发洗澡剪指甲、整理个人卫生、大便始末、小便始末、外出行走、睡眠、服药情况、使用日常生活用具及乘车，每项分值10分，总计分值120分。

根据精神障碍者完成日常生活自理能力项目的情况，客观确定每项分值。总分值在81分以上，日常生活基本能够自理，无护理依赖；总分值在80～61分，为部分护理依赖；总分值在60～41分，为大部分护理依赖；总分值在40分以下，为完全护理依赖。对于有自杀、自残、伤人、毁物或其他危害公共安全倾向的精神障碍者，治疗满1年无明显改善者，为大部分护理依赖。

（三）护理依赖评定时机

1. 躯体伤残护理依赖程度评定应在本次损伤治疗终结后进行。

2. 精神障碍护理依赖程度评定应在治疗满1年后进行。

（四）护理依赖评定注意事项

1. 对被评定人应进行详细询问，针对人身损害情况进行身体检查，必要时应做相关辅助检查。

2. 经检查，被评定人应有明确的临床体征，并与辅助检查、病历记载相一致。

3. 被评定人原有疾病或伤残与本次损害因素共同作用造成护理依赖的，应确定本次损伤参与度。

4. 精神障碍护理依赖程度的评定，应当有专科医疗机构精神科执业医师作出的诊断证明，或聘请精神科执业医师参加。

5. 被评定人同时有躯体伤残、精神障碍和精神障碍安全问题均需要护理依赖的，应分别评定，按护理依赖程度较高的定级进行评定。

四、医疗损害司法鉴定

随着《中华人民共和国侵权责任法》的颁布与实施，"医疗损害"一词在法律层面上被明确提出。"医疗损害司法鉴定"成为继"医疗事故技术鉴定"又一处理医疗纠纷的法律途径与依据。

（一）概念

1. 医疗损害（medical damage） 指患者在医疗机构接受诊断和治疗的过程中，医疗行为对患者所产生的不利后果，分为广义的医疗损害和狭义的医疗损害。广义医疗损害的医疗行为可以是正常医疗行为，也可以是医疗过错行为；狭义医疗损害的医疗行为单指医疗过错行为。正常的医疗行为（无过错医疗行为）不承担侵权责任，由其导致的损害后果不属于法律意义上的"医疗损害"。法医学上的医疗损害特指狭义的医疗损害，即指医疗机构及其从业人员在对患者的诊疗护理过程中，由于医疗过错行为对患者所产生的不利后果。

2. 医疗损害司法鉴定 是指司法鉴定机构接受办案机关委托后，指定司法鉴定人根据委托单位所提供的鉴定资料，结合法医学检查结果，运用医学知识和法医学知识分析判断医方在诊断、救治、护理、管理等行为中是否存在过错，患方是否存在损害后果，以及过错行为与损害后果之间因果关系，并作出鉴定意见的过程。

（二）医疗损害司法鉴定的鉴定内容

医疗损害司法鉴定的主要内容：①医方医疗行为是否存在过错；②患方是否存在损害后果；③医方过错行为与损害后果之间是否错在因果关系。

1. 医疗过错行为 对于医疗机构是否存在医疗过错行为，鉴定人主要通过临床资料的审查和法医学检查进行判断。

（1）《中华人民共和国侵权责任法》第五十八条规定，患者有损害，因下列情形之一的，推定医疗机构有过错：

1）违反法律、行政法规、规章及其他有关诊疗规范的规定。

2）隐匿或者拒绝提供与医疗纠纷有关的病历资料。

3）伪造、篡改或者销毁病历资料。

（2）医疗过错行为的主要表现形式

1）未尽到告知、知情同意义务：医方未向患方明确告知必要的病情、医疗措施、医疗替代方案及存在的医疗风险并取得其书面同意。

2）未尽到诊治义务：医方未给予患者及时、规范、正确的诊断和治疗，包括误诊、漏诊和误治。

3）未尽到注意义务：医务人员在诊疗活动中未尽到密切注意病情变化，积极防范医疗风险，避免不良后果发生的义务。

《中华人民共和国侵权责任法》第五十六条规定：因抢救生命垂危的患者等紧急情况，不能取得患者或者近亲属意见的，经医疗机构负责人或者授权的负责人批准，可以立即实施相应的医疗措施。《最高人民法院关于审理医疗损害责任纠纷案件适用法律若干问题的解释》（法释〔2017〕20号）（以下简称《解释》）中，对于该条款"不能取得患者或近亲属意见"的情况作出了明确规定，即包括下列情形：①近亲属不明的；②不能及时联系到近亲属的；③近亲属拒绝发表意见的；④近亲属达不成一致意见的；⑤法律、法规规定的其他情形。同时，该《解释》中明确规定：前款情形，医务人员经医疗机构负责人或者授权负责人批准立即实施相应医疗措施，患者因此请求医疗机构承担赔偿责任的，不予支持；医疗机构及其医务人员怠于实施相应医疗措施造成损害，患者请求医疗机构承担赔偿责任的，应予支持。也就是说，此种紧急情况下的医方不作为行为被视为医疗过错行为。

2. 医疗损害的后果　《中华人民共和国侵权责任法》第六条规定，行为人因过错侵害他人民事权益，应当承担侵权责任。民事权益包括生命权、健康权、名誉权、肖像权、隐私权、财产权益等。医疗损害的后果也是针对上述民事权益而言的，其具体表现为：

（1）死亡：属于对生命权的侵害后果。患者的死亡原因可以是医疗过错行为直接所致，也可以是医疗过错行为以外的其他因素所致（如疾病的正常转归）或医疗过错行为与其他因素合并导致。对于患者的死亡分析包括死亡原因、死亡方式及死亡机制三个方面的判断，其中死亡原因的分析与判断是医疗损害鉴定的主要内容。死亡原因原则上应通过尸体解剖来确定，对于无法通过尸体解剖确定死亡原因的，可以通过临床病例材料分析死亡原因，但尸体解剖是确定死亡原因的金标准。

（2）残疾：属于对健康权的侵害后果。医疗损害鉴定包括对残疾原因的判断及对残疾程度的评定。

（3）治疗时间的延长：是指医疗过错行为没有达到应有的治疗效果，或者对患者造成新的损伤，也或者发生可以避免的并发症，从而导致患者治疗时间的延长及财产的损失。这种损害后果不仅仅是对患者健康权的侵害，也是对患者财产权益的侵害。

（4）精神损害：如未履行保密义务，泄露患者的隐私；或未经患者同意透露患者病历资料；或为广告宣传，未经患者同意将其肖像暴露公众并予以传播等行为。上述行为给患者精神造成损害的，属于侵害患者名誉权、隐私权和肖像权。医疗过错行为导致的精神损害也包括由于侵害患者民事权益而对其家属造成的严重精神损害。

（5）出生缺陷或者错误出生：由于医疗过错行为，对于应该避免而未能避免患有重大疾病患儿出生的，导致医方经济与精神负担加重。

3. 医疗过错与损害后果之间的因果关系　造成患者人体损害后果的可能因素有很多，主要包括医疗过错行为、患者自身因素、医疗机构条件和水平等，可能是其中一个因素作用的结果，也可能是多个因素共同作用的结果。医疗损害鉴定主要内容之一是判断医疗过错行为与损害后果之间的因果关系及责任参与度。

《解释》中对于医疗过错与损害后果之间的因果关系作出明确的划分，即全部原因、主要原因、同等原因、次要原因、轻微原因或与损害后果无因果关系。

（1）全部原因：损害后果完全由医疗过错行为造成，医方承担全部责任，过错参与度为100%。

（2）主要原因：损害后果主要由医疗过错行为造成，医方承担主要责任，过错参与度为60%～90%。

（3）同等原因：损害后果由医疗过错行为与其他因素共同造成，医方承担同等责任，过错参与度为50%。

（4）次要原因：损害后果主要由其他因素造成，医疗过错行为是次要因素，医方承担次要责任，过错参与度为30%～40%。

（5）轻微原因：损害后果主要由其他因素造成，医疗过错行为仅为诱发或者加重的因素，医方承担轻微责任，过错参与度为10%～20%。

（6）与损害后果无因果关系：医疗过错行为与损害后果之间无因果关系，医方不承担赔偿责任，过错参与度为0。

（三）医疗损害司法鉴定注意事项

1. 同行评议原则　医疗损害司法鉴定是一项专业性很强的鉴定工作，因此有必要举行临床专家咨询会或会诊，邀请相关专业的临床专家对专门技术问题是否存在医疗过错进行专业技术判断，并出具书面咨询意见或会诊意见，但司法鉴定人须对采取的专家意见负责。

2. 实时原则　由于医疗水平会随着时代的发展而不断提高，不能用现代的医疗水平衡量既往医疗纠纷的医疗行为，应充分考虑当时的医疗水平。

3. 不同等级区别对待原则　医疗机构的等级代表医疗机构医疗条件、管理水平及技术水平。因此，同样的医疗过错行为对于不同等级的医疗机构所承担的医疗损害责任应有所不同，即等级越高的医疗机构所承担的医疗损害责任应该越大。

4. 地域差原则　同级别的医疗机构由于所处地

域不同,其医疗水平和医疗条件可能存在差异。因此,在判定医疗过错时,应充分考虑医疗机构所处的具体地域。

5. 顺推原则 医生的诊断是对不确定病情的一个判断过程,因此在判断其医疗行为是否存在过错时,应采取顺推原则,设身处地地考虑医生当时所面对的情况,而不应在明确具体诊断基础上进行逆推,以衡量医生是否对该诊断做出针对性诊疗行为。

6. 实事求是原则 科学客观地判断医疗过错行为与损害后果之间的因果关系,实事求是地划分责任参与度。既不能因患方的"弱势群体"性偏袒患方,夸大医疗过错行为的损害责任;也不能因医方与鉴定人的"同行业"性而掩盖或减轻医疗过错行为的损害责任。

五、致伤方式、损伤时间的推断

在实际的法医临床医学鉴定中常常涉及致伤方式及损伤时间的推断,鉴定意见可能导致案件性质的转变,对于案件的处理起到决定性的作用。因此,致伤方式及损伤时间的推断也是法医临床学鉴定的重要内容。

(一)致伤方式推断

致伤方式的推断包括判断损伤类型、分析损伤原因、推断成伤机制及推定致伤物。

1. 判断损伤类型 如皮肤瘢痕钝器伤、锐器伤的判断。通过损伤类型的判断,确定损伤性质,对于多人、多种凶器造成损伤分别评定损伤程度,对判定加害者应承担的法律责任有重要意义。

2. 分析损伤原因 即损伤因果关系的分析。对于损伤和疾病/陈旧伤共同作用导致损害后果的,需判断损伤的参与度,客观评定本次外伤对人体造成的损害。如颈椎病基础上受到外力作用导致的无脱位型颈髓损伤,此时需判断颈椎病与外力作用对颈髓损伤的作用力大小。

3. 推断成伤机制 即外力作用导致损害后果的机制,抑或损害后果是通过何种外力作用所导致的,如直接外力作用、间接外力作用、肌肉牵拉等。

4. 推定致伤物 致伤物的推定是指根据损伤的形态特征,结合现场情况,对致伤物的类型、大小、质地、重量及作用面形状的特征进行分析判断的过程。推定致伤物可以从以下几个方面入手:①根据损伤特征推定;②根据创口内残留异物推定;③根据受害人受伤时衣着损伤或痕迹推定;④根据现场情况推定;⑤比对所提供的可疑致伤物进行推定。

(二)损伤时间推断

损伤时间在法医临床医学鉴定中是指损伤后经历的时间,即鉴定时距损伤发生时的时间间隔。损伤时间推断就是指推测损伤至鉴定时的时间间隔。损伤时间推断仅仅是粗略估计,主要是根据人体损伤后病理生理变化过程及特点来推算。准确的损伤时间推断有利于确定损伤后果与案件的吻合性,以确定案件性质。

1. 皮肤擦伤时间的推断 新鲜的擦伤,擦伤面低于周围皮肤且较湿润,此时未超过2h;当渗出液干涸、结痂,呈淡黄褐色的痂皮,则在伤后4h至1天;之后逐渐干燥、质硬,变为深褐色。2~3天,周围正常表皮爬行再生,逐渐覆盖创面,痂皮从周边开始剥离脱落,5~7天完全愈合,痂皮完全脱落。浅表小面积的表皮剥脱,一般1~2周完全愈合,不留瘢痕;大面积擦伤若继发感染,则愈合需2周以上。

2. 皮内及皮下出血时间的推断 新鲜皮下出血受自身皮肤色泽、出血深浅、部位等影响,多呈红色、青蓝色、紫红色、紫蓝色,其吸收消退受损伤处组织致密与疏松、组织血运、损伤程度等影响。3~5天后出血的周边部出现黄色、淡绿色改变,5~8天黄色增多,或以黄色为主的混杂颜色。出血量少而浅表者5天已完全变为黄色,约7天黄色消失;出血量大、深部软组织大范围出血者,伤后20多天仍可见暗紫红色或紫蓝色的出血,但其中肯定混有黄色。

3. 伤口损伤时间的推断 由于炎症反应,在伤后约数小时可见创缘红肿,约24h可有痂皮形成。清洁的创伤4~5天可完全被新生上皮覆盖,如创伤发生感染,则伤后36h可形成脓液。

4. 瘢痕损伤时间的推断 通过瘢痕的颜色可以大致推断损伤的时间。瘢痕早期(1~6个月),由于肉芽组织中新生毛细血管数目较多,颜色较红;中期(6~18个月),随着纤维结缔组织增多,毛细血管数目减少,瘢痕颜色逐渐变成棕色;晚期(>18个月),随着纤维结缔组织进一步增多,毛细血管数目进一步减少,瘢痕一般呈白色。

5. 骨折损伤时间的推断 要准确判定骨折形成的时间是不现实和困难的,特别是扁状骨、松质骨。骨折后的愈合期变化或新旧判断,仅是相对划分,且受体内外多种因素的影响。在鉴定实践中,主要根据骨折愈合过程影像学形态改变,推测是新鲜抑或陈旧骨折,以及粗略判断程期。若在伤后2~3天内X线照片见骨折线已模糊或有纤维性骨痂形成,可认定非本次外伤所致。对于既往曾存在骨折,本次外伤后判断是否出现的新的骨折，需要提供既往骨折的影像学资料，进行对比、判断。

总之，损伤时间的推断是粗略的时间间隔，不能单纯就此为案件定性，须结合病志材料及案件的调查取证材料，综合判定。

复习与思考题

1. 法医临床医学鉴定的概念是什么？
2. 法医临床医学鉴定的种类包括哪几种？
3. 在进行法医临床医学鉴定时，应注意哪些问题？
4. 什么是损伤程度鉴定，损伤程度分哪几种？
5. 损伤程度鉴定有何法律意义？
6. 在进行损伤程度鉴定时，应遵循哪些原则？
7. 何谓劳动能力、劳动能力丧失及其分类？
8. 简述诈病的概念及其特点。
9. 简述造作伤的概念及其特点。
10. 简述医疗损害鉴定概念、内容及注意事项。
11. 何谓三期鉴定？

（郑传斐　刘岩峰）

第十五章 精神障碍

【目标要求】

掌握：常见精神障碍法医学鉴定概念及其法定能力评定要点。

熟悉：精神患者在刑事、民事责任能力及其他法律能力的评定原则。

了解：精神障碍法医学鉴定要求。

案例 15-1

王某，男，未婚，初中，无业。被控杀人。

某日上午10时许，被鉴定人王某手持尖刀，同时腰间别一把菜刀，并携带绳索和碎布，约11时许敲开其邻居家任某门，待任某开门时强行闯入，用绳索勒住任某颈部，并用碎布塞住任的嘴，致任死亡。之后王某窜至楼上任某父母家，待任父出门时，用菜刀将其砍成重伤，当任母听到叫喊声出来时，王某又用菜刀将任母砍成重伤，之后滞留在现场。当警察赶到时，王某威胁要自杀，并负隅顽抗，最终被击伤后抓获。

王某在审讯中称邻居任某近来一直在背后说自己坏话，并伙同任某父母致使他和邻里之间关系不和谐，影响其正常生活。

王某初中毕业后一直混迹于社会，靠日常打工谋生，约2年前开始逐渐出现无故打人、骂人、损坏物品行为，脾气暴躁。失业后，易激惹，性格敏感多疑，经常数日不归，生活懒散。

鉴定检查发现表情淡漠，情感反应低下，语无伦次，思维分散，联想散漫，称很长时间以来家里人和邻居对其极不友善，使其生活艰难，被人嘲笑，且虚构成分较多。存在幻听、被害妄想、关系妄想，意志力减退，内感性不强，无自知力。

问题：
1. 被鉴定人王某是否存在精神障碍？
2. 危害行为与精神障碍症状有无因果关系？
3. 精神障碍法医学鉴定结论是什么？

第一节 概 述

一、精神障碍法医学鉴定概念

精神障碍法医学鉴定（psychiatric forensic assessment）指具有司法鉴定资格的精神医学专家，应用精神医学知识、技能和经验对被鉴定人的精神状态作出正确评价，还应对其行使的某种法律权利或承担某种法律责任或法律义务的能力作出评定。

精神障碍法医学鉴定，主要对被鉴定人进行精神状态鉴定，然后评定其法律能力。主要对涉及法律问题又患有或被怀疑患有精神障碍的当事人进行法医学鉴定，为司法部门和法庭提供专家证词和审理案件的医学依据。

二、精神障碍的分类

精神障碍（mental disorder），又称精神疾病（mental disease），随着精神病学事业的发展，逐步制定了统一的精神障碍分类及诊断标准。目前我国精神科临床诊断主要使用的分类系统是国际疾病分类（第11版）（International Classification of Disease，ICD-11）系统和中国的《中国精神障碍分类与诊断标准》（Chinese Classification of Mental Disorders）第3版（CCMD-3）系统。分类和诊断标准注意了传统性、科学性、可理解性、可接受性、可操作性和相对稳定性。在临床实践中CCMD-3和ICD-11建议相互参照使用。

精神障碍按照CCMD-3和ICD-11系统的基本框架分类比较表，见表15-1。

表15-1 CCMD-3和ICD-11系统的基本框架分类比较

CCMD-3	ICD-11
0 器质性精神障碍（organic mental disorders）	F00～F09器质性（包括症状性）精神障碍；F53其他待分类的围生期精神和行为障碍
1 精神活性物质所致精神障碍或非成瘾物质所致精神障碍（mental disorders due psychoactive substances or non-addictive substances）	F10～F19精神活性物质所致精神障碍和行为障碍；F55非成瘾药物滥用

续表

CCMD-3	ICD-11
2 精神分裂症（分裂症）和其他精神病性障碍（schizophrenia and other psychotic disorders）	F20～F29 精神分裂症；分裂型障碍和妄想性障碍
3 心境障碍（情感性精神障碍）（mood disorders/affective disorders）	F30～F39 心境障碍（情感性精神障碍）
4 癔症、应激相关障碍、神经症（hysteria, stress-related disorders, neurosis）	F40～F49 神经症性，应激相关障碍及躯体形式障碍
5 心理因素相关生理障碍（physiological disorders related to psychological factords）	F50～F59 伴有生理紊乱和躯体因素的行为综合征
6 人格障碍、习惯和冲动控制障碍、性心理障碍（personality disorders, habit and impulse disorders, psychosexual disorders）	F60～F69 成人人格和行为障碍
7 精神发育迟滞与童年和少年期心理发育障碍（mental retardation, and disorders of psychological development with onset usually occurring in childhood and adolescence）	F70～F89 精神发育迟滞与童年和少年期心理发育障碍
8 童年和少年期的多动障碍、品行障碍和情绪障碍（hyperkinetic, conduct, and emotional disorders with onset usually occurring in childhood and adolescence）	F90～F98 通常起病童年和少年期的行为与情绪障碍
9 其他精神障碍和心理卫生情况（other mental disorders and psychological health conditions）	F09，F29，F99 其他

三、精神障碍法医学鉴定的要求

精神障碍法医学鉴定必须符合法定程序，《中华人民共和国刑事诉讼法》规定精神病的医学鉴定，应到省级人民政府指定的医院进行。依照《中华人民共和国刑事诉讼法》，遵循客观、公正、科学的原则，严格按照司法鉴定程序进行。由司法部颁布的《司法鉴定机构登记管理办法》《司法鉴定人管理办法》和第十届全国人民代表大会常务委员会第十四次会议通过《全国人民代表大会常务委员会关于司法鉴定管理问题的决定》，对面向社会服务的司法鉴定机构和司法鉴定人员做出了具体规定。鉴定应在具有合法的鉴定机构和有资质的鉴定人的条件下进行，应遵循客观、公正、科学、中立的原则进行，不受任何单位和个人的干涉。严格执行鉴定程序，实行鉴定人负责制度。鉴定方式主要采取直接鉴定方式，运用医学鉴定方法，鉴定结论要做到合法、客观、真实和可靠。最终出具的鉴定书，是司法鉴定人通过法定鉴定程序，认定被鉴定人是否患有精神障碍，以及是否具备承担相应法律能力的法律文书，是司法鉴定专家提供给司法机关的证言。鉴定报告需要符合《司法鉴定程序通则》《司法鉴定文书示范文本（试行）》《精神疾病司法鉴定暂行规定》（1989年颁布）。

根据委托方的鉴定目的，在刑事案件、民事案件及其他方面的精神障碍法医学鉴定中，确定疑似精神障碍的犯罪嫌疑人或被告人是否患有精神障碍，确定精神障碍的类别，确定精神障碍与所实施的危害行为之间的关系，以评定其在刑事案件中有无刑事责任能力、受审能力及服刑能力；民事案件中有无民事行为能力（如婚姻能力、医嘱能力等）；其他方面的责任能力（如疑似受害人、疑似精神障碍的证人、精神障碍与相应事件的因果关系）。

四、法定能力的鉴定

法定能力的鉴定又称责任能力的鉴定，是指行为个体能够正确认识自己行为的性质、意义、作用和后果，并能够自觉地选择和控制自己的行为；可以行使权力和承担义务；是否具备相关法律能力，是法医学鉴定的核心问题，也是委托机关要求鉴定的目的所在。根据法定能力鉴定的结果，委托鉴定机关可以根据当事人在法律上的地位，并对其作出必要的处理。精神障碍的法医学鉴定中经常涉及的是刑事责任能力、民事行为能力、其他法律能力（诉讼能力、受审能力、服刑能力、作证能力、性自我防卫能力等），分述如下。

（一）刑事责任能力及其评定

1. 刑事责任能力的概念 刑事责任能力（criminal responsibility），是指行为人能够正确认识自己行为的性质、意义、作用和后果，并能依据这种认识自觉地选择和控制自己的行为，从而对自己所实施的法律所禁止的危害社会的行为承担刑事责任的能力。具体来说，刑事责任能力是指行为人辨认和控制自己实施危害社会行为的能力，但这种能力可能因患有精神障碍而完全丧失或减弱，成为无刑事责任能力或部分刑事责任能力，而具备刑事责任能力者可以成为犯罪主体并被追究刑事责任。对于一般公民来说，只要达到法定的年龄，生理和智力发育正常，就具有了相应的辨认和控制自己行为的能力，从而具有刑事责任能力。刑事责任能力的核心内容就是辨认能力和控制能力。

（1）辨认能力（capacity of appreciation）：是指行为人对自己的行为在刑法上的意义、性质、作用、后果的分辨认识能力，也可以认为是行为人对其行为的是非、是否触犯刑法及危害社会的分辨认识能力。具体地说，是行为人实施危害行为时是否意识其行为的动机、要达到的目的，为达到目的而准备或采取的手段，是否预见行为的后果，是否理解犯罪性质及在法律上的意义等。

（2）控制能力（capacity of control）：指行为人具备选择自己实施或不实施为刑法所禁止、所制裁的行为的能力，即具备决定自己是否实施触犯刑法行为的能力，既受辨认能力的制约，也受意志和情感活动的影响。

辨认能力与控制能力关系密切。辨认能力是刑事责任能力的基础。只有对自己的行为能够充分地认识到是否符合法律的约束和伦理道德规范，才能自觉、有效地选择和决定自己是否实施触犯刑法的行为，即控制自己的行为。绝大多数精神患者在丧失了辨认能力的同时，也继发地丧失了控制自己行为的能力。

2. 精神病患者刑事责任能力的评定原则及评定标准　根据《中华人民共和国刑法》第十八条规定："精神患者在不能辨认或者不能控制自己行为的时候造成危害结果，经法定程序鉴定确认的，不负刑事责任，但是应当责令他的家属或者监护人严加看管和医疗；在必要的时候，由政府强制医疗。"

据此，同时具备下列条件的应当评为无刑事责任能力：①行为人确实患有精神障碍且处于发病期；②行为当时确因严重精神病性症状而不能辨认或不能控制。首先确定行为人是否因精神障碍的存在，使其精神活动失常，导致犯罪行为的发生，是精神病学法医鉴定行为人有无刑事责任能力的前提和客观依据。之后从心理学的角度来分析行为人在发生危害行为时，是否因精神病理作用而丧失或削弱了辨认或控制自己行为的能力。

同时，根据司法部颁布的《精神障碍者刑事责任能力评定指南》（以下简称《指南》），规范了精神障碍患者刑事责任能力评定的评定标准。进行刑事责任能力评定时，首先应评定被鉴定人的精神状态，根据CCMD-3或ICD-11进行医学诊断，在医学诊断的基础上再考察辨认和控制能力受损程度，根据辨认或控制能力的损害程度评定责任能力等级。间歇性的精神病患者在精神正常的时候犯罪，应当负刑事责任。尚未完全丧失辨认或者控制自己行为能力的精神病患者犯罪的，应当负刑事责任，但是可以从轻或者减轻处罚。醉酒的人犯罪（指普通醉酒），应当负刑事责任。

3. 精神病患者刑事责任能力的分类　精神障碍患者刑事责任能力目前分为三大类，即无刑事责任能力、限定刑事责任能力和完全刑事责任能力。

（1）无刑事责任能力。《中华人民共和国刑法》第十八条规定："精神患者在不能辨认或者不能控制自己行为的时候造成危害结果，经法定程序鉴定确认的，不负刑事责任。"参考《指南》评判标准，在发生危害行为时，能建立明确的精神障碍诊断；被鉴定人对危害行为的辨认或控制能力丧失；辨认或控制能力的丧失由精神障碍所致。此种行为人实施某种危害行为时，由于严重意识障碍、智能缺损或幻觉妄想等精神症状的影响，不能控制自己的行为或不能理解与预见自己行为结果的状态，如某精神分裂症患者在幻觉意识支配下，将一路边陌生男子捅成重伤。被判定无刑事责任能力者，将不被追究刑事责任，但对其暴力危害公共安全的行为及有继续危害社会的可能性，可由政府相关部门对其进行强制医疗。

（2）限定刑事责任能力（部分责任能力）。《中华人民共和国刑法》第十八条规定："尚未完全丧失辨认或者控制自己行为能力的精神患者犯罪的，应当负刑事责任，但是可以从轻或减轻处罚。"参考《指南》评判标准，在发生危害行为时，能建立明确的精神障碍诊断；被鉴定人对危害行为的辨认或控制能力削弱，但尚未到达丧失或不能的程度；辨认或控制能力削弱由精神障碍所致。在鉴定实践中，只有精神病患者在涉案时辨认或控制能力减弱才能被评定为限定刑事责任能力。《指南》中指出："辨认与控制能力损害程度的判断应从以下方面进行评估：作案动机、作案前先兆、作案的诱因、作案时间选择性、地点选择性、对象选择性、工具选择性、作案当时情绪反应、作案后逃避责任、审讯或检查时对犯罪事实掩盖、审讯或检查时有无伪装、对作案行为的罪错性认识、对作案后果的估计、生活自理能力、工作或学习能力、自知力、现实检验能力、自我控制能力。"

（3）完全刑事责任能力。《中华人民共和国刑法》第十八条中规定："间歇性的精神病人在精神正常的时候犯罪，应负刑事责任……醉酒的人犯罪应当负刑事责任。"也就是说，行为人实施某种危害行为时，对自己行为的辨认和控制能力完整，被鉴定人实施某种危害行为时，精神状态属正常；或虽然能建立明确的精神障碍诊断，但其对危害行为的辨认和控制能力完整，具有完全、刑事责任能力。醉酒通常是指正常人的普通醉酒（不包括复杂性醉酒和病理性醉酒）。

（二）民事行为能力及其评定

1. 民事行为能力的概念 民事行为能力（civil capacity），是指公民能够以自己的行为独立参加民事法律关系，行使民事权利和承担民事义务，从而设立、变更或终止法律关系的资格。也就是一个人的行为能否发生民事法律效力的资格。这其中包括实施选举与被选举的能力、婚姻能力、继承与遗嘱能力、合同订立和履行能力及劳动行为能力等资格。例如，具有民事行为能力的公民签订相关合同等，可正常履行权利与义务，如有违约，需承担违约责任。这些能力可因患精神障碍完全丧失或者减弱而成为无民事行为能力、限制民事行为能力。民事行为能力分为一般民事行为能力和特定民事行为能力。

2. 精神病患者民事行为能力的评定原则 《中华人民共和国民法通则》第十三条规定："不能辨认自己行为的精神病人是无民事行为能力人，由他的法定代理人代理民事活动。"《最高人民法院关于贯彻执行〈中华人民共和国民法通则〉若干问题的意见（试行）》第五条规定："精神病人（包括痴呆病人）如果没有判断能力和自我保护能力，不知其行为后果的，可以认定为不能辨认自己行为的人，对比较复杂的事物或比较重大的行为缺乏判断能力和自我保护能力，并且不能预见其行为后果的，可以认定为不能完全辨认自己行为的人。"这是关于不能辨认和不能完全辨认的法律定义。

司法鉴定机构接受委托后，需出具被鉴定人是否患有精神障碍，以及其在进行民事活动时的精神状态，精神障碍对其意思表达能力的影响，以及有无民事行为能力。同时具备如下条件的应当评定为无民事行为能力：①行为人确实患有精神障碍且处于发病期；②行为当时确实因严重的精神障碍而不能辨认。

3. 精神病患者民事行为能力的分类

（1）无民事行为能力：经司法部门鉴定，确患有精神障碍的被鉴定人，在民事活动时，因精神障碍所致，不能辨认或者不能保护自己合法权益。

（2）限制民事行为能力：经司法部门鉴定，确患有精神障碍的被鉴定人，在民事活动时，因精神障碍所致，不能完全辨认、不能控制或者不能完全保护自己合法权益。

（3）完全民事行为能力：经司法部门鉴定，确患有精神障碍的被鉴定人，在民事活动时，经鉴定属于下列情况之一的，为具有民事行为能力。

1）具有精神障碍既往史，但在民事活动时并无精神异常。

2）精神障碍的间歇期，精神症状已经消失。

3）虽患有精神障碍，但其病理性精神活动具有明显局限性，并对他所进行的民事活动具有辨认能力和能保护自己合法权益的。

4）智能低下，但对自己的合法权益仍具有辨认能力和保护能力的。

（三）其他法律能力及其评定

1. 诉讼能力（capacity to action） 指当事人能否理解自己在诉讼过程中的地位、权利和诉讼过程的意义，是否具有行使自己诉讼权利的能力。在精神障碍法医学鉴定实践中，鉴定当事人是否具有参与诉讼活动的能力。如因精神障碍所致无法理解诉讼的性质和意义，不能与其辩护人合作且不能履行法律赋予的申诉权利，应当中止审理，待经过医疗手段治疗恢复后，再进行审理。

《精神疾病司法鉴定暂行规定》第二十一条第一款规定："被鉴定人为刑事案件的被告人，在诉讼过程中，经鉴定患有精神疾病，致使不能行使诉讼权利的，为无诉讼能力。"第二款规定："被鉴定人为民事案件的当事人或刑事案件的自诉人，在诉讼过程中经鉴定患有精神疾病，致使不能行使诉讼权利的，为无诉讼能力。"

2. 受审能力（competence to stand trial） 是指刑事案件的犯罪嫌疑人或被告能否理解自己在刑事诉讼活动中的地位、权利，能否理解诉讼过程的含义，能否行使自己诉讼权利的能力。受审能力仅用于刑事诉讼。受审能力主要研究被鉴定人刑事诉讼时的精神状态对其理解诉讼性质及可能后果，以及合理与辩护人合作并选择合理辩护策略的影响。精神医学的临床诊断是鉴定犯罪嫌疑人或被告是否患有精神障碍的直接证据，同时判定其在受审时的精神状态是否可以配合并具有真实性，是否可以理解对其诉讼的目的和性质，是否可以正确回答相关法律问题，是否可以正确理解对其可能的审判结果等。经鉴定具备上述相关能力的被鉴定人，具有受审能力。否则，为无受审能力，可经医疗后，待其精神障碍缓解、受审能力恢复后继续参与相应法律活动。

3. 服刑能力（competence of serving a sentence） 是指罪犯或服刑人员能够承受刑罚的惩罚，能够理解刑罚的性质、目的和意义的生理和心理条件，亦称承受刑罚能力。被鉴定人能否承受刑罚，其前提条件应建立在明确医学诊断的基础上，认真分析考查被鉴定人所患精神障碍类型和严重程度，以及精神异常活动对其理解刑罚的性质、目的和意义的影响程度，从而确定被鉴定人是否具备承受刑罚的能力。若鉴定为不具备服刑能力的精神障碍患者，应及早将其送至具备精神障碍监护条件的医疗机构并采取强制医疗措施，待其精神症状好转后，经再次鉴定具备服刑能力后，回原服刑机关继续执行。

4. 作证能力（competence of testimony） 是指任何公民自己看到或听到的真实情况，并能提供对案件有关系的证言的能力。如因精神障碍导致其对客观、正常的事物丧失了正确的辨别能力，不能用正确的语言或者文字来表达客观事实，可鉴定其不具备作证能力。《中华人民共和国刑事诉讼法》第六十条规定："凡是知道案件情况的人，都有作证的义务。"现实中，某些人因生理上的缺陷，或者精神活动的异常，或年幼无知，使他们对客观事物不能正确地辨别是非，或不能正确对客观事实进行表达，以致不能准确地向司法机关提供对查清案件有意义的情况。因此，为了确保证据的准确性和可靠性，《中华人民共和国刑事诉讼法》第六十条第二款规定："生理上、精神上有缺陷或者年幼，不能辨别是非，不能正确表达的人，不能作证人。"《中华人民共和国民事诉讼法》第七十二条规定："不能正确表达意思的人，不能作证。"

5. 性自我防卫能力（ability to defend oneself against sexual abuse） 是指被害人对两性行为的社会意义、性质及其后果的理解能力。在精神障碍法医鉴定中，司法部门通常是将疑患精神障碍妇女列为刑事案件的被害人身份，并要求对其鉴定。《精神疾病司法鉴定暂行规定》第二十二条第一款规定："被鉴定人是女性，经鉴定患有精神病，在她的性不可侵犯权利遭到侵害时，对自身所受的侵害或严重后果缺乏实质性理解能力时，为无自我防卫能力。"为了保护精神障碍妇女的人身权利不受侵害，最高人民法院、最高人民检察院、公安部于1984年4月28日联合发布《关于当前办理强奸案中具体应用法律的若干问题的解答》的通知指出："明知妇女是精神病患者或痴呆（程度严重）而与之发生性行为的，不管犯罪分子采取什么手段，都应以强奸罪论处。与间歇性精神病患者在未发病期间发生性行为，经妇女本人同意的，不构成强奸罪。"

第二节　精神分裂症

精神分裂症（schizophrenia）是一组病因未明的精神病，患者具有思维、情感、行为等多方面障碍，以精神活动和环境不协调为特征。通常意识清楚，智能尚好，部分患者可出现认知功能损害。多起病于青壮年时期，常缓慢起病，病程多迁延，有慢性化倾向和衰退的可能，但部分患者可保持痊愈或基本痊愈状态。

精神分裂症可见于各种社会文化阶层和各种地区环境中，是精神障碍中最具代表性的疾病。目前，该病在成年人口中的终身患病率为0.2‰～0.6‰，男性高于女性，城市明显高于农村，现发病高峰期在15～25岁，男性早于女性。精神分裂症患者寿命平均缩短20%，10%的患者死于自杀，社会阶层越低，患病率越高。

一、临床特征

（一）病因学

精神分裂症虽经多方研究，病因不明。从生物学因素分析，其具有遗传倾向，而神经生化代谢异常也可诱导疾病发生，研究表明大脑多巴胺神经元功能亢进与精神分裂症的阳性症状有较密切的联系，这也是抗精神病药理的研究基础。近年来通过CT、MRI对脑形态学的研究，发现部分精神分裂症患者有脑皮质萎缩等病理改变，这些都提示本病可能有脑部器质性病变基础，而非功能性疾病。此外，社会心理因素、环境因素都可以成为发病诱因。

（二）临床表现

1. 精神分裂症特征性症状

（1）思维障碍：主要表现为思维连贯性和逻辑性障碍，患者表述缺乏中心观念，泛泛空谈，出现思维散漫、思维中断、思维破裂、思维插入、思维被夺、思维云集又称（强制性思维），还可表现为逻辑倒错性思维和诡辩症等。

（2）情感障碍：主要表现为情感迟钝和淡漠，少数患者还有情感倒错。

（3）意志与行为障碍：主要表现为意志减退和紧张综合征，还包括缺乏意志、生活疏懒、意向倒错和违拗、被动服从、模仿言语、模仿动作和冲动行为。

2. 其他常见症状

（1）妄想：最多见的妄想表现是被害妄想和关系妄想。

（2）幻觉：以幻听多见，有语言性、命令性幻听，还有评论性幻听和争论性幻听等。

3. 临床分型

（1）偏执型（paranoid type）：此型最常见，临床表现以妄想为主，常伴有幻觉，以幻听较多见，其他症状不突出。

（2）紧张型（catatonic type）：以患者出现紧

张综合征为主，其中紧张性兴奋和木僵较常见。

（3）单纯型（simple type）：起病慢、持续长。早期出现类似神经衰弱症状逐渐出现意志减退、情感淡漠等症状。

（4）青春型（hebephrenic type）：多于青春期发病，起病较急，以思维、情感和行为障碍或紊乱为主，如明显的思维破裂、情感倒错、行为怪异。

4. 诊断 精神分裂症的诊断主要根据精神异常病史、精神检查、综合症状分析诊断。CCMD-3 中精神分裂症诊断标准为：

（1）症状标准：至少有下列 2 项，并非继发于意识障碍、智能障碍、情感高涨或低落，单纯性分型分裂症另规定：①反复出现的言语性幻听；②明显的思维松弛、思维破裂、言语不连贯，或思维贫乏；③思维被插入、被撤走、被播散，思维中断，或强制性思维；④被动、被控制，或被洞悉体验；⑤原发性妄想（包括妄想知觉、妄想心境）或其他荒谬的妄想；⑥思维逻辑倒错、病理性象征性思维，或语词新作；⑦情感倒错，或明显的情感淡漠；⑧紧张综合征，怪异行为或愚蠢行为；⑨明显的意志减退或缺乏。

（2）严重标准：自知力障碍，并有社会功能严重受损或无法进行有效交谈。

（3）病程标准：①符合症状标准和严重标准至少已持续 1 个月，单纯型另有规定；②若同时符合分裂症和情感性精神障碍的症状标准，当情感症状减轻到不满足情感性精神障碍症状标准时，分裂症状需继续满足分裂症的症状标准至少 2 周，方可诊断为分裂症。

（4）排除标准：排除器质性精神障碍及精神活性物质和成瘾性物质所致精神障碍。

5. 鉴别诊断 精神分裂症需与下列疾病进行鉴别：①神经衰弱；②强迫症；③躁狂症；④抑郁症；⑤反应性精神病；⑥偏执型精神病。

6. 治疗 精神分裂症现以氯丙嗪等药物治疗为主，同时配合心理治疗，必要时可配以电休克治疗。

二、法医学鉴定

（一）精神分裂症法医学问题

精神分裂症是精神障碍法医鉴定中最为常见的疾病，占精神疾病类司法鉴定案件总数的 1/3～1/2。精神分裂症患者以思维障碍为主要临床表现，同时存在较为严重的情感障碍和意志活动障碍。在其病理精神因素的影响下，与周围各种社会、人文环境产生激烈冲突，出现各种突发的危害性较大的暴力行为。这就涉及相关法律问题的鉴定，以刑事责任能力为主，兼顾民事及其他法律问题。

（二）精神分裂症危害行为类型

精神分裂症患者不仅暴力行为发生的频度高于正常人群，其危害及暴力程度也高于正常人群，而且由于受其受精神病理因素的影响，精神分裂症患者的危害行为也有别于正常人的犯罪行为。危害行为以凶杀行为居多，约占鉴定案例的 1/2，其次为伤害、性侵、纵火、盗窃和抢劫等行为类。

（三）精神分裂症危害行为特点

1. 突发性 大多数精神分裂症患者都基于思维联想障碍、妄想、幻觉或动机不明的冲动行为，对其周围的人突然发起攻击行为，造成他人的伤害，或因环境中微不足道的小事突然冲动攻击他人，以被害妄想、嫉妒妄想常见。

2. 凶残性 行凶手段残忍、疯狂，其后果常比较严重。

3. 公开性 公开作案常见，一般不破坏现场，对时间、地点不加选择。作案后缺乏自我保护，归案后多供认不讳，坚信自己行为的正义性，表明今后还要继续等。

（四）精神分裂症法定能力评定

司法鉴定重点首先在于明确精神分裂的临床诊断，并着重考量精神分裂症患者在实施危害行为时的疾病分期，以及疾病对患者自身的辨认能力和自我控制能力影响的参与度，从而评定其在作案过程中的责任能力。

1. 刑事责任能力评定

（1）无刑事责任能力评定：精神分裂症患者处于发病期，病情发展到严重阶段，作案行为与精神状态（妄想或幻觉等精神病症状）存在直接或间接因果关系，在受其精神病症的直接影响下，丧失对行为的辨认或控制能力时，评定为无刑事责任能力。

（2）限定刑事责任能力评定：精神分裂症处于初期或部分缓解期，明显的精神症状已经消失，可遗留某些人格改变，如工作懒散、情绪易激惹、殴打骂人、偷窃、流氓行为、无理纠缠等，而这种人格特征在病前并不存在，因此其形成与疾病有关。作案多有现实性动机，辨认能力一般无障碍，但自控能力削弱。由于其人格改变有其病理基础，因此对此类案件一般评定为限定刑事责任能力。

（3）完全刑事责任能力评定：正常精神状态、行为习惯等维持在 3 年以上，严格履行临床鉴定规程，患者的行为认知能力、辨别能力及行为控制能力，均应在普通或特殊刺激条件下保持稳定，可认定为精神分裂症完全缓解状态，应评定为完全刑事责任能力。

可以主动与异性接触，甚至发生性行为，或受人奸污。此时期的行为并不代表她们的真正意愿，丧失对所受侵害及严重后果的实质性理解能力，疾病处于发展阶段或严重阶段，因此属于无性自卫能力；在疾病的残留期，或遗留人格改变者，存在对性行为实质、后果的理解不完全，或者控制能力削弱，一般属于部分性自卫能力。

第三节 偏执性精神障碍

偏执性精神障碍（paranoid disorder）又称妄想性精神病，是一组以妄想为主导症状的精神疾病。妄想常具有系统化倾向，个别可有短暂、不突出的幻觉。病程演进较慢，一般不会出现人格衰退和智能缺损，并有一定的工作和社会适应能力。

一、临床特征

（一）病因学

目前本病原因不明，起病一般以30岁以上未婚女性居多。病前性格多表现为主观固执、敏感多疑、易激动、自尊心强等特征。在个性缺陷基础上遭受精神刺激而诱发。对所遭受的挫折作出歪曲的理解而逐步形成妄想，反过来与周围环境发生的冲突又可强化其妄想。

（二）临床表现

本病发展缓慢，多不为周围人所察觉。逐步发展为一种或一整套相互关联的妄想，妄想内容具有一定的合理性和真实性，可为被害、嫉妒、诉讼、钟情、夸大和疑病等，具有单纯片面、偏激固执等主观臆断。妄想多持久，有时持续终身，很少出现幻觉。偏执性精神障碍患者的妄想具有以下特点：

1. 渐进性 此类患者具有先天性格缺陷，仅凭片面主观臆断歪曲理解客观事物，并在此基础上逐步开始被害妄想、嫉妒妄想等。

2. 系统性 此类患者妄想内容真实有据，条理逻辑十分清晰，仔细分辨后与其本身事实出入较大，应加以辨别。

3. 固定性 此类患者妄想长期存在，可与周围事物产生其他妄想，难以消除。

（三）诊断

1. 诊断标准 该疾病以系统妄想为主要症状，内容较固定，并有一定的现实性，不经了解难辨真伪。主要表现为被害、嫉妒、夸大、疑病或钟情等内容。

2. 严重程度标准 社会功能严重受损和自知力障碍。

案例 15-2

李某，男，未婚，无业。案情：某晚，影院散场后，尾随一少女至江边公园旁，上前与其搭讪要求送女孩回家，遭到拒绝后，强行将女孩捂其口鼻拖至公园内，欲实施强奸，但因女孩一直反抗叫嚷，李某怕其行为暴露，先将女孩撞晕后，双手掐女孩脖子致其死亡，后将尸体扔进公园湖中。当晚，李某畏罪逃跑，4天后被抓获。据医院记录显示，李某于4年前开始出现精神异常，外跑、乱语、疑饭中有毒，殴打父母。3年前住院诊断精神分裂，经治疗后痊愈出院，出院后坚持服药，治疗1年余，案前未服药已1年余。其亲属和周围邻居一致反映李某出院后数年来从未出现过病情反复，与亲戚朋友相处较好，但因家里条件一般及以往患过精神病而一直未能成家。审讯中李某如实交代了作案经过。当时电影散场，看见少女张某穿着漂亮，一人行走，又回想起电影中的亲密镜头和场景，就产生了强奸她的念头。我提出送她回家，她拒绝，就想知道和女人抱一下啥滋味，事后想想又害怕，当时就逃出去了。现表示认罪、伏法。

精神检查：接触一般，情感反应适切，对答切题，未发现感知觉及思维障碍。称掐死女孩当时是一时冲动，感到后悔。对不起自己家人，对不起受害者家人，希望宽大处理。

鉴定意见：被鉴定人李某患精神分裂症，作案时处于疾病完全缓解期，有完全刑事责任能力。

鉴定分析：①李某于4年前患精神分裂症，经住院治疗痊愈出院；②出院后李某在坚持服药治疗1年余，以及在作案前停服药1年余的时间内病情未再出现反复，且生活劳动、社会适应能力较好，未发现残留人格改变，其缓解时间已达1年余；③作案系在与受害者两人独处时一时冲动而欲强奸女孩，在遭拒绝后怕事情暴露情况下所为，与正常人同类作案过程无明显不同。

---

2. 民事行为能力评定 精神分裂症患者受疾病因素影响其正常思维及行为能力，尤其在其婚姻生活、财产处理及继承、劳动合同等方面的民事行为能力。应该根据患者精神分裂症所处的阶段评定其行为能力，保护其合法权益。一般评为无行为能力、限制行为能力和完全行为能力。例如，正处于发病期的精神分裂症患者，其精神状况直接影响民事活动和意见表达能力，评定为无行为能力。

3. 性自我防卫法律问题 女性精神分裂症患者，处于发病期，由于受到思维、感知、情感障碍的影响，

3. 病程标准 符合症状标准、严重程度标准至少已持续3个月。

4. 排除标准 排除器质性精神障碍、精神活性物质和非成瘾物质所致精神障碍、分裂症，或情感性精神障碍。

（四）治疗

以抗精神病药物为主，可以镇静情绪、缓解妄想，并辅以心理治疗。

二、法医学鉴定

（一）行为特征

本病在刑事案件鉴定中并不多见，在被害妄想及嫉妒妄想影响下，可以发生伤害、纵火、凶杀行为。出于控告或打击妄想对象的动机，可以有诈骗、盗窃等行为。较多见的为无休止的诉讼，常影响政府部门的工作，妨碍社会治安。

（二）法定能力评定

1. 刑事责任能力 偏执性精神障碍患者以妄想为突出特点，其暴力危害行为以凶杀为主，其作案动机明确，计划周密，对被害人多采取暴力手段致死，案发后主动伪装现场、销毁证据等。危害行为如果受到妄想直接影响，已丧失对行为的辨认能力和控制能力，属于无刑事责任能力。如果危害行为处于本病发病期，而案情行为却与妄想无关，一般评定为有刑事责任能力，并不影响受审能力和服刑能力。

2. 民事行为能力 偏执性精神障碍患者在处理与妄想内容无关的事件时，其思维和心理无障碍，可保证其正常的心态，具备分析和解决问题的能力，一般评定为限制性民事行为能力。在评定有无民事责任能力时，只需观察其妄想症状是否影响其民事行为。在民事案件鉴定中以离婚案最多见，主要是在嫉妒妄想影响下引起夫妻不和。

> **案例 15-3**
>
> 吕某，男，已婚，医师。吕某医专毕业后从事医师工作，工作认真负责，但其个性表现较为主观固执，自尊心强。7年前因工作与一同事争吵、打架，受到院长批评。认为领导处理不公，渐认为院长有意对其打击报复，并发展为被害妄想。书写印刷材料，"控告"院长对其进行迫害、克扣他和妻子工资等，并揭发院长"贪污"（纪委查证与事实不符）。近5年反复向市、省、中央各部门告状，长期不上班也不顾及家庭。且身备凶器，扬言要杀人，各级部门做了大量疏导解释工作，但他不听规劝，愈闹愈凶，常造成有关部门难以正常工作。鉴定检查表现意识清楚，接触好。述7年来遭到院长的打击报复和人身迫害，多年告状。各级部门都不处理院长，相互包庇，感到非常气愤。决心一定要把院长告倒。未发现感知觉障碍，无自知力。
>
> **鉴定意见：** 吕某患偏执性精神障碍，作案时无刑事责任能力。
>
> **鉴定分析：** ①吕某原有一定个性缺陷，主观固执、自尊心强；②在现实矛盾基础上逐渐发展为被害妄想，并反复告状，病理性意志增强明显，但妄想内容不荒谬，情绪和行为与妄想相关；③多年来人格保持相对完整，妨碍公务行为完全是受妄想影响所为。

第四节 心境障碍

心境障碍（mood disorder）又称情感性障碍（affective disorders），是以显著而持久的情感和心境改变为主要特征的一组疾病。临床上主要表现为情感高涨或低落，并伴有相应的认知和行为改变。间歇期精神状态基本正常，常有反复发作倾向，预后较好，部分可残留症状或转为慢性。它包括了躁狂和抑郁交替发作的双相障碍、单纯的躁狂发作和抑郁发作等几个类型，故又称为躁狂抑郁性精神病。

一、临床特征

（一）病因学

本病病因尚不十分清楚，根据相关研究提示：遗传因素、神经生化因素和心理社会因素对本病发生有明显影响。其中受遗传因素影响明显高于其他精神障碍。情感性障碍受社会心理因素影响较大，与抑郁症关系密切，发病率约为0.5‰，女性高于男性。

（二）临床表现

本病临床表现可分为躁狂症、抑郁症和双相障碍三种发作类型。

1. 躁狂症（躁狂发作） 典型的临床症状是情感高涨、思维奔逸和活动性增高等，肆意扩大妄想和观念，同时具有危害行为，持续时间为1周左右。一般狂躁症的发作为一生仅一次，若多次反复发作可归类为双相情感障碍。临床特点如下：

（1）情感高涨：患者持续愉快、乐观，自感幸福、精力充沛，表情活跃、傲慢等，有时也有表现为情绪不稳，易激惹、发怒，产生破坏和攻击行为，持续一定时间后，还可转怒为喜或主动赔礼道歉。

（2）思维奔逸：联想迅速、言语增多、反应敏捷，思维言语内容不脱离现实，可出现夸大妄想，所谈内容可因环境改变迅速转换，口若悬河。

（3）意志增强：表现为精力旺盛，动作忙碌而有始无终，高谈阔论，多管闲事，惹是生非，善提意见，好打抱不平，激怒时会打人伤人，好接触异性，慷慨大方，挥霍无度等。

以上称为"三高症状"。各症状间保持协调，还常伴失眠、性欲亢进、月经周期紊乱等。

2. 抑郁症（抑郁发作） 临床表现为情感低落、思维迟缓、兴趣缺乏，同时伴有自杀观念和行为，属重度抑郁类。

（1）情感低沉，郁郁寡欢，兴趣索然，对前途缺乏信心，缺乏求生的愿望，严重时有自杀观念，有时伴有焦虑，情感变化，有晨重晚轻规律。

（2）思维迟钝，联想困难，语少音低，处事犹豫不决，有的有自责自罪、疑病妄想等。

（3）意志减退，终日不思动弹，不能正常料理生活，不思交际，严重时呈现木僵状态。

以上称为"三低症状"，还常伴以失眠、食欲减退、便秘、性欲减退等。抑郁症状晨轻夜重。精神活动异常较明显，易被人早期发现而及时采取医疗和监护措施。

3. 双相障碍 临床特征为反复出现心境和活动水平明显紊乱的发作，有时表现为心境高涨、精力充沛和轻微的躁狂，有时则表现为心境低落、精力减退和活动减少等抑郁症状。

（三）诊断及鉴别诊断

1. 临床诊断特征

（1）躁狂症和抑郁症分别是以显著而持久的心境高涨或低落为主要表现，躁狂发作时，在情绪高涨时，伴有思维奔逸及意志活动的增多；抑郁发作时，情感低落，伴有思维迟缓和意志活动减少，多数患者思维和行为异常与高涨和低落的心境相协调。

（2）躯体不适症状，出现三高和三低症状。

（3）病程出现躁狂或抑郁反复发作。

（4）遗传史，常较明显。

2. 鉴别诊断

（1）躁狂症发作时，需与精神分裂症鉴别。

（2）抑郁症发作时，需与反应性抑郁症和抑郁性神经症鉴别。

（四）治疗

根据不同临床分型以药物治疗为主，配合电休克治疗，并辅以心理治疗等。

二、法定能力评定

（一）刑事责任能力

近年来，心境障碍呈增多趋势，虽以情绪高涨（躁狂表现）和情绪低落（抑郁表现）为临床特征，同样也涉及被鉴定人的认知障碍，从而产生某些危害行为，涉及相应的法律问题。

1. 躁狂症的法律能力评定 躁狂症严重发病阶段，其危害行为类型主要有猥亵、扰乱社会治安和伤害等行为，丧失对行为的控制能力，甚至出现意识障碍，评定为无责任能力。轻型躁狂症患者的控制能力削弱，要考虑是病理性的不能控制，还是有放纵自己的意识，需要结合其作案对象、过去品质、前科等因素综合考虑。如果确实存在控制能力削弱，可评定为限定责任能力。

2. 抑郁症的法律能力评定 抑郁症严重发作时，多见有凶杀、偷盗、抢劫、强奸等危害行为，案发后多自首，此类患者由于受抑郁症影响丧失对行为的控制能力，应属无责任能力；在妄想影响下作案，丧失对行为的辨认能力，评定为无责任能力。轻性抑郁发作较为复杂，一般存在控制能力削弱，评定为限定责任能力。行为能力评定原则基本同责任能力。在精神病法医鉴定实践中，抑郁症的责任能力评定易出现不同看法，以致同一案例出现不同责任能力评定结论的情况并不少见，要分别参考医学条件和法学条件综合评定。

3. 轻性与重性心境障碍的法律能力评定 轻性心境障碍包括轻性躁狂症、轻性抑郁症和恶劣心境等，应考虑案发时嫌疑人的精神状态对其自身的辨认力和控制力影响程度，一般评定为限制责任能力。重性心境障碍指的是其症状完全符合重度诊断标准，包括躁狂症和抑郁症等，其严重的心境障碍影响其自身的辨认力和控制力，一般评定为无责任能力或限性责任能力。

> **案例 15-4**
>
> 宋某，男，学生，未婚。某日晚8时许，宋某在体育馆游泳后的更衣室内，翻动一未锁衣柜的他人财物，将别人的钱包和手机放进自己背包中，但未马上离开而当场被抓。审讯中开始使用假的姓名、住址，不正常交谈。后因压力交代作案经过，因疑其精神异常取保候审。宋某是高三重读学生，1月份寒假期间天天到校补课，但约3月初始出现行为轻率，2次不告知父母到外地，之后出现异常兴奋，话多，

> 表现出欣快感，乱花钱，晚上睡得很晚，将音箱声音开到最大，影响邻居休息及关系。5月份以后，高考邻近，表现易激惹，数日不归家，无法坚持学习，于当月送往精神病院，诊断躁狂发作，针对治疗。据同学反映平时宋某有小偷小摸行为。
>
> **鉴定检查：** 同年7月，接触良好，对答如流，自我感觉特别良好，称马上就要离开家里，自己很有钱，随便花，吹嘘自己的丰功伟绩。
>
> **鉴定意见：** 被鉴定人宋某患躁狂发作，作案时辨认和控制能力削弱，有限制刑事责任能力。
>
> **鉴定分析：** ①从宋某整个疾病表现及程度看，符合躁狂发作诊断标准，作案时，其症状符合躁狂发作的症状标准，但当时行为控制能力未明显受损，符合轻性躁狂的诊断标准；②偷窃钱包和手机的行为与其当时病情表现自我感觉良好、行为轻率有关，系受疾病症状影响；③被查获初审讯时使用假的姓名和地址有一定保护能力；④平时有小偷小摸行为，此次行为难以完全归于疾病症状影响其辨认控制能力。

（二）民事责任能力

心境障碍患者涉及民事法律问题主要有婚姻能力、离婚诉讼能力、处置或继承财产能力等。由于此类精神病患者主要以情感和心境改变为主要特征，根据其判断和处理事物的能力可分为一般和特定民事行为能力。

1. 一般民事行为能力 是指心境障碍患者即将执行一项民事行为时的精神状态，如疾病处于间歇期，一般不需要做一般民事责任能力评定。如疾病处于持续期，可慎做行为能力评定。

2. 特定民事行为能力 是指心境障碍患者已经实施完成的民事行为能力，如已进行公证的财产、已立的遗嘱等，或已经十分明确的即将进行的民事行为，如财产的处置和分割等。

以上民事责任评定原则分为：①重性心境障碍患者，包括躁狂和抑郁发作等，其认知力和控制力受疾病严重影响，一般评定为无行为能力。②轻性心境障碍患者，一般评定为限制行为能力。③心境障碍缓解期的患者一般评定为完全行为能力。

（三）其他法律问题

主要体现在性自我防卫能力，女性躁狂症患者由于活动增加、性欲亢进，喜欢与异性接近，可以出现被人奸淫或淫乱现象，此时控制能力削弱，为满足本能需要，而对于性行为的性质、意义、后果都未予以辨识，一般评定为部分性自卫能力。行为能力评定原则基本同责任能力评定。

第五节　癫痫性精神障碍

癫痫（epilepsy）是大脑神经元突发性异常放电，导致短暂的大脑功能障碍的一种慢性疾病。由于异常放电的神经元在大脑中的部位不同，而有多种多样的表现。临床上主要表现为意识、感觉、运动、自主神经功能障碍及精神障碍。癫痫发病的形式主要表现为大发作、小发作、精神运动性发作、局限性发作、自主神经性发作、癫痫持续状态，以及慢性癫痫性精神病、癫痫性人格改变和癫痫性痴呆等。

一、临床特征

（一）病因学

癫痫的病因可能与下列诸方面因素有关：

1. 遗传因素 经流行病学调查显示癫痫有明显的遗传倾向，原发性癫痫比继发性癫痫更具有遗传倾向，可能是基因变异与环境因素相互作用的结果。

2. 病理生理方面 癫痫发作是脑部神经元反复突然过度放电所致的间歇性中枢神经系统功能失调，因而电生理技术在癫痫的诊断上具有重要意义，表现在脑电图上有诊断价值的爆发性高幅电位的出现。

3. 生化方面 应用中枢神经递质理论研究癫痫的发病机制，发现兴奋性和抑制性神经递质的不平衡是导致后通路痫性放电的原因之一，癫痫发作时神经递质水平有明显变化。

（二）临床表现

临床上按病因将癫痫分为原发性和继发性两类。根据精神障碍与癫痫发作有无直接关系分为发作时精神障碍、发作前后的精神障碍、发作间歇期精神障碍及人格障碍、与发作可能有关的行为障碍四类。

1. 发作时精神障碍 精神性发作，持续时间仅几秒，意识大多清醒，最常见为感知觉障碍，如幻听、幻嗅、幻视、错听、错视等。或看到人物或事物变化，如变大、变小、变远、变近等。有时无故出现不能控制的观念，如情绪喜悦、愤怒、抑郁、焦虑、恐怖等。

（1）知觉障碍：包括①视觉发作，由于视觉中枢异常放电所致，常能看见特殊景象，如眼冒金星、视物变形症等。②听觉发作，由于大脑听觉中枢异常放电所致，出现幻听、耳鸣、眩晕等。③嗅觉发作和味觉发作，由于大脑相应皮质中枢异常放电所致，可出现幻嗅或不喜欢的味道。

（2）记忆障碍：忘记以往熟悉的人、事、物，看到某种场景有似曾相识感。

（3）思维和情感障碍：表现为思维突然中断，情绪伴随表情突然改变，可有喜悦、抑制、恐怖、愤怒等表现。

（4）自主神经功能障碍：症状单独出现，头晕、恶心、呕吐、呼吸困难、心悸等症状。

（5）自动症：存在意识障碍，作出无目的、无效率等反复无意义的动作。发作时主要表现：反复咀嚼、舔嘴唇、吐痰等，无目的搜寻、走动、跳跃，反复重复、自言自语等。发病期间询问其问题，反应较慢，时而能回答，如阻断患者，可出现反抗动作，罕有攻击性。

2. 发作前后精神障碍

（1）发作前精神障碍：是指癫痫发作前出现的神经心理症状，如意识障碍、感知言语障碍、思维障碍、记忆障碍、情绪障碍等。典型的发作前精神障碍表现为，癫痫发作前出现心境抑郁，而在抽搐发作后好转。

（2）发作后精神障碍：是指癫痫发作后7天之内出现的精神症状。常表现为不同类型的意识障碍，全身痉挛强制，发作后出现意识模糊、幻觉妄想状态、谵妄状态、神游状态、嗜睡或昏迷状态、精神运动兴奋或抑制状态、焦虑等。

3. 发作间歇期精神障碍 指精神症状出现于癫痫发作的间歇期，包括癫痫性情感障碍、偏执状态等类型。

4. 与发作有关的行为障碍

（1）癫痫性人格改变：继发于慢性和严重的癫痫病患者。以情感改变最明显，特点是具有"两极性"。一方面表现为脾气暴躁、凶狠、残忍，另一方面又表现为过分的温顺固执，难以适应新环境。

（2）癫痫性痴呆：常和癫痫性人格改变同时存在。长期反复的癫痫发作可逐渐加重智力减退。癫痫早期轻度智力减退是可逆的，而严重的智力减退呈进行性，则是不可逆的。晚期可呈现精神活动的全面衰退，情感淡漠，生活不能自理。

（3）慢性分裂样精神障碍：病程过程较长，临床表现为慢性幻觉、妄想状态，幻听和妄想不易与精神分裂症相区别。

（三）诊断

1. 根据病史发作性特点，症状突然出现，骤然消失，持续时间较短暂。

2. 每次发作症状有刻板、固定特点。

3. 发作时可伴有不同程度意识障碍。

4. 脑电图发现异常改变，有助诊断，但脑电图正常，不排除癫痫的可能性。

5. 必要时可用抗癫痫药作试验性治疗。

（四）治疗

尽量单一用药，应在治疗癫痫基础上根据精神症状选择药物。

二、法定能力评定

癫痫性精神障碍与暴力行为的关系密切。癫痫患者的违法行为本身并无特征。作为犯罪原因，癫痫可能是一个间接因素。

（一）刑事责任能力

对癫痫性精神障碍患者责任能力的判定，取决于作案行为发生当时是否存在癫痫性精神障碍的临床表现，以及自身辨认能力，控制能力。例如，存在严重意识障碍、病理性幻觉、妄想或其他精神病性症状，使其丧失了实质性辨认或控制能力，则应评定为无责任能力。癫痫性痴呆时，依据智能障碍的程度和违法行为的性质，相应评定为无责任能力或限制责任能力。智能障碍在中度以上，对违法行为动机、目的、后果缺乏实质性理解，应评定为无责任能力。发作间歇期精神障碍，患者的辨认能力或控制能力无明显损害时，则应评定为完全责任能力。

> **案例 15-5**
>
> 宋某，男，未婚，初中文化，农民。宋某自6岁起无明显诱因常出现突然倒地、全身抽搐、昏厥时不省人事、牙关紧闭、面色发青、四肢抽动、多次咬破舌头，并有小便失禁情况。据介绍，有时呆立不语、双眼失神，随即能恢复。近1年来，经常无故四处徘徊，意识淡漠。未经系统治疗。1999年5月某日，宋某突然起身冲出家门，家人阻拦时宋某奋力反抗，夺门而出，在走廊上迎面碰上邻居8岁女孩，被宋某抱住，顺手从五楼窗户扔下去，当即摔死。之后宋某跑到街上一路狂奔，喊叫有人要害他，被众人按倒后剧烈挣扎。事后宋某这段记忆消失。
>
> **精神检查：** 神志清，年貌相符，衣着欠整洁，接触合作，对案发经过无法回忆，存在一定的病理性赘述，能简要介绍自己，面部表情呆板。脑电图检查提示额顶叶有异常信号。韦氏成人智力测验：IQ 83。

> **鉴定意见：** 被鉴定人宋某患有癫痫性精神障碍，作案时处于精神运动性发作，评定为无刑事责任能力。
>
> **鉴定分析：** ①临床诊断，经调查取证，宋某有几十年典型的癫痫大发作病史，未经过系统治疗，近年来精神运动性发作，脑电图明显异常，诊断为癫痫性精神障碍；②法医精神检查时，宋某表情淡漠、眼神游离、注意力分散、思维迟滞、对自己行为一概不知，未引出明显的精神病性症状；③宋某无法明确其作案动机，作案对象没有选择性，作案时有明显的精神异常及行为紊乱表现，作案后失忆，反映其作案时存在严重的意识障碍，丧失了对周围环境和自身行为的辨认和控制能力。

（二）民事责任能力

癫痫性精神病在发病期，存在明显的智能障碍，无民事行为能力。癫痫性人格改变和癫痫性痴呆，对事物的辨认、审理能力和自我保护能力明显削弱，应评定为限制民事行为能力。一般癫痫患者在间歇期，无人格改变和智能缺损者，应具有完全民事行为能力。

复习与思考题

1. 精神障碍按照 CCMD-3 系统分为哪几大类？
2. 刑事责任能力的概念及其评定条件？
3. 精神分裂症的法定能力评定？
4. 精神障碍患者刑事责任能力分为几类？
5. 躁狂症的法定能力如何评定？

（刘岩峰　苏丽娟）

第十六章 医疗纠纷

【目标要求】

掌握：医疗纠纷、医疗事故及医疗过错的概念；医疗事故及医疗过错的构成条件；医疗事故的分级。

熟悉：医疗纠纷常见类型及发生原因；医疗纠纷的处理程序。

了解：医疗事故、医疗过错行政责任的确定，处理医疗纠纷的相关法律、法规。

> **案例 16-1**
> 某日 13 时，张某因吃饭饮酒后胃部疼痛前往当地诊所就诊，诊所医生对其查体后建议前往上一级医院治疗。随后张某前往县医院就诊，并行胃部透视，未见异常，医院建议行心电图等进一步检查，张某及其家属拒绝检查并离开县医院。当日 17 时左右，返回当地诊所继续就诊。诊所医生询问医院检查结果，给予输液治疗，第一步输注的液体为 150ml 0.9% 氯化钠溶液、2 支 0.5g 维生素 C、2 支 0.1g 维生素 B_1、2 支 0.1g 维生素 B_6、2 支 5ml 654-2。第一步液体输注剩余 20ml 时，张某突然呼吸困难、左胸前区憋胀。经县人民医院抢救无效，于 18 时效宣布死亡。
> 问题：
> 1. 张某死亡的原因可能有哪些？
> 2. 在对张某的治疗上是诊所及医院是否存在不当？
> 3. 张某的死亡与医院及诊所的诊治有无因果关系？
> 4. 该起医疗纠纷应如何处理？

近年来，医疗纠纷逐年增多。正确处理和解决医疗纠纷对保护医患双方的合法权益、提高医疗质量、改善医疗管理、维护医疗秩序和社会安定具有重要意义。

第一节 概 述

一、概 念

医疗纠纷（medical tangle）指医患双方由于对诊疗过程中发生的不良医疗后果及其原因产生分歧而发生的争议。

医疗纠纷意味着纠纷与争议涉及的医疗事实的性质尚不清楚。许多医疗纠纷是由于患者单方面怀疑不良医疗后果是医疗机构及其医务人员出现医疗过错引起，但事实上患者的不良医疗后果可能与医疗行为相关，也可能是患者自身疾病发展及特殊体质等因素所致。医疗纠纷与医疗事故、医疗过错的概念是不相同的，医疗纠纷的范畴比医疗事故、医疗过错范围更广。

医疗事故（medical incident）在医疗活动中，医疗机构及其医务人员违反医疗卫生管理法律、行政法规、部门规章和诊疗护理规范、常规，过失造成患者人身损害的事故。

医疗过错（medical negligence）在医疗活动中，医疗机构及其医务人员违反医疗卫生管理法律、行政法规、部门规章和诊疗护理规范、常规，过失造成患者人身损害的或没有达到伤害程度但具有伤害风险的情形称为医疗过错或医疗过失。相对于医疗事故而言，医疗过错的范围更广。

目前，医疗事故的评定机构为医学会，医疗过错的评定机构为司法鉴定机构。

二、医疗纠纷的类型

（一）按照发生医疗纠纷的原因分类

1. 医源性医疗纠纷（iatrogenic medical tangle） 指由于医疗机构及其医务人员的原因引起的医疗纠纷，包括医疗损害纠纷和其他原因引起的纠纷。

（1）医疗损害纠纷（tangle from medical malpractice）：即医疗损害（医疗事故、医疗过错）所引起的纠纷，由于医疗机构及其医务人员，在诊疗护理过程中出现过错或技术失误，造成患者不良医疗后果，也可能是由于医院管理不当所致。

（2）医方其他原因引起的医疗纠纷：原因本身不在诊疗过程，而是由于医务人员的服务、言语、医德医风等方面的原因。

2. 非医源性医疗纠纷（noniatrogenic medical tangle） 医疗机构及医务人员本身并不存在诊疗过失行为，而是由于患方缺乏医疗常识，或对院方规章制度不理解等因素引起的医疗纠纷。

（1）无医疗过错纠纷：指不良医疗后果并不是由于医疗机构及其医务人员在诊疗护理过程中的过失引起的医疗纠纷。按照《医疗事故处理条例》规定，无医疗过失纠纷中不良医疗后果发生的原因主要有下列情况：①在紧急抢救垂危患者生命时，采取的紧急医学措施而造成不良后果；②由于患者症状不典型或患者体质特殊而发生医疗意外（medical accident）导致的纠纷；③在现有医疗条件下，出现难以避免的并发症等。

（2）患方原因引起的医疗纠纷：此类原因引起的纠纷有①患者家属缺乏相应的医学知识，从而对不良医疗后果发生的原因不理解；②对医疗机构或其医务人员的诊疗水平不信任；③患者及患者家属有意或无意隐瞒病情或病史原因，拖延治疗时机导致不良医疗后果；④患者病情严重且就诊过晚等。

三、医疗事故及医疗过错的构成条件

医疗事故及医疗过错的构成必须具备四个条件：

1. 医疗机构及其医务人员的主体具备合法性 经过考核和卫生行政部门批准或承认，取得相应资格和执业证书的各级、各类医疗机构及其医务人员，事件发生在其合法的医疗活动中。此外，也包括医疗机构管理及后勤服务人员，他们的过失行为也可直接或间接造成不良医疗后果。

2. 医疗机构及其医务人员具有医疗过错行为 医疗过错行为必须是非故意的或意外的，否则就是故意杀人或故意伤害，而不属于医疗事故。

过错行为指医疗行为违反了国家医疗卫生管理法律、国务院医疗卫生管理行政法规、卫生部医疗卫生管理规章及医疗机构诊疗护理技术操作规范、常规等。我国卫生管理法律、法规包括《中华人民共和国执业医师法》《中华人民共和国药品管理法》《医疗机构管理条例》《医疗事故处理条例》《预防接种异常反应鉴定办法》《麻醉药品管理办法》《生物制品管理规定》《医疗美容服务管理办法》等。卫生部门对医学各专业的诊疗护理均有明确的规定，这些均是各类医疗机构及各级医务人员应该遵守、执行的技术标准。

3. 患者出现损害后果 指患者在医疗机构接受诊断和治疗的过程中，医疗行为对患者所产生的不利后果，分为广义的医疗损害和狭义的医疗损害。广义医疗损害的医疗行为可以是正常医疗行为，也可以是医疗过错行为；狭义医疗损害的医疗行为单指医疗过错行为。正常的医疗行为（无过错医疗行为）不承担侵权责任，由其导致的损害后果不属于法律意义上的"医疗损害"。法医学上的医疗损害特指狭义的医疗损害，即指医疗机构及其从业人员在对患者的诊疗护理过程中，由于医疗过错行为对患者所产生的不利后果。卫生部制定的《医疗事故分级标准（试行）》，对患者的伤害程度做出了较具体的划分。

4. 医疗过错与患者人身损害之间必须具有因果关系 因果关系是判断构成医疗事故的关键。造成患者人体损害后果的可能因素有很多，主要包括医疗过错行为、患者自身因素、医疗机构条件和水平等，可能是其中一个因素作用的结果，也可能是多个因素共同作用的结果。仅有医疗过失或人身伤害，但两者之间并无因果关系，则不构成医疗事故。有时患者的不良医疗后果或人身伤害并不是医疗过失行为引起，或者虽有医疗过失行为但未造成患者的不良医疗后果或人身伤害，均不属于医疗事故。医疗过失行为与人身伤害之间的因果关系，不能只看时间上的先后顺序，而应根据疾病的发生、发展直至死亡的全部进程，按照现代医学理论科学地分析、判断。医疗过失行为可能是导致患者人身伤害的唯一原因，也可能与患者其他疾病或其他因素构成联合原因，需具体问题具体分析。

四、医疗事故及医疗过错发生的环节

医疗事故或医疗过错最常出现在对患者的诊断、治疗和护理过程中。

（一）诊断过程

疾病诊断需要有一个过程，个别医务人员业务能力差，对危、急、疑难疾病的复杂性、特异性认识不足，出现漏检、误诊，延误重要的阳性体征等。延长了疾病转归，或未达到预期的疗效。给患者增加了精神压力和经济负担，随时可能引发医疗纠纷。

（二）治疗过程

医护人员服务意识缺乏，服务质量欠缺，责任心不强。个别医务人员对患者态度冷漠、推诿、漠不关心，造成患者极大的反感。对患者的解释咨询工作不耐心，服务质量欠缺。医疗、护理服务措施未落实到位，甚至出现延误抢救治疗等严重不负责的行为。

法律意识淡薄，忽视了患者的权利。逾越患者知情权和选择治疗权，各类知情同意权，忽视签名、签字。对拒绝治疗、检查的患者，日程记录不详细。医疗文书书写不规范，存在着不严谨、不及时、不准确的缺陷，也留下了医疗隐患。

违反规章制度和操作常规，少数医务人员不认真执行医疗规章制度，对医疗技术常规不熟悉，不细心、不严谨、不虚心、不请示等，导致诊疗和护理中的差错，或诊疗过程中风险估计不足，准备不充分，导致意外造成医疗纠纷。

缺乏有效的医患沟通。医护人员主动服务意识欠缺，双方交流与合作不足，相互尊重与宽容欠缺，缺乏对患者的宣教，使患者对医院的规章制度不了解，对自己的权利及义务不了解。

（三）护理过程

护理常规不清楚，对仪器性能不熟悉，操作程序生疏，易发生技术性差错；由于缺乏工作经验，遇到紧急情况时应急能力低，在忙乱中出差错；科内仪器、设备未及时检查、维修和补充，使用时不能应急也易引发差错。

五、医疗事故分级

医疗事故的分级对公正、公平地处理医疗事故有着重要重义。它涉及对患方的赔偿数额，卫生行政部门对医疗事故的责任划分，对事故责任机构或责任人的处罚程度。对医疗事故分级的根据和原则是当事患者人身伤害的程度。按照国务院发布的《医疗事故处理条例》和卫生部《医疗事故分级标准（试行）》，将医疗事故分为四级：

（一）一级医疗事故

一级医疗事故系指造成患者死亡、重度残疾。

1. 一级甲等医疗事故　死亡。

2. 一级乙等医疗事故　重要器官缺失或功能完全丧失，其他器官不能代偿，存在特殊医疗依赖，生活完全不能自理。

（二）二级医疗事故

二级医疗事故系指造成患者中度残疾、器官组织损伤导致严重功能障碍。

1. 二级甲等医疗事故　器官缺失或功能完全丧失，其他器官不能代偿，可能存在特殊医疗依赖，或生活大部分不能自理。

2. 二级乙等医疗事故　存在器官缺失、严重缺损、严重畸形情形之一，有严重功能障碍，可能存在特殊医疗依赖，或生活大部分不能自理。

3. 二级丙等医疗事故　存在器官缺失、严重缺损、明显畸形情形之一，有严重功能障碍，可能存在特殊医疗依赖，或生活部分不能自理。

4. 二级丁等医疗事故　存在器官缺失、大部分缺损、畸形情形之一，有严重功能障碍，可能存在一般医疗依赖，生活能自理。

（三）三级医疗事故

三级医疗事故系指造成患者轻度残疾、器官组织损伤导致一般功能障碍。

1. 三级甲等医疗事故　存在器官缺失、大部分缺损、畸形情形之一，有较重功能障碍，可能存在一般医疗依赖，生活能自理。

2. 三级乙等医疗事故　器官大部分缺损或畸形，有中度功能障碍，可能存在一般医疗依赖，生活能自理。

3. 三级丙等医疗事故　器官大部分缺损或畸形，有轻度功能障碍，可能存在一般医疗依赖，生活能自理。

4. 三级丁等医疗事故　器官部分缺损或畸形，有轻度功能障碍，无医疗依赖，生活能自理。

5. 三级戊等医疗事故　器官部分缺损或畸形，有轻微功能障碍，无医疗依赖，生活能自理。

（四）四级医疗事故

四级医疗事故系指造成患者明显人身损害的其他后果的医疗事故。

第二节　医疗损害的类型和发生原因

一、手术失误导致的医疗损害

1. 手术前过程导致的医疗损害　手术医师对手术前实施的方案、术中的风险和术后的并发症，认识不全面、不充分，存在着风险及隐患；尤其是违反规章制度和操作常规的医疗技术失误的负面的效应较大。

（1）术前准备工作不充分，未做必要的化验和检查。

（2）术前对手术区消毒不净，造成手术后伤口的化脓感染等。

（3）术前备血不足。

（4）术前在患者体表划错手术部位，错开刀口等。

2. 手术中导致的医疗损害　手术中常见的医疗过失，主要是术者违反手术原则造成的。

（1）不按技术操作规程进行手术，术中操作粗暴，损伤重要脏器和血管，造成大出血，引起患者死亡、伤残及手术后的器官功能障碍等。

（2）术中无客观体征依据，盲目扩大手术范围，任意更改手术方式。

（3）术中发现疑难情况，术者本人不能胜任，不请示上级医生，轻率蛮干、不计后果。

（4）手术中操作粗心大意，将纱布、手术器材等留置在患者体腔内。

（5）术中未经上级医师同意，擅自做主，改用未曾使用过的手术方法。

（6）术中不按人体正常解剖层次及技术规范进行。

3. 手术后的导致的医疗损害 外科手术完毕并不意味着外科手术治疗的结束，要确保患者的康复，顺利通过手术关，达到外科手术的真正治疗效果，术后对患者的继续治疗、观察、护理则是十分重要的。特别是对那些手术范围大，手术时间较长的术后患者，因为他们经过这种特殊的医疗程序后，体力消耗，机体组织和体液损失很大，负担较重，体内需重整新的生理平衡，以适应周围的环境，抵抗外界的各种对身体不利的因素。

二、麻醉失误导致的麻醉性医疗损害

1. 局部麻醉导致的医疗损害 大量麻醉药误注射入血管内，常可引起全身麻醉药中毒的反应。

2. 椎管内阻滞麻醉导致的医疗损害

（1）因注入药量过大而发生过高平面阻滞。

（2）因操作技术不当注入药物后，未及时观察，发生全脊椎麻醉。

（3）操作中断针、折管。

（4）椎管内误注药物，将非麻醉药注入椎管。

（5）椎管内注入过量的血管收缩剂。

（6）操作中未按无菌技术原则造成感染。

（7）疏忽椎管内麻醉禁忌证，包括脊椎结核、病理性脊椎骨折、脊椎部位癌的转移等。

3. 全身麻醉导致的医疗损害

（1）全麻用药剂量过大，造成不可逆性的昏迷。

（2）全麻术后患者未复苏或复苏不完全，呕吐物吸入气管引起窒息死亡，或吸入后引起肺炎等，是全麻过程中及麻醉后常见的过失和意外。

（3）使用麻醉机全麻技术操作中，误接插管，麻醉机活瓣失灵，手术前未行常规检查而造成患者不良后果。

（4）吸入性全麻药物灼伤者眼睛、咽喉、上呼吸道等造成的不良后果。

三、输血、输液导致的医疗损害

输血、输液导致的医疗损害包括输血导致的医疗损害和输液导致的医疗损害。

（一）输血导致的医疗损害

输血导致的医疗损害可见于定错血型、领（发）错血、Rh血型不合等异型输血事故及输入污染血制品、输血不良反应抢救失误等事故。

1. 输入血型配错的血液，病情紧张很快，患者很快出现溶血反应，可因休克或肾衰竭或死亡。

2. 输入被细菌污染的血液，患者可迅速出现发冷、寒战及高热，严重的可出现败血症。如果对献血人员检查疏忽，受血者可发生输血相关传染病，如病毒性肝炎、艾滋病、梅毒等。

（二）输液导致的医疗损害

1. 输入污染的液体，可引起严重的全身反应，甚至导致死亡。

2. 液体内加入患者过敏的抗生素等药物，可发生过敏反应。

3. 如输液过快、过量可引起急性肺水肿或心力衰竭。

4. 加压输液，由于观察不够，有发生空气栓塞的危险。

输血事故发生后，必须核查所输血液的血型、有无细菌污染等。按《医疗事故处理条例》规定，怀疑因输液、输血、注射、药物等引起不良后果的，医患双方应当共同对现场实物进行封存和启封，封存的现场实物由医疗机构保管；需要检验的物品，应当由双方共同指定的、依法具有检验鉴定资格的机构进行检验鉴定。

四、用药不当导致的医疗损害

用药不当或用药过量可导致医疗事故。医师处方错误、药剂师发药错误、护士执行医嘱发生错误，还有滥用药物等均可造成病员中毒，甚至死亡。

用药过量多见于儿童，尤其见于使用成人制剂、按成人剂量给儿童用药，忽略用药减量原则。

联合用药错误也常导致患者的死亡，但由于患者及其家属对药物联合应用相关知识了解不多，即使出现严重不良反应或死亡，也往往被遗漏。

中药用药不当也常导致医疗损害，乌头、马钱子等剧毒中草药服用过量或炮制不当常导致死亡。

五、药物过敏导致的医疗损害

药物过敏在医疗纠纷中较为常见，多由抗生素、血清抗毒素、局麻药物或解热镇痛剂等引起。由于药物过敏性休克常常发生在给药时或给药很短时间内，因此许多家属认为药物过敏性休克都是医疗过错。

药物过敏导致的医疗事故常见于违背有关诊疗、护理规范及常规，如①对易引起严重过敏反应而需要进行皮试的药物不做皮试而贸然注射；②换批号或间隔多日重新注射不再次皮试；③皮试过程中将药物种类或浓度配错；④对皮试结果观察错误等原因导致的药物过敏性休克，则属于医疗事故。

六、误诊、误治导致的医疗损害

误诊与误治、漏诊与漏治及延误诊断与延误治疗，是非手术科室最常见的医疗损害原因。

误诊是对疾病的诊断错误，包括对疾病的判断错误、漏诊及延误诊断。漏诊是对同一患者同时存在不同种疾病，医师遗漏某种疾病的诊断；延误诊断是在应当对疾病做出诊断的时间内没有及时做出诊断。

七、护理失误导致的医疗损害

护理失误医疗损害多数发生于执行医嘱过程中，主要原因为有章不循或违反操作规程，执行医嘱时不认真履行"三查七对"，导致用药错误或药物剂量、给药途径错误，导致患者人身损害或死亡。

护理工作中的其他失误：擅离职守、违反测试、巡房、观察病情变化等护理常规，发生抢救不及时或引起并发症；擅自改变医嘱或无医嘱时自行处理；违反其他基础护理、专业护理或特殊治疗操作常规和技术规范。

八、诊疗技术失误导致的医疗损害

诊疗技术包括为了诊断或治疗需要进行的局部穿刺、切开、注射、插管、洗胃、灌肠、电休克治疗等操作。如洗胃致胃破裂、灌肠致肛门和直肠损伤、新生儿高浓度长期吸氧致失明及肺损伤等均属于诊疗技术失误导致的医疗损害。

诊疗技术失误导致死亡的事故常见于针刺不当、空气栓塞及妇产科诊疗失误。

九、医疗整形导致的医疗损害

根据《医疗美容服务管理办法》的规定，医疗美容是指运用手术、药物、医疗器械及其他具有创伤性或者侵入性的医学技术方法对人的容貌和人体各部位形态进行的修复与再塑。医疗整形过程中违反有关技术操作常规，可导致人体容貌毁损或技能障碍等医疗损害。

《医疗美容服务管理办法》对从事医疗美容的机构及执业医务人员的资格认定均有明确规定。但国内迄今尚无一套医疗美容操作标准，手术全凭医师个人经验，医疗美容行业管理混乱，引起的医疗纠纷也日益增多，已成为医疗损害的新类别。

十、预防接种导致的医疗损害

预防接种实施过程中违反预防接种工作规范、免疫程序、疫苗使用指导原则、接种方案等造成受种人机体、组织器官形态及功能损害。

《预防接种异常反应鉴定办法》规定，因接种单位违反预防接种工作规范、免疫程序、疫苗使用指导原则、接种方案等原因给受种人造成损害，按照《医疗事故鉴定办法》向医疗事故技术鉴定委员会申请鉴定。如果对疫苗质量或者疫苗检验结果有争议，按照《中华人民共和国药品管理法》向药品监督管理部门申请处理。卫生部颁布的《疫苗流通和预防接种管理条例》，对疫苗质量、储存与运输管理，规范化接种，注射器材的使用及其用完后的处理等整个过程的安全进行规范。

十一、医疗器械故障导致的医疗损害

医疗器械是指单独或者组合使用与人体的仪器、设备、器具材料或者其他物品，包括所需要的软件，其使用旨在达到一些医学预期目的。随着现代医学的发展，越来越多的医疗器械被用于临床各个环节及特殊诊疗服务，时常引起相应的医疗损害。医疗器械故障导致的医疗损害包括两种类型，即医疗器械本身故障和操作不当引起的医疗损害。

医疗器械故障导致的医疗事故中，以植入性医疗器械较多见。骨科内固定钢板、髓内钉、宫内节育器常常引起医疗纠纷其他植入性医疗器械，如心脏起搏器、冠状动脉支架引起的事故也有发生。医疗机构购买、使用的医疗器械必须具有合法性。如果医院从正当途径购买医疗器械，因其质量、固有属性及应用时发生的并发症而引起的医疗纠纷，按现行《医疗事故处理条例》则不能评定为医疗事故。

十二、医疗机构管理混乱导致的医疗损害

医疗机构管理混乱导致的医疗损害，常见环节包括入院、转院、会诊及转诊过程中，不认真检查和处理就推诿、拒收，导致诊疗延误和丧失抢救时机；医疗设备管理及维修不善或急救设备不全，发生医疗设备故障、电器漏电等医疗损害；病员管理失误，乱涂乱改病历、知情书及手术同意书等告知手续不全。

第三节 医疗纠纷的处理

医疗纠纷正确及时的处理，关系到保护当事医患双方的合法权益，保障正常的医疗秩序和医疗安全，促进医学科学发展和维护社会的安定团结。

一、医疗纠纷处理程序

（一）医疗纠纷的处理程序

1. 医疗纠纷的双方自愿协商 在医疗纠纷与医疗事故发生后，医患双方遵循双方自愿、平等、公平、合法等原则制作协议书，载明双方基本情况、原因、承担方式，双方当事人共同认定医疗事故等级，协商赔偿数额等，并由协商双方签名。如经协商，双方未达成一致意见，可以通过卫生行政部门处理或向人民法院提起民事诉讼。当事人应了解其身体健康受到损害之日起1年内，可以向卫生行政部门提出医疗事故争议处理申请。

2. 医疗纠纷的人民调解 要及时对当事双方的请求进行事故赔偿调解。调解时应遵循当事双方自愿的原则，按有关规定计算赔偿数额，制作调解书，双方当事人应当履行。如双方未达成一致，卫生行政部门不再继续调解。已确定为医疗事故的，卫生行政部门也可以在双方当事人同意的前提下，进行以下调解。设立医疗纠纷人民调解委员会，要遵守《中华人民共和国人民调解法》的规定。

（二）医疗纠纷处理的行政程序

按照《医疗纠纷预防和处理条例》的有关规定县级以上地方人民政府卫生主管部门负责本行政区域内医疗纠纷处理工作。并规定由相应级别的卫生行政部门受理医疗事故或其争议处理申请。

从事医疗损害鉴定工作的组织，有以下四种：①设置区的市级地方医学会；②省、自治区、直辖市直接管辖的县或者县级市地方医学会，负责组织本地区医疗事故争议的首次技术鉴定；③省、自治区、直辖市医学会，负责本行政区内当事人因对医疗事故争议首次技术鉴定不服而提起的再鉴定；④中华医学会，必要时组织疑难、复杂并在全国有重大影响的医疗事故争议的技术鉴定工作。

参加医疗损害事故技术鉴定的相关专家，由医患双方在医学会主持下从专家库中随机抽取。专家库应当包含医学、法学、法医学等领域的专家。聘请专家进入专家库，不受行政区域的限制。专家鉴定组应当以事实为依据，符合医学科学原理。医疗事故的鉴定是一项科学性、技术性很强的工作，由于其鉴定结论是卫生行政部门作为处理医疗事故的依据，法院作为判案的重要证据，因此，专家鉴定组应本着对病员及其家属负责、对医务人员负责的态度，进行科学严谨的技术鉴定工作。专家鉴定组在进行技术鉴定时，必须依法办事，尊重客观事实，坚持原则，实事求是地对医疗事件作出科学、公正的鉴定结论。一方当事人对首次技术鉴定不服时，可以按规定向医疗机构所在地的卫生行政部门提出再鉴定申请，或者向人民法院提起诉讼。

（三）医疗纠纷处理的诉讼程序

按照提请诉讼的目的、内容或对象不同，有以下三种诉讼形式：

1. 医疗纠纷的民事诉讼 核心是损害赔偿问题，按规定，争议双方如不愿协商调解或行政处理，或者对以上处理不服时可直接向人民法院提民事诉讼。人民法院为了判断诉讼涉及的医学事实是否有医疗过失等有关的技术问题，可以提请当地医学会进行技术鉴定，或委托司法鉴定机构进行法医学鉴定。

2. 医疗纠纷的行政诉讼 指患方或医方对卫生行政部门根据鉴定结论作出的行政处理决定不服，在法律规定的期限内向管辖权内的人民法院，对出具处理意见的卫生行政机关提起的诉讼。

3. 医疗纠纷的刑事诉讼 医疗事故犯罪的刑事责任，依照《中华人民共和国刑法》第三百三十五条对医疗事故罪的罪名、罪状、量刑等都做了明确规定。按照医疗事故罪提请刑事诉讼时，一般由人民检察院自行侦查，直接向人民法院起诉，或者由卫生行政部门向人民检察院移送，或者由医疗事故受害人及其家属、社会团体向人民检察院举报。

4. 非法行医（illegal medical practice） 是指为了谋取非法利益，没有取得医疗卫生行政主管部门颁发的医生执业资格和营业许可执照的情况下，擅自从事医疗活动。常见有无照行医、巫医、所谓气功师行医等。非法行医罪（guilt of illegal medical practice），指因非法行医严重危害了国家的医疗管理秩序和公众生命健康安全，即非法行医情节严重者。最新《中华人民共和国刑法》第三百三十六条对非法行医行为的定罪和量刑都作了明确具体规定。

（四）医疗纠纷的鉴定

目前我国医疗纠纷的鉴定主要包括两大部分，医疗事故的技术鉴定和医疗过错的司法鉴定。涉及患者死亡的医疗纠纷应由当地卫生行政部门先行委托司法鉴定机构进行死亡原因鉴定，死亡原因鉴定的原则是在尸体解剖检验、病理组织学检验的基础上进行。

1. 医疗事故技术鉴定　依据国务院颁布的《医疗纠纷预防和处理条例》。

（1）鉴定的启动：医疗纠纷发生以后，患方、医方就有关医疗技术争议不能达成协商一致的，可以共同委托负责组织医疗事故技术鉴定的医学会或司法鉴定机构组织鉴定；也可由医患双方申报当地卫生行政管理部门，由卫生行政管理部门委托医学会组织鉴定。

（2）鉴定的程序：根据《医疗事故处理条例》《医疗事故技术鉴定暂行办法》《医疗纠纷预防和分级标准》等规定，医疗损害鉴定需由从医学会组建的专家库中抽取的专家负责。专家库的成员是由担任专业高级技术职务3年以上并具有良好业务素质和职业品德的医学专家及法医学专家审查医患双方所提供的鉴定材料及陈述书，听取双方的陈述意见，进行必要的询问及专家检查，出具技术鉴定报告。

（3）鉴定结论争议的解决：根据有关规定，设区的市级地方医学会和省、自治区、直辖市直接管辖的县（市）地方医学会负责组织首次医疗事故技术鉴定工作。省、自治区、直辖市直接管辖的县（市）地方医学会负责组织医疗事故技术的再次鉴定工作。

医、患双方对鉴定结论持有异议的，可以向上级医学会申请重新鉴定。上级鉴定机构形成的鉴定结论，其效力一般高于原鉴定结论。

2. 医疗过错的司法鉴定　《中华人民共和国侵权责任法》规定医疗损害责任采用"过错责任"原则。客观评价医疗行为、分析过错行为与损害后果之间的因果关系及医疗过错在医疗损害后果中的参与度，准确认定医疗行为应当承担的责任大小，是解决医疗纠纷的关键环节。

（1）鉴定的启动：根据《关于司法鉴定管理问题的决定》《司法鉴定程序通则》《司法鉴定执业分类规定（试行）》等规定，司法鉴定机构可以受理司法机关、公民、组织的司法鉴定委托，开展涉及医疗过错鉴定。

（2）鉴定程序：鉴定机构指定司法鉴定人具体实施，包括承担鉴定责任并主导鉴定工作。司法鉴定人接受委托后，通过委托人召集医、患双方当事人，听取其陈述意见，并根据需要对被鉴定人进行必要的检验，必要时可咨询有关临床医学专家的意见，形成合议意见，制作鉴定意见书。

（3）鉴定意见争议的解决：按照现行的司法鉴定实践，司法鉴定机构没有地域、等级之分，在某家司法鉴定机构出具鉴定意见后，当事人一方或双方对鉴定意见不服的，可以申请重新鉴定。

二、医疗纠纷处理有关的法律、法规

目前处理医疗赔偿案优先适用《中华人民共和国民法通则》《中华人民共和国侵权责任法》，也可以适用《中华人民共和国消费者权益保护法》。

1.《中华人民共和国民法通则》第九十八条：公民享有生命健康权（生命权是指公民依法享有生命不受非法分割的权利，健康权既包括公民对其身体器官保持完整性不受非法侵害的权利，也包括对其精神健康不受非法侵害和刺激的权利）。第一百零六条：公民、法人违反合同或者不履行其他义务的，应当承担民事责任。公民、法人由于过错侵害国家的、集体的财产，侵害他人财产、人身的，应当承担民事责任。没有过错，但法律规定应当承担民事责任的则承担民事责任。

2.《中华人民共和国侵权责任法》第七章（第五十四条至六十四条）规定了医疗损害责任。患者在诊疗活动中受到损害，医疗机构及其医务人员有过错的，由医疗机构承担赔偿责任。本法对患方及医方在诊疗过程中相应的权利、责任均做了明确的规定。

3.《中华人民共和国消费者权益保护法》的相关规定第七条：消费者在购买、使用商品和接受服务时享有人身、财产安全不受损害的权利。消费者有权要求经营者提供的商品和服务，符合保障人身、财产安全的要求。第八条：消费者享有知悉其购买、使用的商品或者接受的服务真实情况的权利。第九条：消费者享有自主选择商品或者服务的权利。

4.《中华人民共和国侵权责任法》

（1）侵权的民事责任性质：因为医疗事故所损害的权利是人身权的这种绝对权，不仅可以发生在合同的履行之中，也可发生在合同订立过程中，如对急、重、危患者拒绝诊治等，因而属于特殊侵权行为。

（2）违约的服务合同性质：医疗关系的本身性质是一种非典型的契约关系，是医院与患者及其家属之间就患者疾病等情况进行诊疗护理而形成意愿表示一致的民事法律关系。一般情况下就医是先行挂号或预约，这一行为相当于合同的邀约，是患方做出的希望医方同意其治疗的意愿表示；医务人员根据患方的意愿表示，对其进行诊疗或护理，相当于合同中的承诺，医疗合同便形成了，这种合同一般称为医疗服务合同。

第四节　医疗纠纷的法医学鉴定

一、鉴定医疗过错的法律依据

1. 医疗卫生管理法律　包括《中华人民共和国执业医师法》《中华人民共和国献血法》《中华人民共和国母婴保健法》《中华人民共和国传染病防治法》等。

2. 行政法规及部门规章　如《医疗事故处理条例》《全国医院工作条例》《××省（市）医疗事故处理办法实施细则》等。

3. 诊疗护理规范、常规行业、学会、医院制定的规则。

二、医疗纠纷鉴定的主要内容

《医疗纠纷预防和处理条例》规定：处理医疗纠纷，应当遵循公平、公正、及时的原则，实事求是，依法处理。专家鉴定组应当在事实清楚、证据确凿的基础上，综合分析患者的病情和个体差异，作出鉴定结论，并制作医疗损害鉴定意见书，鉴定结论以专家鉴定组成员的过半数通过，鉴定过程应当如实记载。

《医疗纠纷预防和处理条例》第三十六条规定：医疗损害鉴定意见应当载明并详细论述下列内容：①是否存在医疗损害以及损害程度；②是否存在医疗过错；③医疗过错与医疗损害是否存在因果关系；④医疗过错在医疗损害中的责任程度。

1. 医疗过错鉴定　是指医务人员应当预见自己的行为可能产生严重不良后果，因为疏忽大意而没有预见或者已经预见但轻信能够避免而发生了不良后果。因此，过失行为可以分为两种：一种是过于自信的过失，另一种是疏忽大意的过失。从本质上来说无论哪种过失都由于未能认真执行医疗卫生管理法律、行政法规、部门规章和诊疗护理规范、常规而造成。

有关规定指出"在紧急情况下为抢救垂危患者生命而采取紧急医学措施造成不良后果的"不属于医疗事故，也不承担赔偿责任。这就需要正确区分过失行为与抢救行为。抢救行为是指医务人员为了挽救患者生命，治愈疾病，在采取其他措施都不可能达到此目的时，不得不冒较小的风险，有时还不得不采取损害病员一个较小的利益，以使其较大利益免受损害的行为。

实施抢救行为时，必须符合以下几个条件：①必须是患者的生命受到疾病的侵袭，具有生命危险，为了挽救其生命、治愈疾病，才能实施抢救行为，这是抢救的前提和目的；②患者的生命危险必须是正在发生的，或真实存在的，而不是假想的、尚未发生的或已经过去的；③必须是在不得已的情况下，即采取其他治疗措施不能使患者脱离危险的，才能实现抢救行为；④采取抢救行为而造成患者的损害不能超过必要的限度，即用尽可能小的损害去保全较大的合法权益。医务人员对由于抢救行为没有超过必要的限度，造成不必要的损害，而是在合法的限度内造成小于保全的较大合法利益的限度之内，就不必承担任何法律后果。

"在医疗活动中由于患者病情异常或者患者体质特殊而发生医疗意外的"不属医疗事故，也不承担赔偿责任。医疗意外与疏忽大意的过失行为的共同点是医务人员对不良后果的出现都没有预见，但前者是不能预见或难以预见，而后者是应当预见。

2. 损害后果鉴定

医疗事故分为四级，依据在于损害后果。在认定损害后果时要注意这种后果必须是客观的、已经发生的，而非臆想的、捏造的、缺乏科学根据的。在医疗纠纷案件中，有些患者仅出现一些症状，而无相应的体征检出，辅助检查无阳性改变，此种情况应视为无损害结果。

3. 医疗过错与人身损害后果之间的因果关系　医疗纠纷案件中的因果关系大概有以下几种类型：①一因一果，即一个损害结果由一个违法行为造成。②一因多果，即一个违法行为引起多种损害结果。所谓多种损害结果可以是多个受害人，也可以是一个受害人出现数种损害。③多因一果，即一个损害后果是由数个违法行为造成的。

4. 医疗过错在医疗事故损害后果中的责任程度　对于医务人员的责任程度鉴定必须要考虑以下几个方面：

（1）直接原因和间接原因：直接原因是指不需与其他原因结合就可以引起损害后果的发生。例如，阑尾手术中误切子宫；用药错误直接导致患者死亡或中毒等。间接原因是指有另外的原因参与才可产生损害后果。

（2）主要原因和次要原因：如致命性颅脑损伤的患者，造成患者死亡的主要原因是致命性颅脑损伤，抢救成活率极低。因此，颅脑损伤是患者死亡的主要原因，若医生出现过失行为则只是次要原因。

（3）原因和条件：原因是过失行为足以引起损害结果的发生；条件是过失行为仅促进损害结果的发生，往往与损害结果之间不存在必然的联系，因此不具备因果关系。医疗过失行为是损害后果直接原因的，其在医疗事故中的责任程度应为完全责任；是损害后果主要原因的，其责任程度应为主要责任；是损害后果次要原因的，其责任程度应为次要责任；是损害后果条件的，其责任程度为轻微责任。

三、医疗纠纷的法医学鉴定

（一）接受委托

司法鉴定人：包括①在司法机关工作具有法学和法医知识领域的专家；②高等院校的法医学专家；③司法机关批准的具有司法鉴定人资格的专家，按照正常的司法鉴定程序合法接受委托。委托方必须提供纠纷涉及问题的所有资料，尤其是相关病历资料。要有正式的司法鉴定委托书，载明委托单位、委托时间、基本案情、委托鉴定项目及送交的资料名称和数量。

（二）案情调查

接到司法鉴定委托后，必须认真收集、审阅送检材料，同时应向相关人员了解实际情况。在审查资料时，注意分析资料的真实性，去粗取精，去伪存真，分清和认定与纠纷有关的基本事实。

（三）患者的检查

对有后遗症、致残或导致组织器官功能障碍的患者必须进行全面的临床检查，检查伤病员时应由与医疗事故无关的专科医生协同进行。必要时进行劳动能力鉴定，以使患者能得到合理的赔偿，同时对医疗措施做出适当的评价。检查时注意患者的症状及体征有无受到心理因素的影响，有无诈病或造作病的可能。

（四）法医尸体解剖

涉及死亡的医疗纠纷等案件中，为明确是非与责任，均应进行尸体解剖检验，以查明死亡原因。根据《医疗纠纷预防和处理条例》规定患者死亡，在医患双方不能确定死因或对死因有异议，应在患者死亡后冷藏条件下48h内尽快进行尸体解剖。以避免因死后尸体变化而影响对死因的判断。尸体解剖对查明死因具有特殊的意义。通过尸体解剖，可明确死因，为法医司法鉴定提供直接有力的证据，认定或排除院方诊疗责任，为医务人员提供重要的反馈信息，提高其诊疗水平。

尸体解剖时要系统全面，解剖之前向医患双方了解有关情况，听取双方对纠纷中问题的陈述，以明了解剖重点。复印病历资料中重点部分备查，根据不同病例，制订解剖方案。尸体解剖时要求双方代表到场，以示尸体解剖的公平、公正、公开。检查时要全面、细致，重点部位详细探查，及时提取并留存。在尸体解剖中要注意尸体有无中毒改变，注意提取有关物证，如剩余药品、输血或输液的器具、注射器、安瓿、血、尿、呕吐物等，以及在尸检时提取的有鉴定价值的检材（组织、脏器等），尽快进行相应的病理组织学分析，细菌学、免疫学检验，以及毒物分析等。

（五）法医鉴定结论

根据患者的病历资料，结合全面客观的科学分析，从临床诊断、诊治过程及医疗结果等方面综合分析，医护人员在诊疗工作中是否违反规则，造成误诊、误治；或因疾病的症状不典型，病程迅速而病情突然恶化，以致不能正确诊治，造成的后果是疾病本身所致，或主要因医护人员的过失所致。分析是否医疗事故时，应注意案件是否有蓄意犯罪的可能。最终依据《医疗纠纷预防和处理条例》规定的内容，做出医疗损害鉴定意见。

第五节 医疗纠纷的预防

一、医疗纠纷的危害性

1. 严重干扰了医院正常的医疗秩序，引起突发性治安事件。
2. 增加了医疗单位管理部门的工作负担。
3. 加重了医务人员的心理压力，造成沉重的精神负担。
4. 影响了医疗机构和医务人员在社会上的声誉与形象。
5. 损害了院方的经济权益。
6. 影响了社会治安的稳定。
7. 医疗纠纷对患者及其家属会造成一定的危害，尤其是医疗事故，不仅可能给患者造成死亡、残疾、组织器官损伤，导致功能障碍等严重后果，而且使患者及其家属遭受重大精神打击。医疗纠纷的解决比较复杂，旷日持久地奔波、交涉，使患者及其家属在经济上和精神上承担了更大的损失和压力。即使医疗纠纷得以解决，医疗机构给予患者及其家属的经济补偿，也难以弥补其经受的痛苦和精神负担。

二、医疗纠纷的预防

1. 提高医务人员素质，强化职业道德意识，增强责任心，应当以患者为中心，加强人文关怀，建立平等的医患关系。

2. 医院要建立健全各项规章制度及各种技术操作规程，并完善相应的激励约束机制和奖惩措施，促进医务人员自觉遵守各项制度，强化职业安全意识，真正做到管理正规化、工作制度化、操作规范化。医疗机构加强对其医务人员进行医疗卫生法律、法规、规章和诊疗相关规范、常规的培训。

3. 提高业务技术水平，强化职业训练意识，全面提高医务人员的业务素质和业务能力，是预防差错事故发生的重要因素。

4. 经常请示上级医生，争取在上级医生指导下多操作、多练习。在急诊、手术、疑难危重患者等的诊治过程中，层层把关，重点指导，发现问题及时解决，防患于未然。

5. 遵守手术操作规程，认真做好术前准备，手术做到认真细致。

6. 护理工作要注意认真进行查对工作，按规定进行交接班。

7. 过敏药品注射前一定按常规进行过敏试验。

8. 麻醉时要选准正确的麻醉方式、正确的麻醉药品和正确的剂量。

9. 在诊疗过程中，医务人员要热情为患者服务，要设法尽量减轻患者痛苦，做好医患沟通工作。

10. 加强医学知识的宣传，耐心做好解释说明工作，认真处理医疗纠纷，及时总结经验教训，认真对待、热情接访每一位来访者，是处理医疗纠纷最重要的环节。

复习与思考题

1. 简述医疗纠纷、医疗事故与医疗过错的概念和区别。

2. 简述医疗纠纷的类型。

3. 医疗纠纷的处理程序有哪些，如何预防医疗纠纷的发生？

4. 简述医疗事故和医疗过错构成。

5. 简述医源性医疗纠纷发生的原因。

（贠克明　陶　春）

参考文献

蔡继峰.2016.医疗损害司法鉴定实务与防范措施.北京：人民卫生出版社
蔡继峰，孟兴凯.2016.医疗损害防范手册.北京：人民卫生出版社
常林.2009.法医法学.2版.北京：人民卫生出版社
常林.2016.法医法学.3版.北京：人民卫生出版社
陈康颐.2004.现代法医学.上海：复旦大学出版社
陈龙.2008.法医学.上海：复旦大学出版社
陈卫东，程雷，孙皓，等.2011.刑事案件精神病鉴定实施情况调研报告.证据科学，19（2）：193-215
丛斌.2016.法医病理学.5版.北京：人民卫生出版社
丛斌，刘耀，侯一平.2014.实用法医学.北京：科学出版社
丁梅.2009.法医学概论.4版.北京：人民卫生出版社
法庭科学DNA亲子鉴定规范（GA/T 965-2011）
官大威.2009.法医学辞典.北京：化学工业出版社
郭景元.1979.实用法医学.上海：上海科学技术出版社
郭景元，李伯龄.2002.中国刑事科学技术大全法医物证学分册.北京：中国人民公安大学出版社
郭磊，金先龙，申杰，等.2006.汽车-自行车碰撞事故三维仿真再现研究.振动与冲击，25（6）：66-70
郝伟.2013.精神病学.7版.北京：人民卫生出版社
侯一平.2008.法医学.2版.北京：高等教育出版社
侯一平.2015.法医学.3版.北京：高等教育出版社
侯一平.2016.法医物证学.4版.北京：人民卫生出版社
胡泽卿.2016.法医精神病学.4版.北京：人民卫生出版社
胡志鑫.2006.性犯罪受害人研究.玉林师范学院学报，27（1）：65-70
李敬录，佟蔚庭.1997.急性电损伤学.北京：人民卫生出版社
李连宏.2011.法医学.北京：高等教育出版社
李玲，侯一平.2014. Forensic Medicine（英文版 法医学）.北京：人民卫生出版社
李生斌.2017.法医学.2版.北京：人民卫生出版社
廖林川.2016.法医毒物分析.5版，北京：人民卫生出版社
刘技辉.2016.法医临床学.5版.北京：人民卫生出版社
刘良.2016.法医毒理学.5版.北京：人民卫生出版社
刘耀，丛斌，侯一平.2014.实用法医学.北京：科学出版社
亲权鉴定技术规范（SF/Z JD0105001-2016）
亲子鉴定文书规范（SF/Z JD0105004-2015）
生物学全同胞关系鉴定实施规范（SF/Z JD0105002-2014）
生物学祖孙关系鉴定规范（SF/Z JD0105005-2015）
王保捷，侯一平.2013.法医学.6版.北京：人民卫生出版社
王晓鹤.2000.中国医学史.北京：科学出版社
卫生部.2002.医疗事故处理条例
卫生部.2002.医疗事故分级标准（试行）
卫生部.2002.医疗事故技术鉴定暂行办法
文历阳.2008.医学导论.3版.北京：人民卫生出版社
吴家馼.2006.法医学.3版.成都：四川大学出版社
吴梅筠.2006.法庭生物学.成都：四川大学出版社
伍新尧.2002.高级法医学.郑州：郑州大学出版社
徐英含.1984.实用法医病理学.北京：群众出版社
杨庆恩.1994. DNA在法庭科学中的应用.北京：中国人民公安大学出版社
杨芸，曾晓锋，赵丽萍，等.2008.道路交通事故的法医学鉴定.现代生物医学进展，8（8）：1577-1579
尹俊等.2008.我国女性性犯罪人的心理特征及矫治对策.中国性科学，17（12）：12-15
贠克明.2015.法医毒物动力学.北京：人民卫生出版社
张含.2008.最新医学法医鉴定技术规范与标准及文书编制实用手册.北京：中国医药科技出版社
张华威.2017.我国犯罪受害人心理研究述评.公安学刊—浙江警察学院学报，3：86-91
赵虎，王慧君.2013.法医学.北京：北京大学医学出版社
赵子琴.2009.法医病理学.4版.北京：人民卫生出版社
郑秀芬.2002.法医DNA分析.北京：中国人民公安大学出版社
中国法制出版社编委会.2017.最新刑事法律政策全书.5版.北京：中国法制出版社
中国法制出版社编委会.2017.最新医疗卫生法律政策全书.5版.北京：中国法制出版社
中华人民共和国公共安全行业标准（GA/T147-1996）.法医学尸体解剖
中华人民共和国公共安全行业标准（GA/T149-1996）.法医学尸表检验
中华人民共和国公共安全行业标准（GA/T150-1996）.机械性窒息尸体检验
中华人民共和国公共安全行业标准（GA/T168-1997）.机械性损伤尸体检验
中华人民共和国公共安全行业标准GA/T 1162-2014：法医生物检材的提取、保存与送检规范

参考文献

中华人民共和国公共安全行业标准 GA765-2008：人血红蛋白检测金标试剂条法
中华人民共和国公共安全行业标准 GA766-2008：人精液 PSA 检测金标试剂条法
中华人民共和国国务院令第 701 号. 2018 年 7 月 31 日. 医疗纠纷预防和处理条例
中华医学会精神科学会. 2001. 中国精神障碍分类与诊断标准. 3 版（CCMD-3）. 济南：山东科学技术出版社
邹冬华，刘宁国，陈建国，等. 2007. 轿车与自行车碰撞事故仿真研究及骑车者致伤特点分析. 法医学杂志，23（4）：250-253
Byard RW. 2018. Pekka Saukko，Bernard knight：Knight's forensic pathology. 4th ed. Forensic Science，Medicine and Pathology，14(1)：147
Daniel CR，Piraccini B M，Tosti A. 2004. The nail and hair in forensic science. Journal of the American Academy of Dermatology，50：258-261
Reddy KSN. 2014. The essentials of forensic medicine and toxicology .33rd ed. New Delhi：the Health Sciences Publishers

中英文名词对照

A

安非他明 amphetamine
安乐死 euthanasia
安全带损伤 seat belt injury
凹陷性骨折 depressed fracture

B

白骨化 skeletonized remains
百草枯肺 paraquat lung
保存型尸体 preserved corpse
保险杠损伤 bumper injury
暴力性死亡 violent death
爆炸伤 explosion injuries
辨别能力 capacity of appreciation
表皮剥脱 abrasion
濒死期 agonal stage
病毒性肺炎 viral pneumonia
剥皮创 avulsion injury of skin
部分责任能力 partial responsibility

C

擦过枪弹创 grazing wound
擦痕 grazes, brush abrasion
叉质证 cros- examination
产儿 premature infant
产瘤 caput succedaneum
超生反应 supravital reaction
沉淀反应 precipitation reaction
澄清疑问 clarifying
持续性植物状态 persistent vegetative state
冲击性脑挫伤 coup braincontusion
出血性脑血管病 hemorrhagic cerebrovascular disease
储存库 storage depot
处女膜 hymen
船舶事故损伤 shipwreck injury
刺创 stab wound
刺器 sharp-pointed weapons
猝死 sudden death
挫伤 contusion, bruising injury
挫伤轮 contusion collar

D

代谢 metabolism
代谢物 metabolite
单纯型 simple type
蛋白沉淀法 protein precipitation
道路交通事故 road traffic accident
抵抗伤或防卫伤 defense wound
癫痫 epilepsy
电感耦合等离子体原子发射光谱法 inductively coupled plasmas atomic emission spectroscopy, ICP-AES
电感耦合等离子体质谱法 inductively coupled plasmas mass spectrometry, ICP-MS
毒鼠强 tetramine
毒物 poison
毒物动力学 toxicokinetics
毒物分解动力学 toxic decomposition kinetics
独立作用 independent effect
短串联重复序列 short tandem repeats, STR
对冲性骨折 contrecoup fracture
对冲性脑挫伤 contre-coup contusion
钝力性外伤 blunt force injury
钝器伤 blunt instrument injury
多器官功能衰竭 multiple organ failure, MOF
多器官功能衰竭综合征 multiple organ dysfunction syndrome, MODS

E

扼死 manual strangulation
儿童虐待 child abuse, child maltreatment
儿童虐待综合征 child abuse syndrome
儿童性虐待 child sexual abuse
二乙麦角酰胺 lysergic acid diethylamine, LSD

F

法医学问题 questiones medicolegales
法庭昆虫学 forensic entomology
法医病理学 forensic pathology
法医毒物动力学 forensic toxicokinetics
法医临床学 forensic clinical medicine
法医临床医学鉴定 identification and appraisal of forensic clinical medicine
法医学 forensic medicine
反跳枪弹创 ricochet wound
犯罪 sexual offences
方向盘损伤 steering wheel injury
非暴力性死亡 non-violent death
非法行医 illegal medical practice
非法行医罪 guilt of illegal medical practice
非法性 illegal
非父排除概率 probability of exclusion, PE
非医源性医疗纠纷 noniatrogenic medical tangle
非正常死亡 abnormal death
非致命伤 nonfatal trauma
非自然性死亡 unnatural death
肺浮扬试验 hydrostatic test of lung
肺性死亡 lung death
分布 distribution
分子死亡 molecular death
酚酞试验 phenolphthalein test
粉碎性骨折 comminuted fracture
峰面积 peak area
服刑能力 competence of serving a sentence

氟乙酰胺 fluoroacetamide
辅助死因 contributory cause of death
腐败 decompositionputrefaction
腐败静脉网 putrefactive networks
父权鉴定 paternity testing

G

肝肠循环 hepato-enteral circulation
高山结晶试验 takayama crystal test
高效液相色谱法 high performance liquid chromatography, HPLC
个人识别 personal identification
个人识别能力 discrimination power, DP
个体死亡 individual death
根本死因 primary cause of death
哽死 choking
孤儿 orphan
骨发育不良 osteogenesis imperfecta
固定相 stationary phase
固相萃取法 solid phase extraction, SPE
拐卖 kidnapping and selling people
冠状动脉粥样硬化性心脏病 coronary atherosclerotic heart disease
光谱分析法 spectral analysis
轨道样皮下出血 railway-like subcutaneous hemorrhage
滚动式撞击 somersault
棍棒伤 injury by club

H

海洛因 heroin
航空事故损伤 aviation accident injury
红外分光光度法 infrared spectrum, IR
呼吸死 respiratory death
护理期 nursing period
护理依赖 nursing dependency
护理依赖程度 level of nursing dependency
华法林 warfarin
化骨核 ossification center
挥鞭样损伤 whiplash injuries
回旋枪弹创 circumferential wound
毁坏型死后变化 destructive postmortem changes
活检 biopsy
火器伤 firearm injury
火药烟晕 tattooing produced by powder and smoke
获得性免疫缺陷综合征/艾滋病 acquired immune deficiency syndrome, AIDS

J

校正错误 correcting
机械性损伤 mechanical injury
机械性窒息 mechanical asphyxia
肌肉松弛 muscular flaccidity
鸡奸 pederasty
鸡皮样皮肤 goose skin
基础医学 basic medicine
即时死 instantaneous death

急性出血性坏死性胰腺炎 acute hemorrhagic necrosis pancreatitis
挤压伤 crush injury
挤压综合征 crush syndrome
继发性损伤 secondary injury
家庭暴力 domestic violence
甲基苯丙胺 methamphetamine
假死 apparent death
检材 specimen
检材预处理 sample pretreatment
剪创 clip wound, scissoring wound
简单重复序列 simple sequence repeats, SSR
交通事故 traffic accident
交通事故损伤 traffic accident injury
交通事故重建 traffic accident reconstruction
交损伤 transportation injury
交通意外损伤 unforeseen injury in transportation
角膜混浊 postmortem turbidity of cornea
脚踏板损伤 pedal injury
拮抗作用 antagonistic effect
紧张型 catatonic type
精神病 psychosis
精神分裂症 schizophrenia
精神疾病 mental disease
精神障碍 mental disorders
精神障碍法医学鉴定 psychiatric forensic assessment
精液斑 seminal stain
局部干燥 local desiccation
巨人观 bloated cadaver
聚合酶链式反应 polymerase chain reaction, PCR
绝对致命伤 absolutely fatal trauma, absolutely fatal injury

K

可变数目串联重复序列 variable number of tandem repeats, VNTR
可卡因 cocaine
孔状骨折 perforating fracture
控制能力 capacity of control
窥阴癖 scopophilia

L

来复线 rifles
劳动能力 labour capacity
劳动能力丧失 labour incapacity
勒死 strangulation by ligature
类牙釉基因 amelogenin-like, AMGL
累计非父排除概率 cumulative probability of exclusion, CPE
累计亲权指数 combined paternity index, CPI
联苯胺试验 benzidine test
联合死因 conjunctive cause of death
恋尸癖 necrophilia
恋兽癖 zoophilia
恋童癖 pedophilia
恋物癖 fetishism
临床死亡 clinical death
淋病 gonorrhea
磷酸苯二钠试验 Kind-King test

流产 abortion
流动相 mobile phase
颅底骨折 basilar skull fracture
颅内出血 intracranial hemorrhage
露阴癖 exhibitionism
乱伦 incest
螺旋桨损伤 propeller injury

M

吗啡 morphine
卖淫 prostitution
盲管枪弹创 blind-track wound
梅毒 syphilis
霉尸 molded cadaver
弥漫性轴索损伤 diffuse axonal injury, DAI
民事行为能力 civil capacity
摩托车事故损伤 motorcycle accident injury
谋杀死 death from murder
木乃伊 mummy
目的性 purposeful

N

脑内损伤 inner cerebral trauma
脑挫伤 brain contusion
脑死亡 brain death
脑震荡 cerebral concussion
泥炭鞣尸 cadaver tanned in peat bog
逆行性遗忘症 retrograde amnesia
溺死 drowning
碾压伤 run-over injury
虐待 abuse, maltreat

O

OL 峰 off-Ladder, OL

P

排泄 excretion
泡沫器官 foaming organ
皮革样化 parchment-like transformation
皮革样或羊皮纸样 parchment
偏执型 paranoid type
偏执性精神障碍 paranoid disorder

Q

气相色谱法 gas chromatography, GC
气相色谱-质谱联用 gas chromatography-mass spectrometry, GC-MS
气胸 pneumothorax
弃儿 foundling
弃婴 abandoned baby
前列腺特异性抗原 prostate-specific antigen, PSA
枪弹创 gunshot wound
枪口印痕 patterned impression of muzzle
强奸 rape
强迫性 compulsive

切创 incised wound
亲权鉴定 identification in disputed paternity
亲权指数 parentage index, PI
亲子鉴定 parentage testing
青春型 hebephrenic type
青壮年猝死综合征 sudden manhood death syndrome, SMDS
轻伤 flesh injury
轻微伤 slight injury
情感性障碍 affective disorders
氰化物 cyanide
屈折枪弹创 deflected wound
躯体死亡 somatic death
全脑死亡 total brain death
确定诊断 confirming
确证试验 conclusive test

R

人身伤害 personal injury
妊娠 pregnancy
日常生活活动能力 activities of daily living
日常生活自理能力 ability of taking care of oneself
融合性支气管肺炎 confluent bronchopneumonia

S

色谱法 chromatography
色谱峰 chromatographic peak
色谱图 chromatogram
杀婴 infanticide
伤害死 death from harm/manslaughter
社会性死亡 social death
射出口 exit wound
射创管 wound track
射入口 entrance wound
伸展创 extension wound
砷 arsenic
神经病靶酯酶 neuropathy target esterase, NTE
生活反应 vital reaction
生前伤 ante-mortem injury
生物性检材 biological materials
生物学死亡 biological death
生物转化 biotransformation
生物转运 biotransportation
生殖器疣 condyloma acuminatum
尸斑 livor mortis, lividity
尸臭 oder of putrefaction
尸僵 rigor mortis, cadaveric rigidity
尸蜡 adipocere
尸冷 algor mortis, cooling of the body
尸绿 greenish discoloration on cadaver
尸体解剖 autopsy
尸体痉挛 cadaveric spasm, instantaneous rigor
尸体现象 postmortem phenomena
试切创 hesitation marks; tentative cut
手淫 masturbate
受审能力 competence to stand trial

兽奸 bestiality
刷状擦伤 brush abrasion
摔跌伤 tumbling injury
双香豆素 dicumoral
水性肺水肿 aqueous emphysema
瞬时空腔效应 temporary cavitation effect
司法鉴定人 judicial authenticator
司法精神病学 forensic psychiatry
死后变化 postmortem changes
死后产生毒物 postmortemproduction of poison
死后分布 postmortem distribution
死后分娩 postmortem delivery
死后间隔时间 postmortem interval，PMI
死后弥散 postmortem diffusion
死后人为现象 postmortem artifacts
死后伤 post-mortem injury
死后循环 cadaveric circulation
死后再分布 postmortem redistribution，PMR
死亡 death
死亡方式 manner of death
死亡方式不明 undetermined/unknown manner of death
死亡过程 death process
死亡机制 mechanism of death
死亡时间 time of death
死亡时间推断 estimation of time since death
死亡性质 nature of death
死亡诱因 inductive cause of death
死亡原因 cause of death
死刑 legal execution
死因裁判法庭 coroner court
死因分析 analysis of cause of death
诉讼能力 fit to dea
酸性磷酸酶 acid phosphatase，AP
随机匹配概率 match probablity
碎骨病 brittle bone disease
损伤 injury
损伤程度 injury degree
损伤时间 wound age
损伤时间推断 wound age estimation

T

他杀死 homicidal death
他杀性交通损伤 homicide transportation injury
胎便小体 meconium corpuscle
胎头血肿 cephalohematoma
铁轨样挫伤 tramline or railway line bruise
体内检材 in vivo specimen
体外检材 in vitro specimen
体位性窒息 positional asphyxia
条件致命伤 conditional fatal injury，conditional fatal trauma
铁路交通事故损伤 railway accident injury
同性恋 homosexual offence
头皮擦伤 abrasion of scalp
头皮挫伤 bruising injury of scalp
头皮裂创 laceration of scalp
头皮撕脱 tearing of scalp
头皮损伤 scalp injuries

头皮血肿 hematoma of scalp
突变 mutation
拖擦伤 dragging injury

W

外伤性迟发性脑出血 delayed post-traumatic hemorrhage
外伤性迟发性脑卒中 delayed post-traumatic apoplexy
外伤性癫痫 posttraumatic epilepsy
外伤性脑梗死 post-traumatic cerebral infarction
外伤性蛛网膜下腔出血 traumatic subarachnoid hemorrhage
晚期死后变化 late postmortem changes deat
猥亵 indecency
胃浮扬试验 hydrostatic test of stomach and bowel
纹状浅表撕裂 striate-like superficial tear
稳定性 stability
污垢轮 grease collar
捂死 smothering
误工期 loss of working time period

X

吸收 absorption
细胞性死亡 cellular death
显色反应 color reaction
显微结晶反应 micro-crystallization reaction
线粒体 DNA mitochondrial DNA，mtDNA
线粒体基因组 DNA mitochondrial DNA，mtDNA
线状骨折 linear fracture
相加作用 additive effect
协同作用 synergistic effect
心肌炎 myocarditis
心境障碍 mood disorder
心脏死 heart death
新精神活性物质 new psychoactive substance，NPS
刑事责任能力 criminal responsibility
形态学鉴定 morphological identification
性成熟 sexual maturity
性传播疾病 sexual transmission disease，STD
性犯罪 sexual crime
性虐待 sexual abuse
性虐待狂 sadism
性侵犯 sexual assault
性骚扰 sex harassment
性受虐癖 sexual masochism
性窒息 sexual asphyxia
性自我防卫能力 ability to defend oneself against sexual abuse
胸腺淋巴体质 status thymico-lymphaticus
蓄积库 reservoir
血痕 bloodstain
循环死 circulatory death
蕈状泡沫 mushroom-shape foam

Y

Y 染色体非重组区 non-recombination regions of Y chromosome，NRY
摇篮死 crib death
压擦痕 pressure abrasion

鸦片 opium
牙釉基因 amelogenin, AMG
验尸官法庭 coroner court
验尸官制度 coroner system
咬伤 bite wound
药物滥用 drug abuse
液相色谱-质谱联用 liquid chromatography-mass spectrometer, LC-MS
液-液萃取法 liquid-liquid extraction, LLE
一般性劳动能力 general labour capacity
一氧化碳 carbon monoxide, CO
医疗过错 medical negligence
医疗纠纷 medical tangle
医疗事故 medical incident
医疗损害 medical damage
医疗损害纠纷 tangle from medical malpractice
医疗意外 medical accident
医源性医疗纠纷 iatrogenic medical tangle
乙醇 alcohol
异性装扮癖 transvestism
意外死 accidental death
缢死 death from hanging
引物 primer
婴幼儿猝死综合征 sudden infant death syndrome, SIDS
营养期 vegetative period
硬脑膜外出血 epidural hemorrhage; extradural hemorrhage
硬脑膜下出血 subdural hemorrhage
硬脑膜下血肿 subdural hematoma
有机磷迟发性神经病 organophosphate induced delayed neuropathy, OPIDN
预试验 preliminary test
原发性损伤 primary injury
原子吸收分光光度法 atomic absorption spectrophotometry, AAS

Z

砸压伤 tamp injury
早期死后变化 early postmortem changes
造作伤 artificial
增毒作用 potentiation
诈病 simulation, malingering
战争死 death due to war operation
震荡性损伤 concussive injury
整体死亡 total death
正式告知 informed consent
证据 evidence
证人 witness
直接死因 immediate cause of death
直撞伤 impact injury
职业性劳动能力 occupational labour capacity
志愿者 volunteer
质谱法 mass spectrometry, MS
致命伤 fatal injury, fatal trauma
致死合成 lethal synthesis
致死量 lethal dose
窒息 asphyxia
中毒 poisoning
中毒量 toxic dose
中间性脑挫伤 intermediate cerebral contusion
中间综合征 intermediate syndrome, IMS
种属鉴定 species identification
重伤 grave injury
抓痕 scratches, fingernail-produced abrasions
砖石伤 injuries sustained by blow with brick or stone
撞痕 impact abrasion
紫外-可见分光光度法 ultraviolet-visible spectrum, UV-VIS
自然性死亡 natural death
自溶 autolysis
自杀死 suicide death
自杀性交通损伤 suicide transportation injury
作证能力 competence of testimony